U0552292

数字法理学

DIGITAL JURISPRUDENCE

马长山　主编

法律出版社
LAW PRESS·CHINA
——北京——

图书在版编目（CIP）数据

数字法理学 / 马长山主编. -- 北京：法律出版社，2025. -- ISBN 978-7-5244-0089-9

I. D922.174

中国国家版本馆 CIP 数据核字第 2025Y06337 号

| 数字法理学 SHUZI FALIXUE | | 马长山 主编 | 策划编辑 周 诚
责任编辑 周 诚 马秋婧
装帧设计 李 瞻 |

出版发行　法律出版社　　　　　　　　开本　710 毫米×1000 毫米　1/16
编辑统筹　辞书·融出版编辑部　　　　印张　33.75　　字数　617 千
责任校对　王语童　　　　　　　　　　版本　2025 年 4 月第 1 版
责任印制　吕亚莉　　　　　　　　　　印次　2025 年 4 月第 1 次印刷
经　　销　新华书店　　　　　　　　　印刷　三河市兴达印务有限公司

地址：北京市丰台区莲花池西里 7 号（100073）
网址：www.lawpress.com.cn　　　　　　销售电话：010-83938349
投稿邮箱：info@lawpress.com.cn　　　　客服电话：010-83938350
举报盗版邮箱：jbwq@lawpress.com.cn　　咨询电话：010-63939796
版权所有·侵权必究

书号：ISBN 978-7-5244-0089-9　　　　　定价：138.00 元

凡购买本社图书，如有印装错误，我社负责退换。电话：010-83938349

编写说明

随着新兴技术的深度应用和数字经济的发展，数字化生存已经成为一种生活常态。要想在数字化环境下自如地生活、学习与工作，就必须掌握数字知识与技术，掌握其中的基本规则、权利与义务，懂得如何与其他数字公民进行交往，懂得数字世界的伦理道德规范。[1] 这意味着，数字时代不会再有与数字知识和技术无关的文科领域了，而必须都是文理交融的新文科。对于新法学而言，其不仅要实现数字化生存所需要的文理交融，更要反映数字政府、数字社会、数字公民、数字司法、数字治理、数字人权等的法治关系与运行机理。基于此，传统法学教育必须转向新法学教育——数字法学教育，这个巨大的转型升级无疑是一场法学教育"革命"。

基于对数字时代的巨大变革和中国自主法学知识体系建设的需要，2023年2月，中共中央办公厅、国务院办公厅印发了《关于加强新时代法学教育和法学理论研究的意见》，对"加快发展社会治理法学、科技法学、数字法学、气候法学、海洋法学等新兴学科"作出了顶层设计和战略部署。2024年1月22日，国务院学位委员会第八届学科评议组、全国专业学位研究生教育指导委员会发布了《研究生教育学科专业简介及其学位基本要求（试行版）》，明确将"网络与信息法学"列入学科专业目录。尽管各自定位不一，但都确认了数字时代的法学变革发展现实，由此开启了数字法学研究和教育的新篇章。

然而，法学界对于数字法学的理解却明显不同。一是把数字法学理解为一个新兴的交叉学科，即法学一级学科项下的二级学科，这是微观主义的学科立场。二是把数字法学理解为领域法学，即立足问题导向，以数字经济社会领域全部与法律有关的现象为研究对象，它不仅与文科相融合，还与计算机科学、信息科学、人工智能、物理学等理工科相融合，其研究范式体现出一体整合性、横断交叉性、

---

[1] 参见张丽霞：《"数字化生存"的教育吁求与应对》，载《教育发展研究》2011年第24期。

开放协同性、广泛应用性,进而形成一种新型法学理论体系、学科体系和话语体系,这是中观主义的领域立场。三是把数字法学理解为一种时代法学,即从法学发展的历史长河来看,可以分为三种形态——以血缘和等级为基础、体现农耕社会规律的传统法学;以人权、私产和契约为基础,体现工商社会规律的现代法学;以平台、数据和算法为基础,体现数字社会规律的数字法学,这无疑是宏观主义的时代立场。如果从时代发展来看,数字法学应该是从工商社会迈向数字社会的进阶发展,它是以数字社会的法律现象以及其规律性为研究内容的科学,是对数字社会的生产生活关系、行为规律和社会秩序的学理阐释和理论表达。从根本和长远来看,数字法学无疑是一种时代意义上的法学。

基于时代意义上的数字法学定位,我们组织编写了这本《数字法理学》(本科生用书),它可以被看作《数字法治概论》(硕士研究生用书,法律出版社2022年版)的姊妹篇,力图由浅入深、由点到面地系统阐释数字法学原理、基本理论和专业知识。目前,国内已出版了相关的数字法学教材,但基本上是从部门法或者交叉学科视角出发的。而本教材立足数字法学的专业知识和前沿动态,确立了本体论、治理论、价值论、人权论、法治论的逻辑框架,详尽阐释了数字法学的基本概念、基本范畴、基本理论、基本知识和基本方法,致力于构建相应的理论体系和健全的知识体系,进而为新型法学人才培养提供专业基础和理论支撑。

本书无疑是集体智慧的结晶。编写团队成员均为近年来在数字法学领域成果丰厚、颇有影响的知名专家学者,编写体系和内容也反映了数字法学研究的最新动态和较高水准。本书由主编拟定大纲,经集体讨论后,团队成员按分工撰写,最后由主编统稿、定稿。各章撰写的具体分工如下:

导言、第一章,华东政法大学教授,马长山
第二章,北京理工大学法学院,齐延平教授团队
第三章,山东大学法学院教授,郑智航
第四章,西南政法大学教授,郑志峰
第五章,对外经贸大学法学院教授,张欣
第六章,中国人民大学法学院教授,丁晓东
第七章,清华大学法学院教授,程啸
第八章,中国政法大学数据法治研究院教授,张凌寒
第九章,厦门大学法学院教授,郭春镇

第十章,上海交通大学凯原法学院教授,王福华

第十一章,西南政法大学教授,周尚君

第十二章,华东政法大学副教授,张文龙

第十三章,华东政法大学教授,陆宇峰

第十四章,东南大学法学院教授,龚向和

第十五章,北京航天航空大学法学院副教授,赵精武

第十六章,华东政法大学副教授,韩旭至

第十七章,东南大学法学院教授,王禄生

第十八章,浙江大学光华法学院教授,胡铭

在此,感谢编写团队所有专家学者的辛勤工作和创新努力,感谢法律出版社对本书出版的指导与帮助,也感谢学界同人长期以来的鼓励和支持!

由于本书主要涉及全新的法学领域和实践问题,其中的很多理论和制度都在探索和创新之中,加之编写团队的水平有限,因此,不足和错讹之处在所难免,还望学界同人和社会朋友不吝赐教和批评指正。

马长山

上海·华亭书斋

2025 年 3 月 16 日

目　录

导　言 ··· 001

第一编　数字法学基础理论

第一章　数字法学概述 ·· 007
　　第一节　数字法学的历史演进 ··· 008
　　第二节　数字法学的研究范围与内容 ·· 012
　　第三节　数字法学的底层逻辑 ··· 019
　　第四节　数字法学的体系构架 ··· 027
　　第五节　数字法学的研究策略 ··· 035

第二章　数字法律关系 ·· 043
　　第一节　数字法律关系的属性与特征 ·· 044
　　第二节　数字法律关系的主体与客体 ·· 050
　　第三节　数字权利与义务 ·· 056
　　第四节　数字权力与控制 ·· 067

第三章　数字法律行为 ·· 078
　　第一节　数字科技对传统法律行为的影响 ··································· 079
　　第二节　数字法律行为的概念与特征 ·· 084
　　第三节　数字法律行为的基本结构 ··· 089
　　第四节　数字法律行为的主要类型 ··· 093

第四章　数字法律责任 ·· 101
　　第一节　数字法律责任的属性 ··· 102
　　第二节　数字法律责任的构成要素 ··· 109

第三节　数字法律责任的归责原则 …………………… 122
第四节　数字法律责任的类型 ………………………… 126

第二编　数字法律治理理论

第五章　数字社会法律治理概述 ………………………… 139
第一节　数字社会治理的基本逻辑 …………………… 139
第二节　数字法律治理的基本架构 …………………… 155
第三节　数字法律治理的运行机制 …………………… 163

第六章　平台的法律治理 ………………………………… 174
第一节　平台的法律属性 ……………………………… 174
第二节　平台的法律治理原则 ………………………… 180
第三节　国家对平台的法律治理 ……………………… 181
第四节　平台内部的规则治理 ………………………… 190

第七章　数据的法律治理 ………………………………… 197
第一节　数据的法律属性 ……………………………… 197
第二节　数据的法律治理原则 ………………………… 202
第三节　数据的法律治理模式 ………………………… 204
第四节　数据治理的跨境合作 ………………………… 217

第八章　算法的法律治理 ………………………………… 223
第一节　算法的法律属性 ……………………………… 223
第二节　算法的法律治理原则 ………………………… 232
第三节　算法的法律治理体系 ………………………… 242
第四节　算法的法律治理路径 ………………………… 249

第九章　基层网格化的法律治理 ………………………… 258
第一节　基层网格化治理的时代特征 ………………… 259
第二节　基层网格化治理的模式与策略 ……………… 263
第三节　基层网格化治理的法治方向 ………………… 272

第三编　数字正义理论

第十章　数字正义的内涵与类型 …………………………………… 287
第一节　数字分配正义 ………………………………………… 289
第二节　数字矫正正义 ………………………………………… 301
第三节　数字司法正义 ………………………………………… 308

第十一章　数字正义的要素与原则 ………………………………… 322
第一节　数字正义的核心要素 ………………………………… 322
第二节　数字正义的基本原则 ………………………………… 326
第三节　数字正义原则的作用 ………………………………… 332

第十二章　数字正义的价值实现 …………………………………… 336
第一节　数字正义的价值协调 ………………………………… 336
第二节　数字正义的保障条件 ………………………………… 350
第三节　数字正义的实现路径 ………………………………… 357

第四编　数字人权理论

第十三章　数字人权概述 …………………………………………… 369
第一节　数字人权的基本理论 ………………………………… 369
第二节　数字人权的基本类型 ………………………………… 378
第三节　迈向"第四代人权" …………………………………… 387

第十四章　数字人权的主要内容 …………………………………… 396
第一节　数字人权的主要领域 ………………………………… 396
第二节　数字人权的内容体系 ………………………………… 405
第三节　数字人权的时代拓展 ………………………………… 414

第十五章　数字人权的法治保障 …………………………………… 423
第一节　立法中的数字人权保障 ……………………………… 424
第二节　执法中的数字人权保障 ……………………………… 430
第三节　司法中的数字人权保障 ……………………………… 434

第四节　治理中的数字人权保障 …………………………… 439

第五编　数字法治理论

第十六章　数字法治概述 …………………………………………… 449
 第一节　现代法治的发展变革 …………………………… 449
 第二节　数字法治的迭代转型 …………………………… 455
 第三节　数字法治的基本特征 …………………………… 461

第十七章　数字法治的基本原则 …………………………………… 469
 第一节　数字法治基本原则概述 ………………………… 469
 第二节　以人为本原则 …………………………………… 473
 第三节　权利保障原则 …………………………………… 478
 第四节　限权制约原则 …………………………………… 485
 第五节　数字正义原则 …………………………………… 492
 第六节　风险控制原则 …………………………………… 496

第十八章　数字法治的运行体系 …………………………………… 503
 第一节　数字政府 ………………………………………… 504
 第二节　数字检察 ………………………………………… 508
 第三节　数字法院 ………………………………………… 513
 第四节　在线纠纷解决机制 ……………………………… 518
 第五节　数字法治的"中国图景" ………………………… 523

导 言

当今信息革命正在迭代加速发展,形成了经济、政治、文化以及社会生活的全面数字化生态,"它创造了许多,也同样毁灭了许多,它毁灭的东西可能比替代的多"[1]。这既对现代性法律体系带来了空前的颠覆性挑战,也对数智治理创新和"新法学"探索提出了迫切要求。然而,这个"新法学"既不应该是对现代法学的增订修补,也不应该是现代法学路线上的拓展延伸,它应该是从现代法学向数字法学的转型升级。这一过程并非主观上的现象和激情,而是基于信息革命的强力推动和数字社会的深层支撑。

其一,法律的社会基础发生根本转型。众所周知,现代法学是一个历经几个世纪发展沉淀而形成的具有复杂专业知识、精致规则逻辑和深厚理论体系的应用学科,提供了化解社会纠纷、维护社会秩序、弘扬公平正义的基本框架,其意义和功能毋庸置疑。然而,我们也要看到,支撑现代法学的社会基础是市场经济、民主政治和启蒙价值,这意味着现代法学是对工商社会的生产生活关系的规律概括、规则提炼和理论升华,具有鲜明的时代性和方向性。

随着信息革命的到来,人类开始从工商社会迈进数字社会,此前工商社会的物理时空边界被虚拟时空所消解和重构,人工智能体不再是简单的工具而成为参与决策的"伙伴",人们在自然人身份之外还形成了数字人身份,社会的生产生活日益在线化、数字化、智能化。这就"改变人们的行为方式,进而重组了生产组织方式,重塑了生活方式,重建了社会结构,再造了社会运转机制。与工业社会相比较,数字社会有完全不同的连接方式、行为模式、知识体系、价值体系以及社会结构"[2],在既有物理世界和精神世界之外创造出了"第三世界"——数字世界。[3]

---

[1] [美]安德鲁·V.爱德华:《数字法则——机器人、大数据和算法如何重塑未来》,鲜于静等译,机械工业出版社2016年版,第191页。
[2] 王天夫:《数字时代的社会变迁与社会研究》,载《中国社会科学》2021年第12期。
[3] 参见马长山:《面向"三维世界"的数字法学》,载《中国社会科学》2024年第11期。

可见,与人类历史上的农业革命和工商革命所明显不同的是,信息革命不再是物理时空环境下的生活拓展和能力提升,而是走出了"上帝"设定的物理时空并进行革命性重建。这样,"人类变成了制定规则的上帝,所有伴随人类进化历程中的既定经验与认知沉淀将遭遇颠覆性挑战"[1]。现代法学所赖以生成发展的"二维世界"基础已经发生根本性改变,出现了很多既有规则逻辑所难以涵盖和准确表达的数字社会规律和难题,亟须立足"三维世界"来探索新的法学命题,构建新的法学理论——数字法学来予以应答。

其二,数字社会形成了本体性重建。网络化、数字化、智能化技术的飞速交融发展,把人类带进了"万物数字化、一切可计算"的数字时代,身联网、数字孪生城市、元宇宙等新生事物奔涌而来。此时,信息与通信技术并不是对环境条件和人性的现实增强,也不是对物理时空和人类能力的范围拓展,根本上是"再本体论化装置"[2],它使"人与数据的聚合正在成为构造世界和塑造个人的基础性活动"[3]。因此,数字社会的发展变革"最好被理解为一种对于信息圈及其居民的根本性的再本体论化"[4]。这种本体性重建,就会形成数字社会空间、数字社会身份、数字社会行为、数字社会关系、数字社会纠纷等转型发展趋向。一方面,"拥有合法数字身份是一项基本权利,人们通过移动网络进行贸易、支付和社交"[5];另一方面,"'以数识人'不仅改变着人们的自我认同,而且成为每个人为社会所认知的基础"[6],并深蕴于网络治理、平台治理、算法治理、区块链治理、数智治理之中,形成新的概念范畴、基本原则、规则逻辑、价值观念、法律方法,如数据信息权利、算法共谋、自动化行政、区块链司法、数字主权等。其中所涉及的领域和问题,都是现有法学理论和规则框架难以直接适用和有效解决的,这就需要相应的数字法学来完成这一重要使命。

其三,面向数字法学的转型升级。近年来,新兴法学的理论研究十分活跃,成果颇丰,名称各异。如网络法学、信息法学、人工智能法学、数据法学、计算法学等,但这些都是在现代法学项下的新兴二级学科意义上来讨论的,而且也具有较

---

[1] 王天一:《人工智能革命——历史、当下与未来》,北京时代华文书局2017年版,第192-193页。
[2] [英]卢恰诺·弗洛里迪:《信息伦理学》,薛平译,上海译文出版社2018年版,第22页。
[3] 段伟文:《信息文明的伦理基础》,上海人民出版社2020年版,第9页。
[4] [英]卢恰诺·弗洛里迪:《信息伦理学》,薛平译,上海译文出版社2018年版,第380页。
[5] [英]克里斯·斯金纳:《数字人类——第四次人类革命的未来图谱》,李亚星译,中信出版集团2019年版,第286页。
[6] 段伟文:《信息文明的伦理基础》,上海人民出版社2020年版,第9页。

明显的分散性和交叉性。而在本书看来,这些研究都局限于某一个领域,若从总体上来审视的话,就应该统称为数字法学,因为它们都是数字社会现象、数字社会关系和数字社会规律的理论反映。同时,数字法学不仅不是现代法学的新兴二级学科,而且应该是现代法学的"升级版"。[1] 因为在当今的数字化转型进程中,传统工商社会已经整体融入数字社会,经过吸纳重塑而变成了数字社会的有机组成部分,那么,基于工商社会的现代法学,也自然会被吸纳重建而成为数字法学的有机组成部分。这样,数字法学主要由继承沿用(现代法学)、局部重塑(现代法学和新兴法学交融)和全新法学理论三方面内容组成。可见,从现代法学向数字法学的转型升级,并不是要取代甚至抛弃现代法学,而是在现代法学的基础上,通过吸纳继承、数字化重塑并融合新兴法学理论,总体性地转化为反映数字社会发展规律的新一代法学。这既是数字时代发展的必然要求,也是构建数字社会秩序、推进数字法治转型、确立中国法学自主性和塑造数智人文价值的迫切需要。

基于对数字时代的巨大变革和中国自主法学知识体系的建设需要,2023年2月,中共中央办公厅、国务院办公厅印发了《关于加强新时代法学教育和法学理论研究的意见》,对"加快发展社会治理法学、科技法学、数字法学、气候法学、海洋法学等新兴学科"作出了顶层设计和战略部署。2024年1月22日,国务院学位委员会第八届学科评议组、全国专业学位研究生教育指导委员会发布了《研究生教育学科专业简介及其学位基本要求(试行版)》,明确将"网络与信息法学"列入学科专业目录。这样,就开启了数字法学研究和教育的新篇章。

其四,数字法治形态日渐成型。数字法治并不是现代法治的数字化,也不是现代法治的自然延展,而是现代法治的代际转型和总体升级。如果说现代法治是法治1.0版的话,那么,数字法治就是法治2.0版。与现代法治相比,它具有以下四个特点:一是环境条件不同,现代法治立足于物理时空,而数字法治则立足于数字时空(虚拟/现实的双重空间);二是经济基础不同,现代法治的基础是工商经济和商品逻辑,而数字法治的基础则是数字经济和信息逻辑;三是行为规律不同,现代法治主要反映生物人(自然人,也包括法人组织)属性及其行为规律,而数字法治则主要反映生物人/数字人的双重属性及其行为规律;四是价值形态不同,现代法治主要呈现基于人财物配置和流转的分配正义,而数字法治则主要呈现基于信息控制/分享和计算的数字正义。这样看来,现代法治和数字法治乃是法治发

---

[1] 参见马长山:《数字法学的理论表达》,载《中国法学》2022年第3期。

展变革的不同阶段和类型,数字法治反映了数字时代的生产生活规律,体现着以数据/信息为轴心的权利义务关系和以算法为基础的智能社会秩序。在本质上,它是平衡公权力、私权力(权利)、私权利关系,保障数字社会人权,实现数字正义的治理方式、运行机制和秩序形态。因此,数字法治是在现代法治基础上的数字性重塑和新生。可见,"正如工业革命催生了源于西方的现代法治,信息革命也必将因其对社会经济生活的深刻塑造而催生新的法治形态。这是巨大的挑战,也是中国法学的宝贵机遇"[1]。

事实上,中国在辉煌的古代时期曾是农业文明的代表,但进入工业时代之后开始落伍,为此我们才不断"追赶"现代化来实现民族振兴。就法学而言,从晚清开始就"仿制"借鉴西方的现代法学理念和制度。中华人民共和国成立后我们曾照搬苏联法学,但改革开放后中国逐渐面向全球化,就需要借鉴、吸收和移植大量现代法学的观念、理论和制度。这无疑对我国追赶现代化、融入全球经济发展潮流起到了重要推动作用。然而,我们在理论资源和话语权方面处于"后发"依赖和追赶地位,也不能充分提供中国自己的"法律理想图景"。可以说,无论是刑法,还是民法、经济法,包括知识产权法和证券法等,其中的传统法律因素并不多,而我们的"中国化"创新也较为有限。但数字时代的到来,把全球带进了同一个全新而陌生的数字世界,而我国的数字经济已稳居世界第二位,数字政府、数字社会、数字生态、数字司法等各方面建设均处于世界前列,于是就给我们创造了从"跟跑"到"并跑"的良好时机。这并不是工业社会之中的"弯道超车",而是从工业社会迈进数字社会的"换道超车"。此时,数字法学就成为提炼我国的数字制度创新成果、升华我国的数字化转型命题、探索当代数字治理模式与规律的重要理论阵地,是构建中国自主法学知识体系的突破口和主阵地,为其提供核心动力和根本支撑,进而为数字化转型和数字法治建设提供价值坐标和理论指引,呈现相应的中国理论、中国话语和中国创新。

---

[1] 支振锋:《新时代新格局需要新法治新法学》,载《经济导刊》2020 年第 10 期。

第一编

数字法学基础理论

第一章　数字法学概述

> **法律故事**
>
> 在1996年芝加哥大学法学院举办的一场网络法研讨会上,美国知名学者、法官弗兰克·伊斯特布鲁克(Frank Easterbrook)针对网络法发表了尖锐的评论。他以"马法非法"作比喻,指出所谓"网络法"(cyberlaw)就好像"(关于)马的法律",只是将赛博空间(cyberspace)中各类可能出现的纷争及可适用于调处相关纷争的法律规则胡乱地拼凑起来,但这并不足以支撑网络法成为独立的部门法研究领域;而赛博空间中的纠纷,无非还是要回到法律既有的基础部门(例如合同、侵权、财产等)寻求一般性的制度解决。这正如马的买卖问题、马踢人的侵权问题、马的许可证问题等,但并不意味着需要为此专门制定一部马法。因此,所谓互联网法就如同有关马的法律,只不过是一般法律在特定领域的应用,并无必要独立设置,从而否定网络法具有独立部门法以及交叉学科的地位。这就是所谓的"马法之议",它对当时的网络法研究无疑浇了一瓢冷水。然而,二十多年来全球数字化转型日益加快加深,网络化、数字化、智能化领域的法学研究也取得了重大进展。如约翰逊论证了"空间之别"——网络空间区别于现实社会的独特性质,故而需要传统法律之外的特别规制;莱西格则阐释了"代码之法"——代码主导的技术架构对法律规则的重塑,是网络法独立的客观需求。如今,我国关于数字法学、网络与信息法学、数据法学、计算法学、人工智能法学等不同称谓的学科讨论十分热烈,已成为一个重要的理论热点。

人类历史表明,任何一次巨大的技术革命,都会带来总体性的制度变迁和范式转型。曾经的农业革命、工业革命是如此,如今的信息革命更是如此,它"已经深远地、不可逆转地改变了世界,其步调惊心动魄,其范围前所未有"[1]。信息革

---

[1]　[英]卢恰诺·弗洛里迪:《信息伦理学》,薛平译,上海译文出版社2018年版,序言第1页。

命重新定义了生产力和生产关系,演绎着数字化发展的新式逻辑,孕育出不同于工商业时代的数字社会形态,进而对现代法学产生了某种"釜底抽薪"效应。在这一背景下,历经几百年工商社会修炼而成、一直被奉为圭臬的现代法学,必然要面临空前的严峻挑战,而数字法学将成为新时代的发展主角。

第一节　数字法学的历史演进

早在十多年前就有学者提出了"中国法学向何处去"的追问。[1] 最近,学术界又展开了教义法学和社科法学的热烈讨论,其中多少带些"举什么旗、走什么路"的味道。对此,有学者这样评论道:"对今天的中国法学研究而言,真正有助益的不是两个正在成长的学派之间那种意气化的、截然对立式的立场宣誓,而是在立足于中国法律实践和充分了解对方的基础上的彼此欣赏和互鉴。避免沦为那些'不在场的在场'"[2]。而客观来看,二者恰恰有着不同的研究前设和侧重点,其学术功能、目标和任务也不相同,因此是一种互动互补关系。"任何单方面强调某种进路的特殊重要性并否定其他进路的正当性,企图用一种类型的知识'包打天下',无疑都是错误的。"[3] 更为重要的是,二者主要集中在如何认识法律、法律知识科学性和自主性、法律(法治)如何实践等方面,基本上是在现代法学的逻辑框架内来展开的,因而属于现代法学的内部之争,但它们在面临算法行政、信息权利、算法治理等诸多数字问题时,则难免呈现共同的理论乏力。这意味着,如今到来的数字法学是一个不同面孔的"他者"。打个未必恰当、稍有调侃的比方——如果说教义法学和社科法学是两个武士正在比刀论剑的话,那么,数字法学则是在丛林中突然跳出来的一个火枪手,也许他并不懂刀剑的技艺和逻辑,但却深知火枪的威力,其能量就来自"超现代性"的信息革命。可见,数字法学的兴起,并非响应国家战略的一时即兴之举,也并非刻意诱发学术关注的主观冲动,而是数字时代法律变革的必然要求和未来趋势,是数字时代的一场法学理论"革命"。然而,数字法学本身的演进路径则是明显不同的,并决定了各自不同的内

---

[1] 参见邓正来:《中国法学向何处去》,商务印书馆2011年版。
[2] 尤陈俊:《不在场的在场:社科法学和法教义学之争的背后》,载《光明日报》2014年8月13日,第16版。
[3] 谢海定:《法学研究进路的分化与合作》,载《法商研究》2014年第5期。

涵、体系和功能。

其一,方法论路径。其核心在于,把数字法学视为现代法学的一种拓展方法、革新策略和优化路径。它基本是在新文科、新法学建设背景下来展开讨论和分析的,认为数字时代应突破传统文科的理论工具和研究手段,转向运用现代科技、信息技术和人工智能,特别是要运用算法,将文科的定性方法与定量方法相统一,彰显新文科的科学性,[1]从而更好地应对数字文明转型带来的挑战。其中,计算法学是一个典型代表,也是数字法学的最前沿,但大多学者则从方法论上来定义和阐释计算法学,认为它是计算思维和法学思维的融合。[2] 中国计算机学会计算法学分会的《计算法学宣言》就直接申明:如果对计算法学的概念作出最宽泛的表述,可以把它界定为以信息通信技术和计算机系统为主要方法,对法律、权利以及社会现象进行研究和模拟的学科集群,包括对于计算机技术应用引起的新兴法律问题的研究。实际上,这种研究方法和策略,只是"运用计算法学方法充分地挖掘和分析各种法律数据信息,丰富法学研究方法的类型和多样性,为法学研究提供更多的可能性。但计算法学方法并不能完全取代传统法学研究方法中的价值判断、规范研究的方法"[3]。由上可见,方法论路径下的数字法学,力图通过守成转型、守正创新,为现代法学提供一种新思维、新策略和新方法。

其二,认识论路径。其核心在于,把数字法学视为由归纳演绎向数据分析、由知识理性向计算理性、由人类认知向机器认知的范式转型。该路径的研究认为,算法是人类通过理性所形成的一种认识数据的特殊工具,它在大数据技术中处于核心地位,并为人类提供了一种认识和理解世界的方式。换句话说,所谓让数据说话,进行结果预测、偏好预测、犯罪监测、风险防控等,并不是无目的地对人的行为的客观刻画,而是数据分析者或算法设计者从特定目的出发,对计算对象作出的具有定向性、引导性和干预性的认知计算。[4] 在本质上,它不是通过分析相关数据来测试和验证某种理论,而是过去几千年的经验认知(实验、描述)、过去几百年的理论认知(模型、归纳)、过去几十年的计算认知(仿真、模拟)之外的"第四种范式"。如果是这样,那么,人与机器的关系就改变了,机器也就从认识论的边

---

[1] 参见徐飞:《新文科建设:"新"从何来,通往何方》,载《光明日报》2021年3月20日,第10版。
[2] 参见邓矜婷等:《计算法学:作为一种新的法学研究方法》,载《法学》2019年第4期。
[3] 辛巧巧:《论人工智能时代的计算法学方法》,载《人民论坛·学术前沿》2020年第9期(下)。
[4] 参见段伟文:《信息文明的伦理基础》,上海人民出版社2020年版,第12页。

缘逐渐走入了认识论的中心,从而"形成了一种非人类中心认识论的新形式"[1],人类也会越来越多地依赖机器认知和信任算法决策,以进入更加便捷自动的智能社会。

从世界范围来看,近年学术界出现了认知科学、计算神经科学和人工智能交叉研究的新动向。虽然计量法学、计算法学与认知法学也都尝试用客观的标准减少法律体系中的主观性,但计算法学更多使用建模、模拟等计算方法来分析法律关系,让法律信息从传统分析转为实时应答的信息化、智能化体系,旨在通过主体的分布式实时计算来分析法律行为,发现法律系统运行和法律发展的深层规律。而"认知法学通过模拟法律行为人的认知思维,提高智能系统对法律数据理解、知识表达、逻辑推理和自我学习能力,是计算法学研究的下一阶段"[2]。那些更激进的学者,则在经济奇点、技术奇点的鼓舞下提出了"法律奇点"——"法律奇点考虑的是消除法律的不确定性,出现一个无缝的、普遍的、实时的法律秩序。在法律奇异性中,关于约定事实的法律意义的争议将是罕见的。它们可能是对事实的争议,但一旦发现,事实将映射到明确的法律后果上。法律在功能上将是完整的"[3]。这就表明,作为数字法学的前沿开拓者,计算法学、认知法学将在法律认知、法律适用、法律运行上实现机器对人的替代(至少是相当一部分),直至"法律奇点"的到来。当然,该路径勾画出来的浪漫理想图景,也难免遭遇一些反思和批评:这种思路实际上并没有简化法律,反而使法律系统变得更加复杂和烦琐,因为"法律规则具有开放性且语义模糊不清,研究者尽量将价值选择融入法律模型"[4],这就"需要在确定未来相关情况的基础上建立无休止的复杂决策树"[5],其可能性值得怀疑。而更为重要的是,"由于法律文本驱动的多义性,它可以用不同的方式来计算,而这些不同的方式对于受法律约束的人来说,会产生不同的效果。在一个宪治国家,这样的设计选择属于'人民'和法院,而不是属于大型科

---

[1] 董春雨等:《大数据哲学》,中国社会科学出版社2021年版,第73页。
[2] 张妮等:《计量法学、计算法学到认知法学的演进》,载《四川大学学报(自然科学版)》2021年第2期。
[3] Benjamin Alarie, *The Path of the Law: Toward Legal Singularity*, https://papers.ssrn.com/sol3/papers.cfm? abstract_id=2767835, p.3, last visited on 14 March 2022.
[4] 张妮等:《计量法学、计算法学到认知法学的演进》,载《四川大学学报(自然科学版)》2021年第2期。
[5] Simon Deakin, Christopher Markou eds., *Is Law Computable? Critical Perspectives on Law and Artificial Intelligence*, Hart Publishing Bloomsbury Publishing Plc., 2020, p.100.

技公司或大型法律公司中的任意软件开发者"[1]。无论如何,数字法学的认识论路径仍会在探索中前行,也会带给人们一些理想的期待。

其三,本体论路径。其核心在于,把数字法学视为伴随"物理时代"转向数字时代的本体重建和代际转型,是前现代法学—现代法学—数字法学的变革发展新阶段,并将成为数字时代的法学主导形态。应当说,在信息革命来临之初,人们更多地认为它只是对原有生活的一些改变和优化而已,因此,各国政府常常用信息化、智能化、数字化等"现代化"战略定位来予以回应和规划。然而,随着新业态、新模式的异军突起,原有的生产方式、生活方式、行为方式发生了深刻变革、转换或者替代,人们这才意识到"很多旧有的习惯将被颠覆,很多旧有的制度将面临挑战"[2]。此时,更高层面、更体系化的数字化转型就上升为国家和地方政府的发展战略,诸如数字经济、数字政府、数字社会、数字公民、数字生态、数字治理、数字人权、数字法治等"热词"陆续出现在官方表述或者规划文件中。与此相应,学术界的讨论则更为深刻通透,认为通信技术既是我们世界的再本体论化,也是对新实在的创造,而虚拟世界则是"一个更具自主性且与物理世界在本体论上具有某种对等性的新世界"[3],它带来的乃是信息环境中能动者之间互动的本体论转换。在此背景下,现代法学必然面临空前的严峻挑战和历史性重建,这也是数字法学兴起的根本动力。

客观而言,信息法学、人工智能法学、计算法学、认知法学等数字法学的理论研究,大都是方法论路径或者认识论路径,然而其中也不乏本体论考量。有学者就认为,随着计算技术的广泛应用,会形成有别于现实社会的计算空间身份、行为和关系,也塑造了许多新的行为、资源和新的社会关系,但既有法学理论、法学方法和制度规范不足以应对这种革命性变革。而计算法学基于计算的对象、方法以及能力形成了"计算范式",进而确立计算空间法治发展的基本原则,总结计算技术运行在法律上的基本范畴,明确计算社会的规范工具、应用格局,并总结出计算法学的知识体系。[4] 这无疑直指现代法学的当代转型,趋向于本体论的法学重建。质言之,无论是古典法学理论、中世纪法学理论、还是近现代法学理论,都是

---

[1] Simon Deakin, Christopher Markou eds., *Is Law Computable? Critical Perspectives on Law and Artificial Intelligence*, Hart Publishing Bloomsbury Publishing Plc., 2020, p.104.
[2] [英]维克托·迈尔-舍恩伯格、[英]肯尼思·库克耶:《大数据时代:生活、工作和思维的大变革》,盛杨燕、周涛译,浙江人民出版社2013年版,第94页。
[3] 郦全民:《从世界3到虚拟世界的涌现》,载《自然辩证法通讯》2003年第5期。
[4] 参见申卫星等:《法学研究新范式:计算法学的内涵、范畴与方法》,载《法学研究》2020年第5期。

其所处时代的社会生活的客观反映和规则表达,如今数字时代的社会关系、行为模式、生活方式已经替代了"物理时代"的社会关系、行为模式、生活方式,那么,基于"物理时代"生活规律的现代法律,必然要进行总体性的本体重塑,这无疑是数字法学的历史使命。为此有学者指出,"计算理论之于数字化社会,就像牛顿力学之于工业化社会"[1]。当然,数字法学并不仅仅是计算法学,其范围和属性更为庞大复杂,它既是数字社会秩序的理论呈现,同时也能够为数字社会秩序提供正当性根据。

由上可见,方法论路径意在为现代法学提供一种新的视角和方法,是一种拓展性的努力;认识论路径意在改变现代法学认识和理解法律的方向和策略,是一种革新性的努力;而本体论路径则意在实现现代法学在数字时代的转型升级,是一种代际交替的努力。本书支持本体论路径,因为它承载着信息革命的诉求,反映着数字时代的生产生活关系和行为规律,这样,就已不再是应对新问题、新挑战、新领域那么简单,而一场涵盖法学理论、规范制度及司法实践的"法学革命"。

第二节　数字法学的研究范围与内容

既然是数字法学,就应明确它的基本含义、范畴、内容和体系,澄清相关的一些基本问题和理论疑惑,这也是数字法学研究与建设的重要前提。

(一)定义与名称

新文科、新法学都是信息革命的必然要求,都是数字时代发展规律的理论反映。因此,新法学就应该是数字法学。然而,关于数字法学却可以有三种理解:一是狭义上把数字法学理解为一个新兴的交叉学科,即法学一级学科项下的二级学科。二是中观上把数字法学理解为领域法学,即立足问题导向,以数字经济社会领域全部与法律有关的现象为研究对象,它不仅与文科相融合,还与计算机科学、信息科学、人工智能、物理学等理工科相融合,其研究范式体现出一体整合性、横断交叉性、开放协同性、广泛应用性,进而形成一种新型法学理论体系、学科体系

---

[1] CCCF 专栏:《计算复杂性 50 年:王浩与计算理论》,载墨天轮网,https://www.modb.pro/db/220005,2022 年 1 月 15 日访问。

和话语体系。三是广义上把数字法学理解为一种时代法学,即从法学发展的历史长河来看,可以分为三种形态——以血缘和等级为基础、体现农耕社会规律的传统法学;以人权、私产和契约为基础,体现工商社会规律的现代法学;以平台、数据和算法为基础,体现数字社会规律的数字法学。由此看来,数字法学是从工商社会迈向数字社会的进阶发展,它是以数字社会的法律现象以及其规律性为研究内容的科学,是对数字社会的生产生活关系、行为规律和社会秩序的学理阐释和理论表达。在这一立场上说,数字法学无疑是一种时代意义上的法学。

然而在名称上,近年来各地设置了名目繁多的新兴学科,如互联网法学、信息法学、数据法学、计算法学、人工智能法学、认知法学、未来法学等。它们大都是按照法学一级学科之下的新兴交叉学科,或者是按照新兴领域和新兴问题来设计安排的,因此,其涵盖面和学术规格都较为有限。基于本书的理论界定,其统称名称应为——数字法学,但这并不是现代法学之中的所属二级学科意义上的,而是现代法学之后的进阶升级意义上的。其理由有三:一是我们不宜仅从新文科的文理交叉角度来把握,而应从其根本性质和功能角度来审视。如果这样,它无疑是反映数字时代要求的知识形态,是对数字社会生产生活关系的法学抽象和理论应答,因此,就应称其为数字法学。二是我们不宜仅从内容新旧的角度来把握,而应从代际交替的角度来审视。如果这样,可以根据人类生产生活方式和政治经济基础的不同,大致地分为传统法学和现代法学,如今人类开启了数字生活和数字时代,那么,它就应是现代法学的下一转型升级阶段——数字法学。三是不宜仅从它所面对的新兴问题或新兴领域的分散角度来把握,而应从核心和本体的角度来审视。如果这样,只有数字法学才能更好地涵盖互联网、数据信息、人工智能、算法和区块链等相关的研究领域,也才能实现更高、更准、更统一的命题提炼。

当然,数字法学只是一个概括性的学理统称,如同现代法学这一统称的效果那样,它并不能做到完美,但至少可以提供一个相对清晰的分析框架。除此之外,目前似乎还找不到更好的方案。

(二)研究内容与范围

如前所述,数字法学并不是现代法学的扩容纳新和直线延展,而是在现代法学基础上的转型重建和曲线升级。这里需要回答的一个重要问题是,数字法学与现代法学到底有哪些不同?或者说,到底是哪些重大变革导致了从现代法学迈向数字法学这样的转型升级?而这无疑需要从研究内容和范围说起。

其一,总体研究对象与内容厘定。数字法学中的"数字",并不是问题或领域上的内涵,而时代意义上的指称。因此,数字法学总体上必然要涵摄数字社会的所有法律现象及其规律,它是迈进数字时代、数字社会的法学代表,如同现代法学是迈进近现代社会的法学代表,实现了对传统法学的代际升级一样。

从历史长河来看,可以把法学发展分为传统法学、现代法学和数字法学三大阶段。传统法学是指立足传统生活方式和价值观基础上的法学理论,它涵盖了古希腊、古罗马和中世纪时期,反映着农业社会的交往模式、政治形态和世界观。它强调法律来源于神的理性,"生活于这样的传统中的人,就意味着他是按照宇宙主宰者的计划生活着"[1],要么服从上帝神谕,要么"王者法天"。这样,就共同演绎了一切服从于神的"一维世界"法律逻辑。近现代法学都是立足启蒙价值观基础上的法学理论,它们涵盖了人类发展的近现代进程,反映着工商社会的生活模式、政治形态和世界观,演绎了"二维世界"的法律逻辑。具言之,随着启蒙时代的到来,尼采宣称"上帝死了",理性、科学、自由和进步取代了神学框架,形成了现代性价值观,其最终目的是实现人的解放。由此形成了人类中心主义的、以物理和精神"二维世界"为基础的价值体系,并深嵌于法学理论和法律规范之中。于是,国家与社会、主体与客体、主观与客观就成为现代法学的基本出发点,其基础和条件则是物理时空环境、自然人行为模式、主体/客体逻辑、国家/社会(公权力/私权利)二元框架,是近代以来工商生活规律的客观反映、经验升华和理论提炼。而在当今"万物数字化、一切可计算"的信息时代,人类转向了数字化生存方式,数字孪生、脑机接口、数字化身、机器人协作越来越日常化,虚拟时空、数字身份、数字交往、数字生态成为生活基础,这样,也就创造出物理世界、精神世界之外的"第三世界"——数字世界,它呈现着"数字人类"的主体性再造、人类生活的数字逻辑和数字契约的共享赋权,在数字经济、数字政府、数字司法、数字治理过程中演绎着数字权利、数字权力、数字正义、数字秩序,从而形成了"三维世界"的法律逻辑。总的来说,"一维世界"中的传统法学是"以神为核心"的统一论,核心是神明、等级和血缘;"二维世界"中的现代法学是"以人为核心"的二元论,核心是契约、财产和人权;"三维世界"的数字法学则是"以数为核心"的系统论,核心是平台、数据和算法。由此可见,现代法学赖以生成和发展的条件、基础与规律均发生了重大转变甚至被颠覆,这就使得既有的法律体系与现代法学理论遭遇到严重

---

[1] [美]戴维·鲁本:《法律现代主义》,苏亦工译,中国政法大学出版社2004年版,第22页。

挑战和革命性重塑,转型升级已势在必行。不过,数字社会毕竟是在工商社会基础上变革转型而来的,其"数字"生态也离不开"物理"基础,特别是在婚姻家庭、衣食住行等生物性行为和物质性消费上,因此,这个转型升级并不是简单的替代,而是通过对现代法学的迁移承继和更新重建,并融入新兴数字法学理论之中来完成的。

首先,迁移继承部分。在现代法学的成长过程中,曾出现过"老田生新谷"和"旧偶像倒塌"两种方式,[1]然而,即便是"彻底革命"背景下的"旧偶像倒塌",也仍然继承发展了诸多的传统法学理论,何况今天的现代法学并不是"旧偶像",而是数字法学的变革基础和转型支撑。因此,大量的现代法学知识理论会经由迁移承继而成为数字法学的重要组成部分,如婚姻、物权、侵权、传统犯罪、传统行政等领域,主要依托于物理空间、人的生物性和物理属性,很多既有的行为模式和规律并没有根本性改变。因此,现代法学理论对其仍然能够有效适用。

其次,更新重建部分。即在发生了重大数字化变革和转型的领域,现代法学知识理论难以对其直接套用,而是需要一定的理论改造和重建才能发挥应有解说效力。如身份人格权理论就必须增加数字人格内涵,合同理论必须吸纳智能合约要素,竞争法理论必须融入数据竞争范畴,而数据信息类新型犯罪、数字行政、在线诉讼等领域就更不待言。

最后,新兴理论部分。这主要是基于数字经济、数字社会、数字政府、数字生态等发展变革基础上的法学命题提炼和理论诉求,如平台治理、数据治理、算法治理、区块链治理、人工智能规制等领域。就平台封禁行为而言,它已经不再为平等主体之间的合同关系所能阐释和包含,其实质乃是平台经济业态塑造了数字时代的信息生态,而这种生态颠覆了传统生活方式和行为模式,变成了全新的进入世界、观察世界、参与世界的基本途径。由此可以看到,特朗普被推特(Twitter)封号就意味着他发言权的丧失和在舆论场上的消失,电商下架产品就意味着该产品连同其声誉、流量和客户被驱逐出多环商业圈,俄乌战争中的极限封禁"制裁",则演变成了一种军事战争之外的政治经济"战争"。这些都不是简单地通过"用户黏性"或者"社死"所能表达的,具有"清除"生存的深层意义,其中演绎着复杂的政治、经济和社会关系,蕴含着公法和私法上的多重新兴理论命题。同样,各种应用场景下的算法决策,在主体与客体、主观与客观、国家与社会等基础理论上均

---

[1] 参见[美]泰格等:《法律与资本主义的兴起》,纪琨译,学林出版社1996年版,第263页。

会带来人所共知的挑战性问题,亟须进行命题提炼和理论重建,诸如此类,不再赘述。

可见,数字法学由继承吸收部分、"数字化"更新部分和数字新生部分所构成,但这三部分却未必是泾渭分明的,也不一定是比例均衡的,而是要随着数字社会的进一步发展来适时调整。不过,随着社会的数字发展程度越来越高,即便是迁移承继部分的现代法学知识理论,也会在数字法学体系中发挥更多的"数字"角色和功能,而且其占比会逐渐降低,最终实现完全的转型升级。

其二,具体法律概念、原则、规则理论的体系重构。事实表明,当今信息革命直击人类的道德秩序和社会支柱,导致工商社会的道德、政治、经济和法律基础发生了动摇。此时就需要数字法学来承前启后,在迁移承继仍然准确有效的法律概念、法律原则、法律规则理论的基础上,对那些遭遇挑战和变革转型的理论进行数字导向的体系化重构。

首先,扩张重释。即对那些虽然遭遇挑战和尴尬,但却仍有包容性的法律概念、原则、规则理论,在其内涵、条件、范围、结构、功能等方面进行合理挖掘和拓展性的扩张重释。如智能合约的属性效力、异步审理的司法正当性、既碎片化又产业化的网络犯罪治理、涉人工智能犯罪的定性处罚、自动化行政决策的自由裁量合理性、电子搜查的性质、弹屏送达的法律后果、司法区块链和电子证据、算法裁判的司法程序与原则等,其中所涉及的相关法律概念、原则和规则理论,都可以进行拓展性重释和包容适用,进而在更新重建中成为汇集塑造数字法学的重要力量。

其次,理论创立。即对那些现代法律理论无法包容、无法回应的新兴问题和领域,如数据/信息确权、算法治理、平台治理、区块链治理以及人工智能规制这些挑战,就需要创设新的法律概念、新的法律原则和新的规则理论,针对其中的数据交易、数据竞争、数据跨境、数据鸿沟、"信息茧房"、算法歧视、算法合谋、深度合成、数字孪生、元宇宙规制等诸多时代难题,提供相应的制度设计和理论方案。以数据、算法、平台和场景为基本范畴的结构体系设计,以"鼓励创新、安全可控、可问责制、计算透明、技术中立和普惠正义作为基本原则"的"计算范式",[1]就是其中的一项重要努力。

最后,原理探索。即在数字法学的体系重建中,深入探索数字法哲学原理。

---

[1] 参见申卫星等:《法学研究新范式:计算法学的内涵、范畴与方法》,载《法学研究》2020年第5期。

前文已述,现代法学是工商生活规律的理论反映,但它的很多方面则在数字生活规律面前则失去了解说效力。佩里·巴洛(John Perry Barlow)在《网络空间独立宣言》中早就曾宣称:"你们的财产、表达、身份、活动和条件的法律概念不适合我们。这些概念建立在物质基础上,而我们这里没有什么物质。"[1]尽管今天看来这种说法未必妥当,虚拟与现实空间也已融为一体,但数字社会确实演绎着不同于工商社会的逻辑。例如,现代法律调整的是物理时空中人、财、物之间的社会关系,是自然人之间直接的、生物性的表达和交往方式。但数字时代则从互联网、物联网、车联网发展到身联网,呈现大量间接的、数字化的表达和交往方式,此时,每个人既有生物性的自然人身份,又有电子性的数字人身份,特别是元宇宙中"性骚扰"、数字财产、交易活动等已完全突破了传统法学的自然人基础和权利逻辑。还有那些数据分析预测、数据画像、精准推送等,通过对"数字人"的操控来暗中影响其对应的自然人的情况,[2]则更是不计其数。这些都是现代法学理论所无力应答的,亟须设定创建"数字人类"的主体理论和权利理论。再如,数字社会中人的行为,一方面是虚实一体融合的,另一方面又可能是人机协同的,对此时发生的法律问题,凭借现代法律那种从单一物理时空和工商生活中提炼出来的法律行为理论——动机、目的、认知,以及行为方式、结果、因果关系,是难以进行解释和证明的,亟须进行数字行为立场的理论重建。同样,在法律价值上,工商社会主要是基于身份、财富和机会的分配正义,数字社会则出现了基于数据信息的透视和控制问题,于是,就出现了数据正义观、代码正义观和算法正义观,迫切需要进行深度研究和高度提炼。由此可见,在廓清数字法学的研究对象、内容、方法,对法律概念、法律原则、法律规则进行体系重建的基础上,深入探索数字法哲学原理就显得十分重要,进而为数字法学的变革发展提供强劲动力和坚实支撑。

其三,研究方法的数字化突破。当今的网络化、数字化、智能化的发展潮流势不可当,自动化的智慧进程会不断加快,算法决策在政府、司法、商业服务甚至日常生活的应用会越来越多,这样,相关关系作为一种思维或者决策方式已从幕后走向前台,发挥着越来越显著的作用。也即"从工业时代到信息时代的转变,是从机械思维到数据思维的转变"[3],由此而发生的法律思维和法律方法变革则是

---

[1] [英]安德鲁·查德威克:《互联网政治学:国家、公民与新传播技术》,任孟山译,华夏出版社2010年版,第42页。
[2] 参见[德]尤夫娜·霍夫施泰特:《大数据之眼》,陈巍译,浙江文艺出版社2018年版,第205页。
[3] 王天一:《人工智能革命》,北京时代华文书局2017年版,第95页。

必然的。这并不会丢掉因果关系分析,而是在 AI 法律和法律 AI 互补发展的背景下,大数据分析、法律认知、专业解释等相关关系分析方法为数字法学提供了新兴动力。

(三)数字法学与现代法学的关系

数字法学和现代法学的关系作出如下总结分析和研判:

其一,数字法学的目标。数字法学固然是新文科建设的重要组成部分,但数字法学的目标并非仅仅是知识、理论和方法上的文理交叉或者融合,也并非仅仅是对新时代国家建设发展战略及国际环境的理论回应,其在更深层意义上,则是从工商时代迈进数字时代、从"物理社会"迈进数字社会、从现代法学向数字法学转型升级的重大理论表达。

其二,数字法学的定位。数字法学并不是一个新兴的学科,尤其不是现代法学项下的一个新兴学科。进言之,数字时代不是在现代性发展路线图上的延续拓展,而是通过打破物理时空限制、重新界定人机关系、增赋数字人格属性、塑造虚实同构行为等方式,在颠覆中实现对现代法学的重建超越和代际转换。这必然会出现一系列的新概念、新范畴、新理论和新方法,从而形成数字法学的价值理念和基本原理。这无疑是一个庞大的、长期的理论探索和司法实践过程,有如当初现代法学的形成过程那样,需要数代法律人的共同参与和努力建设才能完成。

其三,数字法学的构造。法律发展史表明,"新秩序不可能代表与过去的完全决裂。它必须从现有各种安排里面发展出来,从而到最后,将会有更多旧观念、态度和制度融合到未来秩序中去"[1]。回望当初的现代法学,它也是那个时代的一次重大"法学革命",也是在大量继承、改造和重建传统法学知识理论的基础上而生成发展的。因此,对当今的数字法学而言,自然不可能抛弃一切、推倒重来。换言之,现代法学依然是数字法学变革重建与换代升级的主要来源和根本基础,只是那些"纯粹"继承沿用的现代法学知识理论比例,会随着时间的推移而逐渐降低而已。其原因有三:一是现代法学知识理论会通过不断增赋数字化要素、强化数字化立场来适应数字社会的纵深发展需要;二是随着数字技术的不断升级和广泛应用,智能执法司法场景会越来越多,现代法学知识理论将在知识图谱构建中逐渐被技术编码和数字化重写;三是新兴的数字法学知识理论会大量涌现,并

---

[1] [美]泰格等:《法律与资本主义的兴起》,纪琨译,学林出版社 1996 年版,前言第 2 页。

呈现指数级的增长状态。至此可以看到,数字法学不是现代法学的一部分,恰恰相反,现代法学是数字法学的一部分。而这一过程,应该与数字社会生活中法律体系变革重建的步伐是大致吻合的,反映了数字法学的基本构造。

第三节 数字法学的底层逻辑

毋庸置疑,农业革命和工业革命对人类的进步意义都是巨大的,但它们乃是在"上帝"的先天给定范围内,拓展了人类的活动能力和生活品质。而当今信息革命,则使人类变成了"上帝",不仅拆除了物理时空的围墙,还创造出了奇妙的数字孪生、平行世界、元宇宙等,因此,堪称人类历史上最具颠覆性、重建性的重大革命,进而重组了生产组织方式,重塑了生活方式,重建了社会结构,再造了社会运转机制,形成了与工商社会完全不同的连接方式、行为模式、知识体系、价值体系以及社会结构。[1] 这一时代背景、条件和基础,就决定了数字法学的底层逻辑和体系构架。

一、数字生活的基本逻辑

从某种意义上说,现代法学反映着工商社会生活中人、物、事的自然逻辑,而数字法学则反映着数字社会生活中人、物、事的自然与信息的双重逻辑。今天的信息革命,使人类走出了千百年来的"天然"生存状态,开始自我塑造为"数字人类"。

(一)信息中枢机制

毋庸讳言,数据/信息已经成为当今数字时代的"新石油"和新生产要素,由它转变而成的产品和服务正在深刻改变人们的生活,"其影响力足以与工业革命相媲美"[2]。

其一,万物信息化。也即信息与通信技术的广泛应用,实现了前所未有的万物链接,人们的所有活动都会在数字时空中留下痕迹,物品、行为乃至思想均可通

---

[1] 参见王天夫:《数字时代的社会变迁与社会研究》,载《中国社会科学》2021年第12期。
[2] [美]安德雷斯·韦思岸:《大数据和我们》,胡小锐等译,中信出版集团2016年版,第18页。

过数字来表达和呈现,从而创造了万物数字化的全新数字生态,正可谓"信息不是一切,但一切皆可成为信息"。与此同时,每个人作为信息主体,其行为也不再是孤立的信息活动,而是关涉数字社会的信息生态建构,并汇聚着巨大的社会价值和发展能量。

其二,信息中枢化。犹如曾经的工商革命一样,当今信息革命也在颠覆中实现了社会重建。如果说传统科技为现代性提供了物质框架的话,那么,当今信息技术则瓦解了这一物质框架;[1]如果说工商社会致力于火车司机取代马车夫这样角色转换的话,那么,数字社会则致力于塑造社会成员的数字生活能力和行为能力;如果说在工商社会中一切事物都围绕着生产和劳动力控制的话,那么,在数字社会中则"一切社会行为则围绕着生产与信息控制"[2],也即"人与数据的聚合正在成为构造世界和塑造个人的基础性活动"[3],而一旦世界被数据化、信息化,"就只有你想不到,而没有信息做不到的事情了"[4]。因此,数据/信息并不仅仅是一种新的生产要素,而是具有某种分析预测、规划控制和调剂分配人力、资源、机会的中枢功能机制,这也正是当今"大数据战争"的一个深层动因。

其三,信息权力化。可以说,信息的中枢功能机制,成就了信息的权力化。事实表明,"自计算机产生起,技术改变的核心问题是权力的转移"[5]。而信息凭借其中枢功能,自然就"带有支配的性质"[6],甚至趋于数字社会的权力中心。数据信息与人工智能的结合,还会挑战现代性的平等、自由、公正和民主原则,引发一场被重新分类、评价、比较甚至被看透的"控制革命"[7]。此时,人变成了"可以用数字计算的人"[8],社会也进入了"无处不在的计算"时代。于是,资本

---

[1] 参见[美]安德鲁·芬伯格:《技术批判理论》,韩连庆等译,北京大学出版社2005年版,第21页。
[2] [荷兰]约斯·德·穆尔:《赛博空间的奥德赛》,麦永雄译,广西师范大学出版社2007年版,第16页。
[3] 段伟文:《信息文明的伦理基础》,上海人民出版社2020年版,第9页。
[4] [英]维克托·迈尔-舍恩伯格、[英]肯尼思·库克耶:《大数据时代:生活、工作和思维的大变革》,盛杨燕、周涛译,浙江人民出版社2013年版,第125页。
[5] [美]马克·格雷厄姆等:《另一个地球:互联网+社会》,胡泳等译,电子工业出版社2015年版,导论第XXXIV页。
[6] [美]尼尔·波斯曼:《技术垄断》,何道宽译,中信出版集团2019年版,第130页。
[7] 参见[德]克里斯多夫·库克里克:《微粒社会——数字化时代的社会模式》,黄昆、夏柯译,中信出版社2018年版,前言第Ⅶ-Ⅷ页。
[8] [美]尼尔·波斯曼:《技术垄断》,何道宽译,中信出版集团2019年版,第153页。

控制手段就开始走向数字化,而公权力则具有了无处不在监控的能力。[1] 由此,数字公民的权利保护就成为重要的时代课题。

(二)数字行为方式

信息革命的一个重要后果就是,人类突破了上帝为人类打造的物理时空,使得虚实同构成为人类最基本的数字生活样态。

首先,虚实交互一体的生活空间。随着 Web1.0—Web2.0—Web3.0,桌面互联网—移动互联网—物联网/车联网/身联网的加速发展,完全改变了社会的"时空体制",[2]时间和空间在"脱嵌"中进行了重组,甚至形成了数字孪生的"平行世界",但此时虚拟与现实已经不再并立,而是形成了虚实一体化的生活空间和数字生态。不管人们对支付宝、微信、知网、网约车平台等是否满意,反正已经对这些数字"基础设施"和信息生态形成了严重依赖,而一旦我们脱离这种生态就会像离水的鱼,也即"我们的正常信息流一旦出现任何中断,就会使我们陷入病状"[3]。

其次,双重属性的主体身份。数字时代不仅实现了生产流通的数字化、虚拟化,"它还会形成新的职业结构、经济结构,以及沟通传播结构,开启新的社会互动模式,甚至是新的社会身份认同形式"[4]。也即人们越来越多地融入在线生活,个人信息/数据成为大数据源泉和人工智能应用的原料,人也获得了"数字人"的新型存在形态,甚至成为"身联网"(IoB)的一个技术平台。如果说脑机接口还在大量试验的话,那么,"彼得2.0"的确是用自己的"生命实验"创造了人类史上第一个真正的赛博格(电子人),形成了人与 AI 的共生共存。[5] 越来越多的这类情况表明,人类已日趋变成"现实与数字的两栖物种"[6],每个人都赋有自然(生物)/数字(电子)的双重属性和身份人格。这无疑是一场大规模的人类革命,"这场革命非同以往,数字人类要比人类复杂得多"[7]。

---

[1] 参见[美]约翰·马尔科夫:《人工智能简史》,郭雪译,浙江人民出版社2017年版,前言第XIV页。
[2] 参见[德]哈特穆特·罗萨:《新异化的诞生》,郑作彧译,上海人民出版社2018年版,第118页。
[3] [英]卢恰诺·弗洛里迪:《信息伦理学》,薛平译,上海译文出版社2018年版,第23页。
[4] [德]哈特穆特·罗萨:《新异化的诞生》,郑作彧译,上海人民出版社2018年版,第39页。
[5] 参见《科学家得绝症后的超酷自救:人类史上第一个"永生者"诞生了》,载腾讯网,https://new.qq.com/omn/20220216/20220216A06YRK00.html,2022年2月17日访问。
[6] 《清华大学:2021元宇宙发展研究报告》,载腾讯网,https://page.om.qq.com/page/OifC58GczUZpedUjNt5B09-g0,2021年10月2日访问。
[7] [英]克里斯·斯金纳:《数字人类》,李亚星译,中信出版集团2019年版,第283页。

最后,数字化的社会关系。由于每个自然人都是一个"信息体",因此,社会关系就围绕着"动态的数字自我"来展开。一是个人信息起到"我是谁""能够成为谁"的重要表征和构成作用,"以数识人"成为每个人"为社会所认知的基础";[1]二是人们每天都要在线上线下来回穿梭,无论是生产生活、衣食住行还是日常交往,已经很难找到"纯粹物理/生物"的行为,而基本都是虚实同构甚至主要是在线的数字行为;三是这些数字行为生发并作用于数字经济、数字政府和数字社会的关系构架之中,呈现并运行在数字治理、智慧司法、数字公民的行动逻辑之中;四是随着虚拟现实、数字孪生技术的进一步发展,还会形成"虚实互动、互生、互存的平行社会",[2]特别是开放性、参与度、沉浸感更高的新型虚实相融的元宇宙也已来临,它开始走出游戏的应用范围,"将虚拟世界与现实世界在经济系统、社交系统身份系统上密切融合,并且允许每个用户进行内容生产和世界编辑"[3]。这样,就会形成场景多样、代码互动、层叠交织的数字社会关系,展现出虚实同构的数字行为逻辑。

(三)算法秩序状态

随着信息技术的加速发展,深达几百层的人工神经网络算法,在分析预测、发现模式、作出结论等方面的能力已经远远超过了人类。而且,算法也已成为数字经济发展变革的核心推动力量,迎来了"一个由算法定义的世界"[4],进而形成了算法主导的社会秩序。

首先,人机协同。能够制造和使用工具,是人类成为世界主宰的重要原因之一。然而,无论这些工具或机器多么先进,它们都是"死"的,只能由人来操作和控制。但如今的算法则"活"了,这并不是说所谓"强人工智能"的那种"自主意识",而是说它们能够参与甚至代替人类决策——自动定价、自动驾驶、智能医疗、人脸识别、自动化行政、智能裁判等一系列重大决策权,正在"从人手中转移到算法手中"[5]。于是,人机协同工作、协同决策依赖算法决策的场景,将成为数

---

[1] 参见段伟文:《信息文明的伦理基础》,上海人民出版社2020年版,第9页。
[2] 参见戴志勇:《"未来一定有多个平行的你"》,载南方周末网,http://www.infzm.com/contents/111120,2021年9月25日访问。
[3] 《清华大学:2021元宇宙发展研究报告》,载腾讯网,https://page.om.qq.com/page/OifC58GczUZpedUjNt5B09-g0,2021年10月2日访问。
[4] 徐恪等:《算法统治世界》,清华大学出版社2017年版,第341页。
[5] [美]克里斯托弗·斯坦纳:《算法帝国》,李筱莹译,人民邮电出版社2017年版,第197页。

字社会的运行常态。

其次,代码规制。算法决策是通过特定计算过程的输入/输出关系来完成的,其中的代码编写就具有了设计和控制意义。也即代码编写都会嵌入某种主观判断和价值理念,它能够实现或阻止某种非正式的规制,[1]因而人们才认为代码就是法律、就是权力。随着数字社会的自动化、智能化进程加快,算法决策的场景将越来越多,人脑决策对算法决策的依赖性也会越来越高,此时,代码规制就成为与政府规制相呼应的重要规制方式,甚至成为国家法律的自动执行机制。尽管目前出现了低代码或者无代码的发展倾向,[2]但基本的代码规制仍然扮演主要角色,进而构成塑造数字社会秩序的重要力量。

最后,智能伦理。由于算法决策是数字时代的一项自动化机制,因而,如何避免算法错误、算法黑箱、算法偏见以及技术工具理性、人工智能风险等带来的问题,促进算法友好向善,无疑是数字社会必不可少的"道德基础设施"建设,[3]也是数字正义价值的重要组成部分。其核心部分主要包括:一是算法决策的可及性,即算法决策的应用范围和效力。由于"算法并不能'解决'所有问题"[4],特别是在价值判断和情感计算问题上,它必然会遭遇难以逾越的屏障。二是算法决策的正当性,即算法决策的合法性、合理性,包括数据信息、知识图谱、参数模型、训练测试等全流程合规,克服先验偏置和归纳偏置,体现权利保护原则和数字正义价值。[5]三是算法决策的科学性,即避免算法设计中某种简化和误差可能带来的"原罪",防止算法错误和算法风险。四是算法决策的良善性,事实上机器人没有道德观,"它们只是一种物体,被灌输了程序员为达到特定目的而编写的代码"[6]。因此,需要对算法的开发设计进行必要的法律和伦理上的规范,防止算法决策变成牟利算计、透视控制和工具主宰,从而保持"以人为本"的设计。五是算法决策的可责性,即算法决策应具有一定的可解释、可回溯、可开放、可审计、可救济机制,从而实现其可责性,促进算法决策的良性发展和社会进步,形成法治化

---

[1] 参见[美]安德鲁·芬伯格:《技术批判理论》,韩连庆等译,北京大学出版社2005年版,第16页。
[2] 参见陆继恒:《无代码的时代真的来了吗?》,载百家号网,https://baijiahao.baidu.com/s?id=1694452504275670645&wfr=spider&for=pc,2021年5月6日访问。
[3] 参见[意]卢西亚诺·弗洛里迪:《第四次革命》,王文革译,浙江人民出版社2016年版,第220页。
[4] [美]卢克·多梅尔:《算法时代:新经济的新引擎》,胡小锐、钟毅译,中信出版社2016年版,第196页。
[5] 参见[美]卢格尔:《人工智能:复杂问题求解的结构和策略》,郭茂祖等译,机械工业出版社2017年版,第483页。
[6] [美]约翰·C.黑文斯:《失控的未来》,仝琳译,中信出版社2017年版,第22页。

的算法秩序。

(四)节点治理模式

数字时代的发展逻辑,已经突破了现代性的国家/社会的二元框架和法律—伦理—宗教三元规范结构,这必然也会颠覆传统的社会治理模式,形成数智治理新样态。这个新样态的根本特征,就是节点化治理。

首先,现代社会形成了一种科层制的层级治理方式,但进入数字时代后,信息表达和跨时空链接改变了工商社会结构和物理时空的交往方式,每个关系人不再是层级化的单向指令传递者,而是信息网络的基础单元和双向勾连者——节点,[1]进而消解了传统的层级治理机制,出现了"由中心化的实体组织或个体转向分散化的网络节点"的发展走向。[2]

其次,由于每个关系人都是既接收信息又传递信息的网络节点,因此,无论是在多方参与的网络交易、即时通讯的新媒体社交中,还是在"一网通办"的电子政务、异步审理的司法过程中,权利/义务、权力/责任都通过节点的访问权、处理权来表达和实现,塑造了全流程留痕、全场景可视、全过程可回溯的治理机制。

再次,节点化的网状治理模式,形成了扁平化、去中心、互动性的分享/控制状态,必然会形成多元的规制范式,包括"法规的/自愿的、正式的/非正式的、国家的/超国家的、等级制的/分散的"[3],特别是分散化的代码规制,将在节点治理中发挥重要的基础性作用。

最后,数字时代的数据/信息突破了物理时空限制,导致基于属地或属人的既有管辖原则和治理机制失效,因此,基于网络节点的社会效果原则和跨时空治理便是一种优选策略。这样,节点治理就成为跨国合作、协同治理和共同发展的重要基础,也是数字时代全球法治建设的新兴动力。

二、数字逻辑的法学呈现

上述这些生活规律和数字逻辑,不仅是数字法学的理论根基和时代动力,也是数字法学所要呈现的社会关系和生活常理。然而,数字法学并不是对这些数字逻辑进行反射镜式的直观反映,而是要进行法学上的理论抽象和体系建构,从而

---

[1] 参见彭兰:《新媒体用户研究》,中国人民大学出版社2020年版,第24页。
[2] 参见裴炜:《数字正当程序》,中国法制出版社2021年版,第10页。
[3] [英]詹姆斯·柯兰等:《互联网的误读》,何道宽译,中国人民大学出版社2014年版,第128页。

形成数字法学的底层逻辑。

1. 数字逻辑的法理表达

信息中枢、数字行为、算法秩序和节点治理,是数字社会的生产关系、生活关系、行为方式、价值观念等的表现形态,它们本身只是生活逻辑而不是法律逻辑。因此,把数字生活逻辑转化成数字法律逻辑是数字法学的一项重大时代任务,这也是工业文明时代的制度安排、思想观念和思维方式遭遇"创造性"破坏和颠覆时,亟须重塑符合数字文明的概念范畴和社会体制的必然要求。例如,为适应新形势、新发展,我国《反不正当竞争法》在修改后增设了"互联网专条",但没过多久就发现仍然难以有效解决问题,因此,司法机关又不得不回到法律的抽象设定上,通过"激活"原则条款来裁决案件。这使得再次修改《反不正当竞争法》被提上日程。再如,反垄断法上的双边市场、封禁行为等法律认定,在当今平台经济条件下遭遇困境,反垄断的正当性边界出现重大争议。这些问题的背后,实质上是立法未能充分表达数字经济逻辑,不能展现数字正义,而相应的理论研究也未能提供有效的方案。此类情况并不在少数,亟须数字法学对这些生活逻辑进行理论上的命题提炼、原则归纳、原理探究,特别是涉及法律主体、法律关系、法律行为、法律作用、法律运行、法律方法,以及法律价值、法律规则、法律原则等基本理论,需要进行创新性重建,并促进数字立法的进步与完善。

2. 数字逻辑的理论正当化

数字生活逻辑给政治、经济、文化和日常生活都带来了巨大而深刻的影响,"它创造了许多,也同样毁灭了许多,它毁灭的东西可能比替代的多"[1]。平台治理、算法治理、区块链治理等等日渐成为社会秩序的主题,而刚刚兴起的元宇宙等技术应用镜像,构造了虚实同构、深度交融的经济系统、社交系统、身份系统,人们凭借多个"替身"进行虚实互动和创世编写,生成了数字身份、数字资产、数字关系、数字主权、数字规制等更为复杂的数字社会关系。可见,数字孪生、元宇宙等可能是镜像的,但其后果则是现实的,会深刻地影响和改变人类的价值观念、行为方式、社会关系和秩序状态。其中固然有相当部分的积极进步力量,但也存在着一定程度的问题和风险,需要在总结实践经验和把握变革规律的基础上兴利除弊,进而实现理论上的正当化。

首先,价值判断和识别。即基于人类社会的核心价值和发展方向来对数字逻

---

[1] [美]安德鲁·V.爱德华:《数字法则》,鲜于静等译,机械工业出版社2016年版,第191页。

辑加以识别,根据数字正义观来进行基本的理论判断,从而进行有效的正向证成(如数据/信息确权)、中性厘定(如平台治理)或者反向否证(如算法歧视),从而确立数字逻辑的价值框架和规范意义。

其次,避免"符合式"套用。即不宜采取"符合真理观"的方式,简单套用或者比附现代法学理论来进行证立或证否,而应注重对数字逻辑的吸纳升华。也就是说,面对新兴的数字权利、数字关系和数字规制等,不能总是试图把它们拉回到既有的理论体系或者规则框架中,在"正统"中寻找根据、挖掘理由,以证明其是否"符合"合法性、正当性;而更重要的则是立足其生成条件和运行规律,并按照数字时代的发展逻辑来重塑理论和规范框架,探索新根据、发现新理由,进而赋予其合法性和正当性。从宏观而言,一个典型的情况就是,面对日渐增多的人机协同决策的生活场景,当"人的很多行为和认知与机器融合在一起,这时候我们就需要在人机混合的'系统即社会'中制定规范(Norms)"[1],进而重新审视法律价值和法律关系理论。从微观而言,类似情况则不胜枚举:在劳动法上,信息革命创造了"玩工众包""在线众包"等新型数字劳动(平台劳动),[2]形成了受制于算法、组织、监控的新型数字社会关系,工商时代的劳动和社会关系理论已经无法继续套用,需要按照数字逻辑对劳动关系赋以新的理论内涵、价值意义并重新定义"劳动"及"劳动关系";在经济法上,传统"双边市场"理论的解说效力日渐式微,新兴"看门人"说、"新公用事业"说以及"新布兰迪斯学派"等尚不成熟,而目前平台经济中变通性的反垄断法执法,又无法有效解决自我优待、大数据杀熟、封禁行为、扼杀型并购等难题,亟须数字逻辑框架下的理论创新;在刑法上,大而化之的"非法获取计算机信息系统数据罪"等"数据犯罪"面临着越来越深的司法窘境,[3]其深层原因在于它仍是一种立足"物理世界"而非"信息世界"的规制逻辑,但这并不能简单地通过增设新条款、新罪名来补漏性地策略应对,而是通过思维和理论上的变革重建来加以根本解决;在司法上,面对异步审理场景时,应嵌入虚实一体的生活立场,重新定义直接言辞原则等,进而推进现代法学的变革更新。

---

[1] 陈钟:《从人工智能的本质看未来的发展》,载《探索与争鸣》2017年第10期。
[2] 参见[意]亚历桑德罗·甘迪尼:《数字劳动:一个空洞的能指?》,操远芃译,载《国外社会科学前沿》2022年第1期。
[3] 参见郭旨龙:《非法获取计算机信息系统数据罪的规范结构与罪名功能——基于案例与比较法的反思》,载《政治与法律》2021年第1期。

最后,创新性证立。即立足新业态新模式的创新经验、数字关系和数字行为属性,凭借数字思维和理论知识确立其正当性。也就是说,面对数字社会的新型生活逻辑,在工商社会中提炼出的既有规则难免会失去其规制功能,既有理论也往往会失去其论证效力,这诚如学者们所指出的,"数字化经营的产品则几乎具有信息的量子属性,无形,无法量化,可以永久性复制,永远在转换过程中;似乎没有几种(如果有的话)常见的实体商务的规则可以实际运用于此"[1]。在这种情况下,就"需要融入计算思维以增加对计算行为的认识,对计算行为的种类、行为机制和规范方式等进行具体研究,才能适应我们正在进入的数字化社会,从而直接为计算行为提供行为规范"[2]。近年来,世界主要国家也都在加大信息立法速度和保护强度,然而,数据/信息仍存在着界定不清、权属不明、保护不力的状态,其中一个很重要的原因,就是人们总是试图按照既有的物权、人格权、财产权或者知识产权等"状态性"赋权方式来套用和处理,而未能根据数据/信息自身的分享/控制这一基本属性,来进行"流动性""过程性"赋权(数据/信息处理的全流程、全周期)和创新设定。其实,在平台治理、算法治理、区块链治理中这样的情况很多。为此,需要把数字逻辑上升为法律逻辑,重构相应的机构和制度,反思重铸法律思想和权利观念,[3]这是数字法学的核心使命所在。

3. 对数字逻辑的体系化建构

数字逻辑是数字社会生活规律的客观反映,它涉及面广、要素多、异常复杂。因此,数字法学在对数字逻辑进行法律逻辑的转化过程中,就应按照法学属性和法学思维进行必要的体系化建构,形成数字法学的概念、范畴、原则、方法等,这些将通过下文的数字法学体系构架表现出来。

第四节　数字法学的体系构架

作为现代法学的升级版,数字法学无疑既具有传承的包容性,也具有立足时代的开拓创新性,展现着新型的理论体系、价值体系和学科体系。

---

[1]　[美]安德鲁·V.爱德华:《数字法则》,鲜于静等译,机械工业出版社2016年版,第120页。
[2]　申卫星、刘云:《法学研究新范式:计算法学的内涵、范畴与方法》,载《法学研究》2020年第5期。
[3]　参见[美]彼得·德恩里科、邓子滨:《法的门前》,北京大学出版社2012年版,第407页。

(一)理论体系

数字法学的理论体系包含现代法学理论,但比现代法学理论更加丰富,文理学科、文文交叉相容的色彩较为浓重,它主要包括三部分。

其一,继承发展的现代法学理论。主要是依然能够完全回应和适用数字社会法律问题,以及经过扩张重释和变革重建的现代法学理论。例如,经济法在空间理论、主体理论和行为理论等三个维度上,对数字经济的命题提炼和理论拓展;[1]再如,基于数字化对当代行政法核心结构的挑战,提出数字行政法的变革转型等。[2]

其二,全新崛起的数字法学理论。主要是基于数字社会生活逻辑,立足数字空间、数字行为、数字关系、数字纠纷解决等类型化的对象领域,进行理论提炼而生成的法学新范畴、新概念、新原则、新理论、新方法。例如,作为数字社会中枢的信息,就是一个释义和赋义的产物,"包含了对符号的赋义和释义的双重活动",具有生成性、建构性、属人性,[3]其法律属性、构造和功能无疑是一个重大的、基石性法学理论命题。再如,数字法治政府、数字公民、数字司法、数字人权、数字正义、数字法治以及平台权力(权利)、算法治理、区块链治理、计算法学、认知法学等,都是亟待回应和建构的时代法学理论。基于此,一些计算法学的倡导者已开始探索计算空间所形成的数据、算法、平台和场景等基本范畴、思维方式,数字社会的新式行为、新型关系,进而探索数字法治的基本原则、基本范畴和知识体系。

其三,法学立场的技术规制理论。早在三百多年前,莱布尼兹就设想了一切皆可计算的"法律公理化体系之梦"。当代一些学者又提出,可"将法学问题形式化为可计算问题"[4],进而选择合适的计算方法进行编程。甚至认为在法律奇点的语境下,人类和技术一直在以剧烈改变法律系统的方式进行互动,导致一个主要依靠自动化决策的法律体系,而只保留了人类审查和批准的体系。[5]这种图景无疑是一种技术规制,其中浪漫的科幻成分能否变成现实也尚需审慎分析。不过,数字时代的算法秩序确实会产生越来越多的技术规制元素、方式和手段。

---

[1] 参见张守文:《数字经济与经济法的理论拓展》,载《地方立法研究》2021年第1期。
[2] 参见于安:《论数字行政法》,载《华东政法大学学报》2022年第1期。
[3] 参见肖峰:《重勘信息的哲学含义》,载《中国社会科学》2010年第4期。
[4] 邓矜婷等:《计算法学:作为一种新的法学研究方法》,载《法学》2019年第4期。
[5] See Simon Deakin, Christopher Markou eds., *Is Law Computable? Critical Perspectives on Law and Artificial Intelligence*, Hart Publishing Bloomsbury Publishing Plc., 2020, p.249.

"一方面,因为刑事、民事、商业、税务、版权等法律领域迁移到数字环境,数字化成为法律规制的对象;另一方面,数字化也成为法律规制工具,很多平衡利益或解决冲突的法律功能已由数字技术接管。"[1]因此,这就涉及结构化大数据、算法建模、知识图谱构建,以及机器数据理解、知识表达、逻辑推理和自主学习等领域的理论知识和规制要求,需要从法学立场来对这种"技术之治"的方法策略进系统分析和研究,并成为数字法学理论中的重要一脉。

(二)价值体系

数字法学的价值体系依然以现代法学的价值论为基础,但其中很多重要的范畴、概念、理论和方法上都因数字生活逻辑而发生了改变或者重建。择要而论,主要包括三大方面。

1. 数字正义

从古至今,正义一直是法律的永恒追求,但它"并不只是以一种声音说话"[2],也没有一个确定无疑的标准和图表,而更多的则是一些理念和原则,因此,"一个旨在实现正义的法律制度,会试图在自由、平等和安全方面创设一种切实可行的综合体和谐体"[3]。在现代法学理论中,是以契约论为基础来阐释正义的,目标取向是对物理时空中"基本品"(资源)的合理分配,它在一定意义上是人、物、事中的"物理逻辑"呈现。然而,当今数字逻辑则突破了物理时空的边界,形成了数字正义尺度。

其一,数据正义、算法正义和代码正义。即数据处理、算法设计、代码编程,都不是一个纯粹的技术行为,而是吸收、反映了一定的社会观念和目标,或者说"法律和代码的相互作用塑造了这些价值观"[4]。因此,其正当性、合理性、合法性就是一个重大而关键的时代问题,大数据杀熟、数据垄断、数字鸿沟、算法黑箱、算法歧视等均来源于此,甚至还会形成某种"数据独裁"。

其二,自由、平等和权利的交换平衡。大多数理论"不是用平等就是用自由作为探讨正义问题的焦点的"[5],然而,由于数据/信息具有分享与控制以及不遵

---

[1] 杨学科:《数字时代的"新法学"建设研究》,载《法学教育研究》2021年第2期。
[2] [英]约翰·格雷:《自由主义的两张面孔》,顾爱彬等译,江苏人民出版社2002年版,第7-8页。
[3] [美]E.博登海默:《法理学——法哲学及其方法》,邓正来等译,华夏出版社1987年版,第295页。
[4] [美]劳伦斯·莱斯格:《代码2.0:网络空间中法律》,李旭等译,清华大学出版社2009年版,第8页。
[5] [美]E.博登海默:《法理学——法哲学及其方法》,邓正来等译,华夏出版社1987年版,第242页。

守能量守恒定律等独特属性,因此,它突破了自由、平等、权利和主权的传统逻辑、权益基准和规制边界。这样,信息与控制论可能会成为"通往人类被某些人、系统,甚至机器统治的危险道路",也可能是一种授权和允许的控制形式,其等式为"更大的空间＝更多的自由＝更多的控制＝更多的选择"[1];它包含的技术发展,"既可能带来巨大的善,也可能带来巨大的恶"[2]。其关键,乃在于如何对数字时代中自由、平等和权利进行扩展与限缩的交换平衡,从而达致数字正义。

其三,可视生态中的数字公平。随着万物数字化和"一切皆可计算"的技术发展,人们逐渐摆脱对经验和理性的依赖,开始对计算抱有更多的信任,甚至包括道德和情感的计算,这就形成了可视化的社会生态。然而,这种可视往往是单向的、不对称的,导致了严重的数字不公平。这主要包括两方面:

一是数据透视和"电子牢笼"。社会生活中的人变得"总是可见的和透明的,即全景开放的"[3],也即在技术公司、网络平台、政府部门等信息处理者面前,每个人都是"透明的个体",随时可被数据透视,继而建立起来的则是"一个人人都生活在玻璃后面的地方,一个没人能够逃离的电子牢笼"[4]。其中一方是深藏不露的观察者和控制者,另一方则是浑然不觉的被观察、被控制的对象。观察者、控制者一方基于这种严重的不对称性,来操纵交易、控制行为、分配利益,进而获取商业利益、政治利益和秩序期待,这无疑会导致严重的数字不公平,亟待予以制度性解决。

二是信息"投喂"与"信息茧房"。即在数字时代,谁掌控数据信息、处理数据信息,谁就拥有了控制他人行为和思想的能力。其中,实现精准分析和个性化推荐的过滤泡技术就如同一个透镜,它"通过控制我们看到的和看不到的东西来无形地改变我们所经历的世界"[5]。这无疑形成了一个"投喂"算法下的"信息茧房"——你所看到的正是你喜欢看到的,或者是平台公司想让你看到的片段性世界,那是一个你以为的真实世界而不是本来的、客观的、完整的那个世界。资料显示,在英国脱欧和美国总统大选过程中,平台公司的数据画像和个性化推送并"不会触发用户的意识,而是一种潜意识,使它们成为你思想的一部分,还让你觉

---

[1] [意]卢西亚诺·弗洛里迪:《第四次革命》,王文革译,浙江人民出版社2016年版,第45页。
[2] [美]诺伯特·维纳:《控制论》,王文浩译,商务印书馆2020年版,第51页。
[3] [英]卢恰诺·弗洛里迪:《在线生活宣言》,成素梅等译,上海译文出版社2018年版,第307页。
[4] [美]安德鲁·基恩:《科技的狂欢》,赵旭译,中信出版集团2018年版,第177页。
[5] [美]伊莱·帕里泽:《过滤泡——互联网对我们的隐秘操纵》,方师师等译,中国人民大学出版社2020年版,第63页。

得这是自己的主见"[1]。于是,人们在潜移默化中被"洗脑",从而形成了一场信息操纵下的"政治颠覆"和"新政治形态革命"[2]。这无疑会严重侵蚀现代性的民主价值和法治机制,亟须重塑数字时代的民主形态和制度正义。

由此可见,"在数字社会中,自由、平等、民主以及法律、秩序和正义都将被重新定义,数字正义将是最高的正义"[3]。它反映着数字社会的发展逻辑,因此,已经难以简单套用过去"物理逻辑"下的正义基准,亟须展现信息时代的数字正义观,探索新型的数字正义理论,这正是数字法学的重要任务和使命。

2. 数字人权

随着数字时代的到来,传统人权开始遭遇严峻挑战,而数字人权保护则成为迫切的时代诉求。

其一,数字生存权。数字生存权是指数字社会中每个人应该获得保障的生存条件、生存空间、生存能力等基本权利。主要体现在以下三方面:

首先,数字分化。即随着人工智能的大量应用,将使大量体力性、重复性的工作岗位被取代,而新兴的工作岗位往往具有更高的脑力劳动要求。于是,只有一少部分人的工作足以创造巨大的价值,而大部分人将会失去工作机会和失去创造价值的能力,甚至有人预测未来90%的人将失去工作,99%的人会变得毫无用处,[4]出现所谓的"无用阶级"。这样,"现有的社会体系需要被升级,否则会带来人类内部的剧烈冲突"[5],从而产生严重的生存危机和秩序风险。可见,在加快数字经济发展的同时,也必须警惕数字分化,以确保普通民众的最低数字生存空间。

其次,数字鸿沟。即数字化抹平了某些不平等,但同时又造就了一些新的不平等,出现了老年数字鸿沟、中西部数字鸿沟和城乡数字鸿沟,具体表现为接入鸿沟、使用鸿沟、知识鸿沟和能力鸿沟,直接涉及人的生存发展状态和社会参与能力。这些问题的存在,使社会自主性、人性尊严受到严重的数字化侵蚀,也会使相

---

[1]《算法操控大选,数据左右美国》,载腾讯网,https://new.qq.com/rain/a/20201015a025hs00,2021年9月28日访问。

[2] 参见江平舟:《新型政治形态革命,用网络操控你有多简单?》,载搜狐网,https://www.sohu.com/a/297332306_425345,2022年2月8日访问。

[3] 周强:《深入学习贯彻党的十九届四中全会精神 不断推进审判体系和审判能力现代化》,载《人民司法》2020年第1期。

[4] 参见《人工智能时代的到来,90%的人将失业?教育将走向何方?》,载搜狐网,https://www.sohu.com/a/400727180_120449547,2022年2月8日访问。

[5] 李智勇:《终极复制》,机械工业出版社2016年版,第118页。

当一部分人群被排斥在数字社会外,沦落为"数字遗民"和"数字难民",严重侵蚀弱势群体的生存权和发展权。

最后,沉浸/"躺平"。即随着数字技术的飞速发展,元宇宙时代已经来临。它带给人们空前的沉浸式体验和无限编码想象,参与者也获得了上帝般的"创世纪"能力。然而,戴上VR眼镜的那种超凡脱俗境界,与摘下VR眼镜的惨淡现实之间,会形成极大的心理落差。这很容易导致那些不能自抑的人们花费大量的时间和金钱去戴上VR眼镜沉浸,借以逃避现实、实现梦想;而摘下VR眼镜面对现实时又会怨声载道、愤愤不平。这就形成了一种恶性循环,导致巨额资本的隐形数字控制、沉浸式诱惑、利润攫取与底层民众的单向度接受、盲目快乐、任性"躺平"之间的巨大断裂,这不仅会出现严重的生存权危机,也会激发阶层仇恨和社会冲突。

总体来看,数字分化、数字鸿沟和沉浸/"躺平"都是数字化变革发展的副产品,防范和抑制它们所带来的生存发展问题,既是数字人权保护的重要任务,也是弘扬数字人权价值的必然要求,从而促进数字法治的良性发展。

其二,免受数字歧视权。即基于数据和算法的自动定价、犯罪预测、数据画像、情感计算等领域的算法歧视问题日渐突出,而它一旦嵌入歧视因素,就会变成无形化、自动化、机制化的不公平对待,后果十分严重。因此,免受数字歧视权已成为数字时代的正义诉求。

其三,免受数字控制权。智能化的商业交易或者行政管理机制在带来高效率的同时,也带来数字化的劳动控制。就众所周知的外卖骑手而言,数字控制不仅削弱着他们的反抗意愿,蚕食着他们发挥自主性的空间,还使他们在不知不觉中参与到对自身的管理过程中,且"资本控制手段不仅正从专制转向霸权,而且正从实体转向虚拟"[1]。但外卖骑手并非个案,而是一种类现象,平等、自由、公正和民主原则都将遭遇重大挑战和贬损危险。[2] 这是数字时代的新型人权威胁,对政治、经济和社会生活都会产生系统而深刻的影响。

无疑,这些数字人权问题具有不同于传统人权的诸多属性和特点,可称之为数字时代的"第四代人权",需要作出新型的命题提炼、理论建构、规范分析和价值厘定。这表明,数字人权是数字时代极为重要的法学命题,也是数字法学价值

---

[1] 陈龙:《"数字控制"下的劳动秩序》,载《社会学研究》2020年第6期。
[2] 参见[德]克里斯多夫·库克里克:《微粒社会——数字化时代的社会模式》,黄昆、夏柯译,中信出版社2018年版,前言第Ⅶ-Ⅷ页。

体系的重要组成部分。

3. 数智人文

在人类历史上,科技进步带给人类的福祉始终是颇受称赞的,但技术理性与人性精神也难免会存在一定的张力。在现代法学的发展变革进程中,面临从自由主义法治、福利国家法治再到程序主义法治的制度演进,并遭遇了后现代法学的理论挑战,导致"法律理论已经进入一种'现代主义的困境',旧的形式不再令人信服,新的形式更多的是批判而非积极的建树"[1]。随后而来的信息革命,超能增赋了技术理性的力量,带来了科学智慧的理想期待。然而,经过一段时期发展之后,人们才发现"数字精英(digerati)所承诺的大多数东西并没有带来自由、平等和博爱"[2],而是出现了必须关注的社会问题。

一是算法锁定。数字化、自动化的智慧发展,是通过机器的数据处理和逻辑算法来支撑的。一方面,这意味着"制定标准、制造硬件、编写代码的人拥有相当程度的控制力量"[3];另一方面,自动化系统已经由最初的辅助工具变成了重要的"决策者",并形成了"解决主义"的功利目标和机器逻辑,从而导致了一种"数字决策系统锁定"效果,[4]个人的生活与行动也极可能被日益强大和精准的算法所主导甚或"绑架",这就很容易产生环境、生态、伦理等风险,以及个人精神迷失、信仰空缺和意义危机等问题,这些都亟待通过数字法学来实现价值重塑。[5]

二是道德量化。技术至上主义相信一切皆可计算,终极算法可以解决所有问题,包括情感计算和道德计算。然而,数据的意义在于价值而非数字,一旦那些曾经定义我们道德生活的无法量化的部分——人所有的行为、所有的感情、所有经历的事情、所有认识的人都可以量化为一组数据,那么,我们就会失去作为人类最为珍视的人性。[6]而且,当"人类只不过是一种计算的设施时,人类在此之前的几百年间所逐渐积累的政治和道德进步都将被推翻"[7]。因此,如何在算法秩序中保持人的光辉,便成为数字法学的一个重大时代课题。

---

[1] [美]戴维·鲁本:《法律现代主义》,苏亦工译,中国政法大学出版社2004年版,中文版序第6页。
[2] [美]威廉·J.米切尔:《伊托邦》,吴启迪等译,上海世纪出版集团2005年版,第9页。
[3] [英]詹姆斯·柯兰等:《互联网的误读》,何道宽译,中国人民大学出版社2014年版,第122页。
[4] 参见[美]弗吉尼亚·尤班克斯:《自动不平等》,李明倩译,商务印书馆2021年版,第5页。
[5] 徐飞:《新文科建设:"新"从何来,通往何方》,载《光明日报》2021年3月20日,第10版。
[6] 参见[英]乔治·扎卡达基斯:《人类的终极命运——从旧石器时代到人工智能的未来》,陈朝译,中信出版社2017年版,第298-299页。
[7] [美]安德鲁·芬伯格:《技术批判理论》,韩连庆等译,北京大学出版社2005年版,第121页。

三是道德约束。数字社会形成了空前的结构变革和独特的运行机制,技术(网络)平台成为一种"公共基础设施",而人工智能系统则成为一种"道德基础设施"。也即在自动化系统的工作场景下,人工智能体就从简单工具转变为"代理人",代替人类来决策和工作,提供相应的产品和服务。于是,"既然认识到计算机已经取代了那些本该具有道德约束的人类服务人员,再去避免谈及对计算机系统类似的道德约束就显得不合适了"[1]。因此,加强人工智能伦理建设,对智能体进行道德约束,构建友善的数字社会秩序,这正是数智人文的时代使命,也是数字法学价值体系的重要组成部分。

(三)学科体系

由于本书并非在交叉学科意义上,而是在转型升级意义上来讨论数字法学的,因此,这里就不会是现代法学下设新法学的"二级学科"安排,而是数字法学包含现代法学的新型框架设计,即数字法学仍包括理论法学、应用法学和交叉法学三大分支,下设各自的二级学科。具体见表1。

表1 数字法学的分类

分类	具体内容
理论法学	法理学、法史学、比较法学等
应用法学	国内法学:宪法与行政法学、民法学、刑法学、经济法学、诉讼法学、信息法学、互联网法学、人工智能法学、计算法学等
	国际法学:国际公法、国际私法、国际贸易法、国际数据法等
	立法学
	司法学
交叉法学	认知法学、法律教育学、法医学、司法鉴定等

这里有几点说明:首先,上述三类学科分支中,尽管很多二级学科的名称均与现代法学相同,但其内容上,除"原版"迁移承继的之外,还通过新兴问题研究与新规则发现,或者概念、范畴、规则和原则方面的扩张重释,或者理论上的革新改造等,进行了"数字化"转型和重塑重建,可谓虽是"旧貌",却已"换心",如法理

---

[1] [荷]尤瑞恩·范登·霍文等:《信息技术与道德哲学》,赵迎欢等译,科学出版社2014年版,第223页。

学会注入数字法治理论、数字人权理论,民法学会注入数字人格理论、智能合约理论,宪法与行政法学会注入数字政府、数字公民理论,经济法注入了数据竞争、算法合谋理论等。因此,它构成了数字法学的重要基础。这既保证了"直通车"式的平稳顺畅,实现了低成本、效果好的转型升级,也比较容易被接受。其次,信息法学、互联网法学、人工智能法学等新兴学科与传统学科并立存在,但这并不是简单的"色拉拼盘",其实质乃是"数字化"后的现代法学与新兴数字法学的代际转型融合,是内容与方法的结构化、体系化,共同反映着虚实同构的数字生活逻辑,蕴含着数字法学的理论体系和价值体系。最后,交叉学科既包含了传统的文科交叉,也包含了文理交叉,从而体现了新文科的时代要求和数字法学的基本属性。

第五节 数字法学的研究策略

如前所述,数字法学是从工商社会迈进数字社会的一场理论革命,是一项迁移承继、更新改造和探索创新的重大时代工程,担负着复杂的、长期的、艰难的塑造和重建任务。

(一)确立数字法学理念

早在20多年前,美国曾发生了一场影响深远的"马法之议",后来演变成网络法的学科"独立地位"之争,而今天的网络法则如火如荼,数据法、计算法学等发展更为迅猛,这绝不是研究者的激情使然,而是数字社会发展变革的强力需求。然而,数字法学发展仍会面临很多问题,仍需要法学理念的更新。

其一,立足数字法学立场。很多学者认为,数字时代的法律并没有本质上的变化,变革带来的只是新兴问题,既有的法学理论和规则框架仍然有效,或者稍加调整就都可以解决。因此,数字法学无非是新的法学问题或者法学的数字化问题,它最多是现代法学项下的新兴二级学科或者交叉学科,而现代法学理论本身不会发生根本改变。但本书认为,法学的变与不变并不在于它自身,而在于决定其存在和发展的社会条件。这诚如马克思指出的:法律应该是社会共同的,由一定的物质生产方式所产生的利益需要的表现,它们"只是表明和记载经济关系的要求而已"[1]。当商品(市场)经济转为数字经济、物理生态转为数字生态的时候,法律和法学必然发生会根本性转向。这犹如一个自然事例:在以往的生命认识中,在没有空气、没有阳光、热泉高温、水压极大的万米海沟中,不可能有生命的存在。但当人类潜航器有能力到达海底的时候,才发现这里不仅有生命,而且还异常丰富,那些虾蟹跟水面上的并没有太多差别。这说明我们以前的观念错了,需要重新定义生命和重建生命理论,以涵盖并呈现水上和水下"两个世界"共同的生命规律。其引申的意思是说,对于那些现有理论(包括尽力扩张重释)能够应答解决的,当然是优选的方案;但对那些不能应答解决的就不宜强行套用。比如,人机协同并非"人+机器",而是逐渐形成了一体化行为,此时,完全基于自然人前提的法律行为理论和因果关系就需要重新审视;再如,信息不是物质,不是能量,还不遵守能量守恒定理,此时,完全基于物理时空和以人、财、物为基础的权利理论就需要反思重建——不是从现有制度框架和理论逻辑出发来论证"数据/信息确权"的正当性、合法性,而应基于人的生物/数字双重属性、虚实同构的行为规律、算法决策的秩序机制等来重新界定权利形态、阐释权利理论,以涵盖并呈现工商社会和数字社会融合发展条件下的基本规律。可见,数字法学的发展需要从数字时代的理念和立场出发,才能实现真正的突破和建树。

其二,关注实践创新。通常认为,实践为基础,理论为先导。然而,在当今数字时代,则出现了社会创新引领在先、国家跟进规制在后,实践开拓探索在先、理论研究回应在后的局面。一方面,这是新兴科技发展迅猛、对社会影响重大、社会变革加速所导致的;另一方面,也与政府决策感知和学术回应理念相关。

目前,头部企业和政府部门处于数字变革转型第一线,法治新理念、新思维、新策略也主要从这里诞生并向社会传播。从《中华人民共和国国民经济和社会发展第十四个五年规划和2035年远景目标纲要》(以下简称《"十四五"规划和2035年远景目标纲要》)、《法治政府建设实施纲要(2021—2025年)》的战略部署,到上海、浙江等地的"整体性转变、全方位赋能、革命性重塑"和"数治"新范式探索,[2] 都是一个质变而非量变的过程。同时,"数字公民"提案在几年前就已经出现在两会上,数字人权基本理论、数字法治政府建设、人工智能法学理论等也被

---

[1]《马克思恩格斯全集》(第4卷),人民出版社2006年版,第121-122页。
[2] 参见《关于全面推进上海城市数字化转型的意见》,载国家网信办官网,http://www.cac.gov.cn/2021-01/08/c_1611676476479346954.htm,2022年1月19日访问;《浙江省数字化改革总体方案》,载澎湃网,https://www.thepaper.cn/newsDetail_forward_11835378,2022年2月12日访问。

列为近两年的国家社科基金招标选题。然而,面对"革命性重塑""数治"新范式这样高度的战略认知和重大举措,法学研究者似乎并不太在意或者隔岸观望,有的还质疑数字法学、数字法治研究是在过度"拔高",然后,继续沉浸在自己所熟悉的现代法学理论的逻辑演绎之中。也即法学研究者对于数字化发展的理论敏感度偏低,对数字司法实践的理论回应比较滞后,大大制约了对实践创新的学术研究和理论反映。长此以往,还可能会在我们自己身上形成法学观念和学科生存上的学术数字鸿沟,接下来,数字时代在何种程度上需要法学、需要什么样的法学就难免会成为一种社会拷问。因此,我们不可对如此深刻的法律变革淡然处之、熟视无睹,而应面向数字时代的法治实践创新,在数字法学的视野下开展更现实、更前瞻的研究。

其三,注重命题提炼。关于新兴的法学研究,一直在现代法学的框架中为争取"认同"、争取"独立"而努力。随后人们意识到,应超越"学科独立地位"之争,在保持足够的理论意识和理论自觉的前提下推进相关研究。[1] 时至今日,我们应再向前一步,从信息革命和法学转型的维度来予以审视和把握。其实,这也正是一个新兴理论发展变革的规律,即从运用既有理论解决新问题(遵循既有框架)——形成新的理论分析框架(要求独立地位)——进行新型理论命题提炼(继承创新转型)——系统性的理论创立(新型理论体系)。如果是这样,那么,数字法学就应走出"问题"化的现象性、破碎性研究方式,转向基于"问题"的命题性理论研究方式;也要走出"法学+X"这种加法式的交叉学科研究路径,转向基于数字知识体系的多学科融合式研究路径。只有这样,才能为数字法学提供一个体系化、基础性的系统理论支撑。当然,这是一个复杂的重大时代工程,它不是一个人、一群人甚至不是一代人所能够完成的,而需要学术共同体的长期创新努力才行,一如当初现代法学的生成发展进程那样。

(二)强化交叉融合研究

学科交叉研究并不算是新鲜事,但这种交叉研究是有限的,学科分界特别是文理之间的知识体系、理论逻辑、研究方法、实践指向都有显著区别。然而,随着数字时代的到来,新兴科技全面渗入社会生活,它已不再是工具意义的技术应用,而是生活逻辑上的改写。因为各类智能体越来越多地成为日常生活的伙伴,手机

---

[1] 参见戴昕:《超越"马法"?》,载《地方立法研究》2019年第4期。

甚至成为人们的一个"器官"和一种打开世界的方式,"人类已经被深深地嵌入包含非人类认识主体的网络中,这种网络的基本节点是仪器、计算设备和实验装置"[1]。在这种情况下出现的新文科和数字法学,必然要求具有深度交叉的研究基础。

首先,基于法学维度的知识融合。在面对网络空间治理、数据治理、平台治理、算法治理、区块链治理等数字法学问题时,遇到的一个重大挑战是:懂技术的不懂法律,懂法律的不懂技术,而很多任务目标(如数字行政、智能裁判)恰恰是需要在技术和法律之间、知识系统和数字系统之间实现可靠的有效转换。于是,就形成了全能型、通才式研究的主张,即认为法律人应该深入研习、掌握计算机理论与数字技术,甚至可以设计算法和编程来推进相关领域的研究,但实际上这是很难做到的。因为,无论是多么绝顶的天才,都很难同时研习、跟进多个跨度巨大、体系庞杂的文理学科,更何况这些学科本身的发展又日新月异。事实上,对于数字法学而言,并不一定要求研究者具有亲自操刀、设计算法之类的能力才可投身其中,数字法学也并不是智能法律系统的代名词。然而,致力于研究数字法学,无疑应该掌握和理解跨学科的基本知识与理论,更主要的是能够深刻理解信息技术所产生的法律关系及其社会后果,这是数字法学研究的基本条件和重要基础。换句话说,只有从法学维度出发来融合计算机、数据信息、人工智能、区块链等领域的跨专业知识和理论,才能更好地推进数字法学的研究。

其次,基于AI系统的专业合作。随着数字技术的广泛深度应用,法律AI系统将越来越丰富,也越来越发达,从而推进执法司法的自动化、智能化。这些技术应用,无疑需要法律与技术上的专业合作、沟通理解和知识转化,进而实现法律数据结构化、法律知识图谱构建和自动化算法决策,这在各类智能系统的数据归集、要素抽取、算法设计、应用示范等各环节中表现得十分清楚。这些数字实践反映着法律与技术的深度融合和理论共建,并成为数字法学的社会动力和理论源泉。

最后,基于制度创新的跨界互动。数字化变革转型的进程,无疑是一个制度更替的创新过程,其中必然会发生新型的社会分化、利益解组和秩序重建。在近年《网络安全法》、《数据安全法》、《个人信息保护法》,以及《区块链信息服务管理规定》、《互联网信息服务算法推荐管理规定》(以下简称《算法推荐管理规定》)、《关于平台经济领域的反垄断指南》等各类行政法规、规章和行业规范的制

---

[1] 董春雨等:《大数据哲学》,中国社会科学出版社2021年版,第183页。

定过程中,反映着头部企业、技术公司、政府部门、行业组织、消费者等各方利益的诉求平衡。数字法学研究就应立足这一生活现实,增进与各方的跨界互动和创新交流,比如在《个人信息保护法》出台前的诸多座谈会、研讨会、调研会上,关于信息确权、个人信息处理原则、法律责任等问题就存在相左立场和显著分歧,而通过这些对话和交流,不仅为立法在多元平衡中进行制度创新奠定了坚实基础,也为数字法学的命题提炼和理论重塑提供了时代动力。

(三)创新法学教育方式

数字法学是一个革故图新的理论重建进程,有太多的问题、太多的命题、太多的理论需要研究、提炼和重塑,因此,也就需要大胆创新教育模式、大量培养创新型人才,从而为数字法学的后续发展提供智力支持。从新文科的建设导向来看,国家对此也十分重视,在13个学科门类外又设置"交叉学科"门类,实施"六卓越一拔尖"计划2.0,以实现一场"质量革命"。对于数字法学而言,则会有更高的要求。

一是在生源上,增大本科、硕士、博士招生中的复合专业背景和跨学科教育比例,特别是注重招收有计算机科学与技术、信息科学、人工智能、数据科学与大数据技术、大数据管理与应用、数据计算及应用等专业背景的生源。

二是在学位上,除了双学位、主辅修、微专业,以及跨院校、跨专业、跨行业、跨国界的协同育人之外,[1]应大幅增设人工智能法学、数据法学、网络法学、数字法治等目录外二级学科的硕士、博士学位点。但更长远的则是根据数字时代的发展要求,积极推进学科目录设置改革,将数字法学的各个新兴学科增补进学科目录中,实现学科身份"转正"。

三是在课程上,加强学科交叉和知识融合,但"法学+X"的课程平行相加并不是最好的办法。因为这种课程的平行相加,其实就等于不同专业知识的平行传授,然后交由让学生在头脑里交叉融合,这种效果很不理想。而比较好的方案则是,由授课老师在法律专业主线上进行交叉研究,如网络空间治理、平台治理、数据治理、算法治理、区块链治理等,然后再把其中已经融合好的跨专业知识和理论传授给学生去消化吸收,从而实现从课程交叉到知识融合的教育升级。这样做,对授课教师的要求很高,但对学生的培养质量会大幅提升。

四是在实践中,应积极推进高校与头部企业、政府部门、司法机关、律师事务

---

[1] 参见徐飞:《新文科建设:"新"从何来,通往何方》,载《光明日报》2021年3月20日,第10版。

所等机构的合作,一方面邀请这些领域的实务专家进校授课、强化理论和实践的互动交流;另一方面,也要为学生提供机会和条件,支持学生广泛参与社会实践,在实践中学习知识、发现问题和探索创新。这样,才能营造开放互动的学习氛围和教育环境,培养出适应数字社会需要的新型优秀人才,进而推进数字法学的发展成熟。

(四)深化国际交流合作

众所周知,现代法学发源于西方,然后以进步的号角和理性的能量传播到了世界,进而成为法学理论的主导。如今的数字法学则不同,它不再是一个从点到面、从局部到整体的发展路径,而是一个多点并发、多元共进的局面。

首先,信息革命带给人类的必然是一种总体性的共同转型。只是由于美国、欧盟、中国的数字经济发展较快、基础较好,因此,它们成为探索数字法律体系的三个典型,也是数字法学变革发展的重要前沿阵地,但这无疑需要在共同转型中进行多方深度合作。

其次,数字社会与传统工商社会的一个重大不同,是它突破了过去的物理时空边界,于是,面对数据跨境等的"长臂管辖"就成为一个涉及各方关切的重大难题,如何在无中寻有、在有中存无,既能维护国家主权和自身利益,又能实现数据流动使用,这无疑不是一方能够断定和解决的,需要利益相关方以集体智慧来加以解决。事实上,数字法学中这样的问题很多,都需要通过国际合作来对话研究和共同应对。

最后,让数字文明造福各国人民是数字时代的主旋律,这也构成了人类命运共同体的重要支撑。与此相应的数字法学,也必然是人类共同发展的最新成果,尤其是在数智人文领域,这也正是联合国教科文组织发布《人工智能伦理问题建议书》的根本动因所在。因此,数字法学的很多问题、挑战和愿景都需要各国法学研究者来加强对话、共克时艰、携手向前。

总之,我们积极倡导数字法学,但为避免理解偏差,需要再次重申:第一,现代法学理论依然十分重要、不可或缺,因此,这里绝不是置现代法学于不顾,主张都去搞新兴数字法学、数字法治;而是意在表明包括现代法学在内的数字法学,是一场时代性、系统化的转型升级。第二,面对数字法学,我们确实需要克服跨学科、跨领域研究的巨大难题,但这是时代要求,只能迎难而上。否则,就难以回应数字时代的法学需求,更难以担负相应的法学使命。第三,本书主旨在于展示数字时代的法学变革趋势,勾勒数字法学的理论框架,因此,尚难以提出详尽完整的、体系化的数字法学范畴、概念、原则或原理。事实上,这些重大任务也并不是某篇论文、某个学者的力量所能企及的,恰恰相反,它应该在制度变革和司法实践的基础上,经由法学学者、司法者和实务专家等法律共同体的长期探索才能完成。但无论如何,毕竟未来已来、大势所趋,其根本在于,并不是法学如何看待数字时代,而是数字时代如何重塑法学。

典型案例

"赛博格"(Cyborg)意指为半人半机器的生物,或者称为电子人、机械人、生化人。这种"人"在科幻文学或影视中有很多,人们很难与现实世界联系起来。但英国机器人科学家彼得·斯科特-摩根(Peter Scott-Morgan)却创造了一个真实的试验。

彼得生于1958年,总体上春风得意快乐逍遥。但在2017年,发生了他人生的重大转折,他罹患了运动神经元疾病,俗称"渐冻人"。这种病症是身体各部分一点点"死去",最终全身都死去,医生诊断他还有3年生命期。为了更有质量地活着,他在2019年做了手术,借助机器和AI技术使自己成为一个现实的赛博格——彼得2.0。也就是说,此时彼得作为一个完整的"人"已经不存在了,他只剩下了"脑子"和眼睛。他已经无须吃饭进食,也不会说话和做任何姿势,没有了味觉、嗅觉、触觉,只能用大脑和眼睛,通过电子设备与外界交流,生物的彼得和AI的彼得融为一体。这样,彼得1.0死了,彼得2.0却活着。

2020年,他开始书写自传《彼得2.0》,该书的前2/3部分由彼得1.0完成,后面的1/3则由彼得2.0完成。书中讲述了自己一生整个心路历程,认为自己是一个特立独行的人,笑着面对自己的2.0升级或者说躯体的死亡。虽然彼得2.0还是于2022年6月15日去世了,但是他的生命抗争和试验无疑具有重要意义和价值。随着脑机接口、意识上传、元宇宙等高新科技的不断开发和成熟,人机结合的赛博格将会有更大的进步,这也将引发社会关系的深刻变革。[1]

---

[1] 参见《彼得1.0死了,彼得2.0活着,赛博格最终将让人类实现永生?》,载搜狐网2022年2月19日,http://news.sohu.com/a/523992851_121312637;《再见,逆天改命的彼得2.0!全球第一位"半机械人"去世》,载网易网2022年6月21日,https://www.163.com/dy/article/HACI3OI90552FBZN.html。

问题与思考

1. 为什么说数字法学是一种时代法学？
2. 数字法学的研究范围有哪些？
3. 如何才能学好数字法学？

延伸阅读

1. 马长山：《迈向数字社会的法律》，法律出版社 2021 年版。
2. [立陶宛]伊格纳斯·卡尔波卡斯：《算法治理——后人类时代的政治与法律》，邱遥堃译，上海人民出版社 2022 年版。
3. [美]劳伦斯·莱斯格：《代码 2.0：网络空间中的法律》，李旭等译，清华大学出版社 2018 年版。
4. [美]约翰·马尔科夫：《人工智能简史》，郭雪译，浙江人民出版社 2017 年版。
5. [美]詹姆斯·格雷克：《信息简史》，高博译，人民邮电出版社 2013 年版。
6. [英]克里斯·斯金纳：《数字人类——第四次人类革命的未来图谱》，李亚星译，中信出版集团 2019 年版。

第二章　数字法律关系[*]

> **法律故事**
>
> 2023年5月2日，拥有180万粉丝的23岁美国网红卡琳·玛乔丽（Caryn Marjorie）在推特上宣布，与初创企业Forever Voice（FV）合作推出Caryn AI，为粉丝打造一个"虚拟女友"。这款AI采集了卡琳本人长达2000个小时的视频素材，结合OpenAI的GPT-4，能够较好地模仿其音色、语调和说话风格。
>
> 她可以同时交往1000多个男朋友，可以做到24小时秒回，也没有公主病、坏脾气等，随时随地互动调情或者说"治愈孤独"。不过，和上千位男友交往的，并不是她本人，而是AI版本的Caryn：出售AI版本的自己，和粉丝谈恋爱，按分钟收费，目前内测收费每分钟1美元。这能让她的收入翻60倍，年入6000万美元（约4.16亿元人民币），比肩泰勒·斯威夫特。而且，此举不需要卡琳付出任何成本，躺着就能赚钱，吊打一切直播带货、歌舞唱跳之类的辛苦活。其背后的技术公司FV还承诺端到端加密，确保隐私不外泄。
>
> 无独有偶，在中国"AI孙燕姿"也成了新晋网红，引发不少人关注。所谓"AI孙燕姿"，简单来说，就是通过模型训练和后期处理，让AI用孙燕姿的声音翻唱其他歌手的歌曲。B站上与"AI孙燕姿"有关的视频已经近千条，其中AI孙燕姿翻唱的《下雨天》《发如雪》在B站点击量破百万。[1] "数字人"开始成为一个时代问题。

---

[*] 齐延平教授团队撰写分工：第一节：法学院博士研究生曹立军；第二节：管理学院博士后朱家豪；第三节：法学院博士后崔靖梓；第四节：法学院博士研究生彭双杰。

[1] 参见《"AI孙燕姿"在给法律出难题》，载腾讯网，https://new.qq.com/rain/a/20230512A078TZ00，2024年10月13日访问。

第一节　数字法律关系的属性与特征

一、经济社会的数字平台化与法律关系

法律关系是指法律规范在调整人们的行为过程中所形成的以权利义务为内容的社会关系。数字法律关系与传统法律关系的主要区别之一在于其产生、变更和消灭往往是基于数字平台而发生的。经济社会的数字平台化引发法律主体间法律关系构成要素形态的重大变迁。因此,研究数字法律关系应在经济社会的数字平台化这一背景上展开。

(一)经济社会的数字平台化

经济社会的数字平台化构成了数字文明时代最为鲜明的特征之一。随着新一代信息技术和大数据技术应用的蓬勃发展,数字平台已经成为经济社会高质量发展的基础设施,传统经济形态和社会结构发生历史性变革。在这一进程中,"越来越多的商业从管道结构转向平台结构""供应商、顾客以及平台本身都进入了一个多变的关系网中"[1]。数字平台所展现的开放式架构推动了消费品和生产资料交换模式的颠覆性重塑,促进了信息成本与交易成本的大幅度降低,拓展了价值创造的边界,使经济社会活动的参与者能够以前所未有的资源配置效率进行价值交换与价值共创。"平台是一种典型的双边市场,一边连接用户,一边连接为用户提供商品或服务的供应商,并成为二者的信息撮合媒介和交易空间。"[2]典型的数字平台如微信、微博、淘宝、京东、美团、滴滴出行等,这些平台以"线上线下交融、多主体共享、生态化运行、覆盖性整合以及价值链创造"等突出特点和优势,"突破了以往物理时空的商业逻辑,颠覆了单一线性的交易形式,开启了广场化的全景互动"[3]。数据和算法构成了平台这一新质生产工具的核心要素。数据是数字经济时代的"新石油","掌握了数据,就意味着掌握了资本和

---

[1] [美]杰奥夫雷·G.帕克等:《平台革命:改变世界的商业模式》,志鹏译,机械工业出版社2021年版,第7页。
[2] 师博:《人工智能助推经济高质量发展的机理诠释》,载《改革》2020年第1期。
[3] 马长山:《司法人工智能的重塑效应及其限度》,载《法学研究》2020年第4期。

财富;掌握了算法,就意味着掌握了话语权和规制权"[1]。数字平台因掌握海量的数据与超级算法等关键生产要素而呈现极强的"规模经济性"和"范围经济性",日渐成为社会运行的重要载体。

随着市场要素和力量的不断聚集,数字平台凭借其数据优势,"以数据资本的形式支配数字化生存世界"[2]。尼克·斯尔尼塞克曾根据数字化和资本化的程度,区分了广告平台、云平台、工业平台、产品平台、精益平台等五种数字平台类型。[3] 随着数据资本的集中态势愈演愈烈,这五种类型的数字平台之间的产业壁垒逐渐被打破,超级平台通过"竞争"与"覆盖"的策略完成资本的集中与产业的垄断,[4]一种"赢家通吃"的"虹吸效应"已然显现。数字平台不仅改变了传统的经济社会形态,还时刻影响着整个社会治理的基础架构,其所导致的数据资源的不公平占有以及深刻的阶层差异,正在引发社会关系特别是法律关系的一系列变化。一方面,数字平台在基础设施平台化和平台基础设施化的双重转型过程中,实质上已经被赋予多样化的公共权力,促使数字平台自身不断向行政化组织结构演进,"事实上,平台正在执行典型的管理功能","实施行政和立法部门行动者青睐的政策解决方案"[5]。另一方面,随着互联网基础设施的广泛覆盖与应用,人们之间的"接入可及性差异"逐渐缩小,然而,"在接入可及性差异缩小的同时,新的问题接踵而至,人们在互联网运用上的差别逐渐显现"[6]。数字平台通过转化和扩张"数据资本",进一步扩大了其与用户之间的"红利差异",从而导致数字平台与用户之间法律权利义务关系的重大变迁。

(二)数字文明时代的法律关系变迁

在经济社会数字平台化过程中孕育出的法律关系新形态,我们称之为"数字

---

[1] 马长山:《智慧社会的治理难题及其消解》,载《求是学刊》2019年第5期。
[2] 王卫华、杨俊:《平台资本主义下的数据资本权力:生成机理、基本谱系与主要特征》,载《福建师范大学学报(哲学社会科学版)》2022年第3期。
[3] 参见[加]尼克·斯尔尼塞克:《平台资本主义》,程水英译,广东人民出版社2018年版,第55-56页。
[4] 参见陈威如、余卓轩:《平台战略:正在席卷全球的商业模式革命》,中信出版社2013年版,第152-163页。
[5] Bloch-Wehba H., *Global Platform Governance: Private Power in the Shadow of the State*, 72 SMU Law Review 27 (2019).
[6] 邱泽奇、张樹沁、刘世定等:《从数字鸿沟到红利差异——互联网资本的视角》,载《中国社会科学》2016年第10期。

法律关系"。数字法律关系并非对传统法律关系的否定,也并非独立于传统法律关系之外的全新形态,它不过是传统法律关系在数字社会中的数字化演进,是整体数字化法秩序中法律关系的更新与重建。

在经济社会形态数字平台化演进中,算法、大数据、人工智能等前沿技术的发展并不直接触发法律关系的根本质变,数字法律关系实则是繁荣发展的数字经济与数字社会在法律关系层面的映射。数字法律关系研究的新范式深植于数字经济与数字社会的客观现实土壤之中,"信息革命重新定义了生产力和生产关系,演绎着数字化发展的新式逻辑,孕育出不同于工商业时代的数字社会形态,进而对现代法学产生了某种'釜底抽薪'效应"[1]。然而,生产力、生产关系和社会科学研究范式之间并不总是存在严格的逻辑关联,单纯基于经济社会形态的变迁,尚不足以得出数字法律关系可以作为一种全新关系形态的结论。法律关系研究中的权利义务范式作为现代法学体系中的核心范式之一,其核心在于分析权利义务的构成要素、属性特征、主体与客体范畴,以及这些要素在动态法律关系中产生、变更和消灭的条件和机制。数字法律关系在内容上展现出显著的多元性特征,其研究内容涵盖"物理空间—数字空间"双重时空环境、"生物人—数字人"混合行为模式、"主体—客体"人机协同逻辑以及"公权力—私权力—私权利"三元框架等。[2]尽管数字法律关系提供了更为丰富和复杂的分析维度与应用场景,但却并未提供取代权利义务范式的新范式。[3]

既有法律关系理论与规则仍是展开数字法律关系研究的基础。经由数字平台所建构的"物理空间—数字空间"双重时空环境与"生物人—数字人"混合行为模式为数字法律关系的界定与调整带来了空前的复杂性,但数字人并非生物学上人类进化的产物,而是数字文明时代"强加给个人的量化身份"[4],是"人机合作"的一种学理性表达。尽管数字人可以凭借数字身份高效、完美地实现生物人难以实现的一系列行为,但是其终究无法成为权利义务的受体,权利与义务"最终还是需要在实体的人身上实现","这种法律逻辑是数字人无法突破的"[5]。

---

[1] 马长山:《数字法学的理论表达》,载《中国法学》2022年第3期。
[2] 参见马长山:《数字法学的理论表达》,载《中国法学》2022年第3期。
[3] 参见雷磊:《走出非此即彼的困境:数字法学定位再反思》,载《华东政法大学学报》2024年第3期。
[4] Frank Pasquale & Danielle Keats Citron, *Promoting Innovation While Preventing Discrimination: Policy Goals for the Scored Society*, 89 Washington Law Review 1413 (2014).
[5] 宋维志:《数字法学真的来了吗?》,载《现代法学》2024年第1期。

以数字平台为中继编织起来的数字空间与物理空间并非概念上的并列关系。事实上，数字空间依托于物理空间而存在，没有了物理空间的平台企业、网络用户以及一系列技术支持，数字空间便无从谈起了。因此，数字法律关系本质上不过是人与人之间经由数字平台而形成的法律关系，其中，数字平台"只是为原有的法律关系提供了更加便利的建立和沟通渠道"[1]。

尽管目前的数字法律关系并未突破传统法律关系框架，但这并不意味着对数字法律关系的研究是没有意义的。"成熟的Web3.0法律规范必须同技术发展的日新月异相适应"[2]，数字文明时代的法律关系研究必须充分关注其数字化新特征。

二、数字法律关系的特征

较之传统法律关系，数字法律关系因数字平台的介入而具有鲜明的数字文明时代特征。概括而言，数字法律关系的主要特征包括虚实同构性、多维复杂性以及动态性。

（一）数字法律关系的虚实同构性

数字技术开辟了线上与线下相交织的双重空间。数字空间的出现造就了时间与空间的分离，线上世界与线下世界互嵌同构、联结、联通构成了人类存续的现实背景，[3]而数字法律关系便产生于穿梭在物理空间与数字空间之中的数字人基于数字平台的交往和互动之中。

人们的交往和互动行为在线下空间与线上空间交织并存，且彼此紧密勾连。在传统线下空间中，人们的交往和行为通常是在特定的时空坐标系内进行的点对点的线性活动，人们更倾向于在特定的时间、特定的地点与特定的人建立联系，由此而产生的法律关系也相对单纯、清晰。但数字空间的出现使"人们逐渐在生活于线下单一现实空间、以物理方式存在的自然人身份之外，兼具生活于线上虚拟空间、以数字信息方式存在的'信息人'身份"[4]。这种由数字身份产生的法律

---

[1] 卫成义：《平台权力——法律关系的理论构造与规范控制》，载《南京邮电大学学报（社会科学版）》2024年第3期。
[2] 唐林垚：《Web 3.0治理：制度机理与本土构建》，载《华东政法大学学报》2023年第6期。
[3] 参见齐延平：《数智化社会的法律调控》，载《中国法学》2022年第1期。
[4] 彭诚信：《数字法学的前提性命题与核心范式》，载《中国法学》2023年第1期。

关系较之传统物理空间法律关系要复杂得多。在数字平台化的经济社会中,人们的数字身份日渐融于其社会身份,并趋向一种"去身份化"逻辑,即数字平台"向大量不特定用户通过创设账户的方式发放虚拟身份证明以推动数字经济生产",尽管其"并不拥有真正稳定的法律意义上的普遍虚拟身份"[1]。

这种聚焦于平台用户身份的虚实同构的交往活动本身,决定了数字空间的法律关系并不具有独立性。有学者认为,数字空间是与物理空间并列的、具有本体论意义的"实在域","它一经产生就有相对的独立性而与现实世界区别开来"[2]。这种观点看到了数字空间在时空方面的特殊性,却忽视了人类在数字空间以及数字法律关系建构中的主体性作用。尽管随着数字技术的发展,人类的交往方式实现了前所未有的技术性突破,但人类交往的本质却并未发生根本性改变,人际关系的联结与互动机制仍然围绕着价值、情感以及资源的交换和共享需求而构建。因此,尽管数字法律关系蕴含着虚拟与现实的双层结构,但是这种双层结构仍然统一于人类交往模式的物质依赖性之中,体现了数字空间与物理空间之间不可分割的联系。

(二)数字法律关系的多维复杂性

数字空间是一种区别于物理三维空间的虚拟四维时空架构,是借助数字技术"将真实世界信息和虚拟信息准确地补充、叠加后,呈现给主体一个虚实结合、实时交互的虚拟时空环境"[3]。由物理三维空间向虚拟四维时空的跃迁标志着法律关系的升维,这不仅极大地拓宽了法律关系的疆界,还使其变得更加多元复杂。

一方面,数字空间创设了主体身份的再造机制。去中心化、非线性的叙事方式"改变着身处数字空间的人的思维模式、行为倾向和话语逻辑",并在无意中"成为一种批判力量,让人对身份建构的原有标准产生疑问,并解构了身份生成的传统规定性和单一标准,开始多维度塑造人的数字身份,实现自我的多元发展"[4]。个人基于不同的数字身份,可以在同一时间、不同场域采取复数行动,"数智人在操作终端对中继系统施加一个简单的点击行为,就可能引发难以统计

---

[1] 参见胡凌:《刷脸:身份制度、个人信息与法律规制》,载《法学家》2021年第2期。
[2] 参见孙慕天:《论世界4》,载《自然辩证法通讯》2000年第2期。
[3] 赵建伟:《系统哲学视阈下虚拟主体实存性论析》,载《深圳社会科学》2019年第3期。
[4] 李伦、孙玉莹:《话语·权力·呈现:数字身份的生成逻辑》,载《湖南师范大学社会科学学报》2023年第6期。

的批量法律关系形成、变更和消灭"[1]。另一方面,以数字平台为介质生成的法律关系呈现政府、平台、个人相互交错的网状结构。在个人与平台之间,既存在以产品和服务的消费为基础的合同关系,又存在以技术的参差赋权和信息的不对称性为前提的支配关系;在平台与政府之间,既存在严格的监督和管理关系,又存在"超越传统公私角色假设"的协作治理关系;[2]在个人和政府之间,原有的防御关系随着规则制定权的日益分散而逐渐被弱化,对个人信息权益的维护和保障成为政府的一项重要职能。

法律关系的此种升维是单向度的、不可逆转的。个人只要进入数字空间,便不可避免地与其他信息主体存在千丝万缕的直接或间接、即时或存量的关联,"个人浏览网页所产生的痕迹信息、购物产生的个人偏好信息等被信息技术平台固定","甚至可通过达成+区块链共识而形成不可更改的'链上数据'"[3]。此外,在数字经济社会新形态当中,随着具有"准公权力"的数字平台的崛起,公权力与私权利的界限越来越模糊,数字空间与物理空间中复杂多元的利益交织在一起,也难以再进行物理意义上的切割。

(三)数字法律关系的动态性

数字文明时代的到来造就了时空脱域的数字化生存逻辑,"人类进入了不依赖于时间、地点的数字化生存模式,每个人都会在数字交往中形成碎片化的、多处'流动'的数字身份"[4]。借助互联网与数字平台,个人可以在虚拟与现实之间自如穿梭,交流模式也由传统受限于时空接近性的面对面交流转向时空交错式的数字交流,从而进一步展现了数字文明时代社会关系的高度复合性。

在数字交流的背景下,每个人都是一个高度集成的信息体,持续进行着数据的交互,同时也在不断地被数据所塑造和影响。传统的社会关系是具体而明确的,人们处在相对稳定的层级式社会关系架构之中,一切法律关系的主体、客体、内容以及引发法律关系形成、变更和消灭的事件和行为都可以通过传统的事后监管机制加以调整和处置。而在一个平台化的数字系统中,人的信息可以被复制、

---

[1] 齐延平:《数智化社会的法律调控》,载《中国法学》2022年第1期。
[2] See Jody Freeman, *Collaborative Governance in the Administrative State*, 45 UCLA Law Review 1 (1997).
[3] 彭诚信:《数字法学的前提性命题与核心范式》,载《中国法学》2023年第1期。
[4] 马长山:《数字何以生成法理?》,载《数字法治》2023年第2期。

行为可以被预测、风险可以被计算,现代社会的一切行为与关系几乎都被数据所统御,数据成为数字法律关系产生、变更和消灭的重要影响因素。与此同时,随着"当代科学与社会的相互作用不断加强",越来越多的"深刻和普遍的不确定性出现在科学技术和社会的交界面上"[1]。中继系统开启了人类社会数字化之门,但同时也将人们抛入了无边无际的不确定性汪洋大海之中。在中继系统的隔离下,一种充满不确定性的、动态发展着的法律关系格局开始形成。

在动态发展的法律关系格局中,权利与义务关系的分析方法与路径需要重构。"在传统法律视野中,起关键作用的是权利主体与义务主体存在直接对应关系,这是确保法律权利——义务关系模式发挥效能的基本前提。"[2]而在数字文明时代,传统的因果关系分析方法被相对悬置,因为"在处于永续永动状态、环环相扣的关系之链上,摘取一环权利与义务关系或因果关系几乎是不可能的"[3]。基于因果关系的法律责任构建模式日益失效,数字文明时代法律关系的分析方法和路径需要重新建构。

第二节 数字法律关系的主体与客体

数字法律关系主体享有权利、承担义务,居于主动地位,数字法律关系客体则处于受支配的被动地位。对数字法律关系主体与客体的厘定,关乎数字社会中法律关系的构造以及数字资源的配置,同时也深刻影响着具体数字法律规范的设计。

一、数字法律关系主体

法律关系主体是指法律关系中的法律权利和法律义务的承担者。从历史维度看,法律关系主体的种类是变动的,有学者将这种变动概括为从"人可非人"到"人可人"再到"非人可人"。[4] 从奴隶社会的奴隶被视为财产客体而非主体,到自然人逐渐被普遍视为各类法律关系主体,再到"非人"的公司被视为主体,法律

---

[1] 徐凌:《科学不确定性的类型、来源及影响》,载《哲学动态》2006年第3期。
[2] 齐延平:《数智化社会的法律调控》,载《中国法学》2022年第1期。
[3] 齐延平:《数智化社会的法律调控》,载《中国法学》2022年第1期。
[4] 参见彭诚信:《论民事主体》,载《法制与社会发展》1997年第3期。

关系主体的内涵与社会形态、社会活动特征以及法律规范理念有着密不可分的关系。数字技术的进步与广泛应用引发了社会的数字化转型,人工智能算法、机器人深度介入社会活动中,甚至在某些领域开始取代人。在这种背景下,法律对不同场景中人与智能体主体性的判断将深度影响数字法律关系中的权利义务配置,甚至影响数字社会的发展方向。因此,人工智能体和人形机器人等数字化产物的类人性是否足以使其跻身法律关系主体行列,以及传统法律关系主体的虚拟化与后台化是否影响其主体特征,就是数字法律关系研究需要特别关注的问题。

(一)数字法律关系主体的特征与识别标准

现代信息技术、大数据技术为传统法律关系主体披上了数字化、智能化的外衣,但并未动摇法律主体的基本分类布局。在数字法律关系中,自然人、法人、国家机关等依旧是主要的主体,数字法律关系主体体现出较强的继承性特征。这种继承性寓于法律的人本特质中。拥有自由意志的、主体性的人的观念的诞生是现代性理念诞生的前提。现代性首先是奠基于将宗教时代的"神—人"关系颠倒为"人—神"关系基础之上的,"马克思、尼采、弗洛伊德都同意,人是按照自己的本性创造上帝"[1]。现代法律制度以人的主体性为起点,现代法学范式以人的主体性为理论预设。因此,作为主体性的人永无可能将自由意志和自身主体性让渡给代码与算法,而这种人本法理构成了探讨数字法律关系主体的逻辑原点。经济社会的数智化进程提供了激扰传统法理的新语境,并催生了更新法理知识的新视角,但人本主义的现代法理预设并没有被动摇,人的主体性预设依然是处理人与技术关系的伦理与法理基石。对人本法理预设的坚守,是维护现代法治信仰、稳定现代法治构造和确保现代法治运行顺畅之关键,也是现代法治有效回应技术挑战、抵御技术风险、促进技术向善之根本。人本法理是数字法律关系主体判断的基本价值旨归。

智能算法的进步和算力的提升使人工智能在某些方面得以媲美人类甚至超越人类,在诸多事务中成为自然人的"代理人"。而在人机交互的过程中,基于大数据的人工智能应用借助自然语言表达,也具备了使人产生"共情感"的能力。因此,主张赋予人工智能体以法律主体地位的观点甚至实践案例已不鲜见。但是,法律系统不同于社会系统与自然系统,对法律关系主体的承认需要遵循法律

---

[1] 赵敦华主编:《西方人学观念史》,北京出版社2004年版,第493页。

内部的判断标准,在我国法学语境下,对法律关系主体的认定需要符合权利能力标准与行为能力标准。[1] 其中,权利能力是法律关系主体依法享有一定权利和承担一定义务的法律资格。在权利能力标准下,能否成为法律关系主体,取决于内含于法律规范体系中的价值立场和立法者的具体价值判断,这种成为主体的资格需要经过法律的价值裁剪。而行为能力标准则是指法律关系主体能够通过自己的行为实际行使权利和履行义务的能力,该标准要求对数字主体的实际情况进行考察。

(二)具有争议性的新兴数字法律关系主体

从形式上看,机器人、人工智能体甚至平台都具有实施行为的能力,具备了行为主体的外观。当前,对于是否可以将数字平台和人形机器人等"视为"法律关系主体的问题存在较大争议。但是当以权利能力与行为能力为标尺进行判断时,则会发现此类"主体"仅仅是一种拟人化的说法,并非法学意义上的法律关系主体。

有研究认为数字平台是一种"重要社会主体"[2],还有研究认为有必要凸显数字平台等社会主体在涉网毒品违法犯罪治理中的主体地位。[3] 数字平台在社会活动中扮演着重要角色,公众进行商品交易、接受行政管理的彼端往往不是实体的商家或执法人员,而是数字平台。当发生买卖纠纷、行政申诉时,公众所面对的依旧是数字平台。目前,已经出现了具备超大用户规模、超广业务种类、超高经济体量和超强行动能力的超级平台,这类平台对公共秩序产生着重大影响,甚至已经开始承担一定的公共治理任务。[4] 但是观察平台的运行机理就会发现,没有任何平台是按照自身的自主意志运行的,平台行为最终都能追溯到作为平台控制者的法人或自然人。从技术特征上看,数字平台是"集中了主体、技术、资本、资源与创新等多维度要素与能力的复杂网络系统"[5];从法律性质上看,数字平

---

[1] 参见张文显主编:《法理学》(第5版),高等教育出版社2018年版,第154页。

[2] 孟融:《效益到权利:数字经济构建的非均衡性及法治矫正》,载《华中科技大学学报(社会科学版)》2024年第4期。

[3] 参见岳佳、刘品新:《论数字化时代毒品问题的高效能治理》,载《公安学研究》2024年第1期。

[4] 参见解志勇:《超级平台重要规则制定权的规制》,载《清华法学》2024年第2期。

[5] 范如国:《平台技术赋能、公共博弈与复杂适应性治理》,载《中国社会科学》2021年第12期。

台应当被视为一项"资产",而非一个"市场"或一个"企业",[1]平台应归属于客体范畴而非主体范畴。因此,所谓的平台行为、平台责任所指的实际上是平台所有者或使用者借助平台实施的行为,以及平台所有或使用者因其行为而应承担的责任。

相比于具有非实体性的数字平台,兼具实体性、智能性、类人性的人形机器人与传统法律关系主体更具相似性。机器人"索菲亚"被赋予公民资格的案例引发了人形机器人主体属性的争论。"人形机器人是利用人工智能、材料科学和仿真技术对人体进行技术拓展的产物,其设计目的在于赋予人工智能以人类外观的显著特征。"[2]从技术结构来看,人形机器人在构造上主要包括基于人工智能算法的控制中枢和基于传感器和机械部件的肢体两大部分,前者模拟人的意识,而后者则模拟人的外观与行为。有研究表明,人形机器人的外观和动作的拟人性使人更易于将其视为社会角色。[3]还有观点认为,使用者往往倾向于认为那些能够准确理解其意图的人工智能体具备与人类相似的思维能力和自我意识,从而赋予这些智能体主体地位,并将其视为聊天伙伴或助手。[4]在很多社会场景中,具有交互能力的人形机器人不再被认为是工具,而在一定程度上是人类的新伙伴。[5]人形机器人的这种特性为赋予其权利能力提供了一定的正当性基础。正如有研究所指出的,非人类实体的主体地位之获得源于立法者的抽象和虚拟,基于现实中人的需要。[6]但是,从行为能力层面看,人形机器人虽然在完成某些任务时与人类具有较高的相似性,但这些行为的产生机理与人的行为却有着本质差别。人形机器人"在任何给定时刻的决策选择取决于其内置的知识和迄今为止观察到的整个感知序列"[7]。同时,人形机器人也"没有获得财产和其他社会评价的动

---

[1] See Herbert Hovenkamp, Antitrust Presumptions for Digital Platforms (March 29, 2023), U of Penn, Inst for Law & Econ Research Paper No. 22-42, p.4.

[2] 郑智航:《人形机器人身体构造的法哲学审思》,载《东方法学》2024年第3期。

[3] See Kate Darling, Who's Johnny? Anthropomorphic Framing in Human-Robot Interaction, Integration, and Policy Get access Arrow, in Patrick Lin, Keith Abney & Ryan Jenkins eds., Robot Ethics 2.0: From Autonomous Cars to Artificial Intelligence, Oxford University Press, 2017, p.174.

[4] 参见江海洋:《论人形机器人的刑事主体地位与归责》,载《东方法学》2024年第3期。

[5] 参见[德]埃里克·希尔根多夫:《数字化、人工智能和刑法》,江溯、刘畅译,北京大学出版社2023年版,第473页。

[6] 参见李拥军:《从"人可非人"到"非人可人":民事主体制度与理念的历史变迁——对法律"人"的一种解析》,载《法制与社会发展》2005年第2期。

[7] [美]斯图尔特·罗素:《人工智能:现代方法》(第4版),张博雅等译,人民邮电出版社2022年版,第33页。

力,其内在驱动力是计算机代码"[1] 因此,有观点认为,人工智能体"拟人行为"这一概念的使用是一种"技术性的曲笔"[2],是对现代人本法理的故意冒犯与恣意践踏。

二、数字法律关系客体

法律关系的客体是指法律关系主体的权利和义务所指向、影响和作用的对象,传统法律关系中的客体繁多,其中包括物、人身与人格、智力成果、信息等[3]。在经济社会数字化变革浪潮中,部分传统法律关系客体实现了数字化转型或升级,在实体、线下形态外衍生出了线上线下联动、虚拟与现实共存的新形态。例如与实体货币相对应的电子货币,以及其他法律上认可的与实体财产同属于"物"这一客体的虚拟财产。此外,数字技术的广泛应用还造就了诸如个人信息、数据等新客体。这些游离于传统法律关系客体的分类之外的新型客体对法律权利义务关系带来了重要影响,数字法律关系学习与研究需要重点关注此类新型客体。

（一）数字法律关系客体的特征

数字技术的应用为人际交往、商品交易等社会关系缔造了大量新型客体。社会关系客体的变化能对法律系统产生"激扰",而法律系统是否对此进行回应则取决于自身的判断。在法律系统对复杂的社会关系客体进行加工的过程中,部分法律属性相似的客体可能被归为同类法律关系客体,而部分不具备法律意义的客体可能被排除在法律的视野之外。与法律关系主体一样,数字化浪潮下的法律关系客体也包括经过数字化升级的传统法律关系客体,以及新型数字法律关系客体。前者诸如数字出版物、虚拟财产,而后者则包括个人信息、数据等。具体而言,数字法律关系客体的判断需要符合客观性、有用性、可控性、法律性四个标准。[4] 数字法律关系客体必须具备客观存在的特征,即它们在数字空间中具有明确、可识别的存在形式,能够被独立于主体的意志之外所认知和评价。同时,数字法律关系客体的有用性标准要求该客体应当对主体具有实际的价值或用途,能够被主体有效地支配或利用。除此之外,数字法律关系的客体还需要处于主体的

---

[1] 孙山:《论人形机器人的法律地位》,载《东方法学,》2024年第3期。
[2] 谢潇:《法律拟制的哲学基础》,载《法制与社会发展》2018年第1期。
[3] 参见张文显主编:《法理学》（第5版）,高等教育出版社2018年版,第157页。
[4] 参见张文显主编:《法理学》（第5版）,高等教育出版社2018年版,第157－158页。

控制范围之内,且被法律规范所调整和保护。

(二)个人信息

个人信息是数字法律关系的重要客体,它的客体地位不仅有着坚实的实践基础,还得到了法律的确认。《个人信息保护法》第 4 条规定:"个人信息是以电子或者其他方式记录的与已识别或者可识别的自然人有关的各种信息,不包括匿名化处理后的信息。"个人信息是数字经济发展、数字社会运转的必要条件,但它并非发源于数字化浪潮中。在数字文明时代开启前,个人信息就已经成为经济社会发展的重要资源。有研究指出,大规模收集个人信息本是一个很古老的社会现象,远溯至中国商朝的"登众"制度以及 11 世纪英国的人口与财产普查均是借助个人信息实现社会治理的例子。[1] 随着计算机、互联网、数据分析技术的发展,个人信息的"有用性"进一步凸显,"可控性"也进一步增强。

在数字经济勃兴后,个人信息的价值从国家治理领域延伸到商业活动中。分析技术使个人信息成为决策的依据,使商家可以预测消费者需求、为消费者提供个性化商品或服务,而由用户活动产生的个人信息是数据分析中最基本、最有价值的部分。[2] 同时,廉价且广泛设置的信息收集终端也使国家机关、企业等主体对个人信息的收集进一步规模化与自动化。[3] 存储技术、传输技术的升级使个人信息近乎可以永久保留与实时传输,相关主体对信息的控制能力进一步提升。同时,信息分析技术的进步也使个人信息的范围逐渐扩大,《个人信息保护法》以识别性为个人信息的认定标准,虹膜、步态等在前数字文明时代不可识别的个人信息,在技术的加持下也具备了可识别的特征,因此个人信息的具体种类会随数字技术的发展与实践而变化。在这种背景下,个人信息包含的隐私、尊严等价值所面临的威胁呈指数级增长,个人信息应是数字化背景下需要被持续关注的重要法律关系客体。

(三)数据

《数据安全法》第 3 条规定:"本法所称数据,是指任何以电子或者其他方式

---

[1] 参见孙平:《政府巨型数据库时代的公民隐私权保护》,载《法学》2007 年第 7 期。
[2] 参见周汉华:《探索激励相容的个人数据治理之道——中国个人信息保护法的立法方向》,载《法学研究》2018 年第 2 期。
[3] 参见齐爱民:《论个人信息的法律保护》,载《苏州大学学报》2005 年第 2 期。

对信息的记录。"相比于个人信息,数据的外延更广。个人信息以"识别性"为特征,将关注的重点聚焦于信息主体即自然人,服务于对个人权利的保护,而数据则更强调其信息的物化价值。更进一步地看,一般意义上的数据既可以指语义内容层面的"数据信息",也可以指实体文件层面的"数据文件",当论及"个人信息是数据"时,更多地体现了数据的内容层面向,而当论及数据删除时,则更多地体现数据的文件层面向。数据文件以电磁方式存在,人的肉眼无法观察,但在物理上真实存在,[1]这种特性成就了数据的客观性和可控性。在实践中,具体的操作往往发生在文件层,例如数据交易中的数据转移,但实践的根本目的则落脚于内容层面的数据。因为只有数据释放出内含的信息内容,才能体现其对不同主体的"有用性"。数据的这两个面向使之成为数字法律关系中重要的客体。

作为客体的数据在多种法律关系中扮演着重要角色,在数据要素市场发展之际,有必要将数据财产权作为一种独立的财产权进行保护。[2] 在明确数据客体特征的基础上对其进行妥善规制是推动数字社会有序发展、数字经济健康增长的关键。相比于传统财产权客体,数据具有非消耗性的特点,对数据的支配与利用也具有非排他性的特点,因此对数据的保护也应融入共享包容的理念。[3] 在关于数据利用的讨论中,多数观点主张不应在数据之上设置绝对权,有观点主张"设定数据原发者拥有数据所有权与数据处理者拥有数据用益权",[4] 还有研究主张赋予不同关系中的主体以差异化的使用权,其中包括"赋予数据处理者以有限排他为内涵的使用权;赋予数据来源者以访问、携带为要义的使用权;赋予数据使用者以对价许可为特点的使用权",[5] 以顺应数字社会中各主体对数据的需求,使数据的价值得到最大限度的发挥。

第三节 数字权利与义务

法律关系主体之间的权利和义务是法律关系的内容。所以,法理学界有观点

---

[1] 参见纪海龙:《数据的私法定位与保护》,载《法学研究》2018年第6期。
[2] 参见申卫星:《论数据用益权》,载《中国社会科学》2020年第11期。
[3] 参见王利明:《迈进数字文明时代的民法》,载《比较法研》2022年第4期。
[4] 申卫星:《论数据用益权》,载《中国社会科学》2020年第11期。
[5] 吴汉东:《数据财产赋权:从数据专有权到数据使用权》,载《法商研究》2024年第3期。

认为,法律关系也就是权利义务关系。数字权利与义务不仅包括传统法律关系在数字社会中的更新部分,还包括数字化社会中的新兴权利与义务。

一、数字权利

在现代法治发展过程中,权利文化逐渐成形并固化,成为构建公正的政治秩序和善法之治的参照基准。[1] 长久以来,"权利"一直被视为现代法律体系形成、演化、发展的核心概念,它既是法学知识体系构建的原点,也是法学进一步发展的支柱。但是,权利概念并非一成不变,而是随着社会环境的发展和人类文明的进步而不断被革新。互联网、大数据、人工智能等技术的迭代变革和应用普及正在推动人类社会向全面数字化演进,并对生发于传统物理世界的权利观念造成深刻影响和冲击,这也催生了权利内涵和外延的数字化重塑,引发了世界范围内对数字化场景中或与数字技术有关的数字权利的立法和讨论。例如,我国《民法典》第1037~1038条明确赋予个人信息主体查阅、复制、更正和删除个人信息的权利,《个人信息保护法》则规定了个人信息主体的知情权、决定权、查阅和复制权、更正和补充权、删除权、信息携带权、算法解释权、自动化决策拒绝权等个人信息权利。在欧美,以欧盟《一般数据保护条例》和美国《加利福尼亚州消费者隐私法案》为代表的数字领域立法也设立了类似的数字权利。以数字基本权利、数字人格权、数字财产权为核心的数字权利架构,能够为数字社会中多元的数字权利提供体系构建的基础,强调对数字文明时代人的尊严、主体性地位以及正当权益的全面保障。

(一)公法上的数字基本权利

基本权利并非拥有固定、明确的边界,社会环境和社会意识的变化是基本权利维系、推动和发展的核心要素,因此基本权利具有开放性,能够随着社会的变迁而不断丰富。[2] 经济社会的数字化纵深发展深刻变革现代社会的方方面面,这既包括国家治理的智能化转型和企业运营的平台化变革,也包括人类自身在一系列数字行为和数字关系中形成的数字化生存模式之形成。自此,"计算不再只和

---

[1] 参见徐显明:《公平正义:当代中国社会主义法治的价值追求》,载《法学家》2006年第5期。
[2] 参见[美]劳伦斯·弗里德曼:《二十世纪美国法律史·自序》,周大伟等译,北京大学出版社2016年版,第30页。

计算机有关,它决定我们的生存"[1],这成为数字基本权利的现实基础。同时,数字基本权利的存在还具有实体法上的正当性,能够以权利推定的方式找到规范依据,这构成数字基本权利生成的规范来源。

首先,确立数字基本权利具备社会基础。自古以来,人类的生产和生活均主要存在于物理空间之中,并在此基础上形成传统的基本权利保障体系。但是,智能科技的发展帮助人们突破了空间的限制,使人们的生活状态更加"同步化(时间)""离域化(空间)""互联化(交互)"[2]。在此基础上,以人工智能技术为核心驱动的国家层面的自动化行政等逐渐兴起,这种数字化的国家运行机制在提供更加便利的服务通道的同时,也为公众带来了与之相伴而生的诸多风险,比如行政主体的合法性危机、行政责任的模糊性风险、行政相对人的权利保障难题等。[3] 此外,企业层面形成的以数字交易平台、数字社交平台等为表现形式的"数字社区"能够制定内部管理规则,[4]并形成事实上的"社会私权力"[5]。这些国家层面和企业层面的数字行为及其对个人形成的侵害风险中都蕴含着新型的基本权利诉求,需要用宪法上的数字基本权利来对抗国家机关的公权力和企业的私权力,如果个人的基本权利受到上述权力的不法侵犯,则受害人可以依据宪法赋予的数字基本权利,寻求法律救济。[6]

其次,确立数字基本权利具备人性基础。数字文明时代塑造了人的数字化生存空间、创制出"物理世界—数字世界""现实生活—虚拟生活""物理空间—电子空间"的平行结构,[7]这进一步形塑了主体身份的再造机制,甚至催生出人的"数字孪生"体。线上空间与现实空间存在着紧密的联系和交互,个人在现实世界中的行为能够转移到网络世界中,而线上的信息和数据也可以通过有关设备影响人们的现实生活,人们实现了虚拟与现实之间的"无缝链接"和"循环互动",逐

---

[1] [美]尼古拉·尼葛洛庞帝:《数字化生存》,胡泳、范海燕译,海南出版社1997年版,第15页。

[2] [英]卢恰诺·弗洛里迪:《信息伦理学》,薛平译,上海译文出版社2018年版,第13页。

[3] 参见郝志斌:《算法行政的风险场景及其法律规制——基于算法法权关系架构的分析》,载《山东大学学报(哲学社会科学版)》2023年第5期;郭琪:《自动化行政中基本权利保护探讨》,载《上海政法学院学报(法治论丛)》2021年第2期。

[4] See De Gregorio G., *The Rise of Digital Constitutionalism in the European Union*, 19 International Journal of Constitutional Law 41(2021).

[5] 马长山:《智慧社会背景下的"第四代人权"及其保障》,载《中国法学》2019年第5期。

[6] 参见莫纪宏:《宪法学原理》,社会科学文献出版社2008年版,第282-312页。

[7] 参见马长山:《智能互联网时代的法律变革》,载《法学研究》2018年第4期。

渐形成了数字人性,这种数字人性为数字基本权利的产生奠定了正当性基础。[1]

最后,确立数字基本权利具备规范基础。从宪法规范来看,各国在列举具体公民基本权利的同时,通常还设有一个概括性的"人权条款"来统摄这些权利。例如,我国《宪法》不仅明确了公民享有平等权、宗教信仰自由、人身自由等基本权利,也在第33条特别规定"国家尊重和保障人权"。这一涵盖性的条款为新兴的数字基本权利提供了基础制度资源和发展空间,可以帮助基本权利体系有效应对数字技术发展和社会变迁带来的挑战。

数字基本权利是一个包含多个权利的开放体系,从基本权利的根本性、可行性、紧迫性的角度而言,如今的数字基本权利的具体权利形态至少应包括数字化生活权、数字自由权、数字平等权、数字正当程序权等。

数字化生活权以电子信息时代中的互联网接入权为基础而产生,旨在为人们提供平等参与数字空间、共享数字红利、提升数字素养的机会。但是与互联网接入权重点关注互联网接入阶段不同,数字化生活权涵盖数字设施接入、数字身份管理、数字技术使用等多方面法益。这一权利不仅仅强调互联网接入的便利性和普及性,更加侧重于保障公民在接入互联网和智能设备后,在管理和使用中所获得的"隐性"数字红利,如免受利用数字化技术造成的侵害和人为操控、支配和处理个人数字化信息和财产等。[2]

数字自由权一方面保护人们在数字环境中进行个体表达和与他人交流的自由,推动公民通过数字方式参与政治事务和社会决策。另一方面,数字自由权涵摄个人对信息的自主控制自由,内含隐私保护、财产支配、信息处理、拒绝算法决策等利益诉求。在这一层面,数字自由权还包括知情权、决定权、查阅和复制权、更正和补充权、删除权、信息携带权、算法解释权、自动化决策拒绝权等。

数字平等权旨在应对数字文明时代中的算法歧视问题,在算法驱动的数字空间中,人的存在和身份并非完全意义上的平等,算法会根据"用户质量"的优劣来对人进行划分,某些人可能被算法赋予高于其他人的价值。[3]"没有任何一个自

---

[1] 参见郑智航:《数字人权的理论证成与自主性内涵》,载《华东政法大学学报》2023年第1期。
[2] 参见宋保振:《论"数字化生活权"及其义务谱系》,载《法律科学(西北政法大学学报)》2024年第4期。
[3] 参见叶竹盛:《智能社会中的法治与人的尊严》,载《法律科学(西北政法大学学报)》2023年第2期。

动化系统是完全没有偏见的"[1]。除了易被现存法治系统所识别和监管的显性歧视外,算法还可以根据看似无害的特征(例如网络浏览器偏好或公寓号码),或结合许多数据点的更复杂的类别来生成新的分类,基于这种新的标签而产生一种隐形歧视,而这种新型的差异化可能会成功逃逸至现有法律体系之外。[2] 数字平等权旨在确保公民在数字场景下能够享有形式平等和实质平等,从而填补数字鸿沟,使公民在就业、信贷、教育等领域免于算法歧视。

数字正当程序权为公民对于算法决策过程具有的了解和知悉、参与、提出异议和获得救济的权利,其目的是通过确保对权利人施加影响的算法决策过程本身是正当的来满足基本权利保障的程序性要求。数字正当程序权利是正当程序在数字文明时代的权利化表现,即数字正当程序权体现了正当程序在算法决策中的具象化权利维度,强调算法决策本身的过程应当遵循正当程序的要求。例如,数字正当程序权关乎在算法决策中引入"沟通"与"参与"的元素,从而确保法定的正当程序关键要素得到充分的实现和满足,比如公开性、参与性、中立性、公正性等。

(二)私法上的数字权利

除了公法上的数字基本权利,私法领域中的数字权利类型也已经逐渐涌现,并在立法与司法实践中逐步得到了有效保障,既为个人在数字空间中的合法权益提供了保护,也为数字经济的高效发展奠定了法律基础。在私法上的数字权利群中,数字人格权和数字财产权较为典型,下文分述之。

近年来,数字化的浪潮正席卷人类生活的方方面面,个人在数字空间中的各种活动和行为经过逐渐累积而形成一种基于数字化信息构建的数字人格,这种数字人格是个体在数字空间中的身份、行为、数据及其所代表的人格特征的总和,体现了个人在数字交往中表达出来的精神权益、尊严、行为自由等。质言之,数字人格是主体在网络世界中的身份象征和资格体现,是个人在数字环境中的信息化表达,也是对现实生活中个体身份的一种延伸和确认。[3] 在其中,便会形成一种数

---

[1] Jeremias Adams‑Prassl, Reuben Binns & Aislinn Kelly‑Lyth, *Directly Discriminatory Algorithms*, 86 Modern Law Review 144 (2022).

[2] See Janneke Gerards & Frederik Zuiderveen Borgesius, *Protected Grounds and the System of Non‑Discrimination Law in the Context of Algorithmic Decision‑Making and Artificial Intelligence*, 20 Colorado Technology Law Journal1 (2022).

[3] 参见朱程斌:《论个人数字人格》,载《学习与探索》2021年第8期。

字人格利益,"数字人格利益是指在人格的数字化加持之下,所产生的以人的尊严和自由发展为核心的利益"[1]。因此,数字人格权指向的是个人在各种"数字载体"中所包含的人格权益,侧重于权利人对其数字人格利益的自主控制,典型的数字人格权的权利形态包括隐私权、数字身份权。

数字文明时代的隐私权并非旨在维护一个与外界完全隔绝的封闭私人空间,而是致力于在保障数字技术应用和发展的前提下,有效防范隐私泄露的潜在风险。[2] 在传统语境下,隐私权包含"私密空间、私密活动、私密信息以及私人生活安宁"等核心要件。[3] 电子监控技术的大规模应用和数字行为的广泛留痕模糊了传统的公共空间与私人空间之间的界限,导致隐私风险显著增加。"立足于个人主义、个人与社会二分以及个人信息概念的三大理论预设"[4]的个人本位的隐私权已经无法解决技术变革引发的系统性问题。因此,数字背景下的隐私权保护体系需要随之更新。

数字身份权关乎对数字化身份安全性的保护。数字空间是一种不同于物理空间的新型空间形式,既不是完全独立自足的封闭空间,也不是超越现实的完全抽象领域,而是一种跨越物理与虚拟边界的混合性空间。在这种混合性空间中,所形成的数字身份同样具备混合性特征。[5] 随着数字技术的普及,个人不仅具备传统的生物属性,还在自然人之外延伸出了具备数字属性的数字身份,体现为"数字化身""数字融合"两种具体形态。"数字化身"是指用户以可视化的方式在数字空间中的存在,通过这种数字化身,用户可以展示信息、表达意愿并执行行动等。例如,微信账号、微博账号、淘宝账号等就构成了用户在数字平台中的数字化身。"数字融合"是指在数字空间中通过人机交互生成的,能够进行个体表达和操作的"虚实结合"身份或形象。克林斯(Manfred E. Clynes)和克莱恩(Nathan S. Kline)提出的"赛博格"(Cyborg)便展示了一种人与机器组合在一起的结合性实体;除此之外,这种复合体还被赋予了能够超越人类固有能力的额外功能,

---

[1] 李丹:《数字权利的生成基础及法治化保障》,载《求是学刊》2024年第2期。
[2] 参见任颖:《数字文明时代隐私权保护的法理构造与规则重塑》,载《东方法学》2022年第2期。
[3] 参见申卫星:《数字权利体系再造:迈向隐私、信息与数据的差序格局》,载《政法论坛》2022年第3期。
[4] 余成峰:《数字文明时代隐私权的社会理论重构》,载《中国法学》2023年第2期。
[5] 参见张龑、江烁《数字人权的概念及其对基本权利的重塑》,载《人权》2023年第5期。

代表了突破人类生理限制的存在方式和形态。[1] 数字化身、数字融合不仅拓展了个人在虚拟世界中的存在形式,还承载了个人的表达和行为能力,这些数字身份及其所附带的人格利益已经超出了传统人格权所覆盖的范围,因此需要数字身份权这一新型数字权利予以确认和保障。

数字财产权是指能够合法控制和利用数据资源,从而可以在数据流通和利用过程中获得相应经济回报的权利。随着数字经济的迅猛发展,数据成为关键的生产要素,具备巨大的经济价值和商业潜力。数字财产既包括"作为生产要素的数据信息",也包括"以数据信息为核心原料生产出的数字产品"。从数字财产的生产过程来看,其通常包括数据采集、记录和收集,数据整理和规范化,数据集成、清洗和分析,数据产品的形成四个环节。[2] 在这一过程中,个人信息主体是初始数据的来源提供者,而信息处理者会对初始信息进行采集和加工,由此形成数字财产。[3] 随着数字技术的深入发展,人的角色经历了从主导者到被算法驱动的数字生产用户,再到非传统平台"劳动者"的转变。"数据即劳动"这一观点认为数字平台与个人信息主体之间已经形成了一种非传统的雇佣劳动关系,甚至有学者将数字资本主义时代的平台用户称为"赛博无产阶级"[4]。在数字财产价值创造的过程中,信息主体也应获得与其贡献相应的经济回报,以在一定程度上纠正现有利益分配中的不平衡状态。

数字财产权的核心权能包括控制、使用、收益、处分。控制是数字财产权的基础性权能,代表了个人对数据及以此为基础生成的数字财产进行管理的主导地位。这种控制不仅包括限制他人未经授权获取的能力,还涉及允许他人在一定条件下访问或使用,即权利主体在授权他人使用数据的过程中,依然保持对数据的实际控制权。使用是指权利人有权合法使用其数字财产,这包括数字财产的消费、展示或以任何其他方式加以利用。对于个人数据而言,数据主体有权将个人数据用于私人用途、商业应用或研究开发等。收益指权利人有权从数字财产的交易或使用中获得相应的经济收益或其他利益。处分是指权利人有权对数字财产

---

[1] See Manfred E. Clynes & Nathan S. Kline, *Cyborgs and Space*, http://www.medientheorie.com/doc/clynes_cyborgs.pdf, last visited on 1 August 2024.
[2] 参见郑佳宁:《数字财产权论纲》,载《东方法学》2022年第2期。
[3] 参见高富平:《数据生产理论——数据资源权利配置的基础理论》,载《交大法学》2019年第4期。
[4] 郝志昌:《数字劳动、数字权力与数字权利:赛博无产阶级的生命政治学》,载《思想战线》2022年第4期。

进行出售、赠与、出租、或销毁,如对数据的加工、毁损、删除等。[1]

二、数字义务

人类数字化生活状态的有序展开、人的主体性价值的积极保障不仅需要数字权利的全面实现,还需要通过对义务主体的行为进行规范从而反向保护个体权益。通过强化对义务的关注,可以建立一种有效的社会规范,引导制度环境的积极构建和完善,进而推动数字权利的实现和社会整体福祉的增进。数字义务是一个"综合义务体系"[2],不仅包括传统法律关系在数字社会中的更新部分,还包括数字化社会中的新兴义务。下面围绕国家、平台和公民等主体分述之。

(一)数字文明时代的国家义务

数字文明时代的国家义务要求国家同时采取消极立场和积极立场。消极立场意味着国家需要消极地尊重数字权利,即国家必须避免采取任何侵犯或干扰个人在数字环境中合法活动的行为。"尊重"意味着国家在维护数字空间的秩序时,必须保持一种克制、审慎、谦抑的态度,避免在公权力行使过程中有损人的价值。积极立场要求国家必须在数字权利的保护上积极地作为,即国家应对数字权利开展积极保护活动,为数字权利的充分实现提供友好的制度环境。具体而言,数字文明时代的国家义务包括尊重义务、保护义务、给付义务,其中尊重义务侧重消极立场,而保护义务和给付义务则体现出国家的积极立场。

第一,尊重义务。"尊重"表明国家需要坚持一种消极的立场,确保其行为不会侵犯个人的尊严与自由,这意味着国家需要履行消极不侵犯的义务。国家在推进数字化进程中(如提供数字基础设施和运用数字化手段进行社会治理),必须尊重公民的基本权利,确保其在数字空间中的自由。典型的国家的尊重义务包括维护数字尊严、规范数字化公共管理、尊重公民隐私等。

第二,保护义务。除尊重义务外,国家应以中立的角色平衡个人与智能科技平台等利益相关方的关系,通过制度设计和法律框架来保护公民的权利,从而在保障数字经济稳步发展的同时防止二者之间的力量过度失衡。一方面,国家必须承担起保护公民免受第三方侵害的责任,不仅要在公民权利受到威胁时提供法律

---
[1] 参见钱子瑜:《论数据财产权的构建》,载《法学家》2021年第6期。
[2] 龚向和:《人的"数字属性"及其法律保障》,载《华东政法大学学报》2021年第3期。

上的救济,还应采取积极措施,预防和遏制来自其他个人、企业或组织的侵权行为;另一方面,国家还负有通过制定法律法规和建立各类保护制度为公民数字权利的实现创造有利条件的责任,这强调国家应采取积极主动的措施,确立和维护一个促进及保护数字权利的法律和制度框架,即国家应该基于积极行为而履行积极保护义务。[1] 在数字文明时代,"法律对社会的调控应由'裁断行为后果'前移为'塑造行为逻辑',由事后处置转向参与建设社会关系'架构',由赋权与救济转向责任与义务的加载与规制"[2]。一方面,国家立法机关应有义务通过积极立法制定和完善相关数字基础设施建设的法律法规,将对数字权利的保障纳入法治轨道,完善数字权利实现的内部体系,推动社会能公平地获取和使用数字资源、缩小数字鸿沟。另一方面,行政机关在履行其职责时,应当通过有效的监管活动来防止和消除侵害公民数字权利的行为。

第三,给付义务。国家有责任通过积极的措施,为公民提供物质帮助和平等机会,满足公民在数字环境中的基本需求,提供必要的支持和救济,这不仅包括在经济上帮助那些无法负担数字化成本的群体,也包括在教育和技能培训方面的支持,使所有公民能够充分共享数字红利。

(二)数字文明时代的平台义务

在数字文明时代,新兴商业模式、交互方式和利益关系迅速崛起,其在内部管理以及对外部资源控制方面展现出强大的影响力和支配力。因此,为了达到维持国家治理的有效性、促进市场的公平安全交易、维护数字空间的秩序和安全等目的,法律规范往往要求数字平台承担多种法定义务,包括但不限于资质审查义务,信息收集、保存和报送义务,内容和行为规制义务,安全保障义务,配合行政和司法工作义务等,[3] 可将典型的平台义务归类为信息保护义务、内容管理与交易行为规制义务、自我规制义务。

第一,信息保护义务。与数字平台迅猛发展相伴而生的是其服务方式和业务范围的不断扩张,而这也意味着数字平台对个人信息需求的指数级提升,小红书、抖音等数字平台往往会要求用户提供地理位置信息、通讯录信息、人脸信息等多种类型的数据。一方面,数字平台在满足个性化需求方面具有显著的优势,其可

---

[1] 参见张翔:《基本权利的规范建构》,法律出版社2017年版,第245页。
[2] 齐延平:《数智化社会的法律调控》,载《中国法学》2022年第1期。
[3] 参见周辉、张心宇:《互联网平台治理研究》,中国社会科学出版社2022年版,第22-69页。

以通过掌握大量用户信息来提供更加精准的服务,从而提升用户体验。另一方面,随着这些数字平台掌握的个人信息体量日益增大,信息在存储、处理、共享等环节中所面临的风险也随之增加。针对这一问题,《个人信息保护法》第52条、第58条规定了大型数字平台在个人信息保护方面的特别义务,诸如"设立独立监督机构""定期发布社会责任报告""指定个人信息保护负责人"的义务。具言之,大型数字平台作为个人信息处理者,首先,必须在自身的运营和信息处理活动中承担相应的个人信息保护义务;其次,大型数字平台作为三方交互的枢纽,其还承担着对平台内第三方商品或服务提供者进行信息处理活动的管理责任。具体而言,这些义务包括:平台在收集和存储个人信息时应当履行告知义务和合规管理义务;在处理和使用个人信息时,平台须履行保护个人信息的审核与评估义务;在信息的提供与传输过程中,平台有义务在收到用户通知或出现信息侵权等问题时及时采取安全措施,保障信息传输安全,并及时采取处置措施。

第二,内容管理与交易行为规制义务。数字平台在内容管理方面具有架构上的极大优势,它能够在信息发布阶段对信息进行事前技术审查过滤,在违法信息处理阶段及时准确地识别发布者并采取停止传输、封停账户等措施防止有害信息进一步扩散。[1] 我国2000年颁布的《互联网信息服务管理办法》最早对数字平台课以公法义务,规定了互联网信息服务提供者不得"制作、复制、发布、传播"九类违法信息。随着数字平台的多元化发展,国家为数字平台施加的公法义务也由单纯的内容规制扩展至交易行为规制。2010年《网络商品交易及有关服务行为管理暂行办法》要求网络交易平台建立检查监控制度,并且在发现违法经营行为时应及时向有关部门报告,并且对该违法行为予以制止或停止服务。之后,2018年《电子商务法》等法律法规中都有类似的要求,这体现了我国数字平台公法义务由"内容"规制到"交易行为"规制范围延伸,数字平台的公法义务在要求数字平台对平台内有关信息内容进行过滤、审查和处理的同时,还强调对交易行为的合法性进行审查。[2] 2021年通过的《算法推荐管理规定》对平台算法推荐服务的提供者提出了明确的要求,具体包括要求提供算法推荐服务的平台不但需要采取积极措施来预防和遏制负面信息的传播,还应该构建一套完善的管理体系,这种管理体系涉及用户注册、信息发布审核、数据安全和个人信息保护、安全事件应

---

[1] 参见孔祥稳:《网络平台信息内容规制的公法反思》,载《环球法律评论》2020年第2期。
[2] 参见伏创宇:《我国电子商务平台经营者的公法审查义务及其界限》,载《中国社会科学院研究生院学报》2019年第2期。

急处置机制等。

第三,自我规制义务。数字平台在社交、交易、信息处理等方面体现出明显的封闭性,商家与用户无法绕过平台单独进行交易或获取信息。[1] 这种封闭性一方面加剧了数字平台与外界之间的技术隔离和鸿沟,在国家与市场之间形成了一道屏障,使国家对平台的直接管控效率低下。另一方面,数字平台通过技术限制或信息聚合功能所形成的封闭性,进一步巩固了其对用户、技术、数据等资源的垄断地位。这种封闭性赋予了平台强大的控制力,使其能够有效掌握平台内部的运行秩序,数字平台的自我规制具有自愿性、合法性、信息对称性、效率性的优势。[2] 因此,以平台规则为基础的平台自我规制就在维护平台秩序中发挥了重要作用,数字平台需要主动制定并执行一系列内部规则,以确保平台行为符合法律、伦理和社会责任的要求。例如,《电子商务法》涉及平台的经营者资质审核义务、信息报送义务、检查监控义务、违法处置及报告义务等;《网络交易监督管理办法》对平台的审核义务、检查监控义务等作了进一步的细化规定;《互联网平台落实主体责任指南(征求意见稿)》具体规定平台内部治理、风险评估、风险防控、安全审计、禁限售管控、消费者保护等多项内容。

(三)数字文明时代的公民义务

在数字文明时代,传统公民身份向数字公民身份迁移,数字公民在享有数字权利的同时,也必须依法履行数字义务。公民数字义务并非独立于传统法律义务之外,它不仅包括数字化社会中的新兴义务内容,也包括传统法律义务在数字社会中的延续与更新内容。比较典型的,比如《网络安全法》要求公民在互联网环境中提供真实的身份信息,以确保网络实名制的落实,且有义务报告和制止违法信息传播,此即对公民施加信息真实义务和合法发布义务。该法还规定个人不得利用网络危害国家安全、荣誉和利益,不得侮辱、诽谤他人,侵犯他人合法权益。《数据安全法》进一步要求公民不得窃取或者以其他非法方式获取数据,并且有义务报告危害数据安全的行为。《个人信息保护法》在赋予公民对其个人信息的知情权、删除权的同时,也规定个人保护他人信息的义务,即不得非法买卖、提供或公开他人个人信息。新版的《未成年人保护法》设置了数字时代对未成年人网

---

[1] 参见侯利阳:《论互联网平台的法律主体地位》,载《中外法学》2022年第2期。
[2] 参见黄文艺、孙喆玥:《论互联网平台治理的元规制进路》,载《法学评论》2024年第4期。

络使用行为的专门保护条款,规定家长有义务监督和管理未成年人的网络使用行为,要求家长加强未成年人的网络安全教育,培养其网络安全意识。数字时代个人权益的全面保护和智能科技的稳步发展,不仅需要国家和平台采取相应措施,还必须要求公民自身履行相应的义务,三者应形成合力共同构建安全、秩序、公平的数字环境,推动数字空间的良性运转与和谐发展。

第四节 数字权力与控制

一、数字权力的特征

数字化、网络化、智能化技术的更新迭代,人工智能、大数据、区块链等应用的推陈出新,塑造了人机互融、虚实同构的经济社会新形态。数字技术在驱动经济转型升级、促进全球互联互通、增进社会福祉的同时,也催生了一种新兴的权力形态,即数字权力。数字权力本质是对数字资源、数据流动及信息技术应用的掌控能力,集中表现为数字平台权力和公权力数字运行两种形态。数字权力的兴起正深刻改变社会,重塑权力格局,为社会各领域带来前所未有的变革机遇,但同时也潜藏着巨大风险。数字权力除具备法律意义上"权力"的大多数特征——诸如支配性、强制性、扩张性、排他性和权威性——之外,还呈现其所独有的特征。

(一)数字权力的隐蔽性

传统的法律权力由法定机构执掌,有着明确的运行程序和行使范围。无论是立法权、司法权还是执法权,其行为主体、运行程序、行使限度均源于法律的强制性规定。数字权力需要借助数字技术手段实现,公众直接感知的是代码、算法所体现的权力强制。"数字化以'看不见的手'让人们感受不到权力的存在形式和作用力。"[1]一方面,以算法为代表的数字技术的复杂性使权力主体和权力目的具有隐蔽性。算法作为一系列数学运算的集合,其背后隐藏着复杂的逻辑和规则,普通人难以理解和掌握。这使算法的控制者能够在不被察觉的情况下,通过修改算法参数或调整算法模型,实现对社会行为的操控和引导。同时,由于算法技术的专业性,许多技术细节和运行过程被封装在"黑箱"之中,外界难以窥探其

---

[1] 周尚君:《数字社会对权力机制的重新构造》,载《华东政法大学学报》2021年第5期。

真实面目。另一方面,信息处理的间接性和抽象性使权力存在和运作过程具有隐蔽性。在数字文明时代,大量的信息被数字化和符号化,通过算法进行处理和分析。这种处理方式使权力的行使不再依赖于直接的物理接触和面对面的交流,而是通过数据的收集、分析和利用来实现。这种间接性和抽象性的处理方式,使权力对象难以察觉到权力的存在和运作过程,从而增加了数字权力的隐蔽性。在这双重影响下,"受到权力制约的主体,并未意识到权力的存在"[1],而在不知不觉中受到数字权力的规训。

(二)数字权力的弥散性

数字权力突破了传统权力自上而下、垂直分明的界限,以一种前所未有的技术化手段直接渗透到社会的每一个角落,触及每一个个体的生活之中。以国家为中心的纵向权力模式逐渐让位于更加扁平、广泛的横向权力模式,数字权力的传递并非单一力量线性的传递,而是如同一张错综复杂的网,将社会中的每一个节点紧密相连,使权力的行使不再局限于某个中心或特定机构,而是弥漫于整个社会空间之中。这种弥散性,恰如法国哲学家福柯所描绘的"无所不在"的现代权力范式,展现出一种复杂而精细的网络化结构。[2] 在这种弥散性的权力运作方式下,社会中的每一个个体都成为权力网络中的一个节点,既是权力的接受者,也是潜在的生产者。个体在享受数字服务时,也在无意识中参与了权力的再生产与传播,使数字权力的影响范围不断扩展,边界日益模糊。数字权力的弥散性不仅改变了权力的运作方式和结构形态,还深刻地影响了社会的运行逻辑和个体的生存状态。

(三)数字权力的跨界性

传统法定的权力一般是指制度性的权力、物理空间的权力,但在经济社会数字平台化过程中,制度化权力与非制度化权力、物理空间的权力与虚拟空间的权力之界限正在日益消弭。

其一,数字权力横跨了制度化权力与非制度化权力。一方面,传统公权力往往依托于法律法规和国家公权力机关来行使,但数字文明时代的人工智能、大数

---

[1] 陈氚:《权力的隐身术——互联网时代的权力技术隐喻》,载《福建论坛·人文社会科学版》2015年第12期。
[2] 参见陈炳辉:《福柯的权力观》,载《厦门大学学报(哲学社会科学版)》2002年第4期。

据、区块链等新兴技术在制度化权力体系及其运行中的嵌入不仅提升了决策的科学性与执行的效率,还使数字技术本身在某种程度上成为制度化权力体系中的一个关键组成部分。另一方面,传统商业组织一般难以染指公权力领域,但商业数字平台作为数字文明时代的重要载体,通过掌握海量的数据资源、显著的算力优势以及独特的技术架构,构建了相对独立的权力中心,并间接塑造了用户的行为偏好、引导社会舆论走向,甚至影响了市场资源的配置与资本的流动。值得注意的是,非制度化的数字权力并非孤立存在,而是与制度化数字权力相互交织、相互影响。非制度化的数字权力在一定程度上挑战传统权力结构的权威性与稳定性,要求更加开放、透明的治理规则。当然,随着技术的进步与社会认知的提升,部分非制度化的数字权力也可能逐渐被纳入制度化的框架之中,实现规范化发展。

其二,数字权力跨越了数字空间与物理空间。数字空间作为数字权力的主要活动场域,为权力的传播、扩散和行使提供了前所未有的便利条件。然而数字权力的影响并不局限于虚拟的数字网络世界,它同样能够对物理空间中的个体、组织和社会结构产生深远影响。通过物联网、智能设备等技术手段,数字权力能够实时监测、分析并干预物理世界中的各种活动,使得网络空间与物理空间之间的界限变得模糊不清。

二、数字权力的潜在风险

数字权力的出现颠覆了既往的政治理念与政治原则,重构了国家权力与公民权利的关系,成为撬动和影响当代的"阿基米德支点"[1]。规范有序的数字权力,既有利于以科学化、数据化和可视化的手段,提升政府决策效率、优化资源配置,进而填补国家治理漏洞,促进民主法治建设;也有利于重构传统的公民权利体系,创生新的权利类型和形态,拓展公民权利的范围和提升公民行权的能力。但"权力的取向并不总是体现社会公意,有时会发生异化,走向社会公众意志的反面"[2],数字权力的技术属性决定了其极强的扩张态势,蕴含了潜在的风险。

---

[1] 李红权、赵忠璐:《数字权力的兴起、扩张及治理》,载《江汉论坛》2023年第9期。
[2] 王宝治:《社会权力概念、属性及其作用的辨证思考——基于国家、社会、个人的三元架构》,载《法制与社会发展》2011年第4期。

(一)侵害公民权利风险

数字权力的扩张打破了传统"权力—权利"的平衡格局,对公民权利构成了不容忽视的威胁。首先,随着社交媒体、智能设备、物联网等技术的普及,个人信息被无孔不入地收集与分析,用户的行踪轨迹、消费习惯、兴趣爱好乃至情感状态都可能成为被窥探的对象。这种大规模的数据收集与滥用,不仅有可能侵犯公民的隐私权等权利,还可能引发身份盗用、网络欺诈等安全问题,给个人生活带来巨大困扰。其次,数字鸿沟加剧了社会不平等。虽然数字技术带来了便利与机遇,但对于那些缺乏数字技能、设备或网络接入条件的群体而言,却可能成为新的社会排斥工具。他们难以享受数字服务带来的红利,反而在信息获取、教育、就业等方面处于更加不利的地位,进一步拉大了社会贫富差距。最后,数字权力的扩张可能诱发传统的权利保障机制失灵风险。数字技术引发的算法歧视、数据滥用等新的侵权行为层出不穷,且往往具有隐蔽性、复杂性和跨域性的特点,使追踪和追责变得困难重重,传统的权利保障机制难以应对这一风险。

(二)引发公权力信任危机

一方面,数字权力的隐蔽性加剧了国家与公民之间的信任危机,在一定程度上削弱了国家权威。虽然电子政务等平台的建立提高了政府工作的透明度,但数据的复杂性和专业性也使公众难以全面、准确地理解政府决策的依据和过程,从而可能产生误解和不信任。当公权力机关无法有效回应公众关切、满足其信息需求时,其公信力便可能受到质疑,进而引发信任危机。另一方面,数字权力的弥散性、去中心化、扁平化特性,使传统的权力结构面临挑战。比如在数字文明时代,国家治理信息不再完全掌握在国家职能部门手中,而是呈现弥散性的特点。这种变化削弱了传统国家职能部门的权威性,使政府等公权力机关在信息传播、舆论引导等方面的能力相对减弱,国家公权力在一定程度上被隐秘剥夺。

(三)挑战国家安全和国际秩序

在全球化、数字化的背景下,跨国数据流动日益频繁且难以控制。一些国家或可能利用数字技术优势进行网络攻击、信息战等活动以削弱他国实力或影响国际局势,一些商业平台也可能会利用自己的平台优势干预国家政局或国际事务。这种数字领域的国家间不当竞争和对抗以及数字平台的非法越界行为,威胁着国家安全和社会稳定,还可能动摇国家权威和国际秩序的基础。

三、商业数字平台权力及其控制

从构成类型的角度看,数字平台主要包括商业平台和政务平台两大类。而从数字权力的维度予以审视,政务平台虽实现了公权力数字平台化运行,但权力的本质属性并未从根本上发生改变。相比之下,商业平台的出现则对传统的公权力架构产生了深刻挑战,催生了数字平台权力这一新兴权力形态。因此,本部分将重点关注由商业平台运作模式而衍生出的新型权力形态,而将传统公权力的数字平台化运行问题留待下一部分讨论。

(一)商业数字平台权力的兴起

商业数字平台权力是平台运行过程中平台企业基于技术优势、信息优势、资源优势和服务提供优势而形成的对平台空间内各参与主体的强大控制力。当前,商业数字平台已经逐渐成为数字文明时代人们生活必不可少的基础设施,在社会生活中具有不可或缺的地位。与传统的"集市"型平台不同,平台不再仅仅作为市场交易的提供者而存在,而是深入参与到数字平台社会生态的构建之中。平台作为信息网络服务平台的设计者,其不仅创制了数字平台的物理架构,决定了数字平台的运行模式;而且塑造着互联网市场的交易机制,提供了一套全新的网络市场行动逻辑。商业数字平台在吸纳用户进入时,就发挥着协调平台内经营者和消费者之间双边关系的作用,"在事实上承担着维护网络市场秩序、保障用户权益的公共职能"[1]。商业数字平台凭借其技术和资本优势具备了支配和控制数字平台内参与者的能力和机会,催生了商业数字平台权力这一新型权力类型,形成了对平台内主体的控制力和支配力。

在数字文明时代,商业数字平台不仅是技术载体,更是社会关系的重塑者。商业数字平台通过制定用户协议、数据收集与分析、内容推荐与过滤等方式,实际上塑造着用户的网络行为模式与信息获取渠道,形成了平台与用户的"支配—服从"关系,构建了一套独特的权力运作机制,这种影响力远超传统国家权力通过法律手段的直接干预。这种基于技术与市场逻辑的权力,无疑是对传统"国家—社会"("公权力—私权利")二元框架的深刻挑战,并催生了"国家—平台—社

---

[1] 刘权:《网络数字平台的公共性及其实现》,载《法学研究》2020年第2期。

会"("公权力—私权力—私权利")的新三元格局。[1]

从商业数字平台权力的表现形态看,平台权力包括市场准入权、资源调配权、规则制定权、行为管制权和争议处置权。市场准入权作为平台的基础性权力,它决定了哪些参与者能够进入平台生态系统,参与市场竞争。市场准入权通过设定技术门槛、审核标准或合作协议等方式实施,对维护平台秩序、保障用户安全及促进优质内容与服务的涌现具有重要作用。资源调配权是平台基于其数据、技术、信息及资本优势,通过制定并应用算法规则,对平台内的资源(如交易机会、展示位置、用户流量等)进行自主分配与调配的权力。"平台的资源调配权的基础和前提在于数据汲取权"[2],即平台通过各种手段,广泛收集并分析用户数据,以此为基础制定资源分配策略,实现精准的资源调配与优化。规则制定权是指平台扮演"立法者"的角色,制定一系列关于用户行为规范、数据隐私保护、知识产权管理、消费者权益保障等的行为准则与交易规则。行为管制权是指平台基于规则制定权,拥有的对平台内成员行为进行监控、评估与干预的权力,如对违规行为采取警告、罚款、屏蔽、封号等处罚。争议处置权则是平台作为中立第三方,承担着争议调解与裁决的职责。当然,也有不少学者从其他视角提出了商业数字平台权力的分类方法,如有学者以权力运行过程为标准,将平台权力划分为准立法权、准行政权、准司法权;[3]以权力性质为标准,将平台权力划分为平台公权力和平台私权力;[4]借助迈克尔·曼的理论类比,将平台权力划分为基于数字设施的组织化权力、基于契约外观的协议性权力、基于条块治理的授权性权力。[5]

(二)商业数字平台权力的控制

"科学技术的发展本身既为我们揭开了改善人类生活的前景,也为我们开辟了毁灭人类的可能性。"[6]商业数字平台权力在促进信息流通、激励公民参与、优化社会治理等方面发挥重要作用的同时,也存在潜在的异化风险,需要法律予以适当调整,以避免数字平台权力滥用损害公民权利和国家权力。

---

[1] 参见马长山:《数字法学的理论表达》,载《中国法学》2022年第3期。
[2] 刘晗:《平台权力的发生学——网络社会的再中心化机制》,载《文化纵横》2021年第1期。
[3] 参见陈鹏:《平台权力的扩张与规制》,载《理论月刊》2022年第8期;刘权:《网络平台的公共性及其实现——以电商平台的法律规制为视角》,载《法学研究》2020年第2期。
[4] 参见王志鹏等:《大数据时代平台权力的扩张与异化》,载《江西社会科学》2016年第5期。
[5] 参见陈斌:《数字平台义务创设的宪法基础》,载《环球法律评论》2023年第3期。
[6] [英]J.D.贝尔纳:《科学的社会功能》,陈体芳译,商务印书馆1982年版,第317页。

1. 对商业数字平台予以适度的司法审查

商业数字平台作为新兴的经济社会治理主体,其自治规则与行为模式对维护市场秩序、保护消费者权益及促进技术创新具有不可忽视的作用。商业数字平台权力广泛影响着数字空间的用户行为,其合法性与合理性直接关系到用户的基本权利与自由。若商业数字平台权力尤其是商业数字平台的规则制定权肆意突破法律保留原则,限制用户基本权利,违反法律、行政法规的强制性规定,将严重损害社会公共利益和法治秩序。在具体实践中,一方面要关注平台规则制定过程的合法性与合理性,确保其符合法律保留原则、不违反法律的强制性规定、不损害社会公共利益;另一方面要审视平台行为是否遵循了基本的程序正义标准,如是否允许用户平等参与、是否给予用户充分的申辩机会、是否遵循正当程序原则等。在具体个案中,对于明显违反比例原则等实体正义标准的平台行为,法院应积极寻求实体法依据,作出有利于平台用户的判决。对商业数字平台予以适度的司法审查是维护法律尊严、保障社会公共利益、促进数字经济健康发展的必要举措,但在具体的制度安排上也要注重司法审查的适度性,避免过度干预而抑制平台创新和市场活力。

2. 为商业数字平台配置相应的责任体系

"权力永远伴随责任,这是法律的基本原则。"[1]在数字文明时代,随着数字平台的蓬勃发展,为其配置相应的公共责任成为确保技术向善、维护社会公共利益的关键环节。为避免数字平台权力滥用,商业数字平台应当承担法律责任、经济责任和社会责任。法律责任是平台因违反法律义务而产生的第二性义务,数字平台法律责任多集中在《个人信息保护法》第七章、《数据安全法》第六章、《网络安全法》第六章、《电子商务法》第六章等法律规范中,涵盖了民事责任、行政责任和刑事责任三种责任类型,其中民事责任侧重于损害赔偿的承担;行政责任则包括警告、没收违法所得、责令停产停业、罚款、吊销营业执照、限制从业等多种处罚措施;若行为构成犯罪,则依法追究刑事责任。经济责任是数字平台应当承担的直接责任,主要包括平等治理、开放生态、促进创新、反垄断、反不正当竞争、价格行为规范、禁限售管控、知识产权和消费者保护等市场责任,以及为企业员工提供劳动条件和劳动福利的企业责任。社会责任是数字平台作为社会主体的道义责任,具有非强制性的特点,如促进信息无障碍获取、环境保护、文化传承等。

---

[1] 周汉华:《正确认识平台法律责任》,载《学习时报》2019年8月7日,第4版。

四、公权力数字平台化运行及其控制

(一)公权力数字平台化运行的演进

公权力数字平台化运行是在数字中国建设背景下,传统公权力在数字技术加持下的全新运行模式,主要体现在自动化行政、智慧司法等行政和司法领域,旨在提升治理效能、促进公众参与、推动治理创新、实现社会公正。公权力数字平台化运行并非传统公权力运行模式的简单升级,而是从主体到客体、从形式到内容的全方位、多维度的改造与升级。

自动化行政是公权力数字平台化运行的重要体现。自动化行政是政府机关使用算法、人工智能和其他自动化工具来制定决策、辅助或执行公共服务和监管任务的过程。随着数字技术的快速发展,越来越多的政府部门开始探索算法等数字技术在行政管理中的应用,以期提高效率、降低成本、减少人为错误,提供更加高效精准的服务。自动化行政主要存在于信息、数据的收集与处理,行政活动数字化以及直接作出行政决定三种情形中,[1]并广泛适用于交警非现场执法、税务征管、社会保障、环境保护、市场监管等多个应用场景。智慧司法是司法领域数字化转型的重要方向。智慧司法是指运用大数据、人工智能、区块链等现代信息技术来优化司法程序,提高司法效率,增强司法公正性和透明度的新型司法模式。智慧司法旨在通过科技手段解决传统司法体系中存在的问题,如案件积压、审判周期长、信息不对称、判决一致性低等,以达到司法服务现代化、智能化的目标。智慧司法的具体应用包括提供线上立案、材料提交、远程庭审等功能的电子诉讼平台;通过自然语言处理技术,根据案件事实自动生成裁判文书初稿的智能文书生成系统;利用大数据技术整理、汇集、分类管理的案例检索与分析系统;通过算法分析法律法规和法院历史判决而为法官提供量刑建议、案件预测等辅助决策支持;利用区块链技术确保电子证据的完整性和不可篡改性的证据链管理系统;以及通过互联网公开庭审直播、裁判文书等信息的司法公开系统。

公权力数字平台化运行从根本上讲仍然是国家公权力体系中的重要组成部分,应当审慎看待其积极作用和消极影响,确保在技术创新与法治规范之间找到平衡点,实现公权力平稳、健康与可持续的数字化运行。一方面,公权力数字平台化运行能够优化政务流程,减少人工干预和审批环节,提高行政效率;通过大数据

---

[1] 参见胡敏洁:《自动化行政的法律控制》,载《行政法学研究》2019年第2期。

分析和算法模型，国家机关能够更准确地掌握社会运行状况，为政策制定和决策提供科学依据，增强决策科学性。另一方面，公权力数字平台化运行可能诱发公权力私有化、公权力工具化、公权力资本化的风险。即在数字化过程中，如果缺乏有效监管和约束机制，可能会导致部分公权力被个别利益集团或个人所掌控和利用，形成公权力私有化现象；过度依赖数字技术可能导致公权力运行过度技术化，忽视伦理、道德和法治原则，导致不公正的决策结果；商用数字技术在公共领域的应用可能引发公权力与资本的勾结和利益输送问题，一些企业和个人可能通过技术手段影响政府决策和公共资源分配以谋取私利。

(二)公权力数字平台化运行的控制

公权力运行的数字化转型是当代社会治理的重要趋势，它能显著提升行政效率和公共服务质量，但同时也带来了权力合法运行的挑战，甚至可能危及社会稳定与国家安全。为了确保公权力数字平台化运行既能充分发挥其优势，又能有效防范潜在风险，应当构建一套科学的预防与控制机制。

1.合理划定公权力数字平台化运行的边界

首先，公权力数字平台化运行须始终保持人的主体地位。在公权力数字平台化运行过程中，应当妥善解决价值理性和工具理性的张力平衡，确保人类在智慧系统运行环节的全程存在和价值主导，即"人在环路"(human in the loop)[1]，实现人类对智慧系统的最终控制权，防止权力数字化运行对人的主体地位的冲击和对人的尊严的侵蚀。其次，公权力数字平台化运行的边界应当以法律法规的明确规定为依据，确保每一项数字化措施都有明确的法律根据，防止权力滥用。相关立法应当及时跟上数字技术的发展步伐，满足数字社会的规范需求。再次，公权力数字平台化运行应恪守比例原则。在数字化应用的背景下，公权力机关在收集、处理、利用个人信息及执行各项职能时，应仔细权衡公共利益与个人权益之间的界限，确保所采取的措施既必要又适度。最后，构建完备的伦理审查机制。伦理审查是守护技术应用伦理底线的重要防线，应设立由技术专家、公众代表、政府部门及行业协会等多元主体组成的伦理审查委员会，共同审视技术应用的潜在风险，确保算法等技术在公权力数字平台化运行中的使用符合社会伦理标准。

---

[1] Stephen E. Henderson, *A Few Criminal Justice Big Data Rules*, 15 Ohio State Journal of Criminal Law 527 (2018).

2. 以技术性正当程序约束公权力数字平台化运行

技术性正当程序是正当程序原则在数字文明时代的新发展,可以为防范公权力数字平台化运行异化提供解决方案。技术性正当程序不仅强调在公权力数字平台化运行过程中,人们应有充分地知悉、参与、提出异议和获得救济的权利和机会,还强调通过技术手段提升程序的透明度与可问责性。以技术性正当程序约束公权力数字平台化运行,是保障公民权利,实现数字正义的必要手段。在数字技术成为公权力运行重要工具的时代,一方面,应通过算法设计、数据治理、安全防护等技术手段,对公权力行使的全过程进行精细化、标准化、透明化管理。公权力机关在数据采集、处理、分析、决策及执行等各个环节,均应遵循法定程序,确保信息的真实性、完整性和安全性以及决策的科学性、合理性和可追溯性。在智慧系统设计时,应主动将程序正义原则嵌入技术设计与应用之中。另一方面,将算法备案、算法审查和算法评估制度与技术性正当程序进行对接,确保公权力数字平台化运行环节可控、结果可信。通过算法备案留存技术文档,避免算法设计者和控制者擅自更改算法模型;通过算法审查程序锚定高风险的公权力数字平台化运行情景,有针对性地进行事前、事中、事后审查;通过算法影响评估,考察公权力数字平台化运行的智慧系统合法性。

典型案例

2006年年初,美国印第安纳州政府发布了一份招标书(RFP),旨在将TANF、食品券及医疗补助制度的福利资格审查工作进行服务外包,采用自动化处理的方式。州政府在招标书中明确,其目标是减少福利欺诈、降低开支、缩减福利补助人数。投标者若能通过识别"虚假陈述""剔除不合格的福利申领者",将为投标者提供额外的绩效激励。在此期间,家庭与社会服务管理局的福利补助人数为100万人左右,领取包括医疗、社会服务、心理健康咨询以及其他形式的援助,年预算达65.5亿美元,雇员人数约6500人。2006年12月,州政府举行了一场听证会后,就与印第安纳自助联盟的联合公司(IBM/ACS)签订了总额11.6亿美元、为期10年的项目合同进行听证。2007年3月,家庭与社会服务管理局70%的政府雇员不得不转岗为私人雇员,10月福利资格自动化处理项目在该州中北部的12个县进行试点。但该自动化处理系统故障频发,电话预约经常瘫痪,28万多份文件"未予编码",其影响是灾难性的。2006—2008年,印第安纳州共拒绝100余万食品券、医疗补助及现金津贴的福利申请,相对于 2004—2006 年增长了 54%。而其综合误差率由 5.9% 增长至 19.4%,12.2% 符合资格的福利申请者被不当拒绝。2010 年 5 月,印第安纳州起诉 IBM 公司违约,要求其赔偿 4.37 亿美元。IBM 则提出反诉,要求州政府支付约 1 亿美元的服务器、硬件、自动化处理与软件使用费(州政府仍用于福利资格确认程序)。法院最终判令州政府赔偿 IBM 公司 5200 万美元,并在判决书中写道:"本案中,诉讼双方都不配胜诉"[1]。

问题与思考

1. 如何理解数字法律关系的特征?
2. 数字法律关系的主体和客体是什么?
3. 数字权利与义务有哪些?
4. 如何对数字公权力进行规制?

延伸阅读

1. [美]弗吉尼亚·尤班克斯:《自动不平等——高科技如何锁定、管制和惩罚穷人》,李明倩译,商务印书馆 2021 年版。
2. [美]马修·萨尔加尼克:《计算社会学——数据时代的社会研究》,赵红梅等译,中信出版集团 2019 年版。
3. [美]伊森·凯什、[以色列]奥娜·拉比诺维奇·艾尼:《数字正义》,赵蕾等译,法律出版社 2019 年版。
4. [英]阿里尔·扎拉奇、[美]莫里斯·E. 斯图克:《算法的陷阱——超级平台、算法垄断与场景欺骗》,余潇译,中信出版集团 2018 年版。
5. [英]凯伦·杨等:《驯服算法——数字歧视与算法规制》,林少伟等译,上海人民出版社 2020 年版。
6. [英]约翰·帕克:《全民监控——大数据时代的安全与隐私困境》,关立深译,金城出版社 2015 年版。

---

[1] 参见[美]弗吉尼亚·尤班克斯:《自动不平等——高科技如何锁定、管制和惩罚穷人》,李明倩译,商务印书馆 2021 年版,第 61 页。

第三章　数字法律行为

> **法律故事**
>
> 　　网络购物是最为典型的数字法律行为。网络购物的迅猛发展始于互联网的普及和电子商务平台的兴起。随着技术的进步,网络购物平台如亚马逊(Amazon)、淘宝、京东等提供了便捷的在线购物体验,同时也催生了相关的法律问题,如消费者权益保护、个人信息安全、电子商务合同的法律效力等。为了规范这一新兴行为,中国在《电子商务法》中对网络购物进行了法律认可,该法于2019年1月1日正式实施。这标志着网络购物行为得到了正式的法律地位和规范。而后,虚拟社交、智能合约等一系列的数字法律行为逐渐兴起,成为人们生活的一部分。2018年,工信部发布的《2018年中国区块链产业白皮书》中对智能合约进行了定义,指出其是由事件驱动的、具有状态的、获得多方承认的、运行在区块链之上的且能够根据预设条件自动处理资产的程序。2021年,随着元宇宙概念的火爆,虚拟社交场景中的法律问题开始受到关注,如虚拟财产的权属、虚拟身份的保护等。

　　数字法律行为是指通过网络、数据和算法等为主要呈现或表达方式而实施的能够引起法律关系产生、变更和消灭的活动。例如网络购物、虚拟社交、点赞转发、智能合约、算法决策等。这些数字法律行为固然离不开物理时空,也必须以自然人的生物行为(意志和操作)为基础,但所不同的是,它往往在身体的缺席和时空场景的虚置的情况下,通过无形的数字身份来实施。因此,数字法律行为在主观状态、行为过程、社会后果等方面与线下法律行为存在很大差别。[1] 例如,基于区块链技术发展,以数字化为表现形式的智能合约主要通过计算机网络技术来自动执行,即一旦代码程序中预先设置的触发条件成就时,智能合约便会自动执

---

[1]　参见马长山:《数字何以生成法理?》,载《数字法治》2023年第2期。

行,而且智能合约因为不可撤销性,而形成了对交易当事人的持续约束。[1]

第一节 数字科技对传统法律行为的影响

当代数字科技的快速发展促成了传统法律行为的全新变化。技术手段成为实施法律行为的重要方式,这使法律行为的基本方式趋于多样化。网络空间的生成改变了法律行为存在的客观环境,使之摆脱了传统物理时空的束缚。更为关键的是,数字科技重塑了法律行为的构造性要素。它对法律行为的规范性、意志性、主体性这些独特内涵提出了挑战。

(一)数字科技扩大了法律行为的基本方式

法律行为的基本方式,是指行为人为实现预期的法律效果而在实施法律行为过程中所采取的各种手段和方法。其中主要包括行动的计划、方案和措施,行动的程式、步骤和阶段,行动的技术和技巧,行动所借助的工具和器械,等等。[2] 传统意义上,法律行为的这些手段和方法主要依靠人自身的思维、身体、语言来实现或完成,所借助的技术与工具是辅助性的。进入数字社会,技术与人的行为的深度结合,使法律行为的手段与方法得到了数字化重塑。一些新兴的技术手段极大地丰富了法律行为的基本方式。我们可以分别从私法领域和公法领域发现这种趋势。

在私法领域,这种趋势主要体现为交易的智能化。一是交易的数据化。目前,数据作为一种估测手段被应用于线上商品与服务的交易当中。平台和商家根据消费者的浏览记录、购买记录等行为数据,准确判断消费者的需求与偏好,为其推荐更具个性化的商品与服务。消费者则可以根据好评率、销售量、物流速度、售后保障等数据判断商家的信誉以及商品和服务的质量。二是交易的算法化。机器学习算法可以通过对历史数据的学习,从中自动识别出有价值的模式,并用这些模式对新数据作出预测或作出决策。目前,这类算法已经被广泛应用于证券交易中,它可以根据市场的状况作出实时的决策,判断是否交易、交易的数量、交易

---

[1] 参见吴烨:《论智能合约的私法构造》,载《法学家》2020年第2期。
[2] 参见张文显主编:《法理学》,高等教育出版社2018年版,第146-147页。

的价格等。[1] 三是智能合约。智能合约是一种将合同条款通过编程语言定义并存储于区块链上的计算机协议。它是一个高度自动化的合同执行机制,其技术原理在于通过程序代码实现合同的自动传播、验证和执行。由于具有可追溯、公开透明、不可篡改等优势,智能合约的应用领域越来越广,数字货币、房地产、物流航运等均可以看到智能合约的身影。

在公法领域,这种趋势体现为行政执法的自动化与司法审判的智能化。在行政执法领域,数字技术已经被广泛应用于行政处罚、行政许可审批、行政裁决等行政活动当中。以道路交通的行政处罚为例,监控设备可以自动记录闯红灯、逆行、超速等交通违法行为,并根据违法程度自动作出处罚。自动化行政极大地提升了行政效率和行政质量。时下,从中央到地方的各级政府都在加快建设数字政府,进一步推动自动化行政的普及。在司法审判领域,数字技术的应用促进了司法审判的智能化。传统的司法裁判主要依靠法官的智慧。法官个人的知识素养、道德素养和业务素养等在很大程度上决定了裁判结果、裁判质量、裁判效率。算法、大数据、人工智能等技术在司法审判领域的应用改变了这一状况。数字技术可以辅助法官分析案件,为法官呈现类似案件的裁判规律,并预测裁判结果以供法官参考。司法审判的智能化对于提升司法的公正性和司法效率具有十分积极的意义。

(二)数字科技突破了法律行为的时空限制

在数字社会到来以前,人的法律行为被限定在连续的时间和相对固定的空间当中。人们总是在一段时间和一个确定的地点作出法律行为。这种时间与空间可以被主体所知觉。现代数字科技的发展为人类营造了一个全新的网络时空,开启了主体的在线生存实践。这种时空具有显著的虚拟化特征,在很大程度上冲破了传统物理时空对法律行为施加的诸多限制。

这种限制的打破首先体现在数字科技对法律行为空间范围的延展上。在互联网技术诞生以前,人们将空间与地点等而视之,空间也就是物理空间。这是因为,在一般情况下,社会生活的空间维度都受"在场"的支配,即地域性活动的支配。[2] 法律行为也总是与特定地点相锚定。换言之,主体必然是在某个地点作出法律行为。在传统社会中,这是一个不言自明的事实。现在,互联网技术的发

---

[1] 参见丁鹏编著:《量化投资:策略与技术》,电子工业出版社2012年版,第309页。
[2] 参见[英]安东尼·吉登斯:《现代性的后果》,田禾译,黄平校,译林出版社2011年版,第16页。

展与普及已经突破了这种认知和行动上的局限。它为人们构造了一个与物理空间相并行的网络空间。这种空间以虚拟化作为本质特征,能够从特定的地点中分离出来,因此消除了地理意义上的边界。在线生存的主体可以在网络空间中开展传统线下社会的某些法律行为,如民事主体线上订立合同、行政主体线上执法、司法机关线上审理案件,等等。由此可见,从有界限的物理空间到无边界的网络空间的转换极大地扩展了法律行为的空间范围。

更进一步看,网络空间的数字化和即时性使法律行为摆脱了物理空间的束缚。信息与网络技术实现了现实世界中文本、声音、图像等的代码化、符号化,这些素材得以数字形式存在于网络空间中,不再依赖于物理实体。凭借这种数字化,构成法律行为形式外观的文本、声音、图像等素材能够在网络空间中以虚拟的形式呈现。例如,在线订立合同时,电子签名可以实现对书面签名功能上的等效替代。不仅如此,作为法律行为主体的人也被符号化,一个账号就可以表征一个人。他以数字人的形式存在于网络空间中,与其他主体开展法律行为意义上的互动与交往。由此可见,物理空间对法律行为的束缚业已趋于弱化乃至消失。网络空间的数字化又促成了网络空间的即时性。在数字技术的加持下,以符码形式存在的素材能够在极短的时间内传输到现实世界的任何位置。网络空间的这种即时性不仅意味着时间的加速,更意味着对物理空间的征服。[1] 就像保罗·维利里奥的"竞速学"揭示的,数字技术下被解放的速度使此地消失,一切都成为此刻。[2] 在这种情况下,主体在网络空间中就法律行为开展沟通与交流的效率得到了极大的提升,要约与承诺的时间间隔被大大缩短。例如,一些音像制品、软件、网络游戏等虚拟产品可以在瞬间达成交易。从该意义上讲,网络空间的即时性使法律行为进一步突破了物理空间的限制,处于不同地点的人们可以快速对相对人作出意思表示,并接收其反馈。

同时,网络空间的即时性在很大程度上造成了时间的虚化,使法律行为冲破了时间的束缚。除了上文提及的信息的高速流动外,网络空间的即时性还可以从下面两个角度来理解。一是网络空间通过技术连线生成的存在感,使主体的活动

---

[1] 参见[英]齐格蒙特·鲍曼:《流动的现代性》,欧阳景根译,中国人民大学出版社2018年版,第194页。
[2] 参见[法]保罗·维利里奥:《解放的速度》,陆元昶译,江苏人民出版社2003年版,第152-186页。

无须保持传统社会"身体在场"的状态,只需"注意力在场"。[1] 这时,主体用"注意力行动"代替了身体行动,从而实现了行动的即时性。二是网络世界的"空间共现"加速了时间进程。在网络世界中,主体可以同时在多个空间中行动,同一时间点的行动牵动了多个空间同时呈现行动内容。这在客观上缩短了行动内容的传播时间,能够在最短的时间内扩大信息传播的对象。[2] 具体来讲,这种即时性对法律行为的影响在于,主体可以"多线程"地开展法律行为。[3] 例如,在京东、淘宝等购物平台上,同一时间商家可以同时与多个消费者进行交易,这极大地缩短了交易行为的时间进程。如果以具有法律行为意义的劳动来看待这种即时性,它意味着劳动时间的自由化,导向一种"自决时间"。主体可以相当"自由"地决定自己的时间安排。[4]

(三)数字科技挑战了法律行为的独特内涵

从学界主流观点看,法律行为这一法学基本概念的释义主采自萨维尼的"意思学说"。萨维尼将法律行为定义为,行为人作出的,使法律关系产生、变更和消灭的法律事实。[5] 从这一经典定义中可以剖析出法律行为的三项构造性要素:规范性、意志性、主体性。这三项要素共同规定了法律行为的本质。然而,由于数字科技的深度介入,法律行为的这些独特内涵受到了前所未有的挑战。

第一,数字科技对法律行为规范性的挑战。法律行为具有规范与事实的二重性。社会生活中,那些具体的行为事实经法律规范抽象化或类型化后,就形成了法律行为。这正是齐佩利乌斯所言的,法律行为是事实规律性的集合。[6] 在二者的关系中,事实性是法律行为的初始属性,为了与事实区别开来,法律行为将规范性作为本质属性。法律行为规范一经形成,就宣称它可以调整社会中的具体行为。其中暗含了一个前提,即规范中的法律行为能够涵括社会中的具体行为。数字科技对法律行为的挑战正根源于此。从另一个视角看,规范性也意味着稳定

---

[1] 参见郑智航:《网络社会法律治理与技术治理的二元共治》,载《中国法学》2018 年第 2 期。
[2] 参见邵力、唐魁玉:《微社会网络时空互构析论》,载《自然辩证法研究》2020 年第 6 期。
[3] 参见郑智航:《网络社会法律治理与技术治理的二元共治》,载《中国法学》2018 年第 2 期。
[4] 参见郭洪水:《"存在—时间"、"技术—时间"与时间技术的现代演变》,载《哲学研究》2015 年第 7 期。
[5] Vgl. Friedrich Carl von Savigny, System des heutigen Romischen Rechts, Bd. 3, Veit und Comp., Berlin, 1840, S. 1ff.
[6] 参见[德]莱因荷德·齐佩利乌斯:《法哲学》,金振豹译,北京大学出版社 2012 年版,第 7 - 11 页。

性,这是因为行为一经法律规范化,就不得朝令夕改。数字科技显然属于事实的范畴。进入数字社会,经新兴科技介入后的行为越来越无法为既有的法律行为规范所涵括。这主要体现为后者无法为前者提供充足的规则支持或约束,以及前者与后者的某些具体规定相冲突。例如,在数据交易出现的早期,既有交易规范关于效力、履行等的规定无法适用于数据的交易。又如,电子签与合同规范中要求书面签名的规定相冲突。这些现象意味着数字科技介入后的行为超越了既有法律行为的规范性范围,造成其规范效力的失灵。

第二,数字科技对法律行为意志性的挑战。法律行为以意思表示为核心要素。根据民事法律的相关规定,法律行为应当体现出主体内心的真实意思。否则,法律行为就是有瑕疵的,或者是无效的。这种真实的意思建立在主体自由意志的基础上,要求其自主地思考、理解、判断,进而作出决策或选择。因此,在民事法律行为制度中,欺诈、胁迫、乘人之危、重大误解等都不被看作主体真实的意思表示。然而,数字科技的发展破坏了法律行为的意志性要求。在数字社会,人们在网络空间作出法律行为时,需要依靠数字技术才能实现。数字技术的背后往往隐蔽着一种数字权力。它指的是,技术的设计者或利用者往往借助技术来控制主体的意志,从而达到操纵其行为的目的。例如,线上交易中频繁出现的"大数据杀熟"就违背了主体的自由意志。又如,产品的个性化推荐实际上限制了主体的选择范围,人们看似自由作出的选择很可能是被程序预先设置好的。可见,网络空间中的很多法律行为实际上是主体在欠缺内心真实意思的情况下作出的。这些法律行为的效力如何认定,责任如何分担等,是法学研究需要回答的问题。

第三,数字科技对法律行为主体性的挑战。意志是主体的意志,所以主体性本质上是意志性的另一种表达。法律行为理论的一个普遍共识是,只有人可以成为法律行为的主体。因为只有人才具有意志或者说意思,进而作出意思的表示。然而,区块链和人工智能等技术在社会生活中的应用给法律行为的主体性内涵带来了巨大的冲击。当前,区块链技术已经实现了合约的智能化,例如,Chainlink智能合约能够代替托管房产的经纪人,在满足规定条件时自动完成房产交易。又如,在交通自动化执法中,人工智能可以准确识别逆行、超速、闯红灯等违法行为,并作出处罚。我们知道,意思是人独有的一种能力,技术显然不具备这种能力。但上述例子表明,数字技术可以在缺乏意思的情况下,依照事先设定的算法或者通过自我学习掌握的算法作出程式化的"表示"。这种表示可以产生同人的行为一样的法律效果。其根本原因在于,人类的大量日常行为已经社会功能化,在法律行为中,内在意思对特定法律效果的发生不再必要,数字技术完全可以通过纯粹的表示行为胜任原本由人类的意思表示行为承担的社会功能。[1] 法律行为的主体性就此被消解。这种"无意思有表示"的"行为"是否属于法律行为,以及如果属于,该如何重构法律行为的基本理论,是时下亟须研讨的课题。

第二节 数字法律行为的概念与特征

数字技术的发展引导人们从传统的线下生活之外开辟新的虚拟空间。游走在以数据系统为中心的商业交易、社会交往和文化生活中,法律行为也因此发生了深刻的变化。[2] 为顺应技术重塑后的社会逻辑,具有数字身份的法律主体往往通过实施数字法律行为的方式参与到法律关系产生、变更、消灭的过程中。具体来看,数字法律行为的表达特征主要体现在虚实同构的行为表达空间、人机互动的行为表达方式、二元治理的表达约束机制三个方面。

(一)虚实同构、交互一体

数字社会对人类社会生活秩序的改变往往通过数据和算法得以实现,在重塑人与世界及人与人之间关系的过程中,使人在物理上打破时空限制,虚拟出现实空间之外的平行世界。[3] 在线上线下相互结合的环境下,数字法律行为能够同时实现继承性表达与自主性表达,使法律关系的变动呈现虚实同构、交互一体的状态。

一方面,数字法律行为并没有脱离权利义务关系的基础范式,体现出对线下传统法律行为的继承性表达。在虚实交错的数字社会,无论是脑机接口还是人工智能、智能合约,法律都未曾脱离对人与人之间关系的调整,而引起不同法律主体之间权利义务关系发生变化的正是算法本身。作为自动化决策的算法系统,表示信息虽然经由计算机系统直接发出,但具体程序仍由表意人为特定目的而设计或否定,体现为人类意思表示的延伸。[4] 因此,自动化决策过程中各类问题的最终

---

[1] 参见雷磊:《新科技时代的法学基本范畴:挑战与回应》,载《中国法学》2023年第1期。
[2] 参见马长山:《智能互联网时代的法律变革》,载《法学研究》2018年第4期。
[3] 参见彭诚信:《数字法学的前提性命题与核心范式》,载《中国法学》2023年第1期。
[4] 参见梁慧星:《民法总论》,法律出版社2017年版,第176页。

处理还是会落实到人类本身。例如，针对自动化决策过程中的失范行为，各方主体的权利义务关系在我国立法中同时得到了明确。其一，为保障信息主体的充分自决，我国《民法典》与《个人信息保护法》已对公民所享有的知情权、查阅复制权、同意适用权、更正补充权等数据权利进行相对完善的规定。其二，为防止个人数据篡改、丢失等行为的发生，我国现有立法也明确规定个人信息处理义务者应采取加密、去标识化等安全技术措施以加强对数据主体权益的保护[1]。因此，数字技术的发展虽然为法律行为提供了虚实同构的表达空间，但其中的法律问题本质上仍为人与人之间社会关系处理过程中的各类纠纷，并未脱离传统权利义务关系话语的表达范围。

另一方面，数字法律行为改变了权利义务关系内部的对应结构，在线上空间实现了自主性表达。在全要素数字化转型的新背景下，数字公民之间社会关系的表达从物理空间逐渐延伸至互联网中，虽未脱离权利义务关系的传统范式要求，但将其内部原来的"一对一"对称式结构拓展为"一对多"或"多对一"的交互式结构。数字社会的"多线程"方式使人们随时能够在不同领域进行穿梭，从而使单一简明的社会关系变为多线程的和复杂性的社会关系[2]。数智人在操作终端对系统中对中继系统的一个简单的点击行为都可能引发难以统计的法律关系变动。法律关系的多米诺骨牌效应打破了僵化的绝对因果关系模式，前因与后果之间的关系趋于相对化，两者之间的地位不断切换、互换，因因叠加不尽，因果循环不止[3]。例如，民事主体往往通过不特定节点参与到区块链交易之中，当这些参与节点经过打包验证并与其他节点同步后才能完成交易[4]。与传统线下交易不同的是，区块链交易具有较强的延展性，交易完成后的具体记录将被永久地封存于比特币公有链的网络之中，任何人都可以进行查看，进而影响其他合同的产生、变更与消灭。可见，数字法律行为自主性表达的关键方面也正是扩大了不同法律主体之间活动的交互性影响，以"波状"而非"线状"的形式扩大法律行为表达的影响范围。

---

[1] 参见张安毅：《算法自动决策下人类主体性危机的立法应对》，载《理论与改革》2024年第4期。
[2] 参见郑智航：《当代中国数字法学的自主性建构》，载《法律科学（西北政法大学学报）》2024年第2期。
[3] 参见齐延平：《数智化社会的法律调控》，载《中国法学》2022年第1期。
[4] 参见齐爱民、张哲：《虚拟货币交易的类型区分及法律效力》，载《数字法治评论》2022年第1期。

(二)人机互动、平台依托

在虚实结合的数字空间内,人类行为表达的过程以技术平台为依托,很多时候可以将自身的认知、情感和道德劳动外包给具体的设备和应用程序,[1]表现出人机协同的行为特征。当人的很多行为和认知同机器融合在一起时,就需要我们从人机混合的系统社会中重新审视现有的法律价值与法律关系理论。[2] 从人机互动一体化的视野来看,数字法律行为表达的过程以数据流动为线索,通过"输入—计算—输出"的三元结构影响数字法律关系产生、变更与消灭的全过程。

在输入环节,人机互动体现于信息采集与编码的阶段。作为人工决策的信息收集源,物联网技术通过全样多模态的信息采集方式,以设备或装置为载体的硬感知技术为基础,通过二维码、条形码、磁卡等物理装置进行自动采集。[3] 在这之后,机器将根据收集到的物理自然信息转化为二进制字符的机器语言,以实现人机之间的互动交流。因此,每当数字法律主体想要根据自身需要实施相应的法律行为时,机器总是能综合该个体的历史行为信息给出客观的建议。但这种信息采集模式也会带来一定的负面影响。自动采集意味着人类固有的内在偏好也将代入其中,以至于后续的编码环节将不得不根据个体的特殊喜好进行选择性编码。久而久之,机器将会生成凝视偏差预测人类的喜好,进而形成技术运行过程中的偏见。

在计算环节,人机互动体现于具体的算法决策活动中。随着信息技术的加速发展,深达几百层的人工神经网络算法正在深刻改变人类的生活,进而帮助甚至替代人类决策。自动定价、自动化行政、自动驾驶、智能裁判等一系列重大决策权正在从人的手中转移到算法手中。[4] 人机协同工作、协同决策甚至依赖算法决策的场景,已成为数字社会的运行常态。[5] 具体来看,算法决策过程中的人机互动机制主要体现在两个维度。一方面,算法设计者根据场景需要,及时制定、解释或修正算法规则,在满足现实治理需求的同时,也体现出人类意志与智能模型之

---

[1] See O'Brien & Heather L., *Rethinking (Dis) engagement in Human - Computer Interaction*, 128 Computers in Human Behavior 107109(2022).
[2] 参见陈钟:《从人工智能本质看未来的发展》,载《探索与争鸣》2017年第10期。
[3] 参见任栋、董雪建、曹改改:《物联网技术在统计数据采集中的应用探索》,载《调研世界》2020年第4期。
[4] 参见[美]克里斯托弗·斯坦纳:《算法帝国》,李筱莹译,人民邮电出版社2017年版,第197页。
[5] 参见马长山:《数字法学的理论表达》,载《中国法学》2022年第3期。

间的互动。例如,为满足公众对日常算法了解的现实需求,美团技术人员通过图文说明的"软解释"形式披露了骑手配送时间的计算规则,使模型背后的算法逻辑从机器语言向自然语言转换,进而被大众接受。[1]另一方面,当数字公民向大模型机器输入具体的需求指令时,机器将根据该个体的历史行为规律推导出客观的决策建议,进而影响其实施具体的数字法律行为。久而久之,这种数理逻辑与生活逻辑相结合的人机互动决策模式会使数字公民对大模型机器形成一种依赖关系,进而影响其后续其他决策活动。

在输出环节,人机互动体现于对不当决策结果的纠正过程中。数字世界并非"无政府主义"的法外之地,算法决策的最终结果需要同时做到技术表达与人类伦理秩序轨道的有效衔接。受人类历史偏见因素的影响,算法程序的运行结果难免会产生不确定的风险。为避免这种技术风险对既有的社会伦理秩序造成严重破坏,在下游端的输出环节需要采用人工标注的方式进行校正。以ChatGPT算法为例,其人工标注校正主要分为两个方向:一是将人类表达任务的习惯说法以数据的形式让算法接受,在下游段纠正算法中不能接受的人类语言描述。二是将人类对于回答质量和倾向的判断灌输给算法决策过程中的下游输出程序,最终给出人类希望从人工智能得到的答案。[2]可以看出,两种标记形式都是从智能决策过程中的下游端进行调整,在加强人机互动的同时,能够有效提高算法决策大模型的智能化程度与准确性水平。

(三)技术制约、法律约束

数理空间的技术性与独特性把数字法律行为与传统的线下法律行为区分开来,使数字社会治理变得更为复杂。一方面,智能化、去中心化的数字领域为不良行为的表达提供了遮蔽空间,加大了法律治理难度。另一方面,数字规则背后的"黑箱"属性使现有立法难以做到全面吸收,在应对新兴法律难题时经常出现捉襟见肘的局面。因此,数字社会难题的治理往往从技术与法律两个角度出发,在增强技术可能性与稳定性的同时通过法律制度来引导公民数字法律行为的有序

---

[1] 参见苏宇:《算法解释制度的体系化构建》,载《东方法学》2024年第1期。
[2] 参见刘艳红:《生成式人工智能的三大安全风险及法律规制——以ChatGPT为例》,载《东方法学》2023年第4期。

表达。[1]

一方面,数字法律行为的规制同时遵循技术治理的相关逻辑与法律治理的因果逻辑。在技术治理过程中,预测活动的开展往往以大量的信息与经验为基础,通过回归分析模型找到的一同上升或下降的因素,往往反映其之间的相关性而不是因果关系。[2] 对于企业而言,这种相关逻辑模型可以有效提炼出低成本高收益的治理因素。例如,在利用屏蔽过滤技术治理不良信息时,因部分不规范屏蔽方式的成本往往小于屏蔽过滤带来的利益,自动程序难免会犯过度屏蔽或错误屏蔽的错误。[3] 此外,部分网络服务提供者还以流量抓取为目的,通过设置显眼标题等手段博取用户眼球,进而实现更大的经济效能。在技术治理模式视野下,这种利用数据信息与技术手段来提高盈利能力与业务绩效的行为并无错误,[4] 但却忽视了权利视野的考量。相比之下,法律治理过程遵循严谨的因果逻辑,其不仅需要保证司法裁判活动在案件事实与法律之间往返流转,还要求最终的裁判结果与法律体系的整体法价值相吻合,使公民权利的基本保障成为其治理过程中的重要方面。[5] 因此,法律虽允许运用过滤软件去消除网络不良信息,但不得侵犯公民的传播权与接收权。网络服务提供者不能单纯以引流牟利为目的,通过"蹭热点""带节奏"的方式去编造传播虚假信息,进而对公民的隐私权与名誉权造成侵害。数字法律行为的规制需要运用这种具有规范功能的治理手段,以弥补技术治理过程中的不足。

另一方面,数字法律行为的规制还同时遵守技术治理的自律逻辑与法律治理的他律逻辑。数字技术的发展使传统的自律规范不再局限于对"硬法"的填补功能,而是在硬法不能及时回应、不能有效规制、不能辨明正当性的前提下,厘定私人权益与规制交易关系,具有新制度和新秩序的功能。[6] 技术治理方式则是对这种自律逻辑的充分体现。从治理依据来看,其主要依靠企业、开发商和专家等主体,根据技术发展规律而制定,具有较强的专业属性,不需要得到国家权力机关

---

[1] 参见汪庆华、胡临天:《生成式人工智能责任机制的技术与法律建构》,载《中国法律评论》2024年第4期。

[2] 参见[美]弗吉尼亚·尤班克斯:《自动不平等——高科技如何锁定、管制和惩罚穷人》,李明倩译,商务印书馆2021年版,第123页。

[3] 参见郑智航:《网络社会法律治理与技术治理的二元共治》,载《中国法学》2018年第2期。

[4] See Quach, Sara, *Digital Technologies: Tensions in Privacy and Data*, 50 Journal of the Academy of Marketing Science 1299 (2022).

[5] 参见吴宇琴:《人工智能司法裁判的逻辑检视与学理反思》,载《湖湘论坛》2022年第3期。

[6] 参见马长山:《互联网+时代"软法之治"的问题与对策》,载《现代法学》2016年第5期。

法定程序的认可。从治理效果来看，因本身缺乏规范属性与强制属性，技术治理实效主要源于人们内心的认可或信服，具有强烈的不确定性。可见，技术治理虽能弥补既有立法的视野缺陷，但仍然存在无法克服的功能局限，对此，还需通过他律手段进行补强。对于缺乏强制效能的技术行规，立法者可对其进行充分的价值衡量，并通过技术立法的形式赋予其规范效能，在有效校正技术治理偏差的同时，发挥法律价值对技术治理引领的作用。通过将他律手段与自律手段进行充分结合，使技术监管安排具备法律基础的同时接受法律的约束，数字法律行为也将实现更为安全、有效的表达。[1]

第三节　数字法律行为的基本结构

数字法律行为的行进以虚拟数字空间为主要场域，因而与传统法律行为之间存在较大差别。从传统的现实物理世界到无界限的数字平台，法律行为的时空范围得到了极大的拓展。空间上，物理空间与虚拟空间并存的状态构成了数字法律行为虚实同构的行为逻辑。[2]时间上，数字法律行为打破了传统法律行为线性的连续的时间逻辑。例如，通过网络平台进行的交易，买卖双方可以不受时区差异的影响，随时随地进行沟通和交易。此外，基于数字平台的合约达成，并不依赖于双方的即时操作，而是根据预设进行的自动触发和自动达成。这种时间和空间上的改变导致数字法律行为的主观状态、行为过程和社会后果具有特殊性。

（一）数字法律行为的主观状态

在我国现行的法律体系中，行为人的主观状态往往在对其法律行为的定性或者定量方面有着重要影响。一般而言，法律行为的主观状态是指行为人在行为过程中的内心意愿或者心理状态，包括故意、过失、认识错误等。以民法体系为例，我国《民法典》第 147 条规定了基于重大误解的撤销权。而对于故意和过失，在民法领域则区分不多。民法中诸多法律后果更多是以是否存在"过错"作为标

---

[1] See Marsden, Chris, Trisha Meyer & Ian Brown, *Platform Values and Democratic Elections: How can the Law Regulate Digital Disinformation*, 36 Computer Law & Security Review 105373 (2020).

[2] 参见李宏弢：《数字法学发展的法文化逻辑》，载《华东政法大学学报》2024 年第 4 期。

准。[1] 不过,在某些情形下,故意和过失的区分仍具有重要意义。[2] 在数字空间中,行为主体的主观状态受多种因素的共同影响。不同于传统法律行为,在数字空间中行为主体的一切法律行为都是在跨时空范畴内行进的。因此,行为主体的主观状态不仅受到自身现实场域的影响,还受到网络规则及虚拟场域所形成的压力或影响的限制。虚拟场域能够对行为人主观状态产生影响,这主要体现在虚拟场域对行为人的认知和行为意愿能够产生影响。

认知是行为人主观状态中的重要内容。"一般而言,主观状态涉及人们内心的认知。"[3] 考察法律行为的主观状态,需要基于行为人的认知能力、认知水平等内容。在虚拟场域中,行为人的认知受到虚拟场域和自身现实场域的共同影响。相较于客观事实而言,主观状态更多地依赖于行为人自身的感知和经验,它是个体在意识层面的一种心理活动或者心理状态。数字法律行为的实现需要依托于数字平台。在数字法律行为过程中,行为人对自身行为与客观事实的信息认识源于数字平台和现实场域两个部分。主体行为所依赖的认知环境更加复杂,加剧了对行为主体认知能力的要求,导致了行为主体认知活动的复杂化。例如在消费领域,数字技术的应用将会引起消费者的认知偏差,甚至引导消费者产生新的行为偏好。[4] 过度信任线上消费评价、容易因秒杀及在线直播等数字营销手段而产生心理暗示等都会对消费者产生认知影响。[5]

而在行为意愿层面,认知偏差可能会进一步塑造或者改变行为人的行为意愿。因为行为意愿的产生以个体的认知为基础。[6] 首先,在数字平台中,交互主体之间的互动场景、互动行为具有虚拟性。这种虚拟性可以被一方用于诱导另一方产生错误的或者不符合客观事实的认识、态度以及行为意愿。比如说,在网络购物中,消费者可能因为虚假的评论或图片而对商品产生错误的认知,进而作出

---

[1] 参见《民法典》第1165、1173条。
[2] 参见《民法典》第1173、1174条。
[3] 李浩:《论对当事人虚假陈述的处罚》,载《法律科学(西北政法大学学报)》2024年第5期。
[4] 参见习明明、李婷:《数字行为经济学研究进展》,载《经济学动态》2024年第1期。
[5] See Reimers, I. & J. Waldfogel, *Digitization and Pre-purchase Information: The Causal and Welfare Impacts of Reviews and Crowd Ratings*, 111 American Economic Review 1944 (2021); Baik, S. A. A. & N. Larson, *Price Discrimination in the Information Age: Prices, Poaching, and Privacy with Personalized Targeted Discounts*, 90 Review of Economic Studies 2085 (2023).
[6] See Cooke, Richard & Paschal Sheeran, *Moderation of Cognition-Intention and Cognition-Behaviour Relations: A Meta-Analysis of Properties of Variables from the Theory of Planned Behaviour*, 43 British Journal of Social Psychology 159 (2004). 参见陈嘉琪、冯林林、赵飞:《基于扎根理论的时间银行养老模式参与意愿的模型构建》,载《南京医科大学学报(社会科学版)》2024年第2期。

不符合自我预期甚至错误的购买决策。其次,在虚拟场域中,海量的交互信息可能会造成行为人的信息过载,导致行为人难以准确判断信息的真实性。例如在网络购物中,不同商家、平台的相似货品却存在不同的差价和不同的折扣运算规则,行为人需要对能知和可知的相关信息进行综合分析才能够得到相对满意的决策,然而这种超量的信息内容会影响其认知状态。最后,由于数字空间的匿名性和虚拟性,行为主体在进行法律行为时可能面临更多的不确定性和风险。网络欺诈、虚假信息传播等行为在数字空间中屡见不鲜,这要求行为主体在进行法律行为时必须具备更高的警惕性和辨识能力。

(二)数字法律行为的行为过程

数字法律行为的行为过程与传统法律行为相比,具有更高的技术性和自动化程度。在虚拟空间中,许多法律行为可以通过智能合约、自动化脚本等方式实现,无须行为人直接参与。这种自动化的过程使生发于数字空间的交互行为具有更加迅速和高效的执行力。不过,这种自动化的决策和设定反而造成了交互主体之间的不平等,即算法的设计和控制者将拥有更多的话语权。基于数字平台而生发的法律行为逐渐成为单方"格式合同的签订"。通常情况下,数字法律行为发生于双方或多方之间,变现为双方之间或多方之间跨时空的线上交互。在具体的交互过程中,不同行为主体之间的行为优势有着极大差别。相较于作为数字交互平台使用者的个人或普通组织而言,作为平台设计方或管理、控制方的数字平台、企业和政府在具体线上交互过程中拥有更大的主导权。[1]

自动化的算法设计和平台规则将导致数字交互主体之间的不平等。从表现形式上来看即为用户被算法歧视、归化、操纵等。[2] 算法歧视、算法归化、算法操纵等问题在数字法学还未兴起之时,常常被归因于单纯的技术性问题。[3] 但事实上,算法偏见、归化和操纵的产生不仅存在技术性的原因,更重要的是设计者、管理者等对算法具有支配地位的一方在算法的设计、运行等过程中所植入的主观

---

[1] 参见习明明、李婷:《数字行为经济学研究进展》,载《经济学动态》2024年第1期。
[2] See Jack M. Balkin, *2016 Sidley Austin Distinguished Lecture on Big Data Law and Policy: The Three Laws of Robotics in the Age of Big Data*, 78 Ohio State Law Journal 1217 (2017).
[3] 参见赵精武、周瑞珏:《论数字法学研究范式的转向:风险体系化治理》,载《求是学刊》2024年第4期。

观念。[1] 首先,算法歧视多表现为在虚拟空间中优势方对劣势方的压榨。在数字交互过程中对算法具有支配地位的一方拥有更强的技术操控能力。以商业性法律行为为例,企业和数字平台占据着主要的数据资源,能够利用对数据、算法规则的控制力来优化自身利益。[2] 其次,算法归化将会压榨行为人的主观选择性,限制行为人在数字平台中行为的自由空间。这意味着行为人必须接受由算法控制法所设计的算法规则的规训。[3] 最后,算法的操控方基于对技术的垄断性优势地位,能够影响和限制相对方接收到的信息。这种基于算法技术的信息干预会影响行为人的行为意志和行为选择。[4]

此外,相较于现实物理世界,行为者在数字空间中的行为面临更多的不可控性。这种不可控体现在对数字网络环境的不可控以及对自主主观状态的不可控两个方面。在某些情形下,用户的设备、网络环境等是导致某些数字法律行为能否达成的现实性因素。例如一些购票、购物、拍卖活动等。而自主主观状态的不可控则体现在虚拟环境对个体行为心理的影响。在网络环境中,身份、行为都是虚拟化的,这种虚拟化的互动方式可能会导致行为人对自身行为缺乏客观认识和感受从而导致行为失范。[5]

(三)数字法律行为的社会后果

数字法律行为的社会后果具有两面性,既有积极的方面,也有潜在的风险与挑战。就积极层面来看,随着数字技术的发展与普遍应用,法律行为的数字化越发普遍,这为人类社会的运行和发展带来了极大便利。诸如在线合约的签订、在线诉讼、线上购物等新兴事物的出现,极大地降低了事件与经济成本。同时,这种数字化的法律行为能够以数字化的方式被记录和管理,从而有利于纠纷发生后的事实查证。

然而,数字空间中跨时空的人际交互模式也导致数字法律行为可能会引发更

---

[1] 参见汪庆华、胡临天:《生成式人工智能责任机制的技术与法律建构》,载《中国法律评论》2024年第4期;马忠法、赵鹤翔:《论数字化时代的社会公权力及数字立法范式转变》,载《科技与法律(中英文)》2024年第4期。

[2] 参见李凌寒、冯彦龙:《超级数字平台私权力的生成、风险及规制——基于公私二象性视角》,载《财经问题研究》2024年第7期。

[3] 参见雷刚:《数字政府时代的算法行政:形成逻辑、内涵要义及实践理路》,载《电子政务》2023年第8期。

[4] 参见王莹:《算法侵害责任框架刍议》,载《中国法学》2022年第3期。

[5] 参见龚振黔:《网络社会的行为失范及根源探析》,载《贵州社会科学》2019年第12期。

加多样化的社会性风险。一方面，数字技术的广泛应用在推动数字法律行为产生的同时，也压榨了传统现实法律行为的空间。这加剧了社会中的数字鸿沟问题。抛开平台的设计、管理和控制者与用户之间的信息差不谈，在用户群体中信息能力的不同将导致受到不平等的待遇。那些缺乏数字信息能力的人群容易被边缘化，不仅无法享受数字化的便利，还可能导致其原本正常的线下法律行为的空间被压榨。另一方面，数字法律行为的社会后果具有更强的不可控性。数字法律行为的交互以数字平台作为居中媒介。这种跨时空的法律行为往往采用智能化合约和自动履行的交互方式。[1] 由于它打破了时空的局限性，因此，以往在物理空间中的法律后果在数字空间中将会被扩大化。[2] 也就是说，数字法律行为所导致的风险具有广泛的传播性。这一影响不仅限于平台用户。最直观的例子莫过于网购平台中一些线上商铺因对平台促销规则理解错误，或是自身的操作性错误等而引发的被"薅羊毛"现象。此外，以智能合约为基础的人工智能自动化交易引发的相关风险将导致风险分配的难题。以"萝卜快跑"智能打车、智能驾驶为例，人身风险、运行收益、隐私泄露、信息侵权等都是需要被重新考量和规范的问题。[3]

第四节　数字法律行为的主要类型

　　通过前述分析可知，数字法律行为立足虚实双重空间，以网络、数据、算法等为主要表达方式，由具有数字身份的法律主体作出。相较于法律效果受到法律主体的意志直接支配的传统法律行为，一部分数字法律行为所产生的效果通常直接来自数字化决策，而行为主体的主观意志往往隐藏于数字化决策背后。根据数据应用过程的不同，数字法律行为可以被归纳为四种主要类型：数据处理、算法决策、线上交易、虚拟社交。其中，数据处理与算法决策的行为主体一般为大型互联网企业、平台或公权力机关等掌握数据技术和资源的组织，而线上交易与虚拟社

---

[1] 参见杨东、梁伟亮：《重塑数据流量入口：元宇宙的发展逻辑与规制路径》，载《武汉大学学报（哲学社会科学版）》2023年第1期。

[2] 参见贺潇、张旖华、邓沛东：《风险视角下数字平台私权力的法律规制》，载《西安财经大学学报》2023年第5期。

[3] 参见张志坚：《数字法学真的来了》，载《华东政法大学学报》2024年第4期。

交的行为主体还包括了相当数量的不掌握数据技术和资源的普通数字用户。这四类数字法律行为已经贯穿于人们生活的方方面面,是人们在数字生活中最常见的行为类型。

(一)数据处理

数据处理主要是指数据的收集、存储、使用、加工、传输、提供、公开、删除等活动,完全由人工进行的存档、计算、查询、分类等活动则不属于数字法律行为意义上的数据处理活动。数据处理活动不单单是纯粹的数字技术实践,而且会引起数据权益变动的法律效果。由于数据同时承载着个人信息和生产资源这两类要素,数据权益同时包含精神性利益与物质性利益这两种类型。[1] 因此,与数据处理相关的权益也是双重的,包括精神性权益的变动和物质性权益的变动。

当数据作为承载个人信息的载体时,数据便成为一种精神性要素。此时数据处理应当遵循相应的法律原则,不得通过误导、欺诈、胁迫等非法手段处理个人信息,否则会产生侵犯他人人格权益的法律效果。这是因为大数据立基于全体数据而非随机样本,依靠相关关系而非因果关系,很多碎片化的信息加起来可以拼凑出一块关于个人信息的完整"拼图"。正因如此,《民法典》第1034条规定,"个人信息是以电子或者其他方式记录的能够单独或者与其他信息结合识别特定自然人的各种信息,包括自然人的姓名、出生日期、身份证件号码、生物识别信息、住址、电话号码、电子邮箱、健康信息、行踪信息等"。换言之,通过非正当程序处理他人信息,包括非法收集、使用、加工、传输、买卖等行为,会造成个人的隐私权等人格性利益受到侵害。通过数据处理活动,人的精神、性格、偏好、品性、习惯等私密信息都将变得可视化,匿名化的信息最终还是会对特定个体产生识别性。[2] 因此,对于个人信息的处理活动,我国法律要求信息处理者必须遵循告知同意、最小范围、同意撤回等基本原则。

当数据作为一种生产要素时,合法的数据处理行为会引起数据所有权或用益物权的设立、变更、转让和消灭等法律效果。具体来说,对数据的收集、存储、删除等活动涉及对数据占有的产生、存续和消灭,对数据的使用、加工、传输、公开等活

---

[1] See Sarah Spiekermann, Rainer Böhme, Alessandro Acquisti & Kai-Lung Hui, *Personal Data Markets*, 25 Electronic Markets 91 (2015).

[2] See Francesco Giacomo Viterbo, *The User-Centric and Tailor-Made Approach of the GDPR through the Principles It LaysDown*, 5 Italian Law Journal 631 (2019).

动则与使用数据有关。处理者既可以通过数据处理活动主动处分自己的权利,也可以在权利受到侵害时被动行使停止侵害、排除妨害等责任救济请求权。这一系列法律规则的确立其实都是为了规范数据处理活动,促进数据资源的开发和利用。[1] 在大数据时代下,数据已然成为一种重要的资源,数据处理是推动数据要素化、资源化和市场化的基础。通过赋予数据处理者以正当的数据利益,能够最大限度地调动市场主体的积极性,促进数据要素的流通和利用。目前数据产权结构的不清晰使数据处理活动中利益分配失衡现象频繁发生。为此,针对数据处理活动,未来应当建立健全数据产权制度,建立公共数据、企业数据、个人数据的分类分级确权授权制度,明确数据处理过程中各利益相关方的合法权益,为激活数据要素潜能和释放数据红利夯实制度基础。

通过我国数据法律法规可以看到,相关法律法规均将数据处理活动置于其他数字法律行为之前,这凸显了数据处理活动在众多数字法律行为中的基础性和前提性地位。易言之,数据处理活动是其他数字法律行为的前提,是数字法律关系产生、变更和消灭的基础,与数据处理活动相关的法律规则推动了数据法律规则的展开。关于数据处理活动,还需要注意区分两个维度。一方面,要对数据处理者是公主体还是私主体进行区分,明确公私主体数据处理规则的差异性;另一方面,区分数据处理活动不同环节的规则保护程度的高低,反对采取"一刀切"的数据处理规则。

(二)算法决策

从纯粹的技术流程上看,算法决策是数据处理的下一个环节。数据处理的目的是进行算法决策,而算法决策也离不开数据处理。"从本质上讲,人工智能算法是一种利用机器深度自主学习能力对现实生活中大量分散的、碎片化的数据信息进行自动化处理的机制。从外在形式看,它主要体现为算法的研发者通过一系列技术性指令作用于特定机器的活动。"[2] 算法决策是建基于人工智能算法基础上的自动化决策系统。如今算法决策已经被广泛运用于社会生活的诸多领域,其中既有公权力机关的公共决策,如行政决策、司法裁判等,也有私主体的日常选

---

[1] 参见时建中:《数据概念的解构与数据法律制度的构建——兼论数据法学的学科内涵与体系》,载《中外法学》2023年第1期。
[2] 郑智航:《人工智能算法的伦理危机与法律规制》,载《法律科学(西北政法大学学报)》2021年第1期。

择,如出行、阅读、购物等。因此,算法决策不是单纯的技术手段,而是能够使法律关系产生、变更或消灭的法律行为。算法决策因其对法律关系的影响和重塑而成为数字法律行为中的重要行为类型之一。

从字面上看,算法决策即算法技术自动化决策,但是实际上算法决策并非算法程序本身独立自主作出来的,算法决策在本质上仍然是人类主观意志的延伸。其一,从算法的决策目标上看,算法决策会受到算法控制者主观认知因素的影响,会被植入算法控制者的态度、意志乃至偏见。其二,从算法的运作过程来看,虽然算法在自动化运行过程中不存在人工介入,但是数据的选取、模型的设计、算法监督的选择等环节都可能会影响算法运行过程的公平性和准确度,而这些环节往往都涉及人工的干预。其三,从算法的结果来看,算法程序的运行结果有时会产生难以预料的风险,这些风险看似源于技术本身的不确定性,但其实也与算法控制者的外部操作有关系。如果算法控制者能够提高技术能力,增强算法程序本身抵御外部攻击的能力,则会在一定程度上降低和缓解算法决策所产生的负面影响。[1] 由此可以看到,算法自动化决策虽由技术工具发出,但因其程序设计受到算法决策者主观意志支配,故而承载了算法控制者的意志表达。[2] 从这个意义上说,算法决策依然属于"旨在发生当事人所欲之法律效果的行为"[3]。

目前算法决策的提供者一般为掌握资源与技术的公权力机关以及大型互联网企业、平台,普通个体更多的是算法决策的对象。当算法决策为公权力机关服务时,算法决策会影响公权力机关决定作出的科学性、合理性与合法性;当算法决策为企业或者平台服务时,算法决策关系到企业或平台权利行使的正当性以及义务履行的合法律性。这两种类型的算法决策殊途同归,即都要保护普通主体正当的权利与利益。正因如此,我国法律对于算法决策施加了诸多法律限制,包括可信赖原则、透明性原则、合法性原则等。例如,《反垄断法》第22条第2款规定,经营者不得滥用数据和算法等技术来达到排除或限制竞争的非法目的。如何建立一套负责任的算法系统,是规制算法决策这一法律行为的基础所在。

---

[1] 参见商建刚:《算法决策损害责任构成的要件分析》,载《东方法学》2022年第6期。
[2] 参见[美]佩德罗·多明戈斯:《终极算法》,黄芳萍译,中信出版社2017年版,第361－362页。
[3] [德]卡尔·拉伦茨:《德国民法通论》(上册),王晓晔、邵建东等译,法律出版社2003年版,第426页。

（三）线上交易

数字技术在塑造出数据处理、算法决策等全新的数据法律行为的同时，还重塑了传统的民商事交易活动，促成了线上交易法律行为的诞生。所谓线上交易，是指通过PC端或移动端等网络渠道开展实物商品和虚拟商品交易的网络交易活动。随着数字社会的到来，线上交易逐渐成为自然人、法人等民事主体常见的消费选择和行为习惯。根据一项调查显示，2023年我国网络用户规模达9.15亿人，占网民总数的83.8%；实物商品交易额超13亿元，占社会消费品零售总额的27.6%。[1] 可以肯定的是，线上交易活动在人们日常生活中的重要性日益显现。值此情势之际，厘清线上交易这一新型数字法律行为的基本构造和主要内容，对于规范交易秩序，保障交易各方主体合法权益，促进数字经济健康发展至关紧要。

与传统线下实体交易活动相比，线上交易活动涉及多元法律主体与多重法律关系。其一，线上交易活动主要涉及网络交易平台经营者、平台内经营者以及消费者这三方基本法律主体以及其他网络交易经营者。其中，网络交易平台经营者是指为网络交易活动提供经营场所等的法人或非法人组织。平台内经营者则是指具体通过网络平台开展网络交易活动的销售者、服务者等。此外，快递物流服务提供者、电子支付服务提供者、信用评价服务提供者等辅助性民事主体在线上交易活动中也占有重要位置。其二，网络交易平台经营者、平台内经营者以及消费者这三方基本法律主体之间存在平台服务合同关系、买卖合同关系、服务合同关系这三种基本法律关系。网络交易平台经营者通常只为平台内经营者与消费者提供平台和服务，并不参与实际的交易活动。一方面，网络交易平台经营者要为平台内经营者提供经营场所并提供相关服务，二者之间存在平台服务合同关系；另一方面，消费者要想在网络平台上进行交易，应当先取得平台准入资格，而后才能进行交易，二者之间同样存在平台服务合同关系。本质性的交易关系，也即买卖合同关系与服务合同关系则存在于平台内经营者与消费者之间。[2]

线上交易活动还面临多维法律评价标准。网络交易平台经营者、平台内经营者以及消费者这三类典型的法律主体在网络交易活动中都应当遵循相应的法律

---

[1] 参见网经社电子商务研究中心：《2023年度中国网络零售市场数据报告》，载网经社官网，http://www.100ec.cn/zt/2023wllsscbg/，2024年8月6日访问。

[2] 参见杨立新：《电子商务法规定的电子商务交易法律关系主体及类型》，载《山东大学学报（哲学社会科学版）》2019年第2期。

规定，积极承担相应的法律义务，否则不仅可能被要求承担民事责任，还可能面临相应的行政甚至刑事制裁。网络交易各方既要履行合同义务，保证交易活动的正常进行；同时鉴于数字交易活动的特殊性，网络交易各方还应当积极承担起保护个人信息和数据安全的法定义务。大型互联网企业或者平台还应当积极从事数据合规，为交易活动提供安全和可信赖的数字技术环境。

（四）虚拟社交

相较于前三类数据法律行为，虚拟社交是人们最常作出的一类数字法律行为。对于具有社会属性的人类来说，虚拟社交是人们参与数字生活最不可或缺的一项行为。中国互联网络信息中心发布的《第53次中国互联网络发展状况统计报告》调查结果显示，截至2023年12月，我国网民规模达10.92亿人，较2022年12月新增网民2480万人，互联网普及率达77.5%。[1] 虚实同构的数字生活逐渐模糊了线上社交与线下社交之间的界限，以至于虚拟社交逐渐成为人们日常生活中不可或缺的组成部分。与传统的社交行为相比，虚拟社交呈现虚拟化、多元化和平面化特征。[2] 具言之，由"身体的实际嵌入与身份的透明"变为"身体的缺席和身份的模糊"，由"点对点"的交流演变为"点对面"的交流，由交流存在阻隔与屏障到交流的平等和畅通。[3] 甚至有人调侃道，"在Internet上，没人知道你是一条狗"[4]。这也从侧面凸显了虚拟社交的数字化和拟人化特征。虚拟社交的超时空特性能够极大地便利行为主体的权利行使，为行为主体的行动自由搭建了更便捷的平台。

与此同时，网络世界的"去中心化"和扁平化也在加剧虚拟社交的陌生化和原子化特征。虚拟社交在客观上降低了社交行为所应受到的道德或法律上的限制和约束，而且能够让不良行为所带来的影响快速滋生和蔓延。例如，人们仅仅是动动手指、足不出户便能够实现传播和散布谣言的非法目的，而且这种虚假信息一经上网便能够快速地发酵，而且很多时候执法部门只能删帖而很难溯源至始作俑者。由于网络监管的难度和复杂性，虚拟社交也常常伴随各种各样的网络违

---

[1] 参见《第53次中国互联网络发展状况统计报告》，载中国互联网络信息中心官网2024年3月22日，https://www.cnnic.net.cn/NMediaFile/2024/0325/MAIN171135 5296414FIQ9XKZV63.pdf。
[2] 参见李国亭等：《信息社会：数字化生存的地球村》，军事科学出版社2003年版。
[3] 参见郑智航：《网络社会法律治理与技术治理的二元共治》，载《中国法学》2018年第2期。
[4] [美]比尔·盖茨：《未来之路》，辜正坤译，北京大学出版社1996年版，第120页。

法犯罪活动、隐私侵犯、网络诈骗、病毒威胁等事件层出不穷。由于网络世界的无疆域特征，在对外的虚拟社交活动中还会存在侵犯国家网络主权和安全之虞。由此可以看到，比特化的网络世界造成了人际关系的疏离化、弥散化和碎片化，强化了不同利益主体的冲突和对抗，削弱了人际交往过程中的理性因素。行为主体在虚拟社交中享受更多的自由和选择时，也面临人际交往中权利义务失衡所带来的挑战。[1]

网络世界不存在"无政府主义"，虚拟社交也不能超越现实世界的法律约束。当一个虚拟社交行为侵犯了另一网络用户权利与自由时，同样要为现实世界中的法律所评价。不同的虚拟社交行为均会带来相对应的法律效果，而不论此种社交行为发生于物理空间还是网络空间。对于数据处理、算法决策以及在线交易来说，这些数字法律行为能够在欠缺个体内心真意的情况下，凭借技术的"表示"外观产生相应的法律效果。而对于虚拟社交来说，尽管其要接受代码技术的规制，但是虚拟社交行为所产生的法律效果离不开行为人主观意志的直接支配。行为主体必须严格遵守行为边界，不得侵犯他人自由，否则就要接受"行动自由，后果自负"的规则限制。

典型案例

2017年9月11日，许某通过其微信向常某某寻求"暗刷的流量资源"。经过沟通，双方于2017年9月15日就"暗刷需求"达成一致：以单价0.9元每千次UV每周结算；按许某指定的第三方后台CNZZ统计数据结算。常某某于2017年9月15日开始为许某提供网络暗刷服务。2017年9月20日，许某通过微信转账给常某某结算了229元服务费。2017年10月9日，双方将单价调整为1.1元每千次UV。后常某某催促许某结算付款，许某于2017年10月23日微信回复称"财务去弄发票了，今天能结"。但到2017年11月3日，许某却意图单方面变更双方商定的以"第三方后台CNZZ数据为结算依据"，而强行要求以其甲方提供的数据为结算依据，只同意付款16,293元。常某某起诉要求许某支付服务费30,743元及利息。人民法院经审理认为，双方"暗刷流量"的行为侵害了不特定市场竞

---

[1] 参见郑智航、雷海玲：《代码技术对传统自由的挑战与法律应对》，载《西安交通大学学报（社会科学版）》2022年第2期。

争者和广大不特定网络用户的利益,最终损害了社会公共利益,认定双方订立的"暗刷流量"合同无效,判决驳回常某某的诉讼请求。

  本案是全国首例涉及"暗刷流量"交易的案件。网络产品的真实流量能够反映网络产品的受欢迎程度及质量优劣程度,流量成为网络用户选择网络产品的重要因素。本案从产业层面上揭示了互联网经济的流量属性和"暗刷流量"的危害性,并在判决中明确,以"暗刷流量"交易为目的订立的合同,违背公序良俗、损害社会公共利益,应属无效;双方当事人不得基于"暗刷流量"合同获利;法院对交易双方在合同履行过程中的获利,应予收缴。该判决对"暗刷流量"的否定评价,对于构建网络诚信秩序、净化网络道德环境、提高网络治理能力具有重要意义。

  "流量"在网络时代已经成为一种"财富"。凭借客户的好评,电商的销量可以大幅度提高;凭借海量"粉丝",可以获得丰厚的广告收益。于是,就有了以提供"暗刷流量",并根据PV值、UV值、IP值明码标价不法之业。本案就是一起因"暗刷流量"合同而引起的纠纷。原告以其已按约定完成暗刷,而被告不按约定支付费用为由提起违约之诉。

问题与思考

1. 在数字时代,个人隐私和数据保护如何平衡?
2. 数字身份认证技术(如生物识别技术)的普及对社会和个人权利有何影响?
3. 智能合约在法律上的地位是什么?它们是否具有与传统合同同等的法律效力?
4. 数字资产(如加密货币、数字艺术品)的所有权如何界定?
5. 当人工智能系统作出决策时,如何确定责任归属?
6. 人工智能能否成为法律上的"人",拥有一定的权利和义务?

延伸阅读

1. 高艳东、王莹主编:《数字法治:数字经济时代的法律思维》,人民法院出版社2021年版。
2. 何渊:《数据法学》,北京大学出版社2020年版。
3. 马长山:《数字法治概论》,法律出版社2022年版。
4. 赵骏、魏斌主编:《数字法学论:原则、路径与架构》,浙江大学出版社2021年版。

第四章　数字法律责任

> **法律故事**
>
> 　　2018年3月，美国亚利桑那州发生了全球首例自动驾驶汽车致人死亡案，一位49岁的女性伊莱恩·赫兹伯格（Elaine Herzberg）在穿越马路时被一辆正在进行道路测试的优步（Uber）公司的自动驾驶车辆以40英里/小时的速度撞击身亡，当时车内的安全员正使用手机观看节目，并未及时作出反应来避免事故的发生。在事故发生10日后，优步公司便与受害人家属达成了赔偿协议，1年后该公司即被亚利桑那州检察官免除了刑事责任，而安全员瓦斯奎兹（Rafaela Vasquez）则因涉嫌过失杀人罪遭到起诉。经过5年的诉讼，瓦斯奎兹最终于2023年7月28日认罪并被判处3年监督缓刑。对此，有不少人对优步公司逃脱刑事指控的结果表示质疑，一方面，事故的发生与优步公司的系统存在安全技术问题有关，因为直到碰撞前1.2秒，系统才开始识别出前方物体为自行车，汽车的时速在碰撞前0.2秒已超过40英里，而直到此时系统才选择制动，显然已经无济于事。另一方面，即便无法让优步公司承担技术上的责任，至少该公司在内部人员培训管理上存在不可推卸的责任。
>
> 　　在本案已经尘埃落定时，有两个令人扼腕的遗憾让人始终无法释怀：一是受害者赫兹伯格与其丈夫、女儿均是以露营为生的流浪者，虽然此前赫兹伯格曾因吸食毒品在监狱服过刑，但据其朋友声称事故发生时她的生活正要步上正轨，一条鲜活的生命不应为不成熟的技术和不负责的安全员买单。二是在车祸发生后，优步公司立刻停止了自动驾驶道路测试，由于事故的特殊性且无法确定事故的责任，再加上民众的广泛声讨，该公司选择无限期中止旗下自动驾驶业务，并最终将自动驾驶研究成果移交其他合作公司。而对于安全员瓦斯奎兹，由于没有履行好监督接管职责受到了应有的惩罚，但处罚是否适当受到了广泛的质疑。这些不仅为自动驾驶行业的发展蒙上了一层阴影，也为既有的法律责任制度敲响了一记沉重的警钟。

第一节　数字法律责任的属性

一、数字法律责任的兴起

(一)数字法律责任的概念

法律责任是指法律以强制施加不利后果为手段,对违反法定义务或约定义务的一定主体的否定性评价。[1] 在数字时代,随着科技的迅猛发展与广泛应用,人工智能、大数据、算法、移动互联网、区块链等数字技术彻底颠覆了人类的行为模式,现有的法律关系受到挑战。数字技术的兴起伴随数字技术的异化,产生了事故责任、数据泄露、数字鸿沟、算法黑箱、算法歧视等一系列风险,由此引发了各类数字不法行为。在此背景下,传统法律责任理论需及时更新,以适应数字技术的发展和实现对数字不法行为的规制。总的来说,数字法律责任是对数字不法行为施加的法律责任的统称。与传统法律责任的概念相类似,数字法律责任也指向三层含义:一是对数字不法行为的否定评价,二是对权利人权利特别是数字权利的保护与恢复,三是对数字不法行为人的强制制裁。

(二)数字法律责任的特征

相较于传统法律责任,数字法律责任既有相似之处,也有诸多不同的特征。

1. 后果的强制性。在法理学的范畴上,法律责任在概念上有广义和狭义之分。[2] 广义的法律责任基本等同于法律义务,即法律关于"当为"的告诫;而狭义的法律责任则是指由不法行为所引起的不利法律后果,该种后果往往受到国家强制力作用,更突出"必为"的要求。数字法律责任是对数字不法行为施加的责任,其强调当数字义务不履行时,行为的不法性导致数字义务向数字责任的转化。由此,本章所称的数字法律责任应采法律责任之狭义理解,指的是一种对数字不法行为进行强制性制裁的后果。

2. 主体的多样性。数字法律责任的主体是指享受数字主体能力,参加数字法

---

[1] 参见马长山主编:《法理学导论》(第2版),北京大学出版社2022年版,第113页。
[2] 参见张文显主编:《法理学》(第5版),高等教育出版社2018年版,第164-165页。

律关系的人或组织,即"权利(权力)与义务之所属",其需要具备一定的主体能力,享有以自己的行为取得数字权利(权力)与数字义务的资格,并能够独自承担相应的法律责任。数字法律责任的主体呈现多样性,包括私法主体、公法主体和准公主体等三种主体,各类主体所对应的数字法律关系的内容性要素各不相同。一方面,数字法律责任中的私法主体大致与我国《民法典》所规定的民事主体范围相同,即自然人、法人、非法人组织和进入民事生活的公法组织。[1] 另一方面,数字法律责任中还存在公法主体,既包括传统公法上的主体,如国家机关、地方各级行政机关、依法履行公共事务的职能组织等,也包括以互联网、信息技术为结构基础,为各类主体提供差异性商品或服务的平台,即准公法主体。[2] 平台不但已经成为个人生活不可或缺的消费花园,而且日益成为掌握支配权力的社会组织。[3] 平台利用算法构建出了能够影响他人权利和义务的"私权力",当这类"私权力"异化产生出数字不法行为时,平台所应承担的法律责任又与纯粹的民事主体不同,因此平台可以被视为数字法律责任的"准公主体"。此外,"人工智能法律主体否定说"仍是学界主流学说,在目前的弱人工智能阶段,暂无讨论人工智能主体独立承担法律责任的必要。[4]

3. 类型的复合性。数字法律责任具有复合性,不同类型的数字不法行为可能引发不同的数字法律责任,在类型上包括民事责任、刑事责任、行政责任。第一,就民事责任来看,数字法律责任主要包括《民法典》第179条规定的11种责任形式,分别是停止侵害;排除妨碍;消除危险;返还财产;恢复原状;修理、重作、更换;继续履行;赔偿损失;支付违约金;消除影响、恢复名誉;赔礼道歉。第二,就刑事责任来看,当数字不法行为的社会危险性达到一定范围,将有可能进入刑法责任的射程。数字法律责任中可能涉及的刑事责任大致包括侵犯知识产权类犯罪、煽动类犯罪、侵犯公民人身权利类犯罪、侵犯数据信息系统类犯罪等。此外,针对数字技术的不断兴起,也可能出现新的刑事责任类型。第三,就行政责任来看,数字法律责任主要集中在算法责任方面,既包括数字政府建设中的算法责任,也包括

---

[1] 参见谭启平主编:《中国民法学》(第3版),法律出版社2021年版,第53-54页。
[2] 参见范国如:《平台技术赋能、公共博弈与复杂适应性治理》,载《中国社会科学》2021年第12期。
[3] 参见刘晗:《平台权力的发生学——网络社会的再中心化机制》,载《文化纵横》2021年第1期。
[4] 关于人工智能能够作为责任主体,学界存在诸多争鸣。参见袁曾:《人工智能有限法律人格审视》,载《东方法学》2017年第5期;彭诚信、陈吉栋:《论人工智能体法律人格的考量要素》,载《当代法学》2019年第2期;刘洪华:《工智能法律主体资格的否定及其法律规制构想》,载《北方法学》2019年第4期;等等。

平台运营中的算法责任;既包括因行政主体的数字不法行为触犯行政法律产生的责任,也包括行政相对人的数字不法行为触犯行政法律或不履行行政义务所产生的责任。[1]

4.责任的伦理性。数字技术为社会带来了"道德失范"的负外部效益,体现为社会既有的伦理价值观念被技术所打破或否定,包括法律在内的各类社会规范丧失约束能力。[2] 例如,算法技术在扮演着劳动规章或监工角色时,纯粹技术理性的算法为追求平台利润的最大化,可能会对劳动者的休息权、选择权等基本权益产生不利的风险。[3] 再如,自动驾驶汽车在面临"电车难题"时,是选择撞向行人还是选择牺牲车内乘客的生命,也成为技术所不能克服和现行规范所难以涵盖的伦理问题。[4] 目前,国内外均已展开相关立法,意图平衡数字法律责任中的技术性与伦理性之间的冲突,为数字法律责任的伦理性规则提供可行的改进方案。例如,日本2017年推出《日本人工智能学会伦理准则》,欧盟在2019年推出了《可信赖人工智能的伦理准则》。与此同时,我国也推出了《新一代人工智能治理原则——发展负责任的人工智能》《全球人工智能治理倡议》等文件,围绕数字伦理准则中的公平公正、安全透明、隐私保护、合法正当等内容展开探索。总的来说,数字法律责任的伦理性既体现在对具体主体如消费者、使用者、受害者所负的伦理责任,也包括对于社会、环境、行业等不特定对象的伦理责任,如企业所承担的数字伦理责任就包括维持就业、不得垄断等类型。

二、数字法律责任的价值目标

在数字时代,代码成为法律,算法扮演着规则,数字技术在一定程度上决定了社会主体的行为。但代码和算法终究不能完全替代法律规则,法律必须为科技的发展划定红线、指明方向和确定价值目标,否则将走向法律虚无主义的歧途。数字法律责任的价值目标不仅强调保障数字技术的安全稳定,更应强调维护数字技术和数字社会的可持续发展。

---

[1] 参见黄锫:《数字行政法的兴起:学科定位与研究结构》,载《行政法学研究》2024年第3期。
[2] 参见徐玖玖:《人工智能的道德性何以实现?——基于原则导向治理的法治进路》,载《现代法学》2021年第3期。
[3] 参见邹开亮、王霞:《算法控制下外卖骑手劳动关系的去离、回归与协调》,载《大连理工大学学报(社会科学版)》2022年第5期。
[4] 参见王菁:《自动驾驶汽车的伦理困境及出路——从"电车难题"谈起》,载《南开法律评论》2020年第1期。

(一)保障数字安全

当前,数字技术迭代更新,并不断融入社会经济发展的各领域和全过程,数字安全与国家安全、社会经济安全和人民生命财产安全密切相关。习近平主席在致2021年世界互联网大会乌镇峰会的贺信中强调:"要激发数字经济活力,增强数字政府效能,优化数字社会环境,构建数字合作格局,筑牢数字安全屏障,让数字文明造福各国人民,推动构建人类命运共同体。"与此同时,数字安全是数字技术和数字经济发展的压舱石,更是数字经济国际竞争的战略制高点,党的二十大报告指出,要"以新安全格局保障新发展格局"。数字安全是指数字系统及应用处于稳定可靠运行的状态以及保障其安全性的能力。数字安全既包括基础层面和要素层面的网络安全、数据安全、个人信息安全、信息系统安全等,也包括应用层面新数字科技运用的安全;既包括宏观的国家安全、社会安全,也包括社会个体权利的安全。[1] 随着《国家安全法》《网络安全法》《密码法》《数据安全法》《个人信息保护法》《关键信息基础设施安全保护条例》等法律法规的出台,我国已初步形成数字安全法律体系,构建了相当一部分数字法律责任规则,可以有效应对日益凸显的网络犯罪、数据泄露、平台异化、知识产权侵权等新问题,实现数字技术在安全、可控、有序的轨道上发展。

(二)促进数字创新

科技是第一生产力,创新是第一动力。近年来,随着科技创新的持续进行,互联网、云计算、大数据、人工智能、区块链、元宇宙等数字技术迅速发展,数字技术亟须制度和法律规范的创新为其扫清障碍、提供动力。坚持科技创新和制度创新"双轮驱动",就是要以科技创新开辟发展的新领域、新赛道,塑造发展的新动能、新优势,以制度创新破除制约科技创新的体制机制障碍,最大限度地调动创新主体的积极性,最大限度地释放创新活力。一方面,通过科学设置数字法律责任的归属,能够为各方主体的行为提供后果预期,预防因承担责任带来的经济损失,同时倒逼数字技术更新迭代。例如,通过更新产品责任可以迫使自动驾驶汽车的生产者提高产品性能;平台责任可以有效防止平台滥用权力;算法责任可以一定程度上确保算法透明、公平。另一方面,结合数字科技发展的客观条件和现实需求,

---

[1] 参见张吉豫:《数字法理的基础概念与命题》,载《法制与社会发展》2022年第5期。

通过合理设置数字法律责任的豁免,能够让数字技术行业稳定生产信心和加大研发投入。数字技术是典型的高风险高收益产业,数字法律责任设置必须要兼顾各方的利益,过于严苛反而会阻碍技术创新。

(三)实现数字正义

数字正义是指导和约束人类开发、设计、应用数字技术的价值准则。[1] 在数字技术的发展过程中,以算法和大数据为代表的机器智能开始逐渐替代人类智能,重塑了传统社会中的决策、生产和交互体系,也改变了法律价值导向和人类的正义认知,社会规则正经历数字化转型。相应地,随着万物数字化和"一切皆可计算"的技术发展,人们逐渐摆脱对经验和理性的依赖,开始对计算抱有更多的信任,甚至包括道德和情感的计算,这就形成了可视化的社会生态。然而,这种可视往往是单向的、不对称的,导致了严重的数字不公平[2]。基于数据、算法、代码等基础设施运行的数字机器需要预置对善恶的判断,而预置这些标准的并不是数据、算法、代码本身,而是它们背后的人。这些人由于在掌握数字资源和制定数字规则方面具有天然的优势,甚至在一定程度上充当了"立法者"的角色,由此引发了数字鸿沟和数字歧视的问题。对于数字正义的追求,实际上就是通过构建数字法律责任,来避免这些掌握资源和优势地位的人利用不平等来过度获取利益,进而加剧数字社会的不平等。同时,也需要完善法律的监管机制、责任机制,来限制算法以及背后的制定者利用数字技术来"算计人""奴役人""霸凌人"。

(四)维护数字向善

"数字向善"即指数字科技领域内的"科技向善"。"数字向善"既是伦理要求,也是责任原则的发展。[3] 在以往科技规制的语境中,"技术中立"常常被作为法律责任的设置准则,强调法律责任应被主动限制来为科技创新开"绿灯",以鼓励技术产品或服务提供者的研发生产行为。换言之,责任中立是技术中立的重要内容,主张技术使用者和实施者不能对技术作用于社会的负面效果承担责任,只要他们对此没有主观上的故意。比较典型的例子是针对快播案而引发的"菜刀理论"之争。菜刀既可以切菜,也可以杀人,但菜刀的生产者不能对有人用菜

---

[1] 参见周尚君、罗有成:《数字正义论:理论内涵与实践机制》,载《社会科学》2022年第6期。
[2] 参见马长山:《数字法学的理论表达》,载《中国法学》2022年第3期。
[3] 参见张吉豫:《数字法理的基础概念与命题》,载《法制与社会发展》2022年第5期。

刀杀人的后果承担责任。[1] 然而,数字技术具有自身独立的价值体系,算法背后的程序往往存在编程者和使用者的个人意志,数据的获取和利用往往会存在片面性、趋利性的特征,数字技术存在"作恶"的社会风险。因此,有必要通过构建数字法律责任规则,对数字技术的研发行为、利用行为提供规范,引导数字技术不断地完善和改进,最终实现数字技术的"向善"和数字法律责任的"善治"。从这个角度来看,"数字向善"概念是对传统"技术中立"概念的超越和变革,数字法律责任必然也需要摆脱责任中立的枷锁,融入数字向善的基因。

三、数字法律责任的具体功能

（一）预防风险

法律责任的预防功能也称"阻止"或"威慑"功能,是指法律责任具有预防不法行为发生的作用。从人类历史来看,三次工业革命的历史已经充分证明科技是一把双刃剑。一方面,科技能够为社会经济发展注入强大的活力,促进市场繁荣和社会发展,全方位提升人们的生活水平；另一方面,科技存在异化和滥用的风险,从而带来一系列负面影响。从历史上看,飞机、疫苗、核能等发明不仅极大地方便了人们的出行,而且提高了人们的健康水平,使人类获取能源的方式发生质的变化。但是,这些科技也带来了交通事故、医疗事故、核事故等风险。同样,数字社会也蕴藏巨大的风险,各种数字技术的应用引发的挑战已经受到广泛的关注。例如,有学者将人工智能的风险总结为伦理风险、极化风险、异化风险、规制风险和责任风险。[2] 再如,有学者提出,元宇宙破坏了法律权威的"传统主张"和尊重法律的要求。因此,元宇宙的法律和治理就成为一个亟待解决的难题,包括物权法和知识产权法（以及当下是否需要制定"虚拟财产法"）、隐私和数据保护、合同法和智能合约、货币和支付系统法,以及证券和大宗商品法等虚拟资产法规、税法、反洗钱法和了解客户规则、刑法等。[3] 面对上述客观存在的数字风险,数字法律责任首先要发挥预防功能,充当数字风险治理的重要制度工具,将数字风险化解于前端。

---

[1] 郑玉双：《破解技术中立难题——法律与科技之关系的法理学再思》,载《华东政法大学学报》2018年第1期。

[2] 参见马长山：《人工智能的社会风险及其法律规制》,载《法律科学（西北政法大学学报）》2018年第6期。

[3] 参见[印尼]萨法里·卡西亚安托、[德]穆斯塔法·基林茨：《元宇宙的法律难题》,郑志峰、罗有成译,载《财经法学》2022年第6期。

(二)填补损害

法律责任的一大功能就是填补损害,特别是民事责任。民事责任虽然也具有一定的惩罚功能,但民事责任重在对受害人权利的恢复,赔偿或补偿当事人所受到的损失,其更主要的体现为补偿功能和救济功能;行政责任的设置一方面是保障政府权力的合理运行,另一方面是保障政府权力的有效运行;至于刑事责任,其拥有最严厉的制裁手段,呈现浓重的惩罚和报复犯罪人的色彩。[1] 对于数字法律责任来说,其具有混合责任的特征,数字不法行为引发的法律责任也是多样的,其中数字民事责任的类型具有填补损害的特征。所谓填补损害功能,一方面强调"完全赔偿"原则,须将受害人的损失填补到"仿佛损害事件没有发生时应处的状态";[2] 另一方面强调"禁止得利"原则,受害人不得因损害赔偿而获取超过其损失的利益。但是,相较于传统民事责任,数字法律责任的填补损害功能会有如下困境:一是损害赔偿请求权的成立问题,由于立法的滞后性,许多数字新兴权益并未获得法律的承认,以至于损害即使实际发生也难以获得即时的救济。例如,个人信息大规模泄露后,每个用户遭受的损害具有不确定性,更多的是一种下游被利用的潜在损害,是否在损害赔偿填补之列不无疑问。[3] 二是由于数字法律责任本身具有类型的多样性,需要对民事责任优先原则进行重新审视,例如在侵害数据权益的责任中,由于受害人过多,往往行为人很难对某一特定个人承担民事责任,直接使其承担行政责任或刑事责任反而更具操作性。

(三)惩罚威慑

一方面,数字法律责任具有惩罚功能。数字法律责任并不仅限于民事责任,还包括相应的行政责任与刑事责任。从民事责任来看,侵权责任法通过强加给民事主体以责任,来教育行为人,并维护社会一个良好的社会生产和生活秩序。[4] 而从行政责任与刑事责任来看,当行为人的违法程度达到相当严重时,将会承担比民事责任更严厉的行政惩罚、刑事责任。例如,ChatGPT 等生成式人工智能可

---

[1] 参见张旭:《民事责任、行政责任和刑事责任——三者关系的梳理与探究》,载《吉林大学社会科学学报》2012 年第 2 期。
[2] 参见曾世雄:《损害赔偿法原理》,中国政法大学出版社 2001 年版,第 14–17 页。
[3] 参见谢鸿飞:《个人信息泄露侵权责任构成中的"损害"——兼论风险社会中损害的观念化》,载《国家检察官学院学报》2021 年第 5 期。
[4] 参见王利明:《侵权责任法研究》(上卷),中国人民大学出版社 2010 年版,第 112 页。

能涉及一系列犯罪,根据相关行为对应的罪名和行为类型,大体可以分为煽动类犯罪;侵犯知识产权类犯罪;侵犯数据、信息、计算机信息系统类犯罪;侵犯公民人身权利类犯罪;传授犯罪方法、提供犯罪程序类犯罪等。[1] 另一方面,数字法律责任具有威慑功能。威慑功能最具代表的表现就是通过剥夺行为人的非法利益,乃至通过惩罚性赔偿制度以巨额的罚款来遏制行为人实施不法行为的冲动,提高不法行为的成本来威慑所有潜在不法行为人。例如,2021年某出行公司未经数据安全审查在境外上市,收到国家互联网信息办公室开出的80.26亿元天价罚单,威慑效力是巨大的。

(四)价值指引

当前,我们已经进入数字时代,生活在数字社会。对人类来说,数字科技是一把双刃剑,数字化不仅带来了权利的福音,而且带来了权利的危机。人们在享受互联网技术、大数据技术、人工智能技术、算法程序等数字科技带来的个性解放、生活便利、经济增长、民主进步、文化多元、社会安全等福祉时,也面临因个人数据被过度采集和不当使用而招致的隐私泄露、不平等对待(歧视)、被非法监视等风险。在这个意义上,数字社会是一个典型的风险社会。[2] 为了应对数字社会的风险,数字法律责任应坚持"以人为本"的核心价值,既要确保社会全体成员普遍受益,也要防止社会异化为束缚、矮化甚至是摧毁个体的樊笼。[3] 在平衡科技与人的基础上,数字法律责任应为数字技术的发展摇旗掌舵、贡献力量,使数字正义得到确立、数字自由得以实现、数字平等受到重视,建立以人为中心而非以数字技术为中心的数字秩序,最终通过数字法律责任的方式来维护数字人权。

第二节 数字法律责任的构成要素

一、行为

数字法律责任是对数字不法行为的强制性制裁,无论是适用过错责任还是无

---

[1] 参见刘宪权:《ChatGPT等生成式人工智能的刑事责任问题研究》,载《现代法学》2023年第4期。
[2] 参见张吉豫:《数字法理的基础概念与命题》,载《法制与社会发展》2022年第5期。
[3] 参见郑志峰:《人工智能法律治理的价值取向》,载《人工智能》2022年第1期。

过错责任,没有数字不法行为就不会产生数字法律责任。传统法律责任理论,特别是民事侵权责任,强调行为是个人意志的体现,并构成责任的起因(Urgrund)。[1] 然而,随着数字技术的发展,人机关系不再是单纯的控制与被控制的关系,算法技术的迅猛发展促进了机器智能,控制行为的"意志"被机器分享甚至独占,对行为的判断和认定变得更加复杂。

(一)作为行为与不作为行为

不法行为的表现形态分为"作为"与"不作为",通常来讲"作为"是指行为人积极主动地作出某一动作,"不作为"是指行为人消极静止不作出某一动作,作为与不作为的区分标准即是判断行为人是否负有对应的义务。在我国法上,作为义务的来源主要包括基于特定关系、特定职业、在先行为、安全保障职责和诚信原则而产生的义务。[2] 除此之外的大多数情况下,行为人仅负不作为(不得侵害他人特定权利)的义务。在数字法律责任中,人的作为与不作为的判断标准依然可以适用,但义务内容则需要根据应用场景来具体分析。例如,根据《个人信息保护法》的规定,个人享有个人信息权益,包括知情权、决定权、查阅复制权、删除权、更正补充权等,任何组织和个人都不得侵害,即负有不作为的义务。同时,个人信息处理者负有作为义务,需要采取法律规定的一系列措施确保个人信息处理活动符合法律、行政法规的规定,并防止未经授权的访问以及个人信息泄露、篡改、丢失。再比如,平台作为数字经济基础设施,不仅是社会公共领域数据存储和加工的场所,更是通过技术具有了自身的目标与议程,据此需要负担数据安全管理等各种作为与不作为义务。[3]

(二)人的行为与机器的行为

数字技术的发展,使机器智能得以产生,数据与算法驱动下的机器逐渐具有了人的行为理性。例如,机器可以相对独立于人类的干预去驾驶汽车、绘画、诊断疾病、交易理财等,同样也可以"实施"一些"不法行为"。例如,生成式人工智能的底层逻辑结构从演绎系统转化为归纳系统,使传统人工智能系统由以他律为主

---

[1] 参见[德]埃尔温·多伊奇、[德]汉斯-于尔根·阿伦斯:《德国侵权法——侵权行为、损害赔偿及痛苦抚慰金》,叶名怡、温大军译,中国人民大学出版社2016年版,第17页。
[2] 参见程啸:《侵权责任法》(第3版),法律出版社2021年版,第220-222页。
[3] 参见张凌寒:《数据生产论下的平台数据安全保障义务》,载《法学论坛》2021年第2期。

转化为以自律为主,在数据挖掘与映射的过程中,理解、反馈、预测、控制、验证等可解释的算法行为将更为复杂,甚至产生无法预见的内容输出。[1] 对此,需要区分人的行为与机器的行为。当前,主流学说对为人工智能、机器人、算法、区块链等数字存在赋予法律主体地位仍持反对态度,所谓机器行为的后果最终需要指向人的行为。例如,诊断人工智能的行为需要追溯到医务人员的行为,自动驾驶汽车面对电车难题的选择需要归责于算法设计者的行为,个性化推荐的行为需要"刺破算法面纱"抓住背后的平台。换言之,行为是意志的外在表现,现阶段的数字技术还不能赋予机器以完全独立的"意志"。[2] 然而,讨论机器的行为要素仍有必要性,如在算法自动决策下引发的损害并非因为人的现实行为,恰恰是因为算法的决策和运行,也即机器的行为。在此背景下,审视作为或不作为的义务必然会追溯并指向算法设计者在设计程序时的"先前危险行为"。[3] 这种做法实际上也就是通过对特定人的作为与不作为义务的判断,来反推机器是否有"不法行为"。

(三)法律行为与事实行为

传统民法理论中,行为可以分为法律行为与事实行为。法律行为强调行为人的意思能力,行为的法律后果主要由行为人的自由意志决定产生,如缔结合同、订立遗嘱等;事实行为不强调行为人的意思能力,行为的法律后果主要由法律规定。数字时代,区分法律行为与事实行为仍然具有意义。例如,人工智能引发的侵权行为通常是一种事实行为,并不需要行为人具有意思能力。再如,区块链智能合约作为一种关系处理机制,蕴藏着当事人确立特定关系意思,最终经履行产生权利义务变动,展现出一致的意思表示或要约承诺,与传统合同法理论中的法律行为具有契合之处。[4] 不过,有观点指出,人工智能本身就是行为人的法律行为。从人工智能是工具的角度分析,人工智能是主体行为的延伸或行为的方式和方法,同时此行为如符合法律行为的客观要件、主观要件和法律行为的确认就构成了人工智能主体的法律行为。[5]

---

[1] 参见袁曾:《生成式人工智能的责任能力研究》,载《东方法学》2023年第3期。
[2] 参见韩旭至:《人工智能法律主体批判》,载《安徽大学学报(哲学社会科学版)》2019年第4期。
[3] 参见潘芳芳:《算法歧视的民事责任形态》,载《华东政法大学学报》2021年第5期。
[4] 参见郭少飞:《区块链智能合约的合同法分析》,载《东方法学》2019年第3期。
[5] 参见李爱君:《人工智能法律行为论》,载《政法论坛》2019年第3期。

二、损害

(一)损害的类型

1. 财产性损害。财产性损害是指具有财产价值,能够通过市场价格机制来计算具体数额的损害,既包括积极财产的减少,也包括消极财产的增加,既包括直接的财产损失,也包括因为侵害人身伤亡产生的财产损失。例如,某平台非法封禁玩家的游戏账号,该游戏账号的价值可以按照平台官方价格或游戏交易市场的同期价格来进行计算,故为财产性损害。

2. 非财产性损害。非财产性损害是指某一损害无法用金钱来衡量,也无法通过市场价格机制来计算,也称为无形损害。例如,因算法歧视对用户造成的精神损害,算法合谋导致用户自由选择权的丧失,个人信息泄露导致用户因焦虑产生的精神损害和风险损害,就很难确定损害的具体数额。

(二)损害的特征

1. 损害的法益具有公私交融性。数字不法行为不仅可能会对特定主体的民事权益造成私益损害,由于数字技术的智能性、广泛应用性和网络空间的传播性,更可能会对社会公共利益造成损害,数字法律责任中的损害呈现公私交融性。一方面,损害法益的主体存在公私交融性,如在大规模用户数据泄露事件中,既造成了用户个人数据的权益损害,又可能对国家、机关和企业造成损害。另一方面,损害法益的内容存在公私交融性,数字技术既可能造成个人人身财产权益的损害,也可能对社会稳定、公序良俗、行业秩序等造成损害,如垄断、失业等。

2. 损害类型的叠加性。随着数据、个人信息等新兴数字生产要素的价值挖掘,几乎所有的数字技术都越发地需要和依赖大数据,海量的用户数据和个人信息能够为数字平台创造巨大的经济利益。然而,数据和个人信息不但具有独特的财产价值,往往还承载着用户等数据主体的人格利益,一旦被非法获取和处理,既会对用户造成财产上的损害,也可能造成用户精神利益的损害。例如,大数据杀熟不仅会损害用户的交易公平,还可能因陷入"信息茧房"而受到精神性损害。因此,在数字法律责任中同一行为造成损害的类型具有叠加性,既包括财产性损害也包括非财产性损害。

3. 损害计算的复杂性。在数字不法行为造成的损害中,除了原本就难以计算损害数额的非财产性损害,即使是侵害了数据产权、知识产权等财产性利益,也未必能够准确计算出损害的数额。以个人信息为例,侵害用户个人信息权益产生的损害难以准确计算。一是无形性。个人信息通常以电子数据形式存在,损害是无形的,比有形损害更加隐蔽和难以确定。二是潜伏性。与已现实发生的损害不同,个人信息损害的后果通常并不马上显现,而是表现为泄露后被他人误用的潜在威胁。三是未知性。数字时代,个人信息一旦泄露将会被何人用于何种用途都是未知的。四是计算困难。对于个人信息的潜在无形损害而言,很难加以准确评估。[1]

三、过错

(一) 过错的概念与类型

1. 过错的概念。过错在主观上是指加害人具有应受谴责或非难的心理状态,在客观上表现为违反法律或者约定义务。过错的判断标准应从主客观相结合的角度出发,因为过错既包括对行为人主观意志的评价,也包括对该意志在现实中的外在行为的评价。在许多时候内心意志往往并不容易察觉,对过错的判断更依赖那些足以表明行为意志状态的客观事实。[2] 同样,在数字法律责任的适用中,过错的认定也需要结合行为人的主客观状态进行。

2. 过错的类型。过错分为故意和过失两种形式,故意是指行为人已经预见自己的行为会造成损害后果而仍为之,过失是指行为人应当预见或能够预见行为将会造成损害后果且有避免的可能,却因疏忽大意或过于自信导致损害的发生。从客观判断行为人的过错和过失须依"理性人"标准,即考虑经济社会中通常水平的普通人或谨慎之人所应具备的注意义务。

(二) 数字法律责任中过错判断的困境

随着数字技术的快速发展,算法可以独立于人类自主地决策。虽然这种独立性并非源于独立"意志",而是代码和算法语言的预设,但不可否认的是,智能算法让人机行为在一定程度上相分离,因而数字不法行为中的过错要素难以再用"理性人"的标准来判断。与此同时,算法黑箱导致算法运行逻辑不透明和难以

---

[1] 参见田野:《风险作为损害:大数据时代侵权"损害"概念的革新》,载《政治与法律》2021年第10期。

[2] 参见王卫国:《过错责任:第三次勃兴》,中国法制出版社2000年版,第253页。

解释,即便用"理性人"标准去衡量算法设计者是否达到一般合格程序员的水平,也不能当然推断出算法程序同样"合格"。易言之,算法设计者的过错或过失并不代表算法本身的过错或过失,相反,即便是一名合格程序员设计出的算法也可能在后期的自主学习、自主决策阶段产生应受谴责和非难的结果。此外,数字法律责任的主体类型多样,许多责任主体的过错判断本身就非常复杂。例如,由于技术和功能的复杂性,各类平台承担着多重角色,存在多重权利、义务交织的现象,加之平台在使用算法时常常以技术中立、自主学习等为免责事由,传统的"主体—行为—责任"的追责思路难以应对变化后的平台发展情势,以致现有的监管追责机理模糊、治理节点滞后、责任设置不符合比例,从而使平台法律责任问题更加错综复杂,亟待明确平台主观过错的认定机制及以此为基础的归责机制、责任体系。[1]

(三)数字法律责任中过错判断标准的更新

第一,算法备案及算法解释制度。算法是人为设计的一套程序指令,但如何评估算法需要借助算法备案及算法解释制度。所谓算法备案,是由法律法规或法律类规范性文件规定的、带有刚性或柔性强制力的法律制度,兼具技术备案与规范备案的双重性质,是党依法管网治网、确保网络安全和创新发展的一项政策机制,是国家机关实施算法治理、推进数字治理现代化的重要抓手。[2] 通过算法备案,就可以进行算法评估,及时发现算法缺陷并采取必要的安全性措施,也便于相关部门日后对算法使用者是否具有主观过错进行考量,确立算法问责点,对算法运行进行监管和算法审计。同时,事后的算法解释则是在危害结果发生后,认定平台主观过错的必经程序,其内容包括对算法本身合法性和合理性的审查,属于对算法的外部解释。[3]

第二,引入理性算法标准。在数字法律责任中,"理性人"标准的失灵需要更新过错判断的对象,可以尝试引入"理性算法"标准来对算法进行直接评价,以适应数字技术的智能属性。理性算法标准需要在市场上寻找一个相同或相类似的算法,结合具体适用场景来确定理性算法的标准,如果算法的各种客观指标都达到了理性算法的水平即为合格。若不存在可供比对的算法,则可以寻求"理性

---

[1] 参见何邦武:《数字法学视野下的网络空间治理》,载《中国法学》2022年第4期。
[2] 参见张吉豫:《论算法备案制度》,载《东方法学》2023年第2期。
[3] 参见何邦武:《数字法学视野下的网络空间治理》,载《中国法学》2022年第4期。

人"标准来进行补足,因为算法本身就是为了模拟人类理性,若该算法远低于合格人类的理性程度,就可以认定其存在过错或过失。理性算法标准挖掘过错这一要素,同时将判断对象直接对准算法本身,破解了对算法背后的设计者进行过错评价的困境,更具可操作性。

四、因果关系

(一)数字法律责任中因果关系判断的困境

因果关系是指事物之间引起和被引起的关系,引起他事物发生者为原因,被引起者为结果。[1] 传统法律责任理论强调区分事实因果关系与法律因果关系。数字法律责任中的因果关系是指数字不法行为与损害后果之间有因果关系,此为承担数字法律责任的客观基础。然而,数字不法行为的类型和主体多样且特殊,既包括人的行为也可能包括机器的行为,既包括使用人的行为也可能包括算法设计者的在先行为,以及数字技术本身的特征,导致因果关系的判断十分困难。

首先,数字技术具有自主性与自我学习能力。数字技术催生机器智能,各种数字产品能够独立于人类的干预自主决策甚至自主行动,直接引发损害的发生。与此同时,这些数字产品还具有自我学习能力,能够在投入流通后通过自主学习,改变最初的行为设定。特别是以 ChatGPT 为代表的生成式人工智能的崛起,通过海量数据的"投喂"后,大模型会在某个临界值出现"涌现"现象,处理复杂问题的能力和精确度突然大幅提升。[2] 这使损害发生的原因更加复杂,难以判断究竟是人工智能产品缺陷造成了损害,还是数字产品的自主行为造成了损害,从而加剧因果关系认定的难度。有观点就指出,由于自动驾驶汽车等智能机器人自带学习能力和适应能力,其"后天的"学习和经历可能成为此类系统造成他人损害的一个替代原因,足以使侵权行为事实上的行动者免于承担责任。[3]

其次,数字技术的专业性、复杂性与不透明性。数字技术具有高度专业性、复杂性,这既体现在数字技术内部所需要的各种零部件、软件、算法、服务等,也体现在运行所需要依赖的外部环境、数据等因素。数字技术在投入使用后,通过与环

---

[1] 参见谭启平主编:《中国民法学》(第 3 版),法律出版社 2021 年版,第 787 页。
[2] 参见张凌寒:《生成式人工智能的法律定位与分层治理》,载《现代法学》2023 年第 4 期。
[3] 参见司晓、曹建峰:《论人工智能的民事责任:以自动驾驶汽车和智能机器人为切入点》,载《法律科学(西北政法大学学报)》2017 年第 5 期。

境进行交互,它们变得越来越复杂,以致线性因果让位于复杂的非线性相互作用。[1] 与此同时,大数据、人工智能等数字技术存在不透明性,人们很难了解算法究竟是如何作出决策和执行决策的,这会产生无法"再现"的风险。[2] 这种不透明性并非生产者有意为之的结果,而是内嵌于数字技术的自然产物。这种不透明性使因果关系的证明对普通用户来说可能是不成比例的困难。[3]

最后,数字应用的多样性。数字技术的应用场景非常丰富,大数据、元宇宙、区块链、人工智能等属于赋能型技术,能够广泛应用于各行各业。以人工智能为例,不同人工智能产品的人机交互情况不同,损害发生的原因也不一样。例如,自动驾驶汽车属于典型的替代型人工智能,机器驾驶取代手工驾驶,人类驾驶员不再参与车辆的运行,车辆存在产品缺陷通常会直接造成事故的发生。对此,通过适用相当因果关系理论,不难认定产品缺陷与损害之间存在因果关系。与此不同的是,许多人工智能产品仅仅是用于辅助决策,如人工智能辅助诊断软件,机器判断无法直接作用于患者,仅仅是为医务人员提供参考,产品缺陷必须借助医务人员的行为才能转化为现实的损害。这种人机之间错综复杂的关系加剧了因果关系的证明难度,尤其是当人工智能和人类监督交织在一起。[4]

(二)数字法律责任中因果关系判断方法的更新

第一,事实因果关系的认定更新。在事实因果关系的认定上,需要区分替代型数字技术与辅助型数字技术。对于替代型数字技术,由于数字技术取代人类直接决策和行动,使用人处于环外,适用一般的"若非"测试即可。而对于辅助型数字技术,考虑到算法行为与损害之间介入了使用人的行为,无法通过"若非"测试来进行判断。此时,可以考虑引入"充分条件之必要因素说",即如果一个事件能够成为某结果的原因,只需它是能够造成该结果的一个充分条件组中的必要要素。[5] 换言之,所有先行条件整体构成结果发生之充分条件。任何单一因果关

---

[1] 参见[美]瑞恩·卡洛、[美]迈克尔·弗鲁姆金、[加]伊恩·克尔主编:《人工智能与法律的对话》,陈吉栋、董惠敏、杭颖颖译,上海人民出版社2018年版,第69页。

[2] 参见[日]福田雅树、林秀弥、成原慧主编:《AI联结的社会:人工智能网络化时代的伦理与法律》,宋爱译,社会科学文献出版社2020年版,第50页。

[3] See Tiago Sergio Cabral, *Liability and Artificial Intelligence in the EU: Assessing the Adequacy of the Current Product Liability Directive*, 27 Maastricht J. Eur. & Comp. L. 615 (2020).

[4] See Frank Griffin, *Artificial Intelligence and Liability in Health Care*, 31 Health Matrix 65 (2021).

[5] 参见冯珏:《英美侵权法中的因果关系》,中国社会科学出版社2009年版,第234—235页。

系之陈述,均仅构成结果发生之充分条件的所有先行条件之一部分而已。为使构成充分条件之所有先行条件与结果具有不变的关联性,该先行条件必须限于对于整体条件之充分性具有必要性之条件。[1] 据此,我们需要考察辅助型数字技术对于使用人的最终决策发挥的作用。如果使用人的最终决策与辅助型数字技术完全无关,那么就不属于充分条件组中的必要要素,事实因果关系就不成立,只须追究使用人的责任。反之,数字技术本身的生产者、提供者也需要共同承担责任。

第二,法律因果关系的认定更新。对于法律因果关系的认定,依然可以采取相当因果关系理论,但需要处理介入因素的问题。其一,对于数字技术的自主行为,不应当认为构成替代原因。一方面,当前人工智能、区块链、算法等数字存在尚不具备法律主体的身份,也不具有真正的自由意志,数字技术的自主行为不能视为一种独立因素。另一方面,从介入因素本身来看,即使人工智能、算法、区块链等数字存在获得法律主体地位,其行为也在被告可预见的范围内,所谓的不可预测性是一种有意而为之的结果,因而未必能构成替代原因中断因果关系。[2] 其二,使用人的行为。对于数字技术,使用人的行为能否构成替代原因关系重大。根据侵权法理论,第三人行为是否构成替代原因可以通过可预见性规则来进行判断。介入因素要成为能够免除行为人责任的替代原因,其必须是不可预见的。[3] 如果使用人的行为超出了数字技术生产者、提供者的可预见范围,如明知人工智能辅助诊断软件的判断是错误的仍然采用、明知自动驾驶功能没有更新仍然开启,那么可以认定为一种替代原因,产品缺陷与损害之间的因果关系得以中断。反之,如果使用人的行为在生产者、提供者的可预见范围内,如开启自动驾驶模式后使用人打盹没有接管或者误操作接管等,那么生产者理当能够预见到这种风险,原则上不中断产品缺陷与损害之间的因果关系。对此,《智能网联汽车准入和上路通行试点实施指南(试行)》就指出,对于需要安全员执行接管的自动驾驶汽车,当安全员未能及时响应介入请求,自动驾驶系统应当执行最小风险策略以达到最小风险状态。

第三,因果关系认定的缓和。考虑到数字技术的特殊性,受害人在证明因果关系方面可能处于不利的地位。对此,有学者提出,应当实行举证责任倒置,由生

---

[1] 参见陈聪富:《因果关系与损害赔偿》,北京大学出版社2006年版,第70页。
[2] 参见徐伟:《生成式人工智能侵权中因果关系认定的迷思与出路》,载《数字法治》2023年第3期。
[3] 参见[美]戴维·G.欧文:《产品责任法》,董春华译,中国政法大学出版社2012年版,第263页。

产者来证明数字产品缺陷与损害之间不存在因果关系。[1] 笔者认为,贸然实行因果关系举证责任倒置会过度加重生产者的负担,参考欧盟新《产品责任指令》的做法,通过特定情形下因果关系推定规则足以缓解受害人的举证难题。具言之,如果受害人证明损害属于典型的与数字产品缺陷相符的损害,可以推定存在因果关系。例如,在一个案件中,原告上诉指控汽车缺陷造成了车库起火。法院认为:原告一家出示了足够多的证据,使陪审团相信汽车得到了定期保养和维护,在过去没有过失、滥用或不正常使用,最重要的是,在起火时没有错误操作。同时,车库中放置的汽油罐和汽油设备等物品缺乏点火的火源,因此不可能成为引起大火的独立原因。基于此,法院推定是车辆的布线系统缺陷导致了失火。[2] 同样,对于数字产品引发的事故损害,如果受害人证明自己尽到维护保养、软件升级、使用规范等义务,基本排除了其他可能致害的原因,那么可以推定损害是因为产品缺陷造成的。此时,由生产者一方来举证产品缺陷与损害之间不存在因果关系。

五、免责事由

(一)免责事由的更新

免责事由是指因其存在而使法律责任不成立的法律事实。依据适用的普遍性,免责事由分为一般的免责事由与特殊的免责事由。一般的免责事由包括不可抗力、正当防卫、紧急避险、受害人故意、自助行为等,而特殊的免责事由仅在特定的法律责任中才能适用,如个人信息侵权责任中的免责事由、医疗损害责任中的免责事由和产品责任中的免责事由等。上述特殊的免责事由大多是因为技术发展的现实需求,需要法律明确规定以合理限制行为人的责任。[3] 随着数字技术日新月异的发展,特殊免责事由应得到及时的更新。其中,发展风险、免费开源与合规应成为数字法律责任的新型免除事由。

(二)发展风险抗辩

数字技术许多时候都是以产品形态体现,产品责任的配置离不开发展风险抗

---

[1] 参见张安毅:《人工智能侵权:产品责任制度介入的权宜性及立法改造》,载《深圳大学学报(人文社会科学版)》2020年第4期。

[2] 参见[美]小詹姆斯·A.亨德森、[美]理查德·N.皮尔森、[美]道格拉斯·A.凯萨、[美]约翰·A.西里西艾诺:《美国侵权法:实体与程序》(第7版),王竹、丁海俊、董春华、周玉辉译,北京大学出版社2014年版,第461页。

[3] 参见程啸:《侵权责任法》(第3版),法律出版社2021年版,第326页。

辩。所谓的发展风险抗辩,是指如果依据将产品在投入流通时的科学技术水平不能发现产品缺陷存在,那么即使其后由于科学技术的进一步发展而认识到产品存在缺陷,生产者也不对该已投入流通的产品致人损害承担产品责任。[1] 我国《产品质量法》明确了发展风险抗辩的适用。

随着数字产品的到来,生产者能否主张发展风险抗辩不无疑问。有学者认为,数字产品自投入流通后便一直处于发展之中,因而当发展风险抗辩适用于数字产品责任中,生产者一方存在逃避责任的可能性。[2] 有观点认为,在人工智能产品致人损害的语境下,保留发展风险抗辩是必要且合理的,有助于鼓励生产者为新产品积极投入研发,从而为整个社会的创新进步营造宽松的环境。[3] 有观点则指出,发展风险抗辩既没有给予生产者必要的安全感,也没有为消费者提供必要的保护,原因在于它的适用过于不确定。即便如此,倘若彻底取消发展风险抗辩,则会导致数字领域研发投资的减少,进而严重阻碍创新。[4]

欧盟新《产品责任指令》原则上规定为了公平地分摊风险,如果生产者能够证明在产品投放市场、投入使用或在产品处于制造商控制范围期间,依据当时科学和技术知识的水平无法发现缺陷存在,可以免除责任,即承认发展风险抗辩的适用。与此同时,指令规定成员国可以限制发展风险抗辩的适用,但需要在生效后的24个月内将措施的文本通知欧盟委员会。并且,发展风险抗辩的克减也必须仅限于特定类别的产品,以公共利益目标证成以及成比例。[5]

发展风险抗辩对于数字产品具有重要意义,是平衡受害人救济和产业创新发展的重要工具。[6] "一刀切"地禁止发展风险抗辩并不合适,可能会阻碍数字技术的创新与应用。然而,发展风险抗辩的适用也需要考虑到受害人的救济。为此,未来《产品质量法》可以从三个方面来予以规定:一是限制适用范围。发展风险抗辩一般仅适用于设计缺陷与警示缺陷,并不适用于制造缺陷,后者与科学技

---

[1] 参见张新宝:《侵权责任法》(第5版),中国人民大学出版社2020年版,第212页。

[2] 参见王轶晗、乔欣悦、钟芷馨:《人工智能侵权责任法律问题研究——以医疗人工智能及自动驾驶汽车为例》,西南财经大学出版社2021年版,第57页。

[3] 参见高完成、宁卓名:《人工智能产品致害风险及其侵权责任规制》,载《河南社会科学》2021年第4期。

[4] See Tiago Sergio Cabral, *Liability and Artificial Intelligence in the EU: Assessing the Adequacy of the Current Product Liability Directive*, 27 Maastricht J. Eur. & Comp. L. 615 (2020).

[5] 参见欧盟新《产品责任指令》序言(44a)。

[6] 参见胡元聪:《人工智能产品发展风险抗辩制度的理论冲突与平衡协调》,载《中南大学学报(社会科学版)》2020年第6期。

术水平无关。[1] 与此同时,应当区分不同风险的数字技术,严格限制发展风险抗辩在高风险数字产品上的适用,并且对于科学技术水平的认定采用全球行业最高水平。其背后原因在于高风险数字技术为社会增加了极大的风险,发展风险抗辩的适用理应更加严格,以充分保护社会公众的安全。二是严格适用节点。数字产品存在持续更新升级的特点,在判断科学技术水平的时间点上应当与产品投入流通的认定同步,对于数字产品投入流通后,通过升级更新或者自主学习等方式存在实质性修改的,要重新确定科学技术水平的判断时间点。三是完善配套。为平衡各方利益,生产者应当建立风险跟踪机制与风险分摊机制。[2] 生产者必须履行跟踪观察义务,同时要购买保险,否则不能援引发展风险抗辩。

(三)免费开源抗辩

数字技术的应用离不开软件、代码,其中必然涉及开源软件的问题。对于建立在开源软件上的数字产品,如果发生产品缺陷致人损害的情形,数字产品的生产者与开源软件的提供者能否主张抗辩不无疑问。对此,欧盟《人工智能法案》规定:"包括模型在内的软件和数据在免费且开源许可下发布,允许公开共享,部署者可以自由访问、使用、修改和重新发布这些软件和数据或其修改版本,可以促进市场研究和创新,并为联盟经济提供了重要的增长机会。"基于此,其第2条规定:"本条例规定的义务不适用于根据免费且开源许可发布的人工智能系统,除非这些系统作为高风险人工智能系统或者属于第5条和第50条的人工智能系统投放市场或提供服务。"与此同时,欧盟新《产品责任指令》第2条也明确将"在商业活动的过程之外开发或提供的免费且开源的软件"排除在外,不适用产品责任。

国内方面,在软件知识产权侵权案件中,出现过开源抗辩的争议,核心焦点是:如果软件版权人在开发软件过程中存在某些不当行为,例如,使用了第三方的开源软件代码且违反软件许可协议规定的开源义务,那么被控侵权人可否借此提起"开源抗辩",法官是否应拒绝对此类软件提供版权侵权救济呢?实践中,存在支持与反对两种做法。[3] 然而,这种开源抗辩并非产品责任法语境下讨论的开

---

[1] 参见周友军:《民法典编纂中产品责任制度的完善》,载《法学评论》2018年第2期。
[2] 参见景苇:《论自动驾驶汽车的发展风险抗辩》,载《西南政法大学学报》2023年第1期。
[3] 参见张韬略:《我国创设软件版权侵权"开源抗辩"之质疑——兼评"未来案"和"亿邦案"》,载《环球法律评论》2024年第2期。

源抗辩,后者主要解决的是生产者以开源软件作为基础开发的人工智能产品存在缺陷造成损害,生产者与开源软件的提供者是否可以主张开源抗辩的问题。

开源软件有助于技术共享与创新,可以追溯到 20 世纪的自由软件运动(free software movement),其伦理基础是社会鼓励公民自愿合作的精神。[1] 严格来说,开源软件与免费软件是不同的概念,免费软件不一定是开源软件,开源软件也可以选择收费,只有免费的开源软件才能允许提供者享有开源抗辩。实践中,是否构成开源软件需要根据许可证的具体条款来判断。通常情况下,开源软件意味着需要开放源代码,不得限制任何人将该软件作为包含来自多个不同来源的软件的一部分进行出售或者赠与,也不得要求特许使用费或者其他费用。[2] 考虑到开源软件任何人都可以自由访问、使用、修改和分发,可以促进人工智能技术的分享,减少创新成本,应当允许提供者主张开源抗辩。至于利用开源软件生产数字产品的生产者,不应当允许其主张开源抗辩。因为生产者本身负有审查产品所需要的零部件、软件、服务的义务,不能以第三人提供的零部件、软件、服务存在缺陷来主张免责。

(四)合规免责

数字社会的风险是无处不在的,企业往往只能预防管理风险,无法绝对防止风险的发生。对此,如果数字法律责任过于严格,仅仅依据结果进行归责,可能不利于数字产业的发展,也不利于数字法律责任的科学配置。因此,引导数字技术开发者、提供者、使用者建立数字风险合规体系、机制并切实履行责任,具有重大的社会意义与经济效益。

数字法律责任有民事责任、行政责任、刑事责任之分,合规免责需要区分不同的责任类型。对于民事责任来说,企业建立并且切实执行完善的风险管理体系并不是必然免除赔偿责任的理由。例如,以平台责任来说,平台发生大规模用户数据泄露,并不能因为合规就免除对受害人的赔偿责任,如此对于受害人是不公平的。因此,合规究竟能否免除民事责任具体要看是否构成阻却要素,如可以通过合规来证明企业没有过错或者因果关系不存在。对于行政责任来说,合规免责是

---

[1] See Jose J. Gonzalez de Alaiza Cardona, *Open Source, Free Software, and Contractual Issues*, 15 Tex. Intell. Prop. L. J. 157 (2007).

[2] See David McGowan, *Legal Implications of Open-Source Software*, 2001 U. Ill. L. Rev. 241 (2001).

重要的适用对象。企业行政合规既包括事前的合规预防,也包括事后的合规激励,二者不可偏废。合规首先是企业自我治理的良方,需要以"实现企业合法经营、避免违法行为"为目标。倘若抛开预防的直接目的,片面追求行政责任减免,合规必然会导致权力异化,产生廉政风险。但与此同时,合规也要以责任减免为激励,为企业开展合规活动提供外部动力。否则,一味地将合规重心放在行政普法和行政指导上,不在个案中真正实现责任减免并表明行政机关对待合规的法律态度,合规就会流于形式。[1] 至于刑事责任,应当遵循罪刑法定原则,合规免责应当有明确的法律依据并慎重适用,需要正确区分单位犯罪与自然人犯罪。

第三节 数字法律责任的归责原则

一、数字法律责任的归责主体与类型

(一)数字法律责任的归责主体

数字产业链上的主体非常多样,一个核心问题是哪些主体需要承担数字法律责任。例如,向市场提供数字产品或服务的企业,为数字产品或服务提供组件或插件服务的提供商,使用人工智能产品或服务的用户,甚至是入侵数字技术系统的第三方黑客,都有可能需要因其行为承担数字法律责任。[2] 在大多数情况下,直接适用《民法典》侵权责任编的规定即可依行为与过错确定数字法律责任的主体,但当行为人无法追查或其行为难以确定是否存在过错时,责任主体识别的不明确将直接影响数字法律责任的确定。

在识别哪些主体适合作为数字法律责任的主体时,需要明确几点原则:一是无论损害发生在公共空间、个人还是家庭事务等情形,都需要首先回应受害人的救济需求。二是需确定第一责任人而非将各方都纳入责任主体,通过明确责任避免各方推卸自己的责任。三是按照风险原则确定责任归属,即谁最能控制、分散风险,谁就是数字法律责任的第一责任人。唯有将数字法律责任配置给那些能够控制、分散数字技术风险的人,才能更好地预防、减少损害的发生,最大限度地救

---

[1] 参见熊樟林:《企业行政合规的概念反思与重构》,载《法商研究》2024年第4期。
[2] 参见郑志峰:《人工智能应用责任的主体识别与归责设计》,载《法学评论》2024年第4期。

济受害人,协同实现数字法律责任的目标。

(二)数字法律责任归责的类型

数字法律责任有刑事责任、行政责任与民事责任之分,不同责任类型适用的归责原则不同。在行政责任和刑事责任中,一般以行为人的故意或过失为责任承担的前提。尽管有部分行政责任采取过错推定责任原则,例如2021年修订的《行政处罚法》第33条新增"当事人有证据足以证明没有主观过错的,不予行政处罚",但总的来说,行政责任与刑事责任一般不适用无过错责任原则,即没有故意或过失就无须承担责任。相比较而言,民事责任的归责类型最为齐全,包括过错责任、过错推定责任、无过错责任和公平责任,具体需要类型化归责。

1. 类型化归责的必要性。数字技术的应用场景非常丰富,不同类型数字技术的风险程度各异。再加上数字法律责任主体类型多样,整齐划一的归责思路很难适用于数字法律责任,因此有必要区分不同风险的数字技术进行类型化归责。

首先,类型化归责契合侵权责任归责的一般规律。对于过错责任来说,风险是过错评估的重要组成部分;对于严格责任来说,风险是责任分配的基本依据。数字技术不仅在已有的社会风险之外平添了新的风险因素,还对既有风险产生继承、消除、重组和增生作用。延续类型化归责可以实现新旧归责体系的衔接,贯彻侵权责任风险归责的一贯立场。其次,类型化归责能够提高数字法律责任归责的适配。数字技术会对既有技术产生通用的赋能和增效效果,因此数字技术很难像单一技术、产品或服务那样监管,数字技术应用于不同场景所产生的风险将会天差地别,因此类型化归责可以避免过于僵硬的责任分担。最后,类型化归责能够贯彻数字技术分级治理的理念。当前,美国、欧盟等发达国家或地区的数字治理实践都强调分级治理的理念,我国在数据安全、个人信息保护等领域也对此展开了广泛的讨论和探索。基于风险的方法的核心是根据风险的高低、性质、级别等配置规制活动的优先次序,以实现最优的资源分配和效果达成,具有动态性、迭代性、定制化以及比例性的特点,可以实现人工智能治理的全面性、灵活性、多元性以及科学性。

2. 无过错原则引入的合理性。对于是否应在数字法律责任中引入无过错的归责原则,存在不同的观点。以人工智能民事侵权责任为例,欧盟《人工智能责任条例》明确规定了高风险人工智能应适用无过错责任,而韩国《人工智能责任法案》则规定高风险人工智能的提供者和开发者在证明自己没有责任时可以免责,适用的是过错推定责任。我国有学者认为智能机器存在专业性、不透明性、不可预测性和复杂性等特征,更宜适用无过错责任归责原则。[1]

笔者认为,考虑到数字技术潜在的风险,对于数字技术引发的民事侵权责任引入无过错责任具有正当性。一方面,无过错责任有助于救济受害人,数字技术的不透明性、不可预测性和复杂性不仅导致受害人举证的困难,甚至连提供者和开发者都无法证明自身究竟有无过错。即便适用过错推定责任,也因缺乏证明标准使提供者将算法黑箱、已履行基本维护义务等事由作为免责的盾牌。另一方面,适用无过错责任可以避免侵权责任归责体系的冲突,例如一些原本就适用无过错责任的技术如民用航空器、高速轨道运输工具等,在搭载数字技术后更应继续适用无过错责任。此外,由于数字技术的风险性广泛且巨大,出于控制社会风险与合理分担风险的角度,应当继续适用无过错责任。

二、数字法律责任归责原则的展开

总的来看,数字法律责任并未对现有的归责原则体系带来实质性的改变,在类型化归责的基础上,须根据数字技术风险分级来划分归责标准。具体分为高风险数字技术、有限风险数字技术和低风险数字技术,分别适用无过错责任、过错推定责任和过错责任,并有必要探寻公平责任适用的空间。

(一)过错责任

过错责任原则又称为过失责任原则,也是最基本的归责原则,行为人的过错是其承担损害赔偿责任的依据。在数字法律责任中,对于低风险数字技术,应适用过错责任。低风险数字技术的风险程度最低,事故发生的可能性、损害的严重性方面都比较低,适用过错责任原则即可。例如语音助手、在线聊天机器人、推荐算法、智能过滤器、智能扫地机器人、生成式人工智能等大多数数字技术都属于低风险数字技术。

(二)过错推定责任

过错推定责任原则是指在损害发生后,基于一定条件推定行为人具有过错,从而减轻或免除受害人对过错的证明责任,并由行为人证明自己没有过错。对于

---

[1] 参见刘小璇、张虎:《论人工智能的侵权责任》,载《南京社会科学》2018 年第 9 期。

有限风险数字技术,适用过错推定责任。相较于低风险数字技术,有限风险数字技术的风险有所增高,该类技术的复杂性和不透明性也往往更高,因此应适用过错推定责任来适当减轻受害人的举证责任。有限风险数字技术主要包括以下几类:一是现行归责原则适用过错推定责任的领域,例如利用数字技术在公共场合或者道路上从事挖掘、修缮安装地下设施等活动,装备人工智能技术的窨井等地下设施等。二是其他具有相当风险的数字技术,所谓相当风险包括对于他人求职、切身福利有重大影响的数字技术。

(三)无过错责任

无过错责任原则是指不以行为人的过错为损害赔偿责任成立要件的一种归责原则。无过错责任又称严格责任或危险责任,从危险责任的语义上来讲,无过错责任的归责事由是危险。[1] 这是由于随着现代科技的发展而产生的物质、装置、设备或活动,本身对于他人的人身财产安全具有高度的危险性,为了弥补高风险技术带来的损害后果,因此设置了无过错责任原则。由此看来,高风险数字技术适用无过错责任也是应有之义。

具体来看有如下几种情形:一是现行归责原则本身就适用无过错责任的危险领域,包括高度危险活动和高度危险物。例如,装备了数字技术系统的民用航空器,或者利用数字技术从事的高度危险活动。二是在功能上等同于雇佣人类、饲养动物的数字技术,例如使用高度自动驾驶汽车与完全自动驾驶汽车,这基本等同于雇佣了一名"数字系统"司机。再如,使用搭载智能系统的人形机器人来从事家政、服务等劳动,这也基本等于雇佣了一名"数字系统"的保姆或员工。对此,欧盟《人工智能和其他新兴数字技术的责任》报告提出:"如果某人可以为某个人类辅助者的错位行为承担责任,那么受益人有什么理由不承担同样的责任呢?"[2] 这同样也可类比适用于某些宠物型机器人与饲养动物上。考虑到现行用人者责任、饲养动物致害责任的无过错责任属性,与之类似的数字技术也应当适用无过错责任,以保证受害人的受保护水平不会降低。三是对国家安全、公共利益、个人人身权益有重大风险和影响的数字技术,例如关键信息基础设施领域的

---

[1] 参见王泽鉴:《民法学说与判例研究》(第5册),北京大学出版社2009年版,第187页。
[2] Andrea Bertolini & Francesca Episcopo, *The Expert Group's Report on Liability for Artificial Intelligence and Other Emerging Digital Technologies: A Critical Assessment*, 3 European Journal of Risk Regulation 644 (2021).

人工智能、人工智能武器装备、自动驾驶汽车、载人无人机等。

（四）公平责任

公平责任是指在当事人对于损害的发生都无过错，且法律又未规定适用无过错责任，此时由法院依据公平的观念，综合考虑受害人的损害、双方当事人的财产状况以及其他相关情况的基础上，由加害人与受害人对该损害加以分担。现实中数字技术引发的损害情形非常复杂，过错责任、过错推定责任和无过错责任不一定能够完全覆盖所有的损害类型，同时为有效应对数字鸿沟、数字不对等的现状，实现对受害人的救济，有必要在现有规定下探索数字法律责任的公平责任规则。例如，传统机动车发生交通事故时，按照《道路交通安全法》的规定，机动车与非机动车发生碰撞的，机动车一方即使没有过错也需要承担10%的责任，即公平责任的具体体现。当传统机动车升级为自动驾驶汽车后，这种公平责任也应当予以保留。

第四节　数字法律责任的类型

从一般意义上讲，法律责任的类型分为民事责任、行政责任和刑事责任。数字法律责任的主体具有多样性，不同主体可能承担的数字法律责任类型不尽相同，同时数字法律责任的类型具有复合性，主体既可能承担一种责任，也可能承担多种责任。因此，需从主体视角与法律部门的视角来明确数字法律责任的类型。

一、数字法律责任类型考量的因素

如前文所述，数字法律责任的主体包括私法主体、公法主体与准公法主体。这是从宏观视角对责任主体进行的分类，有助于明确数字法律责任的特征和性质。但如果要通过责任主体的类型来对责任类型进行细分，还需要对数字法律责任主体的具体类型进行有层次的梳理。责任主体的细分模式有两种可供比对：一是线性划分法，即从参与的流程来划分主体。数字法律责任的主体基本等同于参与数字科技活动的所有主体，从数字技术的参与流程上来看，涵盖了数字科技的研发、生产、销售、使用、监管的全部流程，因此可以划分为研发者、生产者、销售者、使用者、监管者等责任主体。这种分类方法具有逻辑清晰、类型全面的优势，但由于主体的类型划分得过于细碎,将会使数字法律责任的主体类型与法律部门类型不具有对应性和归纳性。例如,研发者、生产者、销售者等都可能承担民事、行政或刑事责任,流程式分类方法将使数字法律责任类型化的识别变得失去意义。

二是立体划分法,从参与主体的层级来看,可以将数字法律责任的主体分为个人、平台与企业、国家机关三个位阶。个人主体主要指向数字技术的使用者,至于使用的场景是生活场景还是商业场景在所不问,也即数字技术的用户。平台与企业主体主要指向的是平台、算法等数字服务的提供者以及自动驾驶汽车、智能机器人等数字产品的生产者。国家机关主体包括履行执法、司法、监管职责的机关,也包括从事民事行为的机关。相较于主体的线性划分法,立体划分法既能在一定程度上反映各主体在参与数字科技活动中的位次,也具有相当的代表性和包容性,能够与数字法律责任的部门类型形成较为明显的对应关系。例如,个人主体主要承担民事责任,平台与企业主体因其掌握绝大多数的数字技术,既可能需要承担民事责任,也可能承担行政责任或刑事责任,而国家机关除了可能承担监管不到位的行政责任外,也可能在参与民事活动时承担民事责任。

在此基础上,可以尝试从个人的使用者责任、平台与企业的提供者和生产者责任、国家机关的监管者责任等角度归纳数字法律责任的一般类型。同时,也有必要以民事责任、行政责任和刑事责任为区分,通过对数字法律责任中的特殊类型进行有限的列举,探究责任承担中的特殊风险与特殊规则。

二、数字法律责任的一般类型

(一)个人:使用者责任

对于数字技术活动的个人,由于其在数字法律关系中处于相对弱势的地位,现有的研究一般围绕个人数字权利的保障展开。但需要看到的是,用户或使用者同样可能是实施数字不法行为的主体。例如,用户可能采取故意诱导的方式,利用生成式人工智能恶意生成虚假内容,进而需要承担民事侵权责任。[1] 再如,《深圳经济特区智能网联汽车管理条例》第35条第2款规定:"有条件自动驾驶和高度自动驾驶的智能网联汽车在自动驾驶模式下行驶时,驾驶人应当处于车辆驾驶座位上,监控车辆运行状态和周围环境,随时准备接管车辆;智能网联汽车发

---

[1] 参见王利明:《生成式人工智能侵权责任的法律应对》,载《中国应用法学》2023年第5期。

出接管请求或者处于不适合自动驾驶的状态时,驾驶人应当立即接管车辆。"基于此,使用者在使用有条件自动驾驶汽车与高度自动驾驶汽车时,违反紧急接管义务的,应承担相应的机动车交通事故责任。此外,如果个人利用数字技术从事不法行为产生了严重的损害后果或社会危害性,触犯了《治安管理处罚法》《网络安全法》《数据安全法》《个人信息保护法》《刑法》等规定的,需要承担相应的行政责任或刑事责任。

(二)平台与企业:提供者与生产者责任

1.平台责任。平台是数字经济时代的新业态组织,兼具组织与市场的特征,与纯粹的法人不同,是介于市场和企业之间的第三种经济形态,其本质特征就是为用户之间的交易提供连接、匹配服务。[1] 在海量数据和算法技术的加持下,平台的权力得到了极大的强化,作为网络服务提供者的平台利用算法可以实现大规模的自动化处理,影响着生态圈内的每个人,形成了一种"准公权力"或被称为"私权力"。

一方面,平台与用户之间不再是纯粹的私法关系,意思自治和契约自由越发流于形式。[2] 平台和其所使用的算法在事实上对用户的权利义务产生了巨大影响,平台不仅会利用私权力对用户进行剥削和霸凌,还可能借此逃避民事责任的承担。因此,平台必须履行基本的合同责任与侵权责任,既不能在格式条款中不合理地免除或减轻自身责任,也不能在算法、数据引发的侵权责任中主张技术的中立性和不可解释性来豁免自身责任。另一方面,由于资源的有限性和用户的黏合性,平台与平台之间的竞争会引发抢占市场、获取数据、吸引流量等的不正当竞争。超级平台为进一步巩固优势地位,会对竞争对手进行打压和垄断来保证自己的经营与获利,甚至不惜纵容商业腐败和损害公共利益。因此对于市场与社会,平台必须承担相应的技术管理、安全保障、信息公开等行政责任,不断优化算法技术和完善平台规则架构,维护平台网络空间秩序与安全,落实平台社会监督主体责任。当然,平台法律责任的设置,应根据主观过错的程度轻重分层次设置。对于故意和过失的平台算法的主观过错,施以主客观相一致的实质责任。对于提供虚假算法备案与虚假解释的平台,则施加类似于证券虚假陈述责任的虚假备案与

---

[1] 参见周辉:《网络平台治理的理想类型与善治——以政府与平台企业间关系为视角》,载《法学杂志》2020年第9期。

[2] 参见刘权:《论网络平台的主体责任》,载《华东政法大学学报》2022年第5期。

虚假解释责任。[1]

2. 企业责任。除了平台外，企业作为传统的私法主体也是数字法律责任的重要主体类型，特别是"设计、生产、经营、销售数字产品"的企业，需要承担产品责任。由于数字技术中机器智能替代了人类智能，人类干预或参与数字技术运行的程度会越来越低，且因数字技术的复杂性和高科技性，也只有企业更有可能和能力在设计、生产等环节中有效防范风险，因此企业必须对其设计和生产的高风险产品承担无过错责任。其中，企业承担的数字产品责任存在特殊性，尤其是对产品缺陷的认定需要进行更新。具体而言，数字产品缺陷的认定缺乏明确的标准。数字技术极快的更新迭代不仅导致技术性标准的制定存在严重的滞后性，而且由于运行机制的复杂，人们很难对数字技术产生合理的期待，受害者也很难举证是否存在更好的替代设计方案。[2] 因此，立法需要尽快更新产品缺陷的认定标准，通过丰富技术性标准中网络与数据安全、伦理安全的内涵，细化不合理风险的判断标准，落实数字法律责任中企业设计、生产产品的责任。

(三)国家机关:监管者责任

国家机关同样是数字时代的重要参与者与数字技术的重要实践者。习近平总书记指出，要全面贯彻网络强国战略，把数字技术广泛应用于政府管理服务，推动政府数字化、智能化运行，为推进国家治理体系和治理能力现代化提供有力支撑。[3] 与数字商业应用相类似，公共行政的数字化转型也主要围绕数据、算法和平台展开，形成了数据驱动、智能泛在、平台中心三个方面的核心要素。[4] 然而，算法行政、政务数据等具体应用也为国家机关带来了算法歧视、数据侵权、伦理失范等负面影响，需要承担相应的法律责任。除了面向特定主体的违约责任和侵权责任，国家机关的数字责任类型还包括面向社会的监督问责等数字监管者责任。例如，对自动化行政执法行为中违法裁量、违反程序所应承担的法律责任，对政府实施的违法数据开放行为所应承担的法律责任等。[5] 例如，《个人信息保护法》

---

[1] 参见张凌寒:《网络平台监管的算法问责制构建》，载《东方法学》2021年第3期。

[2] 参见郑志峰:《人工智能产品责任的立法更新》，载《法律科学(西北政法大学学报)》2024年第4期。

[3] 参见2022年4月19日习近平总书记在中央全面深化改革委员会第二十五次会议上的讲话。

[4] 参见马怀德:《数字法治政府的内涵特征、基本原则及建设路径》，载《华东政法大学学报》2024年第3期。

[5] 参见黄锫:《数字行政法的兴起:学科定位与研究结构》，载《行政法学研究》2024年第3期。

第 68 条规定:"国家机关不履行本法规定的个人信息保护义务的,由其上级机关或者履行个人信息保护职责的部门责令改正;对直接负责的主管人员和其他直接责任人员依法给予处分。履行个人信息保护职责的部门的工作人员玩忽职守、滥用职权、徇私舞弊,尚不构成犯罪的,依法给予处分。"

三、数字法律责任的特殊类型

(一)特殊民事责任

1. 人机协同下使用者的接管责任。在数字技术尚未完全替代人类的今天,人机协同操作模式是常态,在紧急情况或机器智能失效的情况下,数字技术使用者负有监督并及时接管设备的责任。[1] 对此,国内外的相关立法均承认并明确规定了有关使用者的被动接管责任。在此基础上,使用者不仅需要具有接管的能力,还需要在非接管期间承担警觉义务和判断义务。值得思考的是,一方面,在人机协同的情形下,使用者会因"警戒递减"(vigilance decrement)现象本能地转移注意力,很难集中精力去监督机器的运行。[2] 与此同时,人机协同看似非常合理,但将关键任务同时交给两方,可能会引发"责任分散"(split responsibility)的危机:负责完成任务的两方都理所当然地认为遗漏一些事项不要紧,对方会弥补错误,反而更可能导致损害的发生。另一方面,当损害发生时,既有可能是因为使用者不具有接管能力、接管不及时或不正确的原因,也有可能是因为生产者在设计时未为使用者留足必要接管时间、未在使用者未响应时采取最低风险策略的原因,进一步加剧了归责的识别难度。对此,需要考虑是否还有必要保留人机协同的技术方案,如果确有保留的必要,则应解决如何分担人机协同中接管责任及对应的侵权责任风险。

2. 生成式人工智能的提供者责任。通过前期大量的数据投喂和基于神经网络模型的反复训练,生成式人工智能具备了容量和精度极高的数据抓取能力,在大语言模型(LLM)加持下能够从学习材料中发现语言规律并进行递归式总结,从而根据用户的指令即时生成甚至"创作"文本、图片、音频、视频、代码等内容。虽然生成式人工智能能够智能生成特定内容,但生成内容既依赖于训练数据所包

---

[1] 参见郑志峰:《论自动驾驶汽车被动接管规则》,载《华东政法大学学报》2023 年第 3 期;郑志峰:《诊疗人工智能的医疗损害责任》,载《中国法学》2023 年第 1 期。

[2] 参见柴占祥、聂天心、[德]Jan Becker 编著:《自动驾驶改变未来》,机械工业出版社 2017 年版,第 137 页。

含的一切信息内容,也受到用户指令的影响,与网络平台一样具有"再呈现"的功能。同时,也因生成内容并非像网络平台或搜索引擎中的内容那些具有很强的公开性,一般只能通过使用者主动公开才能被第三人看到。因此,生成式人工智能提供者兼具服务提供者和内容生成者的身份。

在此基础上,因训练算法、训练数据等源于生成式人工智能系统自身引发的侵权,应由提供者承担一般侵权责任。而因为用户恶意使用引发的侵权责任,需要进一步考虑有无参照适用《民法典》的规定,仅在提供者未尽通知—删除义务时承担侵权责任。一方面,需要结合生成式人工智能的技术特征,更新合格"删除"措施的认定,如直接删除涉及侵权的内容,重新设计或重新训练算法等,确保侵权内容不再出现。另一方面,需要重新构建"知道规则"。一是区分注意义务与审核义务,对于仅需尽注意义务的内容,只要提供者及时处置了违法内容即无过错,而对于须尽审核义务的内容,如危害国家安全、政治稳定、民族团结,以及暴力色情等内容必须主动、及时、全面地进行审核并处置,否则就应认定提供者知道或应当知道违法内容的存在,进而承担侵权责任。[1]二是引入理性算法标准,生成式人工智能算法应当符合一个理性算法应当具有的水平,否则就应推定提供者知道漏洞和侵权内容的存在,认定其存在过错。

(二)特殊行政责任

1. 平台与企业的"数字守门人"责任

"数字守门人"制度最早出现在欧盟委员会公布的《数字市场法》(Digital Market Act)中,要求对能够主导甚至把控市场的平台和企业进行重点监管,防止其滥用优势地位,导致平台内可竞争性缺乏、数字领域效率低下等一系列问题。[2]国家市场监督管理总局于2021年10月颁布的《互联网平台分类分级指南(征求意见稿)》被称为中国版"数字守门人"制度,该文件根据用户规模、业务种类以及限制能力这三个指标将平台分为超级平台、大型平台、中小平台,分别承担相应的法律责任。作为"数字守门人"的超级平台和大型平台由于掌握大量的市场资源,甚至形成了一定程度上的垄断,必须承担更高的数字义务。例如,"数字守门人"需向行业提供必要的算法优化方案等关键性技术资源,向社会公众公

---

[1] 参见郑志峰、罗力铖:《论生成式人工智能的"避风港"规则》,载《人工智能》2024年第1期。
[2] 参见许荻迪、杨恒:《平台经济事前治理的国际经验和中国路径》,载《电子政务》2023年第3期。

开平台运行情况与披露数据使用报告等。同时,设置头部平台和企业绝对禁止的不法行为负面清单,例如算法合谋、自我偏袒、捆绑销售等。[1] 如果头部平台和企业违反了"数字守门人"的义务或实施了绝对禁止的不法行为,将会承担更高罚款上限的行政责任。

2. 行政机关的算法责任

算法在被引入行政管理领域之始,就被寄予了"高效应对日益扩张和复杂的行政任务"[2]的期望。但是,行政机关所使用的算法往往是通过与第三方企业合作研发的产物,一方面,当算法黑箱和算法失准导致行政机关的具体行政行为违反了法律法规时,究竟是由行政机关来承担责任还是由设计算法的第三方企业来承担责任?例如,当算法导致行政机关作出错误的具体行政行为,依照《行政诉讼法》第 34 条确立的"谁作出侵权行为的行政行为,谁承担行政法律责任"规则,第三方企业并不是至少名义上不是作出行政行为的主体,其显然不是适格的责任人。如果同时要求行政机关承担行政赔偿责任和公司承担民事侵权损害赔偿责任,其顺位又应如何确定?另一方面,算法行政必然要求行政机关公开和披露其使用的算法,但行政机关公开和披露算法的行为很可能导致同时侵犯第三方企业的商业秘密。如果将公开和披露算法的义务转移给第三方企业,行政机关则又有逃避行政公开义务的可能。因此,在算法公开和披露的过程中,有必要考虑由行政机关来主导和衡量商业秘密和社会公益的保护顺位,如果为保障更大的社会公益而牺牲第三方企业的商业利益,可以考虑给予其一定的补偿。

(三)特殊刑事责任

从一定程度上来说,现行《刑法》中有相当多的罪名已经能够涵盖绝大部分的数字法律责任,如盗窃网络虚拟财产可以适用盗窃罪,公开在网络空间侮辱他人或捏造事实诽谤他人可以适用侮辱罪或诽谤罪。再如,驾驶自动驾驶汽车违反交通运输管理法规,发生重大事故,致人重伤、死亡或者使公私财产遭受重大损失的,可以适用交通肇事罪。即使是作为新兴事物的元宇宙,若行为人在其中猥亵或性骚扰他人,从扩张解释的角度来看,适用强制猥亵罪也并非没有可能。[3] 由

---

[1] 参见李本、徐欢颜:《中国方案:欧盟对数字平台"守门人"监管革新的启示》,载《上海大学学报(社会科学版)》2023 年第 5 期。

[2] 王怀勇、邓若瀚:《算法行政:现实挑战与法律应对》,载《行政法学研究》2022 年第 4 期。

[3] 参见刘宪权:《元宇宙空间犯罪刑法规制的新思路》,载《比较法研究》2022 年第 3 期。

此来看,目前数字刑法责任的承担所遭遇的大多是解释和适用的技术性问题,还未从根本上对刑事法律规范形成挑战。但是,当数字技术发展到相当水平时,势必会对数字刑事责任的承担提出新要求。例如,机器人技术越来越成为数字技术发展的重要赛道。2023年1月,工信部等十七部门联合印发《"机器人+"应用行动实施方案》,推动机器人技术在经济发展和社会民生十大重点领域的应用;同年10月,工信部发布《人形机器人创新发展指导意见》,为人形机器人的产业发展方向作出了部署。可以预见的是,拥有高智能和高类人功能的人形机器人越来越可能实现量产,并成为数字技术的代表性应用。

然而,作为高水平人工智能载体的人形机器人,既有可能在运行的过程中造成人身和财产损害,也有可能如同科幻电影中那样成为实施犯罪的工具,因此有必要讨论人形机器人的刑事责任承担问题。如果回归人工智能主体论的角度,即便承认人形机器人具有独立人格,人形机器人是否能独立承担刑事责任不无疑问:由于刑事责任主要是一种非财产责任,一般以人身、行为、人格等为责任承担的内容。[1] 当一台人形机器人因触犯故意杀人罪而被判处死刑,表面上通过拆除、粉碎等物理手段毁灭了这台机器人的"肉身",从实质上来看,似乎还是由人形机器人的所有人承担了财产受损的责任,无法实现刑法中限制、剥夺"自由和生命"的目的。如果否认人形机器人独立承担刑事责任的能力,那么就需要考虑是采用间接责任模式让机器人的开发者、所有者、使用者承担代理责任,还是采取直接责任模式让机器人的开发者、所有者、使用者依照其行为的过错和过失来承担责任。无论采取这两种模式中的哪种,仍属于传统刑法理论体系的范畴,需要探究犯罪构成的具体要件以及违法阻却事由。[2]

典型案例

2019年,日本圆谷制作株式会社与原告签署授权证明,将奥特曼系列形象的著作权独占授权给原告,并授予原告维权的权利。原告于2023年发现,被告经营的具有AI对话及AI生成绘画功能的A网站,能够被用户指令生成与奥特曼系列形象具有实质性相似的奥特曼相关图片。并且,A网站必须要求用户充值以获

---

[1] 参见马长山主编:《法理学导论》(第2版),北京大学出版社2022年版,第118−119页。
[2] 参见王华伟:《论人形机器人治理中的刑法归责》,载《东方法学》2024年第3期。

取"算力"才能进行 AI 绘画。原告认为,被告未经授权,擅自利用原告享有权利的作品训练其大模型生成出了实质性相似的图片,且通过销售会员充值及购买增值服务的方式攫取非法利润。因此对原告的合法利益造成严重损害,原告遂向人民法院提起诉讼,诉请法院判令被告立即停止生成侵权奥特曼图片,并将案涉奥特曼物料从其训练数据集中删除;判令被告赔偿原告经济损失及为制止侵权而支出的合理费用 30 万元;由被告承担本案全部诉讼费用。

  本案中,双方的争议焦点为被告提供的人工智能生成内容(AIGC)平台服务,是否侵犯了原告的复制权、改编权和信息网络传播权?如构成侵权,被告应承担何种民事责任?

  法院认为,案涉奥特曼作品享有较高的知名度,在被告无相反证据的情况下,被告存在接触案涉奥特曼作品的可能性。在此前提下,A 网站生成图片部分或完全复制了"奥特曼"这一美术形象的独创性表达,侵犯了原告对案涉奥特曼作品的复制权。且案涉生成图片部分保留了案涉作品的独创性表达并在此基础上形成了新的特征,构成对案涉作品的改编,故认定被告侵犯了原告对案涉奥特曼作品的改编权。同时,法院查明被告并未实际进行模型训练行为,关于原告将案涉奥特曼物料从 AIGC 大模型训练数据集中删除的诉请,法院不予支持。此外,鉴于被告应诉后积极采取技术措施,防范继续生成相关图片并实现了一定的效果,因此法院最终判定被告于本判决发生法律效力之日立即停止侵害原告上海新某某文化发展有限公司案涉奥特曼作品著作权的行为,立即采取相应技术措施,在提供服务过程中防止用户正常使用时,生成侵犯原告上海新某某文化发展有限公司案涉著作权的图片;被告 AI 公司于本判决发生法律效力之日起 10 日内赔偿原告上海新某某文化发展有限公司 10,000 元(含合理开支);驳回原告上海新某某文化发展有限公司的其他诉讼请求。[1]

问题与思考

1. 用户对于输入提示词生成侵权图片的行为是否具有过错,应当承担何种责任?
2. 履行人工智能生成合成内容标识的义务是否可以减免服务提供者的责任?
3. 司法实践中如何兼顾责任承担和数字产业发展的需求?

---

[1] 参见广州互联网法院民事判决书,(2024)粤 0192 民初 113 号。

延伸阅读

1. 胡铭等主编:《数字法学判例百选》,法律出版社 2024 年版。
2. 刘宪权:《ChatGPT 等生成式人工智能的刑事责任问题研究》,载《现代法学》2023 年第 4 期。
3. 马长山:《人工智能的社会风险及其法律规制》,载《法律科学(西北政法大学学报)》2018 年第 6 期。
4. 王利明:《生成式人工智能侵权责任的法律应对》,载《中国应用法学》2023 年第 5 期。
5. 郑志峰:《诊疗人工智能的医疗损害责任》,载《中国法学》2023 年第 1 期。

第二编

数字法律治理理论

第五章　数字社会法律治理概述

> **法律故事**
>
> 　　自2022年无人驾驶出租车"萝卜快跑"在武汉落地以来,其以高效、便捷的特性,为用户提供了全新的出行体验。据报道,至2024年,"萝卜快跑"在武汉投放超过400辆无人驾驶汽车,截至6月中旬,自动驾驶累计出行服务订单突破158万单,累计服务198万余人次。通过高精度地图、定位、感知等核心技术的突破,"萝卜快跑"为公众提供了一种新的出行方式,并在一定程度上缓解了城市交通压力,提高了出行效率,同时也为城市交通管理提供了新的数据支持和决策依据。
>
> 　　另外,无人驾驶出租车的运行也引发了一些争议和挑战。例如,它可能会对传统出租车和网约车司机的生计造成冲击,又如,无人驾驶出租车的安全性、法律责任界定等问题,引发了广泛讨论,在数字社会治理中得到了充分关注。
>
> 　　随着技术的不断进步和完善,无人驾驶出租车有望在未来的出行市场中占据一席之地,为用户带来更加安全、便捷、经济的出行选择。而数字社会的治理将持续密切关注技术升级下的各类挑战,为技术的健康发展保驾护航,推动技术更好地服务于人类。

第一节　数字社会治理的基本逻辑

　　数字社会是一个以信息技术为基础,通过数字化手段实现社会资源的高效配置和利用,促进社会管理和服务创新,提高社会运行效率和质量的社会形态,其正深刻地重构人类社会的结构和运作模式。数字技术的开放性和连通性拓宽了社会连接的边界,打破了物理空间的局限,形成了"双层空间——虚实同构、人机共处—智慧互动、算法主导—数字生态"的时代特征。[1] 网络的普遍接入和深化应用从生产、生活等各方面重塑了社会形态。

数字技术的发展促进了技术创新,新技术、新业态、新模式不断涌现,推动了社会经济的持续发展。依托信息密集型和网络化特征,数字社会催生了以数据为核心的新生产模式。与工业社会以物质资源为基础、强调规模化生产和线性流程不同,数字社会的生产方式因新质生产力的引入而发生革命性变化,它不再仅仅依赖于实体物质资源,而是更加注重知识和信息的创造与应用。这种转变极大地提高了生产效率,减少了人力成本,优化了生产流程。同时,数字社会的强大连接性全面促进了不同社会间、国际上的合作与交流,为构建一个更加公正和可持续的社会提供了新的可能性。

然而,数字技术的快速发展在带来了生产和生活方式革命性变化的同时,传统风险随之加强、新型风险亦随之衍生。探索数字社会的治理逻辑对于确保数字社会的可持续发展和公平性至关重要。

一、数字社会治理的挑战与原则

(一)数字社会的治理挑战

伴随着信息技术的突飞猛进,数字社会正深刻地重塑着社会结构与人类活动。这一进程在带来便捷与高效的同时,不可避免地引发了诸多风险,对治理体系构成严峻的考验。[2]

首先,数字技术本身存在异化风险。[3] 其一,数字社会中人类的主体性受到挑战。个体成为可被计算、预测、控制的客体并被数据化。[4] 同时,人工智能技术的飞速发展催生的超越"人—工具"模式的新型人机交互模式,对人类主体地位形成冲击,数字技术反过来成为支配、控制甚至奴役人的力量。[5] 其二,在社会的数字化转型过程中,以追求效率最大化为目的的工具理性逐渐膨胀,这在以

---

[1] 参见马长山:《智能互联网时代的法律变革》,载《法学研究》2018年第4期。

[2] 参见马长山:《人工智能的社会风险及其法律规制》,载《法律科学(西北政法大学学报)》2022年第6期。

[3] 参见陈仕伟:《数据技术异化的伦理治理》,载《自然辩证法研究》2016年第1期。

[4] See John Cheney-Lippold, *We Are Data: Algorithms and the Making of Our Digital Selves*, New York University Press, 2017, p.141.

[5] 参见陈思:《算法治理:智能社会技术异化的风险及应对》,载《湖北大学学报(哲学社会科学版)》2020年第1期。

数字技术作为决策基础的社会实践中,对道德、伦理、公平、正义等终极关怀问题带来巨大挑战。[1]例如,数字技术放大了社会固有差异,加剧了社会资源分配的不均衡,造成技术优势群体与弱势群体之间的数字鸿沟;[2]同时,技术的发展使财富和权力集中在少数掌握技术优势的"代码精英阶层"中,而另一部分人则陷入边缘化,沦为"无用阶级",[3]甚至成为治理盲区,[4]进而造成了更为广泛而深刻的不平等。

除数字技术的异化现象所引起的价值难题以外,在其治理层面亦存在规制难题和归责难题。就技术规制而言,一方面,技术的高速迭代导致数字技术超越了现有法律和监管框架的覆盖范围,造成规制的滞后和空白;[5]另一方面,技术开发者可能借助专业化的技术知识间接或者直接地影响监管决策,形成"监管俘获"现象。而由于数字技术内在的复杂性与黑箱性,数字决策过程常常难以追溯,一旦造成损害,如何追责以及向谁追责成为难题。以个人信息损害为例,个人信息损害是一种风险损害,因具有无形性、潜伏性、未知性、难以评估等特征而导致受害者难以通过传统侵权法维护合法权益,[6]公民个人权益难以得到有效保护。

因此,在数字技术迅猛发展的时代,社会治理正面临前所未有的挑战和转型。数字化浪潮不仅重塑了社会结构和运行机制,也引发了一系列复杂的治理难题。比如,技术异化所引发的伦理困境日益凸显。数字技术的深度应用在带来便利的同时,也可能导致隐私侵犯、算法歧视和数据垄断等问题,这些都挑战着传统的伦理框架和价值观念。又如,规制滞后与侵权风险的矛盾越发尖锐。法律法规的制定往往难以跟上技术创新的步伐,从而导致监管真空和权利保护不足。数字空间的跨界性、虚拟性和即时性特征,使治理主体、客体和边界都变得模糊不清,传统

---

[1] 参见陈思:《算法治理:智能社会技术异化的风险及应对》,载《湖北大学学报(哲学社会科学版)》2020年第1期。
[2] 参见邱泽奇、张樹沁、刘世定等:《从数字鸿沟到红利差异——互联网资本的视角》,载《中国社会科学》2016年第10期。
[3] 参见李晓辉:《如何面对"无用阶层":人工智能与未来正义》,载《华东政法大学学报》2019年第6期。
[4] 参见陈思:《算法治理:智能社会技术异化的风险及应对》,载《湖北大学学报(哲学社会科学版)》2020年第1期。
[5] 参见马长山:《智能互联网时代的法律变革》,载《法学研究》2018年第4期。
[6] 参见田野:《风险作为损害:大数据时代侵权"损害"概念的革新》,载《政治与法律》2021年第10期。

的治理模式难以有效应对。面对这种复杂而紧迫的局面,构建一个系统、连贯的数字社会治理体系变得尤为关键。这不仅需要在理论层面深入探究数字社会的运行逻辑和治理原则,还需要在实践层面创新治理机制和工具,重新审视"国家—市场—社会"的关系,探索构建数字社会的新型治理范式。

(二)数字社会的治理原则

在数字时代,数字技术作为"行动"系统与环境展开互动,实现对物理、生物世界和人类交往环境的全面互动。伴随着数字化程度的不断提升,以人工智能为代表的技术还将成为新质生产力的发展引擎,为发展新质生产力提供关键驱动力。人类社会也即将实现从数据泛在、算法泛在的时代过渡到"模型泛在"的新时代。在治理与创新双轮驱动的理念之下,以下治理原则将成为数字社会治理框架的底层逻辑和路线指南,指引监管范式的结构化革新。

1. 敏捷治理与韧性治理并重原则

在数字技术步入新的发展范式,迎来重要拐点的发展新时期,可以预见数字社会治理面临的挑战会日益攀升。以生成式人工智能技术为例,其迭代的速率已经远远突破传统科技的演化速率和上限,无论是算力的提升还是新模型新应用的开发,已经以日为单位迭代。生成式人工智能的嵌入性越发明显,开始超越单纯的技术工具角色而产生社会新型基础设施和人工智能产业"底座效应"。与之伴随,人工智能革命背景下风险社会所面临的不确定性和动态性成为常态。因此,"全球人工智能的竞争已经从技术层面扩展到监管层面"[1]。在生成式人工智能领域的治理方面,我国颁布的《生成式人工智能服务管理暂行办法》可谓全球首发,为生成式人工智能的全球治理提供了中国范本,也被认为是通过垂直切口对人工智能监管重点的迅速回应以及践行敏捷治理的尝试[2]。"敏捷治理"是率先在软件工程研发领域提出的概念,其内在逻辑是软件应以敏捷方式尽快发布,同时以用户为中心,通过反馈驱动软件的迭代与优化,这样其效果可以在早期就接受评估从而有助于效果的改进。该理念在世界经济论坛上被提出,而后由公

---

[1] Adam Xu, *U. S. - China Competition in Tech Expands to AI Regulations*, https://www.voanews.com/a/us-china-competition-in-tech-expands-to-ai-regulations/7061219.html, last visited on 20 August 2024.

[2] 参见傅鹏、刘嘉纯、赵卿梦、俞沁、钱学悦:《生成式人工智能运营合规全景问答(一):范围与概览》,载微信公众号"海问律师事务所"2023年4月23日,https://mp.weixin.qq.com/s/AfUFa8vhhEXeDHNz5Ai_Eg。

共管理学者阐发与充实并将其应用到数字社会治理领域。作为一种新的理论构想,敏捷治理原则虽然被我国《新一代人工智能治理原则——发展负责任的人工智能》和《新一代人工智能伦理规范》所吸纳,但其理论内涵还不够充实,且适用条件和实现机制尚未得到充分挖掘。尤其在人工智能发展范式已经步入规模化和工业化生产的时代,如何正确理解敏捷治理原则是非常重要且基础的方法论。

敏捷治理虽强调扭转被动滞后的回应式监管,却不应将其僵化地理解为监管政策或者立法对新兴技术和应用的简单快速回应。在数字技术嵌入式发展的当下,敏捷治理应首先强调承认治理对象的"不确定性",应开发一系列轻量化、灵活性并以反馈为驱动的治理工具以提升风险识别能力,应对数字技术快速发展中监管者和研发者"共同无知"的客观挑战,从而提升监管框架的自适应性。其次,敏捷治理强调治理规则体系的动态性和迭代性。对于数字技术的潜在风险应开展持续的研究和预判,对已建立的治理框架开展及时的评估和验证,以反馈迭代到后续治理框架之中。最后,敏捷治理还应与韧性治理并重推进。韧性治理强调治理框架的适应、恢复和转型能力。数字社会的韧性治理要求监管框架具有"自适应性",正视数字技术带来的风险、冲击和变化,在治理时并不追求绝对的"零风险",而是强调通过精准化的制度设计引导构建处理复杂风险的管理机制,确保新兴科技和应用的风险保持在最低可控水平。韧性治理强调面对技术风险时构建一整套灵活高效的风险处置能力,对"严重且可能发生的"风险场景科学研判,在风险发生后备以科学的应急计划和快速响应机制。与敏捷治理的内在逻辑相一致,韧性治理还强调治理框架的动态更新和持续完善。通过在治理框架中创建反馈循环的信息接口,开发导向型工具评估治理框架与技术发展风险之间的配适程度。只有将敏捷治理与韧性治理深度融合,才可在应对人工智能快速变化、层出不穷的新问题时既避免不适当的超前立法,防范监管不当引发的创新失速风险,又能够增强治理框架的适应性和实效性,形成治理与技术的良性共振。

2. 精准治理原则

数字技术具有催生新技术、新产品、新业态、新模式,实现社会生产力整体跃升的巨大潜力,也是各国科技竞争的焦点和竞相主导的重要领域。当前数字技术竞争已经从技术赛道延伸至制度赛道。有证据表明,不适当的监管不仅可能抑制创新,还可能破坏人工智能创新生态,将中小企业挤出市场竞争。以我国 AIGC 产业格局为例,大模型生态不仅涉及底层的服务支持、算法平台,还关涉一众下游应用企业。目前在基础层,虽然主要以百度、科大讯飞、腾讯、阿里巴巴、华为等头部平台为主力,但也不乏光年之外等别具一格的中小企业"横空出世"。可以说,大模型虽然是头部企业的跃升契机,也同样是中小企业智能化转型和逆风成长的普惠性发展机遇。鉴于此,更应秉持精准治理的原则构建精细化、梯度化的治理框架。

3. 参与式治理原则

如前所述,随着人工智能技术复杂性和绩效性不断提升,数字技术引发的社会风险日益凸显,给技术治理和社会治理带来诸多挑战。为平衡人工智能创新与安全,数字社会治理逐步从单一的以国家为中心、以命令和控制为核心的"硬法"模式转向基于多中心主体参与的,以协同性、动态性、分层性、复合型为特征的新型治理范式。将数字技术的研发者、部署者、用户、公众以及第三方专业机构纳入治理网络中不仅是践行数字社会协同治理的重要方式,还是践行以众包为内核的开放式治理创新的重要路径。以生成式人工智能为例,当数字社会逐步进行"模型泛在"转向时,生成式人工智能随之逐渐成为数字社会的新型基底,相较其他数字技术,由于其具有高度交叉复合性和技术快速迭代性,基于下列三个原因,其治理挑战更大,复杂度更高,更应探索包含公众、企业和第三方专业机构的参与式治理。

首先,生成式人工智能的产业生态不同于传统人工智能"作坊式生产"的传统架构。大模型的基础设施和底座效应打破了人工智能1.0时代研发、部署、运营主体清晰界分的格局。生成式人工智能的产业链上存在开发者、部署者、专业用户、个体用户、接受者以及第三方服务提供商等多个主体。从这一视角来看,数字内容生产者和提供者已经突破了知识和技术的壁垒,拥有资金、技术、数据优势的平台企业已不再是唯一的服务提供者。

其次,自下而上、用户驱动的治理以用户同模型的交互体验为基础,能够实时、动态、持续地反映真实环境中的应用风险。用户驱动的人工智能治理更能帮助监管者和设计者在日常、真实的交互中发现利益攸关影响节点,更能捕捉技术精英因专业知识结构同质化而产生的审计盲区,从而发挥"参与式治理"的制度优势。基于此,可以看到无论是ChatGPT,还是文心一言和星火大模型,均就内容生成为用户设置了便捷的反馈入口,希冀借助用户的反馈更好地对模型迭代和优化。

最后,传统科层制的监管架构具有自下而上的传导式治理特征,可能存在反应速率不足、应对风险措施僵化等问题,将不可避免地需要社会专业组织构成多中心协作网络,群策群力地应对生成式人工智能技术带来的风险。相较于个人用户,专业组织能够克服个人因时间精力和知识不足而导致的追责弱势地位。其不仅可以提供独立的技术评估、审查和监督,还可推动建立评估方法、制定行业准则,并提供专业的咨询和建议,以推动生成式人工智能的可持续发展和社会责任。尤其当新兴技术和应用出现时,专业组织能够在硬性监管介入之前充当风险纾解和缓冲的有效地带。对于人工智能治理具有不言而喻的重要作用。也正是基于参与式治理在生成式人工智能治理中的重要作用,最大限度地发挥参与式治理的潜力和优势已经成为治理共识。例如,美国白宫总统科技顾问委员会近期成立了生成式人工智能工作组,其成立后的首要举措便是邀请公众就生成式人工智能监管的五大核心议题提交意见,最大化地汲取各方观点,以参与式治理路径推动生成式人工智能监管框架的形成。面对生成式人工智能,多中心、多主体的参与治理模式可以增加透明度、减少潜在偏见和不公,并为生成式人工智能的进一步发展提供良好的治理生态。

4. 包容审慎治理原则

包容审慎治理是我国面对新业态、新模式的监管原则,目前已初步形成了包括政策、立法、清单在内的治理体系。2020年1月1日起施行的《优化营商环境条例》第55条中规定,"政府及其有关部门应当按照鼓励创新的原则,对新技术、新产业、新业态、新模式等实行包容审慎监管"。2021年3月,十三届全国人大四次会议表决通过《"十四五"规划和2035年远景目标纲要》,提出要推进监管能力现代化,"对新产业新业态实施包容审慎监管"。在具体操作层面则延伸出不予处罚清单、减轻处罚清单、从轻处罚清单、不予行政强制清单等"四张清单"执行细则。[1]

数字社会依托于信息技术的发展,推动社会资源的高效配置和利用,而新业态和新模式正是在数字社会背景下,通过数字化转型和创新驱动形成的新的经济形态和商业实践。基于此,包容审慎的治理模式也应成为数字社会治理的基本原则。

包容审慎监管旨在追求效率与安全的动态平衡。[2] 所谓包容监管,是指鼓励创新的监管,对发展中出现的问题加以纠正;所谓审慎监管,是指划出安全底

---

[1] 参见谢红星:《"包容审慎"的营商法治逻辑:法理、体系与个案》,载《治理研究》2023年第5期。
[2] 参见刘权:《数字经济视域下包容审慎监管的法治逻辑》,载《法学研究》2022年第4期。

线,进行公平公正的监管。[1] 在执法强度上,多使用警告、约谈等强制色彩更弱的执法手段,强调市场主体的责任豁免;在执法时机上,多设置"包容期"、"过渡期"或谓"观察期"的期限来推迟监管介入的时间,通过试验观察或规制交流等方式汲取市场信息,[2] 为后续的执法干涉与规制议程逐步积累信息资源;在执法模式上,呈现高度情境化、便宜主义色彩,要求对于同一业态的不同发展阶段和不同业态的不同发展模式进行差别对待。[3]

包容审慎尽管贯穿数字社会治理始终,以"试验性规制逻辑"[4] 灵活应对不确定性、贯彻新发展理念的时代要求,有利于最大限度地激发市场活力和社会创造力,充分发挥市场的自我调节能力,推动有效市场和有为政府更好结合。[5]

二、数字社会治理的特点

（一）以技术为治理基础

数字社会的治理呈现明显的以技术为治理基础的特点。数字技术与社会结构、经济模式和个人生活深度融合,正在成为推动社会发展和决策的核心力量。

技术的治理基础性表现为技术是治理对象、技术是治理工具、技术赋权多主体参与治理三方面内涵。其一,技术本身成为治理的对象。社会治理需要关注和应对技术发展带来的各种问题和挑战。例如,随着人工智能、大数据、物联网等技术的发展,数据隐私保护、网络安全、算法透明度等问题日益凸显,成为社会治理的重要议题。其二,技术作为治理工具。数字技术被广泛应用于社会治理的各个方面,赋能政府治理,提高治理效率,优化治理效果。例如,通过数字化的公共服务平台,政府能够提供更加便捷、高效的服务;通过智能监控系统,能够实现对城市环境、交通状况的实时监控和管理;通过大数据分析,能够对公共安全、公共卫生等问题进行预测和预警。[6] 其三,技术赋权多主体参与治理。数字技术赋予民众在公共议题上拥有选择、制作和传播信息的能力,赋予社会组织资源整合的

---

[1] 参见《李克强:以包容审慎的原则对待新业态、新模式》,载新华网,http://www.xinhuanet.com/politics/2019lh/2019-03/15/c_1210083405.htm。
[2] See Julia Black, *Regulatory Conversations*, 29 Journal of Law and Society 163(2022).
[3] 参见卢超:《包容审慎监管的行政法理与中国实践》,载《中外法学》2024年第1期。
[4] 卢超:《包容审慎监管的行政法理与中国实践》,载《中外法学》2024年第1期。
[5] 参见刘权:《数字经济视域下包容审慎监管的法治逻辑》,载《法学研究》2022年第4期。
[6] 参见刘淑春:《数字政府战略意蕴、技术构架与路径设计——基于浙江改革的实践与探索》,载《中国行政管理》2018年第9期。

能力,驱动政府、社会协同治理,形成个人、组织与政府三者协作共治的社会治理新局面。[1] 数字社会的治理需要把握技术这一关键基础,将治理建立在对技术的深刻理解和有效应用之上。

(二)以共享与控制的权义平衡为治理难点

数字社会的治理结构天然地带有共享与控制的双重属性。就技术权力视角而言,互联网自诞生之初即具有开放性,正如互联网先驱佩里·巴洛在《网络空间独立宣言》所主张的,网络空间具有中立性,应进行信息自由分享。这种开放性与数据的非排他性和无限复制性紧密相关。数据具有结合增益性,其价值在于复制和分享,通过自由结合进一步释放创造力,这与传统私法中基于资源稀缺性的权利化分配模式形成鲜明对比。[2] 换言之,数字社会从经济、技术等多方面内生地鼓励信息自由共享。但数字社会依赖数据而生,数据在数字经济迅猛发展的背景下,俨然成为新型生产要素。企业对数据的利用需求不断增加,其控制和利用成为经济提质增效的重要推动力。[3] 2020年3月30日中共中央、国务院发布的《关于构建更加完善的要素市场化配置体制机制的意见》提出,要加快培育数据要素市场,研究根据数据性质完善产权性质,提升社会数据资源价值。这意味着,"控制"介入了数据的"共享",如何平衡控制与共享以实现数据价值的最大化将成为社会治理的艰难考验。从社会治理的角度来看,共享与控制的平衡反映了权力结构的变迁。正如卡斯特所言,网络社会中的权力主要表现为网权、网内权、网络化权力及网络创制权。[4] 在这种背景下,数据控制权成为新的权力源泉。因此,数字社会治理需要建立多元参与的协商机制,以防止数据权力的过度集中。

与权力相对,就权利视角而言,数字社会开拓了新的权利空间,人们的言论自由、财产、民主参与等权利在网络空间和数字服务中获得巨大拓展和提升,但隐私、人格、平等、劳动等方面的权利却相应地受到了某种程度的限缩。[5] 这意味

---

[1] 参见孟天广:《政府数字化转型的要素、机制与路径——兼论"技术赋能"与"技术赋权"的双向驱动》,载《治理研究》2021年第1期。

[2] 参见梅夏英:《数据持有在法律上意味着什么?——一个基于信息流动元规则的分析》,载《比较法研究》2023年第6期。

[3] 参见张新宝:《论作为新型财产权的数据财产权》,载《中国社会科学》2023年第4期。

[4] See Manuel Castells, *A Network Theory of Power*, 5 International Journal of Communication 773 (2011).

[5] 参见马长山:《数字社会的治理逻辑及其法治化展开》,载《法律科学(西北政法大学学报)》2020年第5期。

着,在数字时代,自由与权利的界定相较传统时期已经发生了显著转变。尽管互联网的运作主要受自由市场和私有化原则的主导,但其技术底层逻辑仍然是由共享协议所驱动。[1] 这种价值变革所引起的私有权利与共享逻辑之间的平衡考量,亦将成为数字社会治理的重难点。

(三)以信任重构为核心任务

在数字社会治理中,信任体系的构建是其核心治理任务。世界经济论坛将数字信任定义为"个人对数字技术和服务的期望,以及提供这些技术和服务的组织,将保护所有利益相关者的利益维护社会期望和价值观"[2]。实践中,公众对于技术的信任度正在下降。爱德曼公关公司2024年度《全球信任度调查报告》显示,多数受访者认为技术和社会发展得过于迅猛,且54%的受访者认为技术并未被很好地规制,69%的受访者认为社会治理存在亟待解决的问题。[3] 公众对于技术的不信任可见一斑。

技术不信任可能源于技术本身和技术的利用方式两个方面。一方面,技术本身的不透明性和联结性是造成公众不信任的重要原因。就技术本身而言,其"黑箱"特性使公众难以理解其决策过程,从而产生恐惧和不信任。黑箱之外,数字技术可以高效解析现实世界和数字世界的个体,将个体的过去、现在和未来建立联结,其对个体评价在结果上呈现"标签化效应"[4],这种技术联结性或将导致治理失控,进而打击用户对技术的信任。[5] 另一方面,用户对平台和政府等主体利用个人数据的不信任,也是数字社会治理中需要重点关注的问题。在数字时代,个人数据成为一种重要的资源,但用户对数据的控制权和收益权却往往受到限制。[6] 具言之,生产数据的主体无法拥有也无力处理数据,这些数据经过重新

---

[1] 参见马长山:《数字社会的治理逻辑及其法治化展开》,载《法律科学(西北政法大学学报)》2020年第5期。

[2] See World Economic Forum, *Measuring Digital Trust: Supporting Decision-Making for Trustworthy Technology White Paper*, October 2023.

[3] See Edelman, *Trust Barometer Global Report*, https://www.edelman.com/trust/2024/trust-barometer, last visited on 20 August 2024.

[4] 郑智航:《人工智能算法的伦理危机与法律规制》,载《法律科学(西北政法大学学报)》2021年第1期。

[5] 参见张欣:《从算法危机到算法信任:算法治理的多元方案和本土化路径》,载《华东政法大学学报》2019年第6期。

[6] 参见胡凌:《超越代码:从赛博空间到物理世界的控制/生产机制》,载《华东政法大学学报》2018年第1期。

整理计算再利用,为科技企业等利用者带来广泛收益,而数据生产者却不得不承担个人隐私遭受侵害的风险。[1]

为构建技术信任,一方面,要提升技术本身的可靠性、稳定性;另一方面,则需要通过法律、行业规范、技术伦理等制度创建可信的治理环境,增加公众对算法技术的掌控感和影响力。[2] 这是实现数字社会治理信任重构目标的重要手段。技术正当程序理论和主观程序正义理论为此提供了理论支持。技术正当程序理论关注新兴技术的客观规制,提倡程序公开性、程序中立性和程序参与性的提升,从而保障个体在数字技术运用中的权益。而主观程序正义理论则关注个体的主观感受,主张数字技术的运用应提供主观公平性,增强个体的程序公平感。[3] 数字社会的治理将围绕重建技术信任进行,通过构建主客观正当程序,创新治理工具,增强社会对技术的信任。

三、数字社会治理逻辑框架

事实上,数字社会的治理不外乎有效地约束新技术并调整新技术所关涉的社会关系,以实现公平和秩序等法价值。基于此,数字社会的治理一方面要从技术本体的角度出发,将新技术本身作为治理对象,将法律嵌入技术的全生命周期;另一方面则要从关系的角度出发,从微观个体行为和宏观组织业态两个层面分析新兴技术所带来的变革和影响,并对其进行综合治理。[4] 基于此,可以从技术、行为、组织三个关键元素出发,从底层技术、中层行为、上层组织三个层面构建多维度、多层次的立体化治理体系,[5]有效地应对数字社会带来的挑战,发挥数字技术的创新驱动作用,平衡个体行为的自由与责任,引导组织业态的健康发展。

(一)技术层

随着技术成为数字经济发展的核心动力,人类社会正步入一个由数字技术定义的世界。数字技术不仅辅助人类决策,甚至在诸如自动定价、自动驾驶、智能医

---

[1] 参见王天夫:《数字时代的社会变迁与社会研究》,载《中国社会科学》2021年第12期。
[2] 参见张欣:《从算法危机到算法信任:算法治理的多元方案和本土化路径》,载《华东政法大学学报》2019年第6期。
[3] 参见罗英:《数字技术风险程序规制的法理重述》,载《法学评论》2022年第5期。
[4] 参见袁康:《可信算法的法律规制》,载《东方法学》2021年第3期。
[5] 参见鲍静、贾开:《数字治理体系和治理能力现代化研究:原则、框架与要素》,载《政治学研究》2019年第3期。

疗等领域代替人类行使重大决策权。[1] 然而,技术异化风险始终牵绊着以算法为基础的数字技术的发展。[2] 基于此,在数字社会治理的范式中,技术参与决策的过程已不再被视为中立。这一认知转变要求治理框架必须直接触及技术本身,挑战了长期以来广为接受的技术中立性假设。技术中立性概念的瓦解可从功能、责任和价值三个维度进行剖析,每个维度都揭示了技术与社会之间复杂而深刻的互动关系。

首先,功能中立性的幻象。功能中立的观点认为,技术在执行其功能时遵循固有的机制和原理,不偏不倚。然而,这种假设忽视了技术应用的社会语境。实际上,技术的实现和效果深受社会环境、使用者意图和可触达用户群的影响。例如,人工智能算法在不同社会群体中的表现差异就凸显了所谓的功能中立实际上是一种理想化的简化。其次,责任中立性的局限。责任中立性主张技术的使用者和实施者在非主观故意的情况下,不应对技术造成的负面后果负责。这一观点在法律实践中体现为"避风港原则"等制度设计。然而,这种观点低估了技术的社会效果与其功能之间的内在联系。随着技术复杂性的增加,其潜在影响的范围和深度也在扩大,这意味着技术的设计者、部署者和使用者需要在更大程度上为技术的社会后果承担责任。最后,价值中立性的崩塌。功能中立和责任中立的假设共同构筑了价值中立的幻象,即技术本身不含价值倾向,可以用于任何目的。然而,这种观点忽视了技术的内在价值负载性。技术的选择、设计和使用方式无不体现了特定的价值观和伦理考量。例如,隐私增强技术的发展就明确反映了对个人隐私的重视,而开源软件运动则体现了对知识共享和技术民主化的追求。[3]

面对这一现实,数字社会的治理策略不能仅仅停留在技术应用的表层,而应触及技术本身。这种对技术中立性的多维度批判为数字社会治理提供了新的视角。其中,构建动态调适的法律框架,提升制度的灵活性以应对技术的快速演进及其社会影响的动态变化,成为当务之急。在这一背景下,模块化治理(Modular Governance)范式应运而生,为复杂技术系统的精细化治理提供了一种具有高度可操作性的方法论。模块化治理的核心在于对复杂系统进行模块化解构,形成可

---

[1] 参见马长山:《人工智能的社会风险及其法律规制》,载《法律科学(西北政法大学学报)》2018年第6期。

[2] 参见陈思:《算法治理:智能社会技术异化的风险及应对》,载《湖北大学学报(哲学社会科学版)》2020年第1期。

[3] 参见郑玉双:《破解技术中立难题——法律与科技之关系的法理学再思》,载《华东政法大学学报》2018年第1期。

独立管理但又相互耦合的单元,以逐步分析达到精细化治理的目标。[1] 以人工智能为例,人工智能产业链在数字社会中内涵最为丰富,工信部等四部门联合印发的《国家人工智能产业综合标准化体系建设指南(2024版)》将人工智能产业链分为基础层、框架层、模型层、应用层四个部分。其一,基础层是构建人工智能系统的基石,包括算力、算法和数据等基础部分。治理工作首先需要确保数据的合法采集和处理,遵循数据保护法规,防止数据滥用和泄露;[2]算法的设计和应用应遵循透明性和公平性原则,避免算法偏见和歧视问题;[3]算力资源的分配和管理也应受到监管,以确保资源的合理利用和公平竞争。其二,框架层涉及模型开发的深度学习框架和工具。治理策略应着重于确保这些工具的安全性和稳定性,防止潜在的安全漏洞和攻击。同时,需要推动框架的标准化和互操作性,促进技术创新和行业协作。其三,模型层包含大模型等技术和产品。治理应关注模型的性能、可靠性和伦理影响,减少模型的输出结果幻觉和错误,使之符合社会伦理标准。[4] 此外,模型的可解释性和可审计性也是治理的关键,以便于监管机构和公众理解模型的决策过程。[5] 其四,应用层是人工智能技术与行业结合的实践领域。治理策略需要根据具体行业的特点和需求,制定相应的应用规范和标准。例如,医疗领域的人工智能应用更需要遵循医疗伦理和患者保护原则;而在金融领域,则更需要关注风险管理和合规性问题。

(二)行为层

技术革新作为社会变迁的核心驱动力,正在深刻重塑个体的行为模式和活动空间。数字技术的迅猛发展不仅拓展了个体的行为边界,更催生了全新的社会互动范式。在此背景下,如何构建与之相适应的治理规则体系,以引导和规范数字时代的个体行为,已然成为行为层面数字治理体系建设的核心命题。

数字社会的兴起呈现一种二元交织的复杂图景:一方面,传统物理社会中业

---

[1] See Srivardhini K. Jha et al. , *Modular Interorganizational Network Governance: A Conceptual Framework for Addressing Complex Social Problems*, 13 Sustainability 1 (2021).

[2] 参见毕文轩:《生成式人工智能的风险规制困境及其化解:以ChatGPT的规制为视角》,载《比较法研究》2023年第3期。

[3] 参见李成:《人工智能歧视的法律治理》,载《中国法学》2021年第2期。

[4] 参见舒洪水、彭鹏:《ChatGPT场景下虚假信息的法律风险与对策》,载《新疆师范大学学报(哲学社会科学版)》2023年第5期。

[5] 参见周翔:《算法可解释性:一个技术概念的规范研究价值》,载《比较法研究》2023年第3期。

已确立的行为模式和规范体系正在向网络空间延伸,试图在虚拟世界中重建秩序;另一方面,网络空间固有的去中心化、匿名性和跨界性等特质又催生了一系列前所未有的行为模式,这些新兴行为范式往往超越了既有规则的管辖范畴。因此,数字治理面临的挑战不仅在于如何将现实世界的规范移植到网络空间,更在于如何针对数字环境的特殊性创制新的行为规则。

具体而言,数字技术拓展社会连接的边界、促进社会连接的信息共享,在一定程度上,数字网络将个人纳入其中并使之成为数字网络的基本节点。用户依据"碎片化"的场景而具有多重群体身份,呈现"网络化的个人主义"群体特征。这种数字化的社会连接模式也带来了新的社会风险。尽管用户群体内部个体之间相互连接,但这种连接往往是浅层的,缺乏深度理解。这种情况容易导致"回音室效应",即个体倾向于接触和强化自己已有的观点,而忽视或排斥不同的声音。这种效应可能进一步加剧群体极化,即群体讨论后的观点比讨论前更加极端。更值得警惕的是,数字空间中还出现了"沉默螺旋"现象。研究表明,在网络表达中,持温和立场的多数人往往选择保持沉默,而观点极端的少数人则更倾向于积极表达。这种不平衡的表达模式可能导致网络冲突的加剧,甚至演变为网络暴力。这一现象为数字时代的公共领域建构与治理提出了新的难题。[1]

因此,将网络行为纳入治理范畴,构建数字世界的行为规则,进而引导、规范个体行为,成为数字治理体系现代化建设的又一核心组成部分。劳伦斯·莱斯格曾提出架构理论,主张人的行为受到法律、市场、社会规范和架构四方面因素的影响。在数字社会,架构理论的内涵与外延不断丰富与发展,从1.0时代的技术规则约束,到2.0时代的社会生产机制重构,进而演化到3.0时代,即强调通过账号进行准入管理、通过数据进行用户喜好追踪、通过评分机制规训用户行为等软性因素在网络行为治理中发挥作用。[2]

与此同时,这些管理机制的控制权博弈、监管协同问题成为行为治理的又一关键所在。在监管过程中,政府、企业、用户等多主体参与治理,围绕账户控制权、数据管理权和评分标准制定权展开竞争,这不仅是对现有权力结构的挑战,也是

---

[1] 参见王天夫:《数字时代的社会变迁与社会研究》,载《中国社会科学》2021年第12期。
[2] 参见胡凌:《超越代码:从赛博空间到物理世界的控制/生产机制》,载《华东政法大学学报》2018年第1期。

对网络规则制定权的争夺。[1]这一过程凸显了网络治理的核心问题：如何在不同利益主体间实现权利和义务的平衡，确保治理体系的公正性、透明性和有效性。政府作为公共利益的代表，承担着制定网络空间法律法规、保护公民隐私权益、监管数据安全和推动公平竞争的责任。企业，尤其是掌握大量用户数据的互联网企业，必须在追求商业利益的同时，承担起保护用户隐私、维护数据安全和推动平台公平的社会责任，在技术创新和伦理规范之间找到平衡点，通过建立开放透明的数据使用政策和评分机制，赢得用户和社会的信任。用户作为网络空间的活跃参与者，其自我管理能力的提高对于网络治理同样至关重要，积极参与到网络社区的建设中，通过社会化参与促进网络环境的健康发展。此外，非政府组织、学术机构、技术社群等其他社会力量通过独立研究、公众教育和技术援助等方式，提升网络治理的透明度和包容性，促进不同利益主体间的对话与合作。总之，数字社会治理是一个多方参与、共同协作的过程。通过政府的法律监管、企业的社会责任实践、用户的自我管理和社会各界的积极参与，构建一个更加公正、透明和有效的网络治理体系。

(三) 组织层

数字技术的迅猛发展不仅改变了技术在治理层面的定位，更引发了一场深刻的社会—技术范式转移。这种转变不仅丰富了个体行为的模式，推动了治理机制的多元化演进，而且在宏观层面上呈现一种复杂的辩证关系——"去中心化"与再中心化的"同频共振"。[2]这一现象反映了数字时代治理体系的结构性变革，其深层影响主要体现在经济形态和政府治理两个关键维度。

从经济形态来看，平台经济的崛起是其组织形态变革的典型体现之一。在数字时代，数据和架构作为生产要素，直接嵌入生产过程中，[3]依托于信息的高速传递性，市场催生出平台经济这一内嵌"去中心化"特征的经济模式。在网络效应的催化下，数字平台迅速完成了市场规模的扩大，并促进了数据的集中，在提升生产效率的同时，塑造了新型平台内生态结构，挑战了传统公权力与私权利的二

---

[1] 参见胡凌：《超越代码：从赛博空间到物理世界的控制/生产机制》，载《华东政法大学学报》2018年第1期。

[2] 参见马长山：《数字社会的治理逻辑及其法治化展开》，载《法律科学（西北政法大学学报）》2020年第5期。

[3] 参见胡凌：《超越代码：从赛博空间到物理世界的控制/生产机制》，载《华东政法大学学报》2018年第1期。

元治理结构。[1] 此外,在市场竞争方面,平台竞争是基于用户、注意力、数据、算法等因素的"赢家通吃式"动态竞争,极易形成动态垄断局面;[2] 而在劳动力市场方面,在数字福特主义的影响下,数字平台可以通过工作参数和规则的设计,困住诸如外卖骑手等极度依赖应用程序的零工经济从业者,以致劳动者权益难以得到保障。[3] 在制度上对平台施加治理责任并将其置于社会规制的框架之下,则成为平衡平台力量与公共利益的关键举措。

在政府治理层面,数字技术同样引发了去中心化和再中心化的双重效应。一方面,电子政务和开放数据倡议促进了政府决策的透明度和公民参与度,体现了治理的去中心化趋势。另一方面,大数据和人工智能技术的应用又增强了政府的预测和控制能力,形成了一种新型的"算法治理"模式。由此可见,数字技术既是一种新的权力技术,也重塑了权力的运作逻辑。自2015年提出"数字中国"战略以来,国家层面为加快数字政府建设不断优化顶层设计,强化统筹规划。通过数字技术赋能政府治理体系和治理模式现代化,通过大数据、人工智能、区块链等技术开拓性建成全国一体化政务服务平台,优化行政服务、提高行政效能。[4] 同时,通过科技赋权群众、社会组织参与社会治理,打造多主体协同治理的新局面。[5] 然而,技术在提供便捷的同时,也提高了政府监管能力和决策的集中度。例如,自动化决策的不透明性以及数字鸿沟的存在,一方面导致技术因内嵌设计者的价值取向而实现规制逃逸;另一方面则可能导致民众难以对技术的设计和应用实现有效参与和监督,公共参与的实际效果受限。[6] 立足数字社会规律和国家发展大局,采取系统化、机制化、战略性的方案策略以强化数字法治政府的制度保证变得非常迫切。

通过上述论述可见,去中心化与再中心化的"同频共振"并非简单的此消彼长关系,而是呈现一种复杂的共生态势。数字社会作为一个复杂系统,通过自组织和涌现过程,在微观的去中心化和宏观的再中心化之间寻求动态平衡。这种动

---

[1] 参见程雪军、侯姝琦:《互联网平台数据垄断的规制困境与治理机制》,载《电子政务》2023年第3期。
[2] 参见谢富胜、吴越:《平台竞争、三重垄断与金融融合》,载《经济学动态》2021年第10期。
[3] 参见胡凌:《合作的互联网》,商务印书馆2024年版,第142页。
[4] 参见国发〔2022〕14号、国发〔2024〕3号。
[5] 参见孟天广:《政府数字化转型的要素、机制与路径——兼论"技术赋能"与"技术赋权"的双向驱动》,载《治理研究》2021年第1期。
[6] 参见马长山:《数智治理的法治悖论》,载《东方法学》2022年第4期。

态平衡的形成过程,实际上反映了技术与制度之间的协同演化。在数字社会中,新技术和个体行为、组织业态之间密切联系,相互影响。数字技术的创新丰富了个体行为和组织业态,个体行为的自由化和多样化又推动了数字技术的应用和发展,组织业态的变革和创新则为数字技术的进一步应用提供了实践场景和需求动力。基于此,数字社会的治理也需要关注技术和社会关系维度,从技术层、行为层、组织层综合考量,从而设计合理的治理架构。

第二节 数字法律治理的基本架构

一、治理理念

(一)基于风险社会的治理理念

数字社会的风险多样性、影响深刻性远超人们预期,风险的"不可计算性"以及"非个人所能应对性"等特征愈加凸显,加速推动社会转入充斥各种不确定风险的"风险社会"。[1] 当风险无法规避时,确定风险容忍度是社会治理的首要前提。风险的容忍度是指人们在享受技术进步带来的益处时,愿意接受的合理代价,这是衡量安全性和技术接受度的关键指标。从一个较低的标准来看,如果某项事物的风险是可接受的,那么它就会被认为是安全的;而从一个较高的标准来看,只要风险有进一步降低的可能,该风险就应被视为不可接受。[2] 这些标准的判定和评估,应综合背景分析、公平性考量、公众偏好调查三个方面,[3] 进而确定公众对人工智能可能带来的不利事件的容忍阈值,并据此界定治理介入的广度与深度。

对于不可接受的风险,应以预防原则作为风险控制的原则。科技风险的控制原则通常有预防和成本效益分析两种观点,尽管后者能够有效节约行政成本、提高行政效率,但其面对科技风险时可能存在反事实论证和价值通约问题等理论缺

---

[1] 参见孟现玉:《风险社会理论下人工智能时代的失业风险与法律治理》,载《郑州大学学报(哲学社会科学版)》2024 年第 4 期。
[2] 参见马长山:《人工智能的社会风险及其法律规制》,载《法律科学(西北政法大学学报)》2018 年第 6 期。
[3] 参见郑玉双:《破解技术中立难题——法律与科技之关系的法理学再思》,载《华东政法大学学报》2018 年第 1 期。

陷。不可接受的风险因其高度的公共危害性需要更为谨慎和积极的预防措施。[1] 然而,预防原则的应用不应是盲目的,而应保持适度克制,将应用合理限制于不可接受的风险,避免对所有风险的无差别排斥,在确保公共安全与促进科技进步之间找到平衡点。

(二)场景化的治理理念

数字法律治理应当建立在场景化思维的基础上。数字技术并非标准化的物或权利,不具有稳定的法律属性,不能适用统一的物权、合同或侵权法框架,[2] 而应锚定其场景化应用进行精准治理。2020 年,欧盟《人工智能白皮书》提出应当在应用场景、部署目的、安全保护、消费者利益和基本权利五个维度对人工智能实施差异化监管。[3]

场景化治理的现实依据是技术在不同场景中呈现的不同性质。[4] 具言之,不同的技术应用场景在用户画像、技术的风险、所需的技术基础设施等各个方面存在显著差异。因此,治理策略应当从一般性的规则制定转变为针对各个具体应用场景特征的细致分析和治理。[5] 场景化治理是将技术应用场景中的各方利益和社会影响不断加以明晰的过程,是事实与规范的精准细化和科学组合。[6] 以算法为例,算法本质上是人机交互的决策,其法律属性会因为具体应用场景的不同而有所不同。[7]例如,个性化推荐算法的规制在新闻推荐中侧重于言论自由和信息真实性保障,避免传播虚假信息或误导性内容;而在商品推荐中则倾向于消费者权益保护,防止价格欺诈和不公平交易。所以,对算法的规制应依场景而异。

场景化治理的落地依赖于对不同场景下技术应用风险分类分级的考量。学者曾提出风险量化的定义,即从场景识别、发生概率、后果评估三维度量化风险,

---

[1] 参见陈景辉:《捍卫预防原则:科技风险的法律姿态》,载《华东政法大学学报》2018 年第 1 期。
[2] 参见丁晓东:《论算法的法律规制》,载《中国社会科学》2020 年第 12 期。
[3] See White Paper: Artificial Intelligence European Approach Excellence and Trust, European Union(19 February 2020), https://commission.europa.eu/publications/white-paper-artificial-intelligence-european-approach-excellence-and-trust_en.
[4] 参见丁晓东:《论算法的法律规制》,载《中国社会科学》2020 年第 12 期。
[5] 参见周翔:《算法规制如何场景化》,载《东方法学》2024 年第 2 期。
[6] 参见吕德文:《治理技术如何适配国家机器——技术治理的运用场景及其限度》,载《探索与争鸣》2019 年第 6 期。
[7] 参见丁晓东:《论算法的法律规制》,载《中国社会科学》2020 年第 12 期。

并引入不确定性因素,以应对诸如数据的缺乏、模型的不完善、专家意见的分歧或未来事件的本质上的不可预测性等因素导致的风险缝隙。[1] 实践中,各国或地区立法从不同维度体现出风险分级治理的场景化治理理念。例如,美国《算法问责法案》、德国数据伦理五级风险评级制度等。[2] 欧盟更是以风险为抓手,通过《通用数据保护条例》(GDPR)、《数字服务法》(Digital Service Law)、《人工智能法案》等制度设计分类分级的治理框架。[3]

(三)敏捷治理理念

数字社会形态下治理环境的不确定性、风险认识的客观有限性从根本上决定了以"规定性、确定性、稳定性"为特征的硬法治理体系并不能完全满足治理需求,敏捷治理理念应运而生。敏捷治理概念在2018年世界经济论坛中首次提出,后被国家新一代人工智能治理专业委员会发布的《新一代人工智能伦理规范》所吸收,敏捷治理通常强调治理节奏上的快速回应和尽早介入,治理规则上推进弹性原则与具体类型化规则有效结合,治理关系上的互动合作以及治理方式上的过程快、力度轻的引导性治理。[4]

然而,正如本章前述,敏捷治理并不意味着朝令夕改,其内涵韧性治理之意,要求监管框架具有"自适应性",正视人工智能技术带来的风险、冲击和变化,强调通过精准化的制度设计打造处理复杂风险的管理机制,构建一整套具备灵活高效的风险处置能力的治理体系。[5]

(四)多元互动的治理理念

面对难以全面预测的社会风险类型,为实现安全与发展协同并举,有学者提

---

[1] See Kaplan, Stanley & B. John Garrick, *On the Quantitative Definition of Risk*, 1 Risk Analysis 11 (1981).
[2] See Schuett & Jonas, *Defining the Scope of AI Regulations*, 15 Law, Innovation and Technology 60 (2023).
[3] See De Gregorio, Giovanni & Pietro Dunn, *The European Risk-Based Approaches: Connecting Constitutional Dots in the Digital Age*, 59 Common Market Law Review 473 (2022).
[4] 参见张吉豫:《构建多元共治的算法治理体系》,载《法律科学(西北政法大学学报)》2022年第1期。
[5] 参见张欣:《面向产业链的治理:人工智能生成内容的技术机理与治理逻辑》,载《行政法学研究》2023年第6期。

出"分布参与的治理机制"[1]"参与式治理"[2]"多元共治的治理体系"[3]等治理理念。综合而言,多元互动的治理聚焦于治理规则和治理主体两个方面的多元协同性。

就治理规则而言,除了传统的法律法规外,数字社会的治理应纳入技术标准、行业规范、道德要求等软法元素,以更快速地适应科技发展的需要,为治理提供更为细致的、更具弹性的规则体系。例如,全国信安标委发布了推荐性国家标准《数据安全技术 数字水印技术实现指南(征求意见稿)》,在增强公众对技术的理解和信任的同时,也为企业提供切实可操作的指南,降低企业合规成本。

就治理主体而言,该治理理念打破了政府单一主体的局限,将监管权向公众、企业、非政府组织和其他第三方专业机构等开放。这种开放性不仅能够集合更多的智慧和资源,还能够从不同角度审视和应对问题,提高治理的全面性和深入性。例如,科技企业可以通过建立行业联盟,共同制定和遵守行业最佳实践,以自我监管的方式提升整个行业的治理水平,同时,积极参与政府治理,提供专业意见。

目前,多主体、多中心的治理已经成为国际实践中的主流共识,例如联合国设立人工智能高级别咨询委员会,会聚39位来自世界各地的科技行业领袖、政府代表和学者,以及知名科技企业的高管等,为全球人工智能治理提出建议。[4]

多元互动的治理理念还在基层治理实践中体现为基层网格化治理。基层网格化治理强调通过网格化管理平台,实现对基层社会问题的全面感知和快速响应。通过技术的自我赋权和制度的主动赋权,个体民众和社会组织能够成为治理的合作者,以志愿者、社区、社会组织以及私营部门等形式参与治理,在国家与社会间以及国家、社会内部建立"治理主体多元化、公共权力分散化、运行机制合作化、合作地位平等化、权责界限明晰化、治理方式多样化"的良性合作机制。[5]

二、治理结构与机制设计

数字法律治理作为一种新兴的治理范式,体现了从抽象治理理念到具体制度

---

[1] 马长山:《数字社会的治理逻辑及其法治化展开》,载《法律科学(西北政法大学学报)》2020年第5期。

[2] 张欣:《面向产业链的治理:人工智能生成内容的技术机理与治理逻辑》,载《行政法学研究》2023年第6期。

[3] 张吉豫:《构建多元共治的算法治理体系》,载《法律科学(西北政法大学学报)》2022年第1期。

[4] 参见联合国:《高级别人工智能咨询机构》,载https://www.un.org/zh/ai-advisory-body,2024年8月20日访问。

[5] 参见马长山:《智慧社会的基层网格治理法治化》,载《清华法学》2019年第3期。

机制的全流程演进。这一演进过程不仅反映了数字时代治理的复杂性,更凸显了治理模式的系统性重构。在具体的治理结构和机制设计方面,数字时代呈现多维度、多层次的协同治理特征,主要体现在软硬法协同、数据—算法—平台三要素协同以及多主体协同治理等机制上。

（一）软硬法协同治理

所谓"软法",是指不依靠国家强制力实施而具备实际效力的法规范。[1]"硬法"区别于"软法",是指能够依靠国家强制力保证实施的法规范。

基于数字社会的风险社会内涵,缺乏灵活性、回应性与弹性等特质的硬法措施时常出现失灵的情形,而兼具协同性、动态性、复合性等特征的软法则适时满足了数字社会的治理之需。因此,在数字经济发展的初期,软法得到了前所未有的结构性发展,逐步形成了"软法之治"[2]的治理格局。

在中国传统法律体系中,软法虽然在数量上一直占据重要地位,[3]但其功能和影响力往往被低估。然而,数字时代的到来为软法治理带来了前所未有的发展机遇,使之在功能和地位上发生了质的飞跃,以至于有学者将这一现象称为"软法革命"。软法的崛起在民间领域尤为显著,特别是在数字社会的新业态中,诸如电子商务平台的交易规则和纠纷处理规则等软法不再仅仅是对硬法的补充,而成为新制度和新秩序的构建者,成为社会治理法治化的试验场。随着数字技术的迅猛发展,诸如平台内治理规则、行业协会制定的技术标准等软法的发展速度之快,呈现从渐进性到爆发性的跨越。因此,软法的治理功用不仅体现了法律体系的内在演化,更反映了数字化转型对整个社会治理模式的深刻重塑。软法相较于硬法,其核心竞争力在于其试验性和协商性。其基于新技术和新业态的迫切需求而产生,展现出对业态发展的强烈回应性和探索性。这种从规制性向协商性的转变,不仅反映了技术进步带来的新商业规律和习惯,也展示了软法在促进社会治理法治化方面的潜力。[4]

然而,"软法之治"也存在制定程序缺乏监督、内容缺乏合理性和科学性、执行缺乏有效保障、与硬法衔接不畅等缺陷。同时,政府与民间的相互塑造和内在

---

[1] 参见罗豪才、宋功德:《软法亦法——公共治理呼唤软法之治》,法律出版社2009年版,第394页。
[2] 马长山:《互联网+时代"软法之治"的问题与对策》,载《现代法学》2016年第5期。
[3] 参见刘卉:《软法之问:法治即硬法之治?》,载《检察日报》2011年7月14日,第3版。
[4] 参见马长山:《互联网+时代"软法之治"的问题与对策》,载《现代法学》2016年第5期。

博弈也期待硬法的出台与完善。在软法提供了丰富案例样本、规制经验的基础上,我国正在加速建设以硬法为核心的正式规制路径。目前,数字社会治理的"四梁八柱"顺利构建,包括《民法典》《电子商务法》《网络安全法》《数据安全法》《个人信息保护法》等基础性、综合性、全局性法律已顺利出台;[1]其他领域内的规制也被正式列入立法议程,为后续规范框架的搭建提供参照。

"世界上既不存在定于一尊的现代化模式,也不存在放之四海而皆准的现代化标准。"[2]在法不断调整以适应数字社会发展的进程内,软法和硬法两种形式犹如车之两轮、鸟之两翼,结构耦合、互动共治,构建了软硬法协同治理的基本框架。当然,数字社会的进一步发展还将持续考验治理者如何顺应时代、机敏衡量软法和硬法的关系,以更好发挥硬法的结构式刚性谦抑优势和软法的立体式柔性扩张优势。[3]

(二)数据、算法、平台三要素协同治理

数字技术的迅猛发展正在深刻重塑社会经济结构和治理模式。数字社会的经济模式是以数据生产要素为核心,通过以算法为基础的各类技术打破时空限制,衍生出平台经济这一新模式。[4]数据、算法和平台构成了一个开放的复杂适应系统。在这个系统中,三个要素通过非线性相互作用形成了一个自组织、自适应的网络结构。这种结构具有涌现性、反馈循环和自组织等特征,这与数字经济的复杂性和动态性高度契合。[5]面对这一复杂的数字生态系统,传统的单一维度治理方式显然难以应对。在此背景下,构建数据、算法、平台三维度协同治理模式,通过将数据、算法和平台视为一个有机整体而非孤立的个体,避免了传统部门化管理的局限性,为应对数字经济的复杂性挑战提供了一个可资借鉴的制度样本。

数据作为核心生产要素,其治理是构建健康数字生态的基石。为保障数据在

---

[1] 参见曾雄、梁正、张辉:《人工智能软法治理的优化进路:由软法先行到软法与硬法协同》,载《电子政务》2024年第6期。

[2] 习近平:《论把握新发展阶段、贯彻新发展理念、构建新发展格局》,中央文献出版社2021年版,第8—9页。

[3] 参见黄丽:《生成式人工智能训练数据的软硬法协同治理研究》,载《宁夏大学学报(社会科学版)》2024年第1期。

[4] 参见杨东:《论反垄断法的重构:应对数字经济的挑战》,载《中国法学》2020年第3期。

[5] 参见张欣:《从算法危机到算法信任:算法治理的多元方案和本土化路径》,载《华东政法大学学报》2019年第6期。

生产、收集、处理、存储、传输、共享、销毁等各环节的安全性和完整性,我国出台了《数据安全法》《个人信息保护法》等重要基础性法律,还发布了《关于构建数据基础制度更好发挥数据要素作用的意见》(以下简称"数据二十条")等文件以激活数据要素潜能,促进数据要素的合理运用。数据治理在倡导数据的开放共享与合理利用的同时,保障数据主体的知情权、选择权和个人信息安全。在执法实践中,我国通过建立健全的数据安全和个人信息安全保护制度,强化对数据滥用和泄露行为的监管和惩处。

算法作为数字经济的智能引擎,其治理是构建公平、透明、可控的数字秩序的关键。就算法治理而言,我国围绕重点领域制定了一系列专门规则,先后出台了《互联网信息服务算法推荐管理规定》《互联网信息服务深度合成管理规定》《生成式人工智能服务管理暂行办法》三部部门规章。在治理理念上,我国注重技术伦理与法律制度的并重。例如,通过算法备案制度提高算法的透明度,同时通过制定诸如《信息安全技术 机器学习算法安全评估规范》等国家标准降低企业合规成本、保障算法安全。

平台作为数字经济的基础设施和主要载体,其治理是塑造健康、有序、创新的数字市场环境的核心。就平台治理而言,我国《电子商务法》的颁布,确立了电子商务活动中的基本规则,保障了消费者和经营者的合法权益;《反垄断法》的修正,强化了对市场垄断行为的规制,以维护市场竞争秩序,保护中小企业和消费者的利益。此外,《互联网信息服务管理办法》和《网络信息内容生态治理规定》等规章的出台,对网络信息内容的监管提出了更高要求,要求平台企业加强对其发布内容的审核与管理,防止违法和不良信息的传播,营造清朗的网络空间。这些规章还强调了平台企业在数据安全和用户隐私保护方面的责任,要求其采取有效措施确保用户信息的安全。在执法实践中,我国加强了对平台经济的监管力度,通过反垄断执法和市场监管,及时发现并打击平台企业的违法行为,积极查处垄断协议、滥用市场支配地位等行为,促进资源的合理流动,保障各类市场主体的合法权益,推动平台经济的公平竞争和创新发展。

综上所述,我国在数字法治建设中,通过数据、算法和平台三个维度的有机融合,形成了一套全面、系统的治理机制。这套机制不仅涵盖了法律规范的制定,还包括了治理理念的创新和执法实践的完善。通过这种多维度、全方位的治理,我国数字经济得以在保障安全、促进公平、激发创新的环境中持续健康发展,为全球数字治理贡献了中国智慧和中国方案。

(三) 多主体协同治理

数字经济的发展对社会治理提出了超地域性、超单维度、超规模性、超垄断性的治理需求,[1]冲击了传统治理视域下国家—社会的二元架构。多元参与、分散治理成为一种时代潮流。[2]

在数字社会的多主体协同治理中,政府、平台企业、行业组织和社会公众等多方参与构成了一个"多元共治的新格局"[3]。其一,政府在其中起主导作用,通过制定政策、监管市场,保护消费者权益,同时鼓励和引导良性竞争,维护公平有效的市场秩序。通过加快完善市场准入制度和公平竞争审查机制,预防和制止滥用行政权力限制竞争的行为。其二,平台企业在这一治理体系中承担主体责任和义务,通过加强内部管理,保障数据安全和隐私保护;此外,企业作为算法的研发和应用者,需要通过法律法规明确企业应采取的风险管理和防控措施,推动企业建立责任机构、参与行业标准的制定与实施,推进企业合规建设,促进行业自律和健康发展。其三,社会监督是数字社会治理的重要组成部分,包括新闻媒体监督、社会组织监督、行业协会自律以及技术社区的专业监督,为加强社会监督,需要合理推进企业信息披露,为技术群体进行算法监督提供责任豁免,并推进行业自律。其四,社会公众的参与是多元共治的关键力量。通过拓宽参与渠道,完善社会举报监督机制,社会公众可以更有效地监督和参与数字经济治理,及时表达诉求,保障自身合法权益。[4]

综上所述,多主体协同治理作为数字时代的核心治理范式,体现了治理理念和实践的重大创新。它要求政府、平台、行业组织和社会公众等多元主体在复杂的数字生态系统中形成一个动态的、自适应的治理网络。通过加强技术、模式、业务交流,各主体之间实现了平台内外的信息共享,为协同治理奠定了基础。同时,通过激发平台的自律责任和社会组织的自治活力,实现了多元主体的合理赋权,充分发挥了各方在治理中的积极作用。政府角色的转变更是这一治理模式的关键,通过强化协同监管合力,达到了制度和技术有效协同的状态。这种多主体协

---

[1] 参见裴炜:《共建共治共享理念下数字社会治理的多主体协同》,载《数字法治》2023 年第 2 期。
[2] 参见马长山:《数字社会的治理逻辑及其法治化展开》,载《法律科学(西北政法大学学报)》2020 年第 5 期。
[3] 国发〔2021〕29 号。
[4] 参见张吉豫:《构建多元共治的算法治理体系》,载《法律科学(西北政法大学学报)》2022 年第 1 期。

同治理模式不仅反映了对数字经济复杂性的深刻理解,也体现了治理思维的系统性转变。然而,也应认识到,随着数字技术的不断演进和数字经济形态的持续变革,多主体协同治理还将面临诸多新的挑战。未来,需要进一步探索如何优化主体间的利益协调机制,如何克服信息不对称带来的治理障碍,以及如何提升各主体的数字治理能力。只有通过持续的理论创新和实践探索,不断完善协同治理的机制和方法,才能构建一个更加公平、透明、高效的数字治理体系,为数字经济的健康可持续发展提供坚实的制度保障。[1]

第三节 数字法律治理的运行机制

一、数字社会立法机制的深度变革与调适

数字技术正在改变各个国家的生产方式、生活方式、经济发展模式和治理方式,推动全球政治和社会迈向"新治理"变革,[2]既有的法律规范和传统的规则逻辑难以作出即时、全面、深刻的回应,规则秩序的升级成为治理之需。

(一)数字社会立法机制的一系列挑战

相比于传统社会,数字社会从基础设施到社会架构,从系统运行到基本架构,从整体面貌到细节领域,都呈现数字化、网络化、智慧化的特征。数字技术的迅速迭代使立法者在诸多领域面临深度变革的一系列挑战。

其一,立法回应速度迟滞。数字技术始终处于高速发展状态,具有迅速迭代性;传统立法模式往往建立在治理实践和理论探索的总结基础上,具有内生审慎性,立法时机的选择、立法策略的设定和立法框架的形成等诸多关键决策领域天然需要遵守安定性和可预期性的价值取向。数字社会的立法常呈现被动追赶和缓慢滞后的状态,以至于呈现规制的"步伐困境"和"规制断裂"等难题,而技术发

---

[1] 参见蒋慧:《数字经济时代平台治理的困境及其法治化出路》,载《法商研究》2022年第6期。
[2] 参见杨建军:《数字治理的法治进路》,载《比较法研究》2023年第5期。

展带来"科林格里奇困境"(Collingridge Dilemma)[1]使及时性立法供给显得日趋紧迫,[2]这对立法机制提出了灵活与稳定的辩证要求。

其二,立法事实识别困难。数字经济突破传统经济形态孤立运作的体系,转而诉诸大规模的"社会化协同"[3]。产业链上各企业因数字技术而紧密相连,形成牵一发而动全身的巨大影响。技术发展的快速性、影响的立体化复杂性,使立法者已逐渐缺乏可以依赖的标准来指引其判断哪个"事实"是最为相关的、是客观真实的,而对事实的妥当判断正是合理决策的基础。以网约车为例,网约车实际上是数字技术对传统出租车管理制度和行业规范运营体系的破窗性继承;在提高资源利用效率的同时,网约车业务强化了固有安全隐患、引起新型劳资矛盾,导致技术合规标准模糊、产业垄断形势严峻等新事实,对网约车的治理涉及保障安全、价格低廉、公平竞争、平等就业等多种公共利益。如何识别立法事实、如何平衡社会基础价值是数字时代立法工作的核心挑战之一。[4]

其三,立法决策沟通挑战。传统立法机制内的决策沟通往往通过立法游说、立法论证等方式达成,[5]然而,数字技术的参与为决策各方的"信息互通、彼此了解、协调行动、避免冲突"[6]带来了新的挑战。首先,技术语言与法律语言存在天然分界,技术界与法律界沟通成本极高,对立法者提出了很高的技术性要求。实践中,更为常见的情形是,数字企业从其表达的公众利益诉求中提炼出新兴的商业利益,并用"权利话语"[7]来包装表达该诉求,倒逼政府进行变革。[8] 如何不

---

[1] 科林格里奇困境是指,技术规制面临的双重困境,即若过早规制技术则可能抑制技术进步,若过晚规制技术则会导致技术成为社会结构的一部分,进而导致其负面影响消除成本变得极其高昂。See David Collingridge, *The Social Control of Technology*, 76 American Political Science Review 134 (1982).
[2] 参见张欣:《数字经济时代公共话语格局变迁的新图景——平台驱动型参与的兴起、特征与机制》,载《中国法律评论》2018年第2期。
[3] 周克清、李霞:《平台经济下的税收治理体系创新》,载《税务研究》2018年第12期。
[4] 参见张欣:《数字经济时代公共话语格局变迁的新图景——平台驱动型参与的兴起、特征与机制》,载《中国法律评论》2018年第2期。
[5] 参见张欣:《数字经济时代公共话语格局变迁的新图景——平台驱动型参与的兴起、特征与机制》,载《中国法律评论》2018年第2期。
[6] 龚向田:《论行政立法裁量中利益沟通的法治价值——从亚里士多德的法治观说起》,载《时代法学》2009年第6期。
[7] 马长山:《智慧社会建设中的"众创"式制度变革——基于"网约车"合法化进程的法理学分析》,载《中国社会科学》2019年第4期。
[8] 参见马长山:《数字社会的治理逻辑及其法治化展开》,载《法律科学(西北政法大学学报)》2020年第5期。

因技术壁垒而被平台企业技术俘获,而把真正反映公共利益的基点从平台企业表达的制度诉求中抽离出来,成为又一立法决策挑战。

(二)数字社会立法机制的调适

目前,从《个人信息保护法》《数据安全法》《网络安全法》《电子商务法》等基础性法律的颁布,再到各类专门化的行政法规、规章和地方性法规的出台,我国数字社会的治理架构基本形成。但前瞻性、系统性思考面向数字社会的立法,不仅应当考虑制定哪些新法律,更应在全面理解数字经济制度需求的基础上形成适合数字社会发展制度的共识和价值观,以指导整个立法。[1] 总结已有的立法经验,并展望未来的立法期许,数字社会立法机制应作出下列调适,从而更为从容地应对数字社会带来的转型升级挑战。

其一,重视科学技术伦理。科技治理的传统焦点为人体健康、生态环境等物理性风险;随着数字社会的发展,法律治理呈现"伦理化"态势,科技治理的焦点逐渐转移至科技对人的主体性、社会交往、价值观念等影响的伦理问题。[2] 2022年,中共中央办公厅、国务院办公厅印发了《关于加强科技伦理治理的意见》,提出应当健全多方参与、协同共治的科技伦理治理体制机制,以适应科技创新发展的现实需要。[3]

为确保科技发展与立法价值相协调,立法者可从价值取向和结构框架两个角度考量科技伦理。就价值取向而言,科技的创新和研发应当重视哪些价值,价值位阶又将如何设置,这些问题期待着具体、全面、动态的回应。[4] 就结构框架而言,应继续完善中国特色科技伦理治理体制,使其具备范围全面性、方式渐进性、规则具体性和领域具体性。[5]

其二,重视众创式立法。以集体智慧的聚合与分享为内核的新型众创式立法

---

[1] 参见高富平、侍孝祥:《数字经济与法律发展——数字社会法律体系的形成》,载《数字法治》2023年第2期。
[2] 参见赵鹏:《科技治理"伦理化"的法律意涵》,载《中外法学》2022年第5期。
[3] 参见《关于加强科技伦理治理的意见》,载中国政府网,https://www.gov.cn/zhengce/2022-03/20/content_5680105.htm。
[4] 参见赵鹏:《科技治理"伦理化"的法律意涵》,载《中外法学》2022年第5期。
[5] 参见肖红军、阳镇:《数字科技伦理监管:美国进展与中国借鉴》,载《财经问题研究》2023年第6期。

(Crowd Law)[1]正在成为国家塑造"共建共享共治"数字法治观念、满足数字社会立法需求、化解数字时代发展立法矛盾的新手段。众创式立法是指由民间力量推动,根据新产业和新业态创设新规则的立法实践,其产生脉络主要呈现两个维度:首先是民间力量基于新兴业态创建规则;其次是公权力机构对这些规则进行纠正,以矫正其中可能存在的失之偏颇的商业偏好。众创式立法是破解立法沟通难题的有效工具,有助于实现众创秩序与国家法律秩序之间的双向赋权和良性互动。在这个框架中,平台企业凭借其技术优势和资源优势,将自身塑造成一个具有高度创新性、指导性、回应性及建设性的社会治理法治化"实验室",而国家则根据实验结果和价值利益追求对其进行调整和平衡。此外,为确保秩序之间的和谐,众创秩序与既有的法律秩序需要进行持续的对话。这不仅涉及国家对众创秩序的吸纳和包容,同时也关乎众创秩序对国家秩序的引导与修正。

其三,构筑智能化立法体系。数字技术的飞速发展为传统立法体系注入了新的活力,推动了立法进程向更加科学、高效、全面的方向演进。这一变革的核心在于构筑智能化立法体系,它不仅为依赖人类智慧的传统立法模式赋能,更开创了立法实践的新范式。在这一进程中,搭建以数字技术为基础的智能立法系统成为首要任务,为科学立法绘制了鲜明的技术底色。随着智能系统的应用与发展,立法资源的整合得以高效推进,立法内容的生成更加精准,立法冲突的避免也变得更为可能。这种智能化立法体系的构建,实质上是对传统立法方法论的一次重大革新,它将数字技术的优势与立法实践的需求有机结合,为应对数字时代复杂多变的法律治理挑战提供了新的思路和工具,推动法律制度与数字社会的发展保持同步,从而为数字经济的健康发展和数字权利的有效保护奠定坚实的法律基础。[2]

二、数字社会执法机制的深度变革与调适

工业革命以来,每一次技术变革均引发了社会形态、社会结构及社会治理方式的改变;数字社会中,政府因循社会架构的变革,实现了数字化转型,为算法行

---

[1] See Victòria Alsina and José Luis Martí, *The Birth of the Crowd Law Movement*: *Tech-Based Citizen Participation*, *Legitimacy and the Quality of Lawmaking*, 40 Analyse & Kritik 337 (2018).

[2] 参见金梦:《数字时代科学立法的法理研究》,载《中国法学》2024年第4期。

政奠定了基础架构。[1] 为适应数字社会给传统执法机制带来的挑战，《法治政府建设实施纲要(2021—2025年)》提出，要坚持运用互联网、大数据、人工智能等技术手段促进依法行政，深入推进"互联网+"监管执法，[2]推动执法机制法治化与数字化的深度融合。

(一) 数字社会执法机制的深度变革

行政法治具有三个核心内涵，即强调行政受法律约束的"规则之治"、行政权行使需具备公共理由的"理由之治"和行政应具备价值坚守的"价值之治"。[3]本部分将从"规则之治""理由之治""价值之治"三个角度出发，阐述数字社会中执法机制面临的深度变革。

其一，"规则之治"要求确定、公开的法律规则组成执法的根基，强调形式理性。[4] 数字治理以数字技术为底层架构。一方面，数字技术的高效性和平台化确实促进了传统执法规则的确定、公开；另一方面，数字技术本身又成为一种新型执法工具参与到公权力行使的过程中，其技术性和隐蔽性带来了新挑战、新风险。由此，实现"规则之治"，还需要审慎衡量数字技术在行政机制内的具体应用。

其二，"理由之治"要求执法程序可预期、持续一致并以理由证成，[5]强调实践理性。[6] 例如，2017年我国交通运输行业业务系统就有700多套，严重缺乏统一共享的数据承载平台。[7] 在此情形下，数字技术应用于执法机制，对于实现跨区域、跨层级、跨部门的数据共享具有重要意义，打破了传统执法机制下的数据壁垒和信息孤岛，为"理由之治"的达成提供了重要助力。

其三，"价值之治"要求法治不仅为治理工具系统，更为治理价值系统。[8]由于存在数据壁垒和信息孤岛，作为治理工具的传统执法机制，时常出现因信息

---

[1] 参见张欣：《算法行政的架构原理、本质特征与法治化路径：兼论〈个人信息保护法(草案)〉》，载《经贸法律评论》2021年第1期。
[2] 参见《法治政府建设实施纲要(2021—2025年)》，载中国政府网，https://www.gov.cn/zhengce/2021-08/11/content_5630802.htm。
[3] 参见王锡锌：《数治与法治：数字行政的法治约束》，载《中国人民大学学报》2022年第6期。
[4] 参见王锡锌：《数治与法治：数字行政的法治约束》，载《中国人民大学学报》2022年第6期。
[5] 参见[美]玛蒂尔德·柯恩：《作为理由之治的法治》，杨贝译，载《中外法学》2010年第3期。
[6] 参见王锡锌：《数治与法治：数字行政的法治约束》，载《中国人民大学学报》2022年第6期。
[7] 参加鲍静、张勇进：《政府部门数据治理：一个亟需回应的基本问题》，载《中国行政管理》2017年第4期。
[8] 参见王锡锌：《数治与法治：数字行政的法治约束》，载《中国人民大学学报》2022年第6期。

不完全而不执法、因信息不对称而过度执法或错误执法的情形,使执法的治理价值未得实现。数字技术引入执法机制后,治理价值也得到了更加仔细的维护。

(二)数字社会执法机制的调适

数字治理正成为渗透到各个国家各个行政部门的全球化趋势。[1] 数字技术的革命性发展为传统执法机制的组织基础、制度基础和技术基础创设了新的条件与挑战,但也推动了其及时作出调整和回应。在此,将执法机制所作出的调适总结如下。

其一,执法组织实现数字化转型。以国家和政府为中心的单一化、分散化传统治理体系面对动态化、复杂化的数字时代治理对象,频繁出现监管真空、监管滞后和监管失效的问题。而数字技术推动了执法主体间的信息流转与信息利用,提升了执法活动的辐射性和嵌入性,[2] 赋能治理聚焦整体,将解决强调分散、竞争和激励新公共管理运动所致的部门化、碎片化当作重中之重,与数十年间强调整合协同、多跨协作的行政执法体制改革不谋而合,[3] 成为执法机制的组织基础数字化转型的有力助推。

其二,专家意见让步于以数据和算法为代表的数字技术。公共政策制定活动的现代化和理性化思潮使现代行政过程日益推崇"专家理性理论",专家因具备"技术理性"而获得行政决策的正当性。[4] 数字社会行政决策中,数字技术发挥的作用越发凸显。在大数据和平台生态的驱动下,诸如社会信用评分、分布式记账技术等推动社会信任机制改变,公众的信任流动方向从权威专家和行政官僚开始流向数据和算法;此外,多模式、多主体、多关系的新兴业态使信息处理的难度和强度超越以往任何时期,新型技术因其充分的数据处理能力而得到更多的信息权力。实际上,专家意见模式也不断变得高度专业化和技术化,自发运用数据化

---

[1] See Milakovich E. M., *Digital Governance: New Technologies for Improving Public Service and Participation*, Routledge, 2011, p. 219.
[2] 参见张欣:《算法行政的架构原理、本质特征与法治化路径:兼论〈个人信息保护法(草案)〉》,载《经贸法律评论》2021年第1期。
[3] 参见王琳琳、包万超:《数字治理与行政执法改革:技术、制度与价值》,载《中国行政管理》2024年第1期。
[4] 参见王锡锌:《公众参与、专业知识与政府绩效评估的模式——探寻政府绩效评估模式的一个分析框架》,载《法制与社会发展》2008年第6期。

的方式论证和评价其所参与的公共决策。[1] 因此,顺势而为,积极利用大数据和算法技术,提升行政机构数字治理能力成为题中应有之义。

其三,数字技术作为治理抓手。数字治理中,技术是公共服务系统理性和现代化变革的中心,在公共管理中占据了重要位置。[2] 一方面,本身即具确定性、逻辑性和体系性的法律规则在数字时代呈现可被计算的可能;另一方面,互联网、大数据、人工智能等技术手段又为公共行政领域引入技术规制开辟了曙光。[3] 技术规制成为调适执法机制的重要抓手,为解决痛点提供了新的方案。

三、数字社会司法机制的深度变革与调适

数字社会中,立法变革与执法体系在各自领域的深度变革还连锁性地带来了法律适用领域的全方位变革。《国家信息化发展战略纲要》和《"十三五"国家信息化规划》将智慧法院建设上升至国家战略层面。最高人民法院已经明确提出要从智慧审判、智慧执行、智慧服务、智慧管理等多个方面建设智慧司法生态。智慧司法以实现司法公正和高效为目标,以数据开放共享和安全可信为基础,运用大数据和云计算等信息技术,以促进司法审执的公正化和法院管理的高效化。以上海"206"系统为例,这一系统已经实现了智能阅卷、智能归纳、智能辅助、庭审评议等多项智能应用。在智慧审判领域,三大互联网法院已经实现"网上案件网上审理",同时国内部分法院亦已经采用了庭审语音识别、案件信息自动回填、文书智能辅助生成和智能纠错、要素式智能审判、"法信"、类案智能推送、裁判偏离度风险预警等人工智能辅助技术。作为实现国家治理能力现代化的重要方面,塑造维护数字正义的智慧司法生态应当把握智慧司法变革的特征,应对可能风险,最终实现数字正义。本节拟对数字社会司法机制所面临的变革挑战及调适进行深入挖掘,为数字社会司法机制的进一步变革提供理论依据。

(一)数字社会司法机制的一系列挑战

智慧司法是数字社会司法机制变革的最佳体现,作为一种司法创新手段,具

---

[1] 参见张欣:《算法行政的架构原理、本质特征与法治化路径:兼论〈个人信息保护法(草案)〉》,载《经贸法律评论》2021年第1期。
[2] 参见竺乾威:《从新公共管理到整体性治理》,载《中国行政管理》2008年第10期。
[3] 参见张欣:《算法行政的架构原理、本质特征与法治化路径:兼论〈个人信息保护法(草案)〉》,载《经贸法律评论》2021年第1期。

有多方面的优势,其中包括降低司法成本、降低诉讼门槛、提高司法运行效率、增强司法权力、融入数字逻辑和计算理性、一定程度实现同案同判、预防司法腐败以及限制自由裁量等。然而,智慧司法的引入也带来一些不可忽视的风险和挑战,需要时刻保持警惕。

智慧司法体系中不可避免地受到人类主观因素影响[1]。虽然,司法算法决策模型经过海量数据训练,理论上比个人更客观,但实际上并非如此。例如,在数据采集方面可能存在以偏概全、挂一漏万的情形;司法模型则可能内置设计者的学术观点、价值取向、利益偏好等,进而限制了智慧司法的客观性。诚然,有人指出,与人脑决策相比,算法决策更加明确和准确,即使是最差的数学模型也不会有人脑决策那么糟糕。[2] 然而,值得注意的是,人脑的决策具有开放的反馈回路,可以实时反思和纠偏。而模型的反思和纠偏相对困难,即使进行大量工作重做,也未必能保证完全纠正偏见。因此,带有偏见的系统可能会根深蒂固,导致严重后果。尤其是自2023年以来,大语言模型的出现使该问题更为凸显。大语言模型显著提高了语言生成的质量,使模型生成的结果看起来更可靠,但同时也引发了对科学准确性的评价问题。语言质量较好的回答可能掩盖了对科学准确性的判断。[3] 因此,必须对模型的客观性保持理性和警觉。

同时,智慧司法系统在正义实现这一终极追求上存在困难。正义是一个多维且复杂的概念,缺乏统一标准,其内涵丰富且价值观念相互冲突,[4] 难以通过数字化和模型计算来捕捉和量化。此外,智慧司法模型多采用形式理性,缺少对案件实质问题的深入思考,[5] 且在获取全面的样本数据上存在困难,无法全面反映现实世界的复杂性。同时,智慧司法系统缺乏情感和人文关怀,无法像人类法官那样进行创造性的实质正义判断。[6] 加之算法模型的精准度局限性和司法体系

---

[1] 参见范卓娅、孟小峰:《算法公平与公平计算》,载《计算机研究与发展》2023年第9期。
[2] 参见[美]凯西·奥尼尔:《算法霸权——数学杀伤性武器的威胁与不公》,马青玲译,中信出版集团2018年版,第238页。
[3] See Dahlkemper M. N., Lahme S. Z. & Klein P., *How Do Physics Students Evaluate Artificial Intelligence Responses on Comprehension Questions? A Study on the Perceived Scientific Accuracy And Linguistic Quality of Chatgpt*, 19 Physical Review Physics Education Research 1 (2023).
[4] 参见[英]约翰·格雷:《自由主义的两张面孔》,顾爱彬等译,江苏人民出版社2002年版,第7页以下。
[5] See Wei J. et al., *Emergent Abilities Of Large Language Models*, Arxiv (2022).
[6] 参见[美]欧文·费斯:《如法所能》,师帅译,中国政法大学出版社2008年版,第96页。

本身的复杂性,智慧司法在追求正义的道路上仍有许多难题需要解决。此外,一些算法模型还具有惊人的涌现能力,这意味着它们可以生成超出人类预期的结果,这在法律领域可能会产生意想不到的后果。

(二)数字社会司法机制的调适

鉴于智慧司法的客观性挑战和正义判断困境,数字社会的司法机制应确认智慧司法的辅助地位,将其视为一种有益的技术工具,而不能替代人类法官和司法工作者的决策。

首先,智慧司法系统的设计必须破除数据主义。在智慧司法系统的兴起中,为确保其工具地位,实务中有必要提高司法人员的技术能力,确保他们在系统设计中有实质参与,并通过技术培训提升他们对系统的识别、评估、监督和验证能力。同时,应鼓励技术公司之间的市场竞争,引入社会力量参与系统评估。[1] 此外,算法审查是应对算法黑箱和算法霸权的关键措施,应确保算法决策的公平性、透明性和可问责性,保障人的主体性和权益。

其次,数字社会的司法体制应保障"人在回路"[2]。简言之,为保障人类在司法决策中的有效参与,需要厘清人类与模型在司法决策中的分工,更需要通过设置责任框架和事后追责制度鼓励人类参与。而就系统设置本身也应注入人文关怀,通过事前评估保障人类情感和道德等因素的考虑。例如,美国阿勒格尼县在使用算法对儿童是否需要福利机构帮助进行预测前,专门聘请当地独立的伦理学家团队进行了分析。[3] 类似地,我国可以针对高风险类型的算法模型引入事前评估机制,将智慧司法系统作为高风险模型进行事前评估,并通过这样的监管制度为模型注入人文关怀。

最后,防范技术风险是智慧司法系统中不可或缺的一环。监管机关应制定严格的合规要求,行业协会应出台技术标准,鼓励科技企业自我规制,并加大社会参与比重。同时,引入独立第三方机构进行评估,为符合标准的人工智能系统提供

---

[1] 参见刘奕群在"网络智能服务算法:公平性、责任性与透明性"会议上的发言,载 https://www.cs.tsinghua.edu.cn/info/1088/4823.htm,2024 年 8 月 27 日访问。

[2] Wu Xingjiao et al., *A Survey of Human-in-the-Loop for Machine Learning*, 135 Future Generation Computer Systems 364 (2022).

[3] See Alicia Solow-Niederman et al., *The Institutional Life of Algorithmic Risk Assessment*, 34 Berkeley Technology Law Journal 705 (2019).

认证,[1]通过市场竞争减小技术风险。

综上所述,智慧司法系统在设计和实施过程中,需要综合考虑技术与人文的结合,确保技术辅助而非替代司法决策,并通过多元化监管和评估机制,降低技术风险,保障司法公正。

典型案例

2023年1月30日,哥伦比亚法官胡安·曼努埃尔·帕迪拉·加西亚(Juan Manuel Padilla Garcia)使用ChatGPT作出"全球AI审判第一案"。

案件裁判焦点为,在某孤独症未成年人的父母无法支付孤独症的相关医疗费用的情形下,是否可以使用医疗保险支付其医疗费用。案件审理过程中,法官在已经初步形成判决意见后,向ChatGPT输入"孤独症未成年人是否可以免除医疗费用""宪法法院判例是否在类案中作出有利判决"等问题,得到ChatGPT"是的,应该这样(免除)。根据哥伦比亚法规,被诊断患有孤独症的未成年人无须支付治疗费用"等回答。

最终,法官判决保险公司承担该未成年人治疗孤独症的相关医疗费用,并在判决书内引用了其与ChatGPT的对话。

问题与思考

1. 数字社会的治理面临怎样的挑战?存在何种风险?
2. 数字社会的治理应该如何平衡发展与安全?
3. 如何界定数字技术介入司法机制的限度?

延伸阅读

1. 徐恪等:《算法统治世界——智能经济的隐形秩序》,清华大学出版社2017年版。
2. [美]杰弗里·布兰德:《法治的界限:越法裁判的伦理》,娄曲亢译,中国人民大学出版社2016年版。
3. [美]凯西·奥尼尔:《算法霸权——数学杀伤性武器的威胁与不公》,马青玲译,中信出版集团2018年版。

---

[1] 参见张欣:《生成式人工智能的算法治理挑战与治理型监管》,载《现代法学》2023年第3期。

4. [美]劳伦斯·莱斯格:《代码2.0:网络空间中的法律》,李旭等译,清华大学出版社2018年版。
5. [美]尼古拉·尼葛洛庞帝:《数字化生存》(20周年纪念版),胡泳、范海燕译,电子工业出版社2017年版。

第六章　平台的法律治理

> **法律故事**
>
> 　　2020年，一篇名为《外卖骑手，困在系统里》的公众号文章引发了大众的关注。这篇文章揭露了外卖骑手与平台算法之间的博弈——系统用配送时间来决定骑手的收入，而骑手用超速、闯红灯、逆行来对抗系统的设置。[1] 与这种博弈相伴而生的，是一系列触目惊心的交通事故数据。平台，在创造着巨大价值的同时，也成为社会问题的制造者。
>
> 　　时至今日，这场博弈仍未终止。随着腾讯、阿里巴巴、百度等互联网平台的兴起，越来越多的人被包罗在平台经济的网络之中。除劳动外，餐饮、购物、知识获取等人们的基本需求都被逐渐纳入平台经济的范围。平台经济，正切切实实地改变着我们身边的一切。与之相伴的，是越来越多社会事件的诞生，"操纵""黑箱"、弱势群体、虚假信息、消费者权益等议题成为热点。由此看到，在网络效应的影响下，不断壮大的平台正掌握着巨大的权力，从而与作为个体的普罗大众形成鲜明的对比。
>
> 　　这种不对等的权力结构颠覆了传统法律中的诸多原理，这意味着，平台治理需要提上日程。

第一节　平台的法律属性

一、从网络中立到平台中立

　　近年来，随着谷歌（Google）、亚马逊、脸书（Facebook）、腾讯、阿里巴巴、百度

---

[1]　参见《外卖骑手，困在系统里》，载微信公众号"人物"2020年9月8日，https://mp.weixin.qq.com/s/Mes1RqIOdp48CMw4pXTwXw。

等互联网平台企业的兴起,平台的中立性问题也开始成为关注焦点。互联网平台虽然处于和宽带服务商不一样的应用层与内容层,但和宽带服务商有很多类似之处,二者都具有一定的基础信息服务功能,同时,二者对于互联网的内容发布与传输都具有实质性的影响力和控制力。因此,很多学者也主张平台应当更多地承担中立性义务。[1] 例如对于亚马逊这样的电商企业,有的学者认为,亚马逊利用自身的平台优势,区别对待在亚马逊商城(Amazon Marketplace)上的产品和亚马逊自营的产品,这种区别对待既具有垄断的嫌疑,也违背了平台的中立义务。[2] 对于类似脸书这样的社交媒介企业,也有学者指出,脸书利用数据优势,区别对待脸书自身生产的内容和产品,[3]这违背了脸书所承诺的中立性义务。[4]

但对平台中立最关注的还是类似谷歌、必应、百度和搜狗这样的搜索引擎企业。自从谷歌崛起,成为搜索引擎领域的主导企业以来,很多声音就要求谷歌承担搜索中立的责任。例如自2006年起,比较购物网站Foundem就一直起诉谷歌,认为其网站在谷歌搜索结果中被降级,这使其网站在和谷歌购物等购物网站的竞争中处于不利地位。因此,谷歌应当消除"搜索偏见",维持"搜索中立",谷歌的搜索结果除"全面性、公正性和相关性"外,不得考虑其他因素。[5] 有学者甚至主张,美国应当设立"联邦搜索委员会",以搜索中立的原则对搜索引擎进行规制。[6] 2013年,美国联邦贸易委员会(FTC)对谷歌搜索可能涉及的反垄断问题进行调查,其中最核心的内容也是谷歌对谷歌地图、谷歌购物等垂直内容的

---

[1] 很多硅谷的互联网与科技企业也大都将平台的中立性视为其宗旨,微软总裁布莱德史密斯(Brad Smith)甚至声称,微软的目标是成为一个"数字化的瑞士"(Digital Switzerlands)。See Brad Smith, *The Need for a Digital Geneva Convention*, Transcript of Keynote Address at the RSA Conterence 2017 (14 February 2017), https：//blogs.microsoft.com/uploads/2017/03/Transcript－of－Brad－Smiths－Keynote－Address－at－the－RSA－Conference－2017.pdf; Kristen Eichensehr, *Digital Switzerlands*, 167 U. Pa. L. Rev. 665 (2019).

[2] See Lina Kahn, *The Separation of Platforms and Commerce*, 119 Columbia Law Review 973 (2019).

[3] See Dina Srinivasan, *The Antitrust Case against Facebook: A Monopolist's Journey towards Pervasive Surveillance in Spite of Consumers' Preference for Privacy*, 16 Berkeley Business Law Journal 56 (2019).

[4] "脸书是一个开放、中立的平台,这几乎就像公司内部的宗教信条", Nicolas Thompson & Fred Vogelstein, *Inside the Two Years That Shook Facebook—and the World*, WIRED (12 February 2018), http：//www.wired.com/story/inside－facebook－mark－zuckerberg－2－years－of－hell/.

[5] See Adam Raff, Op-Ed., *Search, But You May Not Find*, N. Y. Times, Dec. 28, 2009, at A27.

[6] See Oren Bracha & Frank Pasquale, *Federal Search Commission?: Access, Fairness, and Accountability in the Law of Search*, 93 Cornell L. Rev. 1149 (2008).

偏向。[1]

在立法实践中,平台中立也已经被我国和西方有的国家所部分认可。我国2018年制定的《电子商务法》中规定,电子商务平台应当"遵循公开、公平、公正的原则,制定平台服务协议和交易规则"[2],并且"不得利用服务协议、交易规则以及技术等手段,对平台内经营者在平台内的交易、交易价格以及与其他经营者的交易等进行不合理限制或者附加不合理条件,或者向平台内经营者收取不合理费用"[3]。2014年,法国国家数字委员会(FNDC)发表了一份关于平台中立性的报告,该报告指出,互联网平台的中立性有利于保护公民利益,为了确保公民创新、创造、表达和交流自由,应当确保互联网平台不会走向封闭。此外,平台还应当在各个方面维持其中立性与非歧视性:例如收集、处理和检索信息的透明度和公平性;表达形式和共享内容之间的非歧视性;信息生产手段的非垄断性;获取平台的社会经济地位方面的非歧视性;以及在与平台的技术兼容性或互操作性要求方面的非歧视性。[4] 其后,法国在2016年通过了《数字共和国法》,将平台界定为类似水电的公共设施,要求平台为消费者提供公平、清晰和透明的信息。

二、平台中立的争议

围绕平台中立,支持者提供了一些与网络中立具有一定相似性的论点。首先,平台控制着信息的流通与传播,对平台施加中立性的义务,这有利于信息传播的公平性。例如在搜索引擎的例子中,如果某个网站被排除在谷歌搜索之外,这个网页在互联网平台被搜索和传播的力量就会大大降低。[5] 其次,平台的中立性有利于竞争的公平性,对于某些大型平台而言,这类平台往往控制着互联网的核心要素:流量。在2017年欧盟委员会对谷歌的巨额罚款中,其核心的观点就是谷歌的通用搜索没有维持中立性,反而利用其通用搜索的垄断地位提升其在比较

---

[1] See Statement of the Fed. Trade Comm'n, In re Google Inc., No. 111-0163 (Jan. 3, 2013).
[2] 《电子商务法》第32条。
[3] 《电子商务法》第35条。
[4] See French Digital Council, Platform Neutrality, Building an Open and Sustainable Digital Environment.
[5] See Niva Elkin-Koren, *Let the Crawlers Crawl: On Virtual Gatekeepers and the Right to Exclude Indexing*, 26 U. Dayton L. Rev. 179 (2001).

购物领域的优势地位,因此构成滥用市场支配地位。[1]最后,平台的非中立性也可能对其他小型企业的创新造成影响,因为此类企业很难获取流量入口,对大型平台常常具有依赖性,而一旦大型平台发现某家企业对其形成竞争,就可能扼杀此类初创企业。[2]

另外,平台中立的反对者也提供了一些与网络中立类似的论点。平台中立的反对者指出,首先应当允许平台对内容与传播作出判断,这种判断权利就像编辑的判断权利一样,都是正当的。[3] 面对搜索偏见的批评,埃里克·戈德曼(Eric Goldman)教授指出:"搜索引擎是媒体公司。与其他媒体公司一样,搜索引擎也会作出编辑选择,以满足人们的搜索需求……搜索偏见听起来很可怕,但是这种偏见既是必要的,也是可取的"[4]。其次,就竞争秩序而言,反对者指出,平台的非中立性可能在有的情形下滥用支配地位或产生反竞争效应,但防止这种情形,只能通过反垄断法进行规制,而不能对平台施加中立性规则。很多非中立性的规则并不具有反竞争效应,甚至可能有利于市场竞争。[5] 最后,就创新而言,反对者也指出平台的非中立性并不一定意味着市场准入的高门槛,离开了某个平台,中小型企业仍然可以转向其他平台。

此外,平台中立的反对者还指出,网络平台在大多数情况下会维持平台的中立性。毕竟,维持平台的中立性有利于平台吸引更多的用户和企业。平台所采取的非中立性更可能是平台为了满足用户需求,改善平台生态或管理"搭便车"等不正当行为。[6] 例如有的企业可能利用搜索引擎的算法来设计自己的网站,以使网站的内容能够排在搜索前列。如果此时无条件地适用平台中立的要求,则不

---

[1] See Case AT. 39740 Google Search (Shopping) ("Google Shopping"), Decision of June 27, 2017, Published on Dec. 18, 2017, Appeal Pending in Case T-612/17, *Google and Alphabet v. Commission*.

[2] 相关的例子可参见 Lina Khan, *Amazon's Antitrust Paradox*, 126 Yale L. J. 710 (2017); Lovdahl Gormsen, Liza and Llanos, Jose Tomas, *Facebook's Anticompetitive Lean in Strategies*, SSRN (6 June 2019), https://ssrn.com/abstract=3400204。

[3] See Eugene Volokh & Donald M. Falk, *Google First Amendment Protection for Search Engine Search Results*, 8 J. L. Econ. & Pol'Y. 883 (2012).

[4] Eric Goldman, *Search Engine Bias and the Demise of Search Engine Utopianism*, 8 Yale J. L. & Tech. 188 (2006).

[5] See Christopher S. Yoo, *Free Speech and the Myth of the Internet as an Unintermediated Experience*, 78 Geo. Wash. L. Rev. 697 (2010).

[6] See David S. Evans, *Governing Bad Behavior by Users of Multi-Sided Platforms*, 27 Berkeley Technology Law Journal 1201 (2012).

但相关企业可能"搭便车"、进行不正当竞争，而且搜索引擎的搜索质量也会下降，损害用户权利。[1]

三、平台中立的特殊性

平台中立虽然与网络中立具有一定相似性，但也具有很多特殊性。首先，相比网络中立争议中的基础网络服务提供商，平台中立争议中的平台对信息传播的控制力更弱。这主要是因为，基础网络服务提供商处于互联网结构的最底层，而且需要形成规模效应，因此其投资要求、技术要求与铺设难度都比较高，一般的中小企业很难进入基础网络服务提供商市场，更不用说普通个人。相反，平台企业处于应用层与内容层，对于架设网站与开发 App，一般的企业都有能力参与，个人也可能涉足。

其次，网络中立主要涉及商业问题，而平台中立则既涉及商业问题，也涉及消费者保护问题。这主要是因为，随着全球互联网的商业化，基础网络服务提供商所涉及的流量传输问题越来越多涉及企业端，也就是所谓的 To B 端，而对用户端的影响则不大。基础网络服务提供商虽然也会对用户权利造成影响，但这种影响主要是间接性或边缘性的，例如可能通过影响商业网站或软件的应用而影响用户的数据传输；或者可能禁用用户具有一定商业特征的流量传输。相较而言，平台既涉及企业端，也大量涉及消费者端，即所谓的 To C 端。在我国相关法律条文所涉及的平台中立以及上文提到的法国平台中立立法中，都可以看见平台中立义务既针对平台内商家，也针对消费者。

最后，相比基础网络服务提供商，平台的经济与社会功能性区分更为明显。基础网络服务提供商位于互联网架构的最底层，提供最基础的数据传输服务，因此其经济学功能与社会性功能不易区分。相较而言，平台位于可见度较高的应用层与服务层，因此其经济性功能与社会性功能较为容易区分。例如对于纯粹的电商类平台，其经济性较为明显；而搜索引擎平台则既具有经济性功能，也具有很强的社会功能属性。

---

[1] 此类情形曾经在出现过，谷歌曾经依赖于一种叫作 PageRank 的算法来确定搜索排序，这种排序方法主要根据 Meta 标签、关键字等参数来进行排序。当谷歌公开了这一算法之后，很多网站都在自己的网页内嵌套了符合 PageRank 算法的具有隐藏内容的网页，以此提高自身的搜索排名。See John Faber, How to Future-Proof Your Search Ranking, Chapter Three（2 April 2018），https://www.chapterthree.com/blog/how–to–future–proof–your–search–ranking.

随着大型平台的崛起,平台中立也成为全球关注的焦点。基于互联网平台所具有的一定的基础信息服务功能,以及对互联网的内容发布与传输的实质性影响力和控制力,因此平台也被主张应当承担中立性责任。我国2018年制定的《电子商务法》和法国通过的《数字共和国法》都规定了平台的中立性,欧盟也在相关法律草案中倾向于平台中立。[1]

四、平台类型多样化

在很多情形中,平台往往既具有商业功能,又具有公共性功能,在此类情形中,就应当根据功能区分。近年来,超大型网络平台的崛起成为全球共同关注的问题。在我国,诞生了以腾讯、阿里巴巴、字节、百度、京东、美团、滴滴为代表的一批企业;在国外特别是美国,则诞生了以脸书、推特、谷歌、亚马逊、油管(Youtube)为代表的一批企业。这些互联网平台企业都有一些共同或类似的特征,例如其市场估值体量巨大,常常额度达到上万亿元人民币甚至更高;其用户规模巨大,其年度活跃用户数量常常达到几亿甚至几十亿;其涉及业务种类广泛,这些平台常常涉及电商、资讯、出行、娱乐等各个方面。对于普通公民来说,这类互联网平台也成为其日常生活不可分割的一部分。今天,很少人能够完全不使用微信,很多人也已经习惯了使用淘宝或京东网购,利用抖音或百度进行娱乐或获取资讯。

超大型网络平台在给人们带来便利的同时,也带来了不少问题与争议。就商业连接端或To B端而言,超大型平台的崛起触发了对市场准入壁垒、自我优待等问题的担忧,从我国对阿里巴巴"二选一"行为的查处到国外对平台企业的反垄断调查,如何保证公平竞争特别是平台内经营者的权利,日益引发关注。而出于对其结构性垄断的担忧,部分国家和地区引入了事前规制立法。就用户连接端或To C端而言,超大型平台对于用户基本权利的影响也日益明显,例如,有的微信账户被微信算法系统判定为疑似诈骗账号,其账号被冻结,此时微信是否可以以管理为由免责?用户是否有权进行救济?在美国,特朗普被脸书和推特封禁,已经成为焦点议题。而其决策过程却仍然完全遵循商业逻辑,并且大规模使用算法等自动化决策手段。这些问题也引发了普遍的担忧。

---

[1] 参见丁晓东:《网络中立与平台中立——中立性视野下的网络架构与平台责任》,载《法制与社会发展(双月刊)》2021年第4期。

第二节　平台的法律治理原则

科技并非中立,无论是网络架构设计中的功能取舍、产品设计中的隐私保护,还是平台法律治理的其他方向,都存在公共价值判断问题。即使一些看上去非常商业性与技术性的科技问题,也存在公共价值判断问题,也因此需要人民的公共讨论与反思。在时机成熟的情况下,人民也应当作出决断,确保科技问题中的规则符合人们的价值判断。自生自发秩序的法理学理论认为,立法不值得信任,市场主体所制定的规则更为符合现实,但这种看法过于简单和消极。将平台问题中的规则制定权留给私主体自行决定,这其实是放弃了法律的公共价值判断责任。[1]

平台责任制度的正当性可以从三个法律价值层面来衡量。第一,平台责任的承担方式和范围由网络平台自身的经济和技术能力决定的。法律与政策须遵循商业主体的商业自由,不过分介入代码发展,不过分负担网络平台,以保障互联网创新与自由发展,早期的网络服务商责任即以此经济学逻辑为基础。因此,"通知—删除"规则,禁止向网络平台施加一般性的信息内容审核义务是一项法律共识。第二,网络平台责任是网络执法的重要手段,以实现受法律保护的重要权益为目的,如保护数字版权,个人隐私、名誉权等个人权利,打击淫秽色情、暴力恐怖,种族歧视信息等以维护公共利益和国家利益,因此,要求网络平台作为"守门人"以合理的成本协助网络执法,保障个人合法权益、国家利益和公共利益是网络平台责任制度的第二重价值。随着自动化算法的普及,网络平台在这方面的"守门人"能力不断提高,立法者因此得以向平台施加更多的"守门人"义务。第三,约束"平台权力"构成平台责任制度正当性的重要法治保障。网络平台责任制度可能产生很大的制度外部性,且制度的外部性与智能化算法的技术和应用风险叠加,平台"守门人"权力被滥用从而对用户个人权益造成负面影响甚至侵害。没有法律的赋权,广大平台用户要么并未直接参与该法律关系,要么存在严重的信息不对称。规制性质的"守门人"算法权力与"构成性"的商业算法权力滥用风

---

[1] 参见丁晓东:《从"马法"到马克思主义之法:网络法的法理学与部门法意义》,载《地方立法研究》2021年第6期。

险叠加,尤其是后者成为算法时代平台责任治理的侧重点。《个人信息保护法》以风险本位的权益保护路径取代"损害本位"的侵权责任路径,对个人权利和运营者合规义务的明确,《网络安全法》《数据安全法》中所确立的运营者的网络安全与数据安全保护义务,均体现了商业算法环境下对个人权益和国家利益、公共利益的保护。

第三节　国家对平台的法律治理

网络平台责任是网络法学的核心议题,网络平台责任已经成为互联网立法与研究中的关键性议题。互联网平台的兴起带来了大量的第三方侵权与违法行为,对于此类第三方行为,平台应当在私法上承担何种责任、在公法承担何种审查义务,是网络法研究中经久不衰的经典议题。而将网络国际空间治理作为单独议题,主要是由于互联网具有天然的国际连通性,如何既维护国家主权,又建构互联互通的网络空间人类命运共同体,成为一个中外学界都极为关注的议题。

首先,在平台与用户的关系中,传统的侵权法、合同法或消费者法已面临很多挑战。当平台作为商家直接向用户提供服务或销售产品,此时的确可以以这类传统法律分析平台责任,要求平台承担相应的商家责任。但平台的另一重要属性是信息中介,平台在很多场景下并不直接参与平台内用户的互动,此时如果要求平台承担和普通商家同等的责任,就对平台施加了过重的责任。在现行法律框架中,对平台责任的规定大致采取了"避风港原则",即只有当被侵权的一方通知平台,而平台未采取措施的情形下,平台才承担责任。这一规则相对合理地界定了平台责任的界限,因为根据这一规则,只有在平台知晓或应该知晓存在侵权行为而不采取进一步行动的时候,平台才承担责任。

其次,就平台与平台内商家的关系而言,平台责任也难以直接适用传统商法与经济法的框架。一方面,平台内的商家身份常常难以确定,在互联网经济中,很多平台内的商家都是个体户。尤其在共享经济的模式下,个人已经成为平台内商业活动的主体,例如网约车的很多司机都是个人,他们兼具"民事主体"与"商事主体"的身份。简单套用商法的平等原则,难以分析此类情形中的平台与平台内商家关系。另一方面,平台也存在多重身份。近年来,很多互联网企业领导者与学者都指出,平台不仅仅是一般的商家,而且还是公共基础设施。从公共基础设施的角度看,平台对于平台内商家的责任就不是一般的商事关系,不能简单地适用商法;同时,对于平台可能涉及的反垄断问题,也不能简单地套用传统反垄断法框架。

最后,就平台与平台内从业人员而言,传统劳动法也面临挑战。在传统劳动法中,企业对于劳动者的责任主要取决于其和劳动者之间是否成立劳动关系。一旦二者成立劳动关系,则企业应当承担劳动法上的一系列责任;相反,如果二者成立劳务关系,则企业只需承担合同法上的责任。但就平台用工而言,很多在平台上从事工作的劳动者都处于中间地带。就网约车司机而言,一方面,他们依赖平台,在很多方面接受平台的考核;另一方面,他们的工作又相对自由,不像传统劳动者对于企业往往具有人身从属性,受到企业的直接控制。因此,简单以传统劳动法或合同法的视角看待平台内从业人员,无法全面深刻地把握平台经济中的劳动法律问题。真正兼顾平台经济的合理发展与劳动者权益的合理保护,必须超越传统劳动法中的"从属"与"控制"教义,通过跨部门法与反思传统部门法的分析来加深研究。

一、"避风港原则"与"守门人"责任

平台责任最为核心的问题是:平台到底应当承担多大责任?在光谱的一端,平台可以免责或不用承担责任。典型的代表是美国《通信风化法》(Communications Decency Act)230条款和《数字千年版权法案》(Digital Millennium Copyright Act)。其中,《通信风化法》230条款将网络服务者界定为类似书店或报刊亭这样的传播者,而非类似出版者或发言者的角色,从而免除了网络平台可能遭受出版者或发言者的侵权诉讼风险。而《数字千年版权法案》则规定,只要平台履行了一定的义务,就可以豁免平台的相关侵权责任。在法律上,《数字千年版权法案》的这一做法也被形象地称为"避风港原则"(safe harbor),其中的"通知—删除"规则影响了包括我国在内的全球互联网平台责任规则。

在光谱的另一端则是平台的严格责任或准严格责任。其典型代表是网络平台上存在的恐怖主义、儿童色情等信息。对于此类信息,我国《互联网信息服务管理办法》早在2000年即对其进行了规定,要求"互联网信息服务提供者不得制作、复制、发布、传播"此类信息;即使在网络平台责任较为宽松的西方,此类责任也不属于豁免范围。就类型而言,严格责任既可能是公法上的责任,也可能是私法上的第三人侵权责任。例如,我国《食品安全法》《电子商务法》确立了网络平

台的信息核验义务,要求对入网食品经营者"进行实名登记"和"审查许可证"[1],对平台内经营者"提交其身份、地址、联系方式、行政许可等真实信息,进行核验、登记,建立登记档案,并定期核验更新"[2]。当网络平台不履行此类义务,则其不但要承担行政法上的责任,而且还可能承担侵权法上的连带责任。平台的这类责任,在我国《个人信息保护法》上被形象地称为"守门人"责任,即平台是所有平台相关活动的守护者,一旦出现违法行为,平台就可能需要承担公法和/或侵权法上的责任。

当然,更多的规则处在光谱中间,或者名义上虽然为免责或严格责任,但实际上却可能往光谱的另一端移动。例如,"避风港原则"虽然经常被视为免责条款,但换个角度,却为平台施加了相关的义务;尤其当这一原则漂洋过海被移植到我国,更演变为强调平台注意义务的原则。在一些情形中,甚至只要出现了与平台相关的事故,平台就被认为没有尽到注意义务,需要同时承担公法与私法上的责任,避风港上的免责就成了严格的"守门人"责任。当然,反过来也同样成立。例如上文提到的信息核验义务,如果此类义务仅限于形式审查,则平台可以较为轻易地实现合规,并且可以以合规的理由免除自身的侵权责任。此时,平台的"守门人"责任就可能演变为避风港上的责任豁免。

平台责任的焦点问题是公法责任与私法责任的衔接。美国的平台责任一直聚焦私法上的侵权责任,包括帮助侵权(含引诱侵权)和替代责任,《通信风化法》230条款的一般性豁免和《数字千年版权法案》的"通知—删除"规则的本质是以自我规制换取侵权免责,其中前者是完全免责,后者是以履职代替免责。欧盟的平台责任追随美国步伐,在《信息社会指令》(InfoSoc Directive)和《电子商务指令》中确立了"避风港原则"。但近年来,欧盟在具体领域施加了公法责任,逐渐对平台施加审查义务。我国的平台责任自一开始就带有浓厚的公法色彩,要求平台承担审查义务。在私法侵权上,我国也引入了"避风港原则",但存在种种问题,例如缺乏反通知义务造成平台内容被大量下架;公法阴影下"避风港原则"反而变为"守门人"责任。

二、多维视角下的平台治理

围绕平台责任,各国建立了极为复杂的法律法规体系。以我国为例,我国一

---

[1] 《食品安全法》第62条。
[2] 《电子商务法》第27条。

方面围绕内容或行业制定了大量的法律法规,例如《互联网信息服务管理办法》《电子商务法》《网络安全法》《数据安全法》《广告法》《食品安全法》中的相关条款对各自适用范围内的平台责任进行了详细规定。另一方面,我国也对网络平台的侵权责任进行了单独规定。2009 年通过的原《侵权责任法》第 36 条确立了网络平台的"通知—删除"责任,规定平台对通知后未及时采取措施的扩大损失,以及"知道"情形下的侵权承担连带责任。2020 年通过的《民法典》第 1194~1197 条进一步细化了网络服务提供者的侵权责任。此外,在《电子商务法》《食品安全法》等行业性法律中,若干条款也对侵权责任进行了单独规定。

正如上文所述,平台责任的核心问题是:平台对于其平台内主体之间的第三方侵权行为应当承担何种责任?对于平台内主体的违法行为应当承担何种行政责任?初看上去,这似乎分别是横向的侵权法问题和纵向的行政法问题。对于前者,我国 2009 年通过的原《侵权责任法》第 36 条确立了网络平台的"通知—删除"责任,规定平台对通知后未及时采取措施的扩大损失,以及"知道"情形下的侵权承担连带责任,2020 年通过的《民法典》大致继承了这一规定,仅将"知道"情形下的侵权承担连带责任拓展到"应当知道"。[1] 对于后者,我国的《互联网信息服务管理办法》《网络交易监督管理办法》《广告法》《食品安全法》《电子商务法》《个人信息保护法》等法律法规章则在不同领域规定了平台的行政责任,如要求平台审查违法信息、履行登记与信息核验等责任。

但无论是横向侵权责任还是纵向行政责任,都必然需要多维视角。就横向侵权责任而言,侵权问题无法离开公法问题而单独存在。各国都对平台在侵权法上的责任进行了立法,这些立法体现了国家在公法上的政策选择。以美国为例,美国首先在 1996 年制定了《通信风化法》,在诽谤等言论侵权领域确立了平台豁免原则。其后,美国又在 1998 年制定了《数字千年版权法案》,在知识产权领域制定了"避风港原则"或"通知—删除"制度。[2] 美国之所以对不同领域进行不同立法,是因为诽谤侵权涉及言论自由,免除平台在言论领域的责任,有利于平台对言论进行自我调节(moderate)。[3] 相较之下,知识产权侵权更涉及商业利益与

---

[1] 《民法典》第 1197 条规定:"网络服务提供者知道或者应当知道网络用户利用其网络服务侵害他人民事权益,未采取必要措施的,与该网络用户承担连带责任。"
[2] See Digital Millennium Copyright Act § 512(c)(1)(A)(ⅱ).
[3] See Evelyn Douek, *Governing Online Speech: From "Posts - as Trumps" to Proportionality and Probability*, 121 Columbia Law Review 759, 762 – 771 (2021).

言论自由权益的平衡,而产品质量侵权则基本只涉及商业问题。[1] 与此相类似,我国虽然在《民法典》中将"避风港原则"或"通知—删除"作为一般侵权规则,但在单行立法中又引入了多重公法性考量。例如,《电子商务法》规定,对于"关系消费者生命健康的商品或者服务",如果平台未尽审核义务或安全保障义务,造成消费者损害,则平台需要承担"相应的"责任。[2]《食品安全法》规定,平台未能"提供入网食品经营者的真实名称、地址和有效联系方式的",应当承担"连带责任"。[3] 这些规定都反映了我国在公法上的政策选择,即要求平台对特定领域的侵权承担更重的侵权责任。

侵权法的司法判决同样受到公法性因素的影响。以我国为例,很多学者指出,我国在侵权法立法中引入了"通知—删除"这一"避风港原则"后,司法实践仍然受到公法影响。[4] "避风港原则"的本意是为网络平台提供有限的免责空间,平台通过合理的注意义务换取对其侵权责任的豁免。但在"避风港原则"被引入我国后,平台不仅没有得到此类豁免,反而在众多场景下被要求主动审查平台内的侵权行为,并且可能因为没有主动进行审查而承担侵权责任。[5] 对于此类现象,笔者与上述学者一样,认为相关做法对平台施加了过严的责任。但从公私法融合的角度来看,造成这一现象的原因在于我国的平台责任从一开始就具有显著的治理责任色彩。在电商领域,我国21世纪初面临平台内产品质量治理的国内外压力,例如,阿里巴巴一度在国外被指控销售大量劣质产品;[6] 在知识产权领域,美国也频频将我国列入301条款的"重点观察国家"名单。[7] 这些指控隐含

---

[1] 道格拉斯·李其曼(Douglas Lichtman)和威廉·兰德斯(William Landes)曾经指出,平台是否需要承担第三方责任,取决于一系列因素:(1)侵犯权益的危害性;(2)平台获益程度;(3)改进产品以减少侵权同时不干扰平台内合法活动的成本;(4)相比于第三方责任,平台承担责任对于防止侵权行为的有效性。See Douglas Lichtman & William Landes, *Indirect Liability in Copyright: An Economic Perspective*, 16 Harvard Journal of Law & Technology 395, 398 (2003).

[2] 参见《电子商务法》第38条第2款。

[3] 参见《食品安全法》第131条第2款。

[4] 参见沈伟伟:《技术避风港的实践及法理反思》,载《中外法学》2023年第4期。

[5] 参见崔国斌:《论网络服务商版权内容过滤义务》,载《中国法学》2017年第2期;薛军:《〈电子商务法〉平台责任的内涵及其适用模式》,载《法律科学(西北政法大学学报)》2023年第1期。

[6] See Annabelle Liang, *Alibaba and Tencent Sites Added to US Notorious Markets List*, BBC News, https://www.bbc.com/news/business-60426555, last visited on 10 January 2024.

[7] See Aaron Wininger, *USTR Releases 2023 Special 301 Report on Intellectual Property—China Remains on Priority Watch List*, National Law Review (30 April 2023), https://www.natlawreview.com/article/ustr-releases-2023-special-301-report-intellectual-property-china-remains-priority.

了众多偏见与不公,但就现象而言,它们解释了为何我国的平台侵权责任会被笼罩在"公法阴影"之下。[1]

平台的行政责任也同样无法离开私法视角。无论是在言论领域、知识产权领域、商品领域还是其他领域,对平台施加行政责任时都要考虑:此类责任在多大程度上具有必要性和有效性？通过合同、侵权等方式实现平台治理是否更为合理？有观点指出,平台往往具有很强的动力和能力对平台内的违法行为进行治理。[2] 具有动力是因为平台都希望打造较好的生态系统,如果平台内出现大量的违法和侵权行为,该平台的声誉就可能受损,从而降低对用户和商家的吸引力;而具有能力是因为平台往往比公权力机关能更快和更准确地发现违法行为。因此,对平台施加过多的行政责任,不仅没有必要,而且可能造成平台对平台内行为的过严规制或过松规制。平台为了避免行政责任,在某些情形下可能会删除或规制某些本来合法的言论或行为,在其他情形下则可能会放任某些言论与行为,以免被认定侵害用户权利。[3] 还有观点认为,合同与侵权比行政责任更能有效实现平台治理,因为合同和侵权具有个案导向性,更符合平台场景丰富与变化飞速的特征。[4] 这些观点未必完全正确,但都揭示了单维视角下看待平台行政责任的不足。

三、平台革命、零工经济与劳动法的新思维

在过去的十几年里,一场网络平台革命席卷了全球。在美国,诸如亚马逊、脸书、贝宝(PayPal)、优步、爱彼迎(Airbnb)等网络平台开始兴起,深刻改变了西方和全球的社会与经济面貌。[5] 在中国,此类平台革命也同样蔚为壮观,阿里巴巴、腾讯、京东、滴滴等企业已经在一定程度上可以和美国企业比肩,而这些以网络平台为核心的企业也对中国社会与经济产生了巨大的影响。

---

[1] 参见姚志伟:《公法阴影下的避风港——以网络服务提供者的审查义务为中心》,载《环球法律评论》2018年第1期。
[2] 参见刘权:《网络平台的公共性及其实现——以电商平台的法律规制为视角》,载《法学研究》2020年第2期。
[3] 参见左亦鲁:《社交平台公共性及其规制——美国经验及其启示》,载《清华法学》2022年第4期。
[4] 参见武腾:《电子商务平台经营者的侵权责任》,载《法商研究》2022年第2期。
[5] See Geoffrey G. Parker & Marshall W. Van Alstyne, *Platform Revolution: How Networked Markets Are Transforming the Economy—And How to Make Them Work for You*, Brilliance Corp, 2017, p.1-10.

以劳动法领域为例，网络平台带来了"零工经济"（gig economy）的兴起。[1]在网络平台兴起之前，劳动者尽管也会打各种零工，但这种零工无论是打零工的时长、频率还是人数规模都相对较短、较低或较小。而在网络平台兴起之后，零工经济开始大规模崛起，渗透到社会生活的各个方面并成为国家经济的重要组成部分。例如，"人人快递"为普通网民成为快递员提供了条件，用户只要绑定自己的信用卡并经过相关认证，就可以成为人人快递员，从 App 上接单。在"猪八戒网"的平台上，企业可以在平台上发布诸如文案、设计等各类需求，网民则可以根据这类需求从事相关的劳动和服务。更为引人关注的则是互联网专车，其所创造的零工经济已经具有了相当大的规模。以滴滴出行为例，截至 2016 年，滴滴出行的注册司机已经超过 1000 万，每天有超过 200 万的滴滴司机为乘客提供服务，创造了 3 亿多元人民币的收益。[2]

这对现行的劳动法带来了冲击与挑战。传统劳动法对于判断劳动关系全有和全无的路径存在不小的问题，一旦劳动者和网络平台企业之间的关系被认定为劳动关系，网络平台企业就要承担一系列劳动法上的职责，如必须为劳动者缴纳社会保险、支付最低工资等；而一旦劳动者和网络平台企业之间的关系不被认定为劳动关系，劳动者将完全不享受此类权益。这就意味着劳动法对于网络平台企业的规制要么全盘规制，要么完全放任。对于劳动者和网络平台企业来说，这种规制进路可能会造成过度规制和规制不足的问题。[3]

一方面，如果过于轻易地将劳动者与网络平台之间的关系定义为劳动关系，那么这无疑将加重网络企业的责任，对方兴未艾的互联网经济与劳动力市场造成一定的影响。客观地说，网络平台与零工经济的兴起减少了劳动力市场的交易成本，使劳动力市场的配置变得更为有效。[4] 对劳动者来说，网络平台使下岗人员、无技能人员、暂时失业人员、家庭妇女都有可能寻找到适合自身的工作，甚至学生也能通过自身的技能获取一定的收入。对于劳动的需求方来说，情形亦是如

---

[1] 参见叶健：《"零工经济"：依靠网络打零工，也能赚些钱》，载《决策探索（上半月）》2015 年第 11 期。Noam Scheiber, *Employees, Contractors and Those in Between*, N. Y. Times, 11 December, 2015.
[2] 参见快科技：《滴滴出行大数据：平均每日 207 万名司机在线 人均收入超 160 元》，载 TechWeb, http://www.techweb.com.cn/internet/2017-01-04/2466744.shtml。
[3] 参见丁晓东：《平台革命、零工经济与劳动法的新思维》，载《环球法律评论》2018 年第 4 期。
[4] See Yochai Benkler, *The Wealth of Networks: How Social Production Transforms Markets and Freedom*, Yale University Press, 2006, p.2–28.

此,更多类型的服务也更好地满足了他们的需求。网络平台与零工经济使市场中的信息更为对称,服务更为多元。[1]

另一方面,如果将劳动者与网络平台之间的关系都视为非劳动关系,那么在很多情形下,劳动者的生活将面临很大的不确定性。众所周知,"倾斜保护"是劳动法的核心原则之一,[2]"倾斜保护"的原理在于,用人单位和劳动者之间往往拥有不平等的地位和权力,而劳动者的生计又往往依赖于其劳动,如果完全采取民法中意思自治的原则,那么劳动者将无法和用人单位进行相对平等的谈判,同时其也可能会随时面临失业等生计威胁。在很多网络平台与劳动者的关系中,虽然网络平台对于劳动者的控制和传统的方式有很大的不同,劳动者的就业选择也更为多元和自由,但劳动者仍然面临"店大欺客"的不平等谈判权利,仍然面临工伤、失业等诸多生计上的威胁,如果将此类关系都排除在劳动法的保护之外,那么劳动者的一系列权益将不足以得到充分的保障。[3]

在平台经济的劳动法规制中,应当改变认定劳动关系进而施加或豁免所有劳动法责任的进路,应当采取功能主义与反本质主义的劳动法规制进路。具体来说,应当对劳动法规制中的一系列责任进行功能性的分析,分析何种责任更应当适用于何种网络平台。从劳动法规制的整体理念上来说,应当对平台经济中的劳动问题采取一种"助推型"规制,应当努力在促进劳动力市场的良好运转与保护劳动者权益之间维持平衡。具体来说,2017 年的诺贝尔经济学奖获得者理查德·塞勒(Richard H. Thaler)和著名法学家卡斯·桑斯坦(Cass R. Sunstein)曾经提出过一种"助推型"的规制进路。[4] 作为"助推型"规制的代表人物,这两位教授首先对传统的自由市场主义与国家主义进路都进行了批判。他们指出,一方面传统的自由市场主义面临种种问题,因为这种自由市场主义所依赖的传统理性经济人的假设是错误的,以弗里德曼等人为代表的传统经济学认为,个人总是理性的,因此市场总能够比较合理地解决相关问题,必须尊重个人在市场中进行的选择,但现实世界的真实情况是,个人的理性是有限的,个人对于世界的认识普遍

---

[1] See David Evans, *Matchmakers*: *The New Economics of Multisided Platforms*, Harvard Business Review Press, 2016, p.197.

[2] 参见林嘉:《劳动法和社会保障法》,中国人民大学出版社2009年版,第24页。

[3] See Steven Hill, *Raw Deal*: *How the "Uber Economy" and Runaway Capitalism Are Screwing American Workers*, MIT Press, 2017.

[4] 关于"助推型"规制,参见 Richard H. Thaler & Cass R. Sunstein, *Nudge*: *Improving Decisions about Health, Wealth, and Happiness*, Yale University Press, 2008。

存在短视或决策错误的情况,市场并不一定能够合理地解决相关问题。另一方面,这两位教授也指出,完全依赖国家的强制性规制来替代市场行为,这也存在种种问题,因为市场往往会规避国家的规制,即使规制者具有良好的动机,国家的强行规制也会常常失败。

对于传统自由市场主义与国家规制主义所面临的问题,两位教授认为,政府既不宜推行全盘性的规制,也不能无所作为。政府应当通过一种助推型的规制来诱导市场主体作出合理的选择,从而达到规制所希望实现的目的。用塞勒和桑斯坦的话来说,就是"通过一种可预见的方式来改变人们的行为,同时又不会禁止他们的其他选择,或者显著地改善他们的经济动机"[1]。

以塞勒和桑斯坦为代表的"助推型"规制进路在美国政府具有深刻的影响。例如在奥巴马政府时期,塞勒和桑斯坦的这种进路深刻地影响了奥巴马政府的法律与政策制定。[2] 在美国规制机构所制定的很多规制政策中,规制机构都采取了促进和激励市场主体进行自我规制与合作规制的政策,避免放任市场主义与政府全面管制所带来的问题。

对于平台经济与零工经济,这种规制思路也非常值得我们借鉴,我国对平台经济与零工经济的规制也可以采取更多的"助推型"规制政策。例如,国家可以鼓励平台企业对劳动者进行有效的保护,在不影响劳动力自由流通和市场公平竞争的前提下,国家可以对某些为劳动者提供恰当保护的企业提供一定的奖励措施,鼓励平台企业与其员工建立更为长远和良性的合作关系。毕竟,企业为劳动者所付出的各种保护并不仅仅是企业的一种负担,如果换一个角度,这种负担其实也是一种长期的投资,有利于培养员工对于企业的忠诚度和归属感,[3]同时也有利于企业之间的良性竞争。

总之,本书对于平台、零工与劳动法的研究提示我们,我们对于平台与劳动问题的规制可以采取新的思维与规制进路,通过本书所说的功能主义进路与"助推型"规制,我们完全可能找到一条既保证零工经济蓬勃发展,又保护劳动者权益的法律路径。

---

[1] Richard H. Thaler & Cass R. Sunstein, *Nudge: Improving Decisions about Health, Wealth, and Happiness*, Yale University Press, 2008, p. 6.
[2] 2009 年,桑斯坦出任白宫信息规制办公室主任(Office of Information and Regulatory Affairs)一职,对美国政府的规制理论与规制实践产生了重要影响。
[3] 在国外,有的平台就已经将其所有雇员都纳入劳动关系中。例如致力于家政服务的 Hello Alfred。纳入劳动关系后,这家公司发现员工对公司的忠诚度和归属感大大提升。

第四节　平台内部的规则治理

构成互联网主要架构的网络平台企业已发展为私有化、科技化和商业化的信息产业类型,也代表了互联网控制能力的私人化。[1] 各种技术和经济资源日益集中在大型网络平台企业手中,通过对代码和市场的掌控,网络平台不仅是互联网技术创新的主导者,更拥有了影响和规制用户行为的能力,符合政府对互联网用户行为进行规制的目的。

一、平台基本权利

平台对用户的基本权利也产生了影响。平台的业务往往超越纯粹的经济领域,涉及社会生活的方方面面,而用户由于对超大型平台的依赖,其基本权利往往受制于超大型平台。离开了超大型平台,用户的基本权利就失去了可以行使的依托。[2]

这类影响首先表现在言论表达等政治领域的基本权利。在互联网时代,大量的公共言论表达都依赖于互联网平台,特别是社交网络、搜索资讯类的超大型平台。一旦这类平台对个人言论进行封禁,个人参与公共讨论的空间就会被大大压缩。但平台凭借其私法主体的身份,又可以辩称其言论的管控行为是一种私法自治或私人执法(private ordering),[3] 不构成对言论表达等公民基本权利的侵犯。在平台权力日益显著化的背景下,用户的公民基本权利如何保障,成为各方关注的焦点。其中,最为典型的案例是推特和脸书对美国总统特朗普账号的禁言。在特朗普第一任期即将结束、国会出现骚乱的背景下,这两家超大型平台决定,特朗普的账号在两年内都不能发言。这一决定引发了西方对于超大型平台的广泛质疑,虽然很多人不满特朗普的政治倾向与个人风格,但都指出这一决定侵犯了公民的基本权利。用欧盟委员会主席冯德莱恩的话说,"无论推特在午夜五分钟后

---

[1] See Ronald Deibert & Rafal Rohozinski, *Liberation vs. Control: The Future of Cyberspace*, 21 Journal of Democracy 43 (2010).

[2] 关于基本权利的行使基础,参见[美]史蒂芬·霍尔姆斯、[美]凯斯·桑斯坦:《权利的成本:为什么自由依赖于税》,毕竞悦译,北京大学出版社2004年版,第1-27页。

[3] 所谓私人执法,指的是作为私主体的当事方通过采取自愿措施进行监管、执行和争端解决的做法,私人执法区别于通过立法规定的措施和义务而进行执法。

关闭唐纳德·特朗普的账户是多么正确,对言论自由的严重干扰应该基于法律,而不是公司规则。它应该基于议会和政治家的决定,而不是硅谷管理者的决定"。[1]

平台的影响还涉及社会性与经济性基本权利。社会权利与经济权利常常被称为第二代人权,[2]在宪法与法律层面被很多国家尤其是发展中国家纳入其基本权利体系。大型平台由于广泛渗透人们的社会与经济活动,对于公民的这类权利产生了举足轻重的影响。例如,微信等社交网络账号对于公民的基本社会交往活动已经必不可少,一旦微信账号被封禁,个人就很可能面临"社会性死亡";在新冠疫情期间,人们越来越依赖于腾讯会议、钉钉等进行课程学习、会议工作,离开了平台提供的这类软件,公民将处于孤立状态;在出租车被纳入网约车的背景下,公民的出行也日益离不开网约车平台。近年来,数字人权的概念日益受到重视,一个重要原因是公民的社会与经济权利越来越离不开平台。[3]

二、决策机制

与影响公民基本权利相关的是平台的决策机制。平台虽然对公共议题与公民基本权利有着举足轻重的影响,但决策机制却并不像政府决策,遵循透明性、中立性、程序性原则。即使对于影响公共利益与基本权利的决策,部分平台也一般将其作为商业问题看待,将其交由技术或商业团队决定。例如,对于封禁用户账号的行为,平台可能并不会像政府决策或司法判决那样,详细告知用户其决策如何作出,理由是什么,而仅仅告知用户其可能涉嫌违法;平台也可能仅为用户提供基于自家的支付方式,并不像政府机构那样保持中立。

在具体制度上,平台也并未像公权力机构那样设置全流程的正当程序。在规则制定方面,平台的规则制定更接近于商业决策,而非有广泛用户参与的立法程序;在司法和救济程序方面,平台为用户提供的裁决与救济机制更类似于售后服

---

[1] See *Speech by President of the European Commission von der Leyen at the European Parliament Plenary on the Inauguration of the New President of the United States and the Current Political Situation*, European Commission(20 January 2021), https://ec.europa.eu/commission/presscorner/detail/en/speech_21_167.

[2] 1977年,瓦萨克首先提出三代人权理论。See Karel Vasak, *Human Rights: A 30 - Year Struggle: The Sustained Efforts to Give Force of Law to the Universal Declaration of Human Rights*, UNESCO Courier, November, 1977.

[3] 参见张文显:《新时代的人权法理》,载《人权》2019年第3期;马长山:《智慧社会背景下的"第四代人权"及其保障》,载《中国法学》2019年第5期。

务或产品客服,而非类似行政裁决或司法诉讼的程序;在执法方面,平台的执法常常由内部的某个机构或个人作出,而不一定通过公开、公正、透明的程序进行。[1] 平台的这些决策特征,使有的学者将其视为"没有法律性"(lawless)的决策,[2] 虽然平台的内部决策对人们的基本权利与重要利益有着比拟政府的影响,但这些决策都没有受到现代法治原则的约束。

　　大数据与算法决策的兴起加剧了平台的决策机制问题。相较人工决策,基于大数据的算法决策的机制具有更多的精确性与不透明性,这类决策在给平台带来效率的同时,也对公民的基本权利产生更大的威胁。[3] 在算法决策程序的设计端,平台就可能面临众多公共性议题或基本权利问题。例如,以效率为唯一考量的外卖平台算法将激励骑手的闯红灯与逆行等行为,危及骑手的生命安全;以流量为唯一考量的推荐算法可能导致群体极化、低俗信息泛滥等问题。缺乏对公共参与和公共政策的考虑,平台的决策机制可能面临正当性挑战。[4] 而在权利救济方面,算法自动化决策也引发了众多质疑。[5] 当算法自动化决策对个人权利造成重大影响时,平台一般并不提供类似司法或行政程序的救济途径。由于平台所涉及的用户数量巨大,大部分超大型平台也不提供人工救济或复核渠道,很少有用户能够成功申诉成功。

三、平台的准公权力责任

　　针对平台可能带来的影响公共利益和公民基本权利问题,现有的各国立法已经对超大型平台的内部治理展开规制。以欧盟为例,欧盟在《数字服务法》中引入了"超大型在线平台"和"超大型在线搜索引擎"的法律概念,并且规定这类平台应当履行相关义务,例如对非法内容、仇恨言论、侵犯隐私、操纵选举等系统性风险进行分析,并根据已识别的系统风险制定有效的缓解措施;在公共安全、公共

---

[1] See Tarleton Gillespie, *Custodians of the Internet*: *Platforms*, *Content Moderation*, *and the Hidden Decisions That Shape Social Media*, Yale University Press, 2018.

[2] See Nicolas Suzor, *Lawless*: *The Secret Rules That Govern Our Digital Lives*, Cambridge University Press, 2019, p.1-2.

[3] 参见丁晓东:《论算法的法律规制》,载《中国社会科学》2020年第12期。

[4] See Frank Pasquale, *The Black Box Society*: *The Secret Algorithms That Control Money and Information*, Harvard University Press, 2015, p.3; Ruben Binns, *Algorithmic Accountability and Public Reason*, 31 Philosophy & Technology 543(2018).

[5] See Lorna McGregor, *Daragh Murray & Vivian Ng*, *International Human Rights Law as a Framework for Algorithmic Accountability*, 68 International and Comparative Law Quarterly 309 (2019).

健康等"危机状态"下采取措施加以应对;对遵守《数字服务法》的行为合规性进行独立审计,并建立正式的合规部门;向主管机构提供必要的数据并解释其算法系统的设计、逻辑、功能和测试,以监测其遵守《数字服务法》的情况;建立展示其在线广告内容、针对对象、时长、特征、参数、人数的公共数据库;提供不基于存档系统的推荐系统;提供机器可读的服务条款;以各国官方语言发布服务条款。[1] 欧盟在《数字市场法》以及相关法律中的这些规定对超大型平台施加了前所未有的监控义务。长期以来,欧盟追随美国的步伐,在《电子商务指令》等法律中对平台采取避风港原则,仅要求平台采取合理注意义务。[2] 但随着平台责任特别是超大型平台责任的强化,这一合理注意义务已经在某些领域转变为公共管理责任。[3]

我国的立法并未对超大型平台设置单独的公共管理责任。这主要是因为,我国的法律法规一直注重平台的公共管理责任,因此欧盟对于超大型平台责任的很多规定已经为一般平台责任所吸纳。早在2000年,国务院发布的《互联网信息服务管理办法》即规定,平台的互联网信息服务提供者"不得制作、复制、发布、传播"含有违反宪法法律等各类违法信息。一旦发现各类违法信息,"应当立即停止传输,保存有关记录,并向国家有关机关报告"。[4] 此后,《广告法》《食品安全法》《电子商务法》《网络安全法》《个人信息保护法》《数据安全法》等分别规定了平台在不同领域的监管责任。对于超大型平台,《互联网平台落实主体责任指南(征求意见稿)》(以下简称《责任指南》)主要是重复已有规定,并对其进行适度升级。例如《责任指南》规定,超大型平台经营者应"建立健全数据安全审查与内控机制",应"设置平台合规部门,不断完善平台内部合规制度和合规机制"。针

---

[1] 参见《数字服务法》第33~43条。
[2] See Directive 2000/31/EC of the European Parliament and of the Council of 8 June 2000 on Certain Legal Aspects of Information Society Services, in Particular Electronic Commerce, in the Internal Market, 2000 OJ (L 178).
[3] 近年来,这一现象已经成为全球性趋势,参见 Giancarlo Frosio, *The Death of "No Monitoring Obligations": A Story of Untameable Monsters*, 8 JIPITEC 199 (2017); Rory Van Loo, *The New Gatekeepers: Private Firms as Public Enforcers*, 106 Va. L. Rev. 467 (2020).
[4] 《互联网信息服务管理办法》第15、16条。这些违法信息包括:"(一)反对宪法所确定的基本原则的;(二)危害国家安全,泄露国家秘密,颠覆国家政权,破坏国家统一的;(三)损害国家荣誉和利益的;(四)煽动民族仇恨、民族歧视,破坏民族团结的;(五)破坏国家宗教政策,宣扬邪教和封建迷信的;(六)散布谣言,扰乱社会秩序,破坏社会稳定的;(七)散布淫秽、色情、赌博、暴力、凶杀、恐怖或者教唆犯罪的;(八)侮辱或者诽谤他人,侵害他人合法权益的;(九)含有法律、行政法规禁止的其他内容的。"

对"传播非法内容、侵害消费者合法权益、不能正常提供平台服务,导致社会正常生活秩序、公共利益、国家安全受到侵害的行为",平台应当每年进行分析评估,采取"风险防控措施""定期委托第三方独立机构对本指南所规定的主体责任遵守情况进行审计"。[1]

各国法律法规对于平台权力的内部规范化也进行了一定规定。例如,我国《电子商务法》规定电子商务平台经营者修改平台服务协议和交易规则,应当"在其首页显著位置公开征求意见,采取合理措施确保有关各方能够及时充分表达意见";"不得删除消费者对其平台内销售的商品或者提供的服务的评价"。[2] 在平台权力的规范化方面,整体而言各国立法主要从消费者保护、个人信息保护、劳动者保护等角度对平台进行规制,[3]并未完全比照政府公权力进行规制,也并未要求超大型平台设置类似国家权力的立法、司法、执法程序。

对超大型平台权力进行规范的呼声主要集中在学术领域。例如有学者指出,超大型平台已经成为新的管理者(governors),在言论自由和参与民主文化方面发挥着越来越重要的作用。[4] 尽管平台看上去扮演了消极角色,但其实质上积极策划与引导用户发布内容、对言论表达进行干预与管制。而且,这种干预往往既不透明,又不负责任。[5] 还有学者指出,尽管欧盟《数字服务法》开启了对超大型平台监管的大门,但这种监管仍然对平台的宪制化关注不足。随着算法决策的兴起与平台管理性功能的凸显,超大型平台本身已经成为对公民基本权利的威胁。[6] 为了应对超大型平台的此类权力扩张,学者提出了引入透明性、中立性、程序性等公权力决策的原则。在制度设计上,则引入公共参与规则制定、建立准司法体制、公开执法决策流程。在实践领域,一些超大型平台也对此进行了实验或探索。例如脸书曾经对其数据治理政策发起过投票;[7]在言论审查等方面,脸

---

[1] 参见《责任指南》第4~8条。
[2] 参见《电子商务法》第35、39条。
[3] 这类保护性法律主要将平台视为一种社会权力,采取个人—社会—国家的三元结构对个人权利进行保护。
[4] See Kate Klonick, *The New Governors: The People, Rules, and Processes Governing Online Speech*, 131 Harv. L. Rev. 1598 (2018).
[5] See Danielle Keats Citron, *Technological Due Process*, 85 Wash. U. L. Rev. 1249 (2007).
[6] See Giancarlo Frosio & Christophe Geiger, *Taking Fundamental Rights Seriously in the Digital Services Act's Platform Liability Regime*, 29 European Law Journal 31 (2023).
[7] See Dina Srinivasan, *The Antitrust Case Against Facebook*, 16 Berkeley Bus. L. J. 39 (2019).

书也建立了类似联邦最高法院的委员会[1]。在有关观点看来,法律应推动此类做法的制度化,以应对平台政府化或公权化带来的挑战。

典型案例

2024年10月,美国司法部发布文件,呼吁对谷歌进行制裁。内容包括结束谷歌与苹果和三星等公司的独家协议,并禁止某些类型的数据跟踪。文件写道,司法部正在考虑"行为和结构性"补救措施,以确保谷歌不能以有利于其搜索引擎的方式使用其Chrome浏览器或安卓手机。美国司法部强调,谷歌的反竞争行为导致了恶性的伤害,其控制的市场对所有美国人的生活都是不可或缺的,需要有效解放这些市场并恢复竞争。

谷歌首席执行官孙达尔·皮柴(Sundar Pichai)回应认为,谷歌和苹果、三星之间的协议是有意义的,这使用户能够无缝使用谷歌的服务。谷歌竞争对手Duck Duck Go的首席执行官加布里埃尔·温伯格(Gabriel Weinberg)反驳道,"谷歌喜欢声称每个人都选择谷歌。""但大多数消费者没有:他们只是默认。"

这一案件是大科技平台监管的一个重大转折点,它表明垄断本身不违法,但利用垄断权力来保持市场主体地位是违法的。

问题与思考

1. 为什么需要平台治理?
2. 如何理解平台与其他主体之间的关系?
3. 如何理解平台的公共性?
4. 如何看待平台的内部监管责任?

延伸阅读

1. [美]弗兰克·帕斯奎尔:《黑箱社会:控制金钱和信息的数据法则》,中信出版社2015年版。
2. [美]劳伦斯·莱斯格:《思想的未来:网络时代公共知识领域的警世喻言》,中信出版社2004年版。

---

[1] See Nick Clegg, *Welcoming the Oversight Board*, Facebook (6 May 2020), https://about.fb.com/news/2020/05/welcoming – the – oversight – board.

3. [美]劳伦斯·莱斯格:《代码2.0:网络空间中的法律》(修订版),清华大学出版社2018年版。
4. [美]尤查·本科勒:《企鹅与怪兽:互联时代的合作、共享与创新模式》,浙江人民出版社2013年版。
5. Christopher Yoo, *The Dynamic Internet*: *How Technology*, *Users*, *and Business Are Transforming the Network*, AEI Press, 2012.

第七章　数据的法律治理

> **法律故事**
>
> 2024年5月24日,国家数据局会同生态环境部、交通运输部、金融监管总局、中国科学院、中国气象局、国家文物局、国家中医药局等部门在第七届数字中国峰会主论坛上发布首批20个"数据要素×"典型案例。这些案例涵盖了工业制造、现代农业、商贸流通、交通运输、金融服务、科技创新、文化旅游、医疗健康、应急管理、气象服务、城市治理、绿色低碳等12个行业和领域。例如,在工业制造领域,国家能源投资集团有限公司汇聚了22类铁路运输装备、9类港口装备、6类船舶装备的运行、故障、维修等数据超30亿条,打破了装备制造商之间的数据壁垒,构建智能模型,形成了近600类装备设计和研发数据集,搭建了数据资产交易平台,探索形成了数据资产定价模型,吸引了275个运输装备制造企业开展数据资产交易,有效推进了近100家运输装备产品设计和功能优化。
>
> 从上述典型案例可以看到,作为现代社会第五大生产要素的数据,在促进经济社会发展中所发挥的重要作用,通过释放数据价值、开发数据产品和服务,能够为各行各业的生产经营活动进行数字化赋能,有效地提高企业的经营效率,降低成本。

第一节　数据的法律属性

"数据不是一切,但一切都在变成数据。"[1]现代网络信息社会中的数据已经成为与土地、劳动力、资本和技术相并列的第五大生产要素,在社会生产生活等

---

[1]　涂子沛:《第二大脑》,中译出版社2023年版,第13页。

各个领域发挥着越来越重要的作用。[1] 要激活数据的要素潜能,充分发挥我国海量数据规模和丰富应用场景优势,培育全国统一的数据大市场,就必须建立并完善包括数据产权制度、数据要素流通和交易制度、数据收益分配制度以及数据治理制度在内的数据基础制度。构建科学合理的数据基础制度的前提是认识和掌握数据的法律属性,厘清数据与信息的关系以及数据的不同类型。

一、数据与信息

从信息科学的角度来说,"信息"与"数据"既有区别又有联系。[2] 理论上,学者将信息从结构层(Strukturebene)、符号层(Zeichenebene)以及语义层(Bedeutungsebene)三个层面相应地划分为:结构性信息(strukturelle Information)、句法性信息(syntaktische Information)与语义性信息(semantische Information)。[3] 其中,结构性信息属于物理层面,用来承载句法性信息。句法性信息侧重于将信息作为字符集进行编码,它是由一组字符及其相互关系所确定的信息,或者说是以能够通过信息技术加以处理的一组字符形式而存在的信息,如代码、文本和图像。句法性信息并无意义,只有适用和不适用之分,不存在正确与错误之分。但是,作为第三层的信息即语义性信息注重的就是意义,存在正确与错误之分,语义信息必须要通过句法性信息加以传递。知识就是人类头脑中的语义性信息。三个层次的信息的关系是:结构性信息承载句法性信息,句法性信息承载语义性信息。[4]

与信息不同的是,数据只有两个层次:一是作为结构层面的数据,即数据载体(Datentraeger),是存储数据的介质,如电脑的硬盘、U盘等。随着云计算技术的发展,数据可以存储在大量不同且远离用户的地点,故数据载体的确定变得越来

---

[1] 2020年3月30日中共中央、国务院发布的《关于构建更加完善的要素市场化配置体制机制的意见》首次将数据作为与土地、劳动力、资本和技术相并列的生产要素,提出了"加快培育数据要素市场"的具体要求。

[2] 参见张平文、邱泽奇编著:《数据要素五论:信息、权属、价值、安全、交易》,北京大学出版社2022年版,第34—39页。

[3] Vgl. Herbert Zech, Information als Schutzgegenstand, 2012, S. 35.

[4] 结构性信息中的有体物受到物权的保护,句法性信息受保护的典型例子如著作权法保护表达,语义性信息受保护的例子是隐私权对个人的私密信息加以保护。See Herbert Zech, *Information as Property*, 6 Journal of Intellectual Property, Information Technology and Electronic Commerce Law 192 (2015).

越不重要。[1] 二是作为符号层面的数据,即机器可读的编码信息,相当于句法性信息。就数据而言,并不存在信息的第三个层次即语义信息层,因为这个层面已经是内容层了。

在表述数据和信息的关系时,最经常被采用的表述为"数据是信息的载体,信息是数据的内容"。这句话中的"数据"是指符号层的数据,"信息"仅指语义层的信息。就符号层的数据与语义层的信息的关系而言,信息就是内容,人们通过获取信息就可以知道某些事情。数据就是形式,是用来记录信息或者承载信息的一系列符号。数据被认为是信息的载体,信息借助数据这一载体进行传播。数字技术的发展已经使信息和数据的关系突破了传统媒介所具有的内容和形式的区分特征,二者在特殊的网络环境下可以自由转换,几成一体。[2] 由于作为符号层面的数据与句法性信息完全融合,数据不仅承载而且直接显现语义性信息,这就使人们慢慢习惯以数据来指称信息,即当人们说数据时往往指的就是语义信息。虽然现代网络信息环境下的数据既是信息的数字化媒介,又直接显现信息,但并不能据此认为数据就"兼具信息本体和信息媒介的双重属性"[3]。因此,数据与信息的区分在法律上并非毫无意义。

二、数据的特性

数据的法律治理问题之所以复杂,根本原因在于数据具有无形性、非竞争性、非损耗性、非稀缺性等特性。首先,数据是无体物,而非如同动产、不动产那样,是有体物。数据可以存储于有体物中,但其本身并非物理上可触摸的实体。这就使得一方面数据只能借助特定的技术手段而非依靠实体的掌控来进行占有并排除他人的干涉;另一方面数据具有非竞争性的特点,即同一数据可在同一时间由不同的主体在不同的空间加以使用。与有体物所不同的是,数据的价值不会随着它的使用而减少,而是可以不断地被处理,这就是所谓的"非竞争性",即个人的使用不会妨碍其他人的使用,而且信息不会像其他物质产品一样随着使用而有所耗损。此外,数据的价值并不仅限于特定的用途,它既可以为了同一目的而被多次使用,也可以用于其他目的。数据的全部价值远远大于其最初的使用价值,这也

---

[1] Vgl. Kirsten Johanna Schmidt, Datenschutz als Vermögensrecht: Datenschutzrecht als Instrument des Datenhandels, 2020, S.28.
[2] 参见梅夏英:《信息和数据概念区分的法律意义》,载《比较法研究》2020年第6期。
[3] 武腾:《数据交易的合同法问题研究》,法律出版社2023年版,第4页。

意味着即使首次或之后的每次使用都只带来了少量的价值,但只要数据被多次使用过,企业仍然可以对数据加以有效利用。[1]

其次,数据具有非稀缺性的特点。土地、矿藏、森林等自然资源是稀缺的,总量是有限的,但是数据具有非稀缺性的特点,网络信息科技的发展使人类社会创造出越来越多的数据。在地球上,我们每天都会产生5亿条推文、2940亿封电子邮件、400万GB的脸书数据、650亿条WhatsApp消息和72万个小时的油管新视频。[2] 不仅如此,物联网(IoT)上的联网汽车、工业机器、玩具和其他设备也会产生大量的数据和信息,预计存储的数据总量到2025年将达到163ZB。在当今先进传感器的帮助下,每辆自动驾驶汽车每天就可以产生多达4000GB的数据,这些数据涉及车辆的性能和维护、汽车的位置以及车内人员的各个方面的信息。[3] 根据国家数据局发布的《数字中国发展报告(2023年)》的统计,2023年全国的数据生产总量达32.85ZB,同比增长22.44%,数据存储总量为1.73ZB。

再次,数据价值以大规模汇聚为前提,数据越多越好,特别是对于机器学习而言,数据规模的增加使算法可以学会处理越来越复杂的问题。数据的非竞争性、非稀缺性和大规模汇聚性,使数据更适合被共享,为不同的主体,以更加多元的方式进行开发和利用,这样才能更好地发挥其要素潜能。

最后,数据产生和应用的场景非常丰富,既涉及自然人的日常生产生活等活动,也涉及企业等市场主体的经营服务活动,还有政府机关依法履行职责以及公共服务单位提供公共服务的活动。因此,数据处理中参与的主体很多,既有个人、企业,也有国家机关等。此外,数据处理活动中数据的形态也在发生变化,从最初收集的原始数据到经过汇集而形成的数据资源,再到加工处理所生的数据产品。[4]

正是由于数据的上述特性,人们在研究数据权益及其体系问题时无法笼统地将数据作为一个整体的权利的标的物来看待,而必须先对数据进行分类,再分别讨论相应的数据权益的性质及其内容、效力等问题。从目前法学界与经济学界对于数据权益的研究来看,主要的分类方法有两种:一种是将数据分为个人数据、企

---

[1] 参见[英]维克托·迈尔-舍恩伯格、[英]肯尼思·库克耶:《大数据时代:生活、工作与思维的大变革》,盛杨燕、周涛译,浙江人民出版社2013年版,第132页。

[2] [英]Melvin M. Vopson:《我们究竟产生了多少数据?》,张乃欣译,载微信公众号"环球科学"2021年5月27日,https://mp.weixin.qq.com/s/OR-sb646Bexot3IPKulhrA。

[3] Lothar Determann, *No One Owns Data*, 70 Hastings L. J. 1 (2018).

[4] 参见姚佳:《数据权益的构造及其动态比较》,载《中国应用法学》2023年第3期。

业数据与公共数据;另一种是将数据分为原始数据、数据资源与数据产品。这也是"数据二十条"所采取的数据分类方法。

三、数据的类型

(一)个人数据、企业数据与公共数据

"数据二十条"中将数据分为个人数据、企业数据与公共数据,并提出建立数据分类分级确权授权制度。其中,个人数据是指承载个人信息的数据,也称个人信息数据,它是从数据上有无承载个人信息的标准对数据所作的分类。从形式逻辑上来说,与个人数据相对应的应当是非个人数据,即不承载个人信息的数据。企业数据、公共数据是从生产与处理数据的主体的角度对数据的分类。企业数据是企业所生产处理的数据,既包括企业自己生产的数据,也包括企业收集(自行收集或从其他主体处取得)的数据。公共数据是国家机关、法律法规规章授权的具有管理公共事务职能的组织以及公共服务运营单位在依法履行职责以及提供公共服务过程中生产处理的数据。[1] 显然,企业数据与公共数据中既有个人数据,也有非个人数据。

(二)原始数据、数据资源与数据产品

数据的最初形态是所谓的"原始数据",即个人、企业、国家机关、公共服务部门等在生产生活中产生或收集的各类数据。数据处理者对这些原始数据进行收集、清洗和一定的加工后组成的数据集合,就是数据资源。数据产品则是对于数据资源再作进一步的分析、加工而更形成的具有更高价值的东西。狭义的数据产品仅指对数据采取一定的方法进行加工后所形成的具有更高经济价值的数据即衍生数据,广义的数据产品是指对数据经过加工后形成的一切产品,除衍生数据外还包括计算机软件程序、技术方案、数据 API 等。"数据二十条"采取了原始数据、数据资源和数据产品这一分类方法,并且在此基础上提出"数据资源持有权"、"数据加工使用权"以及"数据产品经营权"的概念。根据起草该文的主导单位——国家发展和改革委员会的解释,之所以如此,是要"跳出所有权思维定式,聚焦数据在采集、收集、加工使用、交易、应用全过程中各参与方的权利,通过建立

---

[1] 在国家层面的法律规范中尚无对"公共数据"的定义,一些地方性法规对于公共数据作出了明确的界定,如《深圳经济特区数据条例》《上海市数据条例》等。

数据资源持有权、数据加工使用权、数据产品经营权'三权分置',强化数据加工使用权,放活数据产品经营权,加快数据产权登记制度体系建设"[1]。

第二节 数据的法律治理原则

对数据治理(Data Governance)的概念存在不同的理解,到目前为止并未达成共识。但是可以肯定的是:一方面,数据治理既包括"对数据的治理",也包括"利用数据治理"这两个互相关联的维度。[2] 也就是说,数据既是治理的对象,也是治理的手段。另一方面,无论是对于数据的治理还是利用数据进行治理,都离不开法律的规范。对于数据的法律治理,就是指通过遵循数据的法律治理原则,建立数据产权制度、数据流通交易制度、数据要素分配制度及数据要素治理制度等在内的数据基础制度,从而明确政府、企业和社会等各方主体的法定义务及法律责任,最终实现既充分发挥数据要素价值,又严格保护数据安全以及相关主体合法权益的目标。为实现上述目标,我国数据的法律治理应当遵循两项基本原则:一是保护相关主体的合法权益以及数据安全的原则;二是促进数据流通利用,充分发挥数据要素价值的原则。这两项原则相辅相成、不可分离。

一、保护相关主体合法权益与数据安全的原则

数据流通利用中涉及诸多主体的合法权益,其中,相关主体的既有权益类型就非常多,例如,自然人对个人信息享有的个人信息权益,对私密信息的隐私权,对姓名的姓名权,对肖像、声音等享有的肖像权等人格权。再如,自然人、法人等民事主体基于合同而对数据享有的债权,对于构成汇编作品的数据库享有的著作权,对于符合商业秘密的非公开数据享有的商业秘密权等财产权。此外,由于自然人等民事主体对于数据的产生也作出了贡献,属于数据的来源者,因此基于这种身份也享有作为数据来源者的权益,例如,在消费互联网上贡献各类经营信息的网络店铺、直播间等线上企业,以及在工业互联网上贡献各类生产经营活动信

---

[1] 国家发展和改革委员会:《加快构建中国特色数据基础制度体系,促进全体人民共享数字经济发展红利》,载求是网,http://www.qstheory.cn/dukan/qs/2023-01/01/c_1129246978.htm。
[2] 参见沈岿:《数据治理与软法》,载《财经法学》2020 年第 1 期。

息的线下企业,[1]它们作为数据的来源者对于其促成产生的数据也享有数据来源者权益。

在数据的流通利用中,除了要保护各类主体的合法权益,还必须严格保护数据安全,防止出现数据的泄露、毁损、丢失或者任何未经授权的访问。数据安全不仅涉及自然人、法人等民事主体合法权益的保护,更涉及国家主权、国家安全以及公共利益。数据安全贯穿数据产权制度、数据要素流通和交易制度、数据要素收益分配制度以及数据要素治理制度的全过程。故此,"数据二十条"明确指出,要统筹发展和安全,贯彻总体国家安全观,强化数据安全保障体系建设,把安全贯穿数据供给、流通、使用全过程,划定监管底线和红线。加强数据分类分级管理,把该管的管住、该放的放开,积极有效防范和化解各种数据风险,形成政府监管与市场自律、法治与行业自治协同、国内与国际统筹的数据要素治理结构。

二、促进数据流通利用,充分发挥数据要素价值的原则

为了保护相关主体的权益和数据安全,就禁止数据的流通利用,显然是因噎废食。要充分实现数据要素的价值,数据就必须能够流通起来,可以被不同的主体于不同的场景进行充分的利用。如前所述,数据产生和应用的场景非常丰富,同一数据在不同的应用场景中产生的价值各不相同,而不同数据融合而成的数据又会产生新的价值。数据处理者通过数据建模分析、关键信息提取、利用专业知识加工等方式还能够实质性改变数据内容,进一步提升数据的价值。反之,如果将数据禁锢起来,不允许其流动,数据就无法被利用,数据的要素价值就难以被挖掘并加以实现,自然就无法激活数据要素潜能,做强做大数字经济。

要能够促进数据的流通利用,法律上就必须要有相应的规则和制度加以保障。例如,规定一些法定情形下,数据处理者无须取得个人的同意就可以处理个人数据(《个人信息保护法》第 13 条第 1 款);通过赋予数据来源者对其促成产生的数据享有相应的权益,包括知情同意、获取、复制转移等权利可以打破数据市场的垄断行为,降低市场主体获取数据的门槛;承认数据处理者对其合法取得的数据可以自主管控,对之享有持有权、加工使用权和经营权,也能为数据的交易流通奠定法律基础。再如,对各级党政机关、企事业单位依法履职或提供公共服务过

---

[1] 参见熊丙万:《数据产权制度的理论挑战与现代回应》,载国家发展和改革委员会官网 2022 年 12 月 20 日,https://www.ndrc.gov.cn/xxgk/jd/jd/202212/t20221219_1343666.html。

程中产生的公共数据,要加强汇聚共享和开放开发,强化统筹授权使用和管理,推进互联互通,打破"数据孤岛"。在保障相关主体在先权益和数据安全的前提下,努力推动用于公共治理、公益事业的公共数据有条件无偿使用,用于产业发展、行业发展的公共数据能够有条件地有偿使用;建立数据可信流通体系,保障数据流通利用中的安全性,明确数据交易各方的义务和责任;推动数据跨境流动双边和多边协商,探索数据跨境流动与合作的新模式等。

第三节　数据的法律治理模式

在我国,数据的法律治理主要是通过建立数据产权制度、数据流通交易制度、数据要素分配制度及数据要素治理制度等在内的数据基础制度来实现的。数据产权制度是构建我国数据权益体系的重要组成部分,其解决的主要是数据上的财产权益问题,除此之外,还需要考虑到数据上的人格权益以及它们之间关系的协调。数据流通交易解决的是数据流通交易的规则与制度,确保交易的合法合规与有序安全。数据要素分配制度旨在建立科学合理的数据价值分配机制,保护数据要素各参与方的投入产出收益,明确个人、企业、公共数据分享价值收益的方式。数据要素治理制度以安全为核心,构建政府、企业、社会多方协同的治理模式,明确各方主体所承担的法律义务和责任。

一、数据权益体系

数据产权属于财产权,数据上不仅有财产权,还存在其他民事权益。经过十多年来数字经济的高速发展和数字领域的法治建设,我国已经形成了一个内容丰富的数据权益体系。所谓数据权益,就是指数据上的一切民事权益,包括财产权益、人格权益以及其他合法权益。[1]

(一)自然人对于个人数据享有个人信息权益

所谓个人数据,就是承载个人信息的数据,或者说是以电子或者其他方式对与已识别或者可识别的自然人有关的各种信息的记录(《数据安全法》第3条第1

---

[1] 参见王利明:《论数据权益:以"权利束"为视角》,载《政治与法律》2022年第7期。

款,《个人信息保护法》第4条第1款)。个人本身就是现代社会中数据的重要生产者,但如果个人生产的这些数据不属于与已识别或可识别的自然人相关的数据,就不属于个人数据,而是非个人数据。由于个人信息与个人数据在客观上无法区分,并且我国民法也没有将个人数据与个人信息作为不同权利的客体,加之我国法上历来对于人格要素的精神利益与经济利采取一元保护模式,故此,自然人对于个人信息享有个人信息权益,也就意味着自然人对其个人数据享有个人信息权益。

个人信息权益就是民事权益中的人格权益,其不同于隐私权、名誉权、肖像权等其他具体人格权,它所保护的核心利益是自然人免于因个人信息被非法处理而遭受人身权益、财产权益上的损害或人格尊严、人身自由被侵害的风险。个人信息权益的核心权利就是个人对个人信息处理所享有的知情与自主决定的权利,具体内容或权能包括查阅权、复制权、可携带权、更正权、补充权、删除权、解释说明权。当权益被侵害时,个人有权要求停止侵害、排除妨碍、消除危险;造成损害时,个人有权要求侵权人承担损害赔偿责任。

(二) 企业对其合法取得的数据享有数据财产权

企业对其合法取得的数据享有的是不同于所有权、知识产权等既有民事权益的独立、新型的财产权,人们可以将其称为"企业数据权益",也可以称为"企业数据财产权"。作为新型财产权,企业数据权益是财产权制度在信息时代的发展与延续,其既具有与物权、知识产权相同的一些特征如对世性和支配性,但也并不完全相同。具体而言:一方面,物权、知识产权和企业数据权调整的都是权利主体和不特定第三人之间的关系,都具有对世性和一定程度的支配性、排他性,从而使它们与作为相对权的债权相区分。另一方面,数据作为新型的权利客体,既不同于动产、不动产等有体物,也不同于作品、发明、商标等知识产权的客体。传统的物权、知识产权都无法充分实现对企业就其数据所享有的经济利益的保护,而需要适应社会的发展而确立新型民事权益即数据财产权来保护企业的新型经济利益。

企业的数据财产权的内容包括:首先,占有数据的权利。也就是说,作为数据处理者和生产者的企业对其生产的或者处理的数据享有的管控力。企业作为数据处理者对其数据的自主管控,当然可以是通过对有体物的占有来实现的(如对存储数据的硬盘的占有),但更多的时候需要通过各种技术手段如加密技术、反爬虫技术等加以实现。这种对于数据的管理和控制既是企业作为数据权益主体的权能，也是其依法负有的义务。其次，对数据进行使用和收益的权能。所谓对数据进行使用的权能，就是指企业数据权益人依法享有的对数据进行处理，多维度地发掘和实现数据使用价值的权能。对数据的收益权能是指企业数据权益人通过数据交易和服务取得一定的经济利益。最后，对数据进行处分的权能。作为企业数据权益的最重要的内容就是对数据的处分权能。这种处分包括事实上的和法律上的。事实上的处分如销毁或删除数据等；而法律上的处分是对于数据上的权利进行的处分，例如，将数据转让或出租给其他企业，以企业数据权益本身为客体进行质押从而获得融资等。

(三)公共数据上的权益

国家机关以及法律、法规授权的具有管理公共事务职能的组织为履行法定职责，一方面必须处理包括个人数据在内的大量数据，另一方面也会产生大量的非个人数据。同样，供水、供气、供电、公交等提供公共服务的单位在提供服务时既产生大量的数据，也会收集大量的个人数据。这两类数据被称为公共数据。对于公共数据上的权益性质及其归属问题，有不同的看法。尽管对于公共数据的共享、开放以及授权经营等都必须严格依据法律法规的规定，受到公法规范的严格限制，但是，通过确认公共管理机构和公共服务机构对公共数据的数据权益仍然具有重要的意义。对于公共数据权益的确认可以在法律上进一步明确此等公共数据上的权益的内容与行使的独特之处，其不同于个人针对个人数据享有的个人信息权益以及企业对企业数据享有的数据财产权。个人信息权益与企业数据财产权都属于民事权益，是私权利。《民法典》第130条规定："民事主体按照自己的意愿依法行使民事权利，不受干涉。"个人或企业在不违反法律和不损害国家利益、社会公共利益或者他人合法权益的前提下，完全可以自由地行使其个人信息权益或者数据财产权。然而，无论国家机关还是公共服务机构，它们对于公共数据都不享有这种私权利，因为它们是基于特殊的主体身份而成为公共数据的生产者与处理者，得以处在公共数据的管控者的地位。即便是在公共管理数据进行授权运营或公共服务机构对于公共服务数据行使数据权益时，都必须严格依据法律法规关于公共数据共享和开放的规则，不能也不许基于所谓的自由意思而任意决定允许谁使用或禁止谁使用，允许谁有偿使用或允许谁无偿使用。

(四)各种数据权益之间的关系

1.个人信息权益与企业数据权益的关系

其一,企业对于其合法处理的个人数据也享有相应的财产权利,这种财产权利的正当性基础不仅在于企业为处理个人数据投入了人力、物力及资本,还在于其处理个人数据的行为是合法的,即因取得了个人的同意、与个人存在许可使用合同关系或者具备法律、行政法规规定的情形而存在合法性基础。认可企业对其处理的个人数据也享有财产权,并最终确认企业对其投入资本及人力、物力所处理的所有数据享有具有支配和排他效力的财产权。[1] 这权利意味着:一方面,企业有权自行或许可他人以不违反法律和公序良俗的方式对数据进行各种方式的利用;另一方面,企业有权禁止他人在未取得自己的同意或不具有法律规定的事由时侵害其数据财产权,包括禁止他人访问、复制、使用数据和禁止他人破坏数据的完整性等。

其二,由于个人信息权益属于人格权益,效力位阶高于企业的数据财产权。故此,企业在行使数据财产权时,不仅要符合个人同意的内容、遵守其与个人之间订立的个人数据许可使用合同,还要服从于个人信息权益对数据产权的各种法定限制。[2] 针对企业基于个人同意而处理个人数据的行为,我国《民法典》《个人信息保护法》等法律作出了明确的规定,如个人可以随时撤回同意,一旦撤回,在不影响撤回前基于个人同意已进行的个人信息处理活动的情形下,企业必须停止对该个人数据的处理;再如,个人可以在符合规定的时候请求企业将其个人数据转移至个人所指定的个人信息处理者,而企业必须提供转移的途径;此外,在个人信息处理的目的已经实现或无法实现等法定或约定的条件满足时,个人可以要求企业删除所收集的个人数据。

2.个人信息权益与公共数据的共享开放

国家机关在依法履行职责、公共服务单位在提供公共服务过程中往往会大量地收集个人数据,因此公共数据中本身就会包含不少个人数据,从而使公共数据共享开放以及授权经营时要防止对于自然人的个人信息权益(以及隐私权等其他民事权益)的侵害。依据《个人信息保护法》第23、25条,个人信息处理者向其

---

[1] 参见姚佳:《企业数据权益:控制、排他性与可转让性》,载《法学评论》2023年第4期;程啸:《企业数据权益论》,载《中国海商法研究》2024年第1期。

[2] 参见王叶刚:《企业数据权益与个人信息保护关系论纲》,载《比较法研究》2022年第4期。

他个人信息处理者提供其处理的个人信息的,以及公开其处理的个人信息的,都必须取得个人单独同意。故此,公共数据的处理者只有在取得个人的单独同意的情形下,才能将包含了个人数据的公共数据进行共享或开放。"数据二十条"也明确要求,鼓励公共数据在保护个人隐私和确保公共安全的前提下,按照"原始数据不出域、数据可用不可见"的要求,以模型、核验等产品和服务等形式向社会提供,对不承载个人信息和不影响公共安全的公共数据,推动按用途加大供给使用范围。

3. 数据来源者权益与企业数据权益的关系

在现代网络信息社会,数据从生产、流通到使用等全过程中存在众多的参与方,大体可以分为两类,即数据来源者与数据处理者。所谓数据来源者也称数据的生产者,其中既有产生个人数据即个人信息的自然人,也有因使用产品或服务而产生非个人数据的设备的所有者和服务的用户,从事生产经营活动而产生非个人数据的企业等组织。数据的处理者是指自主决定数据处理目的和处理方式的组织和个人,包括企业、国家机关、公共服务提供者等。企业既是非个人数据的生产者,也是个人数据与非个人数据的处理者。企业数据权益必然要受到个人信息权益与数据来源者权利的限制。

数据来源者,简单地说就是数据来源的主体,即向数据处理者提供数据或数据处理者从其处收集数据的主体。也就是说,数据来源者是与数据处理者相应的概念,数据处理者从数据来源者处收集数据并进行使用、加工等一系列处理活动,作为数据来源者的主体既包括个人,也包括法人或者非法人组织。我国目前法律上还没有规定数据来源者的权利,但是,"数据二十条"第7条明确提出,要充分保护数据来源者合法权益,推动基于知情同意或存在法定事由的数据流通使用模式,保障数据来源者享有获取或复制转移由其促成产生数据的权益。由于数据包括个人数据与非个人数据,因此就作为个人数据来源者的自然人而言,其本身就是个人信息权益主体,依据《民法典》《个人信息保护法》等法律当然享有针对其个人信息的个人信息权益,其中就包括了知情权、自主决定权、查阅权、复制权、可携带权、更正权、补充权、删除权等各项权能。但是,就非个人数据的来源者,目前并无法律赋予其任何权利,而"数据二十条"赋予其知情同意权、获取权、复制权和可携带权就具有非常重要的意义,这些权利可以有效地解决非个人数据的来源者在面对超大型数据企业或数据控制者时无法访问和利用其产生的数据的难题,确保数字经济的公平性。未来需要通过立法将数据来源者针对数据处理者享有的知情同意权、数据获取权（数据访问权）、数据复制权和数据可携带权的行使要件等具体问题加以明确规定,从而协调数据处理者与数据来源者的权利。

4. 企业数据财产权与公共数据权益

企业所取得的数据以及通过对数据进行加工后形成的数据衍生品可能是基于对公共数据的利用。公共数据的共享仅限于国家机关以及公共服务企业之间,即国家机关以及公共服务机构因履行法定职责或者提供公共服务需要,而使用其他国家机关以及公共服务机构的数据,或者向其他国家机关和公共服务机构提供数据。这种共享的公共数据主要就是政务数据,也称公共管理数据。公共数据的开放既包括公共管理数据的开放,也包括公共服务数据的开放。如果公共数据采取的是按照"原始数据不出域、数据可用不可见"的要求,以模型、核验等产品和服务等形式向社会提供,使用该等公共数据的企业实际上并未取得数据,也就不存在取得公共数据上的财产权的问题。至于其使用公共数据而形成的数据产品、技术方案或者其他的东西,该企业享有相应的权益如著作权、数据财产权等。如果公共数据采取了授权运营的方式,那么被授权运营的企业（如国有独资公司）对于这些公共数据本身享有基于法律规定与合同约定的数据权益,即按照要求经营公共数据的权利。其他企业没有经过同意而采取爬虫方式侵害的,应当承担侵害数据财产权的侵权责任。此外,被授权运营的企业在依法依约处理公共数据时形成的数据衍生产品,应当归属于该企业,其享有相应的权益。倘若公共数据是无条件向任何自然人、法人或非法人组织开放的数据,那么任何企业都可以收集、加工、使用这些公共数据,不存在因其他企业在先收集和使用而使在后企业的收集和使用构成侵害数据财产权的情况。[1]

二、数据交易流通制度

数据的交易流通就是指主体行使相应的数据权益,将数据投入流通,以之作为交易的标的。数据交易流通的方式多种多样,以交易的方式来划分,包括数据转让、数据许可、数据服务等;以交易的数据不同可以分为:个人数据交易、企业数据交易与公共数据的开放;以交易场所来划分可以分为:场内集中交易和场外分散交易;以地域划分则可分为:境内交易与跨境交易。本部分主要按照个人数据、企业数据以及公共数据这三种数据类型,依次介绍其相应的交易流通制度。

---

[1] 参见孙莹:《企业数据确权与授权机制研究》,载《比较法研究》2023年第3期。

（一）个人数据的交易流通

个人数据交易包括自然人将其个人数据与他人进行交易，也包括企业之间对个人数据进行交易。[1] 自然人对其个人数据享有个人信息权益，据此可以保护和实现其对个人数据（个人信息）的精神利益以及经济利益。[2] 所谓自然人实现其个人数据上的经济利益就是指，自然人对其个人数据进行商业化利用（Merchandising），如许可他人使用个人数据并获得相应的费用。随着经济社会尤其是科技的发展，单个自然人的个人数据也越来越有价值。无论是自然人针对个人数据的精神利益还是经济利益，都不是孤立、固定不变的，而始终是在个人以其个人数据为中心与他人展开的经济、法律关系中不断生成演化的。自然人针对个人数据的商业化利用与企业就个人数据汇集而成的大数据经济价值的挖掘也不是零和博弈。大数据与人工智能技术的高速发展不仅使企业对数据的商业化利用程度越来越高，自然人对其个人数据能够进行的商业化利用方式也在变化发展，交易的形态日益丰富多彩。其中，既有一对一进行谈判而达成的显性交易，也有一对多地收集利用个人数据而在事实上形成的隐性交易。例如，在语音人工智能训练、数字人产品生产中，数据处理者与个人签订个人数据许可使用合同，从而获得大量的自然人的语音信息及其他个人数据，但需要向个人支付相应的金钱作为对价。这是个人实现个人数据上的经济利益的显性方式，具有代表性。在这种交易中，处理者与个人有较充分的机会就个人数据的商业化利用方式和对价等进行磋商。除了这种显性的个人数据交易，实践中还有大量的隐性个人数据商业化利用的场合，如互联网企业在向个人用户提供网络服务过程中对附带生成的个人数据的处理，此种个人数据的生成与交易在很大程度上是隐性的。[3] 在这些场合，虽然当事人之间没有太多机会就个人数据的商业化利用进行专门磋商，但是，个人因为提供个人数据而获得了免费享受网络服务的对价，实际也就实现了其个人数据上的经济利益。

自然人基于个人信息权益而实现个人数据上经济利益的方式主要是"个人同意"与"个人许可"，它们适用于不同的场景。就个人同意而言，个人对自己个人数据自主地决定授予他人处理，不仅可以获得免费的数字服务并将其作为对

---

[1] 企业之间交易个人数据需要取得自然人的单独同意，这部分在企业数据交易中加以论述。
[2] 参见程啸：《论个人数据经济利益的归属与法律保护》，载《中国法学》2024年第3期。
[3] 参见熊丙万：《论数据权利的标准化》，载《中外法学》2023年第5期。

价,还可以根据自身需要选择个人数据处理目的与处理方式,从而相应地节约成本、提高效率。这也是自然人实现其个人数据上经济利益的方式之一。例如,人们在出行时可以选择人脸识别的方式以更快捷地进站,或者选择排队等候人工逐一查验个人信息后再进站。再如,乘客可以通过各种票务服务网站订票,也可以打电话给航空公司买机票,还可以拿着身份证去购票窗口买票。不同的个人基于具体考虑而频繁作出同意是现代信息社会中十分自然和普通的现象,以至于人们习焉不察,忽视了它所具有的维护自然人人格自由发展以及满足个性化经济需求的作用。《民法典》《个人信息保护法》等法律通过给不特定的个人信息处理者施加未告知并取得个人同意不得处理个人信息的绝对义务,为个人营造了一个不受干涉的自主空间,个人在该空间内享有对个人信息进行各种方式的利用(不受他人干涉的)的自由。有些人利用个人信息实现人格自由发展,而有些人利用个人信息取得经济利益,这都属于个人信息权益的应有之义。

相较个人同意,个人许可意味着个人与个人数据处理者有机会进行一对一的谈判磋商,继而订立个人数据许可使用合同。[1] 例如,网络公司进行语音人工智能训练时逐一取得个人的语音数据;互联网企业在开发"数字人"或"虚拟偶像"等数字产品时需要取得特定的、少数几个自然人(这些人被称为"中之人")的大量个人数据,如其一举一动、声音、表情等。在医疗产业中,即便是单个患者的全部医疗健康信息等个人数据对于研究机构、医药企业而言也是非常具有价值的。由于这些信息属于敏感个人信息,所以通过一对一的方式签订个人数据许可使用合同更为科学合理。随着社会发展,个人与个人数据处理者一一对应进行授权许可的应用场景会不断增加,未来甚至可能产生一种专门通过生产个人数据用于出售获利的新型职业。

考虑到个人与数据处理者能力与地位的不平等,应当建构相应机制来确保个人可以真正实现个人数据的许可。例如,个人将其数据交给代理公司管理,由这些公司代理个人与数据处理者进行协商订立个人数据许可使用合同。[2] 目前国际上也已经出现了一些专注于个人数据管理的互联网企业,如 Datacoup、Digi.me 和 Meeco 等,这些企业不再过度依赖数据中介和传统企业所提供的消费者数据,而是直接与消费者建立联系,通过打造相应的平台让用户自行选择向企业共享和

---

[1] 关于个人数据许可使用合同的详细论述,可参见程啸主编:《数据权益与数据交易》,中国人民大学出版社2024年版,第5章第3节。
[2] 参见[美]凯文·凯利:《5000天后的世界》,潘小多译,中信出版集团2023年版,第61页。

提供个人数据,从而帮助消费者实现其个人数据上的经济利益。[1]

(二)企业数据的交易流通

企业既是数据的生产者也是处理者。企业数据来源广泛、类型众多,其中,既有企业自己生产的数据,也有收集自用户的数据;既包括个人数据,也包括非个人数据;既有公开的数据,也有非公开的数据。如前所述,企业对于其合法处理的数据享有数据财产权,有权对这些数据进行自主管控,并有权加工使用、经营处分。承认企业数据财产权的关键就是要认可企业对其合法处理的数据享有处分权,包括法律上的处分,如转让数据财产权、出售数据产品、订立数据服务合同等。故此,企业可以将其数据作为交易的标的投入流通,与其他主体订立数据交易合同。

企业可以将其拥有数据财产权的数据集用于交易,如转让特定的数据集给其他民事主体;也可以只是将加工后形成的数据产品提供给其他民事主体,或者为其他民事主体提供数据服务如开放数据接口。总的来说,企业数据交易的合同可以分为两类:一是提供数据的合同,即数据转让合同;二是提供数据服务的合同,即数据服务合同。所谓数据转让合同,是指转让人将特定的数据转让给受让人,受让人向转让人支付价款的合同。作为数据转让合同的标的的数据可以是原始数据,也可以是经过加工的数据;可以是个人数据,也可以非个人数据。如果数据转让合同所转让的数据包括了个人数据,因为个人数据上承载了个人信息,故此,该转让行为构成个人信息的提供。依据《个人信息保护法》第 23 条的规定,个人信息处理者向其他个人信息处理者提供其处理的个人信息的,应当向个人告知接收方的名称或者姓名、联系方式、处理目的、处理方式和个人信息的种类,并取得个人的单独同意。接收方应当在上述处理目的、处理方式和个人信息的种类等范围内处理个人信息。接收方变更原先的处理目的、处理方式的,应当依照《个人信息保护法》的规定重新取得个人同意。

数据服务合同属于现代服务合同的一类。所谓服务合同就是指服务人提供技术、文化、生活等方面的服务,服务受领人接受服务并给付服务费的合同。[2]

---

[1] See Stacy‑Ann Elvy, *Paying for Privacy and the Personal Data Economy*, 117 Columbia Law Review 1369(2017).

[2] 参见全国人大常委会法制工作委员会民法室:《中华人民共和国合同法及其重要草稿介绍》,法律出版社 2000 年版,第 150 页。

在数据服务合同中,服务提供人向服务受领人提供数据方面的各种服务,服务受领人要向服务提供人支付相应的费用。数据方面的各种服务包括数据访问服务、数据咨询服务、数据定制服务等。数据访问服务是指数据服务提供方向数据服务受领方开放特定数据的访问权限,允许数据服务受领方在一定的时间内对特定的数据进行访问并加以使用。数据咨询服务是指数据服务提供方通过对自身拥有数据财产权的数据以及其他能够合法使用的数据(如合法公开的数据)进行分析处理而为数据服务受领方提供相应的咨询服务。数据定制服务则是指根据委托人的要求,受托人对相应的数据进行清洗、建模等加工处理活动。因此,根据数据服务的类型不同,可以将数据服务合同进一步细分为数据访问合同、数据咨询合同以及数据定制合同。

(三)公共数据的开放

公共数据的开放有别于公共数据的共享。公共数据的共享,仅仅是指为了履行职责的需要,政府部门之间共享公共数据。而公共数据的开放,则是指将公共数据面向全社会进行开放,从而更好地促进公共数据的开发利用,充分实现公共数据的经济价值,产生良好的社会效应。早在2015年国务院《促进大数据发展行动纲要的通知》中就明确提出,要"稳步推动公共数据资源开放",强调落实数据开放和维护责任,推进公共机构数据资源统一汇聚和集中向社会开放,通过政务数据公开共享,引导企业、行业协会、科研机构、社会组织等主动采集并开放数据。2017年2月,原中央全面深化改革领导小组第三十二次会议审议通过的《关于推进公共信息资源开放的若干意见》要求着力推进重点领域公共信息资源开放,释放经济价值和社会效应。"数据二十条"则明确提出,对各级党政机关、企事业单位依法履职或提供公共服务过程中产生的公共数据,加强汇聚共享和开放开发,强化统筹授权使用和管理,推进互联互通,打破"数据孤岛"。鼓励公共数据在保护个人隐私和确保公共安全的前提下,按照"原始数据不出域、数据可用不可见"的要求,以模型、核验等产品和服务等形式向社会提供,对不承载个人信息和不影响公共安全的公共数据,推动按用途加大供给使用范围。

对于公共数据的开放,我国目前还没有全国性的法律规范。只有一些地方性法规和规章作出了规定。例如,《上海市公共数据开放暂行办法》《广东省公共数据开放暂行办法》等对于公共数据开放的范围、基本原则、开放机制、平台建设等作出了规定。从"数据二十条"的规定来看,公共数据的开放需要区分不同类型的公共数据以及不同的目的,具体而言,应当遵循以下基本原则:第一,保护合法权益和公共安全的原则。公共数据的开放不能侵害个人隐私和个人信息权益,不能损害公共安全。故此,对于那些承载个人信息和影响公共安全的公共数据,应当按照"原始数据不出域、数据可用不可见"的要求,以模型、核验等产品和服务的形式向社会提供;对于不承载个人信息和不影响公共安全的公共数据,则应当推动按用途加大供给使用范围。对于依法依规予以保密的公共数据不予开放,严格管控未依法依规公开的原始公共数据直接进入市场,保障公共数据供给使用的公共利益。第二,区分用途的原则。公共数据取之于公共,用之于公共,因此,对于那些用于公共治理、公益事业的公共数据,应当采取有条件无偿使用的方式予以开放;对于用于产业发展、行业发展的公共数据,则应当采取有条件有偿使用的方式予以开放。

三、数据收益分配制度

数据作为现代网络信息社会与数字经济中的第五大生产要素,具有重要的价值。数据是自然人、法人以及非法人组织等数据权益主体的重要资产,该主体以数据作为出资的,也有权取得相应的收益。2019年党的十九届四中全会通过的《中共中央关于坚持和完善中国特色社会主义制度 推进国家治理体系和治理能力现代化若干重大问题的决定》明确指出:"健全劳动、资本、土地、知识、技术、管理、数据等生产要素由市场评价贡献、按贡献决定报酬的机制。"2020年中共中央、国务院颁布的《关于构建更加完善的要素市场化配置体制机制的意见》进一步提出要加快培育数据要素市场,"全面贯彻落实以增加知识价值为导向的收入分配政策,充分尊重科研、技术、管理人才,充分体现技术、知识、管理、数据等要素的价值。""数据二十条"明确指出,要着重保护数据要素各参与方的投入产出收益,依法依规维护数据资源资产权益,探索个人、企业、公共数据分享价值收益的方式,建立健全更加合理的市场评价机制,促进劳动者贡献和劳动报酬相匹配。推动数据要素收益向数据价值和使用价值的创造者合理倾斜,确保在开发挖掘数据价值各环节的投入有相应回报,强化基于数据价值创造和价值实现的激励导向。通过分红、提成等多种收益共享方式,平衡兼顾数据内容采集、加工、流通、应用等不同环节相关主体之间的利益分配。

要构建科学合理的数据收益分配制度,首先,要能够对数据进行科学定价。而数据定价的难点就在于数据本身具有数据类型复杂多样、成本构成特殊、真实性难以验证等特点,这使数据价值难以有效确定,而在数据交易中的"阿罗悖论"

又使当事人难以就数据的价值达成合意。目前在数据定价中理论界提出了多种方法,如基于数据效用的定价方法、基于隐私量化的定价方法等。[1] 2023年8月1日,财政部发布的《企业数据资源相关会计处理暂行规定》专门对于企业数据资源的相关会计处理作出了具体规定。该规定适用于企业按照企业会计准则相关规定确认为无形资产或存货等资产类别的数据资源,以及企业合法拥有或控制的、预期会给企业带来经济利益的,但由于不满足企业会计准则相关资产确认条件而未确认为资产的数据资源的相关会计处理。依据《企业数据资源相关会计处理暂行规定》,企业通过外购方式取得确认为无形资产的数据资源,其成本包括购买价款、相关税费,直接归属于使该项无形资产达到预定用途所发生的数据脱敏、清洗、标注、整合、分析、可视化等加工过程所发生的有关支出,以及数据权属鉴证、质量评估、登记结算、安全管理等费用。企业通过外购方式取得数据采集、脱敏、清洗、标注、整合、分析、可视化等服务所发生的有关支出,不符合无形资产准则规定的无形资产定义和确认条件的,应当根据用途计入当期损益。企业内部数据资源研究开发项目的支出,应当区分研究阶段支出与开发阶段支出。研究阶段的支出,应当于发生时计入当期损益。开发阶段的支出,满足无形资产准则第9条规定的有关条件的,才能确认为无形资产。从上述规定可见《企业数据资源相关会计处理暂行规定》主要采取的是成本价格的定价方法,即根据产生数据或收集数据过程中的成本支出来确定数据的价格。

其次,如何确定个人以及公共数据分享价值收益的方式,也是数据收益分配制度建立中的难点。一方面,自然人作为个人数据的来源者与个人信息的主体,其通过同意而使处理者可以处理个人数据以及通过个人数据授权许可使处理者取得对个人数据的持有权、使用权和经营权等数据产权。由于信息不对称和交易价格确定的难度,加之个人数据的主体是数量极为众多的分散的一个个自然人,因此如何建立有效的机制来解决信息不对称和交易价格的确定问题,从而使自然人能够分享其个人数据中的经济利益,值得研究。另一方面,公共数据是行政机关在从事行政管理以及公共服务企业在提供公共服务中形成的,根据"数据二十条"的要求,对于用于公共治理、公益事业的公共数据无偿使用,而探索用于产业发展、行业发展的公共数据有条件有偿使用,问题是由谁、通过何种程序来确定有偿使用的"价格"。

---

[1] 参见梅宏主编:《数据治理之法》,中国人民大学出版社2022年版,第60页以下。

最后，数据处理的不同环节涉及不同的主体，这些主体之间如何通过合意来确定利益分配以及在没有约定时，法律上采取何种规则确定数据收益的分配问题，也是建立数据收益分配制度时需要解决的问题。

四、数据要素治理制度

我国的数据要素治理制度是以安全作为贯穿数据治理全过程的主线，同时构建政府、企业、社会多方协同的治理模式。首先，对于政府而言，其在数据治理中的作用主要在于有序引导和规范发展，通过严格执法和加强监管，确保数据的安全，建立良好的数据要素市场环境。其次，对于企业而言，在数据治理中要加强自律，在数据采集汇聚、加工处理、流通交易、共享利用等各环节中做到依法依规，严格依法履行数据安全保护义务，不得侵害他人合法权益。最后，要充分发挥社会力量多方参与的协同治理作用。鼓励行业协会等社会力量积极参与数据要素市场建设，支持开展数据流通相关安全技术研发和服务，促进不同场景下数据要素安全可信流通。

数据的安全在数据的法律治理中占据核心地位。在现代社会，无论是确认数据的产权，实现数据的流通、交易、使用、分配，还是建立科学合理的数据要素治理格局，都离不开数据安全。数据安全贯穿于数据产权制度、数据要素流通和交易制度、数据要素收益分配制度以及数据要素治理制度当中，它对于保护自然人、法人和非法人组织等民事主体的合法权益，维护国家安全，促进数字经济的发展至关重要。倘若不能有效地保护数据安全，就无法构建数据基础制度，也不可能真正发挥数据要素作用。正因如此，"数据二十条"始终将数据安全作为重中之重，高度重视数据安全保护，该意见共有14处提及数据安全，并明确要求"建立实施数据安全管理认证制度"、"构建数据安全合规有序跨境流通机制"、"健全网络和数据安全保护体系"以及"规范企业参与政府信息化建设中的政务数据安全管理"。数据安全就是指通过采取必要措施，确保数据处于有效保护和合法利用的状态，以及具备保障持续安全状态的能力(《数据安全法》第3条第3款)。我国法律明确规定了数据安全保护义务，即有关组织或个人依法负有采取必要措施，保护数据的安全，从而防止未经授权的访问以及数据的泄露、篡改、丢失，并在已经或可能发生数据泄露、篡改、丢失时采取相应补救措施的义务。在我国，对数据安全保护义务作出规定的法律规范主要包括三个层次，即法律、法规和规章。法律如《数据安全法》《网络安全法》《个人信息保护法》等；法规包括行政法规和地方性法规，行政法规如《计算机信息系统安全保护条例》《电信条例》等，地方性法规如《山西省计算机信息系统安全保护条例》《宁夏回族自治区计算机信息系统安全保护条例》《深圳经济特区数据条例》《上海市数据条例》等。规定数据安全保护义务的部门规章主要是公安部、国家网信办、工信部等国家部委颁布的,如《计算机信息网络国际联网安全保护管理办法》《数据出境安全评估办法》《汽车数据安全管理若干规定(试行)》《电信和互联网用户个人信息保护规定》《信息安全等级保护管理办法》等。就我国数据安全保护义务的法律规范体系而言,需要注意的是,从法律即全国人民代表大会及其常务委员会制定的规范性法律文件层面来看,它们是由数据安全、网络安全和个人信息保护这三方面的法律所组成的。在这三方面法律都对数据安全保护义务有规定的情形下,应注意它们的适用关系。笔者认为,一方面,只要处理的数据属于个人数据即以电子方式记载的个人信息,数据安全保护义务就具体表现为个人数据保护即个人信息保护义务,此时应当优先适用个人信息保护法方面的法律规定,没有规定的则适用数据安全保护法的相关规定。另一方面,如果是线上处理数据即利用互联网等信息网络开展的数据处理活动,则无论处理的数据是个人数据还是非个人数据,都应当同时适用网络安全方面的法律,即在网络安全等级保护制度的基础上履行数据安全保护义务。至于线下处理数据,则不适用。

第四节　数据治理的跨境合作

网络科技已经打破了物理上的国境限制,随着网络科技高速发展与经济的全球化,各国间无时无刻不在进行着人员往来、货物流动、服务提供,云计算、物联网和跨境电子商务的飞速发展,使包括个人数据在内的各种数据的跨境流动越来越频繁,全球数据流动对于经济增长有明显的拉动效应。据麦肯锡预测,数据流动量每增加10%,将带动GDP增长0.2%。预计到2025年,全球数据流动对经济增长的贡献将达到11万亿美元。根据经济合作与发展组织(以下简称经合组织,OECD)测算,数据流动对各行业利润增长的平均促进率在10%,在数字平台、金融业等行业中可达到32%。[1] 总之,数据的跨境流动在全球蓬勃发展的数字

---

[1] 参见赵竹青:《加强数据跨境流动探索　推动数字贸易高质量发展》,载人民网,http://finance.people.com.cn/n1/2023/0223/c1004-32630079.html。

经济中发挥着越来越重要的作用,被认为是全球资金、信息、技术、人才、货物等资源要素交换、共享的基础。然而,数据的跨境流动也带来了很多问题,例如个人数据出境后,个人在境外很难主张数据保护和行使个人信息权益和隐私权。再如,关系国家安全、国民经济命脉、重要民生、重大公共利益的数据一旦出境而为他国所处理,势必给本国的主权和国家安全造成很大的风险。因此,如何科学合理地规范数据跨境流动,协调数据的自由流动与数据的安全成为很重要的问题。

一、数据跨境流动的监管模式

从比较法来看,国际上数据跨境流动的监管模式主要是两种:一种是强调数据自由流动优先的美国模式,该模式主要通过建立数据跨境流动的国际规则,来鼓励数据跨境流动,禁止数据本土化。另一种强调保护个人数据主体合法权益优先的欧盟模式,该模式中侧重于保护个人的个人信息权益、隐私权等人格权。[1]

我国数据跨境流动的法律规范主要由法律、行政法规和部门规章三个层次规范组成。法律层面主要就是《网络安全法》《数据安全法》《个人信息保护法》等,行政法规主要包括《计算机信息系统安全保护条例》《关键信息基础设施安全保护条例》等;部门规章则主要包括《促进和规范数据跨境流动规定》《数据出境安全评估办法》《个人信息出境标准合同办法》等。从这些法律法规的规定来看,我国数据跨境流动的监管模式采取的是保护数据安全与数据自由流动并重的模式。

一方面,在数据跨境流动时,要严格保护数据安全、个人信息安全。依据《网络安全法》第37条、《个人信息保护法》第40条以及《数据安全法》第31条的规定,关键信息基础设施的运营者、处理个人信息达到国家网信部门规定数量的个人信息处理者在中华人民共和国境内运营中收集和产生的个人信息和重要数据应当在境内存储。因业务需要,确需向境外提供的,应当按照国家网信部门会同国务院有关部门制定的办法进行安全评估;法律、行政法规另有规定的,依照其规定。此外,《个人信息保护法》第39条还规定,个人信息处理者向中华人民共和国境外提供个人信息的,应当向个人告知境外接收方的名称或者姓名、联系方式、处理目的、处理方式、个人信息的种类以及个人向境外接收方行使本法规定权利

---

[1] 参见程啸主编:《数据权益与数据交易》,中国人民大学出版社2024年版,第496页以下。

的方式和程序等事项,并取得个人的单独同意。《数据出境安全评估办法》第4条明确列举了应当通过所在地省级网信部门向国家网信部门申报数据出境安全评估的具体情形,分别是:(1)数据处理者向境外提供重要数据;(2)关键信息基础设施运营者和处理100万人以上个人信息的数据处理者向境外提供个人信息;(3)自上年1月1日起累计向境外提供10万人个人信息或者1万人敏感个人信息的数据处理者向境外提供个人信息;(4)国家网信部门规定的其他需要申报数据出境安全评估的情形。

另一方面,在维护数据安全和个人信息安全的前提下,对于非重要数据和不包含个人信息的数据放宽出境的条件,出境数据依法有序自由流动。《个人信息保护法》第38条第1款规定,个人信息处理者因业务等需要确需向我国境外提供个人信息时,除了必须进行安全评估的情形外,可以通过按照国家网信部门的规定经专业机构进行个人信息保护认证或者按照国家网信部门制定的标准合同与境外接收方订立合同,约定双方的权利和义务,或者符合法律、行政法规或者国家网信部门规定的其他条件来进行。国家互联网信息办公室颁布的《促进和规范数据跨境流动规定》进一步明确了数据跨境流动时可以免予申报数据出境安全评估、订立个人信息出境标准合同、通过个人信息保护认证的情形,如国际贸易、跨境运输、学术合作、跨国生产制造和市场营销等活动中收集和产生的数据向境外提供,不包含个人信息或者重要数据的;数据处理者在境外收集和产生的个人信息传输至境内处理后向境外提供,处理过程中没有引入境内个人信息或者重要数据的;为订立、履行个人作为一方当事人的合同,如跨境购物、跨境寄递、跨境汇款、跨境支付、跨境开户、机票酒店预订、签证办理、考试服务等,确需向境外提供个人信息的;按照依法制定的劳动规章制度和依法签订的集体合同实施跨境人力资源管理,确需向境外提供员工个人信息的;紧急情况下为保护自然人的生命健康和财产安全,确需向境外提供个人信息的;关键信息基础设施运营者以外的数据处理者自当年1月1日起累计向境外提供不满10万人个人信息(不含敏感个人信息)的。

二、数据跨境流动的国际合作

个人信息和数据的跨境提供原则上当然要遵守《个人信息保护法》《数据安全法》等法律法规规定的条件。但是,为了将来我国和其他国家缔结的条约或者参加的国际条约,以及与其他国家缔结的投资协定或者区域贸易协定等,对于跨境提供个人信息作出相应的安排,故此,《个人信息保护法》第38条第2款规定,中华人民共和国缔结或者参加的国际条约、协定对向中华人民共和国境外提供个人信息的条件等有规定的,可以按照其规定执行。

从目前的情况来看,我国缔结或者参加的国际条约和协定还没有对于个人信息跨境提供作出非常明确的规定。2020年11月15日,东盟十国(印度尼西亚、马来西亚、菲律宾、泰国、新加坡、文莱、柬埔寨、老挝、缅甸、越南)与我国、日本、韩国、澳大利亚、新西兰共15个国家正式签署了《区域全面经济伙伴关系协定》(RCEP),该协定第十二章"电子商务"中要求缔约方为电子商务创造有利环境,保护电子商务用户的个人信息,为在线消费者提供保护,并针对非应邀商业电子信息加强监管和合作等。2021年9月16日,我国正式提出申请加入《全面与进步跨太平洋伙伴关系协定》(Comprehensive and Progressive Agreement for Trans-Pacific Partnership,CPTPP)。该协定第十四章"电子商务"第14.11条"通过电子方式跨境传输信息"规定:"1.缔约方认识到每一缔约方对通过电子方式传输信息可设有各自的监管要求。2.每一缔约方应允许通过电子方式跨境传输信息,包括个人信息,如这一活动用于涵盖的人开展业务。3.本条中任何内容不得阻止一缔约方为实现合法公共政策目标而采取或维持与第2款不一致的措施,只要该措施:(a)不以构成任意或不合理歧视或对贸易构成变相限制的方式适用;及(b)不对信息传输施加超出实现目标所需限度的限制。"此外,我国也与一些国家围绕数据跨境流动展开了对话与合作。2024年6月26日,中国国家互联网信息办公室与德国数字化和交通部签署了《关于中德数据跨境流动合作的谅解备忘录》,双方将在该备忘录的框架下,建立"中德数据政策法规交流"对话机制,加强在数据跨境流动议题上的交流,为两国企业营造公平、公正、非歧视的营商环境。2024年6月27日,中国与新加坡数字政策对话机制举行第一次会议。中新相关工作组就数据跨境领域合作进展情况进行交流,明确双方关于数据跨境下阶段的合作方向和重点。2024年8月27日,中国与欧盟数据跨境流动交流机制第一次会议在北京举行,正式宣布建立中欧数据跨境流动交流机制。总之,未来我国还将与其他国家在数据跨境流动方面加强合作,积极签订数据跨境流动合作的双边、多边条约,并参与该领域内国际规则的起草制定,积极提升我国在数据跨境流动方面的国际影响力,掌握话语权与主动权,更好地维护我国的数据主权和利益。

典型案例

被告苏州某网络科技公司于2019年在其运营的企业信息查询平台上,发布了抓取自全国企业信用公示系统的"企业清算信息",但是在向用户推送时,因推送方式的设置问题,引发公众将历史清算信息误认为是即时信息;在推送内容的准确性上,也与作为其数据来源的全国企业信用公示系统存在偏差。原告浙江某金融服务公司、重庆某小微小额贷款公司遂诉至法院。法院经审理,判决被告赔偿原告经济损失及合理费用60万元,并为其消除影响。

该案是我国首例因使用公开的公共数据而引起的民事纠纷案件。在该案中,法院明确了企业使用公开的公共数据应遵循来源合法原则、注重信息时效原则、保障信息质量原则、敏感信息校验原则,以防止不当使用给数据原始主体带来损害;公共数据使用者未能尽到必要的注意义务,导致法人或自然人等原始数据主体合法利益受损的,应承担相应的法律责任。[1]

问题与思考

1. 数据与信息、个人数据与个人信息究竟是什么关系?
2. 自然人是否有权取得个人数据的经济利益?
3. 企业对其合法处理的数据享有的数据财产权有何独特之处?
4. 公共数据是否属于国家所有?
5. 公共数据如何开放利用才能更好地实现公共利益?
6. 数据应当怎样定价?

延伸阅读

1. 程啸主编:《数据权益与数据交易》,中国人民大学出版社2024年版。
2. 程啸、王苑:《个人信息保护法教程》,中国人民大学出版社2023年版。
3. 金晶:《数据交易法:欧盟模式与中国规则》,中国民主法制出版社2024年版。
4. 马长山主编:《数字法治概论》,法律出版社2022年版。
5. 武腾:《数据交易的合同法问题研究》,法律出版社2023年版。
6. [澳]柯武刚、[德]史漫飞、[美]贝彼得:《制度经济学:财产、竞争、政策》(第2版·修订

---

[1] 参见浙江某金融服务公司、重庆某小微小额贷款公司与苏州某网络科技公司商业诋毁及不正当竞争纠纷案(杭州互联网法院数据权益司法保护十大典型案例)。

版),柏克、韩朝华译,商务印书馆2018年版。

7. [波兰]马里厄斯·克里斯奇托弗克:《欧盟个人数据保护制度——〈一般数据保护条例〉》,张韬略译,商务印书馆2023年版。

8. [德]塞巴斯蒂安·洛塞等编:《数据交易:法律·政策·工具》,曹博译,上海人民出版社2021年版。

9. [英]维克托·迈尔-舍恩伯格、[英]肯尼思·库克耶:《大数据时代:生活、工作与思维的大变革》,盛杨燕、周涛译,浙江人民出版社2013年版。

第八章 算法的法律治理

> **法律故事**
>
> 随着互联网技术的发展,平台经济迅速崛起,外卖行业成为其中的重要组成部分。这种新型的经济形态创造了大量的就业机会,但同时也带来了新的劳动关系和劳动条件的变化。
>
> 为了提高效率和降低成本,外卖平台引入了基于算法的管理系统。这种系统通过数据分析和实时监控,对骑手的工作进行精确的调度和评估,通过算法分析出特定外卖路线的最短到达时间,尽可能地提升外卖送餐效率。这使送餐效率实现了显著提升,但同时也导致骑手的工作变得更加不稳定和高压力,陷入了送餐时间短、劳动强度大,收入却逐步下降的困局,不得不在快速变化的工作环境和平台方的管控中挣扎求存。
>
> 事实上,算法不仅会"控制"劳动,还会评判劳动和自动裁员。2015年,亚马逊搭建"算法监控系统",通过数字追踪器来监视员工的打包速度、统计员工的离岗时间,最终系统会依照这些数据生成一份工作效率报告,甚至直接在线生成解雇员工的指令。2022年8月,脸书母公司Meta宣布解雇60名合同工,这些解雇名单完全是由算法来决策的。而俄罗斯的在线支付服务公司Xsolla也使用算法裁掉了150名员工,裁员的理由是AI判断他们不够敬业,效率低下。我国某些科技企业也会运用数字监控手段(包括佩戴情绪监控芯片)来进行情感计算和算法裁员。在这些场景下,每个员工都像是一个透明人,生活和工作的每一个细节都被AI监控着、评判着。

第一节 算法的法律属性

算法从互联网时代即已产生,并成为法律规制的对象,其法律地位也随着技术发展不断演进。在互联网1.0时期,法律沿用传统手段应对算法引起的不利法律后果,算法仅具有技术上的意义;在互联网2.0时期,算法规制经过了从调整算法设计到调整算法部署和运用的迭代,算法也从产品化的算法演进为工具化的算法。

(一)互联网1.0时代将算法作为普通技术

互联网1.0时代具体指网络发展的前期,互联网的主要特征是"联",互联网被作为信息传输的渠道。此时算法技术刚刚开始利用互联网传输的数据的速度优势,改变传统行业的运行规则。如算法直接运用于证券交易,以及利用自动内容分发算法影响互联网信息传输。

法律规制算法应用的事件最早发生于1987年。华尔街的证券交易商托马斯·彼得非(Thomas Peterffy)构造了分层算法来模仿证券交易员的操作,分层算法包含了交易员在决策时要考虑的全部因素。因为电脑运行算法、核实价格和执行交易所用的时间要远远少于人为操作,彼得非获得了巨大的利润。[1] 纳斯达克交易所注意到了彼得非在当时来说非同寻常的交易速度、稳定性与利润率,因此派出调查员到其交易所,发现了装有世界上第一台全自动算法交易系统的IBM电脑。这套算法交易系统自动读取纳斯达克交易数据,全权决定并执行交易,再将交易单传回纳斯达克终端。

纳斯达克交易所面临的问题是:在没有相关规则的前提下,用算法代替人进行交易是否合法?最终纳斯达克交易所并未回答此问题,而是沿用原有规则要求必须通过键盘打字逐条输入交易指令。但是彼得非用六天时间造出了自动化打字手柄,由手柄敲击键盘以保证交易速度,规避了此条规则。随后二十年算法自动交易系统逐渐统治了华尔街。

尽管算法技术初现于法律视野,但此时的法律并未将算法作为需要在设计法律制度时需要考量的对象,而是仅从技术的角度来讨论算法技术应用的行为是否合法。换句话说,此时算法还仅具有技术上的意义,而并不享有法律为其设定的规则。自动算法交易系统的险些夭折,充分显示了互联网1.0时代的法律滞后性,

---

[1] 参见[美]克里斯托弗·斯坦纳:《算法帝国》,李筱莹译,人民邮电出版社2014年版,第22页。

法律规则并未作出因应性调整,而是沿用传统规则,即严格责任制度。这也同样体现在网络服务提供者的侵权责任认定规则的发展历程中。网络服务提供者用算法来处理、排序用户上传的海量信息,而其中可能包括侵害著作权的文件。网络服务提供者没有进行人工逐一严格审查而被诉侵权。1995 年美国立法主张对网络服务提供者适用关于传播媒介的版权法规定,承担直接侵权的严格责任。德国法院早期的判决也认为网络服务提供者有义务确保任何侵犯版权的行为不会在他的服务器中发生。[1] 这一规定加重了网络服务提供者的法律责任,遭到了强烈反对。

类似地,在互联网 1.0 时代,算法尚未得到法律的针对性调整。算法应用与人的行为被法律合并评价,即采用传统规则来应对算法的应用。此时算法仅具有技术上的意义,而并不具有法律上的地位。这种规制模式带来两种截然相反的后果:其一,法律放任算法在某一领域的应用,算法应用在这一领域得到蓬勃发展,进而颠覆了整个行业。其二,法律用对行为人的评价机制来评价算法应用,忽视了算法应用的特点,阻碍了技术和行业的发展。这些都为互联网 2.0 时代法律的变迁提供了驱动力。

(二)互联网 2.0 时代将算法作为中立的技术

互联网 2.0 时代大约始于 2000 年,主要特征是"互"。网民之间与网络与网民之间实现了"点对点"的互动,每个网民都可以成为信息来源,网站的角色更多地从提供信息变成了提供网络服务。互联网 2.0 时代,法律逐步建立起一套完整的原则、规则与制度,来调整算法造成的不利法律后果,同时平衡算法规制造成的负面影响。

彼时由算法引发的不利法律后果的情况,多是网络服务提供者提供算法(软件或程序),供用户或自身使用,造成对第三方的损害结果。此阶段尤以版权侵权案例居多。Web2.0 技术的应用和普及,使原来自上而下的网络服务提供者集中控制主导的信息发布和传播体系,逐渐转变成了自下而上的由广大用户集体智能和力量主导的体系。[2] 经过反复理论探讨和实践探索,立法者逐渐认识到,原有的严格责任制度造成了互联网产业发展的抑制效应,以 DMCA 为里程碑,美国法律对网络服务提供者的著作权侵权责任归责原则经历了从"严格责任"到"过

---

[1] 参见王迁:《论"信息定位服务"提供者"间接侵权"行为的认定》,载《知识产权》2006 年第 16 期。
[2] 参见胡泳:《众声喧哗:网络时代的个人表达与公共讨论》,广西师范大学出版社 2008 年版,第 116 页。

错责任"的转变,[1]以减轻网络产业的负担。

此时,算法规制的调整对象转变为算法设计。网络服务提供者设计出算法后,或者提供给用户使用,或者在自身网站上使用。算法如在这两种情况下产生不利法律后果,法律均只评价网络服务提供者在算法设计阶段有无侵权的故意,如果没有则无须承担直接侵权责任。

2002 年著名的 Grokster 案,被告公司开发的 P2P 软件(算法)被用户使用从事版权侵权活动,多家唱片公司起诉被告指控其提供软件并获利,应承担侵权责任。[2] 但法院认为,P2P 软件具有"实质性非侵权用途",不能推定两被告提供软件的目的是帮助用户进行版权侵权,因此不承担侵权责任。

在 2006 年百某公司诉阿某公司案中,涉诉的算法应用为搜索蜘蛛程序"自动在索引数据库中进行检索及逻辑运算,以链接列表的方式给出搜索结果"。[3] 阿某公司辩称其只是提供了搜索和链接服务,第三方网站提供歌曲,因此自己并无侵权故意。据此,法院认定被告涉案行为不构成对信息网络传播权的直接侵权。案件经二审后维持原判。

以上案例均显示,在互联网 2.0 阶段,法院将算法设计作为调整对象。从时间节点上,法院只评价算法设计时是否具有侵权的故意;从因果关系上,只考察算法设计是否造成了损害结果,而不将算法应用造成损害结果作为判断要件。即使是网络服务提供者自身使用算法造成了不利法律后果,法律也倾向于以算法设计时的主观过错状态为标准,判断其是否构成侵权。

互联网 2.0 时代,秉承既往索尼案确立的技术中立原则,逐步发展出间接侵权责任制度,以减轻网络服务提供者的负担。技术中立的规则得到了国际广泛认

---

[1] 参见王迁:《信息网络传播权保护条例中"避风港"规则的效力》,载《法学》2010 年第 6 期。
[2] See Metro – Goldwyn – Mayer Studios, *Inc. v. Grokster, Ltd.*, 545U. S. 913 at 948 (2005).
[3] 参见北京市高级人民法院民事判决书,(2007)高民初字第 1201 号。

同,在提供深层链接[1]、提供信息定位服务[2]、空白搜索框[3]等多项技术的应用是否构成侵权方面,均引起了一波理论探讨热潮,但最后各国一般均认为这些算法应用并不构成网络服务提供者的直接侵权。正如有学者指出,如果将一项特定技术作为版权立法的依据,由此产生的规则很难经受技术发展的考验,因此技术中立原则是立法所必须遵循的原则。[4]

法律责任的设置则根据算法设计时主观过错不同分为直接侵权与间接侵权。[5] 美国《数字千年版权法案》以及欧盟《电子商务指令》也均一致认定"帮助侵权"规则的前提:网络服务商没有监视网络、寻找侵权活动的义务,此规则在我国也得到了相关判例的认可。[6] 这充分体现,算法运行后,网络服务提供者只承担运行环境的安全保障义务。当算法应用造成了不利后果时,网络服务提供者只承担未尽到注意义务的间接侵权责任。

综上所述,在互联网2.0时代,算法仅以算法设计作为调整对象,通过技术中

---

[1] 如美国、澳大利亚等国版权法学界与实务界均认为,提供指向侵权文件站点的链接并非"直接侵权"。有关搜索链接行为法律性质的认定对于信息定位链接行为不是"网络传播行为"、不构成"直接侵权"的结论,在国际上是高度一致的。参见梁志文:《论版权法之间接侵权责任》,载《法学论坛》2006年第5期。

[2] "信息定位服务"提供者一般有监视被链接信息内容的能力。因此,在早期的网络侵权诉讼中,法院通常会基于"信息定位服务"提供者没有发现并及时制止他人利用自己的服务实施侵权而推定其至少存在过错,应当承担侵权法律责任。但随着信息网络技术的飞速发展,法院这一"过错推定"的做法极大地影响了网络服务业的发展。法院澄清适用于网络环境的"帮助侵权"规则。美国《数字千年版权法案》以及欧盟《电子商务指令》均一致规定网络服务商没有监视网络、寻找侵权活动的义务。对此,尽管我国尚未有法律明确承认这一规则,但相关案例却认可了该规则。

[3] "空白搜索框"的搜索模式是,"信息定位服务商"通过设置搜索框向用户提供其所选定的关键词的搜索链接。在这种搜索模式下,搜索引擎按照用户输入的关键词进行自动查找并列出指向第三方网站或其中文件的链接,用户选择输入什么样的关键词直接决定了其搜索信息的精确性,而不能决定该搜索出的信息是否侵权。换句话说,它可以搜索出任何内容,搜索出的信息既可能是侵权的,也可能是公有领域的信息,或者经权利人许可传播的不侵权的内容。因此,从这种意义上说,"空白搜索框"是一个中立的技术工具,具有"实质性非侵权用途"。

[4] 参见王迁:《"索尼案"二十年祭——回顾、反思与启示》,载《科技与法律》2004年第4期。

[5] 参见梅夏英、刘明:《网络侵权归责的现实制约及价值考量——以侵权责任法第36条为切入点》,载《法律科学(西北政法大学学报)》2013年第2期。

[6] 2006年百某公司起诉阿某公司提供的音乐搜索服务侵害了其知识产权。阿某公司辩称其提供的搜索服务是由搜索蜘蛛程序从互联网自动完成的,用户可以下载歌曲是因第三方网站提供了歌曲,而阿某公司只是提供了搜索和链接服务。据此,法院认定被告涉案行为不构成对信息网络传播权的直接侵权。该案经二审后维持原判。此案系典型的内容搜索算法造成不利的法律后果,受害方起诉网络服务提供者承担侵权责任。涉诉的算法应用为搜索蜘蛛程序"自动在索引数据库中进行检索及逻辑运算,以链接列表的方式给出搜索结果",参见北京市高级人民法院民事判决书,(2007)高民初字第1201号。

立原则和间接责任体系,算法作为技术产品的法律地位得以体现。算法一旦"生产完毕",其部署和应用即不再对侵权行为的认定产生直接影响。如此,一方面能够鼓励技术发展;另一方面能减轻网络服务提供者为算法应用和部署承担的责任,促进互联网产业的发展。

(三)平台时代算法工具化规制下的主体责任扩张

2008年之后,互联网2.0进入了平台时代,大型网络服务提供者演化为网络平台[1]并逐渐崛起。如果说互联网时代的关键词是"互",平台时代的关键词则是"融"。网络平台逐渐超越了互联网服务提供者的角色,成为网络空间规则的制定者和执行者。算法实质上主宰了网络空间日常运营,其角色和地位的变化催生了一系列理论与实践的变化。

这一升级的本质原因在于互联网平台经济大规模崛起,导致平台主体的私权力逐步需要受到更严格的约束。如脸书、推特、阿里巴巴、腾讯等一系列大型互联网公司、社交类平台和电商平台迅速升温,互联网平台对于经济生产和社会生活的影响日益深远。在互联网平台这样的虚拟场域中,算法实际上承担了网络空间的日常治理功能。而公权力此时由于技术力量和手段的限制,疲于应对网络空间监管。相比之下,对网络交易中的违法行为或自媒体中的失范言论,网络平台拥有最便利的发现和限制能力,它是成本最低的违法行为的控制者。为加强对网络空间的监管与治理,实践中立法与司法逐渐摒弃了算法作为"技术产品"的中立性法律地位,通过加强平台与算法之间的关系,要求平台承担法律责任。进而法律的调整对象除了算法设计,也扩张至平台对于算法的部署和应用。当算法不利法律后果发生后,法律不再秉持技术中立理念。除考察算法设计的行为外,也要求平台对算法部署和应用的不当承担法律责任。

2015年,原国家工商总局发布《关于对阿里巴巴集团进行行政指导工作情况的白皮书》,直指该集团纵容平台用户销售侵权和违禁商品。尽管未直接启动行政处罚程序,此次事件仍导致阿里市值在四天内蒸发367.53亿美元,并引发证券欺诈诉讼等连锁反应。原国家工商总局在该白皮书中指出阿里巴巴集团存在"涉嫌在明知、应知、故意或过失等情况下为无照经营、商标侵权、虚假宣传、传

---

[1] 互联网平台也被称为互联网服务提供商。相关研究可参见周汉华:《论互联网法》,载《中国法学》2015年第3期。

销、消费侵权等行为提供便利、实施条件",而这种便利和帮助是由其部署算法提供的。自动分类、提供搜索工具算法,帮助消费者搜索相关产品和服务,客观上帮助了违法行为的实施。[1]

无独有偶,国外的学者也不再坚持技术中立,而是认为平台通过算法的部署,对交易产生了重大影响。"网络交易平台的角色已经远非如单纯信息传送通道一样消极和中立,它们在商品和服务展示、交易规则安排、商品和服务评价、商户信用评价等方面均扮演了非常积极的角色。这些积极的角色增加了用户已有内容的价值并在很大程度上塑造了交易秩序。"[2]因此,对于算法造成的不利后果,在沿用网络服务提供者的间接侵权责任制度之外,世界各国均加强了对网络平台的责任,以调整平台对算法的部署和应用。从时间节点上,平台承担法律责任从"设计开发时"延伸至算法应用产生损害结果时。从因果关系上,不再局限于算法设计与损害结果的因果关系,而是扩展至算法部署和应用与损害结果是否存在因果关系。

换言之,当下的网络平台不仅要对算法的设计负起责任,同样也要对算法在部署和应用中产生的不利法律后果承担责任。此种规则的设置隐含了将算法作为网络平台工具的假设,即默认平台不仅能够控制算法设计,也能够控制算法的应用过程和结果。以算法部署和应用作为调整对象,设置网络平台责任,是公权力治理网络空间力有不逮的无奈之举,也是对网络平台技术权力扩张的因应性变革。但是,要求平台为算法部署和应用的不利后果承担责任,可能存在以下隐患:(1)没有评判算法部署和应用是否合理的法定标准,平台责任范畴模糊,往往以违法行为数量巨大来论证算法过错。(2)仅仅设置平台责任无法涵盖算法的全部应用范围,尤其是对于社会公共管理中的算法应用尚且缺乏明确的规制措施。

(四)人工智能时代的算法本体化规制进路

人工智能时代已如浪潮般袭来,以生成式人工智能等为代表的人工智能算法已然渗透到社会生产生活的方方面面。随着大数据和深度学习技术的发展,以及算法在互联网平台和社会治理中的广泛应用,法律应调整的对象发生了变化,算

---

[1] 参见赵鹏:《私人审查的界限——论网络交易平台对用户内容的行政责任》,载《清华法学》2016年第6期。
[2] See Hogan B., *The Presentation of Self in the Age of Social Media: Distinguishing Performances and Exhibitions Online*, 30 Bulletin of Science, Technology & Society 377 (2010).

法的法律地位进一步演进。

在互联网时代工具化算法的情况下，算法经由人的设计开发、部署应用行为发挥效力。例如，在电商平台上，对搜索算法和推荐商品算法的设计开发、部署应用两个步骤，决定了用户可以收到怎样的商品推荐结果。开发者和使用者对算法都具有较高的控制力，能够预测算法产生的后果并对算法决策结果给出解释。相应地，法律对于算法造成的不利法律后果，评价对象为人在对算法的开发或部署行为中是否存在过错，以确定算法开发者或部署者的法律责任。但随着大数据算法的技术迭代以及部署和运用的平台化，基于数据的技术运算迅速成长为一种拥有资源配置的新兴社会力量。[1] 算法逐渐脱离了纯粹的工具性角色，而有了自主性和认知特征，甚至具备了自我学习的能力。即就技术层面而言，机器学习型算法的普遍应用使机器可以通过函数泛化获得模式识别的能力，发生不完全受人类控制的泛化过程，一定程度上可以视为机器"自主思考"的结果。这导致算法对现实社会和个人发生效力的流程，在算法设计（指设计者进行初始编码，进行开发算法的训练数据和管理的行为）、算法应用和部署（指网络平台之部署应用算法的行为）之外，增加了一步，即算法本身自主决策。换句话说，算法作为决策者，其决策原因和推理过程对于人类而言处于黑箱之中。智能算法的自主决策，使算法从提高效率的"工具"上升为"决策者"。[2]

COMPAS（Correctional Offender Management Profiling for Alternative Sanctions）算法是一种在美国多个州的法院中使用的犯罪风险评估工具，它通过分析被告的历史和个人信息来预测他们重新犯罪的可能性。然而，这项技术一直受到批评，因为它被认为在种族和年龄方面存在偏见。在2017年的卢米斯案件中，被告人埃里克·卢米斯（Eric Loomis）对威斯康星州法院使用COMPAS算法对其进行的犯罪风险评估提出了挑战，认为该算法包含种族歧视，并起诉要求评估算法。

卢米斯案件的核心争议在于，法院在判决时参考了COMPAS算法提供的风险评估，而该算法的开发者Northpointe, Inc.拒绝公开其具体计算方法，这导致被告无法有效质证算法的准确性和是否存在偏见。卢米斯的律师认为，算法的这种不透明性侵犯了被告的法定程序权利，特别是其获得公正审判的权利。

---

[1] See Diakopoulos, N., *Algorithmic Accountability: Journalistic Investigation of Computational Power Structures*, 3 Digit. Journal 398（2015）.

[2] 参见张凌寒：《算法规制的迭代与革新》，载《法学论坛》2019年第2期。

在卢米斯案件中,威斯康星州最高法院最终裁定,使用 COMPAS 算法进行判决并未违反被告的法定程序权利。法院认为,由于被告有权访问并验证算法输入的准确性,因此使用 COMPAS 并未侵犯被告的权利。他提出审查 COMPAS 算法的请求,被威斯康星州立法院驳回,提交给美国联邦最高法院后也于 2017 年 6 月宣告诉讼失败。

在该案中,对被告发生法律效力的算法经过了公司的算法开发行为、法院算法的部署行为以及算法自动决策三个层次。其分离算法的黑箱使算法决策过程和因素不被人所理解,而算法决策作为单独的步骤,与人的行为相分离。算法的法律地位随着算法自主决策能力越来越强而演进,算法已经从平台的工具演变为具有自主决策能力的"决策者",成为本体化的算法。本体化的算法的效力,体现在算法的自主决策一方面不可被人类完全理解和解释,另一方面具有直接的法律效力。甚至算法直接扮演了执法者的决策角色,如美国联邦寻亲处的算法错误地将 56 岁的瓦尔特·福尔摩认定为"拒付抚养费的父母",而直接给其开出了定额 20.6 万美元的抚养费罚单。[1] 算法与人的行为的分离,其法律意蕴在于人的行为与引发的责任的分离,[2] 传统的"人的行为—责任"的逻辑链条被算法的自动决策切断。同时,算法借由私营平台和社会公共部门,深度嵌入社会运行,实现了无孔不入的构建、干预、引导和改造。算法在接管人类让渡的决策权。有学者指出,私营企业和政府公共部门采用算法和大数据作出的自动决策,使数百万人无法获得保险、贷款、出租房屋等一系列服务。然而,算法不公开、不接受质询,不提供解释、不进行救济,相对人无从知晓决策的原因,更遑论"改正"的机会,这种情况被学者称为"算法暴政"。[3]

纵观算法规制的历史,算法的法律地位随着互联网的时代变迁和技术的发展而进化。从仅具有技术意义的算法到具有法律意义的算法,法律对于算法的地位功能假设也从产品化的算法迭代为工具化的算法。相应地,从沿用传统规则到技术中立原则,再到平台责任的加强与扩张,法律规则也对算法功能地位的变化作

---

[1] 参见[美]卢克·多梅尔:《算法时代:新经济的新引擎》,胡小锐、钟毅译,中信出版社 2016 年版,第 87 页。

[2] See Gillespie, T., *Algorithms* (*Digital Keywords*), Culture Digitally (25 June 2014), http://culturedigitally.org/2014/06/algorithm-draft-digitalkeyword/.

[3] See Lepri B., Staiano J., Sangokoya D., *The Tyranny of Data? The Bright and Dark Sides of Data-Driven Decision-Making for Social Good*, Transparent Data Mining for Big and Small Data, Springer International Publishing, 2017, p.3-24.

出了因应性的调整。随着智能时代的来临,大数据和深度学习算法技术的进一步发展,原有的法律规则已无法应对算法地位功能的进一步发展,新的算法规制在算法技术的发展下呼之欲出。

第二节 算法的法律治理原则

算法的设计与应用带来了诸多法律、技术和伦理挑战,这既对过往的治理体系形成了冲击,也在社会生产生活中逐步体现出对于个人权益、社会公平、技术监管等多方面的威胁。对于如何开展有效的算法治理,学术界与实务界长期以来存在诸多观点,其中不乏冲突矛盾,也形成了对于算法治理原则的一些共识。基于令算法的设计与应用更为安全、合法、公平、透明、负责任的立场,本节将对部分算法治理的基本原则展开分析。

(一)算法透明度原则

美国计算机协会下属美国公共政策委员会于2017年发布《算法透明度和问责制声明》,其中确立了算法透明度和问责制的七大原则。国家网信办等四部门出台的《互联网信息服务算法推荐管理规定》(以下简称《算法推荐管理规定》)第4条明确规定,提供算法推荐服务应当遵循公开透明的原则。那么,算法透明度究竟是什么意思?为何如此重要?

1. 算法透明度原则与算法黑箱

区别于传统的技术产品,算法的技术属性使其具备一定的算法黑箱特性,对传统的监管体系造成了较大阻碍。"黑箱"本质上系一种隐喻,即为人不知的、既不能打开又不能从外部直接观察其内部状态的系统,算法黑箱则意味着算法运行的某个阶段所涉及的技术复杂且部分人无法了解。

算法黑箱是算法技术普遍存在的现象,但不同类型算法的"黑箱"属性存在程度差异,如决策树、回归算法等明确规则驱动的算法通常运算过程较透明、可人为干预,而以机器学习为代表的算法运行过程复杂,难以人为干预,具备较高的黑箱属性与技术层面的不可控性。算法技术正在快速地迭代发展,如著名的ChatGPT等生成式人工智能大模型,其本质也是机器学习算法的具体应用,这些经过大量数据训练的算法区别于此前"小而精"的算法,已在一定数量级的训练后形成了千万亿级别的参数,并产生"涌现"能力,如思维链推理、指令执行等,这些能力在较小规模的算法模型中并不存在,这导致此类算法的运行逻辑更难以为人类所准确观察认知,算法黑箱现象日益凸显。

在技术逻辑之外,算法黑箱也产生于一定的人为因素。由于算法设计、研发、训练、运行等过程涉及其设计者、使用者的商业秘密与利益诉求,平台企业会更倾向于以算法安全与算法保密为由,人为构设算法黑箱,以避免因程序漏洞、方法不当、违规违法等问题而遭受指控。

为应对算法黑箱及其造成的算法治理困境,学界提出了算法透明度的概念,即指算法的开发者、提供者和使用者能够公开或披露算法的相关信息,让社会各方能够监督和评估算法的合理性和合规性。算法透明度不仅包括基本的运算逻辑和技术方案,也包括嵌入系统底层设计的内在标准和价值观,以及研发和运作过程中各项标准的公开性和公共性。

2. 算法透明度的价值

算法透明度原则彰显了算法时代背景下对人的尊严和个人自主的捍卫,即保护人类在面对层出不穷且隐蔽的算法决策时有权享有尊严和尊重,更为后续基于理性自主而拒绝、反对、质疑、监管算法决策的相关权利奠定了基础。透过算法透明度,个人得以洞悉算法决策背后的运行逻辑,进而在一定程度上祛除机器学习算法对人的主体性的遮蔽,增强个人的自主选择能力。此外,算法透明度也反映出算法社会中人类普遍且质朴的正义观念,成为被广泛认可的算法治理基本原则。[1]

而就算法透明度的工具价值而言,算法透明度具备多种基础性的效用。[2] 首先,适当的算法透明度有助于帮助人类对机器学习算法进行持续的观察、检查和监控,以发现潜藏在算法黑箱中的算法错误和偏见,进而采取有效措施进行规制。其次,算法透明度也是实现算法治理有效追责的重要基础,避免算法设计者和使用者通过算法黑箱构建的技术屏障躲避应当承担的责任。最后,算法透明度有助于增强社会公众对算法的信任,减少对算法运行与算法决策的恐惧和厌恶,实现社会的和谐发展与技术的可信治理。

---

[1] 参见马长山:《算法治理的正义尺度》,载《人民论坛·学术前沿》2022年第10期。
[2] 参见张恩典:《算法透明度的理论反思与制度建构》,载《华中科技大学学报(社会科学版)》2023年第6期。

3. 算法透明度原则的适用标准

模型透明度作为算法治理的基本原则,其适用范围及具体标准仍需在治理实践中进一步细化。首先,在应用场景上,不同垂直领域对于算法透明度的要求有显著差距。透明度是面向社会公众的算法呈现,故其程度取决于其牵涉的公共利益的广度与深度,即应当与算法适用领域的公共属性呈正相关。如在新闻、金融、医疗等领域内,应当设立更高的算法透明度义务,而应用场景较为局限、用户规模较小、不涉及社会安全等重点领域的算法透明度义务应适当调低。

其次,算法透明度与商业秘密、知识产权、隐私保护等敏感问题间存在张力,不应片面追求彻底的透明公开。算法往往是企业等主体耗费大量资源训练优化得出的产物,涉及企业的核心竞争力和关键知识产权,故算法透明度原则的落实一般不宜令算法设计者或使用者全面公开其源代码和核心参数。针对算法透明公开与算法在特定场景下的保密需求之间的矛盾,有学者认为应将算法模型透明度相关人群划分为参与系统设计的技术人员、在上游或下游进行干预的专家、参与系统运营的专业人员(如医生和法官)以及受算法结果影响的用户,[1] 对前两者应提供有关算法系统设计和实施的文档、测试程序、测试结果、执行日志等,必要时可能还需要审计代码,以最大限度地发挥监管和问责作用;对于参与系统运营的专业人员,应作为用户和技术人员的接口,实现用户需求、意见与模型处理优化之间的反馈联通;而面向用户,应当提供适当的因果解释以使其理解模型运作以维系其自主性。[2] 通过算法透明度原则面向不同人群的适应程度划分,或有助于实现算法治理的利益与价值平衡。

最后,算法过度透明可能导致其被不当利用,与治理目的背道而驰。比如过度公开某些推荐算法的运行机制,便可能导致部分人不当利用算法权重、逻辑、特性等实现提高自身在推荐结果中的排名,使劣质结果反而被算法推荐,最终导致算法功能无法实现。

可见,算法透明度原则并非简单适用便可实现有效的算法治理,其应用标准仍需在实务中结合算法的技术属性与算法治理的实际需求进一步明确。

---

[1] See Henin C., Le Métayer D., *Beyond Explainability: Justifiability and Contestability of Algorithmic Decision Systems*, 37 AI And Society 1397 (2022).

[2] 参见邓克涛、张贵红:《算法透明度:从理论到实践的探索与反思》,载《科学学研究》2024 年第 7 期。

（二）算法可解释性原则

随着算法的设计、运作与应用越发复杂，与算法透明度相似却又存在一定差异的算法可解释性原则进入了算法治理的视野。欧盟在《关于人工智能道德原则的立法倡议》中明确要求算法应当具有"可解释性、可诠释性、透明度和可识别性等安全特征"，以确保算法决策安全且可以为人类所信赖；我国在《互联网信息服务算法推荐管理规定》第 12 条中也鼓励算法推荐服务提供者优化算法规则的透明度和可解释性。那么，我们该如何理解算法可解释性原则？该原则又具备什么意义？

1. 透明度与可解释性辨析

就概念定义而言，学界对算法透明度与可解释性的内涵与外延多有争议。有观点认为算法透明度与可解释性并无本质差异，也有观点认为算法可解释性原则有其独特的规范目的与意义。[1] 本书认为，透明度主要针对算法输入特征和输出结论之间相关性的呈现，使算法的整体运作逻辑能够为人们所理解；而可解释性主要针对算法生成的结果，是一种事后归因的解释路径，是对输出结果采取具有针对性的个别化、具体化、局部化解释，无意于揭示整个算法的黑箱。换言之，透明度意味着一个局外人访问算法（训练数据和学习模型）的能力，而可解释性意味着理解或洞察算法如何产生一个特定结果的能力，使其中的利益相关者能够理解模型结果背后的合理性或逻辑，以便验证模型是否满足最初构建它的目的。[2]

区分两个概念与原则的原因在于，算法决策的解释制度能够有效节约个体的认知资源，以实现对于公民个人的救济。算法透明度与可解释性信息制度，在披露信息范围、启动的原因、信息披露标准与信息公开对象方面有所不同：

（1）透明度要求信息披露的范围更加广泛，倾向于系统功能的通用性说明；可解释性披露的信息范围更为具体，倾向于算法决策适用的具体种类与具体个案的信息披露。透明度对于公众的认知资源是极大的损耗。以网络平台的用户协议，以及保险合同的冗长条款为例，虽然这些都是为了增加消费者的认知，但由于认知负担过于沉重，反而使普通用户从不阅读此类协议。

---

[1] 参见安晋城：《算法透明层次论》，载《法学研究》2023 年第 2 期。
[2] See Open Loop, *AI Transparency & Explainability: A Policy Prototyping Experiment*（2022），https://openloop.org/reports/2022/07/openloop-asia-pacific-fullreport-2022.pdf.pdf.

（2）透明度并非由具体结果启动，而是广义的信息公开制度；可解释性的启动则是因为出现了公共利益或个人利益受损害的可能，至于是否启动由监管部门或相对人评估。

（3）透明度的目的是披露信息，但这并不意味着监管部门和公众接受平台所披露的信息是合理的或者有效的。透明度可以使社会对自动化决策有更大的控制感和接受感，但是算法的可解释性制度要求提供的解释必须是可理解的，或者能够为算法结果提供合理理由，否则就要承担相应的法律责任。

（4）透明度的信息披露对象可能是公开的，这样可能产生危害隐私或者通过披露的信息创建算法操纵的可能性。但可解释性往往只针对发起的监管部门和相对人，因此在一定程度上更有利于商业平台保守其商业秘密。

2.算法可解释性原则与可问责性困境

算法可解释性原则有助于规避算法不可解释性带来的对法律责任的逃逸。在传统的法律责任制度下，互联网平台公司等算法使用主体往往主张拒绝对算法设计、部署和应用的不当承担责任。原因在于：

（1）平台可以主张用户通过平台服务协议对面临的算法自动化决策知情同意，[1]因此基于算法对用户造成的损害无须承担责任。

（2）算法决策的使用者一般主张算法错误为客观"技术错误"而非主观错误，因此无须承担侵权责任。而以普通民众的技术能力证明其使用的算法确实存在嵌入的偏见和数据的滥用，极不现实。自动化决策实际上是根据数据得出的一个运算结果，包括平台公司也只能看到输入的数据以及得出的结果，而对中间的运算过程则一概不甚明了。

（3）用户如果请求平台提供自动化决策的解释，自动化决策的算法的平台公司可以商业秘密为抗辩理由拒绝公开决策的内容和理由，这导致用户个人难以主张权利并获得救济。

算法可解释性原则的落实则可以从两方面回应上述可问责性困境。一方面，对算法进行解释可以帮助探查因果，进而厘清多方主体的法律关系和相应的责任，从而有助于实现法律的规制目的，填补当前法律责任体系在落实可行性层面的不足。另一方面，可解释性也有助于算法在监管之下得到有效修正。从人机协作的角度看，人类只有在理解算法的前提下才能更好地与之进行交互，在实现算

---

[1] 参见胡凌：《人工智能视阈下的网络法核心问题》，载《中国法律评论》2018年第2期。

法预期目的的同时,帮助算法系统更好地进行改进和完善。可见,为实现对于公民权益的有效救济以及对算法运作的有效监管,算法可解释性原则都有其不可替代的重要意义。

3.算法可解释性原则的要求

在内容方面,算法可解释性原则的基本要求是在生成算法处理结果的同时,同步设计产生算法对生成该结果的说明,说明内容可以包括对生成内容的直接描写、对生成机制的说明与参考、生成内容出处和用于得出结论的信息处理等。就具体的算法解释义务衡量标准而言,目前主要有易读性标准、反设事实标准和可验证标准。

易读性标准即算法设计者和使用者不仅应当提供自动化决策系统或者特定算法决策所涉相关信息,还需以一种接收方易于理解的方式呈现。比如,保险公司应当向投保人提供应用程序,展示虚拟司机所具有的危险驾驶习惯如何在算法决策制定过程中影响汽车保费。但这种标准成本较高,并非所有类型的算法解释都可轻易满足。例如,将自动驾驶汽车传感器所收集的高维数据转化为人脑中视觉输入的树木或者街道标志等对应概念就会带来成本和技术挑战。因此,有学者提出了反设事实标准,该标准仅要求算法使用者提供和披露满足反设事实假设相关的变量信息,通过回答什么是决策中与事实具有因果影响的重要因素来回答某个因素是否决定了结果,从而帮助个体获得对特定决策的理解。[1] 由于这一标准满足了一定程度的可阐释性和易读性,减轻了对商业秘密的关注,同时在有限度的透明度约束下提供了对特定决策的解释,因此这一进路又被形象地描述为"在不打开黑箱的情况下解释黑箱"。区别于前述两种标准,还有技术专家认为鉴于当前技术发展现状,如果可以通过技术手段对特定决策重复验证,也可视为提供了解释,即最低限度的可验证标准。[2] 以上三种标准成本收益各异,可以根据特定的算法应用场景进行针对性的适用,并在实践过程中进一步细化算法可解释性原则的具体应用标准。[3]

从程序方面,算法可解释性原则也意味着要求算法的设计者和使用者对算法

---

[1] See Sandra Wachter, Brent Mittelstadt, Chris Russell, *Counter Factual Explanations Without Opening the Black Box*: *Automated Decisions and the GDPR*, 31 Harvard Journal of Law & Technology 1 (2017).

[2] See USACM, *Principles for Algorithmic Transparency and Accountability*, 12 January 2017, https://www.acm.org/binaries/content/assets/public – policy/2017_usacm_statement_algorithms.pdf.

[3] 参见张欣:《算法解释权与算法治理路径研究》,载《中外法学》2019年第6期。

运行过程进行忠实记录,以便依照监管部门要求进行有效的溯源治理。[1] 例如,2017年年末支付宝曝出不当使用消费者个人数据后,国家互联网信息办公网络安全协调局约谈了支付宝芝麻信用管理有限公司的有关负责人。[2] 某些算法因提供重要广泛使用的信息而具有公共产品的属性,如搜索引擎的竞价广告、新闻和社交媒体平台的推送算法、互联网平台的内容生成算法等,抑或是被应用于金融、医疗、工业生产等特定重点行业领域的算法。要求算法的设计者和使用者对算法设计进行解释是预防公共利益受到损害的系统风险的重要需求,还原算法决策的过程和结果的事实材料可作为价值判断、制度设计和责任判定的事实依据,为监管体系的完善和落实提供了重要基础。

(三)算法公平性原则

对公平公正的追求,一直是人类社会普遍坚持的价值观,算法治理领域自然也不例外。比如美国《2022算法问责法案(草案)》明确提出企业应对其自动化决策的公平性,包括偏见和非歧视性,开展影响评估,以及我国《个人信息保护法》第24条明确规定自动化决策应当保证结果公平、公正,各国的算法治理方案大多将算法公平性原则置于确保算法符合社会价值观念的重要地位。

1. 算法公平性与算法歧视

很多人认为,和人的决策相比,算法的自动化决策能够避免个体主观偏见的介入,具有相对客观、公正、高效等特点,因此其应用逐渐遍布于社会生活各个领域。例如,高校使用算法根据消费记录识别学生经济状况,帮助确定贫困生补助发放;银行广泛利用算法对客户进行信用评估以决定是否发放贷款;美国教育部门使用算法来确定教师聘用合同是否续期;[3] 美国某些法庭中,法官利用算法对

---

[1] See Adler, P., Falk, C., Friedler, S. A., Nix, T., Rybeck, G., Scheidegger, C., Smith B. & Venkatasubramanian, S., *Auditing Black-Box Models for Indirect Influence*, 54 Knowledge and Information Systems 95(2018).

[2] 参见《国家互联网信息办公室网络安全协调局约谈"支付宝年度账单事件"当事企业负责人》,载中华人民共和国国家互联网信息办公室网站,http://www.cac.gov.cn/2018-01/10/c_1122234687.htm。

[3] See O'Neil C., *Weapons of Math Destruction: How Big Data Increases Inequality and Threatens Democracy*, Broadway Books, 2017.

罪犯重复犯罪的风险进行评估。[1] 算法的自动化决策甚至通过国家公共部门在社会保障、医疗保健、公职人员监督和司法系统等领域进行应用,直接影响人的各项基本权利。

但是,公平公正并非算法的天然属性,在客观理性的屏障背后,算法经常不可避免地嵌入难以被发掘的不公平,即算法歧视。算法歧视即在算法设计、训练或应用过程中,由于数据、设计或其他因素导致的系统性偏差,进而产生不公正的结果。算法歧视的重要来源之一系训练数据库偏差,即当数据反映出任何一种形式的偏见时,根据这些数据训练并进行客观呈现的算法就有可能产生复制和放大这些偏见的歧视性结果。一方面,数据集的选择可能存在代表性偏差。比如在互联网中的高活跃度用户群体会在历史交互过程中留下非常丰富的浏览足迹,得以让平台充分获得其数据以用于训练算法,相反如老年人、未成年人、残疾人等用户群体由于较少产生相关数据,其偏好和特征往往难以被算法所认知。另一方面,当原始数据本就是社会偏见作用的结果,现存的社会偏见会经由数据集被吸收入算法中。比如当美国一些法院对犯罪风险评估算法 COMPAS 的使用被证明对黑人造成了系统性歧视。[2] 其原因可能在于,长期以来的历史原因导致黑人被记载的犯罪率高于白人,算法便根据历史数据推算黑人的犯罪风险更高,而这种系统性的歧视又会使黑人的社会地位与处境更为艰难,进而更容易走上犯罪道路,又进一步体现为黑人群体更高的犯罪率,最终形成算法歧视的逻辑闭环。出于对算法技术的信任和应用,此类潜藏的歧视性结论可能会广泛地应用于指导我们生产生活的方方面面,从而导致实然上的"存在差异"转变为应然上的"应该存在差异",造成严重的社会结构性问题。

除此之外,算法歧视还可能源于算法设计、运作、应用各流程的方方面面。比

---

[1] Northpoint 公司开发的犯罪风险评估算法 COMPAS 对犯罪人的再犯风险进行评估,并？非？排？出一个再犯风险分数,法官可以据此决定犯罪人所遭受的刑罚。See Julia Angwin, Jeff Larson, Surya Mattu and Lauren Kirchner, *Machine Bias: There's Software Used across the Country to Predict Future Criminals. And It's Biased against Blacks*, ProPublica(23 May 2016), https://www.propublica.org/article/machine-bias-risk-assessments-in-criminal-sentencing.

[2] 非营利组织 ProPublica 研究发现,Northpoint 公司开发的犯罪风险评估算法 COMPAS 系统性地歧视了黑人,白人更多被错误地评估为具有低犯罪风险,而黑人被错误地评估为具有高犯罪风险的概率两倍于白人。See Julia Angwin, Jeff Larson, Surya Mattu and Lauren Kirchner, *Machine Bias: There's Software Used across the Country to Predict Future Criminals. And It's Biased against Blacks*, ProPublica(23 May 2016), https://www.propublica.org/article/machine-bias-risk-assessments-in-criminal-sentencing.

如,算法的设计过程中可能介入设计者的偏见,因为算法设计人员决定了机器学习目标设定、数据特征选择和标签设置、算法参数优化方向等关键技术节点。算法设计人员的性别、种族、社会阶层等各种因素均可能存在特定的偏见,进而影响算法的价值包容性和普遍代表性。[1] 又如,在算法训练优化过程中,对算法效率和准确性的要求可能会形成过度优化,导致对某些特征的过度强调,从而产生歧视性结果。如在图像识别中,如果算法过度强调肤色等易识别的特征,可能会对某些种族或性别的群体产生歧视。

可见,算法歧视并非通过简单的规范标准即可实现有效治理,算法公平性原则的落实需要结合社会伦理价值进行评判,并对算法设计、运作、应用的全流程均进行规制。

2. 算法公平性原则的规范内容

算法公平性,是指算法在处理不同个体或群体的数据和信息时,不存在基于个人或群体的内在或后天特征的任何偏见、歧视或不公正。在学界,对算法公平性的理解存在"个体公平"与"群体公平"的概念差异。其中,个体公平即以个体作为基准,相似的人在算法中应得到相似的对待,当算法被给定同一任务时,任何两个相似的个体应被相似地分类。[2] 但是仅评估个体之间的差异难以评价算法的社会属性,也容易受到个体价值判断造成的偏差影响,故算法领域的群体公平概念应运而生。

群体公平,是指在一个决策过程或分类器系统中,种族、性别等身份敏感特征与决策结果在统计上是独立无关的,即隶属于不同群体的个体在相同条件下应当具有平等获得有利决策结果的机会或概率,算法决策不应基于个体所属群体施加差别对待。[3] 前文所述的美国再犯风险评估算法 COMPAS 对非洲裔美国人具有更高的危害风险评价概率的判断即违背了算法群体公平的要求。我国也在算法治理中通过群体公平的方式促进算法公平性原则的实现。比如《生成式人工智能服务管理暂行办法》第 4 条第 2 款规定:在算法设计、训练数据选择、模型生

---

[1] Crawford, K. and M. Whittaker, *The AI Now Report. The Social and Economic Implications of Artificial Intelligence Technologies in the Near-Term*, New York University (2016).

[2] See Cynthia Dwork et al., *Fairness through Awareness*, in Shafi Goldwasser, ed., Proceedings of the 3rd Innovations in Theoretical Computer Science Conference, Association for Computing Machinery, 2012, p.214–216.

[3] See Solon Barocas, Moritz Hardt and Arvind Narayanan, *Fairness and Machine Learning: Limitations and Opportunities*, The MIT Press, 2023, p.54–55.

成和优化、提供服务等过程中,采取有效措施防止产生民族、信仰、国别、地域、性别、年龄、职业、健康等歧视。该条款列举了多个受保护属性,保障隶属于不同群体的个体均获得算法公平决策。

当然,算法公平性原则的落实并非仅通过对结果进行规范就能实现。就如同前文分析算法歧视的成因覆盖了算法的设计、训练、应用等全流程,算法公平性原则也应当贯彻算法技术全生命周期:[1]

(1)在算法的设计和开发阶段,应当强调数据集的选用和处理保持公平无偏,对于算法设计人员也应当提升多样性与包容性以避免潜在偏见对算法公平性的侵蚀。

(2)在算法运行阶段,应当强调算法运行所依赖的特征选择应当在道德和伦理层面符合社会接受度,具备正当性,而非仅关注算法决策的准确性和效率。例如,尽管种族这一特征可能与再犯概率存在统计相关性,但由于其属于个体难以选择与控制的"先赋因素",故将其用于算法设计时需要详细审慎的伦理审查和技术论证。

(3)在算法结果层面,应结合算法的应用场景及其对利益主体的具体影响,整体评价算法公平性。以智能医疗疾病预测算法为例,如果仅关注疾病预测在不同群体中的准确率和召回率是否均等,可能会掩盖其对病人实际健康影响的巨大差异。比如对于致命重症,漏诊(假阴性)可能意味着患者错失早期治疗的机会,故降低假阴性率更为紧迫;而对于非致命轻症,误诊(假阳性)可能导致患者承受不必要的医疗干预,故控制假阳性率尤为重要。可见,聚焦结果层面的算法公平审查不应拘泥于单纯的统计对等,而应立足具体情境,对不同群体的利益进行具体考量,以差别化的方式应对多样化的群体,最终实现算法的结果公平。

3. 对算法公平性原则的反思

值得注意的是,尽管公平被广泛认为是一种重要的价值追求,但其价值位阶以及具体实现路径依然存在较大的争议,仅选择三个方向供大家思考:

(1)如何理解公平?如前文所述,我们常通过某些受保护的属性划分人群以实现算法群体公平,但受保护属性本身是个开放性概念,其外延经常随着社会观念甚至是舆论风气而流变。比如,因用户容貌美丑而影响生成结果质量是否属于

---

[1] 参见张欣:《算法公平的类型构建与制度实现》,载《中外法学》2024年第4期。

算法歧视曾引发巨大争议，[1]这一要素是否应视为受保护属性而在数据处理阶段排除？倘若此要素因涉及歧视故应当视为受保护属性而排除，又有何属性可明确认定为在模型公平性领域内"不受保护"？

（2）如何区分算法歧视与适当的差异化对待？即便就特定受保护属性而言，也并非所有的差异化算法处理都会构成对算法公平性原则的侵犯。比如，同为"性别"这一受保护属性，若美颜软件的算法根据性别差异为生成的图像施加不同的滤镜，往往不被破坏公平性，但倘若因性别差异生成职业推荐等差异，却有较高的算法歧视风险。又如，"大数据杀熟"被认为是应该被规制的典型算法歧视，但通过算法针对特定人群如支付能力较差的用户、长期交易的熟客等提供一定的优惠，却又具备较高的伦理正当性。那么，应当如何厘清算法公平性原则的应用标准？如何实现正当的差异化对待与算法公平性之间的平衡？

（3）如何实现结果层面的实质公平？有研究表明，若限制算法在涉及性别、种族等特定受保护属性群体的差异化对待，可能导致算法模型并不能真实反映现实世界，算法决策的可靠性和质量随之下降，这被称为"公平退化"。[2] 例如，在犯罪预测的应用场景中，若在算法层面严格遵循了算法公平原则的衡量标准，即不因种族、年龄等因素影响算法决策结果，可能导致实质上存在犯罪风险差异的群体呈现相似的算法结果，进而产生更多"明显不公平"的情形。

可见，尽管算法公平原则具备社会伦理共识层面的正当性，但其具体应用同样难以回避理论和现实的双重挑战。如何落实算法公平性原则，仍是一个涉及算法设计选择、商业伦理考量以及法律政策博弈的复杂问题。

第三节　算法的法律治理体系

由于算法法律治理区别于传统技术治理的复杂性，传统的监管机构和治理体系不足以有效监控各种级别的算法系统。因此，扩大和调整监管机构组成及其权限，并且引入多元化的治理方式，成为实现算法有效治理的必经之路。本节将简要概述算法治理的官方主体，以及参与算法治理的社会多元力量，进而梳理算法

---

[1] 参见刘朝：《算法歧视的表现、成因与治理策略》，载《人民论坛》2022年第2期。
[2] See Brent Mittelstadt, Sandra Wachter, Chris Russel, *The Unfairness of Fair Machine Learning: Levelling Down and Strict Egalitarianism by Default*, CoRR abs/2302（2023）.

的法律治理体系。

(一)算法监管的主管部门与职能

当前,较为成熟的算法法律治理体系可大致划分为美国、欧盟、中国三种主要模式,世界其他国家或地区如英国、日本、韩国、新加坡等均有部分创新性的探索与实践。本节主要讨论中国算法监管官方主管部门及其职能体系,并简要介绍美国、欧盟的相关内容。

1. 算法监管的主管部门

总体来说,目前世界范围内算法监管部门逐渐明晰,并走向专业化、扩张化。各国的算法监管部门均呈现一个部门为主,其他行业部门为辅的态势。此外,由于算法治理的专业性,构建专门部门进行算法监管已成趋势。

(1)美国将FTC作为算法监管主要部门。美国很多的算法治理职能都是由FTC承担的,《2022算法问责法案(草案)》也将FTC作为算法监管的核心部门。作为数据保护执法机构,FTC的算法治理模式较为灵活、激进,有助于美国结合产业发展实际进行动态灵活的算法治理。因此,长期以来,美国内部有观点呼吁扩大FTC针对算法规制的执法权限,例如,当前FTC并不具备对于银行、非营利组织等实体机构的管辖权限,这不利于全面开展专业化的算法治理。

(2)欧盟各国普遍沿用数据保护机构作为算法监管部门。在欧盟,《数据保护指令》《通用数据保护条例》《数据法案》等一系列数据保护规定要求成员国将数据保护监管机构保持为单独的、专门致力于数据保护的监督机构,并为其提供充足的资金。在此基础上,欧盟算法规制的框架是通过个人赋权对算法进行限制,并将算法规制嵌套于数据处理流程中。算法监管的部门以各国数据主管部门为主,其他部门依职能分散监管。正如德国的联邦信息安全局已被证明是在网络安全领域中的重要力量,通过预防、检测相应风险,对国家各职能部门基于算法的程序引起的审核监管行为提供有效支持。

(3)中国国家级别的"关键算法系统监督网络"仍待完善。当前,我国已初步建立以国家互联网信息办公室为核心的算法治理体系,且网信办已经具备相应的专业机构设置。针对特定的算法治理需求,我国已有相对成熟的多部门联动治理体系,如《生成式人工智能服务管理暂行办法》便是国家网信办联合国家发展改革委、教育部、科技部、工业和信息化部、公安部、广电总局多部门共同发布,联合共建的算法治理体系。鉴于算法相关产业及技术蓬勃发展、算法治理需求日益复杂,以网信办为核心的算法系统监督网络应当成立相关的专业力量支持队伍,协助部门监管机构监视算法系统以确保遵守法律要求。

2. 明晰算法监管主管部门职权

为实现切实有效的算法治理,落实算法透明度、可解释性、公平性等算法治理原则,我国应进一步明确赋予相关主管部门干预算法系统所需的干预权,包括算法系统的知情权和检查访问权。

(1)监管部门的算法访问权。主管的监督机构具有检查敏感应用领域或潜在伤害高发领域的算法系统的职权。分配法律权限时,必须采取措施确保监管部门有权在证明事实违反法律的情况下,强制算法使用者配置符合法律的系统(如修改使用的数据池),并在必要时施加罚款。只要与所涉案件造成的损害相称,监管机构还应能够对非法算法系统(或其组成部分)的使用者要求停止使用或责令整改。当高风险领域的算法出现了危害情况,如调度交通流量的算法,应当允许监管部门通过标准化接口进行必要的访问,以验证算法设计和运行的合规性,实施介入性监管。比如,《算法推荐管理规定》中明确了网信部门等应"对算法推荐服务依法开展安全评估和监督检查工作",且可以对网络日志等算法运行情况进行访问与实质审查。

(2)监管部门的算法审核权。监管部门必须有权在算法造成损害结果之后,有必要的情况下,对相关算法进行有效的审核。这些审核的内容可能包括所使用的培训数据和机器学习过程,以及包括处理逻辑和数据在内的算法决策具体依据。在特定场景下所需的监督程度应根据应用领域和系统关键性来确定,若算法系统仅存在一些潜在危害,则监管部门可以仅限于审核算法处理结果;但对于存在具体危害的算法系统,有必要明确监管部门对算法本身的直接审查权限。值得注意的是,监管部门对算法的审核和监管并不必然损害平台的商业机密或第三方用户的隐私权,但这同时意味着监督部门有义务将在监督工作中获得的所有信息视为机密信息并加以保护。如《算法推荐管理规定》中明确提出监管部门和人员"对在履行职责中知悉的个人隐私、个人信息和商业秘密应当依法予以保密"。

(3)监管部门的标准制定权。就算法技术的角度而言,算法透明度和可解释性不可避免地受到技术能力与原理的限制,尤其是对于经过多个主体训练优化与应用的机器学习算法,实现清晰的违法认定与责任分配存在较高的技术障碍,这限制了监管部门清晰证明各方主体在算法设计和运行中的过错。因此,监管部门在事前设立多样化的算法技术标准与测试程序,如《人工智能 面向机器学习的数据标注规程》《人工智能 机器学习系统技术要求》等，并在此基础上完善算法评估审核机制，以法律程序推动对算法的专业有效治理。

3. 专业领域监管职责由对应部门承担

在算法应用的行业领域，各国原有行政部门仍发挥着主导作用，这有助于在特定场景中实现算法治理与专业领域治理的有机结合，构建专业全面的算法治理体系。

(1) 美国有多个联邦机构负责数据保护与算法监管执法工作，包括联邦贸易委员会、金融消费者保护局、联邦通信委员会、卫生部等。在一系列与算法有关的司法案例中，多为各部门在各自的管辖范围内发起的诉讼或进行的行政处罚，进行算法监管工作。例如当出现了性别歧视的 Apple Card 算法，参议院金融委员会和纽约州金融服务管理局组织了调查。

(2) 欧盟立法者将越来越多的权力委托给了根据二级法建立的其他机构，原因在于这些机构具有专业知识人才储备。这种将决策被外包给专家机构的做法，使专家机构对委员会的决策具有决定性影响。欧洲行政网络包括部门机构与行业监管机构，前者包括欧洲环境局、欧洲商标局、欧洲防卫局等，后者包括银行业管理局（EBA）、证券和市场管理局（ESMA）和欧洲保险和职业养老金管理局（EIOPA）。欧盟的算法监管体系充分体现了算法的专业治理，例如在金融工具的算法交易领域，个体当事方对算法系统使用的监督权统一委托给专业的主管部门，由它们承担跨越各个经济领域与监管机构的监管职责。

(3) 中国根据传统部门职能延续专业领域监管体系。为了应对监管部门缺乏相关的专业知识，相关专业具体部门应具体负责监督相关领域的关键算法系统。例如，市场监督管理局在市场监督的执法领域内加强算法治理，根据《算法推荐管理规定》第 15 条禁止利用算法"实施垄断和不正当竞争行为"的规定进行执法；网信办则利用自身长期参与网络治理的优势，牵头重点检查具有较强舆论属性或社会动员能力的大型网站、平台及产品，有效整治算法滥用乱象。随着人工智能等算法系统逐步渗透至社会生产生活的方方面面，成为千行百业运作的底层系统，各专业部门均需参与进算法治理体系中，并基于算法技术及产业的发展定期更新发展监管力量。

(二) 算法的社会综合治理

政府部门虽然具备监管的强制力与治理的公权力，但往往并非算法系统的直接利益相关方和控制主体,在算法设计的技术处理、算法治理的定性归责、算法决策的利益平衡和价值指引等众多问题处置上仍存在难以回避的局限性。此时,适当引入多方主体进行综合治理,可以有效填补算法治理体系的种种不足。

1. 平台自我监管与风险控制

政府应重视并调动平台自我监管以及第三方社会力量的共同治理,不必也不可能实施涵盖所有算法系统的全面规定。美国的行业自律便是算法监管治理的重要力量。以美国联邦贸易委员会对脸书的 5 亿美元罚款事件为例,其罚款的依据是脸书于 2012 年自身作出的企业隐私政策。当企业自己主动提供了隐私政策和承诺之后,FTC 方有理由对其违背隐私政策的行为以"欺骗性贸易"的名义予以处罚。此外,美国的科技企业尝试了不同的自我规制方法。例如,谷歌、微软都发布了自身的人工智能伦理标准,在生成式人工智能等新型算法系统发展日新月异的时代,算法设计和使用者的自我监管更能贴近技术与产业的实践前沿。

具体而言,平台自我监管与风险控制可通过如下模式进行:

(1) 监管部门提供算法质量标准。政府部门对平台自我监管的敦促可通过提供指引性政策文件或法律法规的软性条款进行。平台根据政府指引性文件进行自我监管的优点在于,可以充分调动平台的技术力量,并且在开发阶段可以将平台内部的设计行为从制度纳入监管机制。但其缺点在于,自我监管并不构成独立的监督,发生违规事件后无法确保有效的处罚。此时,可以针对平台算法自我监管设置外部质量标准和风险管理制度。《通用数据保护条例》第 40 条即规定了类似方案,要求设定数据控制者行为准则和协议约束的相关部门的最低标准。政府不仅必须制定行为守则本身,而且还必须制定和执行与违规案件有关的程序规则。

(2) 平台自主执行算法指引性行政文件。算法的自我监管内容要求在于要求算法的设计者及使用者陈述他们是否遵守了监管部门的行为准则,以及遵守准则的程度。如果进行虚假陈述将承担虚假陈述责任,因此本质上由算法的设计者和使用者对算法系统的设计、运行和结果负责。网信办等部委联合出台《关于加强互联网信息服务算法综合治理的指导意见》,为落实企业主体责任、强化行业组织自律提供了明确指引。各项法律法规也在逐步完善算法自评估制度。比如,《个人信息保护法》便规定了算法影响自评估制度,即个人信息处理者对个人权益有重大影响的个人信息处理进行事前评估,并采取与其风险程度相适应的保护措施。《算法推荐管理规定》也要求"具有舆论属性或者社会动员能力的算法推荐服务提供者"开展安全评估。算法设计者、使用者的自我监管,有助于推动在初始阶段实现算法有效治理。

(3)落实算法安全责任人制度。在我国的算法备案流程中,需要明确算法安全责任人,其在功能上可以独立充当监管方、算法系统方和受算法影响人员之间的链接。算法安全责任人应当在算法设计者和使用者内部独立监视算法系统,并向公司或机构的管理团队提供建议,推动算法的潜在风险在内部得以高效解决。此外,当算法运作出现确切风险时,可以增设独立的内部监管。这种监管机构直接打破平台法人组织外壳、对法人内部行为进行监管的模式已经成为各国实践中采用的手段。如在剑桥丑闻事件后,联邦贸易委员会在脸书内部设立了专门的三个委员会,用以监督其行为。

2.算法技术标准与标准化组织

对于技术产品的治理而言,如果说法律法规的完善为治理体系搭建了完整的骨架,那么技术标准的搭建才是治理体系得以丰满的血肉,使抽象的法律能够切实作用于指导生产生活。算法治理也不例外,完善算法技术标准与标准化组织是构建算法法律治理体系的重要一环。

(1)监管部门制定算法技术具体标准。我国已构建由工业信息部门主导的算法技术标准与标准化组织体系,基于《人工智能伦理与道德标准》等文件的指引,全国信息安全标准化技术委员会[1]等多个标准化组织已发布《信息安全技术 机器学习算法安全评估规范》等多部规范算法设计、运行、应用的技术标准,有效促进了算法治理的标准化、专业化,为开发和使用算法系统的公司提供了法律确定性。在此基础上,工信部门还可结合各行业特殊规则,将算法系统合法性的要求转换为各个部门的特定准则。

(2)社会力量组织算法标准化认证。社会第三方力量已经实质性参与到算法治理中。以欧盟要求社会第三方提供的算法认证制度为代表,其类似于产品质量认证制度,通过具有专业性和独立性的认证机构,根据相关程序和体系评估控制者和处理者,对符合条件的颁发或更新认证,对不符合或不再符合条件的撤回认证。尽管算法认证属于自愿参与的制度,但《通用数据保护条例》明确规定欧盟及其成员国应当鼓励认证机制的发展。借助于有意义的认证结果,算法透明度得以提升,用户也能够针对具有指定质量标准的产品或服务作出明智的决定,这

---

[1] 该机构现已更名为全国网络安全标准化技术委员会。

将培养社会和个人对算法系统的信任。

算法技术标准本质上将是弥合"经典"国家法规与纯粹私人自我法规之间鸿沟的有用工具,但是我们也不应忽视技术标准存在局限性,技术标准更不能替代法律作出对算法系统规定的各项法律要求。

3. 充分发挥社会组织监督作用

社会组织积极参与算法治理,不仅通过技术手段实现算法公平,也能够维护被算法损害的公民权利。社会公众参与算法治理体系具有多种路径与广阔的发展前景,以下仅试举两例进行分析:

(1)作为保护消费者的社会组织,消费者保护协会可在涉及算法的消费者权利保护中发挥重要作用。应当赋予消费者保护协会代替消费者面对算法系统造成的损害提起公益诉讼的权利,使私法力量可以强制算法设计者和使用者遵守合同约定或保障消费者权益等个体权益,不必依靠监管部门采取行动,也不必令个体独自承担算法损害维权的高额成本。此类社会救济体系具有反应迅速等优势,且独立于行政力量,更有助于保护用户权益、实现公平竞争,进而推动社会力量在算法法律治理体系中发挥重要作用。

(2)发挥社团组织协会力量参与算法治理,推动构建算法系统的公共监督体系。比如,美国公民自由联盟(ACLU)长期以来一直致力于推进公民权利保护和塑造美国公共利益法律,对影响个人权利的算法的使用有权提起诉讼,诉讼领域包括言论自由、隐私权、数字版权和刑事司法等,全方位参与算法治理。在司法体系之外,智库等社会组织也能通过学术研究、宣传等方式构建算法治理的公众监督体系。比如 AI Now 研究所曾就有关人工智能对社会影响的法律和政策发展,发布了一系列研究报告,既有效推动了社会公众对算法治理的关注程度,也为明晰算法治理的具体标准和争议解决提供了重要参考。

4. 重视算法治理的国际力量与国际影响

算法作为信息时代的典型技术,自身天然具备跨国性、全球性的技术特征和技术基础,国际治理自然也是算法治理体系不可或缺的一部分。一方面,各国间的算法治理体系互相影响已是常态。部分国家和地区基于自身算法治理体系的权威性已然影响世界其他国家的算法法律规则制定,如美国科技企业汇集地加利福尼亚州便效仿了欧盟《通用数据保护条例》制定了《加利福尼亚州消费者隐私法案》。这样的影响机制还可能具象化为域内治理体系的域外效力,比如美国与欧盟数据立法不仅为其他国家所效仿,甚至通过"长臂管辖"与选择性执法成为博弈手段。这意味着,我国应当重视发展算法监管的域外效力,占据算法治理体系的主动地位。

另一方面,算法治理正逐步形成覆盖全球的国际体系。例如 OECD、G20、联合国教科文组织等重要的国际组织均在相关文件中提倡算法的伦理与道德,较为一致的观点包括要发展负责任的可信赖的 AI,要求算法的运行以人为本,尊重人的尊严、自主、隐私。人们越发清晰地认识到,算法、数据、人工智能等将成为未来世界的技术基础,这些领域的治理体系也将成为影响各国国际竞争力和话语权的关键要素。因此,应当重视参与构建算法治理的国际体系,鼓励学术专家、产业企业、政府组织等多元代表以多元形式参与国际组织讨论、国际规则制定,推动我国成为算法世界规则的制定者,在算法治理的国际舞台上发出中国声音。

第四节　算法的法律治理路径

以算法和用户交互过程为轴,算法治理可以划分为事前、事中和事后三个维度,以厘清全链路、全方位的规制路径。[1] 本节将主要立足于中国的相关法律法规,结合部分域外制度,对算法的法律治理路径进行分析。

(一)事前治理:算法透明度及其合规备案

对于算法引发的问题,事前规制注重强调对算法进行穿透式监管,尽可能明晰算法技术运行的基本逻辑与设计的目标意图,减少因算法技术复杂性造成的纠纷复杂性。因此,算法透明度及其合规备案被广泛视为算法事前治理的主要模式,包括审查算法使用数据的合法性、公开方式的显著性、公开对象的不特定性。

1. 算法事前治理的具体路径

算法事前治理已然成为算法治理具体制度的重要组成部分。举例而言,我国《个人信息保护法》即规定"个人信息处理者在处理个人信息时,应当保证个人信息的处理目的、处理方式和处理的个人信息类型与公开的个人信息处理规则相符合,不得通过误导、欺诈、胁迫等方式处理个人信息"。对于个人信息处理规则的

---

[1] 参见陈增宝、张凌寒:《算法技术的法律规制:治理困境、发展逻辑与优化路径》,载《中国应用法学》2024 年第 4 期。

强制公开,加强了个人信息应用方式及其处理算法的透明度。《算法推荐管理规定》第 24 条更明确提出"具有舆论属性或者社会动员能力的算法推荐服务提供者"应当进行算法备案,备案内容包括服务形式、应用领域、算法类型、算法自评估报告等内容,既在制度层面保障了算法透明度原则的落实,也避免了对算法的"一刀切"治理,体现了分类分级的算法治理理念。

域外也不乏算法合规备案的制度探索。比如,美国《2022 算法问责法案(草案)》便意图推动构建算法影响评估制度,对算法的潜在危害、隐私风险、数据集、用户权利保障、用户权益影响等事项进行全面评估,并将相应报告面向公众开放。《过滤气泡透明度法案(草案)》也规定平台应向用户告知算法的存在,并以清晰、醒目的方式,向用户提供可以一次性拒绝算法的提示而仅披露算法的存在。

2. 算法透明度与个体权益

算法透明度及其合规备案既是为监管部门开展算法规制提供的制度保障,也是公民实现其算法权利的重要基础。算法透明有助于让用户知道其获得产品或服务是否为算法决策之结果,从而可以选择行使删除权、拒绝权、反对权等权利,获取有效退出或维权机会。比如,《算法推荐管理规定》要求算法推荐服务提供者应当向用户提供不针对其个人特征或关闭算法推荐服务的选项,《个人信息保护法》赋予个人拒绝个人信息处理者基于个人信息对其进行自动化决策的权利,此类用户所享有的算法反对权、拒绝权若想得到有效实施,往往需要建立在算法本身足够透明的基础上。类似地,《互联网信息服务深度合成管理规定》中的备案要求,以及深度合成服务提供者的内容标识义务,均是通过提升算法透明度以确保公众知悉,进而在知情的基础上保护自主权益。

但基于披露对象技术能力的有限性和机器自主学习的不可预见性,一般公众和不具有技术能力的监管机构甚至设计者都无法完全理解其具体含义并进行充分说明。因此,应当推动对公开内容类型进行具体规定,将事前治理进一步延伸到算法备案及其合规上,进一步增进算法透明性。比如,在报送机制上,进一步细化信息报送的范围,以适当方式公开或披露算法运行的基本技术原理、主要运行机制和内在目的意图,解决干扰性披露和算法技术复杂性障碍,使监管机构和社会公众能在能力范围内利用最少成本获得更加准确、清晰的内容;同时根据内容区分政府备案和社会公示,既能满足监管机构要求,又可消弭算法透明引发的知识产权和商业秘密争议。

（二）事中治理：算法的审核与长效监管

算法事中治理的核心在于从技术机理、伦理规范、信息保护、安全监测、应急处置等多维度建立健全内控与审核机制，并根据算法类型进行分级分类管理，注重持续评估、检查、调整，确保算法合规操作，推动法律与算法的跨系统沟通。

1. 完善算法内容安全管理

在我国，网络信息平台的内容生成、推荐中的算法是监管部门所关注的重点领域之一，该领域的算法治理也是网络综合治理体系的重要组成部分。《网络信息内容生态治理规定》中明确提出，网络信息内容服务平台的个性化算法推荐技术应当禁止传播违法信息、防范抵制不良信息，并建立健全人工干预和用户自主选择机制。可见，网络信息平台的算法作为具备较高社会公共属性的技术，承担了更为严格的合规义务，应当增强违法和不良信息的排查敏感度并及时采取相应处置措施，从监管维度减少算法推送内容的安全风险。

2. 加强算法全面审核监督

对算法审核、评估和验证应当以算法的公开性、公平性、透明程度以及数据使用的最小必要等方面作为评价维度，对算法的整体运行、决策、内容生成进行全方位的监督。我国《算法推荐管理规定》也明确规定了算法服务提供者应当"建立健全算法机制机理审核、科技伦理审查等管理制度和技术措施，确保算法应用的合理性和安全性"。在《互联网信息服务深度合成管理规定》中，深度合成服务提供者的算法审核义务被进一步明确为"建立健全用户注册、算法机制机理审核、科技伦理审查、信息发布审核、数据安全、个人信息保护、反电信网络诈骗、应急处置等管理制度，具有安全可控的技术保障措施"。可见，我国对于算法的审核监督制度较为全面，根据算法的具体应用场景和技术类型构建分类分级的审核机制，并施加差异化的合规义务。

此外，算法的审核监督也可以通过构建负面清单的形式进行。比如，我国《算法推荐管理规定》明确要求算法推荐服务提供者在向消费者销售商品或者提供服务时，应当保护消费者公平交易的权利，不得根据消费者的偏好、交易习惯等特征，利用算法在交易价格等交易条件上实施不合理的差别待遇等违法行为。通过具体的场景切入，有助于进一步细化算法运行过程中的审核标准。国外则有相应的制度实践要求在算法运行过程中介入人类的审核监督，欧盟《通用数据保护条例》第22条第1款规定，如果算法决策对数据主体有法律效力或者重大影响，那么这种决策不应纯粹由算法作出。[1] 又如,美国威斯康星州要求法院使用算法量刑时需要保证人类参与到实质决策中。[2] 从全方位的审核评价维度,到负面清单制度,再到人类参与算法决策模式,这充分体现了算法审核监督的路径多样性。

3. 建设算法长效评估机制

相较于制度化的算法审核监管,算法评估重在对算法进行全面且系统的评判,是以明确该系统的影响水平和风险等级为目的的一种算法治理实践。[3] 算法评估系针对算法设计、部署和使用等全生命周期的算法治理模式,有助于及时有效研判和应对可能产生的国家安全、数字人权、经济秩序、科技伦理等方面的风险。

(1)算法评估涉及多方面的治理内容。比如我国《互联网信息服务算法推荐管理规定》即要求提供算法服务时"应当尊重社会公德和伦理,遵守商业道德和职业道德,遵循公正公平、公开透明、科学合理和诚实信用的原则",以及要求算法推荐服务提供者定期开展算法推荐服务专项评估,评估算法推荐服务的安全性、准确性、客观性、公正性等,并向社会公开评估结果。一般而言,算法自评估包括算法基本情况、服务领域、风险研判、风险防控情况等内容,其中风险防控又可划分为风险防范机制建设、用户权益保护、内容生态治理、模型安全保障、数据安全防护等领域。可见,算法评估是对算法合规义务履行情况的全面核查。而在欧盟,算法影响评估系控制算法风险的重要路径。《通用数据保护条例》要求算法的设计者和应用者采取与风险程度相适应的技术和组织措施,降低数据处理活动可能给数据主体基本权利和自由造成影响的风险,并通过算法自愿认证、算法影响评估、数据影响评估等方式进行风险的识别与控制。

(2)算法评估是在算法全生命周期中的常态化制度。比如《互联网信息服务算法推荐管理规定》第28条规定"网信部门会同电信、公安、市场监管等有关部

---

[1] 根据欧盟《通用数据保护条例》第22条第1款,对适用此条款的算法决策存在以下限定条件:第一,该算法决策对数据主体有法律效力或重大影响;第二,该算法决策中没有人的参与,是一个纯粹的自动化决策(solely on automated processing)。See Article 22 (1) of the General Data Protection Regulation (GDPR) "the data subject has the right not to be subject to a decision based solely on automated processing, including profiling, when it produces legal effects concerning him or her or at least it similarly significantly affects him or her".

[2] See Ellora Thadaney Israni, *When an Algorithm Helps Send You to Prison*, https://www.nytimes.com/2017/10/26/opinion/algorithm-compas-sentencing-bias.html.

[3] 参见张欣:《算法影响评估制度的构建机理与中国方案》,载《法商研究》2021年第2期。

门对算法推荐服务依法开展安全评估和监督检查工作""算法推荐服务提供者应当依法留存网络日志,配合网信部门和电信、公安、市场监管等有关部门开展安全评估和监督检查工作"。不难发现,算法评估既包括算法设计者和使用者的自评估,也包括监管部门基于自身专业领域与监管职能进行的评估,且算法评估将贯彻算法运作的全生命周期。

(三)事后治理:算法的有效问责与救济

在算法事后治理环节,我们应当在坚持算法公平透明原则的基础上,落实算法解释义务,基于算法运行结果明确法律责任,对相关主体进行精准归责和有效问责,推动算法运行结果符合社会价值观与公民权益之需要。

1. 算法可解释性是开展事后治理的基础

算法可解释性是算法治理的基本原则之一,算法解释权更为用户和相关个体的技术性正当程序权利奠定了行使基础。算法解释权指的是,当自动化决策的具体决定对相对人有法律上或者经济上的显著影响时,相对人向算法使用人提出异议,要求对具体决策提供解释,并要求更新数据或更正错误的权利。[1] 欧盟《通用数据保护条例》在序言第71条中首次以法律形式提出和创设了算法解释权:对个人法律或经济上有重大影响的自动化决策应当受到适当的法律措施的约束,这些措施包括向数据主体提供具体信息以及获得人工干预、表达意见、获取决策如何作出的解释和对决策提出疑问的权利。中国《个人信息保护法》《算法推荐管理规定》《生成式人工智能服务管理暂行办法》等众多法律法规均具体地规定了算法解释权,如《个人信息保护法》第24条第3款即提出"通过自动化决策方式作出对个人权益有重大影响的决定,个人有权要求个人信息处理者予以说明,并有权拒绝个人信息处理者仅通过自动化决策的方式作出决定"。

可见,中国已建立了算法解释权制度,为算法的事后治理奠定了重要的基础。但是,该制度的落实仍存在一定的实务争议。比如,如何理解"对个人权益的重大影响",即算法解释权应当具备怎样的构成要件?对算法的解释说明应当包括什么内容?算法可解释性原则的实现路径,仍有待通过算法治理实践进一步完善。

---

[1] 参见张凌寒:《商业自动化决策的算法解释权研究》,载《法律科学(西北政法大学学报)》2018年第3期。

2. 算法事后治理应注重实现公平正义

面对算法应用中出现的扰乱市场经济秩序、侵害公民权利等算法侵害，算法事后治理更要以数字平权理念去强化对网络劳动者、老年人、未成年人等数字弱势群体的保护力度，用算法公平维护社会公平正义。比如，《算法推荐管理规定》第18~21条分别就算法治理对未成年人、老年人、劳动者、消费者提供特别保护提出了相应规定，要求算法服务提供者履行提供适宜信息、防沉迷、适老化服务、保障劳动权益、禁止"大数据杀熟"等合规义务，加强对弱势群体的保护。境外也存在类似的治理路径探索，如美国《2022算法问责法案(草案)》便强化了对自动化决策系统的监管与评估，特别是那些对消费者产生重大影响的系统，以确保它们不会对消费者造成歧视或其他不公平的待遇。

在加强对个人权益的保护外，算法事后治理还承担了一定的保护社会经济秩序功能。比如《算法推荐管理规定》第15条提出："算法推荐服务提供者不得利用算法对其他互联网信息服务提供者进行不合理限制，或者妨碍、破坏其合法提供的互联网信息服务正常运行，实施垄断和不正当竞争行为。"算法事后治理力求全面评估并衡量算法造成的直接影响与衍生影响，从而推动社会整体公平正义的实现。

3. 算法事后治理的追责与纠正机制

在明确算法被不当设计或使用的基础上，完善追责与纠正机制成为算法事后治理的最后一步。其中，追责与纠正机制可分为由用户或相关权利人直接通过权利救济途径主张责任，以及由国家行政、司法机关依法开展追责的两种具体路径。

(1)通过对用户和相关权利人自治性的尊重，可以实现对算法的有效追责与高效纠正。用户是直接被算法处理和决策的相对方，对算法可能的缺陷与违规之处有着最直接的感受。因此，《算法推荐管理规定》第22条提出"算法推荐服务提供者应当设置便捷有效的用户申诉和公众投诉、举报入口，明确处理流程和反馈时限，及时受理、处理并反馈处理结果"。结合用户反馈提升算法合规程度，既能及时保障用户合法权益并填补损害，又能提高算法设计者和使用者优化算法的效率。若用户反馈无法维护个人权益，权利人可以通过行使算法拒绝权、算法反对权等方式避免受到损害。如《个人信息保护法》第24条规定"通过自动化决策方式向个人进行信息推送、商业营销，应当同时提供不针对其个人特征的选项，或者向个人提供便捷的拒绝方式"，为个人提供了拒绝被算法处理和决策的权利。若上述路径均无法实现有效的事后救济，权利人可以通过向有关部门投诉、举报的方式维护合法权益。

在国外,长期的算法治理实践与民事救济传统形成了较为完善的算法救济体系。典型的如美国通过多样化的判例落实了算法民事责任,包括由于"无法确定算法是如何生成个性化预算的"而认定相关决策无效[1],或认定基于算法的测谎仪器测试结果不可以作为证据[2]等,令已有算法决策失去法律效力。美国更进一步地利用其司法灵活的制度特性,将具体的规则探索留给法院在判例中确定。如在《2022 算法问责法案(草案)》中,对于不遵守相关规定的企业,可以由州检察院介入,提起民事诉讼以获得适当的救济。随着算法造成的权益侵害日益普遍地出现在社会生活中,我国也有必要进一步完善算法事后治理的民事救济体系,在民事司法救济、损害赔偿责任等领域展开探索。

(2)完善算法问责制度,以规范程序落实算法设计者和使用者的法律责任。近年来,随着对于算法作用机制及其法律定位的认识加深,我国已逐步建立从算法应用产生的外部结果转向平台底层技术逻辑的穿透式监管体系,对于算法设计者和使用者的问责制度也逐步建立并完善。以《算法推荐管理规定》为例,第五章规定了对算法服务提供者的多项问责模式与警告、通报批评、罚款等多项法律责任,并明确了相应的监管部门。但是,既有的问责制度多停留在原则性指引,在实务中仍不乏制度难题。比如,多项算法治理制度之间如何进行联动监管仍有待明确,算法提供者、人工智能服务提供者、网络服务提供者等多种主体责任的边界仍有待厘清,算法治理与反不正当竞争、数据安全、网络内容治理等多领域治理的实践模式仍有待探索……

算法技术在高速进步,产业结构亦在快速流变,算法治理制度也需适时而变、不断发展。智能时代的浪潮已然袭来,面对科技的狂飙突进,完善监管治理的制度将成为驯服技术并使其造福人类而非危害社会唯一倚仗。明确算法的法律定性,厘清算法治理的原则,梳理算法法律治理体系,探索算法治理的有效路径,最终都是为了实现我们心中的公平正义,构建以人为本的未来社会。

---

[1] See *T. v. Bowling*, No. 2:15 - CV - 09655, 2016 (S. D. W. Va. Sept. 13, 2016).
[2] See *State v. Shively*, 268 Kan. 573, 999 P2d 952 (2000).

典型案例

案例 1

本案为北京爱某某科技有限公司(以下简称爱某某公司)与北京字某科技有限公司(以下简称字某公司)之间的侵害作品信息网络传播权纠纷案。爱某某公司经合法授权,获得了某热播电视剧在全球范围内的独家信息网络传播权。

在该剧在爱某某平台进行独家首播期间,字某公司运营的某 App 出现了大量由用户上传的该电视剧短视频片段。这些短视频通过平台的信息流推荐技术被广泛传播,播放量巨大,其中单条视频播放量最高超过百万次。爱某某公司认为,字某公司的这种行为不仅侵犯了其合法的信息网络传播权,还因其算法推荐技术的使用,加剧了侵权行为的传播范围和影响,从而造成了巨大的经济损失。爱某某公司向法院提起了诉讼。

本案的争议焦点在于,作为信息存储空间和信息流推荐技术提供者的字某公司,是否为用户的侵权行为提供了帮助,从而应当承担相应的侵权责任。法院认为:一方面,字某公司通过信息流推荐服务获取了更多的流量和市场竞争优势等利益,也存在提高侵权传播效率、扩大侵权传播范围、加重侵权传播后果的风险,故与不采用算法推荐、仅提供信息存储空间服务的其他经营者相比,理应对用户的侵权行为负有更高的注意义务。另一方面,即使通过算法推荐识别短视频具体内容不具有技术可行性,但对于允许哪些短视频进入被算法推荐的范围,如何设置和优化算法推荐的具体应用方式,以及如何将已经进入推荐范围的侵权短视频纳入复审环节以避免其被大范围、长时间地传播等方面,字某公司仍可以通过在其服务和运营的相应环节中施以必要的注意、采取必要的措施加以完善。最终,法院判决字某公司向爱某某公司给予合理的赔偿。

案例 2

2016 年,胡某在上海携某商务有限公司(以下简称携某公司)运营的携某 App 上注册为用户,累计通过携某 App 订房 30 余单,累计消费已逾 10 万元,为该平台的钻石贵宾客户,享有酒店会员价 8.5 折起等特权。2020 年 7 月 18 日,胡某在携某 App 中预订了当天豪华酒店客房,订单金额为 2889 元,第二日退房时,胡某发现酒店房价为 1377.63 元,携某公司以其系平台方,并非涉案订单的合同相对方等为由,仅退还了部分差价。后胡某以携某公司采集其个人非必要信息,进行"大数据杀熟"等为由起诉到法院,要求"退一赔三"等。

法院认为,携某公司作为知名的在线旅游服务平台,通过长期的宣传和市场行为,已经在消费者心中树立了价格优惠的品牌形象。消费者基于对携某公司的信任,合理预期通过携某 App 预订的酒店价格应当是合理甚至优惠的。携某公司作为平台经营者,有义务和能力对平台上的第三方代理商进行监管,包括对其发布的房源价格进行监控。携某公司未能有效履行这一责任,也并未充分履行对消费者的告知义务,导致消费者面临不公平的交易条件,在不知情的情况下可能接受了高于市场价格的预订价格。因此,法院最终认定携某公司存在虚假宣传、价格欺诈行为,判决退还剩余差价并支付订房差价的三倍赔偿金。

　　该案被称为"大数据杀熟第一案",虽然法院并未直接认定携某公司实施了"大数据杀熟",但强调了携某公司应当关注消费者对其服务的疑虑,并采取措施提升算法推荐服务的透明度和公正性。

问题与思考

1. 为什么要进行算法治理?
2. 如何理解算法法律属性的历史流变?
3. 相较其他技术,算法的治理原则有何特殊性?
4. 你认为中国目前的算法治理还有什么需要完善的地方?

延伸阅读

1. [美]布鲁斯·施奈尔:《数据与监控——信息安全的隐形之战》,李先奇等译,金城出版社 2018 年版。
2. [美]弗兰克·帕斯奎尔:《黑箱社会——控制金钱和信息的数据法则》,赵亚男译,电子工业出版社 2015 年版。
3. [美]尼古拉斯·卡尔:《数字乌托邦——一部数字时代的尖锐反思史》,姜忠伟译,中信出版集团 2018 年版。
4. [美]史蒂夫·洛尔:《大数据主义》,胡小锐等译,中信出版集团 2015 年版。
5. [美]约翰·切尼-利波尔德:《数据失控——算法时代的个体危机》,张昌宏译,电子工业出版社 2019 年版。
6. [葡]马丁·艾泊斯等:《算法治理——法律和道德的挑战》,姚前等译,中国金融出版社 2022 年版。
7. [瑞典]大卫·萨普特:《被算法操控的生活》,易文波译,湖南科技技术出版社 2020 年版。
8. [英]凯伦·杨等:《驯服算法——数字歧视与算法规制》,林少伟等译,上海人民出版社 2020 年版。

第九章 基层网格化的法律治理

> **法律故事**
>
> 2004年,以筹办2008年北京奥运会为契机,北京市东城区城市管理部门运用多项信息化、地理编码及网络地图技术,创设了一套"万米单元网格化"的城市管理模式。"万米单元网格化"将北京东城区25.38平方千米划分成1652个网格状单元,并按照各自功能,将其划分为6大类56种城市部件以及7大类33种城市事件问题,进而编制相应的代码,将这些代码标注在相应的电子网格地图中(每个网格对应约万余平方米的实体空间)。由此,每个管理区域内部的居民在生活中产生的各种生活和公共管理问题,如乱贴小广告、井盖丢失、绿化损坏、垃圾堆积、无证游商等问题,均会被网络技术及时记录并反馈给流动巡查员,具体情况也会立即显示在管理指挥中心的电子大屏幕上,指挥中心则迅速根据预先编制好的程序进行分类处理,并要求相应职能部门及时解决。
>
> 这一举措明确指向创建城市市政管理新模式,包括城市基础设施的运行和城市管理的维护,涵括了市政基础设施管理、城市建筑管理、城市国土房产管理、城市公共事业管理、城市园林绿化管理、城市市容环境卫生管理、城市环境保护等内容。"万米单元网格化"城市管理制度最突出的特征,就是现代数字技术在城市管理中的有效、灵活应用。例如,利用"3S"(GIS、RS、GPS)的现代空间信息技术,在传统的"县(区)—街道—社区"三级管理层级下,以"万米"为基本单元划分网格,并绘制电子网格地图,提升城市管理的精确性,加强城市监督的及时性。总体而言,"万米单元网格化"通过对管理对象的精确定位,进行有效的时空控制,进而增强了对技术平台的规范设计和决策信息的有效传导,形成了城市全域化管理。[1]

---

[1] 参见陈平:《网格化:城市管理新模式》,北京大学出版社2006年版,第77页。

第一节　基层网格化治理的时代特征

随着数字中国建设的深入推进,数字技术不仅推动着中国社会治理的理念转型和制度创新,同时也助力着社会治理共同体的建设和发展,对社会治理的政治共同体、利益共同体和价值共同体建设产生了持续且深远的影响。[1] 基层治理作为社会治理的重点和关键领域,受数字化技术的深刻影响,也逐渐发展出网格化治理的创新模式。基层网格化治理是一种典型的数字化社会治理模式,其综合运用移动通信技术、互联网信息技术以及网络地图等数字技术手段,按照一定的地理空间和人口分布将基层城乡社区划分为一个个"网格",配备服务管理人员即"网格员",借助信息平台集合全部治理信息纳入对应网格,进而在网格内整合政府各部门和社会各方面资源和力量以协同实现全方位、多维度、精细化、高效率的社会治理。

基层网格化治理在社会治理领域的兴起与运用,主要得益于数字网格地图技术和20世纪90年代兴起的计算机网格技术。网格地图起源于中国古代井田制度,这种空间分析方法按照平面坐标或地球经纬线划分成大小不同的区域网格,以网格为单位表达其中的特征。网格地图从中国传播到其他国家和地区,并广泛应用于人口、环境质量、基础设施密度分析等科学研究领域。基层网格化治理即是将数字时代的计算机网格地图应用于社会治理事业,将过去的基层政府不同部门共同管理一整片行政区域,缩小为每位网格员固定管理一小片网格区域,实现了由粗放管理到精细管理的转变。[2] 计算机网格则是一个从电力网格借鉴而来的概念,致力于让互联网用户如同使用电力一样使用网络,在有使用计算能力的需求时,只要接入网络即可方便地得到计算和信息资源供应,而不需要了解资源的具体来源。其利用高速网络将地理上分布的、系统上异构的服务器、存储系统与网络连接起来,协同解决大型应用问题,实现了广域信息资源的分布共享,最终把整个因特网整合成一台超级虚拟计算机。[3] 这种整合资源、按需调度的理念应用在社会管理领域,就是网格化管理。网格化管理主张将管理对象按照一定标

---

[1] 参见曹海林:《数字技术助力社会治理共同体建设探究》,载《中州学刊》2024年第3期。
[2] 参见陈平:《网格化:城市管理新模式》,北京大学出版社2006年版,第49-53页。
[3] 参见桂小林编著:《网格技术导论》,北京邮电大学出版社2004年版,第6-23页。

准划分成若干网格单元,再运用信息技术和各网格单元间的协调机制,将政府辖区各网格内的社会管理和公共服务部门的工作内容予以整合,形成业务导向驱动的条块整合模式,并使网格之内与网格之间能够有效交流信息、共享资源、协同工作,从而实现整合资源、提高管理效率的目的。[1] 随着北京市东城区"万米单元网格化"城市管理模式的成功试验,网格化管理模式不断被其他地方所实践和创新,形成了如上海浦东模式、南京栖霞"城乡一体化"模式、浙江舟山"网格化管理、组团式服务"模式等丰富的实践案例。网格化管理的成效也得到了中央文件的进一步肯定和确认。2017年6月,《关于加强和完善城市社区治理的意见》(以下简称《意见》)明确提出要"促进基层群众自治与网格化服务管理有效衔接"。2019年10月,中共中央《关于坚持和完善中国特色社会主义制度、推进国家治理体系和治理能力现代化若干重大问题的决定》(以下简称《决定》)在"构建基层社会治理新格局"的重大战略命题中明确提出,要"健全社区管理和服务机制,推行网格化管理和服务"。相较2017年《意见》中"网格化管理"的表述,《决定》中增添了"服务"一词,体现出"网格化管理"中的管理属性正逐渐弱化。随着推进国家治理体系和治理能力现代化成为中国深化改革的总体性目标,"网格化管理"逐渐成为社会治理的焦点。[2] 2021年中共中央、国务院《关于加强基层治理体系和治理能力现代化建设的意见》,对加强基层智慧治理能力建设,做好规划建设、整合数据资源、拓展应用场景等方面作出了明确的规定。与此同时,在中国基层社会建设和社会管理领域也掀起大范围的网格化治理的热潮,该模式已经成为基层社会治理的最基本方法,以至于近年来在社区治理发展中,网格化治理出现了"创新扩散"的现象,呈现"无网格、不治理"的发展趋势。[3] 基层网格化治理在发轫之初,就呈现数字化、清晰性、集成性、动态性和回应性等特征。

其一,数字化。基层网格化治理是政府等公共部门以现代数字化技术为支撑,将治理区域人为地细分为更小的治理空间单元,致力于实现治理资源的整合以及治理手段的精细化。数字技术在基层治理中的应用标志着治理范式的重大

---

[1] 参见李世颉:《网格管理中的地方政府信息资源集成研究》,中国社会科学出版社2016年版,第2-35页。

[2] 参见姜晓萍、焦艳:《从"网格化管理"到"网格化治理"的内涵式提升》,载《理论探讨》2015年第6期。

[3] 参见陈荣卓、肖丹丹:《从网格化管理到网络化治理——城市社区网格化管理的实践、发展与走向》,载《社会主义研究》2015年第4期。

转变,特别是以人工智能技术为核心的智能化已成为基层治理创新的重要手段[1]。实际上,网格化治理的思想最初源于计算机领域的"网格",即利用互联网将地理上广泛分布的计算技术融为一体,为用户提供更多资源、功能和交互性,以实现动态变化的多个虚拟机构间的资源共享和协同解决问题[2]。伴随数字化技术的快速发展,网格化治理开始综合运用网络地图技术、地理编码技术、现代通信技术、无线网络技术等数字化工具,依托统一的数字化治理平台,在动态、高效地进行公共数据的采集、处理和传输的基础上,实现对网格内事件的精准、高效、全方位的治理,其最终目的是整合组织资源、提高治理效率、改进治理质量[3]。因此,无论是"网格"的名称和理念、网格的划分,还是网格化治理的运行,都离不开数字化技术。使用数字化的治理方式极大地提升了治理效率和治理效果,网格化治理也逐渐成为可推广、可复制的现代治理方式。

其二,清晰性。大数据时代,人们运用数据分析和管理日常生活,甚至预测未来发展,制度亦以其明确性、固定性给人以稳定的行为预期。基层网格化治理不仅是以信息采集和编码分析为基础的治理,还用制度将各个治理部门的权力/权利、义务和责任确定下来,因而具有清晰性。具体来说,基层网格化治理的清晰性主要表现在:一是治理单元的明细化,以覆盖社区所有区域、组织和人群的精确网格代替原本规模失当、边界模糊的管理区域;二是职责权限的条理化,以制度化的责任清单和工作流程来明确各个主体的责权利,避免责任不清引起的推诿扯皮;三是治理要素的信息化,用地理编码技术为社区管理对象编码,将治理要素数据化;四是信息形式的可视化,利用信息平台集合网格治理信息,以流程、地图和图表令治理信息明晰可见;五是管理和服务的精准化,治理对象、治理责任、治理流程的精确实现了治理的精准;六是治理工具的标准化,标准化的网格划分、信息编码和工作流程让社区治理清晰而规范[4]。

其三,集成性。作为一种信息化时代应运而生的资源整合方式和组织方式,基层网格化的集成性是其突出特征。在集成信息方面,网格员负责本网格内治理

---

[1] 参见王泗通、任克强:《基层智慧治理创新:内涵、成效与风险》,载《现代城市研究》2023年第4期。

[2] 参见朱崇羿:《新时期我国网格化管理研究综述》,载《农村经济与科技》2016年第3期。

[3] 参见陆军、黄伟杰、杨浩天:《智慧网格创新与城市公共服务深化》,载《南开学报(哲学社会科学版)》2020年第2期。

[4] 参见韩志明:《城市治理的清晰化及其限制——以网格化管理为中心的分析》,载《探索与争鸣》2017年第9期。

信息的采集,并统一上传至网格化信息平台,且网格内治理问题的处理过程和结果也要上传平台,从而集成空间信息和管理信息。在集成性决策方面,政府不同部门原本共同管理整片行政区域,由于分工细化、管理职能分散,降低了社区管理的实际效能。在网格化治理之下,由城乡基层网格化服务管理工作主管部门按照责任清单所确定的内容和职责分工来统一实施网格服务管理事项的分派,消除原有的权责不清、互相推诿现象。在技术集成性方面,基层网格化治理的实现集成了地理信息系统、地理编码、航天航空遥感、定位导航、无线数据通信等信息化技术,并结合了最新的管理学理论。[1] 在程序集成性方面,基层网格化治理借助信息网络系统实现了从信息采集、任务派遣、事件处理到监督反馈的全流程可视化管理,将社区治理流程统一化。最后,基层网格化治理通过信息共享和制度安排来消除信息孤岛和资源孤岛,其整合政府各部门资源和社会治理资源并下沉到基层社会,集成性运用于因网格信息而变得具体化的治理对象上,从整体社区内不同部门的多头管理变为以解决问题为导向的综合服务,通过协同工作来解决问题。

其四,动态性和回应性。基层网格化治理与运行是一种动态的管理方法,即以数字化技术和信息平台为支撑,实现系统信息的持续更新和动态监控。其中,"网格"的概念是一个动态、层级的相对概念,与传统社区基层治理中以地理特征为依据划分治理网格不同,其核心是供给方资源网格与需求方资源网格的动态化、体系化匹配,将过去被动、分散的治理转变成主动、系统的治理。[2] 因此,在基层网格化治理服务不断深化的过程中,网格化治理中心不同部门之间具备相应的灵活性和动态调整机制,能通过持续不断的更新迭代,保证各地区服务资源供给的持续性和连续性。由此可见,基层网格化治理模式的设计本身就以回应需求为目标,其数字化、制度化、理性化亦能够有效回应城市社区和乡村地区的治理需求,这使网格化治理被规范化为基层社会治理的重要模式,并成为回应基层治理的"标准选项"。首先,在发现问题环节,基层网格化治理能有效缓解问题上报通道梗阻困境,及时回应公众需求,使其能够及时进入公共问题解决通道。例如,上海市静安区网格化管理接入"12345"市民热线,并要求网格化治理中心必须对市民上报的公共问题予以及时核查与回应。其次,在问题处置与分配环节,与传统

---

[1] 参见陈平:《网格化:城市管理新模式》,北京大学出版社2006年版,第126页。
[2] 参见王雪竹:《基层社会治理:从网格化管理到网络化治理》,载《探索》2020年第2期。

行政漫长的审批流程和环节相比,网格化治理具备正式且规范的回应性审批流程,即"问题发现—受理立案—案件派遣—案件办理—案件反馈"。其中,简单问题可由网格管理员自行处置,较为复杂的问题则由网格化中心派发至相关条线部门予以处理。[1] 最后,在事后监督环节,基层网格化治理也能对治理效果进行反馈和回应。网格化治理通常使用信息与通信技术(information and communications technology,ICT)对问题处置流程进行全程监控,并在条线部门处理完相关事项之后,由网格中心派遣专门的网格员对其工作完成情况进行核验和反馈,并记录在案。与此同时,网格化治理中心还建立专门的绩效考核评价体系,将案件处理情况作为网格员的年度绩效考核标准,以保证相关工作人员能够及时、高效、高质量地回应公众需求和公共治理要求。

第二节 基层网格化治理的模式与策略

随着互联网、大数据、人工智能、区块链等新兴技术的快速发展和广泛运用,及其与社会治理的广泛结合,基层网格化治理的模式与策略也逐渐成型。在治理模式层面,基层网格化治理一改传统的"自上而下"的单一治理机制,逐步形成多元治理形态。其中,"互联网+网格"、一格多元、一格一长、综合执法、志愿服务等是其主要模式。在治理策略层面,基层网格化治理的策略主要包括明确网格划分、责任到人、信息采集与共享、智能技术应用等基本策略。

一、基层网格化治理的模式

基层网格化治理作为一种社会治理和公共服务的创新模式,能够将社区细化为若干个单元网格,实现精细化治理和服务。基层网格化治理能够得到迅速推广,主要有两个方面的原因:一是现代社会结构的变迁。改革开放以来,市场化进程加速,原有的单位制、农村公社制逐渐瓦解,整个社会呈现个体化、原子化的总体趋势。个体不再被固定在传统治理层级之下,而是形成了一种原子化脱域的局面,社会结构逐渐分散,这使社会治理变得困难。[2] 重构新的治理组织结构成为

---

[1] 参见王亚星等:《城市运行"一网统管":演进历程与建设路径——基于上海静安区的案例分析》,载《城市发展研究》2023年第4期。

[2] 参见郭星华、朱涛:《信缘:数字时代的新型社会关系》,载《探索与争鸣》2022年第6期。

社会治理的重要任务,基层网格化治理应运而生。二是现代信息技术的快速发展。我国社会治理正从总体性支配逐渐转变至技术治理,[1]强调将信息技术广泛运用到社会治理领域中。基层网格化治理通过利用信息技术实现了对个人信息的采集和处理,并进而将其转化为重要的社会治理资源,从而实现信息化时代的数据治理。在信息化的基础上,基层网格化治理形成了"互联网+网格"、一格多元、一格一长、综合执法、志愿服务等基本模式。多种治理模式之间互相重叠,而"互联网+网格"则成为基层网格化治理的共同基础。

1."互联网+网格"模式

"互联网+网格"模式将现代互联网信息技术与网格进行深度链接,旨在通过现代信息技术手段实现网格化治理的高效率、高质量和精细化。与传统社会治理模式不同,"互联网+网格"模式更加强调数据信息的集成应用、在线化管理以及智能服务、民众参与等。第一,数据信息集成。数据是基层网格化治理的内在驱动力,"互联网+网格"模式利用现代互联网平台,集中收集并分析网格内的居民信息、资源分布状况、居民需求等数据,保证数据信息的快速流通和共享。第二,在线化管理。基层网格化治理将传统的线下治理转运到线上,网格管理员通过互联网进行在线办公,处理网格内的各项事务、回应公众需求,如事件上报、任务分配、进度跟踪等。第三,实时监控。"互联网+网格"模式不仅要求网格员对社区内的基本状况进行全天巡查,而且还强调通过安装监控摄像头、传感器等设备,通过"雪亮工程"视频监控智能化应用等工具,实时监控网格内的安全状况、环境变化、治安状况等,及时发现并处理问题。[2] 第四,智能服务。"互联网+网格"模式一改传统的普遍化服务模式,借助大数据、算法等现代信息技术,为居民提供数字化、个性化的服务,如在线咨询、预约服务、投诉建议等。第五,数据分析。"互联网+网格"模式能够集中、灵活地运用收集到的数据,并通过对网格内数据的分析,及时预测社区居民的生活需求并有效预测发展趋势,为之后的政策制定、资源配置以及治理方案改进提供科学化依据。第六,公众参与。与单一的"自上而下"的传统社区管理模式不同,"互联网+网格"通过互联网平台为居民提供了广泛的参与社区治理的渠道,居民可以通过网上论坛、在线投票等方式参

---

[1] 参见渠敬东、周飞舟、应星:《从总体支配到技术治理——基于中国30年改革经验的社会学分析》,载《中国社会科学》2009年第6期。

[2] 参见苏博文、李桂平:《全面建成小康社会背景下的社会风险治理创新》,载《重庆社会科学》2018年第5期。

与社区决策和治理,在一定程度上增强了社区治理的民主性和参与性。"互联网+网格"具备高效率、互动性强、透明公开、创新服务等技术性优势,在大幅度提高信息处理的速度,减少人力、物力投入的同时,也能够加强政府与居民之间的沟通互动,促进治理过程的公开透明、创新发展,在一定程度上提高了服务的针对性和满意度。

2."一格多元"模式

"一格多元"模式借助统一的数字化管理平台,强调在每个网格内整合多种社会治理资源和治理主体,包括政府工作人员、社区工作者、居民代表、各行业志愿者等,共同参与网格化治理和服务。"一格多元"基层网格化治理旨在改变基层社会治理过程中普遍存在的社区机构运作分散、各自为政、政府大包大揽的传统社会治理模式,形成以社区党委为中心,居委会、工作站、机关单位、群体和社会组织以及物业公司为辐射范围的新型基层治理格局。[1] 贴近基层生活的多元主体能够整合来自不同专业、不同领域的社会资源,从而提升网格管理与服务能力,有效解决社区治理中遇到的各种问题。如重庆市奉节县吸收水电气讯公共服务人员进入网格,在居民遇到困难时及时提供帮助;[2] 深圳市宝安区松岗街道发挥社区党委统筹联动职能,带动股份公司、驻街单位、物业公司参与社区共建,大力培育专业社区服务机构和人才,完善市民公约、乡规民约,发挥协会、行会作用。[3]

3."一格一长"模式

"一格一长"模式作为基层网格化治理中的一种组织管理方式,其核心含义是在每一个划分好的网格单元中,指定一名负责人,即"网格长",负责网格内的信息收集、问题协调、服务提供等工作。[4] "一格一长"模式首先需要将社区或村庄等基层行政区划细分为若干个更小的管理单元,这些单元被称为"网格"。其次,需要确定一名"网格长",即在每个网格中,指定一名责任心强、具有一定组织协调能力的人员担任网格长。"网格长在网格化治理中充当了'基层探头',选

---

[1] 参见李宜春、宋佳:《统筹与社会治理体制创新》,载《新视野》2020年第3期。
[2] 参见《发挥网格作用是基层治理的关键所在》,http://www.banyuetan.org/dfgc/detail/20240409/1000200033136151712657608755413905_1.html,2024年8月30日访问。
[3] 参见《深圳市宝安区松岗街道2020年上半年工作总结和下半年工作计划》,载深圳市宝安区人民政府官网2020年9月17日,http://www.baoan.gov.cn/xxgk/ghjh/ndgzjhjzj/content/post_8111096.html。
[4] 参见李雪峰、丁一凡:《网格化管理对村民参与公共事务治理的影响》,载《华南农业大学学报(社会科学版)》2024年第1期。

拔培训合格的网格长、网格员至关重要。"[1]网格长的职责包括但不限于：第一，负责网格内的信息收集，包括居民的基本信息、需求、意见和建议等；第二，协调解决网格内的矛盾和问题，提供初步的调解服务，且在正式调解之前，网格长需要对利益相关方进行走访摸排，广泛邀请各类协调人参与；[2]第三，组织网格内的居民参与社区活动，推动社区自治；第四，及时上报网格内的重大事件和紧急情况；第五，跟进和监督网格内网格管理员对公共服务和政策的落实情况，并对作为整体的网格和每个网格中的工作人员进行绩效记录。[3]

"一格一长"模式要求网格长作为政府和居民之间的桥梁以及网格化治理和服务的第一责任人，必须按照规定的职责范围履行自身职责，以确保网格化治理的高效运行。同时，网格长还必须能更好地与群众沟通，了解民情民意，帮助政府更好地服务居民。"一格一长"模式有助于实现对基层社会的精细化治理和服务，在一定程度上提高了公共服务的针对性和效率。总体而言，"一格一长"模式使网格化治理在整合多元治理主体和治理资源的同时，能够将治理和服务责任具体化、明确化，不仅能够及时发现和解决问题，提升基层治理的效能，也能在一定程度上增强居民对社区事务的参与感和归属感，推动和谐社区、和谐乡村的建设和发展。

4. "综合执法"模式

"综合执法"模式强调在某一个特定的网格区域内，应打破单一执法的传统模式，整合多个行政执法部门的力量，实行联合执法和社会治理。[4] "综合执法"在提高执法效率、减少重复执法、增强执法的统一性和权威性等方面发挥着重要作用，是基层网格化治理的重要模式之一。具体而言，"综合执法"模式具备以下特点：第一，执法资源整合。一般来说，传统执法强调"点对点"的单线模式，然而，综合执法则强调将涉及城市管理、市场监管、环境保护、食品药品安全、安全生产等多个领域的执法部门进行整合，形成联合执法队伍。第二，信息共享。执

---

[1] 陈寒非：《网格化简约治理——基于湘北L县农村新冠肺炎疫情防控实践的考察》，载《学术交流》2020年第5期。

[2] 参见李佳莹、吴理财：《迈向有温度的乡村网格治理——基于情感治理的分析》，载《华中农业大学学报（社会科学版）》2022年第4期。

[3] 参见杨帆：《网格化政策动员：塑造基层治理新格局的实践特征、行政价值与议题创新》，载《南京社会科学》2023年第5期。

[4] 参见叶继红、吴新星：《新时代基层社会网格化联动治理实践创新——对中国特色社会治理模式的探索》，载《理论月刊》2019年第10期。

法资源整合的关键在于各部门之间能够实现信息互联互通和共享,即通过建立信息共享平台,各执法部门可以共享案件信息、执法记录等一系列治理数据,提高执法的精准性和效率。第三,联合执法行动。在基层治理网格内,不同执法部门不仅实现了治理资源上的整合,而且还能共同针对违法行为进行联合检查、集中整治,形成执法合力,联合参与行动,同时,对于网格内发生的复杂问题或需要多部门协作处理的事件,可以实现快速响应和协同处置。第四,职责明确。综合执法模式虽然强调不同执法部门之间应整合资源、联合行动,但各个部门间的执法范围和职责仍然明确,在一定程度上避免了职责交叉和执法盲区。

"综合执法"模式通过整合资源和联合行动,减少了重复执法和执法资源的浪费,提高了执法效率。例如,杭州市富阳区采取了"最多跑一地"的联动机制。矛盾化解采取"1+4+X"的形式,以达到"群众少跑腿、部门多发力、问题在一地解决"的目的。其中"一地"是指一个乡镇"街道";"1"指乡镇(街道)综治平台,"4"指公安、检察、法院、司法四个部门,"X"指针对具体个案时需要联合协调的其他乡镇(街道)、有关部门及社会力量。由此在个案被受理后,可实现部门和平台间的信息共享和责任的合理分配,最终达到便民利民的目的。[1]

5."志愿服务"模式

基层网格化治理中的"志愿服务"模式,是指在特定的网格区域内,发动和组织志愿者参与社区治理和服务的一种社会治理创新模式。实际上,早在2008年北京奥运会时期,中国基层网格化治理的志愿服务模式就得到了全面、快速的发展,社区志愿服务体系也日趋完善。志愿服务模式强调充分调动群众力量,实现居民自我服务、自我管理、自我教育,期望通过志愿服务的形式,不断提升社区治理的水平和居民的生活质量。"志愿服务"模式强调:第一,居民参与。居民作为社区治理的主体性力量,最了解自身的需求。因此,志愿服务模式鼓励网格内的居民根据自己的能力、兴趣和时间,积极参与到志愿服务活动中,为社区治理贡献自己的力量。[2] 第二,多样化服务。囿于社区治理资源有限,仅靠网格员力量无法实现社会治理的全面化和精细化。志愿服务模式强调志愿服务内容多样化,包括但不限于环境清洁、敬老爱幼、文化教育、安全巡逻、矛盾调解等,以更为全面地

---

[1] 参见孔令泉、陈新禄、桑新美:《杭州富阳:"最多跑一地"化解民间矛盾》,载《民主与法制时报》2017年12月10日,第2版。

[2] 参见曹军辉:《结构调适与机制优化:党建引领提升社区治理效能的实践路径——基于地方"红色网格"的多案例研究》,载《重庆社会科学》2023年第10期。

满足社区不同群体的需求。第三,组织化管理。志愿服务虽强调自发性,但并不意味着无序化。志愿者通常由社区组织或志愿者团队进行管理和协调,以确保志愿服务的有序开展。第四,自愿性原则。志愿服务基于自愿、自主原则,志愿者可根据自己的意愿和时间自主安排参与服务,不受时间和空间上的强制,也不受志愿服务团队的强制性管理。第五,资源共享。志愿服务模式能够充分调动社区内的人才资源和信息资源,不同专业、不同行业的社区居民均能发挥自身专长,促进社区资源的共享、互通,从而在一定程度上提高社区资源利用效率。

"志愿服务"模式在增强社区凝聚力、促进社区和谐、提升居民责任感、补充公共服务等方面具备显著优势,不仅是基层网格化治理中不可或缺的一部分,有助于提升社区治理的效能,而且能够培养居民的公民意识和社会责任感,因而成为近年来被广泛运用的社会治理创新模式。例如,有学者提出在奥运志愿服务提供过程中,各个部门和志愿者之间从来不是孤立的存在,而是不同主体协同合作共同完成了志愿任务。可以说,奥运志愿服务是清晰的网格化和动态的网络化互构的治理。[1]

二、基层网格化治理的策略

基层网格化治理是由基层网格化管理实践演变升级而来的,旨在综合运用数字化平台和现代信息技术,将治理区域按照一定的标准划分为若干网格单元,并对各个网格进行事件巡查,进而实现监督和处置的资源共享、集成联动的基层治理创新模式。从应然角度来说,基层网格化治理主要包括明确网格划分、责任到人、信息采集与共享、智能技术应用等基本策略。

1. 明确网格划分

基层网格化治理的第一步是对社区进行网格单元划分。基层网格化治理中"明确网格划分"强调要根据一定的标准和原则,将一个较大的行政区域或社区划分为若干个较小的、相对独立的治理单元,即网格,每个网格都是基层治理的基本单元。明确网格划分要做到:第一,对治理区域内的人口、房屋和设施等信息进行收集和汇总;第二,明确空间边界,即对治理区域内的社区或行政区域进行空间上的界定,要求按照街道、小区、楼栋、单元等方式对每个网格进行明确的界定;第

---

[1] 参见郑志彬:《治理现代化背景下奥运志愿服务的发展模式研究》,载《体育与科学》2021年第4期。

三,每个基本治理网格都应当是相对独立的管理区域,便于精细化、快速管理;第四,应按照治理需求对不同网格进行功能定位,例如有的网格更加侧重于社区服务,也有的网格更加侧重于环境治理;第五,每个基本治理网格均应有效整合自身资源,便于资源的重新利用和再分配。因此,明确网格划分是基层网格化治理的基础性工作,对于提升基层治理体系和治理能力现代化具有重要意义。

2. 责任到人

明确具体的责任人是社会治理的前置性要求,任何不利后果都能追溯到具体的责任人是实现社会治理有效性的重要举措。基层网格化治理中的"责任到人"是指在特定的网格化治理单元中,应明确指定具体的责任人,这些责任人负责网格内的各项工作和事务,确保网格化管理服务的有效实施。由于基层网格化治理强调"网格长负责制",即每个网格都必须要有明确的网格长和责任人,负责网格内的综合治理工作,确保事事有人管、人人有事做。因此,网格长是治理网格内的第一责任人。

"责任到人"要求:第一,明确责任主体。确定责任主体是落实"责任到人"策略的首要任务,原因在于,当基层治理出现明显事故时,若未能明确划分责任主体,容易导致各相关方相互推诿、打擦边球,进而直接影响政府相关部门的公信力和治理效力。因此,在每个网格中,需要指定一名或几名网格长或网格管理员作为基层网格化治理的主要责任人,并对网格内的治理和服务工作承担直接责任。第二,职责明确。责任人的职责范围和工作任务应当被明确界定,职责范围应包括信息采集、问题上报、矛盾调解、服务提供、应急响应等具体任务。第三,绩效考核。绩效考核是约束责任人的关键举措,只有通过对责任人的工作绩效进行定期评估,并根据工作表现进行奖惩,才能真正激励责任人更加积极地履行职责。第四,联系居民与解决问题。基层网格化治理过程中,责任人是最接近群众的直接相关人,能够直接感知群众的需求和治理的重点。因此,责任人在某种程度上担当着政府和居民之间的桥梁和纽带,应负责与居民建立良好的沟通和联系,收集居民意见和建议并及时向对应政府部门反映居民的需求,采取有效措施解决问题,以维护网格内的秩序和稳定。总体而言,"责任到人"要求责任人必须提高工作效率、强化责任意识、接受监督考核、提升服务和治理质量,这是基层网格化治理中确保工作落实、提升治理效能的关键措施和策略。

3. 信息采集与共享

基层网格化治理最为突出且创新的特征就是能够利用现代信息化技术将线

下、现实的社会治理资源转变为网格数据,并实现数据信息的共享和联通,进而对网格实施精细化治理。因此,信息采集与共享是基层网格化治理的基本策略之一。一般来讲,"信息采集与共享"是指在一个网格化治理体系内,利用人脸识别、语音识别、GPS 定位等一系列现代信息技术的方法和手段,通过监测居民日常生活及网格内的实时状况,收集网格内各类居民信息、环境生态、资源分布、服务需求等数据,同时将这些数据通过数据共享平台,在相关部门和人员之间进行传递和利用的过程。在信息采集问题上,采集的内容主要包含居民的基本生活信息和身份信息、治理区域内的房屋信息、基础设施状况、治理需求、安全隐患等,可通过入户调查、问卷调查、现场巡查、智能设备采集等多种方式进行信息采集。在信息共享问题上,通过建立健全一整套信息共享机制,例如云信息共享平台等,保证各类信息和活动能够在不同层级和部门之间流转和交换。因此,信息共享的对象不仅局限在网格员之间,还应包含国家机关、企业事业单位和其他社会组织等。值得注意的是,由于信息采集和共享与个人信息及个人隐私直接相关,因此,相关网格化中心在采集数据时应特别注重遵守《个人信息保护法》《数据安全法》等相关法律的规定,在遵循合法性、必要性、相关性等基本原则的基础上,[1]确保数据的真实性、准确性和完整性,保证采集和共享的信息是出于治理目的的需要,注重保障个人隐私和信息安全。

总体而言,信息采集与共享作为基层网格化治理的重要策略,在提升治理效能、优化治理资源配置、促进协同治理、增强服务的针对性和精准性等方面发挥着重要优势。一方面,网格化中心遵循"信息采集—诉求发现—诉求响应—问题处理"的工作范式,不断实现了权力的下沉与去中心化,校正了以往以权力为中心的治理策略,代之以"数据"说话,这在一定程度上增强了治理的科学性;另一方面,基层治理信息借助共享平台实现了在不同政府部门和层级之间的流通,在打破部门壁垒的同时,也在一定程度上打通了数据共享通道,提升了治理资源的利用效率,极大地提升了治理效能。

4. 智能技术应用

基层网格化治理中的智能技术应用指的是在网格化治理过程中,利用现代信息技术和智能设备来提高治理效率、优化服务流程和增强治理能力。基层网格化

---

[1] 《个人信息保护法》第 5 条和第 6 条分别规定:"处理个人信息应当遵循合法、正当、必要和诚信原则,不得通过误导、欺诈、胁迫等方式处理个人信息。""处理个人信息应当具有明确、合理的目的,并应当与处理目的直接相关,采取对个人权益影响最小的方式。"

治理依靠现代信息技术,实现了横向空间定位和纵向信息采集,以及传输的"清晰化"[1]目标,进而引导后期的行政执行与反馈,形成"科学管理+专家执行"的技术治理体系,成为推进国家现代化建设的重要"制图术"。[2]

一般来说,智能技术应用策略应包含利用数字化技术实现数据的采集与处理、进行信息平台建设、实现智能决策支持以及实现流程自动化四大维度。第一,数据采集与处理,主要强调利用大数据分析技术、传感器、摄像头、移动终端等设备自动采集治理网格内的信息情况,并对采集到的数据进行处理和分析,为决策提供支持。第二,信息平台建设,强调利用"云平台"等技术,建立起系统完备的网格化治理信息处理平台,保证信息的集中存储和处理,以实现不同网格之间的信息共享和业务协同。第三,智能决策支持,强调利用人工智能算法,通过模拟和决策,对网格内的数据进行分类和分析,帮助网格管理员预见问题并制定相应的应对策略,同时提供决策建议。与此同时,利用物联网技术,通过智能问答系统、在线服务平台等,实现智能安防等服务,为居民提供便捷的咨询与办事服务平台。第四,流程自动化,即利用机器学习、移动应用、智能监控和预警系统,不断优化工作流程、提升工作效率,实现网格化治理流程的全程自动化,尽量减少人工干预,降低出错率。

总体而言,智能技术的应用在提升决策能力、优化服务质量、提升治理水平等方面具有显著优势,它能够基于数据的智能化分析满足居民个性化的服务需求,助力治理者作出更加科学合理的决策。但随着智能化技术的飞速发展,在推进智能技术应用时,需要特别注意数据安全、技术适应性以及基层工作人员数字化素质等一系列问题。例如,在数据安全方面,应特别注重重要数据的安全性、私密性,防止数据泄露,保护个人数据安全和隐私。与此同时,由于数字化技术并非普适性的、通用性的技术手段,因此应特别强调技术与治理场景的适配性,应根据治理场景的不同选择最为恰切、妥帖的数字化技术,保证数字技术能够有效适配现有的治理体系。最后,基层工作人员的数字化素质培养也应成为基层网格化治理的关键策略。数字化技术的复杂性和专业性对应用人员提出了较高的要求,因此应当加强对网格管理员及相关人员的技术培训,保证其能熟练运用相应的治理系统和智能设施。

---

[1] 韩志明:《城市治理的清晰化及其限制——以网格化管理为中心的分析》,载《探索与争鸣》2017年第9期。

[2] 参见杜月:《制图术:国家治理研究的一个新视角》,载《社会学研究》2017年第5期。

第三节　基层网格化治理的法治方向

随着科学技术的迅猛发展,人类社会的物质、精神均发生了相应的变化,社会生活的空间与时间也发生了压缩。对此,基层网格化治理不能局限于传统的、基于惯性的治理思维,而是应立足于数字化时代的生产方式、生活方式、行为习惯和价值观念,积极适应数字时代的发展变革,积极塑造基层治理的法治秩序。

一、当前基层网格化治理的困境

我国基层网格化治理,是现代信息技术在基层社会治理中的实践运用,本质上是技术治理与社会治理的有机结合。在技术治理的加持下,基层治理无论是在能力、效率还是水平上都得到了极大的提升。然而,技术进步与应用也带来了一系列风险和挑战。由此,认真思考基层网格化治理过程中的问题及困境,并以法治的方式对其加以控制和规范,是数字化时代基层社会治理的关键任务。唯有如此,基层网格化治理才能真正取得实效,也才能真正纳入法治化轨道中运行和发挥作用。从目前基层网格化治理的现状出发,发现其正面临行政科层化倾向严重,开放共享程度不足,数据驱动力不足,权责不清、权责碎片化现象严重,权利保障不足等一系列困境。

1. 行政科层化倾向严重

在基层网格化治理过程中,政府相关部门往往占据主导地位,因此导致政府中心主义倾向明显,对社会多元主体参与的关注相对不足。[1] 地方政府各职能部门与社区网格管理中心"绑定式下沉",对社区网格范围内的人、事、物进行覆盖性管控和治理。一般来说,基层网格化治理一一对标到政府各个部门行政口,在某种程度上是行政系统的"微缩版本"。这就意味着,在"县（区）—街道—社区"的三级治理结构之下,又增设了"网格"这一层级,作为政府治理职能向下转移的承接平台。[2] 值得注意的是,基层政府在网格化治理中的横向延伸和纵向整合也加剧了基层治理的行政化倾向,在此种社会治理形态下,社会要素难以融

---

[1] 参见马长山:《智慧社会的基层网格治理法治化》,载《清华法学》2019 年第 3 期。
[2] 参见李宁、罗梁波:《国家的高地、社会的篱笆和社区的围墙——基于社区治理资源配置的一项学术史梳理》,载《甘肃行政学院学报》2020 年第 4 期。

入,社会资源难以连接。导致的结果是,网格化治理仍旧是一个内部封闭的治理系统,而不是对外开放的整合系统,尽管存在理念中的多元治理倾向及一格多元治理实践,但仍在一定程度上延滞了基层社会治理由行政化向社会化转型的进程。[1] 可见政府主导下的网格化治理往往以"行政化"方式运行,这导致网格的各类主体在公共利益上存在分歧,以及公共理性生成的动力不足,表现为难以形成公约制度及社会信任,容易陷入"塔西佗陷阱"。[2]

一般来说,基层网格化治理本质上是政府治理部门综合运用互联网、云计算、大数据、物联网等现代信息技术手段,对治理区域进行网格式划分,进而搭建起资源共享、全面覆盖、便捷利民的社会治理信息平台,以实现治理的高速、便捷、有效。有学者指出:"就技术渗透与治理权力的重组逻辑而言,以数据为中心的网格化治理体系致力于强化以'块'为中心的基层运行扁平化管理体系,其目标是让科层组织嵌入新兴技术结构之中,从而通过组织结构调整、业务流程再造适应信息技术架构,进而重塑治理逻辑。"[3] 基层网格化治理是在不改变原有的科层体制结构的情况下,向外吸收社会多元主体的参与,并利用数字化技术和手段调整自身的权力结构以实现社会治理有效进行的过程,因而并未彻底脱离政府主导社会治理的基本面向。基层网格化治理内嵌于权力重构与"行政吸纳社会"的具体行动之中,是政府行为与手段选择内在结合的结果,同时二者的结合又进一步促进和强化了社会治理目标再生产的实现。[4] 在这种政府主导的治理逻辑的支配下,基层网格化治理往往以"社会稳定"作为工作的第一要务,"服务"则成为次要性任务。[5] 以政府主导、行政吸纳社会的治理模式,难免陷入治理的"内卷化"怪圈,进而带来行政扩张、功能背离价值和选择性治理等诸多社会问题,[6] 这本身也与基层网格化治理的初衷相违背。

2. 开放共享程度不足

在网格化治理过程中,信息和资源的开放程度以及共享机制未能达到理想状

---

[1] 参见杨成雄、袁方成:《"一核四化":新时代社会治理社会化的实践模式——基于湖南省永州市零陵区的实践考察》,载《中共福建省委党校学报》2018年第5期。

[2] 参见蔡玉卿:《网格化管理视角下社会监督的逻辑、困境与超越》,载《行政论坛》2018年第4期。

[3] 樊佩佩:《责任下沉与治理悬浮:基层网格化治理实践何以"内卷化"?》,载《贵州社会科学》2023年第1期。

[4] 参见洪大用:《社会治理的关键是治理流动性》,载《社会治理》2017年第6期。

[5] 参见何瑞文:《网格化管理的实践困扰》,载《苏州大学学报(哲学社会科学版)》2016年第1期。

[6] 参见毛寿龙、李玉文:《权力重构、行政吸纳与秩序再生产:网格化治理的逻辑——基于溪口镇的经验探讨》,载《河南社会科学》2018年第3期。

态。一般来说,现有的基层网格化治理大多带有明显的地域属性。例如,北京市一直在大力推行"三网"融合网格化治理,即城市管理网、社会服务管理网、社会治安网;[1]广东省则一直在推行"中心+网格化+信息化"的治理体系;[2]江苏省则坚持属地原则、适度原则、方便服务原则、规范管理原则,建构了大数据、人工智能高度融合运用下的"全要素"网格化社会治理模式。[3] 这一系列基层网格化治理模式都设置了独立的入口、出口、调度和监管制度,且具有鲜明的地方性特色,与当地的文化、地理环境和社会治理状况相契合。

但值得注意的是,基层网格化治理作为数字化时代社会治理的创新发展模式之一,应积极适应数字化社会建设和发展的需求。而数字化社会与传统工业社会相比,一个重要的变化就在于其不再具有一个地理环境上泾渭分明的地域边界,而是一个具备庞大网络的虚拟与现实相并行的空间。也就是说,基层网格化治理不仅是新的数字化治理手段在治理模式上的简单应用,也须接受数字化社会治理逻辑的重构和颠覆,而人员流动量大、社会活动多样化、活动的链条日益复杂化等是数字化社会的主要特征。[4] 因此,分散、不统一的基层网格化治理系统由于缺乏彼此间的信息联通,数据信息交换不畅等,为有效应对社会治理挑战带来难题。

具体而言:第一,信息公开不充分。网格化治理的相关信息和数据暂时仅供治理机关内部流转和使用,尚未完全对外公开,因此居民和其他利益相关方难以获取到完整的治理信息,这在一定程度上造成了治理的不透明现象,并进而影响政府治理的公信力。同时,即便相关领域已经公开了网格化治理信息,但是系统更新缓慢致使公开信息更新不及时,缺乏时效性,进而影响信息的利用价值。第二,资源共享不通畅。虽然网格化治理的基本理念是治理资源的整合,但在实践操作中不同网格之间、网格与上级政府部门之间仍旧缺乏有效的资源共享机制。网格内和网格间的资源(如公共服务设施、人力资源等)未能实现有效共享,导致资源利用效率低下。第三,数据孤岛现象。资源共享不通畅的一个很重要的原因在于数据孤岛的形成。尽管我国正大力倡导打破数据壁垒,实现数据的共享与流转,但是由于各个网格和政府部门之间的信息系统相互独立,数据无法互联互通,

---

[1] 参见贺勇:《网格化探索的"北京经验"》,载《人民日报》2016年5月16日,第14版。
[2] 参见《深圳龙岗探索"中心+网格化+信息化"综治新模式》,载广东政法网,https://www.gdzf.org.cn/index/zfyw/content/post_19187.html,2024年8月30日访问。
[3] 参见于茂高:《创新全要素网格化社会治理机制》,载《群众(思想理论版)》2018年第11期。
[4] 参见叶竹盛:《网络时代需要"新枫桥经验"》,载《光明日报》2017年1月3日,第6版。

形成数据孤岛,进而导致数据共享平台建设不足,基层治理的数据和信息无法及时共享和流通。第四,参与渠道不开放。由于网格化治理的决策过程不够透明,且社会组织和居民参与网格化治理的渠道有限,因此公众往往缺乏有效的参与机制,难以真正参与到公共决策中来。第五,合作机制不完善。网格化治理往往要求政府与市场及社会力量合力治理,然而实践过程中政府与市场、社会力量的合作尚不够深入,缺乏长效的合作机制,难以形成治理合力。第六,反馈机制不健全。居民和其他利益相关方的意见和建议得不到及时、有效的收集和反馈,治理过程缺乏足够的互动。反馈渠道不畅通,导致问题不能及时被发现和解决。

3. 数据驱动力不足

以数据为主要驱动的社会治理,是基层网格化社会治理的主要目标之一。因此,基层网格化治理的整个逻辑起点和原动力在于数据。"大数据的核心就是预测。大数据不是要教机器像人一样思考。相反,它是把数字运算运用到海量的数据上来预测事情发生的可能性。"[1]因此,数据驱动所遵从的真实逻辑应当是经过大数据分析后,为下一步行动提供新的指引。从现有的基层网格化治理实践来看,数据驱动仍旧停留在"网格管理员报送问题(反映问题),治理主体予以回应"的低层次状态中,尚未充分、完全利用所有数据。当前,网格化社会治理中心尚未获得足够量的数据,也不能与政府大数据进行合并管理,因而无法为相应工作人员提供指引,也容易引发数据安全隐患。进一步导致的问题是,实践中网格化社会治理的效果和合力受到影响。从"条块"治理来看,数据整合力度尚且不足。当前基层网格化治理的数据来源主要是公安系统提供的以及网格员基于现实治理状况形成的数据,数据规格不够统一,且未能与其他政府部门进行数据共享,因而远远没能达到大数据分析对数据"质"与"量"的需求。从"条条"治理来看,由于政府部门基于职能分化形成了各管一块的分工模式,因此,每个政府部门都有专属的管辖区域。一旦各个部门之间进行数据共享,并统一接受网格化治理中心派单,这意味着要接受相应的考核和评价,这显然是政府相关职能部门不愿意看到的。由于政府职能部门互联互动相对缺位,因而基层网格化治理的效果也大打折扣。[2]

---

[1] [英]维克托·迈尔-舍恩伯格、[英]肯尼思·库克耶:《大数据时代:生活、工作与思维的大变革》,盛杨燕、周涛译,浙江人民出版社2013年版,第16页。
[2] 参见张建、陈醉:《我国网格化社会治理的实践逻辑及法理反思》,载《云南师范大学学报(哲学社会科学版)》2022年第2期。

4. 权责不清、权责碎片化现象严重

一般来说,基层网格化治理存在横向和纵向两条权责主线:从横向来看,其强调政府各部门、居民、企业、社会组织等多元主体之间的权责关系和界限;从纵向来看,则强调基层政府、城乡街道办事处、居(村)民委员会三者之间自上而下的权责链条。[1] 横向上由于多元共治的基层治理格局,容易形成权责分散、权益交织的复合型治理结构,[2] 进而导致权责不清、责任混乱、治理主体利益冲突的局面。纵向上则由于责任链条过长、分层过多,容易导致权责重叠的问题。与此同时,若网格员的角色定位不明确,职责范围模糊,导致工作边界不清,有时会出现责任重叠或责任真空的情况。因而在一些地区,网格内嵌的技术治理规则加大了对基层执行过程的刚性约束,扩大了社区网格权责失衡的低治理权困境,引发了基层执行者的变通执行策略,损害了网格化治理的治理绩效。[3]

基层网格化治理权责不清容易带来以下问题:第一,职责划分不明确,在网格化治理体系中,不同网格责任人、不同部门之间的职责范围和任务分工没有清晰的界定,导致在实际工作中出现相互推诿或重复劳动的情况。第二,权限界定模糊,网格责任人或网格员在履行职责时,对于自己可以行使的权力和决策范围不明确,这可能导致权力的滥用或者不作为。第三,责任追究困难,由于权责不清晰,当出现问题时,很难准确判断和追究具体责任人的责任,这影响了治理效率和公信力。第四,资源分配不公,权责不清还可能导致治理资源(如人力、物力、财力)的分配不公,有的网格因权责过大而资源不足,有的则因权责不明而资源闲置。

5. 权利保障不足

在实施基层网格化治理的过程中,对于公民的基本权利和网格内居民的特殊权利的保护往往不够充分。第一,个人信息权益保护不足。在网格化治理中,为了提高管理效率,会收集大量的居民个人信息。如果缺乏有效的隐私和个人信息保护措施,容易导致居民隐私权和个人信息权益受到侵犯。有学者指出,我国基层网格化治理中,存在个人信息保护制度不健全、获取方式不科学、收集缺乏对称

---

[1] 参见刘晓峰、杨悦:《黏合碎片:面向突发公共事件应对的网格化治理升维——基于J区"点位长"负责制的实践探索》,载《江汉大学学报(社会科学版)》2023年第4期。

[2] 参见郑杭生、黄家亮:《论我国社区治理的双重困境与创新之维——基于北京市社区管理体制改革实践的分析》,载《东岳论丛》2012年第1期。

[3] 参见高士健:《低治理权:网格化管理实践限度再审视——基于Q市H区的调查与反思》,载《中共宁波市委党校学报》2024年第2期。

性等问题,进而导致了网格化治理过程中治理对象权利保障的缺失。[1] 第二,知情权受限。基层网格化治理要求每个居民都能够平等参与社区事务,且具备充分的知情权,以保证其自身的主体性地位和参与感。然而,实践过程中,居民可能无法充分了解网格化治理的相关政策、措施以及自己的权利和义务,这在一定程度上限制了他们的知情权。例如,网格中心单方面、强制性地收集个人信息,本质上违背了知情同意这一基本原则。第三,参与权缺失。基层网格化治理中,参与权是居民从治理中受益的基本保障。然而,实践中,存在居民在决策过程中的参与缺位的情况,居民的意见和建议难以被充分听取和采纳,也难以通过有效的通道向上传达,在一定程度上阻碍了居民获得社区善治的福利。

基层网格化治理中,权利保障不足往往具备多重因素。从客观层面来讲,由于网格化治理体系尚在建设中,相关权利保障机制不够成熟,因而难以形成完备的权利保障体系和机制。从主观层面来讲,网格员素质参差不齐及公众民主和法律意识不强是关键原因。网格员的法治意识和专业能力的差异可能导致在执行任务时忽视居民权利,与此同时,居民因对自身权利缺乏充分的认识和了解,亦难以有效维护自己的合法权益。

二、基层网格化治理的法治化进路

基层网格化治理是应对数字化时代基层治理挑战的重要举措,并已取得明显成效。尽管制度设计的初衷、治理模式和治理策略都符合"网格"的应有之义,但是在实践过程中,也出现了一系列亟待解决的困境和难题,在一定程度上制约了网格化治理的基本目标和效能,也对数字社会的法治建设产生不良影响。因此,需要通过法律手段和法治思维,确保网格化治理的合法性、规范性和有效性,进一步推动基层网格化治理的效能提升。唯有此,基层治理才能迈进制度化、法治化轨道,重塑数字时代的基层社会治理秩序,为法治中国建设提供基本动力和深层次制度支撑。

1. 探索共建、共治、共享的基层网格化治理体制机制

党的十九大立足于社会发展不平衡、不充分这一新时代的社会主要矛盾,确立了社会治理机制由"共建共享"到"共建共治共享"的战略转型和升级。当前基层网格化治理中,应实现政府"自上而下"的治理诉求与社区居民"自下而上"的

---

[1] 参见张华:《基层网格化治理中的个人信息权益保护》,载《行政与法》2022年第1期。

权益诉求在社区服务上的衔接和协调,淡化网格化治理模式的行政色彩,做到"社区服务网格化,社区管理民主化",从而使网格化治理模式与社区自治能够相互协动,并获得良性持久的发展。[1] 由此,建立共建、共治、共享的体制机制,是推动社会治理创新、实现社会治理体系和治理能力现代化的重要途径,也是推进中国式基层治理现代化、深化网格化治理的整体目标。[2]

第一,就共建机制来说,应注重组织架构、资源整合、政策制定的法治化共建机制建设。组织架构共建应依法建立由政府、社区、居民、社会组织等多方参与的网格化管理组织架构,设立网格化治理委员会,吸纳各方代表参与,共同决策网格化治理的重大事项;资源整合共建则应整合政府、企业、社会组织等各方资源,形成治理合力,[3] 通过项目合作、服务购买等方式,引导社会力量参与网格化治理;政策制定共建则要求在制定网格化治理相关政策时,应广泛征求社区居民和社会组织的意见,通过民主协商,创造政府与社区居民和谐共处的合作关系与社区治理环境,确保政策合法,并符合居民需求和社区实际。[4]

第二,就共治机制来说,应建立多元主体共治、协商民主共治、服务供给共治三大共治机制,充分调动和发挥基层群众的主体性作用,推动治理力量下沉,继承发展自治传统。多元主体共治应明确政府、社区、居民、社会组织等在网格化治理中的职责和作用,鼓励和支持居民自我管理、自我服务、自我教育、自我监督;[5] 协商民主共治应通过居民会议、议事会等形式,让居民参与社区事务的讨论和决策,建立社区矛盾调解机制,通过协商解决社区内的矛盾和纠纷;服务供给共治应推动政府购买服务,鼓励社会组织参与提供公共服务,建立志愿服务体系,鼓励居民参与志愿服务活动。

第三,就共享机制来说,应注重发展成果共享、信息共享、责任共担的体制机制。成果共享要求确保网格化治理的成果惠及全体居民,提高居民的获得感和满意度,通过社区活动、文化服务等,增进居民的社区归属感和认同感;信息共享要求建立完善网格化治理信息平台,在遵守信息数据保护相关法律规定的前提下,

---

[1] 参见田毅鹏、薛文龙:《城市管理"网格化"模式与社区自治关系刍议》,载《学海》2012年第3期。
[2] 参见陆益龙、孟根达来:《"吹哨报到"机制与城市基层的网格化治理》,载《学海》2024年第2期。
[3] 参见谢正富:《基层治理的行动逻辑研究》,华中科技大学出版社2015年版,第4页。
[4] 参见张晓晴:《城市社区治理模式转型——从网格化管理到网格化治理》,载《中学政治教学参考》2015年第24期。
[5] 参见武小龙、康旭晖:《网格化治理:多元主体的参与逻辑与实践困境——一个增权理论的分析视角》,载《社会工作与管理》2021年第5期。

实现政府、社区、居民之间的信息共享,保障居民对社区事务的知情权,提高治理的透明度;责任共担要求建立责任共担机制,通过法律、合同、村规民约、居民公约等方式明确各方在网格化治理中的义务和责任,并对积极参与网格化治理的个人和组织给予表彰和奖励。

2. 加快数据信息流动,建立统一的数据共享平台

实现基层网格化治理中的数据共享,需要建立起一套完整的数据共享机制,确保数据能够在不同部门、层级、地区和主体之间顺畅流通,从而解决行政科层体系下的信息壁垒问题和公众参与问题。第一,确立数据共享的基本原则和相应的规章制度,原则方面应根据《网络安全法》《数据安全法》《个人信息保护法》等法律确保数据共享的合法性、安全性、必要性、互惠性等,规则制定方面应明确数据共享的范围、条件、程序和责任。第二,确立数据共享标准,实现数据的标准化和元数据管理。例如,应制定统一的数据格式、数据结构和数据接口标准,确保数据的一致性和兼容性,统筹利用数据共享平台,发挥存储、交换、共享、使用、开放数据的核心枢纽功能。同时,建立元数据管理体系,便于数据的检索、理解和利用。第三,加强技术保障,构建统一的公共服务数据共享交换平台。[1] 利用成熟的信息技术,如云计算、大数据、区块链等,整合来自不同部门和地域的碎片化数据,开发或采购数据共享平台,确保平台具备数据存储、处理、交换和安全管理等功能,保障数据共享的效率和安全。基层网格化治理应在现代信息技术催动下,"加快建立纵向贯通、横向集成、共享共用、安全可靠的综合信息系统和实体化、实战化的综合协调指挥平台,打造'天上有云(云计算中心)、中间有网(互联网)、地上有格(治理网格)、格中有人(网格员)、人人有责任(群众参与)'的基层网格化治理综合信息应用系统"[2]。第四,实现数据资源整合。通过对现有数据进行梳理、清洗和预处理,识别可共享的数据资源,提高数据质量。第五,进行数据共享流程设计。根据数据敏感性和用户角色,进行权限管理,设置不同的访问权限。在共享流程设计上,应设计简洁、高效的数据共享流程,减少不必要的审批环节。第六,对数据共享进行监督与评估。建立数据共享的监督机制,确保数据共享的合规性,并定期对数据共享的效果进行评估,根据评估结果调整共享策略。

---

[1] 参见马长山:《智慧社会的基层网格治理法治化》,载《清华法学》2019 年第 3 期。
[2] 伊庆山:《基层网格化治理与现代信息技术的融合优势、现实困境与推进路径》,载《江汉大学学报(社会科学版)》2024 年第 1 期。

3. 增强以数据为中心的治理动力

增强以数据为中心的治理动力,是推动基层网格化治理现代化的重要法治化手段。第一,提升数据意识。这要求对网格员和基层工作人员进行数据治理的法治教育和技术培训,在增强其数据保护能力的同时,提升其数据意识和运用数据解决问题的能力,在基层网格化治理过程中,营造以数据说话、用数据决策的治理氛围。第二,加强数据基础设施建设。通过引入先进的数据处理和分析技术,如大数据、云计算等,建设和优化网格化治理数据平台,确保数据处理的及时性和准确性。第三,激发数据应用创新。构建以居民需求为导向的网格数据收集和应用平台,开发数据驱动的网格化治理服务和产品。同时通过对成功案例的推广,激发基层治理的数据应用动力。第四,数据驱动决策。在基层网格化治理过程中,强调利用数据分析结果支持决策,通过数据分析评估决策效果,在提高决策科学性的同时,及时反馈和调整治理策略。

4. 建立健全法治监督机制

在基层网格化治理过程中,应确保治理活动合法、公正、透明,明确网格化治理机构的法律地位、职责权限、运行机制等,强化监督问责机制。破解网格化治理法治化困境的关键是明确网格化治理机构在基层治理体系中的权责定位,审视网格化治理的基本特性。[1] 具体而言:第一,要明确基层网格化治理的权责范围。应对基层网格的治理范围及网格员的治理职责进行细化,确定网格运行过程中的程序、时限、流程和责任归属,明确界定网格内各职能部门的职责和地位,以避免出现职责重叠、责任不清的现象。[2] 第二,明确监督主体和对象。首先应确定监督主体,包括人大、政协、纪检监察、审计、司法等部门,以及社会组织和公民;其次应明确监督对象,即网格化管理中的各级网格员、基层政府和相关部门。第三,制定监督规则和标准。应通过制定具体的监督规则,明确监督的范围、内容、方式和程序。同时,设定监督标准,确保监督活动有章可循,有据可依。第四,建立多元化的监督渠道。可以通过开设举报热线、网络平台、信箱等,方便群众举报和反映问题,并定期举行听证会、民主评议会等,听取公众意见和建议。第五,加强信息公开和透明度。网格化治理中心实行信息公开制度,及时公布网格化治理的相关信息,与此同时应强化网格员工作日志的公开,接受社会监督。第六,建立健全责

---

[1] 参见高士健:《低治理权:网格化管理实践限度再审视——基于Q市H区的调查与反思》,载《中共宁波市委党校学报》2024年第2期。

[2] 参见石艳芳:《推动基层"治理"向"智理"转变的数字化实现路径》,载《中州学刊》2024年第7期。

任追究机制,强化监督结果的运用。应建立健全问责制度,对监督中发现的问题,应依法追究相关责任人的法律责任,对不作为、慢作为、乱作为的行为进行严肃处理。监督结果要作为评价网格员和基层干部工作绩效的重要依据,并根据监督结果调整和完善网格化治理策略和措施。

5. 确立以人为本的法治价值导向

法治的目标在于维护公民权利,因此基层网格化治理应确立以人为本的基本价值导向,要将人民的利益和需求放在首位,拓宽基层治理的民主参与机制,确保治理工作更加贴近群众、服务群众。"网格化治理的内涵提升,就是通过对治理理念和价值目标的重新界定,对公民参与和社会自治元素的纳入,对功能定位和运行机制的转变,构建一个以社会自治为基础,以公民及其需求为核心,以网格化综合服务管理系统为平台,以信息技术为手段的基层协同型社会治理系统,以加快社区治理能力的现代化。"[1]因此,基层网格化治理需要拓宽民众参与社会治理的途径和方式,建立民主参与机制,法律也需要对其加以相应的保障。只有通过建立多元主体间的良性互动机制,才能实现社会治理过程中的利益协商和权力共享。[2]

确立以人为本的治理理念,要求:第一,树立服务意识。从居民的实际需求出发,提供针对性的服务和管理。明确一切工作都是为了人民,坚持以人民为中心的发展思想。第二,强化民主参与。在制定政策和规划时,充分听取居民的意见,实行民主决策。同时,鼓励和支持居民参与网格化管理,通过居民会议、问卷调查等形式收集意见和建议。当下的基层网格化治理应着重强调"人民民主"的服务理念,在"满足公共需求"的治理目标的同时,遵循"双向互动、多维平行"的权力运行逻辑,以及"整体性治理"的运行机制。[3] 第三,优化服务流程。采取线上线下相结合的方式,简化办事流程,减少不必要的环节,提高服务效率,为网格内的公民提供便捷、高效的服务。第四,关注弱势群体。通过数据分析,精准识别困难群众,对老年人、残疾人、留守儿童等弱势群体提供特殊关怀和帮助,实施精准帮扶。第五,保障合法权益。及时处理居民的投诉和纠纷,为居民提供法律咨询和援助,保障居民的合法权益,维护社会公平正义。总体而言,未来基层网格化治

---

[1] 姜晓萍、焦艳:《从"网格化管理"到"网格化治理"的内涵式提升》,载《理论探讨》2015年第6期。
[2] 参见[美]卢格尔:《人工智能:复杂问题求解的结构和策略》,郭茂祖等译,机械工业出版社2017年版,第469页。
[3] 参见孙柏瑛、于扬铭:《网格化管理模式再审视》,载《南京社会科学》2015年第4期。

理的法治路径应进一步更新工作理念,破解管控思维和强行政路径,强化基层网格化社会治理以人为本的基本价值理念,做到服务与管理齐头共进。[1]

6. 加强法律规范建构

基层网格化治理只有在法律的轨道上运行,才能积极消解相应的治理风险。《法治政府建设实施纲要(2021—2025年)》提出:"及时跟进研究数字经济、互联网金融、人工智能、大数据、云计算等相关法律制度,抓紧补齐短板,以良法善治保障新业态新模式健康发展。"国务院印发的《关于加强数字政府建设的指导意见》亦强调,要依法依规推进技术应用、流程优化和制度创新,消除技术歧视,保障个人隐私,维护市场主体和人民群众利益。这一系列纲要和意见均积极强调要加强数字治理领域的法律制度供给,这是数字社会的重要任务。法律对此应积极响应,不断强化基层网格化治理的法律供给。一方面,加强立法应以巩固现有发展成果为基本前提,同时汲取现有的治理经验,为将来的基层网格化治理改革创新提供合法性基础;另一方面,应为数字技术在基层治理中的应用划定合理的边界、范畴,明确相应的基本原则,保证数字技术能够真正落实到基层治理当中,发挥法治对基层网格化治理的保障作用。

具体而言,未来基层网格化治理相关立法应确保:第一,在个人信息保护和数据安全的现有框架内,继续完善相关部门的监管职责,强化数据安全的法律法规建设。例如,建立网格化治理信息平台的信息安全管理系统,完善网络安全管理制度,同时规范数据信息目录,深化对数据安全的精细化监管。第二,注重发挥法治引领和文化推动的双重作用。在基层网格化治理过程中,强调综合运用数字化技术践行和培育社会主义核心价值观,弘扬中华优秀传统文化和美德。在有效解决社会纠纷和问题的同时,使人民群众感受到基层网格化治理的温度,以营造良好的社会治理人文环境。第三,建立健全大数据管理规范化制度,实现大数据收集、存储、审查、应用、开放全流程设计,避免数据管理不规范、滥用数据、侵犯个人隐私等问题。第四,当前我国有关网格化治理的专门性制度规范呈现地方化特征,即中央一级立法缺失,设区的市地方性法规占主流。中央级别的制度目前主要体现为部门规范性文件,如2021年《农业农村部关于加强乡镇农产品质量安全网格化管理的意见》,2017年《国务院安委会办公室关于加强基层安全生产网格化监管工作的指导意见》。地方性立法主要为地方性法规和地方政府规章,地方

---

[1] 参见龚廷泰:《新时代中国社会治理法治化发展进程的逻辑展开》,载《法学》2022年第6期。

性法规如最早公布的2019年《衢州市城乡网格化服务管理条例》,地方政府规章如2013年公布的《上海市城市网格化管理办法》。自2004年起,基层网格化治理已在我国实施多年,在总结地方行政管理与法治经验的基础上,可有步骤地推进全国性基层网格化治理法律法规,从而借由法治政府的顶层设计逐渐清除各地区、各部门网格之间的壁垒,实现网格化治理整合部门资源乃至全国治理信息资源的目标。

典型案例

2008年8月,浙江省舟山市在北京网格管理基本原理的基础上,按照"网格化定位、组团式联系、多元化服务、信息化管理、全方位覆盖、常态化保障"的要求,在全市全面推行了"网格化管理、组团式服务"工作模式,形成了"党政主导、公众参与、社会协同、上下联动"的基层工作新格局。"网格化管理、组团式服务"模式以数字技术为支撑,将舟山市的城乡社区划分为若干个网格单元,每个网格配备专门的服务小组,负责网格内的信息采集、问题上报、矛盾调解、服务提供等工作。网格小组"走村入户全到位、联系方式全公开、反映渠道全畅通、服务管理全覆盖",确保"每一寸土地都有人管,每一项任务都有人落实",从而在组织体系上解决了基层管理与服务中的"主体缺位"和"管理真空"问题。

舟山市作为"网格化管理、组团式服务"的源发地,其对基层网格化管理的改革创新既源于国家层面的顶层设计与政策推动,又立足于当地基层治理的现实需求,已逐步在全国产生广泛的"试验—带动"效应。因此,无论是解释基层网格化治理的历史变迁,还是分析当前的地方经验,该案例都具有典型价值。

问题与思考

1. 基层网格化治理有哪些特征?
2. 如何理解基层网格化治理的基本模式和策略?
3. 基层网格化治理是否存在限度?
4. 如何看待基层网格化治理过程中个人信息泄露的情况?
5. 未来法律如何更好地规范基层网格化治理全过程?

延伸阅读

1. 陈平:《网格化:城市管理新模式》,北京大学出版社2006年版。
2. 马长山:《迈向数字社会的法律》,法律出版社2021年版。
3. 谢正富:《基层治理的行动逻辑研究》,华中科技大学出版社2015年版。
4. [美]赫伯特·马尔库塞:《单向度的人:发达工业社会意识形态研究》,刘继译,上海译文出版社2006年版。
5. [美]卢格尔:《人工智能:复杂问题求解的结构和策略》,郭茂祖等译,机械工业出版社2017年版。
6. [美]詹姆斯·亨德勒、[美]爱丽丝·M.穆维西尔:《社会机器:即将到来的人工智能、社会网络与人类的碰撞》,王晓等译,机械工业出版社2018年版。
7. [英]维克托·迈尔-舍恩伯格、[英]肯尼思·库克耶:《大数据时代:生活、工作与思维的大变革》,盛杨燕、周涛译,浙江人民出版社2013年版。

第三编

数字正义理论

第十章　数字正义的内涵与类型

> **法律故事**
>
> 美国印第安纳州在三年内拒绝了一百万民众的医保、食品券和现金福利补助申请——仅仅因为新试用的计算机资格认证系统将申请流程中出现的所有问题统统归为申请者"未予配合"。在洛杉矶,当地政府引入计算几十万无家可归者"弱势指数"的算法,以在住房资源有限的情况下,对需要救助的对象进行优先性排列。匹兹堡的一个儿童福利机构运用统计模型来预测哪些孩童可能会在日后受到虐待或忽视。然而,这些标榜高效的自动化系统,并未实质上改善贫困家庭的处境,恰恰相反,嵌入偏见的高科技工具使政府在作出和民众生活息息相关的决定时,"名正言顺"地摆脱了道德障碍。令人更加后怕的是,伴随数据分析、统计模型与算法的监管网络,边缘人群正面临更加严格的数字追踪、监控甚至惩罚,被牢牢困在这张网中。[1]

尽管数字社会已经到来,数字正义在概念仍处于碎片化(fragmentary)状况,有的界定关注数字的效率和安全问题,有的则关注隐私和数据保护问题。[2]数字正义这一概念也在实体正义与程序正义、数字权利与司法保护、社会正义与个体正义之间不停地变换——有时指数字资源分配的社会公平正义;[3]有时则指救

---

[1] 案例来自[美]弗吉尼亚·尤班克斯:《自动不平等:高科技如何锁定、管制和惩罚穷人》,李明倩译,商务印书馆2021年版。

[2] See Lina Dencik, Arne Hintz, Joanna Redden & Emiliano Treré, *Exploring Data Justice*: Conceptions, *Applications and Directions*, 22 Information, Communication & Society 873 (2019).

[3] 参见[美]杰西·林格尔:《被互联网辜负的人:互联网的士绅化如何制造了数字不正义》,冯诺译,浙江人民出版社2023年版;[美]弗吉尼亚·尤班克斯:《自动不平等:高科技如何锁定、管制和惩罚穷人》,李明倩译,商务印书馆2021年版。

济数字驱动造成的损害结果而实现的正义；[1]有时还专指遏制数字技术武器化带来的正义；有时又指数字技术应用于司法程序而实现的正义，并将在线纠纷解决或数字法院涵盖其中。[2] 上述观察各有其视角、侧重和目标，但并没有给出一个普遍有效的解释，这也表明了数据正义界定的复杂性。界定数字正义，要求将不同的方法、学科和关注点联系在一起，从不同的角度进行观察、解读，分析数字与社会正义之间的相互作用，提出不同的策略和应对措施，回应数据驱动技术给社会造成的影响，解决带来的问题。

随着数字时代的发展，正义的内涵已悄然发生了根本性改变，数字正义的概念也随之迭代升级。具体表现为：传统正义观中人的主体性地位因人工智能普及而降低，让位于技术理性；正义的作用对象扩大到机器行为，并因此产生算法公开的正义实现方式；正义的发生场域拓展到信息空间，出现场景正义和可视正义的新类别。[3] 我们看到，智慧立法系统、智慧执法系统、智慧司法系统以及作为生活服务者的人工智能体的出现、推广和应用，弱化了人类的自主权，挑战了传统社会的伦理与法律规则。[4] 在这种背景下，法学研究应与数字社会需要紧密结合，让社会正义的伦理学在数字语境中卓有成效地发挥作用，进而对传统正义的含义作出不同的阐释，以一个革命性的新方向来取代主导这一概念的法律与秩序的正义机制。[5] 在数字化时代，重新诠释社会正义理论，才能形成与数字权利保护和数字资源分配需要相适应数字正义理论。

数字正义的界定，应反映数字社会的多面性和多层次性，其发展先后经历了三个阶段：第一阶段，正义意味着给予社会中每个人应有的权利，程序性的报应正义（retributive justice）和分配正义（distributive justice）是阐述数字正义概念的标准框架，也是数字赋权的客观标准，这一意义上的数字正义可被称为"数字社会正义"；第二阶段，数字权利的保护和数字资源的分配会涉及预防、追溯查明数字侵害、法律责任分配等法律救济领域，即即"数字补救和纠正"，其核心观念在于，

---

[1] 参见欧洲议会和欧盟理事会于2024年6月13日通过的欧盟《人工智能法》；[葡萄牙]古特雷斯：《数字世界必须实行法治》，载《中国财经报》2024年6月22日，第6版。
[2] 参见[美]伊森·凯什、[以色列]奥娜·拉比诺维奇·艾尼：《数字正义：当纠纷解决遇见互联网科技》，赵蕾等译，法律出版社2019年版。张凌寒：《数字正义的时代挑战与司法保障》，载《湖北大学学报（哲学社会科学版）》2023年第3期。
[3] 参见谷佳慧：《数字时代正义的内涵变迁及法治保障》，载《北方法学》2023年第5期。
[4] 参见雷志春：《数字正义的法治实现》，载《人民法院报》2023年11月16日，第5版。
[5] 参见[美]克利福德·G.克里斯琴斯：《数字时代的新正义论》，刘沫潇译，载《全球传媒学刊》2019年第1期。

采取适当措施来纠正错误使正义得到伸张,因此这一意义上的数字正义可被称为"数字矫正正义";第三阶段,作为正义实现手段的司法过程数字正义,表现为人工智能对裁判的辅助功能,其正当性基础在于人类法官在法律敏感领域能够对人工智能进行监督和审查,从事实发现和纠偏的角度规范其发展,这一意义上的数字正义可被称为"数字司法正义"或"通过数字的司法正义"。以上三个阶段分别涵盖数字资源的分配、数字驱动所致损害的救济,[1]以及数字时代纠纷解决中数字技术应用的正当性,构成当代数字正义体系。

从数字正义的观念演变过程观察,我们可将数字正义作如下界定:数字正义,是指在技术和信息领域公平对待所有人。不分种族、能力、性别、年龄、社会背景,所有人都能受到公平对待,确保人们拥有生活和生产所需的数字权利和资源。数字正义涵盖了使用数字基础设施、共享数字资源所有权、数据保护以及开放和负责任的数字治理和数字司法正义等诸多方面。

第一节 数字分配正义

数据在社会和日常生活中的生成、收集和使用方式,已成为一个日益突出和有争议的问题。数字技术是为人类服务的工具,其终极目标是促进人类福祉,当然具有制度伦理上的正义性。然而,数字技术本身不但无法代替正义,反而还可能造成不正义。例如,数字社会中的自动化系统将人与资源分离,可以对人进行分类甚至定罪量刑,或者通过自动化决策来分配社会服务,导致了社会资源分配的不公平、不正义,甚至制造出"数字贫民窟",从而有违社会公平正义。这也在显示,数字正义并不是一个技术问题,而是与社会、政治、经济和文化因素息息相关,处理我们生活中的数据可以从根本上塑造社会关系,改变我们接收信息的方式以及行为方式。同时,数据及其生成、收集、分析和使用方式,由不同的参与者、不同的利益和社会力量共同塑造,这些力量决定了社会日益数据化的方式和

---

[1] 数据驱动,是指基于精益分析和数据闭环理念,通过业务数据化和数据业务化,采集数据并将数据作为生产资料,通过数据分析和挖掘方法提炼规律、获取洞见,再应用到业务过程中,循环作出正向反馈,促进业务优化,实现以数据为中心进行业务决策和行动。

条件。[1]

数字正义所涉及的社会成员之间的数字资源公平分配,在根本上是一个社会正义问题。在古希腊哲学家亚里士多德的正义理论中,分配正义涉及财富、荣誉、权利等有价值的东西的分配,在该领域对不同的人给予不同对待,对相同的人给予相同对待,即为正义。这种分配正义,强调给每个人以其应得,对应于数字时代这一正义观仍未过时,在数字社会的初始阶段仍具有现实意义,堪称"第一代数字正义"。

一、数字平等

数字平等,是指所有个人和社区都应拥有有效访问和利用技术所需的资源和技能。在国家责任角度,数字社会必须致力于减少与访问或使用数字设备和服务相关的不平等现象,促进数据的连通性、包容性和公民数字技能发展,实现数字平等,即机会平等。在数字社会的初始阶段,数字平等的价值在于保障人民连接到互联网,能够浏览网站、使用应用程序和平等参与数字世界。

(一)数字平等的含义

当今的现代社会中,数字技术已成为我们日常生活中不可或缺的一部分。因此,公平分配技术变得越来越重要,以确保社会所有成员都能享受到其诸多好处,不受数字排斥和数字压迫。在这个角度,传统分配正义理论仍可用于确保数字资源的分配正义,使每个人平等地获得技术资源。一方面,数字资源的分配原则,包括在所有个人之间平等分配、优先向社会中处于劣势的成员分配利益,以及努力确保社会所有成员都能获得最低限度利益的原则。另一方面,重要的是不仅要考虑技术的使用,还要考虑随之而来的好处。例如,前述数字平台凭借自己的垄断霸权优势,垄断了"位置、资源、流量、展示",所建立的完全有利于自己的"霸权系统",这理应在分配正义角度受到监管和规制。在更多的领域,技术可以为个人提供教育机会、增加连接性和社交网络可能性、提高日常任务效率,并通过远程医疗和远程患者监控改善健康状况。数字领域的扩张,意味着数字技术可供更多人使用,但必须确保公平地获得新技术干预措施,制定全面的、具体的国家数字发展

---

[1] See Lina Dencik, Arne Hintz, Joanna Redden & Emiliano Treré, *Exploring Data Justice: Conceptions, Applications and Directions*, 22 Information, Communication & Society 873 (2019).

战略,最大限度地发挥当前可用数字技术的优势,同时为数字技术的伦理和其他技术的未来可用性做好规划。

数字平等是实质性的平等,涵盖更广的层面,至少包括:(1)数字化基础设施与服务的平等享有;(2)使用数字资源的能力上的实质性平等;(3)数字化红利的公平分配和结果平等,等等。[1] 数字平等的上述面向可被具体解释如下:

首先,从社会公平正义角度,数字正义的使命在于确保人们拥有发展所需的数字资源——包括数字基础设施的使用权、数字资源的共享所有权、数据保护以及开放和负责任的数字治理。分配正义原则告诉我们应该如何分享或分配这些利益和负担,包括公共资产应以合理的方式分配,以便每个人都能获得"公平份额"。数字社会公平正义仍应体现这种平等性,平等的要素是多样的,包括:一是数字的接近:数字正义要确保所有社会成员,无论是生产者还是消费者,都能平等地获得媒体和技术;二是数字参与:公众能够参与数字法律和数字治理过程,对数字资源分配享有知情权;三是数字分享(共同所有权):数字空间的权利是其他公共空间权利的延伸,数字所推动的知识、工具和技术的创造,数字知识、工具和技术应被整个社会所分享。

其次,数字平等体现为数字包容。数字平等不仅是物理技术获取上的平等,也是有效使用数字知识和技能上的平等。在包容的意义上,数字平等不仅意味着提供数字技术的使用权,还必须确保每个人都能够掌握有效使用技术的技能和知识。这种包容性在人工智能的发展上是非常必要,人工智能的发展必须促进对弱势群体的包容,最大限度降低人工智能带来的经济、社会、性别、教育、环境保护方面的不平等。[2] 例如,对大数据进行贪婪和不透明的挖掘,往往是自动分析引擎提供数据所必需,但在很多情况下却导致了对特定群体的操纵和剥削。实现这一领域的社会正义,只能是兼顾人工智能发展与特定群体的权益保障,增强数字包容。一方面促进人工智能生态系统,促进以人为本的可信人工智能方法,保持创新激励;另一方面还必须向利益相关群体提供劳动力市场转型中所需的适当技能,最大限度避免失业等风险,实现数字社会的合作。

---

[1] 参见刘春霞:《中国公众的数字公平观调查报告(2022)》,载《国家治理》2022年第17期。
[2] 前不久,我国阿里巴巴、滴滴、美团等数字平台形成的经济生态或"平台经济"引发了关于社会公平的争论。批评者认为,这些平台凭借其资本优势地位,把风险转嫁给了消费者和网络配送员、外卖配送员、网络主播、网约车司机,承受风险的群体在数字平台领域被更加边缘化。这表明,在数字化社会过程中不可避免地会对社会和经济体产生影响,出现数字空间的排斥现象。

最后，数字化红利分配的机会平等。数字平等关乎社会公平正义。在社会公平正义的角度，数字平等关乎如何创造一个更加公正和公平的社会，尤其在就业和经济参与、教育、社会交往、公民参与等诸多领域都要实现平等目标，这一任务具有必要性与紧迫性。以残疾人的数字平等为例，各国几乎都将争取"数字无障碍"视为一场长期持续的斗争，这种斗争已由最初的争取"物理上无障碍"的目标，转向数字社会的"数字无障碍"，并形成这样的共识：人工智能的开发必须致力于减少差异性影响，防范将现有的偏见延续到数字空间，不损害弱势群体，例如妇女、儿童、老年人和受教育程度较低、技能水平较低群体的权益。

总之，数字平等意味着要确保所有社会成员，无论是生产者还是消费者，都能平等地获得媒体和技术，政府应负责提供或监管通信基础设施，确保社区的每个成员都能获得公共服务信息。平台应重视以不同的语言、方言等进行交流，促进人们便利地使用数字设施并参与数字生活。

（二）数字鸿沟与数字平等

现今，我们已难以追溯源于何处，是谁创造了"数字鸿沟"一词。[1] 但可以推测，数字鸿沟早于数字时代出现。[2] 其实，如何定义数字鸿沟并不重要，重要的是如何弥合数字鸿沟，以帮助弱势群体跟上时代步伐，这是落实国家发展战略的客观需要，也是第一代数字正义的核心目标。

1. 接入数字基础设施

尽管互联网的起源可以追溯到 1968 年，万维网的起源可以追溯到 1991 年，但直到图形浏览器使网络变得用户友好之前，它们主要是学术界和国防承包商所

---

[1] 互联网发展初期阶段的 1995 年个人电脑拥有量呈现快速上升趋势，美国国家电信和信息管理局（NTIA）发布了一份题为"落入网络：对美国农村和城市'穷人'的调查"的报告，该报告首次指出"某些人口群体在使用电话、个人电脑（PC）和互联网方面的差距仍然存在，而且在许多情况下已经显著扩大"。See Ronald H. Brown, David J. Barram & Larry Irving, *Falling through the Net: A Survey of the "Have Nots" in Rural and Urban America*, NTIA（12 July 1995）https://www.ntia.gov/page/falling-through-net-survey-have-nots-rural-and-urban-america.

[2] 互联网或数字技术发展的不同时期，人们对数字鸿沟有不同的理解。最初，美国国家电信和信息机构（NTIA）在其调查报告中将数字鸿沟定义为"是否拥有个人电脑（PC 所有权）问题"，随后能否接入互联网成为迭代升级的定义。毋庸置疑的是，以高速（宽带）接入替代拨号调制解调器，这一转变加重了数字鸿沟。从发展历程看，数字鸿沟实际上是一个动态的、漂移的概念。当"数字鸿沟"一词在 1998 年成为第二次 NTIA 调查的一部分时，就引起了大众媒体的关注。See Compaine, B. M. ed., *The Digital Divide: Facing a Crisis or Creating a Myth?*, MIT Press, 2001, Preface.

认知的领域。在这种背景下,人们对数字鸿沟的最初理解,与能否接入互联网几乎可以相提并论。这一意义上的数字正义或数字平等围绕着电话服务、个人电脑和调制解调器能否接入为核心。[1] 然而不争的事实是,互联网基础设施的接入障碍也制约着人们接近正义。互联网服务提供商(Internet Service Provider, ISP)提供互联网接入服务,虽能够使个人、家庭和企业连接互联网,但作为连接用户和互联网的基础设施和服务,它存在商业化和垄断的问题,昂贵的上网费用对于贫困者接入互联网而言是一个经济上的障碍。[2] 尽管人们正在探索以"网状网络"(mesh networking)取代 ISP 服务,以摆脱后者的垄断程度并降低互联网基础设施的成本,通过连接无线接入点,大幅减少有线连接的需求,降低网络部署的复杂程度,[3] 最终解决技术不平等问题。但这种探索需要时间和政策支持,不能一蹴而就。总之,接入互联网仅是消除数字鸿沟的必要条件,新型互联网基础设施的发展与普及,以及降低接入互联网的成本,可能在互联网基础设施方面缓解或消弭数字鸿沟现象。

作为社会现象,数字鸿沟还意味着从事技术的人与不从事技术的人之间存在的差距,也就是那些能够获得最新信息技术的人和那些无法获得最新信息技术的人之间的感知差距。[4] 这一定义反映出这样的现实:数字鸿沟阻碍了正义的实现,使已经被边缘化人们的地位更加边缘化。进入数字空间的困难,强化了现有的歧视,并创造了新的歧视方式,将弱势群体排除在教育、工作和数字生活之外。数字鸿沟尤其表现为:(1)技术的获取;(2)技能的获得;(3)技术的使用,数字鸿沟的存在使得弱势群体错失经济和政治机会。莫斯伯格对数字鸿沟作出了更广泛的界定,包括了多重差距:(1)准入差距;(2)技能差距;(3)经济机会差距;

---

[1] 美国国家电信和信息机构的报告曾显示,这一阶段美国最贫穷的家庭拥有最低的电话、电脑和调制解调器普及率,农村贫困人口的电话普及率高于中心城市贫困人口,尽管城市电信用户的缴费被用于补贴农村的电信用户,但面向城市用户的"过度收费"并未缓解农村用户在接入互联网基础设施方面的障碍。

[2] 2016年,联合国宣布连接互联网是一项基本人权,跟食物、水和移动自由一样,这意味着政府应认真对待和保证人们接近和使用互联网的目标。

[3] 网状网络并不是接入由 ISP 控制的单一入口点来连接网络,而是依赖于分布着数十个乃至数百个无线网状节点的共享链接。网状网络中的每个节点都能与其他节点"对话",共同支撑着一个网络链接,是真正无线的,用户低成本甚至不花钱就能上网。参见[美]杰西·林格尔:《被互联网辜负的人:互联网的士绅化如何制造了数字不正义》,冯诺译,浙江人民出版社 2021 年版,第 99—100 页。

[4] See Compaine, B. M. ed., *The Digital Divide: Facing a Crisis or Creating a Myth*?, MIT Press, 2001, Preface.

(4)民主差距。无法接近的问题,例如使用技术的能力,将其命名为技能鸿沟,这反过来又使弱势群体无法利用经济机会以及参与政治舞台的机会。后两种与经济机会和民主参与有关的差异,代表着机会平等和民主,这标志着数字鸿沟是一个重要的社会正义问题和公共政策问题。[1]迪马吉奥(DiMaggio)呼吁将数字鸿沟研究的重点从富人和穷人扩大到考虑设备、自主性、技能、支持和范围的全面数字不平等。赛文(Servon)则将访问、信息技术知识和相关内容确定为需要解决的数字鸿沟的三个维度,从而需要创建整体解决不平等问题的解决方案。她认为,缓解数字鸿沟的方法是"解决历史和根深蒂固的问题的更大努力的一部分"。[2]

2. 数字素养

数字素养是决定数字正义的重要因素。[3] 数字素养是人们理解不同产品和服务中人工智能背后的基本技能,以及如何有效使用它们的能力。随着人工智能不断发展并越来越融入日常生活,掌握人工智能知识对于个人和组织有效参与人工智能技术、利用其潜在优势,降低潜在风险和挑战,是至关重要的。

数字素养的早期定义是"当信息通过计算机,特别是通过互联网媒介呈现时,理解和使用各种来源的多种格式信息的能力"。数字素养最初侧重于数字技能和独立计算机,但互联网和社交媒体的出现已将其部分重点转移到移动设备上,数字素养不会取代传统的信息解读方法,而是扩展了这些传统素养的基础技能。一些学者后来给出更深入的解释,即"一系列技能来寻找、导航、访问、解码、评估和组织来自全球网络信息的能力"。[4]在当今的数字时代,这一概念仍可被简单理解为个人使用打字或数字媒体平台查找、评估和交流信息的能力,是使用信息和通信技术创建、评估和共享信息的技术能力和认知能力的结合。

---

[1] See Mossberger, K., Tolbert, C. J. & Stansbury, M., *Virtual Inequality: Beyond the Digital Divide*, Georgetown University Press, 2003.

[2] See DiMaggio, P., Hargittai, E., Celeste, C., & Shafer, S., *From Unequal Access to Differentiated Use: A Literature Review and Agenda for Research on Digital Inequality*, in K. M. Neckerman ed., Social Inequality, Russell Sage Foundation, 2004, p. 21, 355–400.

[3] 调查表明,不同群体间,因个人禀赋、能力和机会的差异而造成数字化享有程度不同,数字不平等问题应运而生。而且数字公平具有层次性,公众对于数字结果公平和基础公平关注度高,对能力公平的认知相对较低。参见刘春霞:《中国公众的数字公平观调查报告(2022)》,载《国家治理》2022年第17期。

[4] See Suguna Chundur, *Digital Justice: Reflections on a Community-Based Research Project*, The Journal of Community Informatics 16 (2020), p.119.

数字素养是获取知识的能力,[1]具体包括:(1)了解和理解:了解人工智能的基本功能以及如何使用人工智能应用程序;(2)使用和应用:在不同场景中应用人工智能知识、概念和应用程序;(3)评估和创造:高阶思维技能(如评估、估价、预测、设计);(4)道德问题:考虑人工智能的公平性、问责制、透明度和安全性。

3. 数字赋权

数字赋权(digital empowerment),是一个广义概念,原本指个体学习者在生活的各个领域理解和应用数字技能以实现经济目标的能力。换言之,如果个体学习者们愿意,可以参与数字世界的社会和文化方面,以实现个人成就,并有能力运用意识来审视技术与不平等之间的关系,创造和维护更加公正的数字世界。在数字语境下,数字赋权专指通过数字化技术和平台,赋予个体或组织新的能力或权力,从而影响社会结构和个人能力。

数字赋权的意义在于确保数字包容,它使个人能够充分参与数字生态系统并从中受益。这一过程涉及多个方面:(1)教育领域:数字化教育为学习者提供了更加便捷和灵活的学习方式,突破了时间和空间的限制,使得教育更加个性化和精准。(2)社会融入:通过数字技能的提升,使老年人等群体也能融入数字社会,完成由"数字遗民"到"数字居民"的转变。(3)经济和生产力提升:数字技术使许多工作可以实现自动化,释放了人力去从事更有创造性的工作,从而提升了整体的生产力和创新能力。

相较接入互联网基础设施方面的数字平等,数字赋权更侧重为个人提供有效使用数字技术所需的技能、知识和信心,通过提供培训和教育计划,使人们能够驾驭数字环境;通过利用数字工具、数字平台和数字资源,实现个人、职业和社会发展。总之,掌握数字技术对于数字赋权至关重要,因为这是个人获得数字技能和使用数字资源的基础条件。这要求在整个人工智能生命周期中,[2]必须关注数字包容性——从构思、设计开发,再到部署和事后监控,人工智能技术需要公开可能的受影响者及可能产生的影响,并向弱势群体传授和装备必要的数字工具和数字技能,让他们了解、使用人工智能。具体而言,数字技术和数字解决方案的设

---

[1] See Suguna Chundur, *Digital Justice: Reflections on a Community-Based Research Project*, The Journal of Community Informatics 16 (2020), p.119.

[2] 根据经合组织《人工智能建议》的界定,人工智能系统生命周期包括以下几个阶段:规划和设计;收集和处理数据;构建模型和/或将现有模型调整为特定任务;测试、评估、验证和确认;可供使用/部署;操作和监控;以及退役/停用。这些阶段通常以迭代方式进行,不一定是连续的。在操作和监控阶段的任何时候都可能作出退出人工智能系统运行的决定。

计,也应支持弱势群体。此外,政府还应投资教育和培训计划,使每个人都具备有效使用数字技术的必要技能。

(三)数字排斥与数字平等

数字歧视也被形容为"自动不平等",意指标榜高效的自动化系统,并未实质上改善贫困家庭的处境,恰恰相反,嵌入偏见的高科技工具使政府在作出和民众生活息息相关的决定时,"名正言顺"地摆脱了道德障碍。令人更加担忧的是,伴随数据分析、统计模型与算法的监管网络,边缘人群正面临更加严格的数字追踪、监控甚至惩罚,被牢牢困在这张网中。[1]

1. 数字排斥

数字排斥是社会包容与民主平等的对立面。关于数字鸿沟的研究很少考虑以挑战数字鸿沟的现有权力结构来促进社会包容和民主平等。一些学者更喜欢"数字排斥"一词,而不是数字鸿沟,由此抓住了数字排斥加剧社会排斥的特点。[2] 他们批评技术确定性的解决方案,将非技术用户物化为"其他",由此进一步制造了社会疏离效果,加强了数字排斥的后果。因此,数字鸿沟是一个社会和政治问题,而不是一个发展问题。根据克瓦斯尼(Kvasny)的说法,数字鸿沟是植根于历史上的权力和特权制度的政治结果,与就业、住房、健康、教育和消费机会方面排除妇女、少数族裔的制度一样,潜在的社会不平等也可能会加剧数字不平等。他还指出,数字不平等关注的是公平获得因互联网和计算机使用带来的利益。

在我国,平台经济被视为一种生产关系的革新,由此促进了生产力的发展,提供了大量就业机会,大大方便了人民的日常生活,充分激发了信息交换并以此促进了经济活力。"平台经济"被写入《"十四五"规划和2035年远景目标纲要》,并被赋予正式定义——"平台经济是一种基于数字技术,由数据驱动、平台支撑、网络协同的经济活动单元所构成的新经济系统,是基于数字平台的各种经济关系的总称"。

2. 数字不正义

在一个越来越依赖互联网的世界里,从教育和就业到医疗保健和社交互动,

---

[1] 参见[美]弗吉尼亚·尤班克斯:《自动不平等:高科技如何锁定、管制和惩罚穷人》,李明倩译,商务印书馆2021年版,译序。

[2] See Klecun, E., *Bringing Lost Sheep into the Fold: Questioning the Discourse of the Digital Divide*, 21 Information Technology & People 267(2008).

由数字驱动的各种决策也可能损害一些人或群体的利益,此即数字不正义。数字技术变革将在未来几十年内带来巨大的社会影响肯定是不可低估的,但也将对数十亿人的就业问题造成新的冲突,使最贫穷和最脆弱的人进一步被边缘化。例如,2024年上半年百度旗下萝卜快跑无人驾驶汽车已在全国11个城市按照划分的区域进行试点运行,就在一定程度上提出数字不正义的问题。事件的背后反映出,每一次大的技术更迭都会有相应的劳动岗位发生大变化,可能会造成上千万人失业,成千上万司机的集体恐慌,甚至是失业导致的犯罪等不稳定因素,这对国家来说是不可承受之重。[1] 这同时在侧面表明,人工智能、机器学习和机器人领域的技术进步很可能改变个人的工作性质,在人机协作领域,双方都可以展示自己的比较优势。[2] 数字不平等不仅反映了在获得信息和通信技术方面的差异,实际上还反映了持续存在的社会不平等。[3] 或者说,数据不公正与物质世界的不公正相互重叠、交集。

一是数字技术应禁止歧视性影响和不公平偏见。数字社会正义强调的是对结果公平的规制,注重社会公平而非经济公平,更加注重对人工智能所用之数据的保护。在数字社会公平方面,应更关注基于种族、宗教、性别、性取向等身份、属性与标签的社会公平问题,在教育、就业、就医、司法裁判等领域,是否输入了带有偏见的数据,违反宪法的平等保护原则。政治家维尔京·尤班克斯(Virgin Eubanks)作出进一步解释:数字贫困是一种以穷人和工人阶级为猎物的新型管理工具,对他们的生存造成极大威胁。数字边缘化和压迫模式频现于互联网,而且经常被放大。例如,美国贫困和工人阶层被作为新型数字贫困管理工具的目标,攸关性命。自动化资格认证系统阻碍了他们申请维系生存所需的公共资源。复杂的集成数据库收集了他们最私密的个人信息,几乎没有隐私保障或数据安全保障,而且,这些被采集的信息基本上都是无偿的。预测模型和算法将它们标记为"风险"和"存在问题"。大量社会服务、执法活动和社区监督结合在一起,使他们

---

[1] 参见《萝卜快跑或导致4000万人失业:青年人该树立怎样的就业观?》,载搜狐网2024年7月15日,https://www.sohu.com/a/793445586_99900551。

[2] Danuser Yasmin, Kendzia Michael J., *Technological Advances and the Changing Nature of Work: Deriving a Future Skills Set*, 9 Advances in Applied Sociology 463(2019).

[3] 《数据正义与新冠疫情》(Data Justice and COVID-19)一文报道了国外很多数据引发的不公正案例,例如社会经济状况不允许那些缺少数字终端设备孩子们参加"数字学校"。在印度,一款追踪疫情接触者的App(Aarogya Setu)只向智能手机用户提供健康保护,而缺少智能手机的群体约占总人口的36.7%。See Masiero S., *Mapping Emerging Data Justice Challenges*, Global Data Justice (20 November 2020), https://doi.org/10.26116/datajustice-covid-19.003.

的一举一动变得清晰可见,也使得他们的各项行为暴露在政府、商业和大众的审查之下。[1]

二是保障弱势群体参与数字空间的机会和能力。这意味着应禁止个人数据被用来换取利润和控制权。基于数字素养的重要性,人工智能系统的提供者和部署者应采取措施,考虑其技术知识、经验、教育和培训以及人工智能系统的使用环境,并考虑人工智能系统将用于哪些人或群体,尽其最大努力确保其工作人员和代表其处理人工智能系统操作和使用的其他人员具有足够的人工智能素养,这是人工智能制度伦理的基本要求。在这方面,欧盟《人工智能法案》对此类人工智能实践加以禁止,即"利用自然人或特定群体因其年龄残障或特定社会或经济状况而具有的任何弱点,以实质性扭曲该人或属于该群体的人的行为造成或有合理可能造成该人或他人重大伤苦为目的或效果"的人工智能在禁止之列。

总之,随着以大数据、云计算、物联网等为代表的新一代信息技术的快速发展和普及,数字化已渗透到经济社会发展的各领域,数字鸿沟、数字不公平等系列问题逐渐凸显,并引发各界对于数字公平的关注。[2] 在这个意义上,数字公平也可以被理解为"数字无障碍",涉及如何分配数字资源,如何培养数字技能的问题。我们说,平等、公平和需求是最常见的资源分配标准,如果平等被视为决定谁得到什么的最终标准,那么商品将在所有人之间平等分配。

二、数字人权

(一)数字人权观

数字空间是物理空间的延伸,在线权利是离线空间的延伸。因此,数字正义的基础就是尊重人类的主体地位和选择权,监督人工智能、技术安全性、隐私和数据治理、透明度及问责机制都应建立尊重人权的基础上。正如分配正义通常考虑要分配的商品总量、分配程序以及由此产生的分配模式一样,数字时代对数字资源的分配必须考虑保护个人数据权利,使个人能创建并完全控制自己的数据,并且使收集个人数据的行为受到法律和治理结构的约束,确保个人的自我数据决定权。在这个意义上,数字社会应将数字保护视为一项人权。

---

[1] 参见[美]弗吉尼亚·尤班克斯:《自动不平等——高科技如何锁定、管制和惩罚穷人》,李明倩译,商务印书馆2021年版,第9页。
[2] 参见刘春霞:《中国公众的数字公平观调查报告(2022)》,载《国家治理》2022年第17期。

数据权利之所以是人权，乃在于它是自然人身份的延伸。每个人都享有数据隐私权，而一些企业或个人通过数字手段收集数据的行为可能侵害人们的隐私权，这是世界范围的危险倾向。数字正义的目标是保护这一权利，不让大规模"监视"合法化。[1] 从个人权利角度，数字时代的个人则应有权要求控制和同意他们的数据和信息如何存储、保护、共享，以及决定谁可以访问和处理。对此，底特律数字正义联盟（DDJC）在其制定的数字正义原则中阐明，应将数字正义视为一项人权，其目的是增加那些"传统上被媒体和技术排斥和攻击"的人们的参与机会。

（二）数据武器化与数字人权保护

数字资源的武器化（weaponization of digital resources），反映了数字通信工具和技术的巨大破坏力，与其推动社会经济进步，以及增强沟通、创造和相互联系的积极作用形成鲜明的对照。大量证据表明，这些数字资源将越来越多地用于暴力、破坏和滥用，数字资源有被武器化的倾向。

数字资源的武器化主要集中以下几个领域：（1）隐私权侵害。新兴的数据和信息市场使人们的数字互动商品化，包括社会、经济、医疗、劳动力和教育需求。数据的商品化是基于人们数字生活的产品和服务而创造的结果。在许多情况下，人们可能不知道第三方正在使用他们的数字交易和与他人的互动，从而侵犯到他们的隐私。[2]（2）网络谣言侵权。虚假新闻和虚假信息社交媒体开启了数字传播的"新时代"，[3]网络传播的不真实或误导性信息具有极大欺骗性，行政或司法对于利用互联网的虚拟性、匿名性，随意发表对他人有侮辱性、损害性的不实言论，很难追究责任或让他们承担侵权后果。（3）网络犯罪。如同所有技术的宿命，数字技术也越来越多地用于战争、恐怖主义和暴力冲突，人工智能被引入新型军备竞赛之中，自主武器、无人机和大规模监视等数字技术已有大规模应用。在国际范围，社交媒体充斥极端言论和暴力内容，通过网络贩卖人口和武器也屡见

---

[1] 2024年7月，由中国公安部及国家网信办共同起草的《国家网络身份认证公共服务管理办法（征求意见稿）》向社会征求意见引发争议。征求意见稿的主要意图是通过该系统，用户只需通过政府推出的App进行身份核验，而不需要把关键的个人信息交给淘宝等互联网平台，从而可以减少互联网各平台超范围采集和留存公民的个人信息。而一些学者则担心，此举可能让社会控制变得常规化和规范化。

[2] 欧盟《人工智能法案》规定了隐私和数据管理原则，要求人工智能系统的开发和使用应符合现有的隐私和数据保护规则，同时处理的数据在质量和完整性方面符合高标准。

[3] 据统计，人们发现在推特上，虚假新闻被转发和传播的速度比真实的故事要高出70%。

不鲜,网络个人信息侵权以及通过数字平台实施网络犯罪或进行民事欺诈比比皆是。这些高风险的人工智能应用,理应得到事前审查,并得到事后的法律救济,使数字武器化的倾向得到遏制。

数据武器化,通常的动机是以不正当的方式影响接收者对某事或某人的看法的信息或内容,最终目标是改变人们的信仰和态度,从而促进符合攻击者目的的行为。形形色色的数据武器化,违背了人的尊严、自由、平等、民主和法治的价值观及基本权利,包括不受歧视的权利、数据保护和隐私权以及儿童权利,可能对生态系统和社会造成损害。最近,联合国秘书长安东尼奥·古特雷斯特别强调,在网络空间的犯罪行为和恶意活动正在增加的背景下必须重视数字技术武器化危险,因为恶意网络活动正在上升,严重的网络安全事件变得"令人不安地普遍",医疗、银行和电信等基本公共服务经常遭到入侵,犯罪组织和"网络雇佣军"从事无情的非法活动。[1] 都是数字武器化的具体表现。

避免或遏制上述数据武器化的措施,是防止网络空间内部和通过网络空间扩大和升级各种冲突。基本措施包括:(1)加强一体化措施,保护关键基础设施免受有害信息通信技术做法的侵害,加强对包括人工智能在内的数据驱动技术的政府监管,通过正当程序和纠正正义方式问责,发挥政府在数据驱动技术方面的治理作用。(2)强化司法治理和纠纷解决机制,为个人提供司法救济途径,追究违法者的法律责任,以支持追溯识别危害、分配责任并提供公平的补救途径。

(三)数字信任、数字民主与数字人权

数字时代,人类正在经历的深刻变化远远超出了世界上绝大多数人的理解范围,对我们的权利和未来机遇均产生巨大影响,并同时在处于现代社会中每个人的决策过程中起着决定性作用。数字技术的应用,可有效推动经济和基础设施发展,提高整个经济的生产率和就业率,同时改善金融、交通、教育、医疗保健等重要服务的可及性,提升生产和生活便利程度。在这方面,人工智能正在潜移默化地,但同时又是迅速而全方位地,重塑当代经济和社会,这是它能够获得社会信任的优势所在。我们看到,现代社会中无论是投票方式和治理方式、预测性警务、法官判决,还是金融服务和金融信用以及消费服务、交通导航,人工智能通过对更多的数据和因素进行收集和评估,从而降低我们在采取决策的依据中所存在的局部性

---

[1] 参见古特雷斯:《数字世界必须实行法治》,载《中国财经报》2024年6月22日,第6版。

或不明确性,使其获得了社会的信任。[1]

然而,数字时代人工智能的运用又存在着信任缺失的情况。值得信赖的数字社会,必须建立在信任基础上,在数据环境下,隐私、安全、责任、透明和参与都是信赖的基础所在。(1)数字民主。信任是数字化转型的关键推动因素;尽管未来人工智能应用的性质及其影响可能难以预见,但人工智能系统的可信度是人工智能传播和采用的关键因素;有必要进行充分知情的全社会征求意见,在更大的范围内展开讨论,以判断人工智能系统的优劣,防范相关风险。(2)数字参与。一方面,没有社会和生态正义,就不可能存在数字正义。数字正义并没有颠覆或否定传统正义理论和正义的要素,数字时代的正义,就是对民主权利的数字解释。另一方面,数字社会为包容、正义和民主提供了强大力量,在这一条件下几乎所有人都可在法律允许的范围内以法定方式表达意见,行使交流权利。包容的数字社会,不仅仅意味着网络和数字的可及性,更重要的是让每一个人都能够获得数字社会发展的福利。(3)人工智能系统生命周期的社会参与。参与者应根据其角色、背景和行动能力,持续对人工智能系统生命周期的每个阶段应用系统的风险管理方法,并采取负责任的商业行为来应对与人工智能系统相关的风险,包括酌情通过不同人工智能参与者、人工智能知识和人工智能资源供应商、人工智能系统用户和其他利益相关者之间的合作。

总之,数字正义并非源自情感或纯粹信念,它反映的是数字时代的习惯和实践。在数字时代,随着社会安排的转变,人们相关的正义信念也必然随之改变。

第二节 数字矫正正义

人工智能推动了医疗保健、生产力和科学技术等领域的进步,在自动化和增强、数据处理和分析、创新和研发、智能制造、智慧城市方面的贡献尤为显著,为人

---

[1] 最明显的例子是人工智能可以避免一些医疗事故,从而提高工作效率,并降低工作岗位的风险。机器学习可以改善对工作任务的描述,为我们提供更佳的选择过程。如果编程得当,算法其实不仅可以比人类更加公正,还可以获取人类无法捕捉的评估模式。学者马克·普尔蒂(Mark Purdy)和保罗·多尔蒂(Paul Daugherty)这样写道:"根据我们的预测,人工智能技术对企业的影响将使劳动生产率提高40%,使人们能够更有效地利用时间。世界银行正在探索人工智能给发展带来的好处。其他观察者认为,农业、资源供应和保健,是发展中经济体将从人工智能的应用中取得巨大收益的领域。另外,人工智能还将对减少污染和资源浪费作出极大贡献。"

类带来更加智能化和便利化的服务。但与此同时，它也带来了潜在的虚假信息、数据不安全和版权侵权风险或损害，危及公共利益和基本权利。这些风险或损害既可能是物质性的，也可能是非物质性的，包括身体、心理、社会或经济的损害，造成数字不正义。在这方面，典型的例子是人工智能系统通过移除自我认同的选项来破坏人们的真实身份。随着人工智能深度合成技术的快速发展，"换脸""换妆"等应用软件广泛兴起，对自然人人格权益造成的侵权风险也日益受到关注。[1] 通过数字矫正正义来克服数字不正义，构成"第二代数字正义"。

一、数据监控与矫正正义

在我们的世界里，"数字哨兵"纵横交错，几乎无所不在。数字安全系统收集我们的信息，据此推断我们的行为，并管控资源的访问权限。还有许多收集我们信息并监控我们行为的设备都是神秘莫测的隐形代码。[2] 数字监控包括监控人们的在线行为，收集个人数字数据，传输敏感信息，使用面部识别，以及部署人工智能来识别我们每个人每天生成的大量数字数据中的模式。[3] 在这个意义上，数据正义可以被理解为是对数据领域内所有压迫性制度的积极抵抗，是维护数字社会生活的一部分。只要压迫性制度存在，数字矫正正义就必不可少。

在我国，很多互联网平台和社会信用系统的数字监控也普遍应用，用以分析各种常规行为和习惯，如购物、购买火车票和支付账单。这些数据一旦被处理，就会产生一个明显的"可信度分数"，用来相应地奖励或惩罚人们。从消费、获得医疗保健、寻找就业机会、为孩子上好学校，一切都可能受到这个分数的影响。相形之下，保护数据的措施却很少。大型科技公司和本应监管这些公司的政府没有充分执行现有的保护措施。

---

[1] 2024年6月20日北京互联网法院一审开庭宣判了两起北京市"AI换脸"软件侵权案件，认定使用他人视频"换脸"后制作模板再提供"换脸"服务的网络服务提供者侵害了他人的个人信息权益。参见余明辉：《北京"AI换脸"侵权案宣判的启示》，载《湖南日报》2024年6月24日，第5版。

[2] 参见[美]弗吉尼亚·尤班克斯：《自动不平等：高科技如何锁定、管制和惩罚穷人》，李明倩译，商务印书馆2021年版。

[3] 清华大学法学院学者劳东燕曾提出通过立法规制人脸识别的重要性。其认为在人脸识别议题上，人们常常将隐私与安全对立起来，认为需要让渡部分隐私以交换安全。个人信息的话题涉及的并非隐私和安全之间的冲突，公共安全中的公共是由众多的个体所组成，而众多个人信息的泄露与滥用，会严重危及公众的财产安全与人身安全。因此，如果人脸识别技术在缺少法治监管的基础上广泛推广，那么最终的结果很可能是公众在牺牲隐私的同时也没有获得安全。参见劳东燕：《人脸识别需单独立法，应将规制重心转向数据处理者》，载《南方都市报》2021年12月18日，第4版。

在许多情况下监视似乎是自愿的,我们选择携带移动终端设备,习惯性地点击"接受"按钮,分享社交媒体的信息和服务,以至于我们的数字生活和线下生活是如此交织在一起。然而,我们对如何和何时被监控几乎没有真正的选择,有些人根本别无选择,大规模监控允许对网络活动进行审查,对它的恐惧促进了自我审查。改变这种境遇,就必须将促进和保护数字权利作为国家和企业的战略核心,为实现社会可持续数字化转型保驾护航。这也同时意味着要鼓励创新和技术发展,更要防止以分析数据的方式损害公共利益和个人的合法权益。

人工智能的操纵技术可被用来劝说人们作出不想从事的行为,或通过诱导其作出决定来对其加以欺骗,从而颠覆和损害他们的自主、决策和自由选择。在市场上投放、提供服务或使用特定的人工智能系统,其目的或效果是实质性地扭曲人的行为,从而可能造成重大的伤害,特别是对身体、心理健康或经济利益产生足够重要的不利影响,无疑应予禁止,实现矫正正义。这类人工智能系统采用潜意识的成分,例如人们无法感知的音频、图像、视频刺激,因为这些刺激超出了人的感知范围,或者采用其他操纵或欺骗技术,以人们无法意识到的方式颠覆或损害人的自主、决策或自由选择。或者即使意识到了,人们仍然被欺骗,或者无法控制或抵制。脑机界面或虚拟现实就可能导致这种情况,因其允许对呈现给人的刺激进行更大程度的控制,这些刺激可能相应地以明显有害的方式实质性地扭曲人的行为。

在亚里士多德的正义理论中,矫正正义涉及对被侵害的财富、荣誉和权利的恢复和补偿,在该领域,不管谁是伤害者,也不管谁是受害者,伤害者补偿受害者,受害者从伤害者处得到补偿,即为正义。在数字社会,数字矫正正义的直接目的是通过法律规制与法律救济纠正业已产生的针对个人或群体的数据驱动损害,从而使人工智能系统的开发和使用为人服务,尊重人的尊严和个人自主权。人工智能的运行方式必须由人类进行适当控制和监督,才能实现数字矫正正义。

二、人工智能风险分级与矫正正义

目前,人工智能的应用已非常广泛,从人脸识别软件到汽车自动驾驶、搜索引擎、翻译工具和预测股票市场价格波动,在全球社会中的应用越来越多,逐步融入我们的日常生活中。然而,人们也有理由担心,人工智能是一种复杂且有风险的应用程序,尤其是在军事、医疗保健和司法领域的应用,已经引发普遍的担忧,通过评估和监管机制实现矫正正义,是人工智能应用符合伦理标准的途径。经验已经表明,在招生、人力资源、信用评级、银行、抚养儿童救助系统、社会保障体系等领域所采用的软件中,各种不同类型的算法偏见非常常见,这些"侵入式电子审查"、数字跟踪和决策系统所运用的算法并不是中立的,它们纳入了一些价值观念并遵守一定的操作方式,完全可能在无意中导致数字歧视、伤害或造成经济损失的情况。

改善上述状况,就必须建立相应的监管和矫正机制,具体包括:一是政府部门要主导健全公共数据资源体系,统筹公共数据资源开发利用,推动基础公共数据安全有序开放,保障各社会主体平等使用数据。二是政府部门要时刻注意数字不公平带来的影响,采取有效手段进行治理。若治理手段不合理,不仅会加剧数字不平等现象,而且会有损政府形象。三是构建数字正义的问责机制和救济途径。

面对人工智能滥用带来的数字不正义,世界各国的立法者和学者已经开始讨论立法规范和标准,以解决人工智能滥用。立法的方向必然是,政策制定者应指导人工智能的开发和部署,以最大限度地发挥其优势并最大限度地降低其风险。这对于利用人工智能技术的潜力促进经济增长、社会福利和环境可持续性,同时保护人们的基本权利和社会价值至关重要。作为前提条件,人工智能应是以人为本的技术,因此建立人工智能的事前审查机制,制定分级审查标准,是实现矫正数字正义的基本途径。唯有如此,才能在切实保障基本权利的条件下将人工智能系统投放市场并让其提供服务。

欧盟对人工智能的监管确定了三个原则,即合法性、合伦理性和稳健性,最终的目的是构建"可信赖的、以人为中心的、合伦理"的人工智能。保护基本权利是其中心任务,只有在符合基本权利保护的前提下,才可以获得人工智能的使用者和受用者的信赖,从而获得更多的投资和更加广泛的使用。多数条款将于2026年8月2日开始生效实施的欧盟《人工智能法案》,将其目的设定为维护民主、人权和法治的,推动普及值得信赖的人工智能。[1] 根据使用方法而非技术本身造成的影响风险进行分类。风险分为四类,风险等级越高,管控越严格,法案首先明确禁止了某些存在不可接受风险的人工智能系统,然后重点规制高风险人工智能系统,任何在欧盟市场上提供此类系统的企业都必须满足法案规定的风险管理、

---

[1] 该法案是世界首部全面监管人工智能的法规。该法案旨在改善欧盟内部市场的运作,促进以人为中心,值得信赖的人工智能的应用,同时确保对《欧盟基本权利宪章》规定的包括民主、法治和环境保护在内的健康、安全、基本权利的高水平保护,使其免受欧盟内人工智能系统的有害影响,并支持创新。

数据治理到全面的记录义务等诸多要求。

（1）风险最高的情况属被禁止之列。为唆使犯罪而利用人工智能技术操纵人的潜意识；使用高级监控摄像机等，将人脸识别等生物识别技术实时应用于犯罪搜查等，[1]这些都应被列入禁止之列。例如，根据无罪推定原则，欧盟的自然人应始终根据其实际行为进行判断。在没有基于客观可核实事实的合理怀疑自然人参与犯罪活动且未经人工评估的情况下，绝不应当仅根据其画像、个性特征或特点，如国籍、出生地、居住地、子女人数、债务、汽车类型等，对自然人的行为进行由人工智能预测的判断。因此，应禁止对自然人进行风险评估，以评估其犯罪的风险，应禁止根据对自然人的画像或对其个性特征和特点的评估来预测实际或潜在刑事犯罪的发生。

（2）高风险的情况则应自我纠正。人工智能存在高风险的情况包括：基于犯罪心理画像的犯罪预测、在入学考试和录用考试测评中应用人工智能，如果这些情况显著损害自然人的健康、安全或基本权利，或者对决策结果产生实质影响，则人类有义务保存和管理使用人工智能技术的历史记录。提供者有义务采取纠正措施，撤销、禁用或召回该人工智能产品或服务。同时他们也有义务通知利益相关人（如分销商等）。高风险人工智能系统的部署者，应评估使用这种系统可能对基本权利产生的影响。[2]

数字伤害必须被理解和视为侵犯人权，因此政府应在实现数字正义方面发挥作用。各国政府可以采取有效和协调一致的行动，通过多方利益攸关方的方式，为受害者提供明确的司法程序指引。目前受害者一旦受到伤害，缺乏明确的诉诸正义的途径。还需要更多的国际合作来制定标准，以促进国际贸易，同时维护权利。《网络安全法》《互联网用户账号信息管理规定》《治安管理处罚条例》等规定，国家及地方网信部门负责互联网用户账号信息的监督管理工作。依法对互联网信息服务提供者管理互联网用户注册、使用账号信息情况实施监督检查。

---

[1] 参见晓镜:《全球首部〈人工智能法案〉正式生效》，载《人民邮电报》2024年8月9日，第3版。欧盟《人工智能法案》相关规则将分阶段实施，某些规则将在该法律通过6个月后或12个月后生效，而大部分规则将于2026年8月2日开始生效。
[2] 按照欧盟《人工智能法案》的规定，部署者应进行包括以下内容的评估：(a)说明部署者按照预期目的使用高风险人工智能系统的程序；(b)说明打算使用每个高风险人工智能系统的期限和频率；(c)在特定情况下使用该系统可能影响的自然人和群体的类别；(d)考虑到提供者根据第13条提供的信息，可能对根据本段(c)项确定的各类自然人或群体产生影响的具体危害风险；(e)根据使用说明，说明人工监督措施的实施情况；(f)在出现这些风险时应采取的措施。

三、数字矫正正义的原则

人工智能监管的正当性,在于保护数字领域的人权。人权是各国法律体系的基础,以保护人们的自主性和自主决定权为核心。因此,正义的概念在人工智能和数据基础设施的设置中应占据突出地位。数字正义所强调的是,唯有在个人同意的情况下,其自主决定权被干涉才是合法的,即使在必要的例外情况下,如紧急情况、财产转移、实施医疗治疗,也必须得到当事人的明确同意。然而,根据相称性原则,国家对数字监管的干预行为必须与所避免的损害相称,这显然与亚里士多德的"纠正正义"相联系,立法或政府行为造成的损害必须与避免的损害相平衡。矫正正义包括以下原则。

(一)自我决定原则

法律中的自决原则,指的是个人的权利唯有在个人同意的情况下才能发生转移。数字世界中现象往往会延伸到现实世界,因此保护数字权利必须涵盖所有形式的自决与人格。维护和保护这些数字权利是每个人的责任。自决原则具体表现为知情权和同意权。其中信息处理者负有告知义务,以保障个人的隐私权,限定数字挖掘的限度,以保证算法决策的合伦理性。对此,我国《个人信息保护法》规定,个人信息处理者在处理个人信息前需要在个人信息主体充分知情的前提下获取其同意。告知的内容包括:个人信息处理者的名称或者姓名和联系方式;个人信息的处理目的、处理方式,处理的个人信息种类、保存期限以及个人行使本法规定权利的方式和程序,等等。尤其是网络平台在使用"算法推荐"时,还要加重其告知义务,即"算法推荐服务提供者应当以显著方式告知用户其提供算法推荐服务的情况,并以适当方式公示算法推荐服务的基本原理、目的意图和主要运行机制等。"[1]

(二)正当性原则

正当性原则,是指违背他人意愿的唯一理由是保证其安全。这一原则在新冠疫情的大流行期间运用得至为明显。当时背景下由于社会对数字技术严重依赖,随之带来数字监控和隐私威胁。需要采取协调和广泛的大流行病应对措施,这为

---

[1]《互联网信息服务算法推荐管理规定》(2022年3月1日起施行)第16条的规定。

大幅增加数字监测、数据收集和隐私的丧失提供了机会,我们的数字足迹成为一种更有价值的资源。数字通信设备是许多国家的大流行病措施的核心,各国推出了接触者追踪应用程序和数字疫苗证书、乘客定位器、面部和车牌识别,用以追踪和限制人的移动,这些工具曾被用于执行封控,监测检疫遵守情况,并鼓励人们接受检测和接种疫苗等目标。疫情结束后,这些数字措施应符合制度伦理要求,除了为保护公共利益的执法目的之外,不宜再根据生物识别数据对自然人进行个体层面的分类。

(三)有效救济原则

经合组织《人工智能建议》倡议,在整个人工智能系统生命周期中,人工智能参与者应尊重法治、人权、民主和以人为本的价值观。这些包括不歧视和平等、自由、尊严、个人自主、隐私和数据保护、多样性、公平、社会正义和国际公认的劳工权利。与此同时,要处理人工智能放大的错误信息和虚假信息,尊重言论自由和适用国际法保护的其他权利和自由。在救济上,至少有如下两种手段:(1)问责机制。在法律框架之下,侵权人的责任认定和责任承担都取决于法律对侵权责任的规定,但在很多数字不正义的情况下,法律责任的分配受制于网络匿名形式,造成难以判断谁是数字不正义的侵权人,或者数字不正义是由多个主体造成,责任归属变得非常复杂,导致法律责任难以归责。(2)救济机制。面对数字驱动的积极与消极作用,如果我们忽视或低估其产生的危害,缺少法律救济制度,那么便无法纠正数字驱动给个人或群体造成的损害,矫正正义就会被贬损。因此,是在矫正的角度,数字正义的意义在于通过明确有关主体的或侵权人的法律责任,而纠正数字不正义。对此,我国《个人信息保护法》第69~71条规定了系统性的救济方式。[1]

---

[1] 该法第69条规定:处理个人信息侵害个人信息权益造成损害,个人信息处理者不能证明自己没有过错的,应当承担损害赔偿等侵权责任。前款规定的损害赔偿责任按照个人因此受到的损失或者个人信息处理者因此获得的利益确定;个人因此受到的损失和个人信息处理者因此获得的利益难以确定的,根据实际情况确定赔偿数额。该法第70条规定:个人信息处理者违反本法规定处理个人信息,侵害众多个人的权益的,人民检察院、法律规定的消费者组织和由国家网信部门确定的组织可以依法向人民法院提起诉讼;第71条规定:违反本法规定,构成违反治安管理行为的,依法给予治安管理处罚;构成犯罪的,依法追究刑事责任。

(四)公众参与原则

公众参与司法和法律程序,既是数字正义体现程序民主和程序公正的客观需要,也是数字正义公平性与合法性的基础。法律机构和程序决定了法院作为公众参与场所的方式。数字正义的参与功能主要有:(1)通过远程进行的数字法庭程序所支持的参与和交流的类型和质量;(2)影响获得法院、法律信息和法律服务的政策/政治框架,审查对基于数字法庭的程序的合法性的相关影响;(3)通过改善司法途径来加强民主程序的范围。

数字公众参与包括公众参与机制,包括获取信息、协商和争端解决机制,通过这些机制,参与可以通过更广泛的(专家和非专家)参与者的投入,提高监管的实质性产出,并提高决策质量。虽然获得司法公正与公众参与有关,且公众通过改善(公共)法律教育、获得咨询/服务和提高认识而成为法律和法律程序的关键促进者,但它通常没有被定义为主要目标。事实上,公众参与新数字化进程的性质与获得司法公正不可分割,因为获得司法公正是基于法律的背景概念,它超越了仅仅基于法律援助的"获得"的狭隘解释;相反,它旨在更广泛地发现和克服困难与障碍,使许多人可以获得合法权利和公民自由,同时,对于那些受社会、文化和经济因素影响,没有能力接受并受益于这些自由的状况也予以高度关注。因此,获得司法公正的机会包括法律援助的可用性以及参与的机会(获得法院公平解决争端的一种手段),以及这种参与的性质和特点(公正和公平地参与联合法院和法律程序)。因此,参与的类型和质量是了解现有权力和不平等分配如何影响数字司法过程的潜力和限制,以改善参与者获得公正和实质性过程结果的关键组成部分。

第三节　数字司法正义

随着现代社会经济的快速数字化,数字技术成为政治议程的焦点,也成为重要的司法元素,诉讼程序应充分利用数字技术来实现公平参与。[1] 无疑,数字正

---

[1] See J. Donoghue, *The Rise of Digital Justice: Courtroom Technology, Public Participation and Access to Justice*, 80 Modern Law Review 995(2017).

义是实现正义的手段,数字正义与程序正义两者融合于司法过程。这种司法判断的智能化,可被称为"第三代数字正义"。

从程序的视角来看,数字正义是一个关于法律作用以及促使个人参与处理以及解决纠纷的理论,这与以往法学理论关注和解决的问题并不相同,其旨在厘清科学技术如何产生出各种类型的纠纷,并且致力于如何利用技术来解决和预防这些纠纷的产生,我们使用"正义"一词主要是在程序意义上,与学术文献中所使用的"接近正义""实现正义"含义大致相同。

数字司法正义的目标是为数字时代的社会正义而司法。人工智能在法庭上面临的挑战(快速的互联网连接、大规模的数据收集、技术发展和廉价的硬件)使数字技术无处不在。在法律领域中最具未来主义和最有前途的技术当属人工智能。人工智能是一个总称,涵盖了许多试图复制人类智能的两种特征的技术。通过使用算法和数据分析,人工智能系统比人类执行任务的速度要快得多,成本也要低得多,并且在劳动密集型工作方面提供了相当大的好处。随着技术的发展,人工智能系统可以帮助简化、加快程序,降低诉讼程序成本。然而,尽管数字司法为提高效率、诉讼参与度和可及性方面提供了优势和前景,但它们同时也有可能扩大不公正的范围,并削弱法律制度的核心原则。

一、数字司法与接近正义

(一)数字正义多元化

随着法律复杂性的增加,越来越多的人要求获得司法公正,世界各地的司法系统面临越来越大的压力。数字转型是法院跟上步伐的关键。数字正义是改善数百万人生活的巨大机会,但前提是这项技术能被快速理解和实施。反之,如果缺乏数字化的司法制度,则会导致糟糕的用户体验,削弱社会对法律机构的信任。因为它会促使各方进入司法以外的途径去解决纠纷,从而抑制商业活动和经济增长。数字化司法提供了有意义和可持续地改善正义获取的最大机会。

作为全球数字正义的驱动力,司法系统的数字化才刚刚开始,而且普遍落后于其他领域的数字化转型。这导致司法制度难以满足人民日益增长的数据纠纷解决和数据权利保护的需要。从国际上看,中国、奥地利、加拿大、新加坡和英国在司法数字化方面处于领先地位。司法的数字化转型体现出如下特点:私营部门的软件开发,司法机关强大和果断的领导,以当事人为中心和基于数据开放的程序设计,使数字司法能够更快、更有效地进行案件管理和有效解决纠纷。大胆的愿景、有目的地设计治理方案及经过适应的法律框架、范式转变都是司法数据化得以成功转型的重要因素。

人们对正义的理解和诠释是不同的,实现正义的司法制度也具有多样性,因此数字正义也具有多种阐释。数字正义既可以被理解为程序或过程,也可以被解释为对传统的、实体法庭的基于技术的延伸。因此,它们是一个被充分理解的公共环境的一部分,由法院组织规则、等级制度、正式的关系和互动模式所决定。这些问题提出了有关现有程序的数字化、支持法官和案件有关当事方的工具以及与其他形式的数字公共服务的接口,如国家数字身份。

(1)数字争议可通过在线纠纷解决平台解决。此种这在线纠纷解决平台,例如电子商务平台或在线支付系统提供商运营的在线解决平台,提供解决冲突的功能,从避免争端和遏制争端到以日益分散的形式解决争端。由于从国家垄断的传统解决争端机制独立出来,由此引发了对在线纠纷解决机制合法性的质疑,以及对传统司法程序危机(案件越来越少)的担忧。因此,实现数字司法正义的,就必须在网络安全、数字证据以及异步通信等措施之间寻找新的解决方案。

(2)在日益数字化的社会背景下,传统上国家垄断司法已经不再适应形势发展,商业活动已从静态网站上的电子邮件和电子文本转向了移动设备上的即时消息和视频,并呈现虚拟化的趋势,传统司法所恪守的直接言词原则已经不合时宜,与人们生活中的数字化偏好相背离。随着司法程序和日常生活经验越来越分道扬镳,司法系统与其使用者之间的社会摩擦也越来越大,这只能导致人们失去对传统司法的信任,德国等国家司法案件数量的急剧减少就说明了这一点。数字化社会的纠纷解决的变化,传统司法阻碍了纠纷当事人去寻求正义和使用法律制度,这在消费者权益保护领域表现得尤为明显,企业在市场上也存在类似的问题。诉讼周期长,案件审理过程不透明和诉讼沟通困难都影响了人们诉诸法庭。除此之外,诉讼费用和诉讼结果的不可预测性也是削弱人们接近正义的因素。总之,传统的诉讼程序可能会被数字技术的进一步使用所侵蚀。

(二)数字司法管理

数字时代的纠纷当事人在面临法律问题时可使用终端设备(手机、人工智能和虚拟助理)获得个性化的、量身定制的法律建议。[1] 根据其诉讼请求的性质和需要,他会自动地被"分流"或引导到具体程序:小额案件通常被引导到庭外和解程序,以迅速且经济地解决纠纷;如果纠纷标的额较高,需要司法干预,纠纷当事人则被分流到法院。数字司法的应用使昂贵、繁重和复杂的诉讼程序消失。

在法庭上使用先进的管理系统和人工智能,极大地提升了司法质量和效率。从法院内部管理来看,人工智能可以用来管理法院基础设施,预测案件的复杂性,分配适当的资源,并降低成本。[2] 虽然这些系统并没有直接减少进入法院的障碍的数量,但它们有助于法院更好地管理其资源,从而可以以多种方式改善进入法院的机会,这使得数字正义被社会广泛接受。总之,经济和社会需求以及数字革命引发了改善民事司法获取途径的重要创新。

"数字司法"和"虚拟法庭"的愿景被视为技术和法律的乌托邦,其好处通常与效率、可及性和及时解决纠纷相关。鉴于对法律制度的信心在很大程度上取决于犯罪与惩罚之间的密切关系(以及更普遍的民事纠纷的及时解决),提高法院效率的意义不仅在于方便,还在于提高公众合法性和对司法公正的信心,具有更广泛的社会效益。因此,以合理的速度实现司法公正理所当然地是行政、司法和广大公众的合法关切。

不言而喻的是,一个效率低下、负担过重、有时"混乱"的法院系统将无法在向法院用户提供司法程序和结果方面发挥最佳作用。然而,实质性的评价标准应是参与和公平,对数字程序的参与类型和质量(尤其是被告参与)进行评估,而不限于成本和效率,更重要的是考虑司法公正和诉讼平等。提高法庭用户参与质量或改善法庭用户获得司法公正的工具能力。[3]

通过数字创新来支持司法管理,是提高司法质量的重要途径。虽然提高法庭

---

[1] 2024年上海市第二中级人民法院建立了"智能交互法律服务站",以AI大语言模型给"人机对话"提供了强大支撑。当事人可针对所遇到的问题获取个性化服务,并通过追问获得更加全面的信息,使交互式法律咨询成为可能,并在即时性、精确性、全面性上远超人工咨询,从而提升了司法服务质效,节约了人力资源。

[2] 北京互联网法院推出全国首位AI虚拟法官,其在线智慧诉讼服务中心通过AI虚拟法官导诉、移动微法院、微淘账号等功能,实现全流程的在线诉讼。北京互联网法院推出的全国首位AI虚拟法官,借助了语音技能合成、形象技能合成技术,以北京互联网法院刘书涵法官的形象为原型,可以针对当事人提出的问题,进行实时解答,当事人在手机端即可享受到AI法官24小时的全流程诉讼指导。参见徐慧瑶:《北京互联网法院推出全国首位AI虚拟法官》,载《北京晚报》2019年6月27日,第3版。

[3] See J. Donoghue, *The Rise of Digital Justice: Courtroom Technology, Public Participation and Access to Justice*, 80 Modern Law Review 995(2017).

技术质量是加强数字化实践的必要前提,但更值得关注的是远程技术如何能有效服务于公正的利益(公平与效率)。这需要确保数字程序的设计能够促进法庭沟通的有效参与,并维护社会互动仪式的完整性。在数字世界中,技术为法院用户参与的动态创造了新的可能性和挑战,应当确保系统地加强对数字化过程的获取和参与,而不是减少。上海数字法院的实践中,提出"数助办案、数助监督"就是数字创新支持司法管理,提升司法质量的探索。在数助办案方面,法官对待应用场景预警提示,并积极运用场景认真开展案件评查,做实闭环管理。在数助政务方面,要立足队伍管理实际,不断优化平台建设,促推队伍管理水平提升。在司法管理领域,数字正义意味着转变司法理念与司法文化,以司法管理需要作为司法数字化改革目标。[1]

二、人工智能裁判的正义性

(一)人工智能司法正义

现今第二代人工智能已能进行司法判断,"算法+数据"具有了支持决策的功能,有望在诉讼结果预测、法律文书生成、裁判尺度统一方面发挥更大作用。有理由期待人工智能在如下领域进一步应用:司法文本的论证挖掘、司法大数据的信息抽取、诉讼文书的分类和摘要、人工智能辅助的纠纷解决、司法领域的深度学习、证据推理的可计算模型等,以促进司法正义。换言之,人工智能同司法工作的深度融合产生了一种新型司法正义——"第三代数字正义"。

诉讼程序的数字化将司法视为计算过程,输入证据和法律信息便可得出裁决,这意味着人工智能司法完全可以复制人类法官司法的"外观",在一定程度上辅助或代替人类进行司法判断。类似的变化改变了传统诉讼结构,在法院和双方当事人三方的基础上又增加了"第四方主体"——法律推理计算模型和法律论证计算模型等计算机程序,此即俗称的"AI法官"或"机器人法官"。[2] 可观察到的是,我国司法实践中人工智能司法已被用于争点归纳整理、类案偏离提示、再审案

---

[1] See J. Donoghue, *The Rise of Digital Justice: Courtroom Technology, Public Participation and Access to Justice*, 80 Modern Law Review 995(2017).

[2] 如美国开发出的"康帕斯算法模型"(COMPAS),用于评估刑事诉讼被告再犯风险、逃避审判风险和确定保释金数额,通过相关信息转换计算出再犯罪风险的分数等级,作出有关替代刑罚或假释决策。See Tim Brennan, William Dietrich & Beate Ehret, *Evaluating the Predictive Validity of the Compas Risk and Needs Assessment System*, 36 Criminal Justice and Behavior 21(2009).

件裁判偏离度预警、终本案件核查、不规范司法行为自动巡查、廉洁司法风险防控等方面。2023年以来，上海市法院系统已开始构建以场景建设、数字建模为重点的"数字法院"，搭建"数助办案、数助监督、数助决策、数助政务"体系架构。[1] 在域外，作为"第四方主体"的人工智能甚至已在法律推理、法律解释、法律论证和法律预测领域发挥作用，例如，Premonition软件可以通过机器学习，在分析法庭判决先例文档的基础上预测判决结果；TAX-Ⅰ可根据过往案例的最终裁决结果预测当前案例的结果；DoNotPay则具有起草法律和其他商业信函的功能。上述人工智能被期待能与人类法官一样甚至比人类法官更好地完成司法决策工作。

与人类法官相比，人工智能司法更中立，不存在回避问题，作出的裁判结果可复制，认定事实的过程轻松，不至于使裁判者身心疲劳，且可同时并行处理很多案件，有效节约司法资源。[2] 正因这些优势，人工智能司法应用呈快速扩展趋势，可能的发展领域包括：(1) 司法信息服务。即使用从判决书和法规等法律文本中自动提取的信息，帮助回答法律问题、提供解释并作出支持和反对法律结论的论证。(2) 预测诉讼结果。即将机器学习应用于法律文本，从法规和判决中自动提取语义信息，将法律推理的计算模型及其表示法律知识的技术直接连接到法律文本，直接从法律文本中推理以帮助人们预测和证成法律结果。(3) 进行事实认定。深度学习训练过的计算机程序已可以向人类专家提供专家意见，辅助法官认定事实，例如解释笔迹分析、面部识别、划痕分析及医学图像等。

然而，不容回避的是人工智能的司法应用存在一些伦理和法律上的冲突，在法理上形成"道义论"(Deontological Perspective) 和"后果论"(Consequentialist Perspective) 两种对立的观点。"道义论"认为，用算法取代人类法官违反了道德伦理规定——基本权利不应被自动化司法裁判草率处理；"后果论"则坚持认为人工智能司法能够更好地实现公正，提高司法结果的准确性，促进司法统一。显然，任何片面的观点都不足取，妥当的立场是将人工智能司法置于整个司法制度中考量，通过在人类法官的合理控制与司法自动化之间建立平衡关系，来调和伦理与法律间的矛盾。在这方面，2024年通过的欧盟《人工智能法案》对司法人

---

[1] 宋宁华：《实时预警提示推动"数助办案" 上海"数字法院"推进审判现代化》，载《新民晚报》2023年11月12日，第1版。

[2] See John Morison & Adam Harkens, *Re-engineering Justice? Robot Judges, Computerised Courts and (Semi) Automated Legal Decision-making*, 39 Legal Studies 618 (2019).

智能做了限制,将刑事犯罪的评估预测限定于刑事犯罪活动已经发生的情形。[1]

1. 人工智能司法判断需要"可解释性"及"公平性论证"

人工智能本身并不具备解释法律技能,而语言技能对于法律专业知识而言不可或缺,但这样的技能只有人类才具备。显而易见,在以言词辩论为表现形式的司法过程中,法律的语义与解释时常成为辩论焦点,需要法官运用法律解释技术赋予法律规范以实际意义。相形之下,人工智能无法理解语言,只有在"监督学习系统"中将大量数据贴上标签,才能使其识别语言,接受具体指示并作出接近人类的司法判断。[2] 由此人工智能司法暴露其两面性:一方面,它在功能上可接近传统司法,即通过经济、快速地执行特定的任务,替代人类法官及律师作出部分判断(如电子支付令),使司法服务更快捷、更方便、更公正;但另一方面,解释人工智能的输出结果至关重要,唯有如此方可让人能够理解人工智能模型在其决策过程中所作出的选择,包括作出决策的原因、方法以及决策的内容,使其与其他诉讼主体一样承担起"特定的权利与义务"。与其说其享有"法律地位",实施"诉讼行为"必须符合伦理和法律标准,在数据收集、存储和处理等智能化司法方面必须符合正义要求,毋宁说由于将"法律规则"转换为"算法技术公式",人类法官对人工智能的司法活动负有监管责任。毕竟,人工智能司法的本质仍是社会正义,而非"机器正义"。[3] 唯有在人类法官将某些事项交付人工智能判断时,后者才可摆脱前者的程序控制。各国司法实践也充分表明,除了发布支付令等极少数自动司法判断之外,人工智能司法的裁判过程和诉讼结果最终都要受到人类法官不同程度的审查。而且,涉及的权利越重要,人类法官的审查也应越严格。

2. 数字正义旨在维护司法质量和程序保障水平

随着互联网司法和自动化司法的普及,人工智能的"法官资格"逐渐获得法律认同,甚至被纳入国家司法权的组成部分。尽管如此,主流观点仍坚持人工智能不应被用于实体上的终局裁判,因为它无力对不同情境进行自发理解,其执行的任务范围理应受到限制。我国将人工智能司法限定于审判辅助事项,将其排除

---

[1] 欧盟《人工智能法案》第5条1项e款规定:对自然人进行风险界估,以评估或预测自然人实施刑事犯罪的风险,而这完全是基于对自然人的用户画像或对其个性特征和特点的评估:这一禁令不适用于用于支持人类评估某人参与犯罪活动的人工智能系统,如果某人已经具备与犯罪活动直接相关的客观和可验证的事实。

[2] 2022年12月最高人民法院印发的《关于规范和加强人工智能司法应用的意见》确定了人工智能司法的辅助审判原则。

[3] 周尚君、罗有成:《数字正义论:理论内涵与实践机制》,载《社会科学》2022年第6期。

在终局裁判事项之外,显然有利于防止这些"第四方主体"司法擅断,维护司法公正。此外,为防止人工智能司法裁判结果的不公正,还有必要赋予当事人针对裁判结果的救济权。例如,如果一审裁判算法模型忽略了某个因素,当事人可据此提起上诉,请求二审法院救济。而且,当事人的上诉救济或再审救济请求不能仍然利用人工智能判断,否则该次判断结果会与前次判断一致,导致上诉制度和再审制度名存实亡。由人类法官进行上诉审理,则可考量法律价值因素,发挥审级功能。

3. 人工智能司法中的数字正义是有限正义

人工智能司法在实现数字正义方面存在诸多制约因素,至少包括:(1)人工智能司法判断仅能依据先例数据,针对同类事件是否会重复出现作出盖然性高或低的判断,却难以随时回应各种社会经济条件的变化,容易导致判断内容变得固化,甚至不允许必要的判例变更。[1] (2)人工智能司法是"半自动决策"法律论证计算模型,具有一定的法律检索和事实判断能力,但无力进行价值判断。换言之,它已有判断能力,有时还可以作出有约束力的裁决(例如自动发布支付令),但在可预见的未来它还无法发展出一般性的思考和判断能力,不能判断复杂问题。例如,如果证人作证或者缺乏证据,人工智能就会因缺乏分析证据间关联性与矛盾性的能力而无能为力。[2] 与此类似,它更无力分析自由、平等、民主、尊严等基本权利的状况,不能进行价值判断。这些局限表明,立法者应精细划定人工智能司法的范围,将道德和法律敏感领域的事实与法律判断保留给人类法官进行。一方面,人工智能司法仅应被限于辅助法官或当事人分析法律问题、辅助当事人协商和解、辅助性自动裁决等辅助功能,或者适用于案件自动识别、标签化处理、节点化控制,以及对诉讼文书、庭审笔录等卷宗信息进行信息提取和智能解析等事项,[3] 至少在现阶段其适用范围不宜扩大。另一方面,数字正义终究是人类司法的正义,人工智能司法的判断会随时间的推移而变化,不能保证其被测试时的状态与裁判时的状态完全相同,因此人类法官的监管审查责任不可或缺。

---

[1] 参见[日]小林学、郝振江:《日本民事审判的 IT 化和 AI 化》,载《国家检察官学院学报》2019 年第 3 期,第 174 页。

[2] See Huang-Chih Sung, *Can Online Courts Promote Access to Justice? A Case Study of the Internet Courts in China*, 39 Computer Law & Security Review 1 (2020).

[3] 参见[美]凯文·D. 阿什利:《人工智能与法律解析:数字时代法律实践的新工具》,邱昭继译,商务印书馆 2020 年版,第 5 页。

（二）算法正义

算法裁判是人工智能司法的主要形式，一些决策程序或软件已被越来越多地运用于司法决策，例如预测案件的复杂性、分配案件、庭前调解等。巴西里约热内卢州已开始使用算法识别重复诉讼，并运用人工智能审查消费者群体起诉纠纷。我国法院也开展了利用算法及大数据进行案件标注，识别出系列案件交给同一法院审理的探索，在同案同判、防止重复诉讼方面发挥了积极作用。[1]

目前，算法司法应用的价值在于提高司法判断的一致性，将人类法官的自由裁量权限制在合理限度内，但这样的范围划定同样应以实现正义为限度。经验表明，如果关键决策被完全"委托"给算法，数字正义之路将会令人不安。典型情况是人类偏见污染基础数据或算法，而在被"毒化"的数据基础上所作的司法判断（高概率预测）注定有悖于实体正义。此外，算法裁判还存在黑箱现象，软件工程师编写代码之际就可能有意无意地反映和传播某种偏见，在数据标注、要素抽取和代码编写之际注入自身的或者职业的价值偏好，这会使数字司法扩大司法权，[2]进而放任算法裁判结果的不正义状况。从防范角度，算法正义仍是人类司法的正义，算法本身并不能对算法决策过程和结果负责，而必须由人类法官对算法进行规制，保证准确性、透明性和公平性。

1. 保证算法准确

算法输入会受制于人的情感和相互交流等因素干扰，如果输入不够清晰、准确，那么其表现就并不比人类好多少——虽能判断法律问题的对错，但无力针对实际、复杂的社会过程和不确定或不精确概念作出判断。即便是针对简单法律事实，算法决策的质量也取决于数据的多寡，必须穷尽数据才能使算法在完全信息的情况下作出判断，如果重要数据缺失就会导致算法决策错误。而审查算法需要特定技能，即使是专家也很难在缺乏数据的情况下审查算法，因此，以下决定算法准确的因素应被重视：(1)输入影响，即分析输入变量及其对决策的"影响"（正面或负面），并进行定量测量；(2)敏感性分析，即对于决策中使用的每个输入变量，分析改变变量阈值与输出结果之间的关系；(3)最类似案例，即从模型训练数据

---

[1] 自2019年起，最高人民法院推行了"类案及关联案件强制检索"制度，要求承办法官对已审结或者正在审理的类案与关联案件进行全面检索，并制作检索报告。参见孙晓勇：《司法大数据在中国法院的应用与前景展望》，载《中国法学》2021年第4期。

[2] 参见马长山：《迈向数字社会的法律》，法律出版社2021年版，第194页。

中展示与正在解决的案件最相似的案例;(4)案件信息,即纠纷当事人的汇总统计数据,例如案由、诉讼标的数额、年龄、性别、收入水平或职业等。

2.保障算法公开

从计算科学的技术实现层面看,面对巨大而复杂的计算量,人类不可能审查全部的计算过程,这就造成人类在认识上存在不透明性的盲区。[1] 在中立性方面,算法裁判中如果程序员被赋予了过大的决策权,[2] 例如可以隐瞒源代码进而隐藏算法细节,算法裁判中的黑箱现象便会出现。在程序保障方面,当事人无法掌握算法裁判中受法律保护的源代码,即使要求法官公布算法公式的源代码,也需要软件开发人员作为专家辅助人来解释算法决策机理,这与缺席审理的情形极为类似,凸显出程序保障的重要性。从实现数字正义角度出发,算法裁判必须在保证算法自身特性、安全性和公平性的基础上,全面开放源代码以获取社会信任。具体措施包括:(1)过程透明。信息输入和裁判输出之间的司法过程应透明、公开,为此有必要协调算法公开与商业秘密保护之间的关系,引导算法专利保护并完善商业秘密的权利限制制度。[3] (2)扩大公开范围。将源代码及在线诉讼程序纳入诉讼公开范畴,以适应封闭及程序垂直化的裁判结构。(3)增加可比对性。对算法裁判系统可能出现的法律解释及事实认定错误,人类法官应进行合理干预,允许当事人提出异议,修改算法错误,消除人类法官决策与算法决策间的差异。

3.防止算法歧视

算法歧视是由数据分析导致的对特定群体的、系统的、可重复的不公正对待,相较于传统司法偏见,它给受害群体及整个社会带来的歧视更多元、更片面、更隐蔽、破坏性更强。导致算法歧视的原因是多方面的,至少包括:(1)算法歧视的实质是人的歧视,算法的非解释性及价值的非中立性只不过加剧了人类的歧视。防范对策只能是强化法院的算法决策事前告知义务,为当事人提出异议提供机会,

---

[1] 参见董春雨:《从机器认识的不透明性看人工智能的本质及其限度》,载《中国社会科学》2023年第5期。

[2] 参见[美]卢克·多梅尔:《算法时代:新经济的新引擎》,胡小锐、钟毅译,中信出版社2016年版,第141页。

[3] 参见李安:《算法透明与商业秘密的冲突及协调》,载《电子知识产权》2021年第4期。

充实程序保障。[1] (2)以信息质量保障算法质量,算法决策能够重现过去的判断,基于大数据收集的历史信息作出裁量结果。鉴于先例及信息数量的重要性,算法裁判必须为当事人提供程序保障。例如人工智能不适用于诉讼和解事项。再如,为保障当事人对算法结果的质证权,允许其对算法裁判的专业性、可靠性提出异议,申请对算法进行重新测试等。(3)算法歧视与人类法官的释明责任缺失相关,包括:一是算法评估中如果人类法官的分析和评估责任缺位,将无从判断其对权利保护、公平和信任是否产生实际影响;二是算法解释的缺失,如果不能向当事人和其他受裁判影响的人提供相关算法数据信息,算法决策的公平、责任和透明势必会受到影响;三是算法审计的缺失,在不向公众透露源代码和相关信息的情况下,如果不委托中立专家进行鉴定和干预,就无法纠正决策规则、校准系统并保证决策的透明度与合理性。(4)人工智能裁判司法责任的缺失。传统司法中法官的任职宣誓、回避制度和裁判"释法说理"机制都是有效的心理约束机制,但由数据驱动的"算法裁判"却使"法官"责任缺位,无法提供事实认定依据及法律论证过程,进而导致无法对人工智能进行司法问责。换言之,有必要保留甚至强化人类法官的司法责任追究制度。

(三)区块链正义

对于互联网司法而言,区块链的最大价值在于网络信任。区块链存证技术的应用,便利了数字文件的保存,在一定程度上取代了法官在证据保全及事实认定方面的作用,扩大了免证事实的范围,区块链因此具有了司法运用前景。可以预见,随着人工智能取代人类更有效管理区块链并利用区块链帮助追踪、理解和解释人工智能司法决策的趋势加强,区块链在司法应用中将发挥更大作用,为数字正义扩展新空间。其更重要的意义,还在于提升诉讼安定与安全水平,将诉讼资料和法庭记录以数字化、编码化、虚拟化的二进制语言为载体,不再固定在某一媒介,这与数字化时代我们世俗社会的生活习惯相契合,诉讼过程和结果的稳定性

---

[1] 美国威斯康星州最高法院曾要求,在量刑中使用算法风险评估之前应告知当事人。在 State v. Loomis 案中,被告卢米斯(Loomis)主张法院使用的算法评估侵犯了自己获得"个性化判决"及准确判决信息的权利。美国威斯康星州最高法院认为,初审法院在量刑时运用算法风险评估虽并未告知被告评估方法,但未违反正当程序。同时,该法院也指出法官在使用此类风险评估方法时必须谨慎行事。See *State v. Loomis*, 130 Havard Law Review 1530 (2017).

和安全性也得以强化。[1] 问题只在于,应如何解决区块链司法应用的司法伦理问题,促进数字正义。

1. 区块链替代人类法官认定事实需要得到数字正义支撑

毋庸置疑,区块链在很大程度上代表着客观真实,显著增强了证据保全功能,这是由其分散、开放、透明、防篡改、可追溯和不可否认的优点决定的。可观察到的是,区块链能保证原始记录文件的真实性和保密性,其时间戳又可用于验证将哈希值导入区块链中的时间,完全可作为最佳证据。[2] 于应用场景中,企业交易及纠纷解决中采用"区块链"等分布式账本文档存储库,比证据保全更可靠。与此同时,区块链在事实发现方面还扩大了免证事实范围,由于区块链的分布式账本不存在中央数据存储或管理功能,作为证据的资料很难被攻击,除非攻击者能够同时攻击所有副本,由此缩小了事实争议的范围,增加了事实认定的精确性与公正性,并显著降低了提供证据的成本。但问题在于,区块链的司法应用仍须由人类法官审查,必要性在于区块链与生俱来的一些缺陷,例如"女巫攻击"(Sybil Attack)会造成区块链数据失真,参与者可能伪造多个虚假身份,利用这些身份控制或影响网络其他正常节点。[3] 再如,如果原始文件是假的,即使由区块链存储,该电子证据仍然为假。此外,区块链中交易数据过大会产生性能低下以及延迟性问题,耗能过大也会导致其应用上的不经济性。上述因素决定了区块链司法应用的有限性,也提出了最低限度的数字正义标准:一是区块链的运用必须置于法官的管理下,通过纠正系统偏差和随机错误,保持人工智能司法的数字韧性;二是要防止司法区块链因依赖于私人科技公司而导致的滥用,[4] 提升司法区块链的公信力。

2. 以区块链为核心的数字化案卷催生了数字正义诉求

互联网技术与电子数据的广泛运用促进了案卷的数字化,即由传统案卷形式转向数字化案卷,在客观上冲击了辩论原则、公开原则等基本原则,甚至动摇了传

---

[1] See Miklós Kengyel & Zoltán Nemessányi eds., *Electronic Technology and Civil Procedure*, Springer, 2012, p.118.
[2] See Huang-Chih Sung, *Can Online Courts Promote Access to Justice? A Case Study of the Internet Courts in China*, 39 Computer Law & Security Review 105461 (2020).
[3] 参见陈宏鉴等:《拍卖机制设计在区块链中的应用与挑战》,载《运筹学学报》2023 年第 1 期。
[4] 2018 年,杭州互联网法院在全国首创司法区块链(http://blockchain.netcourt.gov.cn)。该司法区块链接入了法院、公证处、司法鉴定中心等机构,实现了电子数据的全流程记录、全链路可信、全节点见证,提高了区块链存证的公平性和数据安全性。

统诉讼模式及司法正义理论。数字化案卷与互联网时代人们移动支付、商品交易、媒体社交的习惯相契合,与世俗社会生活逻辑相一致,更贴近现实社会。然而,传统的书面案卷也有其积极功能与价值,它与世俗社会彼此分离被认为是合情合理的,书面案卷至少会限制法官探知案卷之外的事情,由此构成当事人主义诉讼模式的关键要素——对于当事人未主张的事实,法院不得依职权调查。相形之下,区块链司法应用带来的案卷数字化,可让法官获取更多数字化诉讼资料,由此冲破了传统的诉讼辩论主义与处分原则。当事人的主张内容对人工智能不再构成约束,松动了法官被动中立的诉讼地位——法官可随时进行职权探知,从数字化诉讼资料中获取证据(如从电商平台获取全部交易数据)。由此对数字正义造成的冲击是,当事人的诉讼主体地位可能被弱化、虚置。为消弭这一消极后果,就必须恪守法官中立及司法被动原则,根据当事人的诉讼请求和事实主张进行裁判,因循当事人主义以保持与传统司法的连贯性,防止诉讼模式急剧变异带来司法混乱。

典型案例

2013年,美国威斯康星州的埃里克·卢米斯(Eric Loomis)因与驾车枪击案有关的罪行被起诉。尽管他否认枪击,但他承认驾驶与犯罪有关的被盗车辆。在量刑期间,评估个人再犯罪风险的COMPAS风险评估表明卢米斯"再次犯罪风险高"。卢米斯寻求定罪后救济,以准确性、个性化量刑和性别偏见为由质疑COMPAS的评估结果。然而,威斯康星州最高法院驳回了他的所有指控,但要求对COMPAS的局限性作出改进。在正当程序方面,卢米斯的论点强调了COMPAS风险评估缺乏透明度,质疑其准确性,从而挑战其对正当程序原则的遵守。在自由裁量权方面,由于存在由人工智能驱动的建议,法官的自由裁量权可能受到威胁。在卢米斯的案件中,虽然法官表示考虑了其他因素,但COMPAS建议可能会无意中影响量刑决定。在依法独立审判方面,虽然法官作出了最终决定,但人工智能系统的存在可能会对法官的决策产生无意识的影响。在判决理由方面,COMPAS的专有性质对提供量刑决定背后的明确理由提出了挑战,可能会破坏这一核心司法原则。

问题与思考

1. 数字分配正义相对于传统分配正义有哪些特殊性?
2. 如何理解数字人权的重要性?
3. 如何规避人工智能风险?
4. 数字矫正正义的原则有哪些?
5. 如何通过人工智能裁判实现正义?

延伸阅读

1. 马长山:《迈向数字社会的法律》,法律出版社 2021 年版。
2. [美]弗吉尼亚·尤班克斯:《自动不平等:高科技如何锁定、管制和惩罚穷人》,商务印书馆 2021 年版。
3. [美]杰西·林格尔:《被互联网辜负的人:互联网的士绅化如何制造了数字不正义》,冯诺译,浙江人民出版社 2021 年版。
4. [美]凯文·D.阿什利:《人工智能与法律解析:数字时代法律实践的新工具》,邱昭继译,商务印书馆 2020 年版。
5. [美]卢克·多梅尔:《算法时代:新经济的新引擎》,胡小锐、钟毅译,中信出版社 2016 年版。

第十一章 数字正义的要素与原则

> **法律故事**
>
> 　　自动化筛选求职者已经在发生。2020年的一份报告发现，近一半的美国公司在招聘过程中使用算法和聊天机器人来评估候选人，90%的财富500强公司使用某种版本的简历跟踪系统。人才招聘行业的价值估计超过1000亿美元，并且仍在增长。更广泛地说，据《福布斯》预计，到2027年，全球数据市场和数据分析市场将超过1万亿美元。在这海量的数字中，数字化可以在速度、规模、成本和准确性等各个方面提供一定的竞争优势，但也出现了新的排斥形式。例如，亚马逊在2014年开始开发一种计算机模型来审查"顶尖人才"的工作简历。工程师们将十年间提交给公司的算法简历输入其中，并指出谁是从人才库中被录用的，并训练它在这些简历中寻找模式。不出所料，该算法出现了偏见：科技行业由男性主导，而且由于亚马逊雇佣的大部分是白人男性，该算法自然会从主要来自白人男性申请人的简历中学习成功模式。很快，亚马逊发现其招聘算法存在性别歧视，并且很容易重复过去的错误。
>
> 　　由此可见，有关求职者的每个数据都有被污染的风险，算法歧视也可能发生在我们看不见的地方。也就是说，尽管自动化系统可以提升效率、节省资源，但算法的高科技面貌下隐藏着新型的不平等、不正义问题。

第一节　数字正义的核心要素

　　在数字社会，数字正义的核心要素是分配正义、程序正义、信息正义和互动正义。

（一）分配正义

布莱恩·巴利（Brian Barry）提出："正义的主题存在于社会之中的权利、机会与资源的分配。"[1]进入数字社会以后，分配正义直接指向算法决策环境中积极和消极结果的分配，以及考虑到受影响人群的情况、表现或贡献，这些结果是否在受影响人群中公平分配。它主要涉及信息处理者、算法掌控者与大数据生产者、被决策者之间数据资源的合理分配，以及如何在数字技术应用中为被决策者提供平等参与的机会。

首先，从分配正义指向的内容与方法来看，分配正义是一种关于"应得"的正义。早在古希腊时期，亚里士多德在《政治学》中便将"相同者应给予同等对待"视为正义的灵魂，而同等对待的本质首先体现在根据应得来进行分配。进入数字社会以后，个人信息和数据直接相关的利益及其权利义务的合理分配，逐渐成为分配正义的重要基础。究其原因在于，数字时代的社会公平困境，不是源于数据抑或算法本身，而是源于大数据、算法所依赖的社会系统的资源分配不公与能力建设不足。

其次，从分配正义牵涉的主体来看，围绕数据要素的分享与利用，个人信息和数据指向的利益主体具有多元性。在数据收集、存储、处理、分析和算法部署应用等各环节中，涉及数据主体、数据收集者、数据处理者、算法掌控者、平台企业、国家公权力机关等多元主体，因此分配正义的实现程度取决于多元主体的利益需求的满足程度。如果从反面来看，利益分配失衡情形也必然存在于这些多元主体关系之中，尤其是规制者与数据处理者之间、数据处理者与数据主体之间。[2]

最后，从分配正义从所欲实现的效果来看，分配正义也是一种让每一个体享有公平机会的正义，比如获取和使用数字技术的机会公平，训练数字技能的机会公平，以及在"用户画像"过程中用户享有平等的进入机会。每个个体都既可以享受到算数字技术带来的红利，也能减小、防止数字技术对个人人格尊严带来的负面效应。[3]

---

[1] ［英］布莱恩·巴利：《社会正义论》，曹海军译，江苏人民出版社2007年版，第21页。
[2] 参见郭春镇：《数字化时代个人信息的分配正义》，《华东政法大学学报》2021年第3期。
[3] 参见周尚君、谢林杉：《论数字不平等：理论框架与治理路径》，《社会科学》2024年第1期。

(二)程序正义

程序正义涉及数字技术应用背后的过程和逻辑,具体是指透明、准确、参与、可问责要素在大数据、算法、云计算、区块链等数字技术中的满足程度。例如,数据清洗、分类、处理和分析过程是否具有透明性,又在多大程度上能够保障用户获得通知、听取意见和说明理由的权利;瞬时完成的算法自动化决策能否保证当事人的权利救济和事后问责;依托云服务来传输、存储和处理的大规模数据是否得到有效的监管或控制;去中心化的区块链技术能否满足最大限度的参与,能否允许每个用户自行决定数据内容、目的和形式;等等。尽管传统程序正义理论应用于数字技术的方式发生了重大变化,技术正当程序、程序性数据正当程序、算法正当程序等概念频频出现,但程序正义的核心价值理念并没有发生改变。用计算机科学的术语来讲,正当程序的价值理念具有"鲁棒性"(robustness),即在受到持续扰动时仍保持原有的性能,只不过其更加凸显对数字技术综合应用过程的深度技术介入。

古老的程序正义原则是,决策者应当听取利益相关方的意见,被决策者应当知悉和理解相关理由。[1] 算法技术深度介入程序正义原则中,逐渐将其变造为一种"技术性正当程序观":既坚守传统正当程序的价值追求,又对算法决策的技术理性予以吸纳,通过程序的代码化实现算法的公开性、可解释性、可审查性。具言之,在算法的公开性方面,程序正义要求使公众通晓相关自动化系统的技术原理、既存的问题以及潜在的风险要求,以保障用户知情权和系统稳定;在算法的可解释性方面,程序正义要求引入可验证的算法解释机制,在算法运行前、运行中、运行后均进行技术论证,并向用户提供一种有说服强度的解释理由;在算法的可审查性方面,程序正义要求用于作出重要决定的系统能够通过技术手段自动生成和保存"审计轨迹",审计轨迹的作用主要在于帮助算法掌控者及时发现并修正偏差,以及外部监督主体进行审查和监督。

(三)信息正义

信息正义涉及向用户提供相应的信息与解释。在数据采集、分析和应用环节中,大数据公司、算法平台所使用的数据库和算法并不对用户开放,由此用户无法

---

[1] 参见[德]约翰·奥尔:《正当法律程序简史》,杨明成、陈霜玲译,商务印书馆2006年版,第65页。

检视计算机系统的正当性和合理性。这可能会造成整个数据化过程缺乏"透明度"。而且,如果这种"不透明"嵌入大数据运行的基础设施之中,就会使知情选择权、个人信息自决权、算法质疑权、免受自动决策权等一系列重要的数字权利变得毫无意义。因此,信息正义要求攻破算法黑箱,实现数据化过程的可见性、可解释性。欧盟2019年发布的《人工智能伦理准则》(Ethics Guidelines for Trustworthy AI),对大数据系统的可见性和可解释性作出了明确要求,比如要求大数据公司和算法平台向用户提供数据处理及其自动化决策的程序、结果、相关信息与解释理由。在很大程度上,数据和算法控制者提供的信息与解释符合信息正义的程度,也影响用户评估程序正义的实现程度。

进一步讲,与AI自主学习相关的算法包含了大量的随机性和不确定性,它能够根据自主积累的数据自动学习并生成高级的决策结果。在此决策过程中存在着不可见的"隐层",从而导致算法黑箱问题。按照现代正当程序的预设,"黑箱"之内可能隐藏着算法不公或算法操纵,应让那些对结果抱有怀疑的人可以打开"黑箱"看个究竟。但由于人工神经网络(ANN)的机器学习算法通过一个复杂的分层结构进行学习,它们的决策规则不是预先编程的,通常是人类无法理解的。[1] 即便算法完全透明化,用户或公众也未必能理解其运作逻辑。因此,算法决策流程的公开需要符合普通用户的常识判断和理解能力,必要时应用通俗易懂的方式向被决策对象解释,即"用可理解的术语向人类表达"[2]。算法的可解释性是在算法透明基础上的自然延伸要求,二者共同构成了信息正义的内在要求。

(四)互动正义

互动正义围绕数据主体和被决策者的自主性展开,其核心内容是数据主体和被决策者的尊严价值。罗尔斯指出:"一种正义观的恰当特征是它应当公开地表示人们的相互尊重。"[3] 在数据挖掘过程中,计算机系统基于差别对待的底层逻辑,会对不同人群实行分类,根据他们的特征进行编码和赋值,用以表明其优先等级、风险程度和商业价值。并且,自动控制系统建立起一套自我参照体系,完全不

---

[1] See Cary Cogliatese, David Lehr, *Transparency and Algorithmic Governance*, 71 Administrative Law Review 1 (2019).

[2] Cynthia Rudin, *Stop Explaining Black Box Machine Learning Models for High Stakes Decisions and Use Interpretable Models Instead*, 1 Nature Machine Intelligence 206 (2019).

[3] [美]约翰·罗尔斯:《正义论》,何怀宏、何包钢、廖申白译,中国社会科学出版社1988年版,第177页。

需要与外界的用户进行沟通和协商,而这种自我指涉的体系往往倾向于强化现实社会中的不平等。因此,互动正义要求在数字技术应用过程中为个人、技术团体、行业协会等构建商谈程序和机制,让用户或受决策者拥有提出异议和陈述理由的机会。

互动正义以确保个人能够事前获得"有意义的通知"、事中有"被听取意见的机会"、事后有"允许质疑决策结果的机制"为基本要义。具体来讲,事前获得"有意义的通知"意味着减少算法导致的信息差距,保障被决策者的知情权,即被决策者有权知悉系统的工作原理、程序、标准以及这种系统的效用、风险;事中有"允许质疑决策结果的机制"意在提升自动化系统的交涉质量,保障被决策者的参与权。当自动化决策系统的准确性和公正性发生偏差时,被决策者能够通过及时介入和有效沟通机制及时阻断错误决策;事后有"允许质疑决策结果的机制"是指,当决策过程中的交流失效,被决策者有机会和条件质疑自动化决策,其既能够对计算机系统提出异议,也能够在专业审查人员的协助下开展审查并及时纠正错误。这被视为一种直觉性的个体尊严需求。

第二节　数字正义的基本原则

如果从技术流程层面展开分析,数据、算法和代码共同构成了数字知识生产体系的三维结构。与之相匹配,数字正义的规范对象主要包含底层的代码编写、中间层的数据收集与处理、应用层的算法部署应用。基于此,数字正义的基本原则主要包括数据正义原则、算法正义原则和代码正义原则三个方面。[1]

（一）数据正义原则

数据正义是一种如何收集、使用数据才能减轻或消除数据控制者与数据主体之间的不平等,从而实现个人自由和增进社会福祉的价值准则。数据正义的核心观点是数据收集和使用过程中的可见性(visibility)、技术伴随性(engagement with technology)与防范不公平对待(non-discrimination)。[2]

---

[1] 参见马长山:《智能互联网时代的法律变革》,载《法学研究》2018 年第 4 期。
[2] See Linnet Taylor, *What is Data Justice? The Case for Connecting Digital Rights and Freedoms Globally*, 4 Big Data & Society 1 (2017).

其一,数据使用的可见性主要涉及数据公开及其与信息隐私的平衡关系问题。一方面,数据公开能增加公民的话语权,并促进更有效地利用数据资源。数据公开通常意味着,无论是公共数据还是私有数据,都应以尽可能最低的粒度级别、以非专有的机器可读格式公开数据。而且,政府、网络科技平台对个人数据的采集、使用及相应的监管流程应该使数据主体可见并接受公众监督。另一方面,数据使用的可见性并不是一味地追求数据公开,而是在保障个人自由使用数字技术的同时,使隐私信息处于对第三方"不可见"的状态,以此防范隐私泄露风险的威胁。当然,为了最大化解决数据开放与公民隐私之间的矛盾和冲突,需明确数据开放的方式,构建分类分级的数据开放法律体系,促进主体间权利和义务的平衡,并强化数据管理的约束机制。

其二,数据使用的技术伴随性是指保障数据主体在技术选择中的自主性。阿马蒂亚·森强调,自由在诸种正义缘由中具有优先地位。"自由绝对不能被降格为其他事物的补充,自由在个人生活中占有非常特殊的地位。"[1]数据正义就是为了确保权利人获得一定时间、空间的数字"自由",并体现出数字包容、充分尊重自主决定的道德原则。技术伴随性原则在数字时代具有必要性和合理性,直接关系到个体的数字化生存,因此需要予以认真对待,并通过相应的法律制度建构来确保个体能够在数字社会自主构建其数字化生存空间。

其三,防范不公平对待指向数据收集、处理过程中的数据偏见或歧视。虽然数据可见性和伴随性是公正使用数据的起点,但它并不足以确保公正的结果。要实现数据正义,还需要反对数据收集和使用的不公平对待。因此,将大数据资源的合理分配置于数据正义的框架下,就要求政府建立一个公平公正的数据收集、使用和存储体系,消解不同数据主体之间数据占有、使用的不平等,确保每个数据主体从数据输入到数据输出过程的参与平等和结果正义。当然,数据资源的合理分配还内蕴了对个体数据权益、平台数据权益、数据市场秩序和数据行业发展等多种利益进行协调的要求,其中不仅包括数据权益的分配,也包括数据隐私保护、数据风险提示以及数据安全维护等义务的分配。

(二)算法正义原则

算法正义,是指一种人类利用算法进行数据处理、算法分析和应用时所要求

---

[1] [印度]阿马蒂亚·森:《正义的理念》,王磊、李航译,中国人民大学出版社2012年版,第53-54页。

的理性道德原则与。算法正义原则的提出,是基于算法嵌入社会生活过程中所诱发的诸多不正义现象。其中,表现最为突出的是算法"黑箱"和算法歧视。从形式上看,算法"黑箱"的形成是由于信息不对称,数据输入与数据输出之间存在"隐层",这也进一步导致决策过程不可解释;算法不透明形成偏好,忽视甚至强化已有的不平等和不正义,加剧数据歧视。但从根源上看,问题不在于大数据和算法,而在于人的意志及其行为。算法自动化决策本质上是人为编制的解决问题的过程,人的设计意图和价值取向决定了它的运算法则。也就是说,自动化算法决策,看似屏蔽了"主观人为",但其形成决策的知识、逻辑、边界和价值基准是被预置的。[1] 因此,数字正义的本质是社会正义而非"机器正义"。它表面上看是"机器与人类"的关系,但实质上仍是人与人之间的关系。[2] 换言之,人类自身的价值偏见和不正义行为构成数字正义出场的实质理由。在数字社会,仅仅追问代码是否正确执行是远远不够的,我们还需要继续追问,它对社会而言意味着什么?是好(善)是坏(恶)?也正因如此,杰克·巴尔金教授提出,"规制的核心问题不是算法,而是使用算法的人,以及允许自己被算法支配的人。我们需要的不是阿西莫夫定律,而是控制和指导人类创造、设计及使用机器人、人工智能体和算法的法则"[3]。这个"法则"指向的就是算法正义,即如何以正义原则引导新兴数字技术对社会、法律与伦理的重塑,以及如何为算法自动化决策划定正当边界。

首先,算法正当程序的构建是算法正义实现的根本依据。其一,正当程序具有公开性和准确性的性质。一种公平的程序必须是一种开放的程序,其中运用的规则和标准对它们所运用的人们而言是透明的;一种公平的程序也必须努力去揭示与所进行的分配、决策相关的全部信息。[4] 这反映在算法正当程序中,就是算法透明和算法可解释。其二,问责是正当程序的核心要素,算法正义的实现依赖于算法问责。算法的开发者在多大程度上对其创造的未来行为负责?雇用这些开发人员的主体在多大程度上对同样的行为承担责任?使用算法的主体在多大程度上可以对基于算法分析作出的决策负责?这些问题包含了责任的分配、问责的必要过程及问责的结果,是建构完善算法问责制的关键所在。其三,尊严是正

---

[1] 参见齐延平:《数智化社会的法律调控》,载《中国法学》2022年第1期。

[2] 参见周尚君、罗有成:《数字正义论:理论内涵与实践机制》,载《社会科学》2022年第6期。

[3] [美]杰克·巴尔金:《算法社会中的三大法则》,刘颖、陈瑶瑶译,载《法治现代化研究》2021年第2期。

[4] 参见[英]戴维·米勒:《社会正义原则》,应奇译,江苏人民出版社2008年版,第123–124页。

当程序的构成要素之一。"一种公平的程序是这样一种程序,它并不要求人们以一种有损尊严的方式行动。"[1]算法正义的实现过程中,既要贯彻透明度、可解释和可问责的理念,又要具备体现人类主体尊严的正当程序设计。因此,除了考虑"人机交互"决策中的责任界定之外,还应该有人工质疑、介入这些自动化决策程序的权利和机制,并由适当的实体进行监管。正是在这个意义上,有必要针对不同的自动化决策场景设计结构化的人工介入机制,通过条件、方式、时间节点、介入深度等方面的不同安排,形成适合于算法的人工交流、审查与救济体系。

其次,算法权利的充分配置是算法正义实现的内在要求。数字正义问题是新兴数字技术与人类价值原则产生冲突的产物,也是算法权力扩张、异化及由此产生的危害后果。从权利视角来看,数字权利是以大数据和算法为依据的利益,而大数据和算法利益是数字正义的实质表达。权利可以有效对抗数据和算法掌握者对数据主体正当利益的剥夺,同时也将数据主体的正当利益转化为法律权利予以明确保护。新型的数字权利并不是一个扁平的权利单元,而是一个宽广丰厚的权利束,其中包括数据访问权、数据更正权、数据删除权、算法解释请求权、人工接管权、免受自动决策权等一系列数据权利和算法权利。[2]它一方面强化了数据主体的自主性和责任,另一方面也通过倾斜性的权利配置保障算法正义的实现。

最后,算法规制的系统实施是算法正义实现的基本保障。一方面,算法规制问题是一个特殊且复杂的问题,其中不仅存在广泛的公共风险,而且事后追责的效果有限。如何建立多元化的风险控制体系,如何在算法系统的整个生命周期中落实不同主体的责任,又如何平衡不同主体间的利益冲突,这些都需要借助规制主体的系统化安排来解决。另一方面,算法规制工具的应用不单要考虑法律,还要考虑技术、伦理、自律等规制工具的组合适用,以此来完成算法规制的系统化实施。具体而言,一是在法律制度的顶层设计基础上,构建代码逆向治理机制,深入机器学习算法的核心内部展开动态化监管。例如,可根据社会需要的动态变化将算法诱发的风险划分为不同等级,并通过代码一一设定对应的动态因素阈值,从而以低成本方式实现对算法运行全过程的动态监管。[3]二是注重伦理规制,制定一套人工智能的道德规范。首份人工智能伦理问题全球性协议《人工智能伦理问题建议书》(Recommendation on the Ethics of Artificial Intelligence)和我国

---

[1] [英]戴维·米勒:《社会正义原则》,应奇译,江苏人民出版社,2008年版,第125页。
[2] 参见罗有成:《数字权利论:理论阐释与体系建构》,载《电子政务》2023年第5期。
[3] 参见郭哲:《反思算法权力》,载《法学评论》2020年第6期。

《新一代人工智能伦理规范》均强调了人工智能的伦理规制原则。算法设计者和开发者应对算法前置性地施加以人为本的整体伦理负载,在人机关系中注意凸显数字正义所要求的人的尊严和价值优先原则。[1] 三是推进行业内部制定自治规范和技术标准。在算法应用相关规范和标准制定中,应强化算法安全可控、可解释、可问责和公平公正的价值指引。另外,企业自行制定的自治规范和技术标准经实践检验成熟时,可将其纳入法律标准或通用技术指南中,进一步推广应用。总之,数字正义具有包容性和整体性,不仅需要法律、技术、伦理和自律机制的协同共治,还需要形成算法规制的合力,以此促进其在保障算法正义中发挥最佳作用。[2]

(三)代码正义原则

代码正义是一种评估算法程序设计、编码行为的主要伦理准则。代码正在成为数字社会中潜在的"规制者"。代码越来越多地定义了我们的信息交流空间、与他人的交流空间以及在数字技术环境中产生和传播的知识的状态。莱斯格据此提出:"代码作者越来越多地是立法者。他们决定互联网的缺省设置应当是什么,隐私是否被保护,所允许的匿名程度,所保证的连接范围。他们是设置互联网性质之人。他们对当前互联网代码的可变和空白之处所作出的选择,决定了互联网的面貌。"[3]因此,代码如何规制、代码作者是谁以及谁控制代码作者,成为代码正义必须关注的问题。

首先,代码如何规制。代码是架构在网络空间的基础表现形式,它与算法具有天然的紧密联系。算法运作取决于代码如何设计,故代码也可以对算法进行逆向治理。机器学习模型所依赖的代码本身不具备规范性,也并不包含正义的元素。但它一旦确定并伴随算法广泛应用于社会权力运行系统中,就能够持续地引导、改变和塑造人们的网络空间行为,由此可见"代码即法律"之论断所言不虚。尽管代码对传统法律及其产生的正义空间造成一定冲击,但不能因此否定代码,而是要在代码创造的新型技术空间中构建规范有效的代码治理方案,并

---

[1] 参见陆幸福:《人工智能时代的主体性之忧:法理学如何回应》,载《比较法研究》2022年第1期。
[2] 参见罗有成:《算法的价值挑战及其包容性治理》,载《华侨大学学报(哲学社会科学版)》2022年第6期。
[3] [美]劳伦斯·莱斯格:《代码2.0:网络空间中的法律》,李旭、沈伟伟译,清华大学出版社2018年版,第87页。

通过法律的基本价值来抑制代码规制的偏好,这构成了代码正义实现的内在要求。

其次,代码作者是谁。代码的作者是代码控制主体。代码控制主体是指利用代码技术来构建、运营或者管理代码空间的主体,是代码空间这一社会供给的提供者。[1] 一方面,代码的作者是编程员。代码规制抑或算法治理的实现,以组成编码员活动的计算机语言为基础,而编码员在其中无疑充当重要作用。另一方面,代码往往也受到网络科技巨头的意志的影响。网络科技巨头为代码开发和程序编写提供资金、技术以及编码的思想方法,并具备影响编码人员的意志的能力。

最后,如何控制代码作者。其一,涉及代码控制者的透明和可问责。尽管代码不透明是由其技术本质所决定的,但程序员仍然可以通过编写好的帮助文本和让人们理解为什么代码会作出决定并提供技术支持来创建这样的对话。目前,计算机科学家正在努力开发此类技术,让代码规制过程变得透明。同时,代码编程需要独立审计师、立法者、监管者的充分监督。其二,涉及代码规制的价值精确度问题。为了将代码作为有效监管的工具,代码系统的设计者必须明确规定相关价值的选择和数学精确度的协调,并将这些数学关系建构到算法的目标函数之中。例如,如何准确地在代码透明和保护商业秘密之间进行权衡。这些价值权衡往往是十分复杂的,可能还需要引入涵盖政府、行业组织、科研机构、平台企业、用户在内的多方参与代码治理机制。这些团队成员需要仔细思考代码架构旨在解决的治理问题,以及当系统未谨慎构建和运行时可能出现的偏见问题,以确保代码规制的正当性和合理性。其三,涉及代码编写的算法伦理问题。编码人员除了必须遵守非常严格的语法和数据结构规则之外,还需要遵守算法伦理。算法伦理是一种技术伦理,其关注如何规约价值负荷的算法或代码。对全球 84 种算法伦理文件的归纳表明,世界主要认可的伦理原则包含透明、公平、不作恶、可问责与隐私五种。在进行编码行为时,这些伦理原则可以为算法设计划定边界,规定哪些可以设计、哪些不可以设计。

---

[1] 参见吴伟光:《构建网络经济中的民事新权利:代码空间权》,载《政治与法律》2018 年第 4 期。

第三节　数字正义原则的作用

工商业时代正义理念的核心是"分",其主要内容是分配发展机会和物质利益,具体有分配的正义、交换的正义、矫正的正义、实体正义和程序正义,如今它们在正义形态、认知、原则和实现方式等方面受到算法的深刻挑战,只能满足部分的公正需求。进入数字时代以后,新兴的正义原则将缔造"人机"秩序的公平、合理,其核心是确立社会数字化的价值统摄,并以此来认知和审视各类使用数字技术行为的正当性。具体来讲,数字正义原则的作用主要体现在以下几个方面。

其一,数字正义原则对数字时代的不正义难题作出了及时有效的法理学回应。数字正义原则的提出,实际上是以数字技术全面嵌入社会结构和社会关系为契机,对数字技术诱发的新型不正义难题所进行的"整合"。例如,数字鸿沟、隐私泄露、算法歧视、算法权力异化等新型的数字不正义现象,在表现形态、成因、危害后果及解决方式上与传统的不正义现象具有很大差异,在数字空间中也呈现新的样态特征,需要一个新的概念加以统摄与整合。与此同时,由于空前的数字科技发展速度,立法的滞后性缺陷被不断放大,法律解释和实施也常陷入和科技"脱轨"的被动境地。正是借助于数字正义原则,可以将正义要求纳入数字技术与法律的互动过程,算法法律规制的复杂工程也能得到有力的价值指引。

其二,数字正义原则为数字技术主体的相关行为设定了正义标准。解决新型的数字不正义难题,关键在于对数字技术主体的相关行为进行有效的伦理约束。因为在"技术主体—技术"这一对象性关系中,技术主体对技术的产生、发展起主导作用,数字技术以数字技术主体的价值观为先在逻辑而存在。将数字技术主体的伦理行为进一步提炼为数字正义原则,能够为数字技术的开发者、应用者、销售者、传播者以及管理者设定相应的正义标准,从而将算法伤害和算法偏见收缩到最小,形成一个公平、公正的算法秩序。虽然数字时代的正义实现面临数字技术不断更新的崭新命题,但数字正义原则依然可以为数字技术主体的意志及行为提供相对稳定的规范指引。数字正义的最终实现依赖于数字技术主体的良善行为,而这又反过来强化了数字正义这一价值原则的正当性。

其三,数字正义原则顺应了新技术革命背景下正义理论的发展需求。"社会正义并不是普遍的或者绝对的,社会正义随着社会的发展而发展。"[1]进入数字社会以后,正义实践、正义现象正在发生深刻变化。社会正义的基础"无知之幕"正在逐渐被"算法治理"所修正,其反映着数字社会"万物互联、虚实同构、人机互融、数据分享/控制、算法主导"的发展逻辑,难以简单套用过去"物理逻辑"下的正义基准。数字技术正以其自身的数据化、计算化等性质影响着法律的运行以及社会正义的实现方式,亟须探索适应于算法时代的新型正义理论。进而,在推动中国法学自主性发展的大背景下,法学界不仅要提供工具性的制度建议和教义学智识,也要及时提出有效应对根本性挑战的法理学方案。[2] 因此,面对历史机遇,积极投入数字法学研究,提炼新概念、促生新思想、建构新理论,有利于贡献关于数字法学研究的知识,促进中国自主法学知识体系的建设。

其四,数字正义原则为数字时代的法律发展和秩序构建提供理论指引。数字化转型背景下法治建构的目标之一,是建设一个能对大数据算法进行有效规制的法律体系,通过更新或构建新的正义原则,以数字正义的实现推动更高水平的社会正义的实现。新技术革命条件下,数字正义是社会正义不可或缺的有机组成部分,直接关乎社会主体享有数字技术发展成果的机会、条件、能力和实效。因此,围绕数字正义的现实命题,尤其是面对国家提出的"实现算法公平和算法向善"的治理目标,如何为数字正义划定清晰的法理边界,又如何通过法律规制保障数字正义,是法学理论亟待解决的重大时代命题。简言之,数字正义原则为未来新的技术伦理框架提供了基础,也将为数字时代的法律发展与秩序建构提供理论解说。

总之,数字技术正在建构、塑造着人类文明的新实践,它既对传统价值世界造成了冲击,也使正义的理论内涵发生了深刻转型,数字正义成为社会正义的一种新的重要机制。数字正义作为指导和约束人类开发、设计、应用数字技术的价值准则,其出发点和落脚点是社会正义而非"机器正义"。当前和今后很长时期内,大数据和算法无疑将呈现更大的现实力量,也必然给人类价值体系带来更大的冲击。它"可能会从根本上改变我们与法律的关系,机器而非人类终将成为正义的仲裁者"[3]。无论如何,怎样接受和使用这种力量依然取决于人类自身,依然取

---

[1] [德]施塔姆勒:《正义法的理论》,夏彦才译,商务印书馆2012年版,第3页。
[2] 参见雷磊:《新科技时代的法学基本范畴:挑战与回应》,载《中国法学》2023年第1期。
[3] Ann Kristin Glenster, *Privacy, Due Process, and the Computational Turn: The Philosophy of Law Meets the Philosophy of Technology*, 76 Cambridge Law Journal 207 (2017).

决于人类在通往正义之路的进程中所作出的伦理判断。只有在清晰明确的数字正义原则的指引下,才能在算法崛起诱发的一系列社会困境和挑战中厘清方向。而且,数字正义不仅来自算法的数学逻辑,更来自我们的社会经验,以及我们如何协调算法决策的效率、精度与人类正义价值的法律保障。未来已来,但迈向数字正义之路道阻且长。

典型案例

美国洛杉矶为无家可归者提供服务的机构希望高效地利用资源,更加有效地与各方合作,但是将选取受助对象的工作外包了出去。根据其设计者的说法,该市的协调入住系统旨在将最需要帮助的群体与最合适的资源相匹配。然而,大批无家可归者的个人信息被录入无家可归者管理信息系统,生成了所谓的"弱势指数"。次贷危机中失去一切的加里·伯特莱特大叔流落街头,因为"弱势指数"不够高,他只能在无尽等待中消磨掉自己的希望。包括他在内的无数无家可归者的信息也成了执法部门可以随意获取的数据。他们被当成了"天然的罪犯"。

美国阿勒格尼县的家庭筛查系统根据一个人以往的行为模式来推测他将来可能采取的行动。在新的预测方式下,一个人不仅会受到自己行为的影响,还会受到恋人、室友、亲戚和邻居行为的影响。预测模型和算法将穷人标记为"风险"和"问题父母"。大量社会服务、执法活动和社区监督结合在一起,使他们的一举一动变得清晰可见,贫困成了"天然的风险指标"。[1]

问题与思考

1. 如何理解数字正义的核心要素?
2. 如何理解数字正义的基本原则?
3. 数字正义原则在理论与实践中有何作用?
4. 为什么说数字正义的本质是社会正义而不是"机器正义"?

延伸阅读

1. [荷]马克·舒伦伯格、[荷]里克·彼得斯编:《算法社会:技术、权力和知识》,王延川、栗

---

[1] 参见[美]弗吉尼亚·尤班克斯:《自动不平等:高科技如何锁定、管制和惩罚穷人》,李明倩译,商务印书馆 2021 年版,译序第Ⅱ页。

鹏飞译,商务印书馆2023年版。

2. [美]弗吉尼亚·尤班克斯:《自动不平等:高科技如何锁定、管制和惩罚穷人》,李明倩译,商务印书馆2021年版。

3. [美]凯特·克劳福德:《技术之外:社会联结中的人工智能》,丁宁等译,中国原子能出版社、中国科学技术出版社2024年版。

4. [美]拉里·A.迪马特奥、[意]克里斯蒂娜·庞西布、[法]米歇尔·坎纳萨主编:《剑桥人工智能手册:法律与伦理的全球视野》,郑志峰等译,当代中国出版社2024年版。

5. [美]史蒂夫·洛尔:《大数据主义》,胡小锐、朱胜超译,中信出版社2015年版。

6. [以色列]尤瓦尔·赫拉利:《未来简史》,林俊宏译,中信出版社2017年版。

7. [英]凯伦·杨、[英]马丁·洛奇:《驯服算法:数字歧视与算法规制》,林少伟、唐林垚译,上海人民出版社2020年版。

8. [英]莉娜·丹席克等:《数据正义》,向秦译,上海人民出版社2023年版。

第十二章　数字正义的价值实现

> **法律故事**
>
> 　　2017年前后,浙江基层法院苦于"案多人少"问题,有人提出能不能通过微信小程序,开发一个平台,让老百姓不必老跑法院,法院又能提高办案效率? 2017年9月,宁波市的余姚法院尝试求解"移动互联网+法院"这道"加法题"。宁波一家互联网技术公司接下了这个小程序开发项目。经过一个多月,不断修改优化小程序功能,2017年10月,中国首个移动微法院——"余姚微法院"1.0版本正式上线。自此,第一起主动立案、第一起远程调解、第一起在线开庭、第一起跨国调解……"移动微法院"越来越广泛地被推广和应用。2018年1月,"移动微法院"正式在宁波市两级法院全面推开。2018年9月,"移动微法院"向浙江全省法院推广。2019年3月,"移动微法院"正式升级为"中国移动微法院"。在全国统一的标准版里,它实现了核心功能、业务流程、数据标准、技术状态的全面统一,并对诉前调解、立案申请、手机阅卷、远程庭审、案件执行、消息中心、辅助工具等进行全面升级,让在线诉讼更为便捷、智能,极大地提升了用户体验。这种"指尖上的诉讼"不仅变革了诉讼模式,而且让当事人和律师"免去了奔波,大大节省了成本"。可见,数字解纷让公平正义的实现更敏捷高效。

第一节　数字正义的价值协调

一、数字正义的价值内涵

　　数字正义是数字社会的价值变革之产物。数字科技革命使社会价值的主体、客体和尺度发生根本性的重构与转变。从价值形态来看,数字正义包括三个基本维度:数据正义、算法正义和代码正义。从价值定位来看,尽管数字正义具有道德、政治和法律三个重要的反思领域,但是,数字正义的起点和终点是数字生态系统——数字社会本身。因此,我们应当立足数字生态系统来思考数字正义的价值内涵。

(一)数字社会的价值变革

人类社会的每次重大运动、革命或者改革,都会产生深刻的价值变革。譬如,文艺复兴使人的价值得到张扬,启蒙运动使理性受到崇拜,科学革命使科学知识成为人类进步的引擎,宗教改革则开启了世俗化潮流,以及在1688年英国革命、1775年美国革命、1789年法国革命和1848年欧洲革命之后,民主、法治和人权等价值观在西方社会受到推崇。价值变革往往是时代精神的体现。譬如,中国改革开放,就是顺应世界和平与发展的时代潮流。在改革开放的过程中,以经济建设为中心的时代精神,不仅使中国的社会体制发生深刻的改变,建立社会主义市场经济,而且使中国社会的价值观发生深刻的变革,如"贫穷不是社会主义""先富带动后富,最终实现共同富裕"。

当代数字科技革命,不仅形成和塑造了数字社会,而且对工业社会的价值观念和体系造成巨大的冲击和挑战,从而引发数字社会的价值变革。这种价值变革表现为以下三个方面。

第一,价值主体的变革,从自然人变成数字人。在工业时代,人的生产生活和治理活动都在物理空间,尽管有"第一自然"与"第二自然"(人造的自然)的区分,但是,人的自然属性仍占据重要地位。在数字时代,人的大量行为和活动都发生在数字空间,如在线购物、在线会议、在线解纷等,与此同时,人的大量数据,如行为数据、身份数据、关系数据、轨迹数据等被收集和处理,从而通过"数字画像"形成"数字人格"。自此,人具有了"自然人/数字人"的双重属性,而数字人往往决定了自然人可能受到的处遇,如获得社会福利保障、通行权、就业机会等。此外,随着人工智能发展,尤其在职业/工作上人工智能对人类的替代,人口中将会出现大规模的"无用之人",一旦如此,人的尊严和价值将遭到严重的挑战。[1]

第二,价值客体的变革,从工业产品变成数字产品。价值必有其对象,即价值客体。在工业时代,工业产品是主要的价值客体,从汽车、飞机、石油到衣食住行

---

[1] 参见李晓辉:《如何面对"无用阶层":人工智能与未来正义》,载《华东政法大学学报》2019年第6期。

的各类产品,甚至是消遣娱乐用品,如唱片、图书、游戏机、电影等。在数字时代,数字产品逐渐流行,甚至成为重要的价值客体,如电子书、数字音乐、智能手机、VR眼镜等。当然,在这些数字产品背后,最重要的价值客体是大数据和人工智能算法。数字科技及其产品不仅改变了客体的存在和产生方式,而且深刻改变了其价值形成和实现之方式。譬如,在工业时代,图书是印刷品,你购买了一本书就会永远拥有这本书的所有权,即便是书的作者也不能干预你对这书的处分权,如你把书借给他人、赠与他人或者卖给他人。但是,购买电子书不是意味着你获得了该电子书的所有权,相反,你仅仅获得了电子书的访问和浏览权。一旦你违反了与电子书供应商的数字版权协议,你很可能被禁止访问和浏览该书的内容,甚至数字供应商可以在你的电子阅读器里直接删除该书。如此,书的价值在工业时代和数字时代具有完全不同的形成和实现逻辑。前者是建立在对纸质书本的占有和交易之基础上,后者则是建立在对电子书的信息分享和数据控制之基础上。[1]

第三,价值尺度的变革,从物理尺度变成数字尺度。通常,价值是以人的尺度为中心,尤其是人的需要和利益。人的价值尺度离不开其生存和发展的时空,而不同的世界具有不同的时空架构。在物理世界中,人的价值尺度受到物理时空的支撑和制约。譬如,人的行为自由是以物理时空为基础,如果没有物质空间和重力,人就没法在大地上自由行走,同时,由于重力的作用,一般情况下,人是不可能"飞起来"和"飘到空中"。相反,当人类利用空气动力学发明了飞机之后,人类就实现了"飞行的自由"。今天,人们通过飞机环游世界已经是稀松平常的事情。不过,今天全球旅行的自由和便利,还得益于数字技术的发展,譬如,人们可以通过爱彼迎和缤客(Booking)便捷地预订世界各地酒店、公寓和民宿。在数字世界中,人和物都被数据化、网络化和智能化处理,因此,价值尺度发生根本性的重构和转变,如文明、民主、自由、平等、公正、法治等核心价值观逐渐发展出其数字化内涵,如数字文明、数字民主、数字自由、数字平等、数字公正、数字法治等。

(二)数字社会的正义图景及其价值形态

正义是一个良好社会秩序的基本制度问题。从古希腊的柏拉图和亚里士多

---

[1] 参见[美]亚伦·普赞诺斯基、[美]杰森·舒尔茨:《所有权的终结:数字时代的财产保护》,赵精武译,北京大学出版社2022年版,第1—20页。

德一直到当代政治哲学家罗尔斯、哲学家哈贝马斯、经济学家阿玛蒂亚·森、法理学家德沃金、社会学家卢曼等,都致力于思考"何为正义?""为何需要正义?""如何实现正义?"等重大问题。现代的正义理论主要解决两大问题,一个是分配正义的问题,即如何实现资源的公正分配;另一个是关于相互承认的正义问题,即如何实现社会成员的相互承认,因为羞辱或者歧视本质上就是不尊重他人/不承认其具有平等的成员地位,这往往是"不正义"的重要根源。[1] 尽管理论上可以区分正义的分配与承认问题,但是,这二者在实践中往往交织在一起。例如,美国社会对黑人的歧视,往往与黑人在就业、教育以及使用公共资源等方面遭遇不公正对待是密切相关的。一个文明社会,往往将正义视为社会制度的首要美德。不过,社会正义不是自动实现的,而是靠人民的斗争以及社会制度的变革来实现的,又如,美国黑人民权运动推动国会颁布民权法案宣告种族隔离及歧视政策为非法的。可见,没有制度的正义,社会的正义就是空中楼阁。追求社会正义,往往也是社会制度变革的先声,因为对正义的呼唤恰恰是对社会制度"不正义"之抵抗。

数字社会呼唤数字正义。这种正义呼唤不胜其数,兹举三例为证。其一,当外卖骑手被困在系统里时,人们呼唤"数字劳动的正义",因为外卖平台通过算法系统对外卖骑手形成的数字化剥削,这种剥削对外卖骑手的身心健康造成严重的伤害,譬如,外卖骑手为按照系统的时间要求送达外卖,往往超速驾驶、闯红灯和逆行,从而引发和遭遇交通事故。其二,当人们遭遇"大数据杀熟现象"时,他们则呼唤"数字交易的正义",因为"大数据杀熟"是互联网平台利用用户数据,对同样的商品或服务,使老用户比新用户付出更高的价格才能获得的,这种现象实质是"价格歧视行为"。其三,当人们在社交网络中遭遇"网络暴力"时,如"人肉搜索""网络侮辱和诽谤"等,他们就会呼唤"数字社交的正义",因为"网络暴力"往往对公民个人的身心造成严重的伤害,如遭遇"社死",甚至有的受害者因不堪其辱而选择自杀。可见,在数字时代,人们对社会正义的内涵之认识已经产生了深刻的变化。随着人们生产生活和治理活动的数字化,正义的理念必须适应数字社会的价值变革。

从价值形态来看,数字正义包括三个基本的维度:第一,数据正义。在数字社会,数据是重要的生产资料和社会资源。谁拥有海量的数据,意味着谁掌控着数

---

[1] 参见[德]阿克塞尔·霍耐特:《承认与正义——多元正义理论纲要》,胡大平、陈良斌译,载《学海》2009年第3期。

字社会的流量密码。数字平台往往通过对大数据的控制,实现数据资源的垄断,进而掌控数据价值链,从而对数字劳动者和消费者进行剥削和操纵。在这个意义上,数字社会如何实现数据资源及其价值的公正分配就成为数据正义的核心问题。第二,算法正义。如果说大数据是驱动数字社会的"燃料",那么,算法就是"引擎"。没有算法,大数据就没法释放其效能。算法是数字平台掌控大数据,实现数字赋能的基础。然而,算法错误、算法黑箱、算法共谋、算法操控、算法歧视等问题的大量涌现,表明算法的误用和滥用会产生严重违反公平正义的不良后果。因此,如何实现算法秩序的公正合理就成为算法正义的关键问题。第三,代码正义。在数字世界中,算法是关于在数学上解决某个问题的步骤或方案,代码则是实现算法功能的架构。譬如,一个搜索引擎的算法,涉及对网页信息的抓取、索引和排序,而代码则是实现上述算法功能的计算机程序。可见,代码之于算法而言,是一种执行的架构,犹如人的四肢之于人的大脑。如果代码是残缺或者错误的,那么,算法要么没法执行,要么就是错误地执行,从而产生不良后果。因此,当算法系统被植入"错误代码""恶意代码",如"计算机病毒""木马程序""计算机蠕虫""逻辑炸弹"等,那么,算法的部署和应用就会产生错误,甚至危害,如"个人信息泄露""遭遇勒索病毒攻击"等。可见,如何设计和编写代码不是一个价值中立的问题,而是需要接受道德、伦理和法律的审视,代码正义则是这种审视的实质问题。[1]

(三)数字正义的价值定位

在理论上,关于数字正义的价值定位有不同的立场。目前主要有三种理论立场:一是从科技与伦理的关系来思考数字正义,这种立场往往对数字科技进行道德批判,揭示数字科技的黑暗面,如数字剥削、数字异化、数字鸿沟、算法歧视、网络暴力等,从而呼吁数字正义,强调数字科技的伦理建设,如科技向善的道德要求。二是从科技与法律的关系来思考数字正义,这种立场一方面强调法律对数字科技的规制,以防止数字科技发展所产生的负外部性后果及其风险;另一方面则是关注数字科技如何赋能法律的问题,如数字法院建设,"一站式"多元解纷机制、互联网法院等。[2] 三是从科技与政治的关系来思考数字正义,这种立场一方

---

[1] 参见马长山:《智能互联网时代的法律变革》,载《法学研究》2018年第4期。
[2] 参见贾宇:《论数字法院》,载《法学研究》2024年第4期。

面聚焦数字科技如何赋能政治,如建设数字政府、维护数字主权等;另一方面则警惕数字科技巨头对政治主权的挑战,强调对数字权力的合法性和正当性进行审查和控制。

我们认为上述三种立场都具有合理性和必要性:一方面我们需要对数字科技发展的风险和后果进行道德和伦理上的反思,通过道德批判和伦理建设来构建数字社会的正义图景;另一方面我们需要对数字科技发展的风险和后果进行政治和法律上的干预,通过政治制衡和法律规制来保障数字正义,为实现数字正义提供制度支撑。然而,这三种立场并不是完全一致的。尽管道德、政治和法律视角都带有规范性立场,但是,道德的正义、政治的正义和法律的正义仍然具有功能上的逻辑差异,譬如道德的功能逻辑强调善与恶,政治的功能逻辑强调有权与无权,法律的功能逻辑强调法与不法。因此,我们要协调不同的正义立场,一方面需要尊重正义的差异性,另一方面需要构建社会多元正义的重叠共识。因此,我们对数字正义的价值定位,需要从全社会角度来思考:一方面要看到社会正义的多元性,如不同社会领域的多元正义诉求,如经济的正义、教育的正义、艺术的正义、道德的正义、政治的正义、法律的正义等;[1]另一方面要看到数字科技已经渗透到全社会,形成一个统一的数字生态系统,因此,我们可以立足数字生态系统来构建社会多元正义的重叠共识——数字正义。在这个意义上,我们认为数字正义不仅是对数字科技进行道德、政治和法律的反思,而且还需要从全社会——数字社会——角度来进行反思,从而挖掘数字生态系统的正义潜能和解放力量。正义具有否定性的解放力量,因为"不正义"往往激发出对正义的呼唤。质言之,数字正义的力量往往源自对"数字系统不正义"的体验。

二、数字正义与价值冲突

数字社会不仅是现代社会功能分化的产物,而且还加速了现代社会的功能分化,以致社会系统冲突风险大大升高。在数字时代,这种社会冲突往往表现为深刻的数字价值分歧和冲突,如数字自由与数字安全的冲突、数字平等与数字自由的冲突、数字秩序与数字自由的冲突,以及数字人权与数字主权的冲突。数字社会的价值冲突有其深刻的社会根源,即诸社会功能系统之间的价值扩张和正义斗

---

[1] 参见[德]贡塔·托依布纳:《魔阵·剥削·异化:托依布纳法律社会学文集》,泮伟江、高鸿钧等译,清华大学出版社2012年版,第365-406页。

争,如经济的正义、政治的正义、医疗的正义、科学的正义、大众媒体的正义、法律的正义,等等。可见,数字正义将面临诸社会系统之间的争夺。

(一)数字社会与功能分化

现代社会是一个功能分化的社会。人类社会的演变经历了三种分化形式和发展阶段。第一个阶段是片段式分化,如古代的部落社会,全社会分化为几个相同的部分,如家庭、部落、村庄等,片段式分化的界限在于地域性以及具体行动的处境。第二个阶段是阶层式分化,如现代之前具有高度文化的社会,全社会分化为不等同的阶层,如君主与臣民、贵族与平民等。阶层式分化的实质是一种阶序式的关系,即全社会按照一个首要的差异,即"上/下"这个区分,来观察自己以及自身内所发生的一切。印度社会的四个种姓划分和中国社会的士农工商划分,都是阶层式分化的典型。第三个阶段是功能式分化,即现代社会,全社会分化为一个个功能不同的社会系统,如经济系统、政治系统、法律系统、科学系统、艺术系统、大众媒体系统、宗教系统、社会运动系统、医疗系统等。功能式分化的特点就是全社会没有一个处于绝对中心地位的社会系统,因为各个社会功能系统之间都是平等的,且相互不可替代。每个社会功能系统都执行着全社会的一项独特的功能,譬如,经济系统的功能是解决资源稀缺性,政治系统的功能是提供有集体约束力的决定,法律系统的功能是稳定全社会的规范性预期,科学系统的功能是生产知识,大众媒体系统的功能是引导全社会进行自我观察,等等。总之,从片段式分化到阶层式分化,再到功能式分化,全社会的分化形式演变的基本动力主要是社会复杂性的增长及其化约复杂性的需要。此外,现代社会的功能分化不是意味着片段式分化和阶层式分化的消灭,而是说这些分化形式在现代社会不再具有支配性和主导性的地位。[1]

数字社会加速功能分化。从人类社会的技术进步和文明形态来讲,人类社会形态可以分为农业社会、工业社会和数字社会三种类型和发展阶段。尽管这三种社会类型与前述三种社会分化形式不完全对应,譬如,片段式分化和阶层式分化在农业社会普遍存在,而无论工业社会还是数字社会都是以功能分化作为社会分化的主导性原则。不过,相较于工业社会,数字社会又体现了新的趋势,就是功能

---

[1] 参见克内尔(Georg Kneer)、纳塞希(Armin Nassehi):《卢曼社会系统理论导引》,鲁贵显译,巨流图书公司1998年版,第158－182页。

分化加速。质言之,每个社会功能系统的运作加速了。以经济为例,在工业时代,无论资本的流转,还是生产以及再生产的过程,都会受到物理时空限制,譬如机器可以 24 小时运转,而人却不能 24 小时运转,以及人员、产品、服务、资本的流动受到物理空间的限制,等等。在数字时代,一方面人员、产品、服务、资本等资源的流动是以信息/数据的方式进行,从而使数字经济以更高效的速度运转;另一方面人工智能日益替代人类,大量的生产生活服务工作都可以让机器人接管,从而大大降低数字经济的人工成本。可见,数字科技使得社会时空受到压缩,从而赋能经济,使数字经济高速扩张,如产业的数字化和数字的产业化,都是数字经济扩张的重要形式。总之,与数字经济一样,今天的政治、法律、教育、科学、艺术、大众媒体、宗教、医疗等各个社会功能系统都经历着数字化转型,并凭借数字化加速自身的运作。

数字社会的功能分化加速不仅意味着各个社会功能系统更加相互依赖,而且升高了各个功能系统之间冲突风险。一方面,每个社会子系统的功能具有不可替代性,同时,各个社会子系统之间互为彼此的环境,因此,一个功能系统的加速,势必让其他社会功能系统适应加速变化的环境,从而保证系统之间的相互依赖。另一方面,每个社会子系统都有自身的"原时",即自身固有的时间节奏,因此,功能系统的加速往往有自身的极限,超过这个极限,很可能导致系统的功能紊乱。可见,在系统内外压力下,加速往往使系统间的协同变得更加困难,甚至造成社会的分裂和冲突。譬如,数字经济加速引发了大规模的数字纠纷,如电子商务纠纷、社交媒体纠纷、数字劳动纠纷,等等。

(二)数字社会的价值冲突

冲突对于社会而言,既有消极的影响,如对社会秩序造成破坏,也有积极的作用,如可能促进社会变革和进步。冲突往往寄生在社会系统中,是社会内在张力的调节器。社会冲突的根源,一方面可能是利益的分化和对立,另一方面可能是价值观的差异和矛盾。当然,很多冲突往往是二者交织的产物,譬如,近年来中美两国之间的经贸摩擦,不仅是因为两国之间存在数字科技竞争上的利益冲突,而且也是因为两国推行不同的价值观,如美国企图维护其世界数字霸权,中国则反对这样的霸权,以维护自身的数字主权。

在数字时代,社会冲突不仅具有鲜明的数字内涵,如数字资本与数字劳动的对立和矛盾、数字用户与数字平台的斗争和纠纷,以及数字平台之间的流量争夺和竞争,而且将举起鲜明的数字价值旗帜,如数字主权、数字安全、数字自由、数字平等、数字秩序、数字人权等。据此,我们认为当代数字社会面临的价值冲突主要体现为以下四个方面。

第一,数字自由与数字安全的冲突。首先,数字自由是指公民、企业和社会组织在数字环境下的行动自由。具体来讲,一是从个体角度来看,公民的数字自由主要涉及一系列的自由权,如获得信息的自由、通过数字媒体发表言论的自由、对数字平台及其应用程序进行选择的自由、对接受数据处理活动及其结果的自主决定之自由,甚至是拒绝数字链接的自由,等等。二是从企业和社会组织角度来看,数字自由主要涉及企业和社会组织在数字环境下的经营与管理之自由权,如数字平台对自身数据资源、数字产品和数字资产进行合法控制和自由处分的权利。其次,数字安全是指公民、企业、社会组织和政府所享有的信息安全、网络安全、数据安全、数字技术安全、数字基础设施安全和数字社会功能领域的安全之总称。最后,一般来讲,数字自由与数字安全并不冲突,而且,没有数字安全,就没有数字自由。然而,在具体数字场景中,数字自由与数字安全之间仍存在张力,譬如,数字社交媒体以国家安全为理由对公民的平台账户进行封禁,使之没法通过社交账户在网络世界中发表任何言论;以及政府以安全执法为理由,要求数字平台提供公民账户的一切信息和数据,以及对所有公民账户进行数字监控,等等。在上述数字场景中,如果不能把握好数字权力的界限,就有可能以数字安全的名义,对公民、企业和社会组织的数字自由造成侵害。

第二,数字平等与数字自由的冲突。首先,数字平等是指公民、企业和社会组织在数字环境下获得平等的地位和处遇。在数字环境下,人们所享有福利、资源和机会,甚至尊严和基本权利,可能都受到大数据和算法的支配和控制,因为企业、社会组织和政府往往通过数据画像的方式来分配资源和机会。然而,数据不是中性的,算法也不一定绝对正确,一旦数据存在严重的偏见,或者算法存在错误,那么,人们可能就遭受算法决策产生的不公平处遇,如算法歧视、算法霸权等。此外,在数字时代,像老人、残疾人和儿童等弱势群体在数字能力和素养上可能存在不足,难以充分利用数字基础设施,从而面临数字鸿沟以及数字排斥。因此,数字平等的价值理念旨在消除数字鸿沟、促进数字包容,以及实现数据资源及其价值的公平分配。其次,通常来讲,数字平等与数字自由往往相辅相成,相得益彰。不过,在具体数字场景下,二者之间仍可能存在紧张和冲突。譬如,在"大数据杀熟现象"中,数字平台一方面享有对用户数据进行处理的自由经营与管理权,另一方面则利用老用户的数据对其实施"价格歧视行为",即对同样的产品或服务,使之相较于新用户付出更高的价格。

第三,数字秩序与数字自由的冲突。一方面,数字秩序是指人们通过数字技术所建构的社会秩序,在这种数字秩序中,人们的行为受到代码的约束和算法的支配。譬如,在数字城市中,无论交通管理,还是大客流管理,都离不开数字技术的支撑,如物联网、大数据、闭路电视、人工智能、云计算、数字孪生等。通过城市数据挖掘和分析,"城市大脑"不仅在其屏幕上实时呈现各种交通数据和大客流数据,而且还能够提供数据分析的预测结果,从而使城市管理者有效调度车流和客流,使城市交通客流有序运行。随着城市交通客流管理的数字化,人们的出行活动日益受到数字应用管制,如搭乘地铁,人们可能需要使用手机上的支付宝或者微信,打开"地铁二维码",才能通关。如此,一旦个人手机的数字应用打不开,这就很可能会造成出行不便。另一方面,一般来讲,数字秩序与数字自由在价值上是一致的,甚至数字秩序是数字自由保障。例如,在数字交通管理中,如果数字交通秩序遭到破坏,如发生数字交通系统遭受黑客网络攻击,那么,城市交通出行的便利和自由肯定遭到损害。然而,在具体数字场景中,二者仍可能发生矛盾和冲突。又如,在数字交通秩序中,人们的行动及其轨迹数据被收集和分析,一旦这种数据分析结合个人的其他数据,数据画像就很容易锁定这个人喜好,甚至情绪,而数字平台凭借"数据画像",就可以通过"助推"方式来操控的人们行为,使人们成为"数字铁笼"里的囚徒。

第四,数字人权与数字主权的冲突。其一,数字人权是人类作为数字世界主体而应当享有的基本权利,这些基本权利主要包括数字生存权、数字发展权、数字自由权、数字平等权、数字拒绝权、数字隐私权、数字财产权等。在数字社会,人权具有数字化内涵,因为数字化赋予人权新的功能,即抵御数字权力。没有数字人权,人类将面临"数字铁笼"。其二,数字主权是一个国家在数字空间所享有的主权利益及其政策所形成的数字权力。由于数字空间与物理空间的差异与交织,数字主权不是国家领土主权在数字空间的自然延伸,相反,它是一个具有多层次的主权空间结构。数字空间可以分为不同的层次,如物理层、网络层、应用层、信息层、人类行为层。其中,物理层和人类行为层可以适用领土主权的管辖,而网络层、应用层和信息层的权力管辖则基于代码、算法和数字技术,并依赖于数字平台以及主权国家之间和国际的合作。因此,数字主权既涉及国家的领土主权,也涉及国家之间相互依赖的主权,以及国际法上相互承认的主权。其三,在理论上,数字人权与数字主权具有价值一致性,甚至数字主权是保障数字人权的权力基础。不过,在具体数字场景中,这二者仍难免存在各种可能的冲突和张力。譬如,有的国家从维护数字主权安全的角度出发,对公民的所有个人信息和数据进行集中管理和处理,甚至建立统一的网证管理制度。这种做法出发点固然是良好的,但是,过度收集个人数据,可能就会侵犯到个人的隐私空间。因此,如果国家把握不好数字权力的界限,就很可能使公民的数字人权遭到削弱,甚至侵犯。

(三)数字正义的多元理性冲突

数字社会的价值冲突表明每一种价值都具有合理性,人们往往为其价值主张提出正当的理由,甚至宣称其符合正义的要求。在现代社会,价值的多元与利益的多元是交织在一起。无论价值的多元,还是利益的多元,在本质上都是社会分化的结果。在这个意义上,功能分化不仅带来了现代社会的多元领域和复杂分工,而且产生多元的社会价值,如经济系统的金钱价值、政治系统的权力价值、艺术系统的审美价值、医疗系统的健康价值、宗教系统的信仰价值、科学系统的真理价值、大众媒体系统的信息价值,等等。可见,每个社会功能系统都形成自身固有的价值,并据此衡量世界的一切事物。例如,经济系统只认钱,有钱/没钱是经济系统观察世界的首要符码,金钱成为经济价值的衡量尺度,因此,在经济世界里,钱就是上帝,可以购买一切。同样,政治系统只认权力,有权/无权是政治系统观察世界的首要符码,权力也是政治价值的衡量尺度,因此,在政治世界里,权力就上帝,可以主宰一切。此外,从系统内部来看,每个系统自身追求的价值,都具有系统的合理性,或者说合乎系统自身的理性追求。因为它们是各个系统引导自身运作的媒介和动力,又如,金钱不仅能够刺激经济的运作和沟通,而且,金钱本身就是经济交易的目的,搞经济就是为了挣钱。因此,商人挣钱是天经地义的事情。换言之,通过经济交易来挣钱,是合乎正义的事情,只要经济交易是你情我愿的公平交易。总之,与金钱(货币)一样,权力、美、真理、健康、信仰等价值对于其所属的系统而言,不仅是其系统理性的价值尺度,而且是使系统不断自我生产和自我运作的内在动力。

综上所述,我们认为,数字社会的价值冲突可能具有深刻的社会根源,即不同社会系统之间因其功能理性扩张所引发的价值冲突。譬如,在微软公司诉美国的一个数据案例中,美国联邦执法人员要求微软公司协助调查一起毒品案件,将一名涉案用户的电子邮件内容和其他账户信息等数据提交给美国政府。由于用户的数据被存储在微软位于爱尔兰都柏林的数据中心，不在美国政府管辖范围内，所以，微软公司拒绝了联邦政府执法人员获取数据的请求，并提出废除搜查令的动议。而且，微软还针对美国联邦政府执法行为提起诉讼，其理由是：美国政府的搜查令涉嫌侵害用户隐私，美国政府无权依据搜查令获取境外数据。在这起案件中，我们可以观察到经济系统与政治系统之间引发的价值冲突——个人隐私与社会安全的价值冲突，或者上升为数字人权与数字主权的价值对峙。保障用户隐私自然有利于增强用户对微软的信赖，从而促进微软的经济利益和企业价值。打击毒品犯罪自然有利于美国政府维护其法律秩序和社会安全，从而增强公众对美国政府的信赖和支持。无论微软，还是美国联邦政府，其行动背后都有一套系统理性逻辑——经济系统理性或者政治系统理性——为其提供支撑，并为其行动赋予价值合理性。因此，从系统功能理性来看，无论微软，还是美国政府，他们都会认为自身行动是合乎理性的或者合乎正义的，甚至为此诉诸正义的法庭。可见，在数字时代，正义作为价值冲突的"暴风眼"，往往成为诸系统之间多元理性冲突的"王牌"，因为每个社会系统都会提出自己的正义价值——如经济的正义、政治的正义、医疗的正义、科学的正义、大众媒体的正义、法律的正义……如此，数字正义将面临"诸神之争"，即诸系统之间的正义之争。

三、数字正义与价值协调

数字正义是数字法律体系的基本价值，此外，数字法律价值体系还包括数字秩序、数字自由、数字平等和数字人权等。当数字社会发生价值分歧和冲突时，数字法律价值往往是裁决价值冲突的重要理由和根据。因此，数字法律价值就成为数字社会的多元价值协调"压舱石"。其中，数字正义是数字法律价值的一面"镜子"，借此，法律系统既立足自身，又兼顾其环境，才能妥当协调数字社会的多元价值冲突，形成统一的数字正义生态。

（一）数字社会的法律价值

一般来讲，法律价值是指法律之于人所有具有的意义。在价值关系中，法律是作为价值客体，人则是价值主体，当作为价值客体的法律之存在、属性和变化能够满足人的利益和需要时，法律就显示出其社会价值。譬如，法律可以保护人的生命和健康，法律可以保护人的自由和安全，法律可以保护人的尊严和人格，法律还可以保护人的财产和隐私，等等。当然，作为价值主体的人，不仅包括个体，还包括群体,当法律能够满足和服务群体的利益和需要时,法律所彰显的社会价值就具有普遍性和公共性,如法律可以促进民主政治,法律可以促进市场经济,法律可以保障社会福利,法律可以保障公共安全,法律可以维护国际和平与发展,法律可以保护生态环境,等等。可见,只要法律可以保护和保障的个人和群体利益及需求,它们都可以成为法律旨在实现的目的价值,如生命健康、人格尊严、财产资源、自由平等、秩序安全、民主法治、和平发展、生态环境,等等。不过,法律价值不仅是法律旨在实现的社会价值和目标,而且还是评价法律良好与否的价值理想与准则。由于法律渗透到全社会,所以,作为评价法律良好与否的价值理想和准则,就必须是那些在全社会中具有主导性和基础性的社会价值。

从法律史角度来看,迄今能够作为评判现代法律的主导性价值主要有以下五个方面:一是秩序。秩序是现代法律的基础价值。法律构建社会秩序,这是法律发挥其社会功能的基础和前提。没有法律秩序,其他法律价值就缺乏保障。二是自由。自由是现代法律的核心价值。因为自由价值使人的自主性与现代法律扣连在一起,而自由的人则是现代法律主体的形象。这一自由形象赋予了法律解放的潜力。因此,当法律越保护和扩大自由时,人们就越自愿服从法律。反之,人们则抵抗法律。三是平等。平等是现代法律的根本价值。法律面前人人平等,这是现代法律的根本原则。因为平等价值使功能分化与法律包容扣连在一起,现代社会越是功能分化,法律就越平等包容,价值的多元差异,就越能够被人们所接受。任何独特的价值只要是合法的,就会得到社会的尊重和承认。因此,法律越是平等,社会越是包容,人们对法律的尊重与崇敬之情,就越是历久弥新。四是正义。正义是现代法律的超验价值。因为正义是法律世界的永恒价值。无论古代社会,还是现代社会,正义都是法律追求的终极目标和理想。尽管正义的内涵有古今之别,如古代的正义与社会身份等级联系在一起,现代的正义则是与人的自由平等扣连在一起。可见,正义的理念具有超越性,能够根据社会发展和时代精神来反思和超越其固有的价值。五是人权。人权是现代法律的主体价值。因为人权使法律承认人的主体价值。这一价值意味着,人只能作为目的,而不能作为手段。在现代社会中,人权使人能够得到国家尊重和保障,并成为评价国家法律和社会治理的重要价值准则。"二战"后,20世纪后期的国际人权运动,使人权的理念和价值成为国际法的重要价值共识。尊重和保障人权,不仅是国家必须履行的法律义务,而且成为国际法的重要使命和任务,如1948年的《世界人权宣言》、1966年的《公民权利和政治权利国际公约》和《经济、社会及文化权利国际公约》等一系列国际人权文件的诞生就是例证。

在数字时代,现代社会的法律价值之内涵发生深刻的变革。由于大数据、人工智能、区块链、语言大模型、物联网、数字孪生、云计算等数字科技的广泛应用,现代法律价值遭受到严峻的挑战。譬如,数据画像对人的操控,大数据杀熟对人的歧视,数字鸿沟对人的排斥,网络暴力对人的贬损,网络犯罪对人的伤害,等等。这些数字科技的黑暗面表明,现代法律价值必须适应数字社会的价值变革,进行数字化的转型升级,否则,法律就不可能真正回应这些新挑战,并重新赢得人民的信任与崇敬。因此,数字社会的法律必须重构其价值体系,构建数字法律价值,如数字秩序、数字自由、数字平等、数字正义、数字人权等。

(二)数字正义与法律价值协调

数字社会加速现代社会的功能分化,从而引发更大规模和更加广泛的利益分化与价值冲突。在数字时代,人类社会的价值冲突不仅发生在国家领土边界内,而且还发生在全球数字空间内,譬如,数据跨境流动引发的数字经济发展与国家安全之间的价值冲突,以及国家与国家之间在数字空间发生的数字主权之争。如果数字社会的价值冲突得不到合理的调节和解决,那么,这种价值分歧就可能使数字社会的利益矛盾和利益冲突变得不可调和,从而造成严重的社会撕裂和战争,如"网络群体极化""网络战争"等。

数字科技革命一方面带来了新的社会文明和技术进步,如"自动驾驶汽车""无人机""城市的数字孪生"等;另一方面也产生了新的社会黑暗面和失范风险,如数字鸿沟、算法霸权、"信息茧房"、平台垄断等问题。在文明与黑暗之间,在进步与失范之间,价值冲突的戏码不断上演,甚至演变为文明之间的冲突,如数字文明对工业文明的降维打击。因此,我们必须认真对待数字社会的法律价值协调之问题。因为这个问题不解决好,人类就会陷入数字社会的价值战争状态,正如17世纪欧洲宗教战争一样。殷鉴不远,在功能分化的时代,法庭成为裁决多元价值冲突的圣地,法律成为维护价值平衡的天平。质言之,法律价值是调节社会价值冲突的"压舱石"。

数字正义不仅是数字法律的基本价值之一,而且还是数字法律价值协调的"砝码"。当数字法律价值成为裁决价值冲突的理由和根据时,数字法律价值之间的冲突也会被引爆,因此,在法律系统内,价值的"诸神之战",就会诉诸正义。如此,数字正义将成为数字时代法律价值的"裁判官",谁获得数字正义的"砝码",谁就会在法律价值的征战中胜出。在诸多裁决中,有时可能是"数字秩序"获胜,或者是"数字自由"获胜,或者是"数字平等"获胜,或者是"数字人权"获胜,但是,无论何种价值胜出,它们都必须是以"数字正义"名义在法律上向全社会宣告。一旦宣告法律判决,全社会都得服从和执行该判决,直至有人可以在法律上重新提出价值挑战。可见,数字正义的价值协调是通过法律动态发展来实现的。换言之,数字正义的价值协调不是一劳永逸的,这种法律价值协调必须适应社会发展和时代精神之要求。

当然,数字正义的价值协调不仅依靠法律保障,还依赖全社会提供伦理、政治和科技的支撑。因为在数字社会功能分化及其加速的压力下,"徒法不足以自行"。法律系统对数字正义的价值协调,必须考虑法律系统对其环境因素的依赖,并形成法律系统的"反思平衡"。因此,数字正义的价值协调一方面需要立足法律系统,另一方面需要兼顾法律系统的全社会内环境,尤其是数字生态环境。通过"系统/环境"的动态调节,数字正义的价值协调就形成一幅数字正义的生态学图景——数字社会多元正义的涌现、冲突及协调。

第二节 数字正义的保障条件

一、数字正义的伦理保障

数字正义是数字伦理的重要内容,也是数字伦理的价值目标。数字正义的公民实践需要社会的道德意识和伦理观念的支撑。在这个意义上,数字正义的伦理保障条件有三个重要方面:一是建立数字正义的伦理规范,二是培育数字正义的伦理文化,三是推动数字正义的伦理教育。

(一)数字正义的伦理基础

数字伦理,是指引人们追求美好数字生活的道德指南和伦理手册。在数字时代,人们的生活秩序不会因为科技的进步,就自然减少了痛苦和不幸。数字科技进步一方面为人们美好生活创造了新的机会和条件,如"滴滴出行"让人们生活出行更便利了。另一方面也可能造成了新的社会问题,如早期滴滴平台对司机的管理不够规范,以致有女性用户打车后遭受司机伤害;又如当滴滴平台掌握了大量的用户数据后,其对老用户实施"大数据杀熟"行为。可见,在数字科技改变生活的同时,人们仍然需要对数字科技生活进行道德判断和反思,尤其当人们遭遇数字科技的黑暗面时,对这些黑暗面的道德批判和伦理反思,仍然是人们追求美好生活的基础和前提。因为道德关乎人们行为的"对与错"以及"善与恶",而伦理则关乎道德主张的理由和根据,即对道德的伦理性反思。

建设数字伦理有利于保障数字正义。首先,数字正义是数字伦理的核心问题。自古以来,无论在柏拉图的《理想国》,还是在亚里士多德的《尼各马可伦理学》中,正义一直是伦理学的核心问题,因为正义关乎社会秩序之良善。数字时代的社会秩序如何构建,不是一个纯粹技术问题,同时,这个数字社会秩序的后果,是"好",还是"坏",也不是一个价值中立的问题,人们需要从正义的社会价值和理想来对其作出判断和反思。其次,数字伦理构筑了数字正义的价值根基。数字伦理一方面为数字正义的道德价值提供理由和根据,如数字正义有利于保障人们在数字生活中的自由和平等;另一方面为数字正义的伦理反思提供新的价值可能性,如数据正义、算法正义和代码正义,等等。最后,数字伦理为数字正义的实践提供了道德舆论和伦理规范的支撑。数字伦理一旦被人们掌握,就可以为人们的数字生活提供道德指引和伦理支撑,甚至形成数字生活的行为规范和道德舆论,从而防范数字生活的越轨行为和不法行为。

(二)数字正义的伦理保障条件

数字正义不是自动实现的,而是需要全社会努力,形成一定的伦理保障条件,才可能为数字正义实践提供有效的道德指引和伦理支撑。我们认为数字正义的伦理保障条件,主要有以下三个方面的重要内容。

首先,建立数字正义的伦理规范。在人们的数字生活中,关于什么是正义,什么是不正义的,往往是一个争论不息的问题。但是,这个问题必须要有一个暂时的结论,并形成关于数字生活秩序的基本价值体系和伦理规范,从而为人们行为及其道德判断提供价值理由和根据。在数字科技伦理方面,人们已经探讨大数据伦理和人工智能伦理,并提出数据正义和算法正义等数字伦理的正义观。随着数字科技发展,尤其针对人工智能发展可能带来的风险和问题,欧洲、美国和中国已经先后制定人工智能伦理规范,如 2019 年 4 月 8 日欧盟委员会发布《欧盟可信赖人工智能的伦理准则》;2019 年 10 月 31 日美国国防创新委员会发布《人工智能原则:美国国防部关于人工智能道德使用的建议》,以及 2020 年 7 月 23 日美国情报体系发布《情报体系人工智能伦理原则》及《情报体系人工智能伦理框架》;

2021年9月25日中国的国家新一代人工智能治理专业委员会发布了《新一代人工智能伦理规范》。在上述的人工智能伦理规范文件中,欧洲、美国和中国都强调公平正义的理念,将其作为人工智能伦理规范的核心价值准则。

其次,培育数字正义的伦理文化。任何伦理观念的力量和源泉都是文化,新旧伦理观念的更替和发展不仅是社会经济利益的分化和斗争之产物,往往也是社会文化更新和变革的结果。人们可以创造出关于数字正义的伦理规范,但是,人们对这些数字伦理规范的接受和实践仍有待进一步的文化熏陶和价值观培育,以养成人们新的正义观。在文化观念上,数字正义是数字时代公民伦理的重要内容和价值目标。在这个意义上,培育数字正义的价值观念和伦理文化,就是厚植"数字正义观"的社会文化土壤,从而为数字正义的公民实践提供文化价值观和伦理意识的支撑。

最后,推动数字正义的伦理教育。文化教养和熏陶的关键是教育。要让数字正义的伦理规范和文化观念在人们的日常生活和行为中起作用,国家就必须通过公民教育的方式来培养和塑造人们的规范意识和伦理意识。因此,在国民教育体系中,我们应当重视数字公民伦理的普及教育,将公民的数字伦理素养摆在公民数字素养和能力教育的首位,从而把数字正义的价值观和伦理观,铭刻在人们心中的道德意识和价值信念中。

二、数字正义的法律保障

数字正义是数字法律的基本价值和终极理想。数字正义的法律实现不仅依赖良好的数字法律体系,更需要建立良好的数字法律运行机制。在这个意义上,数字正义的法律保障条件有三个基本方面:一是数字正义的立法保障,二是数字正义的执法保障,三是数字正义的司法保障。

(一)数字正义的法律架构

数字法律是数字正义的法律架构。数字法律不仅是指对数字领域进行规制的法律,而且这种法律往往是通过数据、算法和代码来实现其创制和实施活动。在物理世界中,法律的创制和实施依赖于人的行动和沟通实践,如立法决策、执法行为和司法裁判等。在数字时代,法律的创制和实施,仍然依赖于人的行动和沟通实践,但是,这种法律行动和沟通实践发生了深刻的变化,如法院通过互联网创建"共享法庭""移动微法院",实现在线诉讼、在线审判、智慧司法等;又如政府通过"一网通办"以及建设"数字法治政府",实现在线政务服务、自动化行政、智能执法等。可见,在数字时代,正义的实现是建立在数字法律架构基础上。这个数字法律架构是以数字基础设施为物质支撑,以数字法律平台为运作中枢,以数字法律应用为访问界面,并通过数据、算法和代码来创制和实施法律。

建设数字法律有利于保障数字正义。首先,数字正义是数字法律的终极目的和价值理想。正义不仅是法律的价值目标,而且也是对法律良善与否进行评价的基本价值准则。在古典自然法的理论中,如果法律不符合自然法的正义理念,那么,法律就可能被认为是"恶法",甚至面临"恶法非法"的论断,以致引发人们对法律的抵抗。在这个意义上,数字正义是悬在数字法律"头上"的达摩克利斯之剑。其次,数字法律为数字正义的实践提供了运作架构。数字法律一方面为数字正义的实践提供了法律文本上的根据和理由,从而赋予人们各种数字法律权利,如数字财产权、数字生存权、数字自由权等;另一方面为数字正义的实践提供法律执行机制和救济机制,如智能执法和智慧司法等。最后,数字法律为数字正义的实践提供了新的观念意识和文化基础。数字法律的形成和发展,不仅产生了新的法律架构和规范体系,同时也形成了一种新的法律文化和法治观念,即数字法治文化。在这个意义上,数字法治文化是以数字法律为规范载体,以数字正义为价值理想,以数字立法、数字执法和数字司法为塑造领域,进而形成的一种数字法律文明。

(二)数字正义的法律保障条件

数字正义的法律实现是有条件的,它一方面需要相应的社会物质、信息和技术条件的支撑,另一方面需要在法律上形成一定保障机制和条件。我们认为数字正义的法律保障条件主要有以下三个方面。

首先,建立数字正义的立法保障。由于数字科技发展迅速,数字领域的法律挑战和新问题层出不穷,如何回应数字领域扩张带来的风险和挑战,已经成为数字立法的重要课题和关键议程,如人工智能法的立法。正义的理念和价值,如果没有法律制度的创设和维护,那么,这种价值观念就是一种社会空想。在这个意义上,数字正义的立法保障就是通过立法方式创制出可以维护数字正义的法律制度,从而为数字正义的法律实践提供制度根据和理由。此外,在数字时代,科学立法、民主立法和依法立法在运作机制上发生了深刻变化,譬如,运用大数据技术来支撑科学立法,运用智能互联网来辅助民主立法,运用区块链和云计算等数字科技来保障依法立法。可见,数字科技有利于构建立法的数字化机制,为数字法律的创制实践提供科技支撑。当然,数字正义的立法保障还需要建立数字立法的正当程序机制和权力监督机制,从而保障数字立法权力的正义性。[1]

其次,建立数字正义的执法保障。在数字时代,行政执法机构面对拥有海量数据和高新科技支撑的平台企业,往往显得捉襟见肘,既无力解决数字平台扩张产生的负外部性,譬如网络交易平台的"知假卖假",也无法对其实施有效监管和干预,因为行政执法机构缺乏对数字平台的海量网络交易进行监管的能力和技术。因此,数字行政应运而生,大量的数字科技被应用到行政执法领域,从而为行政执法机构和人员赋能,以回应数字科技变革的挑战和问题。然而,数字行政创新却进一步加剧政府与公民之间的权能不平衡,因为数字政府对社会的权力渗透更加"无死角"。如政府收集和分析公民个人和企业的海量数据,并形成公共数据,可以据此对个人和企业进行数据画像,实施相应的行政规制活动。一旦数字政府的权力被误用和滥用,它就必然产生严重的不正义后果。因此,全面建设数字法治政府,构建数字行政执法的正当程序机制和法律监督机制,不仅有利于保障数字行政执法活动的合法性和合理性,而且有利于促进数字行政执法的正义形象。

最后,建立数字正义的司法保障。司法是正义的守护神。司法是维护社会正义的最后防线,如果司法正义不彰,那么,社会正义就自然就会遭到践踏。数字正义的法律实现不仅需要立法和执法保障,更需要司法保障。没有司法保障,数字权力的滥用就得不到纠正和监督,而且,公民受到侵害的数字权利也得不到法律救济。在数字时代,司法的组织和运作也发生了深刻变革,"数字法院"和"数字检察"已经成为法院和检察院进行数字化转型升级的目标。无论"数字法院"建设,还是"数字检察"建设,新型的数字司法体制已经形成"雏形"。然而,数字科技对司法体制的赋能赋权,如果没有形成有效的权力边界和对权力的监督,数字司法权力,就会与数字政府权力一样,可能造成严重的权力腐败和不公正的后果。因此,数字正义的司法保障不仅是司法活动的数字化升级,如在线诉讼、智慧司法等,而且需要形成数字司法体制的运作机制,譬如2021年6月16日最高人民法院发布的《人民法院在线诉讼规则》,2021年12月30日最高人民法院发布的《人

---

[1] 参见金梦:《数字时代科学立法的法理研究》,载《中国法学》2024年第4期。

民法院在线调解规则》,2022年2月22日最高人民法院发布的《人民法院在线运行规则》,等等。

三、数字正义的科技保障

数字正义既是数字科技发展的价值导向,也是法律科技发展的价值目标。数字正义的法律实现,一方面需要对数字科技进行法律规制,另一方面需要数字法律的科技创新。没有法律科技应用的创新,数字法律发展就会停滞不前,就会严重掣肘数字正义的法律实现。在这个意义,数字正义的科技保障条件主要有三个方面:一是发展数字正义的法律科技应用,二是构建数字正义的法律科技伦理,三是建立数字正义的法律科技监管。

(一)数字正义的科技支撑

数字科技是数字正义的科技基础。数字科技不仅深刻改变人类的生产生活方式,而且深刻改变社会治理方式。从无处不在的闭路电视探头,到各种基础设施的"物联网",以及我们个人穿戴的各种智能设备,都可以通过联网方式实现"数据交互"和"数据挖掘",进而形成一个巨大的数字生态系统。这个数字生态系统不仅可以监控每个人,而且还能监控万物,它通过对海量的社会数据分析和挖掘,可以精准预测人的行为趋势,甚至"助推"个人的行为,使之符合特定的商业或者政治需要。在这个意义上,数字科技产生了一种极为新颖而广泛的数字权力。这种数字权力不仅深刻改变经济和政治的运行方式,形成数字经济和数字政治,而且还深刻改变法律的表现形式和运行方式,形成数字法律以及数字化的立法、执法和司法。因此,作为数字正义的实践形式,数字法律实践一方面需要对数字科技及其社会应用进行法律规制,另一方面需要发展数字科技的法律应用,为实现数字正义提供法律科技支撑。

发展法律科技有利于保障数字正义。首先,数字正义是发展法律科技的起点和终点。法律科技是数字科技在法律领域进行创新应用的产物。法律科技的创新应用必须坚持和维护法律的基本价值和核心理念。在这个意义上,数字正义作为数字法律的基本价值和核心理念,不仅要融入法律科技的设计理念中,而且还要落实和体现在法律科技的部署和应用上。其次,法律科技是数字法律实践的平台架构,如"移动微法院"、"中国法律服务网"、"法信"(中国法律应用数字网络服务平台),等等。这些法律科技应用提供了人类可以访问数字法律的"界面"和各种服务的"功能",为数字正义的法律实现提供了科技支撑。最后,发展法律科技是应对数字科技的风险及其不正义后果之不二法门。法律对数字科技产生的负外部性进行规制,必须依靠数字科技本身的力量,正所谓"通过魔法打败魔法","通过魔王对付魔鬼",以彼之道还施彼身。

(二)数字正义的科技保障条件

数字正义的法律实现不仅依赖数字法律的创制和实施,而且还需要法律科技的支撑。在这个意义上,我们认为数字正义的科技保障条件主要有三个方面。

首先,发展数字正义的法律科技应用。没有法律科技的创新应用和迭代发展,就没有可持续发展的数字正义环境。正所谓"道高一尺,魔高一丈",日新月异的数字科技,既可以给人们带来美好生活,也可能造成不可逆的社会灾难。面对数字科技的负外部性及风险,对其进行法律规制,不仅需要重塑法律运行机制,而且更需要法律科技应用创新和发展。数字正义的法律实现不可能一劳永逸,数字科技越发展,法律科技就越需要迭代升级,否则,就没法为数字法律的正义实践提供科技支撑。

其次,构建数字正义的法律科技伦理。正如数字科技发展需要接受科技伦理的约束和控制一样,法律科技发展必须遵循相应的法律科技伦理,不能违背法律科技发展的伦理要求和道德准则。法律科技应用涉及法律的创制和实施活动,不仅需要遵循一般的科技伦理规范和道德准则,而且还需要遵循相应的法律伦理和法律职业道德的要求。因此,法律科技伦理的构建必须尊重法律伦理的基本价值,如公平正义、保护人权、维护法治等,同时,还要尊重法治实践的基本规律,如法律职业的分工要求,法律沟通的法言法语表达,法律人解决问题的法治思维和法治方式,等等。

最后,建立数字正义的法律科技监管。法律科技伦理只是对法律科技发展的软约束,因为法律科技伦理起不起作用,或者说起多大程度的作用,往往要看人们的科技道德意识和伦理认识的水平。因此,在法律科技伦理之旁,我们还需要建立一套法律科技的监管体制,通过建立法律科技的监管机制和监管机构,形成严密的监管体系和激励机制,才能够真正给法律科技发展提供安全网,避免法律科技发展"逃逸到法外之地"。总之,法律科技监管一方面给法律科技伦理提供了"硬支撑",另一方面对法律科技发展形成了"硬约束",从而防止不良的法律科技应用。

第三节 数字正义的实现路径

一、实现数字正义的权利路径

为数字权利而斗争,是数字时代人们追求正义的基本方式。实现数字正义,不仅要求人们为数字权利而斗争,而且要求人们为数字法律而斗争。因为这不仅是数字权利人对自己的义务,也是其对数字社会的义务。在这个意义上,我们认为实现数字正义的权利机制包括三个重要方面:一是构建数字权利的公民文化,二是构建数字权利的法律体系,三是构建数字权利的救济机制。

(一)数字正义与数字权利

数字权利,是指人们在数字世界中就其自身的正当利益和需要作出选择之自由。权利按其所属的规范领域可以分为习俗的权利、道德的权利和法律的权利。在数字社会中,人们的数字权利也可以分为上述三种类型。习俗上的数字权利,主要与人们的数字生活习俗相联系,例如,"取网名""发微信红包""发网络表情包""举行网络祭奠"等。道德上的数字权利,主要与人们数字生活道德和伦理相联系。又如,数字人格权、数字自由权、数字平等权、数字生存权,等等。法律上的数字权利,主要是由法律规定人们享有的数字权利,如《民法典》第1032~1033条规定的隐私权,以及第1034~1039条规定的个人信息权;又如《个人信息保护法》第44规定的信息知情权和决定权,第45条规定的信息查阅和复制权,以及信息携带权,第46条规定的信息更正和补充权,第47~48条规定的信息删除权,等等。

数字权利是实现数字正义的权利路径。德国法学家耶林曾经提出"为权利而斗争"的思想,他认为"为权利而斗争,不仅是权利人对自己的义务,也是权利人对社会的义务"。在德语里,"法"与"权利"是同一个德文词"Recht",因此,在耶林看来,为权利而斗争就是为法律而斗争。同时,耶林还认为人们为权利而斗争,其动力首先是来自人们内心的"法感"——正义感。当人们在生活中遭遇不公正、不公平的待遇时,人们内心的"法感"就会被激发出来,促使人们采取行动,为权利而斗争。在这个意义上,当人们为权利而斗争时,他们就是通过主张自己权利来为法律和正义进行斗争。[1] 没有权利,人们就没有法律斗争的武器,就没有捍卫正义的利剑。西方社会的正义女神形象,往往是女神一手提利剑,一手持天平,同时,她还脚踏着书和蛇,"书"代表法律,"蛇"代表邪恶,这表明"正义"往往需要力量,没有斗争的法律力量和武器,正义是不可能战胜邪恶。因此,数字正义的法律实现,往往需要人们敢于主张自身的数字权利,为自身的数字权利进行法律斗争。

(二)实现数字正义的权利机制

实现数字正义要求人们有一种"法感",这种"法感"与人们的权利意识密切相关,从而激发人们为权利而斗争,并使之转变成"为法律和正义而斗争"。可见,从"数字权利"到"数字正义",有一个通过法律来激发人们权利意识和正义实践的连接机制。这个机制包括以下三个重要内容。

首先,构建数字权利的公民文化。数字权利是连接数字正义与人们内心"法感"的桥梁。在数字社会,当人们遭遇数字鸿沟、算法霸权、算法歧视时,人们内心的"法感"就可能会被激发,这种情感激发是人们自身权利意识的觉醒。不过,这种权利意识根植于社会的集体文化意识中,是公民权利文化的表现。在数字时代,公民文化具有数字化的内涵,包括数字公民、数字权利、数字正义、数字法律、数字人权、数字政府、数字法治等新理念。构建数字社会的公民文化,培养人们的数字公民意识和权利意识,可以增进数字社会维护正义的力量。因为一旦人们感受到数字社会的不公正、不公平待遇,他们自身的正义感和权利意识就会觉醒,并促使其对数字社会的不正义性现象进行道德批判和伦理反思,甚至发起法律斗争,以捍卫数字正义。[2]

其次,构建数字权利的法律体系。权利的力量不仅来自人们心中的道德律,而且也来自社会的法律支持。权利的道德性表明权利具有道德意义,即权利在道德上是"对的"或者是"善的"。不过,权利的道德性,只能使人们在内心上自愿承认和接受权利,并不会产生普遍的社会强制力。在价值多元的时代,权利的道德性往往随波逐流,不同的社会群体可能支持和拥护不同的道德观点及其权利主张。在这个意义上,把数字权利从道德权利上升为法律权利,人们才能赋予数字

---

[1] 参见[德]鲁道夫·冯·耶林:《为权利而斗争》,郑永流译,商务印书馆2018年版。
[2] 参见马长山:《数字公民的身份确认及权利保障》,载《法学研究》2023年第4期。

权利以强制力。因此,构建数字权利的法律体系,就是通过创设数字法律制度,为数字权利提供法律保护。目前,人们通过法律构建的数字权利体系,还不够全面,还有大量的数字权利——尤其数字人权——处于一种道德权利层面。在未来法律中,除了隐私权和个人信息权,还应该在法律上确立数字财产权、数字自由权、数字平等权、数字生存权、数字拒绝权等基本数字人权。

最后,构建数字权利的救济机制。法谚有云:"没有救济,就没有权利。"换言之,即便是法律权利,如果没有救济的途径和手段,权利就是一纸具文。因此,在现代社会,权利的救济是人们获得正义的基本途径。当人们获得权利救济的成本很高时,如诉讼费用高、诉讼时间漫长,甚至求告无门,正义就难以实现。因此,现代法律还发展出"替代性纠纷解决机制"和"多元解纷机制",使得人们以更便利、更低成本的方式"接近正义"。在数字时代,如何运用数字科技来解决海量的数字纠纷,从而保障人们的数字权利,已经成为实现数字正义的重要课题。从"在线纠纷解决"到"一站式多元解纷机制",都是人们探索数字社会解纷机制的创新尝试。此外,从建设"互联网法院"到"智慧法院",再到"数字法院",人们可以观察到,数字权利的司法救济机制逐步完善。总之,当人们的数字权利获得便利和充分的救济时,数字正义之光才算普照全社会。

二、实现数字正义的权力路径

在数字时代,人们如何对数字权力实施控制,是实现社会正义的关键。因为数字权力不仅打着正义的旗号,而且还操纵着正义,如数字正义。因此,我们认为实现数字正义的权力机制包括三个重要方面:一是建立数字权力的宪治架构,二是建立数字权力的自我规制,三是建立数字权力的法律监管。

(一)数字正义与数字权力

数字权力是一种依托代码、算法和数据等数字技术,通过数字空间实现数据流动和算法控制,进而对现实世界的资源、人员和权力进行组织和调度的能力。按照数字世界的结构层次,如物理层、网络层、数据层、应用层、信息层,数字权力也可以分为相应五种类型:一是信息权力,包括信息生产和传播的控制权;二是算法权力,包括算法设计、部署和应用的控制权;三是数据权力,包括数据生产和数据处理的控制权;四是网络权力,包括网络创制和网络资源分配的控制权;五是平台权力,包括平台规则创制权、执行权、监督权、处罚权,平台资源组织权,平台基础设施控制权等。数字权力是一种全新的权力形态。因为数字权力不仅打破了国家对权力的垄断,而且还突破了传统公权力中的国家与公民之二元结构,形成了以国家、数字平台和公民之间关系为轴心的三元权力结构。不过,数字权力的兴起和扩张,不是对国家权力的否定和替代,相反,数字权力改变了国家权力的运作机制,即国家权力运作的数字化,如通过数字化方式对人的行为实施强制、审查和助推。

数字权力是实现数字正义的权力路径。首先,数字正义是数字权力的价值导向,也是评价数字权力正当性的价值基础。如果数字权力侵犯公民的基本权利、危害社会的公共利益,那么,人们就会谴责数字权力是不正义的,甚至对其进行道德批判,如数字权力是数字资本的产物,并揭示数字资本权力产生的剥削和异化现象等。其次,数字权力可以直接影响数字社会的利益和价值分配。譬如,数字技术给人们赋权,使其成为"网络红人",进而可以控制网络流量,形成数字价值和资本,甚至变现为其个人财富。因此,在数字时代,谁掌握了数字技术,谁就掌握了流量的密码,进而掌控数字社会的巨大财富。最后,数字权力重塑了国家权力的运行机制。传统的国家权力是以暴力的垄断为前提,并通过强制力来实施权力,如警察、法庭和监狱等。在数字时代,国家的强制力,不仅以暴力为后盾和手段,而且是通过数字化方式来实施,如通过数字平台封禁你的账户,让你在数字世界中"消失";又如通过数据画像方式,给你精准投喂信息,让你作出符合商业利益或者政治需求的行为。一旦国家权力数字化,数字社会不一定迎来"天堂"或者"世外桃源",因为那些无法被数字世界包容的人,很可能成为"数字难民",从而遭到数字权力的排斥。综上所述,我们认为数字社会的正义问题——分配和承认,与数字权力运行密切相关。如果数字权力不维护数字正义,那么,它就必然侵蚀数字正义。

(二)实现数字正义的权力机制

数字正义的实现要求对数字权力实施控制,因为数字权力深刻影响着数字社会的分配正义和承认正义问题,如数字鸿沟、算法歧视等。可见,数字权力是实现数字正义的关键机制,这个机制包括三个方面的内容。

首先,建立数字权力的宪治架构。英国思想家阿克顿勋爵曾经说过:"权力会产生腐败,绝对的权力产生绝对的腐败。"可见,要控制腐败,就要控制权力,给权力戴上枷锁。在人类历史中,权力与文明相互促进,文明更替不仅产生新的权力,如工业文明的民主权力,而且也产生了新的权力枷锁——国家宪治。在工业时代,人们通过宪治方式来驯服国家权力,形成民主法治国。在数字时代,人们对数字权力进行控制的企图,也呼唤新的宪治——数字宪治。因此,如何构建数字权力的宪治架构,以防范数字权力的失控和腐败,就成为数字时代的重大宪法问题。从数字权力的三元结构来看,我们认为数字宪治架构可以分为三个方面:一是建立国家保护数字人权的宪治体制,二是建立国家与数字平台之间权力合作与制衡的宪治体制;三是建立数字平台与数字公民之间权力分享与合作的宪治体制。[1]

其次,建立数字权力的自我规制。数字技术具有自身的复杂性和演进逻辑,而数字权力的运行依赖于数字技术,因此,对数字权力的控制,必须尊重数字技术本身的发展规律和运作逻辑。从数字权力的内部秩序来看,只有那些了解数字技术架构的工程师以及数字平台相关的技术人员,才可能清楚知道数字权力运作的"黑箱"。所以,如果要对数字权力进行控制,就必须让数字技术工程师和相关人员形成自我规制的动力和机制。任何拥有权力的人,都不希望有人给他戴上枷锁。因此,只有环境压力足够大,如国家监管压力,或者环境诱因足够强大,如保持市场份额的规模,才可能促使拥有权力者进行自我规制。因此,我们认为,通过国家和市场对数字平台施加足够的压力和刺激,可以让数字平台建立和实施自我规制,从而保障平台用户和数字公民的权益。譬如,滴米规则(滴滴出行)、规则众议院和大众评审团(淘宝)、大众点评(美团)等,都是数字平台实施自我规制的重要例证。[2]

最后,建立数字权力的法律监管。数字权力的自我规制,是数字权力的一种自我反思,但是,这种自我反思往往局限于其自身的商业利益,甚至受私人利益所扭曲。因此,要解决数字权力失控的问题,最终必须回到法律监管层面来。通过国家建立对数字权力的法律监管,人们才可能真正建立起对数字权力有效的约束和控制。相对于数字平台进行自我规制的"软法"而言,国家数字法律监管就是属于"硬法",它具有国家强制力的保障。欧美发达国家和地区都对数字平台进行严格的法律监管,尤其是欧盟的数字立法,已经产生"布鲁塞尔效应",成为世界各国和地区数字立法的借鉴与学习对象,如2018年《通用数据保护条例》、2020

---

[1] 参见杨学科:《数字宪治主义战略:一项未竟经纶业》,载《数字法学评论》2023年第1期。
[2] 参见周尚君:《数字社会对权力机制的重新构造》,载《华东政法大学学报》2021年第5期。

年《数字市场法》和《数字服务法》,以及2021年《人工智能法案》等。我国近年也颁布了一系列法律法规加强对数字平台的法律监管,如2015年《刑法修正案（九）》、2016年《网络安全法》、2021年《数据安全法》和《个人信息保护法》,以及2024年《网络数据安全管理条例》等。

三、实现数字正义的法治路径

（一）数字正义与数字法治

数字法治,是指这样一种全新的法治理念和法治范式,即依托数字技术来实施法律治理,以实现对数字权力的控制和对数字人权的保障,进而形成一种自由、民主和正义的数字法治秩序。数字法治不是现代法治的数字化,也不是数字领域的法治化,而是现代法治的转型升级。这种转型升级不是单纯的数字技术发展,如法律科技应用的兴起、建设智慧法院等,而是对现代法治的规则、价值、机制、文化进行根本性重构,如建立数字法治的规则体系、建立数字法治的价值体系、建立数字法治的运作机制、建立数字法治的公民文化,等等。在这个意义上,数字法治是一场法治范式的变革。现代法治范式演变,是从形式法治到实质法治,再到程序法治。在数字文明时代,现代法治范式已经是捉襟见肘,难以回应数字社会的正义诉求和呼唤,所以,数字法治范式才应运而生。

数字法治是实现数字正义的法治路径。首先,数字正义是数字法治的基本价值和终极目标。法律的目的价值具有多元性,如秩序、自由、平等、正义和人权等。在数字时代,这些法律价值不仅具有了数字化的新内涵,而且还形成了新的价值张力,甚至造成价值冲突。在这些价值冲突中,数字正义是数字法治实现价值协调之天平。其次,数字法治是数字社会维护和实现数字正义的制度基础和机制支撑。一方面数字法治的制度建设,如数字法律体系建设,为数字正义的维护和实现提供制度保障;另一方面数字法治的机制建设,如数字法治政府和数字司法体制,为数字正义的维护和实现提供机制支撑。最后,数字法治文化是数字正义理念培育的观念基础和文化根基。一方面数字法治文化塑造的数字公民、数字权利、数字权力、数字法治、数字自由、数字平等、数字秩序等理念,为人们树立和形成数字正义观奠定观念基础;另一方面数字法治文化所包含的数字公民文化、数字伦理文化、数字权利文化、数字法律文化等文化内容,是人们深入认识和把握数字正义观的文化根基。

（二）实现数字正义的法治机制

首先，建设数字法律体系。规则之治是法治的要义之一。没有规则，就没有秩序。法治不仅要求有规则，而且要求建立良好的法律规则体系。在数字时代，法律规则不仅行诸文字，而且通过代码变成算法，直接在数字空间对人的行为进行规制和约束。在数字空间中，代码即法律。代码是数字法律的形式架构，数据、算法和网络则是数字法律的运作架构。从法律规制数字领域来看，目前数字法律体系主要分为三大板块：一是数据法律体系，如欧盟《通用数据保护条例》和中国的《个人信息保护法》《数据安全法》等；二是网络法体系，如欧盟的《数字市场法》和《数字服务法》以及中国的《电子商务法》和《网络安全法》等；三是人工智能法律体系，如欧盟的《人工智能法案》和中国的《生成式人工智能服务管理暂行办法》。

其次，建设数字法治政府。良法善治是法治的核心要义。法治不仅要有良法，还要通过良法形成善治。善治的关键在于政府要依法办事，建立法治政府。如果政府不依法行政，带头守法，法律的尊严和权威就不可能在人们心中树立和巩固。因为政府不守法，其对法治的破坏，其危害甚于人们违法。建设数字法治政府，本质上是对数字权力进行法律控制和约束，以避免数字权力的误用和滥用。在数字时代，依法行政的首要任务，就是要顺应数字科技发展的要求，一方面要健全法治政府的科技保障体系，如建设城市的"数字大脑"，保障数字基础设施，建立数字政府的网络数据安全管理制度，等等；另一方面要确立依法数字行政的理念，建立数字行政的法治保障体系，如建立数字行政执法的正当程序机制、数字行政决策的公众参与机制、数字行政相对人的权利救济机制，等等。

再次，建设数字司法体制。数字司法是保障数字正义的最后防线。当数字权力——尤其数字政府权力——对人们的基本权利造成侵害时，数字司法就是人们获得正义的最后救济手段。从保障数字正义的角度，数字司法体制建设要着力解决其法治界限问题，就是要防止数字司法权力脱离其法治轨道。为此，一方面要建立数字司法的运行机制，如平台运行机制、数据业务机制、算法决策机制、数字论证机制等；另一方面要建立数字司法的法治原则和机制。具言之，一是恪守数字权力的合法性原则，二是坚持数字正义的基本原则（如数据合规原则、算法公正原则等），三是构建数字司法的正当程序机制（如信息数据利用程序、算法研发使用程序、数字权利救济程序、数字司法监督程序等）。

最后，建设数字法治文化。数字法治不仅是制度之治和技术之治，更是价值之治和文化之治。数字正义是一种生活价值方式的文化表达，这种文化表达凝聚了数字时代的价值精神，是贯穿数字法治实践环节和过程的价值指引和文化支撑。人们维护和实现数字正义，不仅需要建设数字法律制度、建设数字法治政府和建设数字司法体制，而且更需要建设数字法治文化。因为数字法律制度及其运行机制，最终是依靠人以及人机协同的数字法律实践。所以，通过建设数字法治文化，培养公民的数字法律意识和权利意识，塑造公民的数字正义观和数字人权观，才能为数字公民的正义实践提供正确有效的价值导向和文化观念支撑。

典型案例

2025年4月，在最高人民法院发布了2024年人民法院知识产权典型案例，其中，"抢票软件不正当竞争案"引发关注。该案原告是一家知名娱乐票务代理公司，业务范围包含从演唱会到体育赛事、从话剧到亲子展览的门票销售，几乎涵盖了现场娱乐的所有领域。而被告郑某某在某二手购物平台，售卖针对原告App的抢票"外挂"软件。郑某某开发的抢票软件通过技术手段模拟人工操作，可以提高订单信息的填写速度，而且在人工点一次的时间内，这款"外挂"软件就可以发送上百次的购票请求，从而增加了在原告平台抢票成功的概率。法院认为，这种方法在技术含量上并没有新创意、新进步，不属于当下互联网领域的新技术，不属于技术创新的公平竞争，而是在客观上增加了原告平台的经营成本，损害了原告平台的经营利益和商誉，实际上侵害了原告的竞争利益，因此，根据《反不正当竞争法》第12条规定作出判决，认定被诉行为构成不正当竞争。[1]

问题与思考

1. 数字正义的价值内涵是什么？
2. 数字正义与数字秩序、数字自由、数字平等、数字人权是什么关系？
3. 数字正义的价值协调如何实现？
4. 数字正义的保障条件有哪些？
5. 数字正义的实现路径有哪些？

---

[1] 参见北京市东城区人民法院民事判决书，(2024)京0101民初4607号。

延伸阅读

1. [荷]马克·舒伦伯格、[荷]里克·彼得斯编:《算法社会:技术、权力与知识》,王延川、栗鹏飞译,商务印书馆2023年版。
2. [美]伊森·凯什、[以色列]奥娜·拉比诺维奇·艾尼:《数字正义——当纠纷解决遇见互联网科技》,法律出版社2019年版。
3. [英]杰米·萨斯坎德:《算法的力量:人类如何共同生存》,李大白译,北京日报出版社2022年版。
4. [英]理查德·萨斯坎德:《线上法院与未来司法》,何广越译,北京大学出版社2021年版。
5. [英]莉娜·丹席克、[英]阿恩·欣茨等:《数据正义》,向秦译,上海人民出版社2023年版。

第四编

数字人权理论

第十三章　数字人权概述

> **法律故事**
>
> 在数字社会中,老年人遇到了新的问题,他们不仅因不能熟练使用数字产品和服务而被边缘化,而且难以有效保障自己的合法权益。2020年,浙江省绍兴市新昌县发生了一起网络信息犯罪案件。某公司与老年机主板生产商合作,将其开发的装有木马程序的移植包植入,一旦电话卡插入老年机,木马程序就能获取机主的个人信息,并传输至后台数据库。该案涉及330万部老年机,超过500万条个人信息被非法获取、传播和用以牟利。在案件侦破过程中,警方还发现从最下游窃取信息的团体和个人,到中游二手倒卖公民个人信息的中介商,再到上游设计制作木马程序的科技公司,以及和科技公司合作的主板生产商、手机生产商形成的庞大犯罪网络。数字社会的发展轨迹并没有遵循佩里·巴洛在《网络空间独立宣言》中的构想,即网络世界是一个独立且更加公正的空间,无须政府的任何干预。相较如何深度应用数字科技,我们更应思考人类如何在数字社会中生存和发展。

第一节　数字人权的基本理论

数字技术打破了现实的物理阻隔,便利了信息的接收、存储、发布和传播,崭新的网络空间助推言论自由、科学研究自由和批评建议等基本权利得以落实。与此同时,数字技术也重塑了社会关系和社会结构,带来了数字鸿沟、隐私泄露、算法歧视等新的人权问题,由此催生出新的人权形态——数字人权。面对数字社会的变化和挑战,如何保障并促进数字人权已经成为重要议题,需要不断探索和完善相应的法律制度,以确保数字技术健康发展,更好地服务于人类社会。

一、数字人权的社会基础

数字社会是在以大数据、人工智能等数字技术的赋能作用下,物理社会与虚拟社会高度融合的新社会形态。数字技术的持续升级不仅导致信息传播方式、社会生产方式和生活方式的革命性改变,也深刻影响了社会结构。在法律层面,人类的自由具体表现为一系列受法律保障的权利,尤其是人权,而权利体系、人权体系的构建与社会发展动态互动。相应于数字社会的结构变迁,应当探究"数字人权"的权利主体与概念内涵,为人权体系注入数字正义的新价值。

(一)数字社会基本结构的变迁

人类历史表明,每一次重大的技术革命都会导致社会和经济的范式转换。[1] 不断深化的数字化转型覆盖了整个人类世界,形塑了数字社会的全新结构,物理空间的行为方式、生活方式、思想观念、社会制度等都面临重大重构。较之前数字社会,数字社会的基本结构在以下三个方面发生了明显的变迁。

在基础设施方面,呈现平台经济、数据流通、算法决策和代码规制的技术架构形态。网络平台成为商业运营的重要引擎和交往生活的媒介载体,数据成为经济发展的核心要素和领域安全的重要枢纽,算法在各种人机交互的场景化决策中扮演重要角色,代码成为法律的功能等同项。相应于互联网技术架构的去中心化和再封闭化效应,需要探索更加安全和有序的数字治理机制。

在生活方式方面,在"数字化生存"条件下,信息数字化、数字网络化、数字智能化使人际沟通更加有效、信息共享更为便捷、社会连接被拓展,同时也形成了人们对数字技术的高度依赖。[2] 人们在数字社会的秩序形成中发挥着能动作用,扮演着更为积极的角色,能够更加自主地选择生活方式。

在法律体系方面,更多反映数字经济规律和数字社会发展需求的数字法律规则被制定出来,例如《民法典》中的个人信息保护条款,以及《数据安全法》《个人信息保护法》《互联网信息服务管理办法》等专门领域立法;更多通过网络空间进行的数字法律行为难以依据现行法律规范加以规制,需要加快实践考察和理论凝

---

[1] 参见[英]乔治·扎卡达基斯:《人类的终极命运——从旧石器时代到人工智能的未来》,陈朝译,中信出版社 2017 年版,第 296 页。
[2] 参见王天夫:《数字时代的社会变迁与社会研究》,载《中国社会科学》2021 年第 12 期。

练;[1]更多超越现行法律体系的正义价值在数字空间诞生,"数据正义观""算法正义观""代码正义观"[2]需要立足数字化逻辑加以理论构建。

(二)数字时代的人权新问题

数字社会以技术架构为基础设施,以数据信息为核心资源,以人机交互、平台治理、算法/代码规制为基本模式。线上/线下融合的活动领域,以及物理/虚拟同构的生活场景催生了一系列新的人权问题。

在个人维度,信息化、数字化和智能化带来了巨大的便利。一方面,互联网巨头借助信息技术肆意收集个人信息,政府部门可能以安全和秩序为由对个人施加全方位实时监控,由此产生"无隐私的公众"[3]。另一方面,数字经济时代,个人成为数据的生产者和数字经济的劳动者,却难以分享数据集合带来的经济效益;平台收集海量数据获取巨大利益,又时刻存在侵犯个人权益的风险。

在社会维度,新兴的算法权力在社会结构中占据重要地位。首先,大型企业借助算法驱动的平台模式高速处理海量个人数据,挤压用户的意思自治空间,以攫取高额利润。其次,算法也嵌入公权力运作体系之中,存在相当程度的异化风险。这是由于,传统的行政程序难以规制基于算法的行政和执法决策,也难以对由此给当事人带来的权益损害施加救济。[4] 最后,部分群体因基础设施的接入、知识信息的获取和技术使用的收益方面被排斥到社会边缘,成为"数字弱势群体",亟须国家承担义务保护其基本生存和发展权利。[5]

应对隐私泄露、数据监视、算法歧视、数字鸿沟等新问题,必须直面数字社会的人权风险,包括对人性价值的压制、对人权的技术化侵蚀、对人的主体地位的削弱,以及对国家人权保障义务的阻却等。

(三)中国特色人权话语体系的建构

数字人权的兴起,体现了中国式法治现代化的创新方向。发展数字人权理

---

[1] 参见马长山:《数字何以生成法理?》,载《数字法治》2023年第2期。
[2] 马长山:《智能互联网时代的法律变革》,载《法学研究》2018年第4期。
[3] [英]约翰·帕克:《全民监控:大数据时代的安全与隐私困境》,关立深译,金城出版社2015年版,第1页。
[4] 参见张凌寒:《算法权力的兴起、异化及法律规制》,载《法商研究》2019年第4期。
[5] 参见宋保振:《论"数字弱势群体"权利保障的国家义务》,载《苏州大学学报(哲学社会科学版)》2024年第3期。

论,是建构中国特色人权话语体系,进而建构中国自主法学知识体系的必然要求。

中国特色的人权话语,反映了中国的人权理念和人权实践与西方人权观有很大不同。一是始终坚持社会主义方向,坚持中国共产党的领导,秉持以人民为中心的理念。中国特色人权话语植根于马克思主义人权观,强调人权不是天赋的,而是历史的产物,不能脱离社会、经济和文化条件的制约,要以社会主义制度保障人权事业发展的自主性和交融性,符合中国国情和中国人民要求。二是以生存权、发展权为基本人权。中国人权事业发展高度重视"民生"问题,强调通过各种制度措施消除贫困,不断提升人民生活水平。坚持发展作为第一要务,通过推动经济持续健康发展促进社会全方位、各领域不断进步和人民的全面发展。三是主张集体人权与个人人权辩证统一。中国特色人权事业发展坚持国家、集体、个人利益的有机统一,以相互依存、相互促进为基本原则,在维护国家主权、保障集体人权的同时,充分尊重、促进和实现个人人权。

在数字时代,中国式的人权理念和实践进一步发展。面对人工智能等数字技术对弱势群体的排斥效应,中国更加注重通过技术创新提高人民的生活水平,从提高数字素养、优化技术设计、加强制度保障、推动社会多元参与等方面共同努力消除数字鸿沟,提升数字社会的公平性。面对数字化转型的影响尤其是新就业形态的涌现,中国日益重视劳动者个人信息保护,以及从平台治理和算法规制等角度出发施加平台责任,以维护劳动者的合法权益。面对数字时代的民主权利保护议题,中国在全过程人民民主理念的指导下,高度重视数字技术赋能民主实践,通过数字化平台征集民意、开展网络问政,保障了人民群众更真实、更广泛、更充分的民主权利。将数字人权纳入中国特色人权话语体系,才能充分反映新时代中国人权事业发展的最新成就。

二、数字人权的概念内涵

数字人权"以双重空间的生产生活关系为社会基础、以人的数字信息面向和相关权益为表达形式,以智慧社会中人的全面发展为核心诉求,突破了前三代人权所受到的物理时空和生物属性的限制,实现自由平等权利、经济社会文化权利、生存发展权利的转型升级。这既包括前三代人权在智慧发展条件下的数字化呈现及其相应保护,也包括日渐涌现的各种新兴(新型)数据信息权利及其相应保护,其本质是在数字时代和智慧发展中作为人而应该享有的权利"[1]。

(一)作为基本权利的数字人权

基本权利由宪法保障,是公民不可或缺的权利,体现了公民与国家之间的基本关系,是公民法律地位的基础。作为基本权利的数字人权,能够强化数字领域的个人权益保护,为数字技术发展提供明确的边界,减少因数字鸿沟和权益不公而引发的社会矛盾,有其道德基础、规范基础和社会基础。

在道德层面,数字人权体现了对人的尊严、自由和平等的价值确认。人的尊严和自由不应由于数字技术的发展而受到限制,相反,数字技术应成为促进人权实现的工具。面对日益技术化、隐蔽化的侵权方式,以及日趋同一化的数字群体,数字人权的确立有助于阐发数字公民的自主性与独特性,保障人的尊严。[2]

在规范层面,数字人权体现于宪法的人权条款和基本精神之中。基本权利是一个在社会发展中动态开放的体系,人的需求和社会需要以推定方式接纳数字人权作为基本权利;从保障人格尊严的宪法精神出发,数字人权的价值取向与"国家尊重和保障人权"的主旨具有高度一致性。[3] 我国《民法典》和《个人信息保护法》等法律也赋予了个人一系列权利,包括查阅、复制、更正、删除个人信息等,这些权利反映了宪法的精神,构成数字人权的重要法律基础。

在社会层面,数字人权体现在社会治理中人的境遇和学界讨论中的初步共识之中。一方面,随着数字技术的广泛应用和普及,以数据为中心的世界观使人们越来越意识到数字社会中充斥着技术理性,数字社会的人权保护成为公众议题。[4] 另一方面,针对数字社会的人权保护,学界提出了"数字人权"概念,旨在在数字社会脉络下重构人权体系,推动人权保障的制度落实,实现数字向善。

(二)作为新型权利的数字人权

新型权利是一个动态发展的法律概念,主要指的是那些尚未被现行法律所明确确认的权利。这类权利往往先在学理和司法判例上获得一定承认,而后可能通过立法加以确认从而获得正式的法律地位。因此,"新兴权利的产生在根本上乃

---

[1] 马长山:《智慧社会背景下的"第四代人权"及其保障》,载《中国法学》2019 年第 5 期。
[2] 参见胡玉鸿:《个人的独特性与人的尊严之证成》,载《法学评论》2021 年第 2 期。
[3] 参见郑智航:《数字人权的理论证成与自主性内涵》,载《华东政法大学学报》2023 年第 1 期。
[4] 参见马长山:《智慧社会的治理难题及其消解》,载《求是学刊》2019 年第 5 期。

是因应社会的发展而在法律制度需求上的'自然'反应"[1]。

"从社会与国家互动的角度看,可以认为新型权利的生成过程乃是一个权利推定的过程,即权利推定是国家和社会共同保障新型权利生成的一种习惯救济方式。"[2]作为一种新型权利,数字人权需要基于双重视角加以检验。[3]

基于法教义学的内在视角,从权利保护的必要性和实在法体系的规定性角度出发的检验表明:数字人权旨在保护数字社会之中人的正当权益,抵御权益侵犯方式的技术化、侵犯范围的覆盖化以及侵犯机制的多样化,聚焦由此造成的数据泄露、算法黑箱、信息不对称、数字鸿沟等现实问题。我国《民法典》第1037条和第1038条规定了相应的权利保护,《个人信息保护法》拓展了个人信息处理的保护措施。可基于数字人权理论,进一步发展实在法的权利规范体系。

基于法社会学的外在视角,从人的属性和社会结构的现实可行性角度出发的检验表明:一方面,数字社会的"人"实现了从"自然人"到"信息人"、从"自然人格"到"数字人格"、从"物理面向"到"生物—信息"双重面向的属性转变,相应的人权观念也不能停留在自然人的基础上,需要突出人的信息面向和人权保护的数字属性;[4]另一方面,在从传统工商业社会迈向数字社会的进程中,社会关系、行为模式、生活方式发生了转型升级,网络化、数字化和智能化要求更新人权保障策略,落实公私双重保障机制、场景化的数字正义观念等。

(三)对抗数字权力的数字人权

互联网、大数据、人工智能等数字技术的发展,使技术所有者或操控者通过对数据的收集、分析和利用获得优势地位,进而对他人产生实质性影响,形成数字权力。一方面,在数字社会中,政府权力虽然仍然占据重要地位,但其行使方式和范围发生了显著变化。政府需要适应数字化时代的需求,提升数据治理、网络安全等方面的监管能力,同时还需要与平台企业、社会组织等多元主体合作。另一方面,平台企业通过技术优势和数据资源占有能力,构建了自己的权力体系,一定程度上替代了政府的监管职能。数字权力已不仅体现为国家公权力的数字化,也体

---

[1] 姚建宗:《新兴权利论纲》,载《法制与社会发展》2010年第2期。
[2] 谢晖:《论新型权利生成的习惯基础》,载《法商研究》2015年第1期。
[3] 参见雷磊:《新兴(新型)权利的证成标准》,载《法学论坛》2019年第3期。
[4] 参见马长山:《智慧社会背景下的"第四代人权"及其保障》,载《中国法学》2019年第5期。

现为技术所有者或操控者对社会资源进行的分配。[1] 随着数字技术的迭代发展,数字权力日益扩张并呈现多元化、分散化和隐蔽化的特点,给个体权益保护带来了巨大挑战,需要确立数字人权,对抗数字权力的侵蚀。

从功能视角看,基本权利可以分为三个层次:抵御国家权力侵犯的防御权、请求国家积极作为的受益权、要求国家促成基本权利实现的客观价值秩序。[2] 数字人权作为基本权利同样具备三项功能,在数字社会中具体体现为三个方面。

首先,在防御权的功能维度上,数字人权能够限制数字权力的过度扩张。数字人权要求"国家不作为",确保其在法律框架内运行,防止通过过度收集个人信息、不当使用群体数据等方式滥用权力。数字人权也要求"平台不侵犯",注重平台权力运行的透明化和平台规则的合理化,规制技术化侵权方式带来的算法歧视、隐私泄露等问题。采取相应的制度性措施,包括制定严格的数据保护法规、加强网络安全监管、保障用户隐私权利等,以维护数字生态的健康和平衡。

其次,在受益权的功能维度上,数字人权能够保障公民权利的有效行使。在消极意义上,数字人权的受益权功能指公民在遭受侵害时能够获得司法救济,就此而言,法院整体的数字化转型和互联网司法在审判规则方面的探索对于数字时代的人权保障尤为重要;在积极意义上,数字人权的受益权功能指国家提供的物质性利益、与利益相关的服务或其他利益,例如为了保护数字人权,国家有义务通过提供基础的网络接入、数字素养教育以及无障碍的数字产品和服务等措施,确保每个人都能平等地获取和使用数字资源,获得基本的尊重和保护。

最后,在客观价值秩序的功能维度上,数字人权能够促进数字社会的公平正义。数字人权向国家课以建立相关制度、组织社会资源、提供程序保障等责任,如以《网络安全法》《数据安全法》《个人信息保护法》为基本骨架,构筑数字人权保障的法律体系;数字人权要求国家运用各种方法消除公民实现数字人权可能遇到的阻碍,保障每个人都能享有不低于他人的数字地位,例如围绕"数字弱势群体"的生活保障和救济制度构建完善的规范体系;数字人权还在平等法律主体之间发挥约束作用,促使法官在民事审判活动中积极贯彻数字人权的精神,确保其在司法实践中作为裁判依据、论证理由和检验标准获得有效实施。[3]

---

[1] 参见周尚君:《数字权力的理论谱系》,载《求是学刊》2024年第1期。
[2] 参见张翔:《基本权利的受益权功能与国家的给付义务——从基本权利分析框架的革新开始》,载《中国法学》2006年第1期。
[3] 参见张翔:《基本权利的规范建构》(第3版),法律出版社2023年版,第187—191页。

三、数字人权的主体

数字人权的主体包括自然人、"数字弱势群体"和"数字人"。

(一)自然人的数字人权

当"数字化生存"成为人的生存状态,虚实同构、人机交互、线上线下交融成为人的生活方式,自然人的人权内容也随之拓展。自然人的数字人权是在数字社会中,自然人作为主体应当享有的与数字生活紧密相关的权利。

自然人的数字人权有双重功能。一是抵御技术赋权的负面效应。数字技术赋权的不平等,导致自然人在数字社会之中的"机制性游离",呈现"平台架构中数字公民的边缘化""算法决策中数字公民的离场化""数字控制中数字公民的对象化""技术赋权中数字公民的失能化""技术理性中数字公民的去人化"等现象。[1] 应当通过平等利用数字技术、共享数字成果、提升个人信息支配、加强个人隐私保护、保障算法解释与算法问责等措施落实数字人权,抵御这些负面效应。二是促进自然人的自由发展。数字时代赋予个人以数字化的生存方式,在社会结构层面突破了以往人权保护的逻辑。面对平台权力扩张、信息技术异化、政府监管相对滞后的现状,只有借助数字人权确保自然人充分获取与交换信息,与时俱进地掌握数字技术、提升数字素养,持续表达意见建议并被真正"听到",基于全面的信息自主作出选择和决策,才能为人的自由发展提供基本前提。

(二)"数字弱势群体"的人权

大数据、人工智能、云计算等数字技术的飞速发展,加剧了不同社会成员掌握和使用技术的差距,导致了"数字弱势群体"的出现。"数字弱势群体"是指"基于主体的经济状况、学习能力等差异,以及数字化、智能化社会引发的社会结构和社会关系变革等原因,在获取、理解和运用相应信息并享有数字红利时处于劣势的社会群体"[2]。在数字技术快速发展背景下,"数字弱势群体"的生存权、发展权被侵蚀甚至被剥夺,已经成为严峻的人权问题。

具体而言,政治参与机会、财富获取能力、教育培训资源、"接近正义"程度、

---

[1] 参见马长山:《数字公民的身份确认及权利保障》,载《法学研究》2023年第4期。
[2] 宋保振:《"数字弱势群体"权利及其法治化保障》,载《法律科学(西北政法大学学报)》2020年第6期。

医疗服务水平的参差不齐,与数字技术运用和创新水平的两极分化叠加在一起,给"数字弱势群体"带来了进一步"边缘化"的风险。人工智能的盲目发展,还可能造就更加低下的"无用阶层",绝大多数人的社会价值将受到严重减损。因此"数字弱势群体"面临更为根本的问题,即参与"数字沟通"的政治权利。为了防止前所未有的人口"放逐"和极端的不公平,数字社会必须充分认识到集体人权的根本意义,以保障"数字弱势群体"的人权为首要任务,着力依靠宪法和法律提升数字社会的"涵括"能力。

现代法治以人的尊严为首要人权,但在数字社会,由于数字鸿沟放大了从经济、政治、法律、教育、科学、传媒等所有"自创生"社会系统固有的"排斥"效应,源于"互联网接入权"的"涵括权",也就是在数字社会生存、发展的权利,将成为首要的数字人权。这就要求"数字包容"原则获得宪法确认,使"数字弱势群体"也有平等的机会和相应的能力,受益于高度发展的数字技术。

(三)"数字人"的人权

"数字人"是指存在于非物理空间中,由数字技术驱动形成的高度拟人化形象和场景,致力于实现与人的沉浸式自然互动,为用户提供丰富的体验。伴随科技的迅猛发展,"数字人"逐渐呈现"形象真人化"、"内核智能化"和"功能身份化"的趋势,并越发呈现人格化的外在特征。[1]

多数学者认为,生物的、道德的人是"数字人"技术发展的终极目的。"数字人"尚未超越民法意义上"物"的范畴,其法律地位仍被界定为法律客体,亦即法律规范所调整的对象。其相关行为如创作、交易等的法律后果,应直接归于实际操控者或创造者,而非"数字人"自身。依据《民法典》、《著作权法》、《互联网信息服务深度合成管理规定》以及《生成式人工智能服务管理暂行办法》等法律法规,"数字人"的人权保护主体仍然是其背后的自然人,内容包括外观形象的著作权、表演作品的著作权、生成内容的著作权,以及商业公司以不当方式运用"数字人"形象侵害虚拟数字人背后自然人的个人信息、隐私权等。

但也有学者认为,在人工智能技术的冲击之下,如果不明确人工智能如"数字人"的法律主体地位,将导致其行为边界与道德边界无法甄别、创作知识产品

---

[1] 参见郑飞、夏晨斌:《虚拟数字人的二重法律向度及法律性质界定》,载《长白学刊》2023年第6期。

无法归属、侵权责任无法认定等困境,因此主张赋予"数字人"等人工智能主体地位,并拟制相应的权利类型与权利边界。[1] 此外,在系统理论视角下,具备一定自主性、决策能力和学习能力的人工智能也无法被简单视为人类行动的附属物,它们在行动层面参与人类沟通,并非单纯的客体,应具有相应的权利。[2]

第二节 数字人权的基本类型

数字人权的基本类型包括数字生存权、数字发展权、数字自主权、数字平等权和数字监督权。[3] 针对不同类型的数字人权应当采用不同的保障措施,由此形成完善的数字人权保障体系,确保各项人权在数字社会中得到落实。

一、数字生存权

数字生存权,是指公民利用数字基础设施、享有平等数字机会、从数字技术发展中受益,在数字社会维持生存的基本权利,旨在弥合数字鸿沟、提升数字能力。

(一)弥合数字鸿沟

数字鸿沟是由数字技术发展的非均衡性所引发的,个体或集体在数字基础设施的接入、有效利用及深度融入日常生活能力上的差异。[4] 数字鸿沟直接涉及人的生存发展状态和社会参与能力,不仅可能导致人的社会自主性、人性尊严受到严重侵蚀,也可能导致相当一部分人被排斥到数字社会边缘。

一方面,数字技术的扩张,改变了传统社会的发展逻辑,人的生存面临被基于技术架构和算法运作的平台支配的风险;加之物理空间的规范体系难以在数字社会有效实施,个人的权利边界变得模糊,生活空间和行动自由也受到更大限制。另一方面,由于国家保障的力度不足、机制不完善,"数字弱势群体"的学习能力严重落后于一般水准,可能彻底沦为"数字社会"的"无用阶层"。

---

[1] 参见朱凌珂:《赋予强人工智能法律主体地位的路径与限度》,载《广东社会科学》2021年第5期。
[2] See Anna Beckers & Gunther Teubner, *Human-algorithm Hybrids as (Quasi-)organizations? On the Accountability of Digital Collective Actors*, 50 Journal of Law and Society 100 (2023).
[3] 参见马长山:《数字人权的"中国图景"》,载《人权》2023年第4期。
[4] 参见韦路:《数字鸿沟:概念、成因与后果》,浙江大学出版社2024年版,序言第1-2页。

弥合数字鸿沟需要加强基础设施建设、构建权利保障体系、形成多元互动格局。一是加强基础设施建设，包括提高网络覆盖率和接入速度，有针对性地提升公民的数字体验，减少技术带来的信息不对称等负面影响。[1] 二是构建权利保障体系，应围绕"数字生存权"概念内涵和实践维度，确立网络连接权、网络自由权、信息平等权等，建立有效的监管机制和程序保障。[2] 三是形成多元互动格局，在国家层面加强教育和培训，提高公众的信息素养和数字技能；在社会层面促进数字技术的应用与普及，强化平台企业的责任；在个人层面构建数字公共领域，确保国家战略和企业发展倾听民众呼声。

（二）提升数字能力

以往对数字能力的理解局限于提升公民的"数字素养"，侧重于公民个人通过信息技术和数字产品学习数字技能，不断掌握数字实践应用，了解数字社会的动态发展。从数字素养到数字能力的概念演变表明，提升数字能力不仅是公民个人的权利诉求和意识觉醒，更是国家数字能力建设与公民数字能力提升双重维度的共同推进。数字能力主要包括数字参与能力、数字行动能力、数字防护能力和数字权利救济能力。就数字生存权保障而言，数字能力是指数字公民能够有效参与数字社会沟通，其数字化生存状态能够得到国家社会的充分支持和保护，在遭遇隐私泄露、算法歧视等技术侵犯时能够得到有效救济。[3]

从微观层面看，提升数字能力需要塑造数字公民精神，通过技术方式拓展公民活动空间，在参与式社会治理中提升公民地位；提升公民数字综合能力，培养公民在数字空间中的行动能力和责任意识，促进公民之间形成良善的数字行为秩序；规范数字权力行使，抑制平台技术扩张与权力异化，普及数字发展的成果红利，为公民创造生存空间和发展机遇；提供畅通的权利救济渠道，提供完备的公共法律服务体系和数字权利侵犯的司法救济模式，确保公民基本权益的维护。[4]

---

[1] 参见刘淼：《数字鸿沟：定义域的扩展与实践场景的分析》，载《湖南师范大学社会科学学报》2023年第4期。
[2] 参见宋保振：《论"数字化生活权"及其义务谱系》，载《法律科学（西北政法大学学报）》2024年第4期。
[3] 参见徐娟：《数字时代基于数字能力提升的权利实现进路研究》，载《山东大学学报（哲学社会科学版）》2024年第2期。
[4] 参见徐娟：《数字时代基于数字能力提升的权利实现进路研究》，载《山东大学学报（哲学社会科学版）》2024年第2期。

从宏观层面看,提升数字能力首先要构建平等、安定的数字秩序,制定公平、公正、公开的数字空间规则,提升公民生活水平;其次要公平分配数字资源,避免城乡、区域间资源的不合理配置,保障公民发展机会;最后要营造技术创新的积极氛围,通过政策引导和制度构建促进数字经济创新发展,增加公民幸福指数。[1]

二、数字发展权

数字发展权,是指国家、组织或个人在数字时代通过利用数字技术促进经济、社会、文化等各方面发展的权利。数字发展权旨在抵御数字霸权,实现数字正义,其实现不仅关乎个人和组织的利益,更关系到国家的整体发展水平和竞争力。

(一)抵御数字霸权

数字霸权,是指现代技术与资本合流在全球层面形成的"技术—经济—政治"霸权形式,表现为特定国家利用先进的信息技术和网络设施把控数字资源、制定数字规则、获取经济利益和政治地位等,本质上是因争夺基于技术的主导权而形成的新型霸权模式。[2] 从数字全球治理视角出发审视数字霸权,可以看到数字资源分配不均导致了数字鸿沟加剧、数字技术垄断制造了数字壁垒,技术理性压制价值理性造成了共同价值理念缺乏等现象。[3]

落实数字发展权以抵御数字霸权的基本路径包括三个方面。首先,面对数字平台的权力崛起和资本异化倾向,需要国家在鼓励技术发展的同时,坚持以人为本的基本立场和价值追求。其次,面对国际层面的技术封锁和数字垄断,要加大数字核心技术的研发力度,牢牢掌握数字技术发展自主权。最后,在全球层面应秉持坚持共商、共建、共享的原则和多边治理理念,基于"数字命运共同体"理念倡导数据共享,坚持数字规则制定的多边主义,推动构建数字治理的全球共识。[4]

---

[1] 参见周尚君:《国家数字能力:数字革命中的国家治理能力建设》,载《中国社会科学》2023年第1期。
[2] 参见李秋祺:《数字技术能推动世界主义吗——抵抗数字霸权的新路径及反思》,载《探索与争鸣》2023年第2期。
[3] 参见李亚琪、贺来:《数智时代全球数字治理的现代性困境与中国战略选择》,载《南京社会科学》2024年第8期。
[4] 参见向东旭:《唯物史观视域下的数字资本逻辑批判》,载《当代世界与社会主义》2021年第6期。

（二）实现数字正义

传统法治以工商业社会为背景预设,基于"社会一般人"的问题视角实现现场化正义;数字法治的核心则是通过大数据预测和个性化治理,实现可视化正义。[1] 数字正义涉及对因机器人、人工智能体和算法应用产生的算法歧视、算法霸权、人权受损等社会问题的规范指引,也涉及对数字技术是否符合人类社会正义要求的价值评判。[2] 其在形式上体现为信息和数据处理的分配正义,旨在平等分配社会资源和保障用户多元权利;算法和技术应用的程序正义,旨在将传统正当程序的价值融入技术设计和技术应用之中;协商和对话构建的互动正义,旨在建构合理的商谈对话机制纠正技术应用误差从而维护个体尊严;数据采集和透明的信息正义,旨在实现算法的可解释性和代码的公开性从而确保用户对正义的认知。[3]

数字正义的实现有助于构建一个公平、公正、公开,共建、共治、共享的数字社会环境。数字正义的基本目标是数据资源的合理分配、数字权利的充分配置、算法决策的公开透明、代码规制的规范有效。[4] 数字正义的实现路径包括建构制度体系和实践模式两个层面。在制度体系层面,要求完善数字法律体系、加强数字技术监管力度,凸显人的主体地位,在人工智能的深度应用中融入人的价值理念;在实践模式层面,要求强化司法裁判的可视化与公开性,注重纠纷解决的智能化与公共法律服务体系的触达性。以数字正义为核心价值的体系构造旨在为数字时代背景下的法律发展与秩序构建提供理论指引,确保技术发展与社会进步的成果能够惠及全体人民,进而为个人发展提供坚实而有力的制度保障。

三、数字自主权

数字自主权,是指在数字社会中自主使用和处分数字资产、数据和信息的权利。在更广泛的意义上,数字自主权还涉及社会治理中的信息流通与维护、数据安全与保护、平台开放与共享等架构的落实以促进数字空间中人的自主性面向,从而提升数字时代人们生活的自由度和舒适感。数字自主权保障人们在数字社

---

[1] 参见胡铭、周翔:《数字法治:实践与变革》,浙江大学出版社 2022 年版,第 43 页。
[2] 参见郑玉双:《计算正义:算法与法律之关系的法律建构》,载《政治与法律》2021 年第 11 期。
[3] 参见周尚君、罗有成:《数字正义论:理论内涵与实践机制》,载《社会科学》2022 年第 6 期。
[4] 参见谷佳慧:《数字时代正义的内涵变迁及法治保障》,载《北方法学》2023 年第 6 期。

会有尊严地生活,摆脱技术异化带来的机器对人的控制,以及技术权力扩张与信息流通封闭造成的"信息茧房"[1]效应。

(一)维护数字尊严

人的尊严表现为实在法确认人的平等身份,赋予了每个人在法律面前的平等地位,巩固了社会成员间的平等关系。人的尊严更超越了法律的范畴,成为一种深植于社会伦理与道德观念中的普遍共识。因此,人的尊严不仅是法律体系构建的基础,更是维护社会公正与和谐的重要道德支撑。[2]

在数字社会中,实现人的尊严依旧是重要的议题,仍然构成人们自主发展和追求幸福的基点。数字社会需要基于数字基础设施和数字公共服务,从四个层面维护人的数字尊严。在社会层面,数字鸿沟导致部分群体社会参与度降低,尤其表现为在数字化场景中信息获取受限、数字化市场竞争中经济利益和就业机会减少、数字化政治决策和公共事务中权利缩减,应着重提升公民的数字素养与数字能力,宣传和培养数字伦理道德,针对"数字弱势群体"提供促进公平性的保障措施,以弥合数字鸿沟,让数字社会的所有人都能够平等且有尊严地生活。在技术层面,技治主义和工具理性的泛滥引发人工智能应用的伦理风险,危害人的主体地位与人的尊严,应在算法中嵌入人类共同遵循的道德观念和地方人文的伦理信念。在法律层面,人们在信息革命拓展的网络活动空间中缺乏规范保障,在线上线下融合的生活方式中难以有效行使权利,需要以宪法为基点完善数字权利体系的保障和数字权力运作的制约;在个人层面,社交媒体和网络平台提供了更多的人际交往机会,也放大了陌生人社会的风险,应当营造尊重他人数字权利、遵守网络秩序的氛围,在网络交往中秉持坚守法治精神和道德规范的底线思维。

(二)摆脱数字控制

数字控制,是指数字社会中权力与数字基础设施、数字平台建设等结合而形成的控制模式。数字控制在数字空间中呈现高度技术性、隐蔽性及侵入性的权力

---

[1] [美]凯斯·R.桑斯坦:《信息乌托邦:众人如何生产知识》,毕竞悦译,法律出版社2008年版,第7-9页。
[2] 参见胡玉鸿:《人的尊严的法律属性辨析》,载《中国社会科学》2016年第5期。

特征,向个体系统性地施加数字障碍与权力干预,导致其自主性被显著遏制。[1]

以困在算法中的外卖骑手为例。目前在各大平台中,外卖派送系统通过大数据算法优化配送路线和时间,不断缩短配送时限。从2016年的1小时到2019年的单均配送时长减少10分钟,再到部分平台推出的"15分钟极速达"服务,这种时间压缩给骑手带来了巨大的压力。骑手的工作高度依赖平台的派单系统和算法规划表明,"数字控制不仅削弱着骑手的反抗意愿,蚕食着他们发挥自主性的空间,还使他们在不知不觉中参与到对自身的管理过程中"[2]。基于算法的数字控制限缩了数字劳动中的时间自主权,外卖骑手不得不超速行驶送单,由此带来个人安全和社会秩序风险;剥夺了行驶过程中的路线自主权,外卖骑手在实际劳动中面临高峰期交通拥堵等社会现实难题;完全掌控了个人发展上的收入自主权,外卖骑手在面对差评和减资时不具有议价能力和商谈空间。

摆脱数字控制的基本方式在于促进数字平台的多元化,避免过度依赖单一数字平台带来的控制风险;推动数字行业的自律自治,以维护用户权益为基本目的,实现数字发展的多元共治;保证用户面向数字产品和数字服务的选择空间。

(三)冲破"信息茧房"

"信息茧房"是数字技术导致的封闭效应,指信息在数字传播中由于个人兴趣偏好而逐渐变得单一和狭窄,最终形成蚕茧一样的信息环境,压缩了独立思考的空间、削弱了自我纠偏的能力。"信息茧房"可能带来不同群体间信息差距过大、单一信息获取导致的群体极化、信息过滤中介入权力形成的技术异化等问题。[3]

互联网从来不是"自生自发秩序",而是新旧利益博弈与妥协的产物。随着大数据、云计算、人工智能等数字技术的持续发展,以算法驱动的企业平台、社交媒体等在网络公共空间占据主导地位,商业逻辑已悄然渗透至日常生活的每一个角落。"信息茧房"一方面威胁着言论自由,阻碍了信息交流和理由交换,抑制了相互说服和偏见改变,导致各方越来越固执己见、故步自封;另一方面干扰了选择

---

[1] 参见姚建宗、龚志旺:《数字时代权力技术化及其法律风险应对》,载《河南大学学报(社会科学版)》2024年第5期。

[2] 陈龙:《"数字控制"下的劳动秩序——外卖骑手的劳动控制研究》,载《社会学研究》2020年第6期。

[3] 参见[美]凯斯·R.桑斯坦:《信息乌托邦:众人如何生产知识》,毕竟悦译,法律出版社2008年版,第79-110页。

自由,算法通过对价值偏好的捕捉迎合消费习惯和传统观念,迫使用户选择系统推送的相近产品和服务。总体而言,"信息茧房"加剧了社会的个性化与封闭性。

冲破"信息茧房"需要一种"开放型"的架构,[1] 在社交媒体等平台的信息流通中优化算法推荐,注重用户选择的多元化呈现方式,推动信息的公开透明和多元传播,让人们聆听更多元的观点,更广泛地进行交流,在理性的思考下作出行动选择,使数字空间更具理性化、包容性的秩序,提升数字社会的文明程度。

四、数字参与权

公民参与政治和社会治理的权利是一项政治性权利,数字社会的到来改变了这项权利的行使方式。公民在数字空间中充分表达自身意见,广泛参与政治生活,为经由充分沟通达成多元共识奠定了基础。为了更好地促进我国人民民主事业,充分发挥人民的能动性,必须保障全社会的数字参与权。

(一)确立数字民主

保障数字参与权,要求确立数字民主。数字民主的特点:一是虚实结合,人们打破地理区隔,采用线上模式行使选举权和被选举权,以及言论、出版、集会、结社等自由;二是信息多元,人们打破信息封锁,利用互联网多渠道获取政治信息;三是追求真相,人们对比不同数字媒体的报道,明辨事件真相。

在数字时代,西方政党有的通过全面数字化将自己打造成明星式政党,短时间内收获民众信任,在竞选中成功获得民众选票,并快速成长为执政党;有的采取渐进式策略,通过整合数字化资源,局部优化党派内部结构,逐渐改造为数字化政党;有的则因为忽略数字化发展而丧失民众基础,从执政党沦为在野党。[2] 我国则通过确立数字民主建起政府与公民有效沟通的桥梁,正在努力建构富有中国特色的数字化全过程人民民主。每个基层群众联络点均是收集反映民意的重要载体,人大代表可以"线上接听"群众声音,通过"云接待"与群众连线。数字化联络点畅通了民意沟通的渠道,打造了便捷化、常态化的民意反馈机制。

但与此同时,也应警惕利用数字技术破坏数字民主的行为。比如,在美国总统竞选中,大数据公司不仅通过网络识别人们的政治倾向,而且营造"信息茧

---

[1] 参见[美]凯斯·桑斯坦:《标签:社交媒体时代的众声喧哗》,中国民主法制出版社2021年版,第15-17页。
[2] 参见丁辉:《数字化政党:一个非类型学的理论框架》,载《政治学研究》2024年第1期。

房",不断强化部分群体的政治认同,直至培育出极端化选民。又如,在智能算法对网络舆论施加不当影响的背景下,数字民主极易成为滋生网络暴力乃至极端民族主义、极端民粹主义的"温床"。因此,我国公民行使数字参与权,必须坚持社会主义核心价值观,不断提升辨识真伪的能力,始终警惕数字民主的风险。

(二)倡导数字治理

我国的社会管理经历了从"管理"向"治理"的重大变迁。一元化的政府管理体制,转向了各类社会主体的多元化协同治理,治理主体从公共权力机构扩展到社会组织、社区组织、企事业单位,甚至公民自己。当前的社会治理又开始向数字化转型。数字治理是以数据驱动、技术应用、跨界协同为核心特征的新兴社会治理模式,治理理念以人民为中心,以人民需求为价值追求和行为取向。为保障数字参与,我国正在推行数字网格化治理制度。这一制度打通了联系群众、服务群众的"最后一公里",为全球数字治理提供了中国式样板。

数字网格通过帮助"治理失语"的社区居民实现"价值重连",落实了人民群众的数字参与权。首先,网格工作人员直接入驻网格,负责处理专业性事务,并运用数字化平台工具为网格减压赋能,降低时间成本和治理成本。其次,数字网格契合了数字时代的人际交往方式,将"面对面"的沟通转变为"端到端"的沟通。数字网格作为社区治理的"神经末梢",不仅方便了处于不同生活状态的人们及时获取基层社区信息,也为原本陌生的邻里之间提供了相互理解的渠道。最后,数字网格可对居民满意度进行实时监测,当地居民也可对网格服务效率随时作出评价,双方的持续互动构成参与式民主的重要形式,有助于提升基层治理效能,助推基层工作减负。

五、数字监督权

数字监督兼具权利和义务的双重属性。数字公民有权利监督国家公权力和社会私权力,基于公开的政务数据、透明的算法规则,行使数字监督权。

(一)政务数据公开

数字监督权根源于数字权力运作必然产生的信任危机。政府行使数字权力,不能简单依靠优势地位,应借助数字信任机制生产合法性。政务数据公开将权力放在阳光之下,是权力最好的防腐剂,也是最重要的数字信任机制。

一方面,政府部门推动政务数据公开可以保证执法公信力。各级政府将执法公务信息数据化,并在互联网上公开,供公众自由获取。不同政府部门之间的政务信息应该共享,防止执法权相互冲突。上级主管部门应该统合协调各下级执行部门,打通部门信息连接的阻碍。这一过程为公民参与政治生活、实施社会监督提供了前提,有助于建立公权力与私权利的有效对话机制。

另一方面,数字公民作为社会治理的积极参与者,可以借助公开的政务数据,了解政府的行政程序是否合法,行政处罚是否符合比例原则等,从而监督政府行政权力的运作。因此,政府数据应具备全面性、基础性、及时性、机器可读性等,与公民建立可感知的密切联系。[1] 这可以方便数字公民快速整理和收集相关信息,有针对性地提出政策建议。

(二)促进算法透明

数字监督权的主要目标在于监督算法自动化决策生成的合法性与合理性。但普通公民难以有效了解算法规制的基本原理和算法决策的生成机制,而算法透明可以弥补官民之间的信息不对称性。因此,为了有效保障公民的数字监督权,实现算法透明是一条可取路径。

算法透明可分为两种,一是全局透明,即将算法的运作方式完全公开;二是局部透明,即算法特定决策的可解释性。随着算法架构日趋复杂,算法工程师也难以准确解释算法输出某一结果的原因。[2] 因此,算法完全透明在事实上不具有可行性。人们只能退而求其次,选择对特定决策作出解释,努力做到局部透明。

保护数字监督权,要求数字政府的自动化决策具有局部透明性。一方面,数字政府的行政决策交由算法自动化生成,这一过程无政府工作人员直接参与。如果缺乏算法透明,公民面对算法黑箱生成的不合理决策,将会无力抵抗,更难以有效监督。为了保障公民的基本权利,公民可以通过听证会、研讨会等方式,向政府表达对算法透明度的期待和建议;公民也可向相关部门投诉、举报不合理的自动化决策;在特定情况下,公民还可要求政府公开算法源代码,以便深入调查、评估其合理性。这些措施可以提高算法透明度,抑制不正当决策,并进而增加政府决

―――――――――――
[1] 参见丁晓东:《从公开到服务:政府数据开放的法理反思与制度完善》,载《法商研究》2022年第2期。
[2] 参见沈伟伟:《算法透明原则的迷思——算法规制理论的批判》,载《环球法律评论》2019年第6期。

策的合法性和可信任度。[1] 另一方面,政府作出影响公民基本权利的特定决策时,应该对数据的来源、算法的目的、算法的功能、输出的结果等作解释性说明,在不同场景中分别满足过程透明和结果透明的要求,并保留必要的人工纠错手段。如在税务领域,过程透明要求政府公开税务算法的决策过程,结果透明要求政府公开税务算法的结果,特别是对纳税人的税收优惠或惩罚措施。又如,在预测性警务领域,过程透明要求公安部门公开算法设计、训练和部署的过程,结果透明要求公安部门公开算法的决策结果及其依据。以此类推,公民可以分别从过程透明和结果透明的维度进行监督,观察政府决策是否满足依法行政的要求。

保护数字监督权,还要求平台企业的商业化决策具有局部透明性。平台企业依托算法获得了私权力,这也要求其履行尊重人权、接受监督的义务。现实中,平台企业往往将算法视为商业秘密,公开算法的积极性不高。数字公民可通过多种方式行使数字监督权,比如要求平台企业公开其算法架构,进行算法备案、算法审计,通过专业领域的算法伦理测试等。[2] 比如,在线旅游平台应该公开利用算法进行用户画像、价格歧视等操作的过程,公开价格和排名结果,避免价格操纵。若平台企业拒绝履行其算法透明义务,公民可向其主管部门投诉,可依据《个人信息保护法》《电子商务法》等要求平台企业公开其自动化决策,还可提起民事诉讼。与此同时,政府也需要在保护个人利益和商业秘密之间作出选择,强制要求平台企业履行算法透明义务。在一些情况下,平台企业应向行政主管部门报备参数。比如,金融机构运用人工智能技术开展资产管理业务,应当向金融监督管理部门报备人工智能模型的主要参数。在另一些情况下,平台企业应向社会公众披露参数并说明理由。比如,欧盟《数字服务法》规定,在线平台提供商需要向用户告知他们所采取的内容审核决定,并解释这些决定背后的原因。[3]

第三节 迈向"第四代人权"

联合国教科文组织前法律顾问卡雷尔·瓦萨克(Karol Vasak)曾根据不同的社会历史背景,提出公民权利和政治权利,经济、社会及文化权利,和平权、环境权

---

[1] 参见[澳]陈西文:《我们,机器人》,游传满、费秀艳译,北京大学出版社2024年版,第166页。
[2] 参见[澳]陈西文:《我们,机器人》,游传满、费秀艳译,北京大学出版社2024年版,第68页。
[3] 参见汪庆华:《算法透明的多重维度和算法问责》,载《比较法研究》2020年第6期。

和发展权"三代人权"的划分。每一代人权都有其鲜明的时代特色,反映了人权发展的历史进程。但当前数字技术引发了全球性的人权危机,作为第四代人权的"数字人权",已成为讨论的热点。

一些学者反对将"数字人权"视为第四代人权。他们认为,数字人权缺乏人权的道德基础;[1]数字权力没有改变现代社会的组织原则,没有催生新的社会子系统,数字人权缺乏明确的指向;[2]人权理论因其体系性与融贯性而具有强大的兼容能力,数字人权可以从现有的人权体系中得到解释。[3]

但也有学者认为,必须高度重视数字人权的特殊性,正确认识到数字人权已经超越了前三代人权涵盖的范围,应当视为第四代人权。

一、数字人权作为第四代人权

(一)人性维度的论证

数字人权的概念表达出人具有数字信息面向,应在数字社会中实现自身全面发展。[4]数字人权源自人性。在数字时代,人的数字化全面改变了人与人、人与自然之间的关系,人性由此变成兼具生物属性与数字属性。[5]

算法的运作影响了自然人的数字人性。第一,算法施加的强制性命令调整人的行为,双方在互动中相互影响,形成新的人机关系。第二,算法可以定向塑造数字人性。人的自由意志和外部行动根据各种数字规则重新调整,并内化到潜意识中,产生自我规训的效果。第三,人们的自然本性、社会角色和个性特征都可以被算法的0/1代码描绘、表达与建构。[6]各种平台在设计算法架构之初,就着力搭建出适配人性的App操作页面;这些页面的色彩搭配、功能设置、模块组合等诱导着人类投入时间和精力,为平台获取流量、扩大影响力。从人性出发的数字技术,反过来又培养出新的数字人性,往复迭代,形成正反馈的强化作用。

不仅如此,算法的运作也使人工智能是否具有数字人性成为争议焦点。随着

---

[1] 参见刘志强:《论"数字人权"不构成第四代人权》,载《法学研究》2021年第1期。
[2] 参见伍德志:《数字人权再反思:基于功能分化的视角》,载《法学家》2024年第2期。
[3] 参见路平新:《数字时代的"数字人权"之辩》,载《陕西师范大学学报(哲学社会科学版)》2024年第1期。
[4] 参见马长山:《智慧社会背景下的"第四代人权"及其保障》,载《中国法学》2019年第5期。
[5] 参见龚向和:《数字人权的概念证立、本原考察及其宪法基础》,载《华东政法大学学报》2023年第3期。
[6] 参见马长山:《智慧社会背景下的"第四代人权"及其保障》,载《中国法学》2019年第5期。

人工智能技术的迅猛发展,人工智能是否也会拥有人性,并觉醒独立意识,已经引起人们的担忧。现在的深度学习和神经网络技术,使人工智能具备自我学习能力,一方面,人工智能在学习人类知识的过程中,也学习到隐藏在人类语言文化中的歧视与偏见,产生了来自数据源头的"污染"。部分偏见还可能隐藏在数据库的底层,在关键时刻发挥致命性破坏作用。另一方面,人工智能不再简单依靠人类生产的知识,而是可以自己制造知识,并从中学习。这极大地提高了机器学习的效率。但人类面对同样具有心灵感知和沟通能力的机器人,可能不自觉地产生厌恶和恐惧。传统的法律主体概念能否容纳非人类,人类社会是否准备好接纳机器人作为新的沟通参与者,还存在疑问。[1]

(二)价值维度的论证

第一,维持数字空间秩序需要重视数字人权。数字技术塑造了迥异于工商社会的数字社会,后者拥有独特的社会结构和社会文化,深刻改变了人们的思维方式、行为模式和相互之间的沟通形式。数字技术的滥用促使社会结构产生异化,进而导致数字空间秩序混乱。因此,保障数字人权,抑制平台企业等滥用数字技术,是维持数字空间秩序的必然要求。比如,用户在登录平台的 App 时,会遭遇平台植入的大量广告。平台为了精准推荐广告,必然大规模窃取用户的个人数据和信息。用户为了能够正常参与网络空间的数字生活,将不得不接受广告信息的狂轰滥炸。更有甚者,部分网络链接还涉及套路贷、赌博、色情等违法信息,诱导人们陷入数字空间的阴暗面。人们沉溺其中,不仅损害财产权,还可能丧失主体意识和自由意志,沦为技术奴隶。

第二,保护人类尊严需要重视数字人权。现代以来,人的尊严作为核心价值成为引领制定社会规范的总原则。这要求每一位社会成员都能拥有基本的生存空间,获得基本的人格尊重,数字社会也不例外。然而,少数人将数字技术作为工具,压迫、剥削多数人的正当权利,这在实质上否定了人之为人的尊严价值。这种技术治理模式强化了人类社会的不平等,必然增加社会的不稳定因素。因此,数字人权不应是一个法律口号、一个道德符号,而应体现人类尊严的价值内核。

---

[1] 参见郭少飞:《"电子人"法律主体论》,载《东方法学》2018 年第 3 期;龙文懋:《人工智能法律主体地位的法哲学思考》,载《法律科学(西北政法大学学报)》2018 年第 5 期;刘洪华:《论人工智能的法律地位》,载《政治与法律》2019 年第 1 期;孙山:《论人形机器人的法律地位》,载《东方法学》2024 年第 3 期。

第三,追求人类美好生活需要重视数字人权。数字时代的人类具备生物—信息的双重属性。数字社会不仅要重视人的物质和精神需求,也需要重视人的信息获取需求。人的生物属性要求借助数据和算法,便利吃穿住行,丰富物质生活,取代低廉、危险、无意义的工作内容;人的信息属性要求借助数据和算法,获得更多的生活选择、行动自由和试错空间,更好地成为自我、实现自我、超越自我。

(三)规范维度的论证

通过解释现行有效的法律,数字人权在规范维度的证立已经具备一定基础。

首先,在公法中,数字人权作为人的基本权利,可以联系宪法的人权条款找到依据。第一,《宪法》第 33 条第 3 款"国家尊重和保障人权",这是人权保障的统摄性和概括性条款,该条款是未列举基本权利或者一般行为自由的规范基础。数字人权属于人权,它为传统人权增添了信息属性。数据化的信息并不表现为客观物质形式,而是成为社会自我呈现的虚拟状态。国家采取尊重和保障数字人权的态度,维护数字状态下的新兴权利。第二,《宪法》第 38 条"人格尊严不受侵犯",证成数字人权为未列举基本权利。人格尊严广义上是指一种内心体验,算法霸权、数字歧视、数据孤岛都会让人感到心里不适。数字权力如毛细血管般渗透到社会结构中,导致数字人权在人格尊严的意义上受到侵犯。因此,数字人权的人格属性反映了人在数字社会的主观感受。综合以上两个宪法条款,可以从规范性的角度分析数字人权的存在价值。这种利用宪法体系化证立某一类型数字人权的方式,早已在隐私权中得到确认。[1] 以此类推,这一模式也可运用到不同类型的数字人权存在性证明中。

其次,在私法中,互联网接入权、个人信息删除权、个人信息自主决定权等重要的数字人权,是公民参与数字生活的重要条件与保障。虽然我国制定法只将部分数字人权明确予以规定,但是《个人信息保护法》中有"根据宪法,制定本法"的表述,个人数据、信息权利等可被视为宪法上的人权或未被列举的基本权利。[2] 在世界范围内,欧盟的数字立法通过《通用数据保护条例》《数据法案》《数字市场法》《人工智能法案》等一系列法律初步确定了欧盟版的数字人权保护体系。但是,数字人权相关法律不能只注重保护个体权利,也应该注重数据和信息的流通

---

[1] 参见李忠夏:《数字时代隐私权的宪法建构》,载《华东政法大学学报》2021 年第 3 期。
[2] 参见丁晓东:《论"数字人权"的新型权利特征》,载《法律科学(西北政法大学学报)》2022 年第 6 期。

价值,从而达成权利保障和经济价值的二元统一。

最后,数字社会打破了公私二分的界限,数字人权不再单一地被公法或私法所规制,而是两者共同作用的产物。相应地,数字法学也不再是某个部门法内部体系的一部分,而是独立出来,成为一个全新的法律领域。未来的数字法学有望形成体系性、融贯性、自主性的规范体系,使得数字人权得到更好的保护。

二、"第四代人权"的保护路径

保护作为第四代人权的数字人权有三种路径,分别是公民能力路径、国家义务路径和弱者保护路径。

(一)公民能力路径

数字社会带来了生活方式的巨变,但是作为原子化的个体,并不一定能够享受到数字红利,反而可能成为数字时代的牺牲品。比如,面对海量的数字信息,人们难以有效获取高质量信息,在难辨真假的信息海洋中蒙蔽了感知世界真实的能力。又如,随着人工智能的发展,不少行业或被取代,由此导致大量失业,可能滋生一系列的社会问题。在数字化不可避免的背景下,如何维持人的主体地位?

从公民能力角度出发的回答是,人们需要有能力选择自己想过的生活,而不是被动地接受社会强加的权利与义务。能力"表示人们能够获得的各种生活内容(包括某种生存状态与活动)的不同组合"[1]。人不是工具,而是具备自由意志的社会主体。只有具备数字素养的人,才能主动拥抱数字新世界,有效获取、接收、理解和使用数据信息,并在此基础上主张相关的诉讼权利。[2] 因此,提升人的数字素养就成为保护第四代人权的可行路径。

一方面,个人应该主动学习数字社会的知识。个人停留在浅层次地使用电子设备,并不是一名合格的数字人,反而可能成为数据的生产工具,沦为新型社会的"技术奴隶"。个人如果不主动掌握和拥抱数字技术,则难以在数字社会中具备充分的创新力和竞争力。另一方面,教育部门应将提升学生和老师的数字素养纳入人才培养方案。近年来,教育部推动新文科教育,中共中央办公厅、国务院办公

---

[1] [印度]阿马蒂亚·森:《论经济不平等——不平等之再考察》,王利文、于占杰译,社会科学文献出版社 2006 年版,第 258 页。
[2] 参见桂晓伟:《智慧社会的数字人权保护——基于"能力路径"的理论建构》,载《法学评论》2023年第 1 期。

厅印发《关于加强新时代法学教育和法学理论研究的意见》,这些措施旨在将数字社会的基本知识融入法学教育中,以培养具有数字素养的法律人。

数字社会拥有无限的可能性,但个体需要有能力感知数字人权、行使数字人权,利用数字人权实现个人价值和社会价值。

(二)国家义务路径

国家的力量远远大于个人,国家如果认识到自身有义务保障公民的数字人权,将极大地提高数字人权保护的力度和可能性。

第一,国家有尊重公民数字人权的义务。一方面,国家应该最大限度地尊重公民自由开展活动,尊重公民的人格尊严,不随意使用公权力干涉公民自由。公民自由地在网络空间中浏览网页、线上购物、观看视频、发表评论等,这都是公民自由权的体现。另一方面,国家权力应有一定的谦抑性。职权法定原则要求非经法律授权,任何行政机关不能采取干预公民自由的措施,不能作出损害他人利益的行为。[1] 法律保留原则要求行政机关的行为必须有明确的法律授权,否则构成违法。因此,国家在多数时候履行其消极义务,尊重个体自由和个体权利,即能释放社会的活力。

第二,国家有保护公民数字人权的义务。在第三人侵害公民的数字人权时,国家有一定的保护义务。以公民的离线权为例,数字化工作打破了传统物理空间和网络空间的隔阂,公私生活的界限被消除。下班之后,员工仍可能随时接到公司的工作安排,并强制要求加班,不加班就面临被降薪、开除的风险。员工难以拒绝和抵制相关的工作安排,严重压缩了生活安宁的空间。为此,可采取事前、事中、事后的全周期保护方案。在事前,澳大利亚离线权法案规定,雇主在工作时间之外出于非必要原因联系员工的,可能面临最高9.3万澳元的罚款,这从源头上保护了员工下班之后的娱乐休闲权利;在事中则是通过执法活动排除侵犯员工离线权的各种行为,包括公司不合理的规章制度,上司领导对下属员工的剥削压榨等;在事后则表现为司法机关对于员工离线权的保护。员工可以离线权被侵犯为由提交劳动仲裁、提起诉讼,司法机关应该依法作出判决,从而保障员工的数字权利。推而广之,国家在诸多数字人权领域,均可以提供类似事前、事中、事后的保护模式,全流程保护公民的数字人权。

―――――――
[1] 参见何海波:《行政诉讼法》(第3版),法律出版社2022年版,第291-294页。

第三,国家有给付公民数字人权的义务。《第54次中国互联网络发展状况统计报告》显示,截至2024年6月,我国网民规模近11亿人,互联网普及率达78.0%。国家为了进一步为公民提供互联网接入权,在已有的基础上,还应该兴建网络基础设施,为网民提供更快、更便捷的网络服务,实现全民网络覆盖。尤其是偏远地区和农村地区,国家应为他们提供接入互联网世界的接口。这种给付义务无差别惠及所有群体,促进全民共同分享数字社会的红利。

(三)弱者保护路径

针对数字红利的分配,法律应按照分配正义的要求,重新分配资源,对弱势群体予以特殊照顾。数字鸿沟制造的数字不平等,不属于自然不平等,也不能归咎于弱势群体自身。社会技术发展制造的高门槛,阻碍了一部分弱势群体实现正当权利。法律应该对此予以特殊照顾,以调整人为技术制造的不平等。

首先,弱者保护路径需要更新传统的平等观念。平等的意义是具体的、历史的,并不是一成不变的,平等观念的形成"需要一定的历史条件,而这种历史条件本身又以长期的以往的历史为前提"[1]。数字社会的平等观反映了数字技术对社会观念的巨大改造作用。比如个性化定价中的歧视风险,平台通过收集用户数据、分析用户行为,可以在同一服务中提供差异化定价。这种数字不平等引起了人们对于公平、正义的重新思考。数字平等应旨在填平数字鸿沟,消除数字信息和个体认知之间的信息不对称性。

其次,弱者保护路径需要实现人类价值观与算法价值观的"价值对齐"。算法追求的价值具有单一性,而全社会的价值观具有多元性。为此,人们需要挑选值得推崇的价值观。这种价值观的选择只能是主流价值观,而少数群体的价值观可能会被漠视,基于算法语言的价值霸权将进一步放大社会分裂。[2] 因此,价值对齐的伦理正当性要求算法在设计之初,就必须纳入对于弱者权利的正视与保护。提倡数字人权,给了被排斥的弱势群体"再涵括"到数字社会的机会。

最后,弱者保护路径需要通过算法追求实质正义。算法的标准化决策忽视了个体的特殊性,仅在形式正义的层面上作用于社会。数字社会应该利用大数据的计算优势,精准制定社会再分配的方案。方案的目的在于增强弱势群体争取数字

---

[1] 《马克思恩格斯文集(第九卷)》,人民出版社2009年版,第113页。
[2] 参见於兴中、郑戈、丁晓东:《生成式人工智能与法律的六大议题:以ChatGPT为例》,载《中国法律评论》2023年第2期。

资源的机会和能力,尊重个体行为的预期目标和动机,在实质性层面上实现公平正义。[1] 只有这样,数字弱者才能在数字平等观的指引下,依托数字技术均衡赋权,重获全社会的基本尊重。

典型案例

2016 年在英国"脱欧"公投期间,数据分析和咨询公司剑桥分析(Cambridge Analytica)利用用户数据,为"脱欧运动"(支持英国退出欧盟的政治运动)和英国独立党服务。剑桥分析通过脸书平台非法获取几千万用户的个人数据,采用"心理绘图术"(psychographic techniques),对这些选民定向精准地投放政治广告,从而影响了英国脱欧公投。2018 年 3 月,美国 FTC 宣布对剑桥分析和脸书进行调查,并于 2019 年 12 月发布公告并正式裁定:剑桥分析从事欺诈行为,目的是从数以千万计的脸书用户中收集个人信息以进行选民分析和锁定目标,并最终影响他们在美国大选中的投票行为。该裁定还认为,剑桥分析公司还作了一些违反美国和欧盟之间"隐私盾"框架的欺诈性行为。2018 年 5 月,剑桥分析及其母公司 SCL 宣布关闭,脸书认罚 50 亿美元。

剑桥分析虽然关闭了,但"操控公众大脑"却成为需要高度关注的时代问题。它不仅仅侵犯隐私权,还引导和操纵用户心理,损害了数字时代的自主决策权。

问题与思考

1. 数字社会涌现了哪些新的人权问题?
2. "数字弱势群体"的权利如何得到有效保障?
3. 数字人权的基本权利形态有哪些?
4. 请从人性维度解释确立第四代人权的必要性?
5. 请阐述保护第四代人权的国家义务路径?
6. 数字人权与数字正义的关联是什么?

延伸阅读

1. 戴昕:《信息隐私:制度议题与多元理论》,北京大学出版社 2024 年版。
2. 高鸿钧、申卫星主编:《信息社会法治读本》,清华大学出版社 2019 年版。

---

[1] 参见宋保振:《"数字人权"视野下的公民信息公平权益保障》,载《求是学刊》2023 年第 1 期。

3. 胡凌:《数字架构与法律:互联网的控制与生产控制》,北京大学出版社 2024 年版。
4. 贾开、胡凌:《合作的互联网》,商务印书馆 2024 年版。
5. 余盛峰:《临界:人工智能时代的全球法变迁》,清华大学出版社 2023 年版。
6. 於兴中:《数字素养:从算法社会到网络 3.0》,上海人民出版社 2022 年版。
7. [美]科斯塔斯·杜兹纳:《人权的终结》,郭春发译,江苏人民出版社 2002 年版。
8. [美]林·亨特:《人权的发明:一部历史》,沈占春译,商务印书馆 2011 年版。
9. [美]马修·辛德曼:《数字民主的迷思》,唐杰译,中国政法大学出版社 2016 年版。
10. [英]维克托·迈尔－舍恩伯格、[英]肯尼思·库克耶:《大数据时代:生活、工作和思维的大变革》,盛杨燕、周涛译,浙江人民出版社 2013 年版。

第十四章　数字人权的主要内容

> **法律故事**
>
> 　　在短视频平台中,人们时常会发现,观看某一类视频多看了几遍,接下来一段时间刷到的内容几乎都是相似的。在新闻类平台上,人们对于某些新闻关注了几次,接下来平台会反复推荐此类新闻。平台算法想要通过用户留下的搜索痕迹、阅读习惯等判断使用者本身的偏好,以便于实现个性化的用户体验,增强用户黏性。
>
> 　　然而,对于个人来说,人对信息的接收数量是有限的,同一类信息的反复接收容易强化用户的习惯,从而对于其他信息阅读有限,让用户深陷"信息茧房"之中。这种现象往往会引导用户更倾向于接触同质化信息,固化了用户的认知和思维,容易放大用户偏见和限制用户自由。
>
> 　　由此看到,在数字科技快速发展大背景下,平台作为私权力主体具有强大的话语权,这意味着人们在数字社会中的自由权、平等权以及隐私权等传统人权需要拓展其新的内容,诸如个人信息、数据保护的新兴权利需要纳入人权体系。

第一节　数字人权的主要领域

　　自石器时代到信息时代,人类每一次重大技术革命都是其心智与脑力延展、肢体与体力解放的过程。[1] 在技术革命的冲击之下,人们的生产生活方式一次又一次被科技赋强与重塑。当今社会,随着互联网、大数据、云计算、5G、物联网、

---

[1] 参见徐汉明、张新平:《网络社会治理的法治模式》,载《中国社会科学》2018年第2期。

人工智能等一系列信息科技纵深发展,已然呈现虚实同构的双层社会表征,人们也由此开启了数字化生存模式。但正如麦克卢汉所说:"我们塑造了工具,此后工具又塑造了我们。"[1]在信息科技为人们生产生活带来便利的同时,数据和信息也逐渐变成了每个人不可分割的构成性要素,表达与建构着人的自然本性、社会角色与个性特征。[2] 越来越多的人观察到,人类从创造技术、利用技术到依赖技术,到现在脱离技术寸步难行的现象,以至于有学者提出:随着大数据技术的发展,"人的本质到底是什么"将可能成为接下来20年需要深入思考的问题。[3] 在此背景之下,张文显教授提出的"无数字,不人权"的数字时代人权理念,[4]引人深思。作为人权研究者,应对不同时代下人的本性变化具有足够的敏感性。在数字化时代,人权研究应当拓展到哪些主要的领域,则是一个关乎数字人权的基本理论问题和逻辑起点,应当引起足够重视。

一、人的数字化存在表明数字人权存在于数字空间

无论是在以土地为依托的农业时代,还是以工厂为依托的工业时代,人们都是以"血肉之躯"存在于社会之中并开展各种社会活动,人在物理社会的存在形式成为千百年来人类认知中的唯一形式。进入数字化时代,面对大数据、区块链、人工智能、物联网等信息技术,人们很难理解"行为人在地球的一个角落实施操纵,而该行为通过数据连接会同时在一个或几个国家产生后果"[5]。并且"数字化越普及,数字力量所能影响的领域就越多,个人面对的与数字化及个人身份有关的挑战就越多"[6]。于是,有学者开始审视信息科技对人的本体论与认识论观念的冲击,技术哲学大师唐·依德教授曾在《技术中的身体》中明确提出了身体理论三分法:一是从物理维度出发,认为人的身体是具有物质属性的血肉之躯。二是从政治维度出发,认为人的身体是社会与文化意义上的后现代话语身体。三

---

[1] [加拿大]马歇尔·麦克卢汉:《理解媒介:论人的延伸》,何道宽译,商务印书馆2000年版,第17页。
[2] 参见马长山:《智慧社会背景下的"第四代人权"及其保障》,载《中国法学》2019年第5期。
[3] 参见[美]史蒂夫·洛尔:《大数据主义》,胡晓锐,朱胜超译,中信出版社2015年版,第306页。
[4] 参见张文显:《无数字,不人权》,载《北京日报》2019年9月2日,第15版。
[5] [德]乌尔里希·齐白:《全球风险社会与信息社会中的刑法》,周遵友等译,中国法制出版社2012年版,第287页。
[6] [德]克里斯托夫·库克里克:《微粒社会——数字化时代的社会模式》,黄昆、夏柯译,中信出版社2018年版,第186页。

是从技术维度出发,认为前两种身体会在科学技术作用下呈现新的身体状态。[1]正如依德教授所认为的,技术纬度同样打开了人的存在形态。在数字空间,人的存在形态、生活方式和生产活动都产生了新样态。

人的数字化存在是指人们以"信息人"的形态在数字空间中建构社会关系、维护人格尊严以及实现个人价值所进行的信息、数据与代码的描绘与表达,是人的社会活动数字化进阶。从存在形态来看,在数字空间中具有的"信息人"主要以静态与动态两种形式出现。

静态的"信息人"是生物人在数字空间中的映射,属于一种信息身份。具言之,自出生时起至死亡时止,除了在物理空间中存在一个"生物人"之外,在虚拟空间数据库中的个人信息也在不断累积,直至形成一个虚拟世界的"信息人"。[2] 这种静态的"信息人"有助于其他网民了解与辨识特定的生物人。例如针对近年来频发的证明"我是我"等一系列问题,部分地区施行了"互联网+可信身份认证"模式,以虚拟空间中的"信息人"来证明生物人的身份。而在影视圈出现了"流量明星"通过上传生活细节营造"人设"提高知名度,甚至在婚姻大事上男女双方都可以通过相亲软件对性格与兴趣爱好进行匹配,实现"大数据帮你找到另一半"的做法。[3] 近年来出现的"大数据画像"做法,利用大数据分析特定的目标人物在数字社会中各种行为,对其外貌、爱好、性格、习性等各种特征进行汇总画像,也属于静态"信息人"的直接表现形式。然而,"大数据画像"对于个人信息的精准识别,极易诱发信息安全、隐私安全挑战。此外,人对当下事件的反应,这类信息被大数据记录下来,随着时间的推移,同样的事件,人会产生不同的想法。以前被记录的信息容易变成个人的"黑历史",人们对于此类情景就有该信息被删除的需求。特别是当一些个人敏感信息被滥用、嫁接、深度伪造的情况下,发布于公共平台的相关个人数据应当被删除。

而动态的"信息人"则是静态"信息人"的升级。与静态的"信息人"功能不同,人们不再满足于将生物信息映射在数字社会中,而是要在数字空间中进行沟通交流、买进卖出、生产生活等一系列社会活动,于是便出现了动态的"信息人"。所谓动态的"信息人",是指线下生物人利用信息技术,操纵静态"信息人"实施一

---

[1] See IHDE D., *Bodies in Technology*, University of Minnesota Press, 2002, p. 16 – 28.
[2] 参见[英]约翰·帕克:《全民监控:大数据时代的安全与隐私困境》,关立深译,金城出版社2015年版,第1页。
[3] 参见[美]伊恩·艾瑞斯:《大数据:思维与决策》,官相真译,人民邮电出版社2014年版,第24页。

系列社会行为,由此便达到了行为与物理身体相分离的效果,在哲学上被称为"离身性"[1]。动态的"信息人"最大的特点在于会产生合法或违法、盈利或亏损、道德或不道德等一系列结果,对物理社会中的生物人产生影响,这是仅具备身份属性的静态"信息人"无法做到的。事实上,动态的"信息人"这种现象表明,人的社会活动将会在很大程度上移转至数字空间,特别是,与传统物理空间相比,数字空间中的活动成本极低。庞大的移动支付、线上交易等情景表明,数字社会已然是不可逆的趋势,人们对于上网的需求越来越普遍,人的数字化生存已经是现代社会人之所以为人应当享有的生存条件之一。

随着数字技术的发展,人从物理空间走向了数字空间。人不仅仅表达为数字空间中静态映射的个人信息,而且能够在数字领域中动态地生产和生活。数字人权源于数字技术应用全面介入社会运转,数字在限定人权领域的同时,也与人权不断冲突、互动、融合,不断充实、更新人权理论与人权制度体系[2]。面对数字领域中不断出现的生存、生产和生活挑战,人应当如何成为一名合格的数字人,则是数字人权应当解决的根本问题。也即与传统人权相比,数字人权产生并存在于数字领域。

二、从物理社会到数字社会:数字人权存在于人的数字生活领域

人类的生活方式往往取决于科技发展水平,不同的社会背景下的生活方式会存在较大差异。农业时代属于自给自足的熟人社会,人们的交往娱乐与物质生活局限于熟人圈、土地产出与集贸市场购买。进入工业时代,人们的活动范围不再受限于脚力所及之地,物质生活虽然得到了较大的提升,但仅火车、轮船与飞机的塑造力并未超出物理空间限制,精神生活也仅限于书籍、报刊、话剧等传统形式。

进入数字化时代,信息科技对人类生活方式由早期平面化技术影响转变为立体化空间影响,造就了虚拟社会。虚拟社会的去边界化、熟人化、中心化等特点,让人们有了强烈的表达欲望,利用网络沟通的超时空表达与瞬时性传播,大大加快了人们的办事效率。"越来越多的平民百姓愿意通过互联网生产生活、买进卖出、结识好友、交流情感、表达自我、学习娱乐"[3],数字生活也逐渐成为人们真实生活的重要组成部分。

---

[1] 冉聃:《赛博空间、离身性与具身性》,载《哲学动态》2013年第6期。
[2] 参见高一飞:《数字人权原则司法适用的逻辑展开》,载《中国法学》2024年第3期。
[3] 张文显:《无数字,不人权》,载《北京日报》2019年9月2日,第15版。

首先,在精神生活方面,数字化信息的表达、接收与情感交流,让人们的生活变得丰富多彩。数字化表达始于 Web2.0 时代,维基网、博客等社交媒体的兴起,使互联网成为人们另一个交流互动平台,每一个网民不仅是读者,同时也成了作者。囿于早期信息技术具有专业性,使用新型社交平台的主体属于精英型、小众型群体。而在便携式、易操作的手提电脑与智能手机问世后,QQ、微信、抖音、B 站、微博等新型社交 App 成为人们日常娱乐的媒介,人们可以随时随地利用手机以文字、照片或视频等形式分享自己的动态以及与他人交流互动。

进入 Web3.0 时代,人与互联网呈现交互性、精确性、个性化样态,精神生活再一次升级。一方面,信息技术的发展模糊了虚拟空间与现实空间的边界,3D、VR、AR 等虚拟现实技术使人们在倾听与观赏艺术作品、音乐、电影方面更具立体感、直观感与真实感。人们真正体验到了尼葛洛庞帝所预言的,"阅读巴塔哥尼亚高原的材料时,你会体验到身临其境的感觉,你一边欣赏威廉·巴特利的作品,一边可能直接和作者对话"[1]。另一方面,在面对海量数据信息茫然无措时,智能化推送也让人们获取信息更为精准、有效、集中,甚至在深度学习、万物互联与大数据分析等技术融合发展下,出现了能够随时应答、远程控制的人工智能助手,如小米 AI 音箱、天猫精灵、苹果语音助手(Siri)、小度音箱等智能软件,人们无须检索,直接将指令发送给智能软件便能实现精准查找。然而,个人信息向公共空间的曝光,往往会引发平台或第三人过度的数据分析行为,这些行为通常会损害人的隐私和人格尊严,数字时代如何约束数据利用者则是人权保障需要思考的课题。

随着数字技术的迅猛发展,数字学习型社会正步入人们的视野。利用数字技术和设备进行学习,是当今世界受教育者必不可少的技能。在数字学习、数字教育领域,优质的数字教育设备、环境、师资以及相关科技产品为受教育者能够自主学习提供有力保障,有利于推动教育的高质量发展。然而,数字鸿沟进一步放大了城乡教育差距,优质教学资源由于数字平台限制等因素所形成的教育马太效应日益凸显,"互联网+教育"、智慧教育等新兴教育模式的出现更加呼吁数字教育领域中的人权保障。

其次,在消费生活方面,数字化商品的筛选、交易与支付,使人们的物质需求得到了极大的满足。党的十九大报告明确指出:"我国社会主要矛盾已经转化为

---

[1] [美]尼葛洛庞帝:《数字化生存》,胡泳、范海燕译,海南出版社1997年版,第16页。

人民日益增长的美好生活需要和不平衡不充分的发展之间的矛盾"。人们对物质生活的需求不再局限于温饱层面,高质量、个性化的生活品质成为一种新的消费标准。进入数字化时代,网络既是一种联通媒介,也是一个交易场所。作为一种媒介,人们可以利用网络空间沟通交流,便利物理空间中的消费生活。例如在美团、网约车、12306等平台上,人们可以在旅行之前通过网上沟通,安排好行程中的衣食住行。作为一种交易场所,使用群体则更为广泛,例如在淘宝、天猫、京东、拼多多、当当等购物平台上存在成千上万的虚拟店家,人们可以通过图片、视频、售后评价、交易量等因素对商品进行甄别,再通过快递运送到家中,即使足不出户,也能完成所有的交易。与此同时,手机银行、微信、支付宝等网络支付平台为具有"数字属性"的消费生活架起了一座虚拟的"金桥",使人们在数字空间中商品交易与支付得以顺利进行。然而在人们的消费生活中,平台或第三人能够对人们所留下的消费痕迹、搜索历史等进行分析,从而产生价格歧视、大数据杀熟等现象,人们的消费生活急需人权保障。

最后,在政治生活方面,数字化投票、监督与决策,使人们的政治参与呈现直接性、广泛性与多样性。在数字化时代,人们的政治参与不再仅局限于当面交流、现场投票、代为投票或邮寄等传统形式,而是将互联网作为一种媒介或场域,通过网络会议、语音电话、电子邮件、电子公告等方式表达诉求、参与决策。[1] 随着数字政府、数字法治、智慧司法等数字化平台的构建,各种财政预算、政府公报、司法判例等包含大量公共信息的电子文件在数字空间公开,人们可以随时浏览查阅。并且在数字平台中有大量政府工作人员、专家学者对这些文件进行深入解读,人们对于关乎切身利益的政策文件把握得更为精准,政治参与的有效性得到了增强,同时人们实施其所享有的监督权也变得更加便捷。因此,在数字社会中人们的政治参与热情、参与度都得到了极大提升。

然而,人们通过数字科技参与政治生活也有可能导致其人权受到侵犯。在美国,剑桥分析公司在特朗普大选中的作用,便是为特朗普团队提供以 AI 和大数据配合的方式,分析筛选选民,以便团队精准投放竞选广告和抹黑竞争对手的信息。剑桥分析公司前员工克里斯托弗·威利(Christopher Wylie)先前指认,这家数据分析企业"窃用"脸书 8700 万名用户的个人信息,用于帮助特朗普赢得 2016 年总

---

[1] 参见李云智:《从虚拟到真实:我国网络民主的前景分析》,载《甘肃理论学刊》2016 年第 2 期。

统选举。[1] 在2017年德国议会选举前,德国选择党(AfD)与曾成功干预肯尼亚大选的哈里斯传媒合作,通过脸书的用户数据将目标选民分为七个群体,其中,企业主、参加工会的工人、母亲等身份被识别出来作为重点干预对象。[2] 与物理社会不当干预公民政治权利不同,数字领域中的政治干预较为隐秘且规模庞大。人在数字领域进行政治生活时同样应当以人权为武器,抵御第三方的不当干预,人权制度应当根据当下数字领域的特点进行相应的更新和完善。

三、从实体经济到数字经济:数字人权存在于人的数字生产领域

随着科技成果不断推陈出新,人们对以数字化、虚拟化、智能化产品提升生活质量的需求日益高涨。国家数据局发布的《数字中国发展报告》(2024年)显示,2024年我国数字经济核心产业增加值占GDP比重10%,数据生产总量同比增长25%,数字基础设施、数字安全、数字技术、数据要素、数字社会等5项一级指标发展指数增速保持两位数,其中,数字基础设施和数字技术发展指数同比增长分别为17.55%和13.56%。数字经济作为一种新型经济形态,已经成为我国经济迅猛发展的重要引擎,推动着互联网与传统实体产业深度融合,使人的生产活动从土地、工厂转向了数字空间,数字人权在数字生产领域中的表现有以下三个方面。

一是生产要素的数字化领域。党的十九届四中全会明确指出了"健全劳动、资本、土地、知识、技术、管理、数据等生产要素由市场评价贡献、按贡献决定报酬的机制"。"数据"作为一种新的生产要素已得到全面认可,成为继"土地、劳动、资本、企业家才能"之外的第五种生产要素。[3] 作为一种全新的生产要素,数据发挥着其不可替代的价值。在生产经营过程中,人们既可以通过对各种数据要素进行采集、存储、加工与分析,对消费者的喜好进行归纳统计与趋势预测,制订下一步商品研发计划,也可以直接利用数据合成各种图片、视频、音频等数据制品,作为一种文化商品发行与出售;还可以直接将数据作为一种无形资产,在企业的资产评估、融资贷款以及投资转让实现其经济价值。与此同时,数据本身能够反映个人信息,平台企业或第三方对个人信息的过度分析,很大程度上会侵犯他人隐

---

[1] 参见《英议会公布"证据":剑桥分析公司或助力特朗普》,载新华网,http://www.xinhuanet.com/world/2018-04/18/c_129852531.htm#:~:text=%E8%8B%B1%E5%9B%BD%E8%AE%AE%E4%BC%9A%E4%B8%8B%E9%99%A2%E4%B8%80%E4%B8%AA%E5%A7%94%E5%91%98%E4%BC%9A%E7%94%9F%E6%88%90%E4%B8%80%E4%BB%BD%E5%85%B3%E4%BA%8E%E2%80%9C%E5%89%91%E6%A1%A5%E5%88%86%E6%9E%90%E2%80%9D%E4%B9%B0%E5%8D%96%E8%84%B8%E4%B9%A6%E5%85%AC%E5%8F%B8%E7%94%A8%E6%88%B7%E6%95%B0%E6%8D%AE%E7%9A%84%E8%B0%83%E6%9F%A5%E6%8A%A5%E5%91%8A。

[2] 参见杨春林:《数字时代西方民粹主义崛起的技术动因》,载《国外理论动态》2024年第2期。

[3] 参见闫德利:《数字经济迈向产业互联网新阶段》,载《中国信息化》2020年第6期。

私和人格尊严;此外,为了获取更多的数据资源,数字空间中出现了以数据作为对象的网络灰黑产甚至犯罪行为,导致数据资源的采集、使用、保护也逐步上升为权利。

二是数字平台治理领域。数据要素与网络平台是数字经济的两大基石,缺少网络平台的数据要素将无用武之地,缺少数据要素的网络平台也将面临"无米之炊"的窘境。随着大数据与算法深度融合发展,平台已由"网络集贸市场"转变为具有科技支撑的数字化组织。[1] 在宣传与销售两个关键环节基本都实现了科技化,一方面网络平台在掌握大量数据资源的基础上,通过大数据技术分析消费者的兴趣、购买力与消费习惯,在消费者上网时采取网络广告与精准推送等手段,达到商品宣传的目的;另一方面将传统商品销售活动由物理空间转移至虚拟空间,通过淘宝、天猫、京东等购物平台中的网店进行宣传、销售,形成了由市场与店铺、宣传与销售、销售者与消费者全数字化的线上模式。但是这种数据资源积累与大数据分析技术掌握也导致网络空间中"公权力"与"私权利"的二元架构被打破,具有"数字属性"的销售平台跃升为一种私权力主体,[2]应当引起重视。

数字经济并非百利而无一害。对于经营者而言,收集或获取客户数据信息仅仅是手段,通过对数据信息的挖掘、分析,实现对客户的精准"画像"并据此实现所谓"精准营销"和定价上"千人千面",才是其基本目的,这也是"杀熟"的关键步骤。[3] 通过大数据、算法、数字平台的联结,促成"千人千价"即区别定价局面,虽然能够为平台或商家赚取最大利润,但是这样的大数据杀熟、消费歧视行为却违背了平等的人权价值。

三是劳动关系与劳动控制领域。网络平台的兴起对传统劳动就业形态产生了巨大冲击,一方面新生代劳动者注重劳动自由与生活平衡,期望充分发挥自身潜能与价值,摆脱科层制管理下的流水线工作模式,[4]另一方面企业为减少用工成本与编制压力,也开始利用网络空间寻求与劳动者建立了灵活雇佣、外包、代理、加盟等非标准劳动型关系,在劳动者与企业的"合力"之下,催生出企业"去劳动合同化"与劳动者去雇主化的新型网络劳动关系。实践中,劳动者与平台算法所形成的人与技术的关系,凸显了平台经济背景下数字劳动的形式与内涵,即技

---

[1] 参见刘权:《网络平台的公共性及其实现》,载《法学研究》2020年第2期。
[2] 参见周辉:《技术、平台与信息:网络空间中私权力的崛起》,载《网络信息法学研究》2017年第2期。
[3] 参见邹开亮、刘佳明:《大数据"杀熟"的法律规制困境与出路——仅从〈消费者权益保护法〉的角度考量》,载《价格理论与实践》2018年第8期。
[4] 参见胡磊:《网络平台经济中"去劳动关系化"的动因及治理》,载《理论月刊》2019年第9期。

术权力与底层叙事、算法控制与自我赋权之间的角逐。平台企业通过个体户化劳动者来剥夺其劳动关系的主体资格,但碎片化任务式的"自主"接单规则下却呈现"隐形"劳动管理的特征,最终通过平台业务的程序化登记否认其主营业务涵盖"网约工"的工作内容。平台辩解其自身与"网约工"的关系为承揽关系、中介关系或合作关系,最终呈现去劳动关系化特征,为劳动关系的认定带来重重困境。[1] 与此同时,生产资源结构也发生了异化,出现了新型的数据资源比传统生产资料更为重要的情况,例如,脱离了平台的网约车便难以找到乘客。[2] 在劳动控制过程方面用工单位更具备技术优势与资源优势,促成了劳动任务分配、劳动过程监控、劳动报酬结算等方面的数字化与智能化,进而加深了劳动者的数据依附属性。

在数字劳动的场景下,大数据、算法、劳动平台三者结合同样会造成就业歧视,在劳动就业领域,"大数据—算法"决策模式已成为不少用人单位选人、用人的重要工具。但是,在"大数据—算法"决策模式中,算法对数据的甄选和采用,本身包含着人们的价值判断因素。在劳动就业领域,用人单位和算法设计者如果在决策模式中采用歧视性数据,那么最终得出的选人、用人决策在很大程度上会加重就业歧视现象。卡内基梅隆大学阿米蒂·达塔(Amit Datta)等学者研究了求职者性别与招聘广告推送的关系,研究者利用 ADFisher(一种广告钓鱼软件)模拟普通用户浏览求职网站,随后统计谷歌推送"年薪20万美元以上职位"的广告数据,发现男性用户组收到 1852 次推送,女性用户组仅收到 318 次,可见女性得到"高薪"职位推荐的机会仅为男性的 1/6。2018 年,路透社揭露亚马逊公司开发的人工智能招聘系统存在性别歧视,算法在进行简历筛选时,对包含"女性"等词的简历进行降权处理。[3] 因此,如何有效规制"大数据—算法"决策模式中存在的就业歧视问题,既是保障劳动者公平就业的重要基础,也是人权作用的重要领域。

综上所述,"数字人权"的提出实际上是以空间维度为标准,对人权理论问题进行的二次分类整合。例如,数字弱势群体属于人权理论中的特殊群体人权范畴,但数字化时代下的"数据鸿沟"、"信息鸿沟"与"技术鸿沟"等现象所造就的

---

[1] 参见王霞、邹开亮:《平台用工背景下劳动关系构成要件的因应》,载《上海对外经贸大学学报》2023 年第 6 期。
[2] 参见王全兴、刘琦:《我国新经济灵活用工的特点、挑战和法律规制》,载《法学评论》2019 年第 4 期。
[3] 参见邹开亮、王霞:《大数据算法背景下就业歧视规制初探》,载《价格理论与实践》2020 年第 6 期。

弱势群体,在表现形态、保障方式与影响后果上与传统观念中"弱势群体"都存在巨大差异;与之相类似,在数字空间,通信、交往、言论、教育、劳动、交易等生活和生产领域也具有了新的样态。

法律作为调整社会关系的一种手段,总是滞后于各种社会现象。数字空间出现之初并无配套法律制度。身处于具有虚拟性、开放性、随意性的新型公共场域之中,人们对自由渴望的情感诉求以及对他人的道德要求迅速膨胀,权利泛化、虚化与权利拓展和权利生成随之产生。[1] 在数字领域,人们的存在形态、生产生活方式都发生了很大变化,呼吁新型的人权法治手段。总体上,数字人权并不脱离于人权认识的范畴,领域性的数字人权能够将数字领域中有关人权的话语和议题进行整合,在尊重和保障人权的基础上调整数字社会中的各项法律关系,特别是针对数字领域中的"私权力",应当运用人权价值去消解数字领域中的人权问题。

第二节 数字人权的内容体系

由于数字科技发展引起的信息革命经历的时间不长,数字社会还未发展到完全数字化程度,而且人们对数字社会出现的新兴人权——数字人权的理解尚未完全达成一致,关于数字人权的内容体系,学术界努力作出了各种不同的凝练归类,使数字人权从类型化逐渐体系化。

一、数字人权内容的体系化努力

关于数字人权内容的具体化、类型化、体系化尝试,欧洲走在世界的前列。中国晚至2019年才由张文显先生首次提出"数字人权"概念,此后才开始数字人权内容的体系化努力。

(一)欧洲数字人权内容的体系化尝试

关于数字人权的具体内容清单,最早可追溯到1997年罗伯特·B.格尔曼的《网络空间人权宣言》提案,该宣言提出的网络人权包括数字平等权、隐私权、匿名和安全权、言论自由权等。2014年欧洲委员会通过了《互联网用户人权指南》

---

[1] 参见征汉年:《拓展与泛化:现代权利的科技影响因子》,载《甘肃理论学刊》2016年第2期。

(Guide to Human Rights for Internet Users),以保障互联网用户的权利和自由为宗旨,列举了互联网用户的不受歧视、言论自由、信息自由、隐私和数据保护等一系列网络权利。2016 年 12 月,27 名德国专家发表《欧盟数字基本权利宪章》(Charter of Digital Fundamental Rights of the European Union),包含了言论和表达自由、居家自由的权利、个人数据保护和数据权、信息自决权、被遗忘权、自由接入权、受教育权、工作权、无形商品使用权等基本权利。2018 年 11 月 26 日,西班牙德乌斯托大学公布了《数字环境中的德乌斯托人权宣言》(Deusto Declaration Human Rights in Digital Environments)。这份宣言中主张采用适合数字时代的第四代基本权利,共列举了如互联网上被遗忘权,离线权,个人保护其"数字遗产"的权利,与技术相关的保护个人诚信的权利,在线言论自由权,数字身份权,技术环境中的隐私权,使用算法的透明度和问责权,在专家系统作出的决策中最终由实际人员支持的权利,数字经济中平等机会的权利,电子商务中的消费者权利,在线知识产权,普遍的互联网访问权,数字素养权,在线公正的权利,在线安全权等数字权利。2018 年 12 月 7 日,西班牙新法律《数据保护和数字人权保障组织法》(LOPDGDD)生效,以国家立法的形式补充适用欧盟《通用数据保护条例》中已有权利制度,并增加了一些数字人权新内容,包括普遍接入互联网的权利,数字教育的权利,工作场所的隐私权和使用数字设备的权利,工作场所中数字断开的权利,工作场所视频监控设备和录音前的隐私权,数字意志权。[1]

(二)中国数字人权内容的体系化努力

与欧洲相比,中国对数字人权内容的体系化研究要晚一些。为了有效应对数字化时代所产生的新型人权危机,2019 年 5 月张文显教授首次提炼出了"数字人权"概念,[2]此后,马长山、季卫东、郭春镇、龚向和、郑智航、杨学科、丁晓东、高一飞等学者针对"数字人权"的概念证立、基本内涵、价值功能以及保障方式等具体问题展开了进一步研究,与此同时对数字人权内容进行了体系化的努力。

张文显先生在提出"数字人权"概念的同时,还进一步指出了科技企业尊重和保障人权的责任,以及政府尊重、保障和实现"数字人权"的义务。这种责任和义务保护的数字人权包括两个方面:一是公民(用户)数字化生活中隐私权、数据

---

[1] 参见杨学科:《数字宪治主义研究》,吉林大学 2020 年博士学位论文,第 85 - 86 页。
[2] 参见张文显:《无数字 不人权》,载《网络信息法学研究》2020 年第 1 期。

权、表达权、人格尊严权等权利和自由;二是互联网基础设施及其他数字化设备的提供,以公共资源和集体行动确保社会成员平等、充分地享有接入互联网世界、过上数字化生活的条件和机会,亦即上网权或数字化生活权。[1]

数字人权概念提出后不久,马长山教授就进一步明确了数字人权的内涵和外延。数字人权"以双重空间的生产生活关系为社会基础、以人的数字信息面向和相关权益为表达形式,以智慧社会中人的全面发展为核心诉求,突破了前三代人权所受到的物理时空和生物属性的限制,实现自由平等权利、经济社会文化权利、生存发展权利的转型升级。这既包括前三代人权在智慧发展条件下的数字化呈现及其相应保护,也包括日渐涌现的各种新兴(新型)数据信息权利及其相应保护,其本质是在数字时代和智慧发展中作为人而应该享有的权利"。其中,数据信息权利是实现了数字时代人权根本性转向的数字人权,"它以数据和信息为载体,展现着智慧社会中人的数字化生存样态和发展需求的基本权利,具体包括数据信息自主权、数据信息知情权、数据信息表达权、数据信息公平利用权、数据信息隐私权、数据信息财产权,等等"[2]。2022年马教授对数字时代迫切需要保护的数字人权类型化为三个:一是数字生存权,是指数字社会中每个人应该获得保障的生存条件、生存空间、生存能力等基本权利;二是免受数字歧视权;三是免受数字控制权。他认为,这些数字人权具有不同于传统人权的诸多属性和特点,可称为数字时代的"第四代人权",需要作出新型的命题提炼、理论建构、规范分析和价值厘定。[3]

加快构建数字人权的"中国图景",进而为全球数字人权发展提供"中国方案",2023年马长山教授指出数字人权图景的三大基本方向,其中之一是推进数字人权的类型化构建。马教授认为,数字人权主要包括传统人权的数字化和新生的数字人权两部分,但只有对其进行必要的类型化、具体化,才能将数字人权落到实处,也才可能使数字人权体系化。而且,这种类型化既应符合传统人权中仍然有效适用的那些标准,同时也要遵循数字发展的新时代人权逻辑。"从目前的发展情况看,主要应确立数字生存权(涉及数字鸿沟、数字能力等)、数字发展权(涉及数字霸权、数字正义等)、数字自主权(涉及数字尊严、数字控制、"信息茧房"等)、数字平等权(涉及算法歧视、数据共享、数据垄断等)、数字参与权(涉及数字

---

[1] 参见张文显:《新时代的人权法理》,载《人权》2019年第3期。
[2] 马长山:《智慧社会背景下的"第四代人权"及其保障》,载《中国法学》2019年第5期。
[3] 参见马长山:《数字法学的理论表达》,载《中国法学》2022年第3期。

民主、数字治理等)、数字监督权(涉及数据公开、算法透明等)。这些数字人权还可以进一步作出二级类型的细分,从而构成数字人权的类型体系。"[1] 这一详细的数字人权的类型体系为数字人权内容的体系化提供了良好的基础。

郑智航教授认为,数字人权是一个"权利束",并随着科学技术发展不断在内容上进行丰富。从人权的简约性、基本性与现实的紧迫性、可行性角度出发,"数字人权"的具体权利形态包括上网权、隐私权、网络表达、个人数据权、数字身份权、数字弱势群体的权利等子权利。[2]

高一飞副教授则基于数字行为的基本架构,参照传统上的人权分类方法,将数字人权界分为数字生存权、数字自由权、数字平等权、数字救济权四类二阶权利,并在这四类二阶权利基础上细分出若干三阶权利,三阶权利则进一步衍生出"下位"的四阶权利,这样就形成了一个具有层级性的权利体系。其中,数字生存权强调数字社会中的个体应该在数字化生存条件、生存空间、生存能力等方面获得保障,涉及数字设施接入、数字身份管理、数字技术利用等三阶权利诉求,主要保障与个体数字化生命状态息息相关的权益;数字自由权的核心是私主体对数据(信息)的自主控制,涵盖财产支配、隐私保护、数据获取、拒绝算法结论等三阶数字人权诉求;数字平等权意在实现数字技术应用过程中的形式平等与实质平等,相应的三阶权利包括但不限于免于算法歧视、填补数字鸿沟、数据公平利用等权利;数字救济权关乎诉讼主客体范围、证据规则、证明标准等程序性事项,旨在优化或变迁既有的程序规则,提升数字人权的程序保障力度。[3]

还有一些学者也对数字人权内容的体系化进行多层面、多视角的探索。例如,数字人权是作为"人格体"的"人"的数字沟通参与权,立足系统论视野,可以将作为数字沟通参与权的数字人权类型化为政治、经济、科学、艺术等社会子领域的数字沟通参与权,根据民众个体与不同社会系统之间发生的数字沟通,进一步具体划分为:政治领域的数字沟通参与权,经济领域的数字沟通参与权,宗教、科学、艺术、教育等领域的数字沟通参与权。[4] 数字人权本质上是三代人权之要素发展后的新样态,可以从横纵两方面调整人权系统结构:在横向结构上,可从效力

---

[1] 马长山:《数字人权的"中国图景"》,载《人权》2023年第4期。
[2] 参见郑智航:《数字人权的理论证成与自主性内涵》,载《华东政法大学学报》2023年第1期。
[3] 参见高一飞:《数字人权规范构造的体系化展开》,载《法学研究》2023年第2期。
[4] 参见翁壮壮:《系统论视野中的"数字人权"——概念界定、社会功能与宪法基础》,载《人权》2024年第4期。

空间、法律主体、权利内容三个方面组建数字人权;在纵向结构上,可从国际法、宪法、部门法三个方面建构数字人权。[1]还有学者从功能角度对数字人权进行类型化,将数字人权区分为普遍功能性数字人权与特殊功能性数字人权,前者主要是指互联网接入权,其功能是在社会整体层面支持所有系统的涵括性与功能分化;后者主要是指生物人及其社会角色的数字人权,其功能主要是维护个人身心系统的完整性与自主性,以及社会角色所代表的功能系统沟通的自主性。[2]

从以上学者对数字人权内容的类型化、系统化探索中可以看出,不同学者因对数字人权概念理解的侧重点不同,对数字人权内容的归纳亦有所区别,至今尚未就数字人权内容体系达成一致。但是多数学者认为,"数字人权"主要涵盖三个方面:数字生存权、数字自由权以及数字平等权,具体涉及互联网接入权、数字身份权、网络表达自由权、隐私权、数据权、平等权等六项核心权利。[3]

二、数字人权内容的体系化雏形

为获得对数字人权主要内容的整体认识,对已经类型化的散乱的数字人权进行体系化至关重要。数字人权作为一种新兴人权,并非完全与传统人权割裂开来,而是在对传统人权转型升级的同时,又拓展出了新的人权内容,包括以人的"数字属性"为本原形成的具有数字化形态的传统人权,以及以人的"数字属性"为本原产生的新兴数字权利,并形成了其独有的理论体系。因此,根据权利内容的新旧程度可以从宏观层次采取二分法建构数字人权内容体系二元架构:传统人权的数字化新样态和新兴数字人权。这两种类型的数字人权都具有相应的宪法基础,并将随着宪法在数字时代的发展而发展。[4]

(一)传统人权的数字化新样态

随着以互联网、大数据、人工智能为代表的现代数字科技的快速发展,人类进入了数字社会,人们的生存方式、生活方式和生产活动都具有全新的"数字属

---

[1] 参见邵丞玉、李佩霖:《系统发展视阈下数字时代的人权演进》,载《石河子大学学报(哲学社会科学版)》2024年第4期。
[2] 参见伍德志:《数字人权再反思:基于功能分化的视角》,载《法学家》2024年第2期。
[3] 参见李佳颖:《也谈"数字人权"——基于国际人权规范的视角》,载《太原学院学报(社会科学版)》2024年第5期。
[4] 参见龚向和:《人的"数字属性"及其法律保障》,载《华东政法大学学报》2021年第3期;龚向和:《数字人权的概念证立、本原考察及其宪法基础》,载《华东政法大学学报》2023年第3期。

性"。数字社会在信息科技推动之下,从早期封闭性、单向性、静态化的连接状态发展成为交互性、精确性、个性化的智慧社会,人们的日常生活不断得到便利的同时,也不断被数字化"侵蚀"。数字时代的进步催变了一些传统人权内容,新兴数字科技的发展和社会应用使"旧"权利呈现"新"现象、"新"样态。[1] 数字经济催生出多元化的社会主体和社会利益,而新生利益诉求也使公民基本权利呈现前所未有的"新样态"。[2] 这些被数字化不断"侵蚀"而转型升级的、"新样态"的宪法基本权利,不但其原有权利内容和旧样态要继续受到宪法保护,新内容和新样态也应该同样受到宪法的平等保护。相关宪法条款就是"新样态"数字基本权利的合宪性依据。

一方面,以自由权为核心的传统基本权利出现了数字化升级。自由权作为第一代人权,是经典的传统人权,是宪法基本权利的重要组成部分,涵盖了平等权、个人隐私权、言论自由权、通信自由权、宗教信仰自由权、财产权等众多权利,随着数字时代的到来在原有权利基础上呈现了新样态。以平等权为例,2018年4月英国发布的《人工智能发展的计划、能力与志向》中明确指出人工智能技术发展在训练数据、数据处理、算法设计者的因素都可能导致算法歧视。[3] 虽然算法歧视与传统歧视本质上都是对现实空间中的人差别待遇,但在表现方式与存在形式上却具有极大差别。而通过数据与代码呈现的个人隐私也突破了传统意义上个人隐私权保护范式,人们惊奇地发现指纹信息、面部信息、虹膜信息等生物特征信息成为个人隐私的重要组成部分,而各种 App 使用也设置了通讯录读取、短信权限、电话权限甚至身份证权限等敏感信息权限,以至于人们在数字化时代不仅"丢了脸",更是处于一种"裸奔"状态,侵犯个人信息成为数字化时代的痛点,作为基本权利的个人隐私权亟待数字化转型升级。再以互联网时代公民通信自由权为例,传统意义上的"通信自由"指的是"通过信件、电报、电话等形式表达自己意愿的自由";在网络通信时代,以微信、QQ 等即时通讯工具为代表的各种电子通信方式成为人们最主要的信息传递渠道。这不仅突破了传统意义上人们发送、处理和接受信息的模式,也拓展了公民通信自由、通信秘密的内涵和外延,使互联网时代的"通信"呈现多层面的新样态:通信载体的新样态、信息本身的新样态、

---

[1] 参见杨学科:《数字宪治主义》,吉林大学 2020 年博士学位论文,第 82 页。
[2] 参见师奕男:《基本权利"新样态"的宪法保障——以互联网时代公民通信自由权为例》,载《法学评论》2018 年第 6 期。
[3] 洪丹娜:《算法歧视的宪法价值调适:基于人的尊严》,载《法律科学》2020 年第 8 期。

通信对象的新样态。[1] 此外,言论自由由于具有脱身份性与跨地域性而呈现扩张样态,如何正确理解数字空间中言论自由权的射程范围,廓清言论自由的民法边界、行政边界、刑法边界也亟待言论自由权数字化升级。

另一方面,以第二代人权——社会权为核心的传统权利也受到了数字化"侵蚀"。社会权是公民依法享有的要求国家对其物质和文化生活积极促成及提供相应服务的权利。[2] 社会权后于自由权出现,强调国家不再扮演"消极的守夜人"角色,而是要求国家积极履行保护和给付义务,包含生存权、受教育权、工作权等。数字化时代人们开启了数字化生存模式,生产工作都具有了浓厚的数字属性。在受教育权方面,数字鸿沟进一步放大了城乡教育差距,优质的数字教育设备、环境、师资以及学生使用数字科技产品能力等因素所形成的教育马太效应日益凸显,"互联网+教育"、智慧教育等新兴教育模式正在重塑公平优质受教育权的时代内涵。在工作权方面,如前所述,数字经济、科技企业、网络平台对传统的劳动关系发起了全新的挑战,电商微商、直播带货等新兴经济模式使得就业权、休息权、劳动保障权等合法权益呈现数字化形态。生存权是包含社会保障权、适当生活水准权以及健康权的权利束,[3] 同样逃脱不了数字化侵蚀,特别是在数字生活作为实现美好生活的重要组成部分后,适当生活水准权也具备了数字化形态。作为人们经济社会生活中出现的数字化社会权新样态,同样要以相对应的宪法社会权条款作为保障依据。

因此,数字人权二元架构中的一部分应是以人的"数字属性"为本源所形成的,具有数字化形态的传统人权。

(二)新兴数字人权

数字社会出现之初,大量传统权利通过扩张解释得以保障数字空间中公民的合法权益,出现了具有数字化形态的传统人权,但数字社会与物理社会存在本质上的差别,数字时代的发展进步还催生了一些崭新的人权类别,从进入数字空间到离开数字空间各阶段都享有相应的数字人权,包括网络接入权(上网权)、数字身份权、数据权、被遗忘权、离线权,等等。

---

[1] 参见师奕男:《基本权利"新样态"的宪法保障——以互联网时代公民通信自由权为例》,载《法学评论》2018年第6期。
[2] 参见龚向和:《社会权的概念》,载《河北法学》2007年第9期。
[3] 参见龚向和:《生存权概念的批判与重建》,载《学习与探索》2011年第1期。

网络接入权(上网权)是数字生活开始的起点,也是一项新兴的数字权利,由2010年爆发的中东"茉莉花革命"事件而备受各界关注,目前网络接入权在国际社会中已被确立为一种基本人权。在国家立法层面,芬兰、希腊与西班牙已将"互联网接入权"的概念纳入本国法律体系。芬兰将"宽带接入"(broadband access)确认为公民的一项基本权利并写入宪法,成为世界上第一个正式承认互联网接入权的国家;希腊也将"信息权"写入宪法;西班牙就互联网接入为政府设定了一项注意义务。在司法领域,法国宪法委员会在其决定中指出,访问和使用互联网是一项基本人权;哥斯达黎加最高法院在其裁决中指出,互联网是实现一系列人权的重要工具,人们使用互联网的基本权利应得到保障。一旦介入网络进入数字空间就在物理空间自然公民身份的基础上孕育了数字公民身份,需要通过法律确认其数字身份权,该权利包括获得数字身份的权利、自主建构数字身份的权利、管理数字身份的权利以及保障数字身份的安全四项内容。[1]

而数据权作为数字化时代最耀眼的新兴权利,也分化出各种新兴权利,像物理空间中从摇篮到坟墓一样,在数字空间也存在从出现到消失的一系列新型权利,人们既有权要求在数字空间中以人为中心地位、获得高质量数据、技术支持以及侵权救济等基本权利,被称为"数据生存权"(right to digital existence)。[2] 也有2017年Google Spain诉AEPD和Mario CostejaGonzalez案时,欧洲联盟法院所确立的个人有权要求搜索引擎删除通过搜索其姓名获得的搜索结果的权利,被称为"数据遗忘权"。[3] 此外,还有数据可携权、数据用益权、数据迁移权、数据资源权、算法排他权等各种新型权利,并且随着人们的权利意识觉醒,数字空间中人权体系还会出现更多数字权利。随着中国数字经济的发展,个人与企业之间、企业与企业之间关于数据的纠纷不断涌现,一方面,企业不当利用个人数据侵害个人隐私权、个人信息自决权的纠纷日益增多;另一方面,企业与企业之间的数据纠纷也日渐凸显,促使立法与司法确认和保障数据权。

为了应对数字社会信息的永续存在且随查随有的"网络记忆",保护不利信息人的利益,许多国家和地区引入了"被遗忘权"。被遗忘权相关法律制度最早

---

[1] 参见马长山:《数字公民的身份确认及权利保障》,载《法学研究》2023年第4期;郑智航:《数字人权的理论证成与自主性内涵》,载《华东政法大学学报》2023年第1期。

[2] Faini Fernanda, *The Right to Digital Existence*, 3 Biolaw Journal—Rivista di Biodiritto 52 (2019).

[3] Beata Sobkow, *Forget Me, Forget Me Not—Redefining the Boundaries of the Right to Be Forgotten to Address Current Problems and Areas of Criticism*, in Schweighofer E., Leitold H., Mitrakas A., Rannenberg K. eds., Privacy Technologies and Policy, Springer, 2017, p.34.

可以追溯到法国或意大利刑事法上的"遗忘权"（right to oblivion），其通常是指被定罪的犯罪人在服刑并归化社会过程中可以要求官方不得公开其犯罪和服刑的记录。数字社会背景中的被遗忘权则起源于欧盟的法律实践。2014年，欧盟法院对"谷歌诉西班牙数据保护局案"作出判决，要求谷歌在返回的搜索结果中删除该案当事人冈萨雷斯的相关个人信息。此判决首次在司法上确认了网络时代的被遗忘权。[1] 中国学界在《个人信息保护法》出台前曾对被遗忘权有过热议，相关研究多聚焦欧盟"谷歌诉西班牙数据保护局案"和我国任某诉百某案，探讨被遗忘权的权利性质，以及是否应当移植到我国等问题。自《民法典》和《个人信息保护法》生效以来，关于被遗忘权是否已经在我国法律中明确、其法益是否为删除权所吸收等问题困扰学界。但有学者指出，被遗忘权可以通过限缩解释《个人信息保护法》第27条第2句、结合《民法典》第1036条第2款以及《个人信息保护法》第47条第4项的规定获得救济。[2]

为了保障劳动者非工作时间免于工作的休息权，数字时代产生了离线权（the right to disconnect）或数字断开权。根据欧盟2021年《离线权指令建议文本》，离线权，指"工人（a worker）有权在非工作时间（non-workhours）脱离工作（disengage from work）并避免参与与工作相关的电子通信，如电子邮件或其他信息"[3]。如今已有部分国家通过立法明确承认了离线权，例如，法国、意大利、西班牙、爱尔兰等。我国近年来虽然数字技术发展迅猛，与数字技术的运用密切相关的因工作与生活二者界限被数字技术可及性模糊化而导致的劳动者合法权益被侵犯的现象屡见报端，但关于劳动者是否有权在工作时间之外断开网络连接，从而不接收与工作相关的电子通信，甚至不接受工作指示等问题，相应立法政策及法律实践并未作出回答。[4]

因此，数字人权二元架构中的另一部分应当是以人的"数字属性"为本原所形成的新兴数字人权组成。

---

[1] 参见王凌皞：《"被遗忘"的权利及其要旨——对"被遗忘权"规范性基础的批判性考察》，载《华东政法大学学报》2021年第5期。

[2] 参见王苑：《中国语境下被遗忘权的内涵、价值及其实现》，载《武汉大学学报（哲学社会科学版）》2023年第5期。

[3] The European Parliament, European Parliament Resolution of 21 January 2021 with Recommendations to the Commission on the Right to Disconnect [2019/2181（INL）], http://www.europarl.europa.eu/doceo/document/TA-9-2021 0021-EN.html. 转引自谢增毅：《离线权的法律属性与规则建构》，载《政治与法律》2022年第11期。

[4] 参见朱晓峰：《数字时代离线权民法保护的解释路径》，载《环球法律评论》2023年第3期。

数字人权应是兼具继承与发展双重面向的新兴人权，强调以传统人权数字化新样态与新兴权利为基本框架来体系化数字人权内容，能够发挥数字人权对人权理论发展具有的继承与发展两种价值。一方面，数字人权是数字时代一项标识性人权类型，就像教育人权、环境人权等特殊领域人权一样，能够对已经被数字化的传统人权内容进行识别、归纳与整合，只要是关乎数字空间中的人权，人们都能及时定位到数字人权的保障之中，特别是在各种传统人权在数字空间中发生了异化，以及未来信息技术仍会产生各种新的侵犯传统人权的情形下，以数字人权加以统摄性保障尤为必要。但数字人权又并非要将传统的人权内容推翻，或者让所有人权都数字化为数字人权，本质上应是继承已有的人权保障内容。另一方面，权利是可以新兴的，人权也必然会接受一些新兴权利成为人权，以数字人权为基础将新兴的各种数字权利吸纳到既有的人权体系之中，能够实现人权内容的扩容，进而确保人权所保障的内容与现实社会发展不脱节，发挥其发展的价值。[1]

第三节 数字人权的时代拓展

随着网络化、数字化、智能化程度的不断提高，数字人权作为开放的人权体系将进一步拓展其存在的样态、空间、结构、内容及价值等，逐步从应然的理想状态，转化为实然的现实人权，从道德伦理领域，上升为正式的法律法规，促进数字科技的健康发展和保障数字公民的数字化生活。

一、数字人权的权利形态拓展

传统时代数据只是一串冰冷而机械的数字组合，在特定情境下可能成为商业秘密、知识产权等的权利客体。但随着网络化、数字化、智能化的深入发展，数字时代下的数据和信息不再只是传统法律框架中的权利客体，而是成为一种新兴的权利形态，并在该种新兴的权利形态下衍生出多种数字人权的新形态。传统人权出现数字化或虚拟化的权利形态，但这并不意味着其不再重要，相反，其以无形扰动有形，失去了物理空间、距离的阻隔，更加无孔不入地影响人们的消费、教育、医

---

[1] 参见龚向和：《数字人权"泛化说"之三重否定——对刘志强教授等质疑的几点回应》，载《政法论坛》2024年第3期。

疗、工作等方方面面的基本权利。

以财产权为例,其出现权利形态的拓展。其一,数据成为财产权的新形态,个人的消费、医疗、财产、工作等数据,企业的用户数据、经营数据等,经过分析、挖掘、利用,会产生财产权益。如网约车企业基于其对软件框架、程序运营的投入的原因天然获得对实时道路拥堵数据、实时城市道路规划数据等数据的财产权,并可利用这些数据进行行驶路线导航的优化与改进。[1] 其二,出现网络虚拟财产,如游戏装备、游戏皮肤、游戏等级等。网络虚拟财产是在数字时代下智能互联网将所有交易程序都转化为数据,融入一个系统中来完成数据交易,以数据为存在形式的一种新型法律客体或财产类型。[2] 其三,财产从纸币拓展为线上数据亦彰显货币价值,可进行等价交换。我国民众的财产从传统的人民币纸币转换为手机、银行卡、理财产品中的一串数字。日常支付、转账、资金往来、营业收入、工资报酬也统统实现了线上交付。传统的盗窃行为也从盗取现金转变为通过病毒、远程操控手机转账等行为。其四是涌现虚拟货币,如比特币、以太币等。权利形态的拓展,意味着人们的人权保护需求相应的转变或增长,需要正视数字时代下传统人权出现的新样态,将其纳入数字人权的范畴进行有效保障。

目前对于数据的应用仍然有限,元宇宙的兴起,将会使数据以多种形式存在并服务于不同的应用场景,极大拓展数据在经济活动中的价值,数字人权亦将呈现更多的权利形态。一方面,元宇宙作为数据要素整合与增值的关键平台,增强了数据的稀缺性和多态性,稀缺性源于元宇宙内独特且不可复制的数字资产创造,而多态性则体现,从用户行为数据到环境交互数据,每种数据类型都可能成为驱动经济活动的新动力。[3] 另一方面,元宇宙中模拟的极端行为存在风险,如血腥暴力、违法犯罪场景的模拟与再现,既容易对个体精神健康产生严峻挑战,亦可能引发道德风险,如没有明确的行为规范与道德约束,会使用户从虚拟环境到现实环境下的行为准则变得模糊不清。因此,随着元宇宙下虚拟世界与现实世界的交互或影响增强,数字人权的权利形态也会随之拓展。

---

[1] 参见蒋慧、徐浩宇:《企业数据的架构财产权保护模式:学理证成与路径修正》,载《广西社会科学》2022年第12期。

[2] 参见陈全真、徐棣枫:《再论网络虚拟财产权:范式转换、逻辑生成及保护路径》,载《贵州师范大学学报(社会科学版)》2022年第2期。

[3] 参见郑煌杰:《元宇宙与新质生产力的法治化融合:机理、风险与进路》,载《云南民族大学学报(哲学社会科学版)》2024年第5期。

二、数字人权的权利空间拓展

数字人权的发展消解物理空间的局限,拓展权利发展的虚拟、电子空间。传统的人权需要链接或经过物理空间得到实现,发生侵害需要通过相关部门实施救济。传统时代由于受到物理时空的制约,与之相关的行为、关系和事件基本都是以"场域"为基点来展开的,具有滞后性、特定性、片段性、分离性、层级性的显著特征。而在数字时代,数字人权的权利空间却得到了极大的拓展,在现实的物理空间之外,创造出无限延展的虚拟电子空间,权利的实现、侵害与救济等均可直接跨越物理的空间限制,通过网络或数字化手段予以即时实施。数字时代下物理时空的总体性、结构性、稳定性、有限性被虚拟时空所击破,呈现扁平化、破碎化、流动化、无疆化的态势,人们几乎每个行为都穿梭于现实与虚拟的双重空间之中,近程与远程相交织、现实与虚拟要素相混杂。[1] 人们衣食住行的各个要素、各个方面都能在线上线下快速地整合完成,具有跨空间、跨地域、跨场景的特点。

数字人权的权利空间在不断拓展边界。传统时代权利的实现与影响,通过物理空间影响物理空间,如受教育权中的言传身教,通信自由权中的飞鸽传书、家书抵万金等。数字时代下则不然,权利空间从单纯的物理空间交互,转变为物理空间与电子或虚拟空间的反复交互,相互影响。甚至在大数据、云计算的加持下,很多企业、机构、平台能够足不出户,通过用户数据的挖掘、收集、分析、利用,而直接影响用户的各种行为选择。人权观念不能再仅仅建立在传统自然人的基础上,它在很大程度上也要建立在数字化的"信息人"基础上;人权属性也不再仅仅依赖于人的生物属性和物理空间,在很大程度上也要依赖于人的信息属性和虚拟空间。[2] 数字人权的保障空间可横跨时间、地域等物理界限,同样包括了数字空间中的集体人权。儿童、妇女、老年人、残疾人等弱势群体的集体人权,在数字时代下面临数字鸿沟、算法歧视、技术牢笼等威胁,需要突破时空限制,即时、有效、全面地予以数字人权保障。传统人权在数字时代下,则显得捉襟见肘。弱势群体的集体人权因受当地的科技水平、教育水平与生活条件等制约,加之其自身数字技能的缺失,无法及时地掌握与利用有效数据与信息,难以享受"技术红利""数字红利",反而由于缺乏替代方案或救济方案而被新兴技术隔离和抛弃。例如,留

---

[1] 参见马长山:《数字时代的人权保护境遇及其应对》,载《求是学刊》2020 年第 4 期。
[2] 参见马长山:《智慧社会背景下的"第四代人权"及其保障》,载《中国法学》2019 年第 5 期。

守儿童在偏远山区缺少开通网课的流畅网络或配套的电脑设施,其难以获得发达城市的优质教育资源与课程等;老年人、残疾人、家庭妇女等不便于远行的弱势群体,可以通过数字电视、网络等途径享受终身教育课程、职业培训课程而丰富精神世界、获得职业技能。数字人权不断拓展其权利保护的空间,通过保障"上网权",保障弱势群体享受网络优质教育资源,如网上的名家课程,电子书籍、职业技能培训等学习资源,使弱势群体跨越时间、空间限制而受到数字人权的必要保障。

权利空间的不断拓展与转换,人权的存在样态、侵犯人权的行为、人权的保护方式等,也都被赋予了空间化场景化的区分,传统人权的保护方式、保护内容、保护路径具有时代局限性,数字人权的升级保护不可谓不重要。此外,元宇宙的不断发展,创造出无限可能的虚拟空间和经济体系,更是极大地拓展了数字人权的权利空间。元宇宙可提供虚拟世界的沉浸式体验,允许每个人建立自己的用户名、账号形象,构成在虚拟世界中的化身,通过好友系统实现玩家在虚拟世界中的社交功能,可催生一系列全新的经济形态和商业模式,推动创意经济、共享经济及去中心化的金融等新型经济模式的发展,如娱乐游戏、远程教育、远程医疗、虚拟旅游等,在多个领域展现出巨大的发展潜力。元宇宙通过扩展现实、数字孪生等技术,推动了互联网应用的全面升级,可以不断开发虚拟空间,与此相对应的数字人权的权利空间也会相应拓展,以形成和谐有序的元宇宙格局。

三、数字人权的权利结构拓展

数字人权的权利结构发生拓展,二元结构被三元结构所取代。数字时代下,基于平台化的社会运行模式,不同于以往那种"政府—公民""公权力—私权利"的二元架构,转向了"政府—平台—用户""公权力—私权力—私权利"的三元架构,并承载着新型的数字治理关系。[1] 言论自由权的权利结构转变尤为显著。传统时代的言论自由主要通过出版纸质书籍、刊登报纸、线下采访报道、公开发表讲话等物理方式自由表达思想和见解,其传播的力度、广度均比较有限,以政府为代表的公权力通过法律法规直接监管。而数字时代下,人们通过微信、QQ、微博、小红书、抖音等社交媒体平台,以文字或视频的方式向特定或不特定人群传达个人的想法和观点。发表言论具有极大的自由度,传播具有及时性、广泛性,一旦出

---

[1] 参见马长山:《数字公民的身份确认及权利保障》,载《法学研究》2023年第4期。

现错误信息或者谣言,其影响极其恶劣。社交媒体平台可通过制定平台规则、处理平台纠纷、行使平台监管权等"准立法权""准行政权""准司法权"。平台作为"私主体"却享有公权力主体的"权力",其可以审核、屏蔽、删除不同用户发表的个人言论,平台用户数量庞大,但平台规则的制定并不透明,民众亦无法参与其中,平台的"权利"与"权力"界限不够明晰,极其容易侵害民众的言论自由权。

二元结构转向三元结构,不仅体现在言论自由权等人权之中,还在无形中影响其他权利的方方面面。数字时代下,"信息是权力的中心",而这些拥有庞大数量活跃用户的平台,积累众多有用的数据信息,掌控着源源不断的数据生成,在新业态新模式下,其社会权力成为一种体系化的力量。平台借助其数字化、智能化等手段,不同于工商业时代的垄断企业,不再局限于某个领域、某个行业,而是具有超强渗透、全面发展和强覆盖能力的"霸主"。如腾讯公司发布的 2024 的财务报告提到,微信及 WeChat 的合并月活跃账户数量为 13.59 亿,QQ 的移动终端月活跃账户数为 5.71 亿,抖音、微博等社交媒体平台的用户数量也非常可观。腾讯集团旗下涉及游戏娱乐、文化传播、金融支付、社交平台、实体经济、云计算等行业。普通民众的生活在无形中与其有着千丝万缕的联系,甚至其可以在无形中知晓、控制普通民众的喜好、消费偏好、生活习惯及其他个人信息。基于这些信息,相关部门可以实现对特定个人的监控,联合执法,而商业平台或组织可以投放量身定做的广告,诱导消费。传统的政府/市场二元结构发生重大变革和解组,走向了政府—平台—商户(消费者)、公权力—私权力—私权利的三元结构,其中引发的权利侵害与保障问题亟待解决。随着元宇宙的迅猛发展,还可能催生新的其他权利结构,是否能够去中心化,抑或形成比肩国家的商业巨擘或科技巨头,尚未可知。

四、数字人权的权利内容拓展

人权作为一个开放体系,随着社会实践的不断进步与发展而不断纳入新的人权诉求。国内一些学者对"第四代人权"进行了积极讨论,并形成了和谐权、美好生活权、数字人权等不同主张。[1] 依托于数字时代而生成的新型权利,被纳入数字人权范畴,其以数据和信息为载体,展现着智慧社会中人的数字化生存样态和

---

[1] 参见徐显明:《和谐权:第四代人权》,载《人权》2006 年第 2 期;范进学:《习近平"人类命运共同体"思想下的美好生活权论》,载《法学》2021 年第 5 期;张文显:《新时代的人权法理》,载《人权》2019 年第 3 期。

发展需求的基本权利。[1] 数字人权同样是开放而包容的体系,其权利内容不断拓展。数字人权的权利形态、权利空间、权利结构的拓展,为其权利内容的拓展奠定了基础。上网权(Right to the internet access)又称互联网接入权,是数字人权权利内容展开的起点。上网权作为一项基本人权的法律依据是《世界人权宣言》第19条以及《公民权利和政治权利国际公约》第19条第2款。[2] 早在2000年时,爱沙尼亚就已经通过法律的形式宣布上网权是一项基本人权,法国宪法委员会在2009年也宣布了上网权是一项人权,甚至芬兰在一项政府决议中明确了互联网终端必须不少于1M/s(带宽水平)。[3] 上网权要求所有用户都应享有平等、开放、自由地使用互联网的权利,例如,提供基本的互联网设施;保持稳定的互联网访问速度;遵循技术中立原则,不应歧视任何技术;不受歧视地使用或提供应用和程序;终端用户有权利不受歧视地接触与传播信息与内容;网络服务提供者应平等对待所有应用程序流量,禁止各种不当干预等。[4]

数字人权与传统人权的不同,主要在于传统人权无法纳入并保护以数据权为代表的新兴权利束,以及传统人权在数字时代下出现的新样态。数据权具体包括知情同意权、数据采集权、数据修改权、数据可携权、数据被遗忘权、数据管理权、数据支配权、数据使用权、数据收益权等。[5] 传统人权出现的新样态,如数字生存权,旨在避免数字鸿沟,保护数字能力等;数字发展权旨在避免涉及数字霸权,维护数字正义等;数字自主权旨在维护人类的数字尊严,反对数字控制、"信息茧房"等;数字平等权,旨在反对算法歧视、数据垄断,促进数据共享等;数字参与权,旨在维护数字民主,促进数字治理等;数字监督权,旨在促进数据公开、算法透明等。[6] 传统人权的新样态还包括数据信息知情权、数据信息表达权、数据信息公平利用权、数据信息隐私权、数据信息财产权等。极大地拓展了数字人权的权利内容。

目前元宇宙技术正在不断攻克中,其促使生产力在实现新增长的过程中不断跨越现实世界的物理限制,延伸空间与时间的界限,并对传统生产模式进行解构

---

[1] 参见马长山:《智慧社会背景下的"第四代人权"及其保障》,载《中国法学》2019年第5期。
[2] 参见何勤华、王静:《保护网络权优位于网络安全——以网络权利的构建为核心》,载《政治与法律》2018年第7期。
[3] 参见张建文:《弗兰克·拉·鲁作为人权的"上网权"的概念》,载《中国人权评论》2017年第1期。
[4] 参见伍德志:《数字人权再反思:基于功能分化的视角》,载《法学家》2024年第2期。
[5] 参见马长山:《智慧社会背景下的"第四代人权"及其保障》,载《中国法学》2019年第5期。
[6] 参见马长山:《数字人权的"中国图景"》,载《人权》2023年第4期。

与重构。元宇宙的兴起对于数字人权权利内容的拓展同样提供了实践基础,其在不同领域均能激发新质生产力,如教育领域通过 VR、AR 等技术,可为学生提供身临其境的沉浸式学习体验,提高其学习体验与学习效果;在医疗健康领域的疼痛管理、焦虑症治疗等方面也有长足进步;元宇宙为文化遗产的数字化保护与传播提供了新途径,通过虚拟展览、数字藏品等形式促进优秀文化遗产的保护与传播。当然,元宇宙在飞速发展的同时,也可能为数字人权的进一步发展提出新的挑战,如元宇宙中的数字技术、智能技术是否会对人体造成伤害,是否会产生道德伦理风险,AI 模拟的数字人是否会对人类造成精神伤害或欺凌,抑或人类是否可以无止境无底线地对待 AI 数字人,AI 数字人是否需要得到一定的道德或法律保护?面对这些问题,数字人权的权利内容有进一步拓展的必要性。

五、数字人权的权利价值拓展

人权的权利价值随着社会实践的发展和人类需求的增加而不断丰富与拓展,与当时社会的政治、经济、文化等诉求相符合,具有社会性、历史性与具体性。第一代人权主要包括公民权利与政治权利,强调保护公民的自由免遭国家不当干涉。第二代人权不仅要求形式平等、自由,更加注重实质意义上的经济、社会、文化权利。第三代人权超越了第二代人权的个体权利观,走向了关注生存与发展的集体权利观,注重民族自决权、发展权、环境权等集体人权诉求。"第四代人权"在前三代人权的基础上也有所发展与突破,权利价值的追求有所拓展与不同。当下人权的客观发展与变革诉求,与要求权利种类和数量增长,或传统工商业时代的人权拓展不同,而是数字时代人权需要根本性转向。这就是"第四代人权"——"数字人权"的基本权利诉求。数字人权的权利价值也相应拓展。数字人权以数据和信息为载体,展现着数字时代下人的数字化生存样态和发展需求的基本诉求,其价值追求不再局限于第一代人权的反压迫、反权力控制,第二代人权的反特权,第三代人权的反政治霸权等价值诉求。数字人权旨在反抗技术霸权、反对数据信息控制,努力缩小和应对信息鸿沟、知情权障碍,拒绝侵犯隐私、算法歧视、监控扩张、自主性缺失等诸多人权难题与挑战。其价值内核指向,人作为人而应享有的权利,人应得到全面而自由的发展,且每个人都应该受到合乎人权的对待。

数字人权的权利价值拓展,在劳动权方面表现得尤为显著。数字时代下,数字经济、科技企业、网络平台对传统的劳动关系发起了全新的挑战,电商微商、直播带货等新兴经济模式使就业权、休息权、劳动保障权等合法权益呈现数字化形态。劳动关系与劳动过程控制具有"数字属性"。网络平台的兴起对传统劳动就业形态产生了巨大冲击,一方面新生代劳动者注重劳动自由与生活平衡,期望充分发挥自身潜能与价值,摆脱科层制管理下的流水线工作模式;[1]另一方面企业为了减少用工成本与编制压力,也开始利用网络空间寻求与劳动者建立了灵活雇佣、外包、代理、加盟等非标准劳动型关系,在劳动者与企业的"合力"之下,催生出了企业"去劳动合同化"与劳动者去雇主化的新型网络劳动关系。与此同时,生产资源结构也发生了异化,出现了新型的数据资源比传统生产资料更为重要的情况,例如,脱离了平台的网约车便难以找到乘客。[2]在劳动控制过程方面用工单位更具备技术优势与资源优势,促成了劳动任务分配、劳动过程监控、劳动报酬结算等方面的数字化与智能化,进而加深了劳动者的数据依附属性。劳动者在平台巨擘追求极限经济增长与用工成本节约的压榨下,似乎陷入了"算法牢笼",得不到足够的休息和加班劳动报酬,离线权也成为奢望,丧失了作为人的自主权与人格尊严。数字人权的价值拓展,则旨在解决这些困境,并为劳动者与全人类指向美好生活,在我国社会主义制度下还指向共同富裕这一根本奋斗目标。元宇宙中,随着区块链技术(Block Chain)、交互技术(Interactivity)、人工智能(AI)、物联网(Internet of Things)、算力及运算技术(Computing Technology)、数字孪生(Digital Twins)等技术的不断催生,[3]会产生新的人权问题与难题,数字人权也可能需要更多的价值拓展。在公共政策与法律法规中注入数字人权的价值理念,将人权精神融入全民文化、生活习惯,才能真正从根本上让人们觉醒人之所以为人的自主性,自发维护人格尊严,并勇敢追求人全面而自由的发展,真正实现了内化于心、外化于行,法治秩序才有了深层动力和稳固基础。

典型案例

李某某于2019年4月1日入职北京某科技公司担任产品运营,双方签订劳

---

[1] 参见胡磊:《网络平台经济中"去劳动关系化"的动因及治理》,载《理论月刊》2019年第9期。
[2] 参见王全兴、刘琦:《我国新经济灵活用工的特点、挑战和法律规制》,载《法学评论》2019年第4期。
[3] 参见王文通、张智军、张铭洋:《元宇宙关键技术、研究进展与应用综述》,载《计算机科学》2024年第9期。

动合同至 2022 年 3 月 31 日,其中约定李某某执行不定时工时制度。后因加班问题,双方发生劳动争议。李某某提交假期社群官方账号值班表、微信聊天记录、钉钉打卡记录,称其经常在下班后或假期,使用社交软件与客户及员工沟通,公司应向其支付加班费。公司认为,李某某在休息日值班时,主要负责在客户群中回答客户偶尔提出的问题,并非加班。

北京市第三中级人民法院认为,微信工作超出简单沟通范畴属于加班。针对网络时代"隐形加班"现象,法院将下班后利用微信付出实质性劳动依法认定为加班,保障了劳动者的"离线休息权"。虽然公司称李某某休息日值班仅仅负责在客户群中回复问题,并非加班,但根据聊天记录及工作职责可知,李某某利用社交软件工作已经超出简单沟通范畴,且假期社群官方账号值班表能够证明其工作内容具有周期性和固定性,有别于临时性、偶发性的一般沟通,体现了用人单位管理用工的特点,应当认定构成加班,公司应支付加班费。法院据此判决某公司向李某某支付加班费 3 万元。

问题与思考

1. 数字人权的应用范围有哪些?
2. 如何看待数字人权的内容体系?
3. 确认传统人权数字化新样态为数字人权是否是人权泛化的结果?
4. 数字人权的未来发展存在哪些机遇与挑战?

延伸阅读

1. 龚向和:《人权法学》,北京大学出版社 2019 年版。
2. [法]马尔克·杜甘、[法]克里斯托夫·拉贝:《赤裸裸的人——大数据、隐私与窥视》,杜燕译,上海科学技术出版社 2017 年版。
3. [美]劳伦斯·莱斯格:《代码 2.0 网络空间中的法律》,李旭、沈伟伟译,清华大学出版社 2018 年版。
4. [英]约翰·帕克:《全民监控:大数据时代的安全与隐私困境》,关立深译,金城出版社 2015 年版。
5. [英]詹姆斯·格里芬:《论人权》,徐向东等译,译林出版社 2015 年版。

第十五章　数字人权的法治保障

法律故事

　　信息技术创新推动了各类信息服务的便捷化，"一键下单""扫码支付"等业务模式确实也提升了用户的服务体验。然而，对于部分老年人、残疾人等特殊群体而言，这些便捷化信息服务可能并不那么便捷，甚至可能成为一种无奈选择的"负担"。面对数字化浪潮的侵袭，老年人等数字弱势群体反而可能"手足无措"，更可能因此而"受伤"。

　　2021年11月29日，微博热榜曾出现"爷爷用原价给我买了四个蛋挞"的热门信息。一位网友称爷爷去肯德基买蛋挞的时候，店员没有告知其29.9元8个蛋挞的活动，且因为爷爷不太会用智能手机，在现场也没有看到活动介绍，所以用原价买了4个蛋挞。这也引发了网友对老年人与智能手机、数字鸿沟、适老化服务等的一系列讨论。

　　2020年10月12日，60岁黄女士与"假靳某"谈恋爱的新闻引发关注，这位阿姨在年初的时候开始玩短视频，并认为在抖音遇到了自己的"真爱"，也就是演员"靳某"，因为沉迷其中，不思茶饭地瘦了十几斤，为他花了不少钱，其间甚至离家出走，称靳某约她见面，为将其从虚幻恋情中喊醒，黄女士的丈夫特地找上当地媒体求助。面对媒体来访，黄女士仍对丈夫冷眼相对，声称全国人都知道她与靳某的恋情了，并要媒体帮她联系靳某，直言靳某要给她100万元外加一套房子。这些都源自抖音平台上疯狂的"假靳某"：某些视频博主为了吸引关注，将靳某的一些影视素材剪辑成视频，加上自己的配音，制作成所谓的"告白视频"。黄女士无意间刷到了该视频，以为"靳某"的话都是对自己说的，由此深陷其中。

　　"数字弱势群体"的"弱势"通常是因为科技创新导致原有的权益平衡状态被打破，老年人具有参与数字化进程的意识和意愿，但缺乏接入和使用信息通

> 信技术，获取、利用、创造信息内容的相关能力，以及数字化的信息素质和数字凝聚力，这一点从部分老年大学专门开设智能手机使用课程便可窥见一斑。数字弱势群体的权利保护作为数字人权保护的重要内容之一，不仅需要在立法层面明确具体的权利内容，更需要在执法、司法以及社会治理活动中建构相应的数字人权保障体系。

第一节 立法中的数字人权保障

数字社会的创新使得传统人权概念延伸出全新内涵，故而其相应的保护框架也发生一定程度的改变，以此适应科技创新所带来的全新制度难题。客观而言，数字人权保障是一项系统性立法工程，并不是简单通过某一部单行法或者原则性条款即可推导出立法对数字人权作出全面保障。数字人权保障体系的建构首先需要明确的是数字人权的基本特征，正如上一章节所提及的数字人权概念和内涵，相应的立法保护重心应当回归至数字人权的形成路径和法律特征：一是关注到数字化技术加持下人权保护的特殊性，最常见的便是数字鸿沟等问题，即老年人等特殊群体无法有效使用看似智能化、便捷化的信息技术工具；二是承认数字化人格的客观存在，当下的数据分析技术能够完成对个人既有行为轨迹的准确描述和对未来行为决策的有效预测，这意味着传统人权开始延伸出"数字化人格"方面的全新内容；三是重视人权价值观的随机变化，科技创新所带来的便捷性并不全是"正面的"，尤其是人工智能技术的创新应用更使"人类是法律主体"这一普遍共识开始发生动摇。

一、数字人权保障的立法框架

从传统人权到数字人权的转变不仅是一次概念称谓的变化，更是基于社会关系、行为模式、业务生态等一系列实践变化而产生人权观念更新。这也决定数字人权保障体系需要在立法层面进行整体性调整，既包括在公共政策层面明确数字人权的基本价值，强化数字人权的权益平衡，还需要在公法和私法层面建构不同维度的数字人权保护机制，并推动国际数字人权保护概念的迭代升级。

在公共政策层面，应当倡导"无数字，不人权"的理念，充分明确数字人权的社会价值。一方面,"在制度上强调科技企业尊重和保障人权的责任,以及政府尊重、保障和实现'数字人权'的义务";另一方面,"以人权的规范性强化对数字科技开发及其运用的伦理约束和法律规制"。具体到数字时代的公共服务,也有学者提出必须在"加强设备建设和技术指引"的同时"优化数据评价规则"。总之,在公共政策中注入数字人权价值,是加强隐私保护、克服算法歧视、增进公众知情权、抑制数据掌控不对称各种人权问题的一道重要屏障。

在权益平衡层面,数字人权保障也常与科技创新需求发生内在冲突,故而立法保护框架则需要对这类权益平衡问题进行正面回应。第一,数字人权是信息革命和数字经济的客观反映,它不仅要遵从数据信息的双重属性和信息自主权的边界,也要体现无处不分享的"共建共享"时代趋势。第二,工商业社会向信息社会的转型,必然会带来自由和权利的克减,在消减原有物理时空的不平等的同时,会产生虚拟空间的新的不平等(如信息鸿沟),需要进行新时代的总体平衡。第三,数字技术创造了多种共生的关系,它使我们能够为了自己的利益而获得和分享信息,与此同时,我们所产生的数据对于那些为数字交往提供便利并加以控制的公共和私人机构有着巨大价值。基于上述考量,需要在比例原则、合理原则下,建构不同场景、不同风险层面的数字人权权益冲突平衡机制。

在公法与私法层面,需要明确数字人权所呈现的公私法交融的特性,建构多元化的保障机制。基于数据信息的双重属性,需要对个人权利和数据企业进行私法上的权益界定和平衡保护。然而,算法黑箱、无方向监控等问题则不是一般私法所能解决的,即便我们把重心从收集行为转向使用行为,也不足以化解公共安全与个人隐私、商业便利与隐私交换之间的深刻矛盾,无法遏制它们对人权的威胁。因此,亟须纳入人权领域,通过公法保护机制加强人权保障。只有推进公法/私法的双重规制,构建以数字化微粒存在的"生人社会"法治化治理的公众参与机制,并在法治框架下进行数字权益的平衡保护,才能更好地塑造智慧社会的法治秩序。

在国际数字人权保护层面,需要借由国内法和国际法共同推进合理科学的国际数字人权观的形成,建构以国家主权为基础的国际数字人权合作保护机制。与欧美等国家或地区相比,我国的数字人权法律保障体系还需要以"坚持人权优先的立法理念"、"优化数字人权软硬法规范"和"理顺公权力—私权力—私权利的三元结构立法关系"为基础,在"人类命运共同体"理念指引下,推动国际社会制定符合全人类福祉的数字人权规则。[1]

当前,虚拟空间彻底打破了物理属性的时空观念,国际社会融汇成了一个没有边界、不可分割的虚拟共同体。与此同时,无论是人权形态、人权威胁,还是人权保护,都在以信息化、数字化的方式不断演进。因此,面对数字人权,既要强化国家的保护义务、拓展社会(私权力)主体的保护义务,又要加强国际社会的广泛合作,尤其是在信息立法和数字人权的保护上,不仅要保持既有物理空间中的联合保护机制,还需基于数字思维协调虚拟空间的人权保护立场,促进不同国家在虚拟空间中的互利合作,从而探索数字时代的新型国际人权保护机制,共同分享数字经济带来的人权善果。同时,促进数据与信息领域的国际合作也是我国法律的明确要求。《数据安全法》第11条指出,"国家积极开展数据安全治理、数据开发利用等领域的国际交流与合作,参与数据安全相关国际规则和标准的制定,促进数据跨境安全、自由流动"。《个人信息保护法》第12条规定:"国家积极参与个人信息保护国际规则的制定,促进个人信息保护方面的国际交流与合作,推动与其他国家、地区、国际组织之间的个人信息保护规则、标准等互认。"

此外,承接上一章节有关数字人权概念和内涵的介绍,需要以"数字人权属于第四代人权"的基本定位确立相应的立法保护框架。这是因为"数字人权功能体系的研究尚未溢出传统权利的分析范畴,可以分析出主观权利和客观价值秩序的功能,其中主观权利包括防御公权力干涉的消极功能和要求国家给付的积极功能,客观价值秩序则指向了数字人权的制度性保障和第三人效力"[2]。第一,所谓"代际革新原理"并非不证自明的真理,纯粹从人权主体、人权义务主体以及二者间的基础关系出发,前三代人权之间亦难以清晰界分。数字人权与既有人权范式的相容之处,恰说明数字人权属于人权框架。第二,数字人权有数据基本权利的基础,具有独特的基本内涵、价值基础与保护框架。第三,归根结底,数字人权的发展动因源于信息革命。当今信息革命带来的并不是现有生产方式、生活样态的简单拓展和延伸,而是新兴智慧社会对传统工商业社会的总体性替代。第四,在内涵逻辑上,数字人权发生了根本转向。从现实和虚拟、生物和信息的双重属性出发,嵌入数据信息要素;从传统的"公权力—私权利"的二元结构向"公权力—私权力—私权利"的三元结构转型,引入对技术公司、商业平台等主体的规

---

[1] 参见汪茹霞:《论数字人权话语权的国际格局及中国路径选择》,载《法学论坛》2024年第1期。
[2] 王理万:《求解中国人权的"四个之问"——2023年中国人权研究的理论述评与展望》,载《人权》2024年第2期。

制。最终,大幅拓展了人的自主性,实现了人权的品质升级。

二、数字人权保障的宪法基础

公法和私法层面对于数字人权的保障方式终究是围绕具体的法律关系和技术应用场景,明确数字人权某一方面的具体内容。在此之前,首先应当明确的是,作为基本法的宪法如何回应和保护新时代的数字人权。虽然我国《宪法》并未明确提及"数字人权"这类表述,但是却能通过寻找相应的规范条款作为数字人权保障的宪法基础。

首先,《宪法》第33条第3款规定:"国家尊重和保障人权。"这既是宪法的人权原则条款,也是宪法关于人权保障的概括条款,提升和统摄了宪法关于公民基本权利的规定。通说认为,该条款是"未列举基本权利"或者"一般行为自由"的规范基础。有观点认为,将宪法价值与科技价值加以平衡的重要平台就是宪法,必须寻求宪法共识,用宪法的价值来约束一个国家科技的发展。有了宪法共识才能让人类继续生活在自由、幸福、有尊严的环境中,确保人类永远主宰未来,而不是由技术来主宰人类。[1] 类似地,不少学者也赞同将《宪法》第33条第3款的功能定位理解为"人权保障的统摄性、概括性条款"。当然,仅以人权条款尚不足以直接、完全证成一项宪法未列举的新兴数字人权,还需要结合其他标准,如需要同时考量《宪法》第38条的"人格尊严"条款、某些具体基本权利条款、数字科技与社会发展的客观需要事实等。[2]

其次,《宪法》第38条规定:"人格尊严不受侵犯。禁止用任何方法对公民进行侮辱、诽谤和诬告陷害。"在早年间,该条款被解读为表达了类似于人的尊严这类具有基础性价值的原理,作为我国宪法上基本权利体系的出发点,或基础性的宪法价值原理,"人格尊严"也可理解为宪法上的一般人格权;该条后段"禁止用任何方法对公民进行侮辱、诽谤和诬告陷害"成为一项个别性权利的保障条款,相当于宪法上的人格权。[3] 而在数字时代,该条款也被学者与《宪法》第33条第3款相互结合,并作为隐私权、数据财产权、算法公平等具体权益的宪法基础。因

---

[1] 参见韩大元:《科技发展要给予人的尊严和宪法共识》,载《北京日报》2018年12月3日,第14版。
[2] 参见龚向和:《数字人权的概念证立、本原考察及其宪法基础》,载《华东政法大学学报》2023年第3期。
[3] 参见林来梵:《人的尊严与人格尊严——兼论中国宪法第38条的解释方案》,载《浙江社会科学》2008年第3期。

为数字化进程改变了传统法学意义上的权利观念，原本被法学研究所排斥的数据安全、网络安全以及各类信息技术甚至一度成为当下法学研究的热点问题和前沿问题。相应地，《宪法》第38条所强调的人格尊严保护之内涵也发生变化，既包含了诸如个人信息权等新兴权利，也包含了人权保护方式的新方式，例如设置了特别的未成年人网络保护制度、数字弱势群体保护制度等。

最后，《宪法》序言提及了"四个现代化"的总体目标，总纲中也明确提及了国家发展科学、医疗、教育等"国家义务"。这类宪法条款也意味着国家对数字人权的保护不单单是通过部门法、单行法方式保护具体权益，还指向国家有义务推动科技创新，使创新成果能够普惠于中国公民，使每一位公民能够实质平等地享受科技创新带来的福祉，这亦是宪法保障数字人权的基本方式。

三、数字人权保护的"中国方案"

首先，积极主张和倡导数字人权。尽管数字人权已成为大势所趋，但无论是国际组织还是西方发达国家都没有明确提出"数字人权"理念和内涵，恰是近年来我国学界和实务部门作出了系列的学理讨论和研究，且在数字政府、数字司法、数字治理过程中形成了数字人权保护的创新积累。因此，我国具有系统提出"数字人权"命题、话语和理论的先发优势。这就需要我国继续在国际社会上积极主张和倡导数字人权，抵制数字霸权和数字人权"双标"，形成原创性的、标识度明显的、可复制分享的"中国经验"，为数字时代的人权发展贡献"中国智慧"。

其次，积极参与国际社会的数字人权规则制定。为了应对数字时代的人权问题，联合国组织和美国、欧盟等国家纷纷制定各类规则，厘定相关的权益边界，竞相争取在国际规则上的主动权、话语权。近年来，我国先后制定并颁布了《网络安全法》《个人信息保护法》《数据安全法》，作出了很多创新性的制度探索。同时，我国也积极参与联合国教科文组织《人工智能伦理问题建议书》等国际规则的制定，提交了《中国关于加强人工智能伦理治理的立场文件》《中国关于全球数字治理有关问题的立场（就制定"全球数字契约"向联合国提交的意见）》等，表达了"应通过数字创新和数字发展，弥合数字鸿沟，推动数字发展成果更多、更公平惠及全世界人民；反对滥用单边强制措施，损害他国发展数字经济和改善民生的能力，造成对人权的持续系统性侵犯；反对人权问题政治化，反对以保障线上人权为名干涉别国内政、挑战别国司法主权"等系列主张。基于"中国式现代化"战略和数字人权的"中国创新",今后应更全面、更深入地参与数字人权的国际规则制定,掌握更多的主动权、话语权,更多地分享"中国经验"和"中国智慧"。

再次,积极探索数字人权保护的"中国模式"。基于近年来我国数字人权保护的创新实践,应努力探索"中国式"数字人权保护的机制与模式。主要体现为:一是人本化的保护理念,即确立"以人民为中心"的、数字普惠的"数字人权"理念;二是体系化的保护策略,即形成了国家政策、法律规范、伦理规范、行业规范及国际合作的数字治理体系和权利保护框架;三是平台化的保护机制,即将数字人权保护纳入平台运行机制,形成数字政府、数字司法和头部企业的三元平台化保护;四是技术化的保护网络,即运用数字技术赋能的规制力量(如反诈App、"清朗"行动等),推进网络安全、数据安全和个人信息保护;五是场景化的保护路径,即落实《"十四五"规划和2035年远景目标纲要》提出的数字经济、数字社会、数字政府、数字生态建设目标,在各种数字化场景中嵌入数字人权保护机制,取得数字人权的保护实效。

最后,积极塑造尊重数字人权的社会生态。伴随国家和社会生活的全面数字化转型,数字人权保护就不再是一种制度宣誓或者单项行动,而是数字生态下的社会生态建设。联合国教科文组织《人工智能伦理问题建议书》指出,"会员国应与国际组织、教育机构、私营实体和非政府实体合作,在各个层面向所有国家的公众提供充分的人工智能素养教育,以增强人们的权能,减少因广泛采用人工智能系统而造成的数字鸿沟和数字获取方面的不平等"。2021年11月,中央网络安全和信息化委员会印发了《提升全民数字素养与技能行动纲要》,明确指出要"注重培养具有数字意识、计算思维、终身学习能力和社会责任感的数字公民",并确立了"公民数字参与提升工程"。这就要求我们加强全社会的数字人权宣传教育,建立健全数字法律体系、优化数字司法环境、推进数字人权理论研究,努力提升数字公民素养和能力,进而为数字人权保护提供可靠的基础和保障。同时,应不断加强国际对话与合作,积极促进国际社会的数字人权生态建设,作出应有的中国贡献。[1]

---

[1] 参见马长山:《数字人权的"中国图景"》,载《人权》2023年第4期。

第二节　执法中的数字人权保障

数字人权的保障不仅停留于立法文本层面,还需要落实于具体的执法活动之中。天生固有的逐利特性使部分企业过度追求数字经济效益,忽视了对数字人权的尊重和保护,故而需要执法机构在执法活动中预防和惩治该类侵害数字人权的行为,确保从立法到执法层面的数字人权保障。

一、数据监管中的数字人权保障

智慧治理的核心是数据,数据治理是智慧治理的基础和根本,但学术界对数据治理的定义有着不同的理解。例如,国际数据管理协会认为数据治理是指对数据资产管理行使权力和控制的活动的集合。而国际数据治理协会认为数据治理是一个通过一系列息息相关的过程实现决策权和职责分工的系统,这些过程按照达成共识的模型执行,该模型描述了谁能根据什么信息,在什么时间和情况下,用什么方法,采取什么行动。

数据监管是为了实现数据和信息资产价值的获取、控制、保护、交付及提升,以及对政策、实践和项目所做的计划、执行和监督。近年来,我国特别重视数据治理的法治化建设,将数据监管逐步纳入法治化的轨道。2021年6月10日通过的《数据安全法》第5条、第6条规定,中央国家安全领导机构负责数据安全工作的决策和议事协调,研究制定、指导实施国家数据安全战略和有关重大方针政策,统筹协调国家数据安全的重大事项和重要工作,建立国家数据安全工作协调机制。各地区、各部门对本地区、本部门工作中收集和产生的数据及数据安全负责。工业、电信、交通、金融、自然资源、卫生健康、教育、科技等主管部门承担本行业、本领域数据安全监管职责。公安机关、国家安全机关等依照本法和有关法律、行政法规的规定,在各自职责范围内承担数据安全监管职责。国家网信部门依照本法和有关法律、行政法规的规定,负责统筹协调网络数据安全和相关监管工作。各个地方也推出了一系列地方性法规和规章推动数据监管,省级层面的地方性法规和规章主要有《贵州省大数据发展应用促进条例》(2016年)、《浙江省公共数据和电子政务管理办法》(2017年)、《天津市促进大数据发展应用条例》(2018年)、《贵州省大数据安全保障条例》(2019年)、《安徽省大数据发展条例》(2021

年)、《辽宁省政务数据资源共享管理办法》(2019年)、《山东省电子政务和政务数据管理办法》(2019年)、《安徽省政务数据资源管理办法》(2020年)、《吉林省促进大数据发展应用条例》(2020年)、《山西省大数据发展应用促进条例》(2020年)等。此外,一些设区的市人大常委会和政府也制定了大数据管理的法规和规章,比如《深圳经济特区数据条例》(2021年)、《贵阳市大数据安全管理条例》(2018年)、《沈阳市政务数据资源共享开放条例》(2020年)。各省(自治区、直辖市)根据本地区实际设置的数据监管机构的类型各不相同,主要包括以下几种:(1)政府组成部门,如北京市大数据管理局、内蒙古自治区大数据发展管理局、陕西省政务数据服务局和大数据管理与服务中心等;(2)政府直属机构,如广东省政务服务数据管理局、山东省大数据局、贵州省大数据发展管理局等;(3)政府部门内设机构,如山西省大数据产业办公室为省工信厅内设机构;(4)政府部门管理机构,如浙江省大数据发展管理局、福建省数字福建建设领导小组办公室(省大数据管理局)、河南省大数据管理局;(5)政府部门管理的事业单位,如天津市大数据管理中心、黑龙江省政务大数据中心、上海市大数据中心等;(6)企业法人,如海南省大数据管理局;(7)省直事业单位分支机构,如辽宁省大数据中心。由于数据监管机构的行政级别不尽相同,因此,数据监管的力度差异较大。一般来说,政府组成部门、政府部门内设机构等的统筹力度相对较大。

二、人脸识别安全监管执法中的数字人权保障

在执法活动中,针对各类信息技术应用,执法机构需要基于技术原理、业务特征以及权益影响程度等综合因素来判断和评估义务主体是否充分履行了数字人权相关的法定义务。以人脸识别技术为例,该类技术通常涉及个人信息的使用和保护,在权衡数字人权保障和科技创新的过程中,则需要依托多重执法机制,强化数据监管者、掌控者和使用者的责任,并通过这种机制分配数据提供者、控制者、使用者和监管者之间的利益、权利和责任。这种机制立足于现有的制度框架,通过多主体参与和互动形成公意,形成具有实际可操作性的实施方式,实现个人信息使用的产业化和数字人权保护的目的和功能。

首先,强调数据掌控者和监管者的责任。这是因为,从成本控制的角度来看,让所有参与数据生产的用户基于知情同意来决定是否同意个人数据被收集是一件成本很高的事情。由于人们的理解能力、情绪影响、信息不对称和认知偏差,虽然提高人们的数字理性十分必要,但将每一个人培养成完全理性的主体并不现

实,也是边际收益很低的工作。因此,在培养公众理性的同时,将注意力放在如何对数据监管者、掌控者和使用者配置义务,是一件成本更低也更有效的工作,这更有利于进行有效的数据治理和保护公民个人信息与数字人权。我们可以参考经合组织《隐私保护和个人数据跨境流动指南》所确定的责任原则,要求个人信息的数据监管者制定相应的规则、要求数据控制者和使用者在符合法律原则、规则和监管理念与措施的前提下,制定行业规程并采取具体措施,如在知情同意条款中确保所收集个人信息的安全性,明确违反这一义务的责任,且这一责任只要泄露后给当事人带来风险即应承担,并不以造成实际损害为前提。通过这些方式确保个人信息的安全性、个人信息的使用不侵害当事人的利益和权利,且符合公共利益和公序良俗。《个人信息保护法》不仅在第五章规定了个人信息处理者的一系列义务,如安全保护义务、指定个人信息保护负责人义务、事前影响评估义务、合规审计义务、泄露通知义务等,还在第62条第1项、第2项要求国家网信部门制定关于处理人脸识别、人工智能等新技术新应用的具体规则和标准,通过强化数据掌控者和监管者的义务来实现对个人信息的保护。

其次,需要公众和专业人士参与执法活动。这种机制强调规则制定和决策的公开、民主和包容,同时强调专业人士的有效参与。即便仅谈现在而非未来的5G时代,个人信息的使用及其脱敏后的销售,仍然是一桩大生意。对于这样一项数额巨大且事关几乎所有人信息利益和权利、公共利益乃至国家安全的事业,必须以公开、民主的方式进行治理,且在治理时应注意包容性,以求在利益和权利保护与新兴产业发展之间、数据的所有者与使用者之间形成动态平衡。公开意味着避免"暗箱操作",公布议程、发表记录、准许旁听等,并将这些方式与互联网结合起来,让人们能够了解和知晓此类问题的处理,让事关所有人利益和权利的规则与决策能够被了解,这是后续民主参与的前提与基础。

再次,强调匿名化和算法治理作为综合执法机制的实现手段。这种机制不仅强调数据提供者、信息处理者和监管者等多元主体的参与和责任,还强调建构可操作的多元治理手段。人脸信息的治理主要有匿名化和算法治理两种手段,匿名化技术是指在数据发布阶段,将数据中的个人信息及敏感符号进行删除或修改,使之无法再指向特定的自然人。人脸信息的匿名化就是去除人脸图像中的个人身份标识符,同时保留面部某些和身份信息无关的属性,使匿名化处理后的人脸图像保留数据可用性。经过匿名化处理的人脸信息由于不再能够识别特定的自然人,自然会被排除在个人信息保护法的适用范围之外,信息处理者在处理人脸信息时,具有相当大的自由度。匿名化能够在一定程度上减轻信息处理者和信息主体在个人信息保护实践中的"告知"与"同意"负担,促进数据的自由流动及开发利用。对于已经被匿名化的数据,信息处理者并非不承担任何义务。技术总是处于不断地发展和进步之中,新技术的出现和应用会不断突破既有的技术屏障,带来新的机会和问题。在匿名化技术不断发展的同时,去匿名化技术(亦被称作再识别化技术)也在不断进步。由于新的分析技术和其他类型的数据的出现,原本不具有可识别性的数据可能会再次被聚合成新的个人信息。因此,信息处理者应该在技术层面不断提高匿名化的水平,筑牢个人信息保护的技术屏障。同时,针对在数据匿名化过程中可能存在的风险,信息处理者应该在匿名化的操作前和操作中进行数据风险评估,并采取相应的安全保障措施。

最后,需要通过机构设置、制度安排、规范对接等措施实现基于责任和主体参与的多重执法机制。《个人信息保护法》第60条第1款规定:"国家网信部门负责统筹协调个人信息保护工作和相关监督管理工作。国务院有关部门依照本法和有关法律、行政法规的规定,在各自职责范围内负责个人信息保护和监督管理工作。"在网络信息安全领域,我国已形成了以中共中央网络安全和信息化委员会牵头的统一领导体制,但在具体工作机制层面,仍是多部门监督管理,缺乏统一筹划、部署、协调,导致许多已经订立的原则性规范难以落实、监管对象缺乏合规指导等问题。为强化该领域监管工作的权责统一,保障相关政策思维和实践具有整体性,应在党中央的集中统一领导下,由国家网信部门统筹个人信息保护领域的政策制定和执法协调工作,加强网信部门与其他有关部门在制定规则、法律法规实施、监督管理上的衔接协调。

在制度安排方面,需要以综合性执法机制为基础,规制多方主体,实现从公权力机关到私人机构、从法律到社会规范、从交易到保险机制的立体化治理。包括人脸在内的个人信息是识别与确认个人身份的认证信息,刷脸及其他对个人信息进行识别与认证的权力,是一种安全认证权力。公共机构和私人机构在认证个人信息时有不同的资格与权限,其刷脸行为也相应地应该具有不同的规范依据或合同约定,否则会模糊公共服务和私人服务的界线,形成不同身份与权限的混同。《个人信息保护法》不仅规范公权力机关的个人信息处理行为,还规范私人机构的个人信息处理行为。不同于私人机构处理个人信息履行的告知同意义务,公权力机关为履行法定职责处理个人信息的,应当依法履行告知义务而不需要经过信息主体的同意。除了在法律层面确定权利,未来还应推动社会规范的形成、进行较为细致的合同和交易机制设计。利用社会规范对政府和商业主体的数据行为进行制约,通过合同与交易机制促成各利益相关方主体就个人信息收集、存储、使用、交易和利益分配等问题达成合意,进而形成多样化、情景化的权益安排。此外,还应加强对个人信息损害保险机制的研究与设计,充分利用保险机制,弥补民事诉讼在风险管理和损失修复方面的不足。

在规范对接方面,需要对接不同部门法律规范,对个人信息实行一体化保护。为了对个人信息进行有效保护,除了在民事领域合理配置权利,尊重对个人信息使用的市场创新并进行有效规制外,还应该与行政法、刑法的相关规则进行有效对接,通过各部门法的合力实现个人信息流通与保护的平衡,并对那些突破道德底线、性质恶劣的侵犯个人信息的行为,如对个人敏感信息、未成年人信息的收集、买卖甚至用于诈骗等行为,进行严厉惩处并长期保持高压打击。

第三节　司法中的数字人权保障

司法的目的在于"定分止争",其对于人权的保障逻辑是以国家公权力为保障,通过各方主体权益诉求的衡量,以客观中立之立场解决法律争议。在传统人权保护理论中,司法层面的人权保障主要表现为"接近正义"运动,其确保当事人能够接近法院,为诉权实现提供实质性保障条件。在数字时代,司法中的数字人权保障重心不再是解决地理位置等层面的资源限制、区间阻断之类的问题,而是实现数字技术层面的"可视化正义"。

例如,在刑事领域,部分学者主张"以案释法,传统人权理念",检察机关透过"杭州取快递女子被造谣出轨案",向社会传达"网络不是法外之地"的人权理念;透过"昆山反杀案",向社会传达"法不能向不法让步"的人权理念。这些检察指导性案例同时发挥引导作用,让广大检察人员敢于、善于办理网络诽谤案件和正当防卫案件,为人权事业提供更有力保障。中共中央《关于加强新时代检察机关法律监督工作的意见》专门提及"运用大数据、区块链等技术推进公安机关、检察机关、审判机关、司法行政机关等跨部门大数据协同办案"。这为推进数字检察战略,用数字化赋能检察机关人权保障工作指明了方向。[1] 检察机关正在大力

---

[1] 参见郭立新:《人权保障视野下的刑事检察实践》,载《政法论坛》2023年第4期。

推进"数字检察"战略,以数据分析挖掘为重点,确保在数字人权司法保障中促进违法线索及时发现以及法律监督措施综合运用与履行。有学者总结当前检察机关数字人权保护的重要方法,主要包括三类:一是整合分析挖掘各类数据。例如,针对网络空间侵犯公民个人信息典型案件,检察机关对涉嫌违法泄露个人信息的App提出检察建议,督促行政机关开展集中整治,有力维护了公民数字人权。二是推进大数据法律监督模型应用。如浙江省检察院研发的"民商事执行大数据研判分析系统",通过大数据碰撞测算有效发现了网络平台"大数据杀熟"、不正当竞争侵犯公民隐私、侵害消费者权益等问题,及时提出法律监督意见,督促相关主体加以整改,有效维护了公民数字人权。三是结合司法办案提出完善数字人权保护的检察建议。例如,浙江省检察机关立足行政监督职能,对全省范围内网络空间知识产权案件进行归拢,通过数据碰撞分析发现知识产权环节以罚代刑、保护不力等问题,结合问题提出建议,督促监督公安机关开展立案侦查,行政执法机关及时移送案件,实现行刑衔接,取得了良好效果。[1]

一、司法中数字人权原则的基本内容

在互联网初期,司法机制就已经受到数字技术的影响,只不过彼时的"影响"更多地表现为"纸质办公到电子化办公""线下办公到线上办公"等形式。时至今日,以人工智能技术为代表的信息技术不仅使法学研究步入全新的数字法学时代,更促使司法机制转向数字司法机制。当下的"影响"不再是外观形式的变化,更多地表现为信息技术对司法机制的内在运行方式等领域产生深刻变化。相应地,司法中数字人权的保护方式实际上也表现为数字司法机制的转型升级即司法规则与技术规则的交叉融合,亦即部分学者所提出的"法律代码化""代码法律化"的发展趋势。如上海"206系统"推出审判管理数字化智能提示、审判执行流程可视化智能跟踪管理、审判质效目标化动态管理、法官业绩数字化智能评价等,并进一步运用大数据分析、视频图像识别、语义分析等技术,实现对办案过程全程可视、全程留痕、全程监督,确保司法权的阳光运行。这些数据分析和智能技术也确实更容易发现恶意诉讼、案件中的私下交易等"关系案""人情案""金钱案",甚至包括庭审中的迟到或退庭、衣冠不整等问题都会透明可视。

因此,有学者将司法中数字人权原则的基本内容解构为数据自主原则、算法

---

[1] 参见张杰:《论数字人权的检察保护》,载《人权》2023年第5期。

公平原则和平台倾斜原则。(1)"数据自主原则"强调应当对个人在网络空间和数据领域的自主意志和正当权利予以保护。参酌自主性的丰富内涵以及数据在不同应用阶段的特征,数据自主原则又能够衍生出诸种子原则。例如,《个人信息保护法》中的知情同意规则常被诟病流于形式,而在数字人权语境下,知情同意原则作为数据自主原则的具体化,根植于"自我理性"与"自我决定"的双重价值:一方面,"理性"建立在信息充足的基础上,"知情"构成了"同意"的前置性条件;另一方面,鉴于"选择是现代法律的一个核心概念","自我决定"意味着在充分认知基础上的自主选择和免于干涉。作为数字人权原则的知情同意,对数字权力主体课予了更为严苛的标准,强调知情同意不应当是例行公事式的,也不该异化和虚化为免责的手段。由此,"知情"与"同意"必须紧密关联起来,商酌"知情"的能力、范围以及"同意"内容的可选择性。(2)"算法公平原则"强调社会公平的重要意义,进而延伸出透明、公开等司法运行要求。算法对社会成员的评价结果不具有唯一性、终局性与封闭性,而只能作为一种辅助性的参考意见或决策理由。换言之,各类智能审判系统、智能类案推送系统等不得作为法官作出裁判的直接依据。鉴于透明原则往往涉及"公民知情权保障、商业秘密保护、算法安全等多重目标",透明并不要求完全打开算法黑箱。凭借局部代理模型等技术手段,也能够在不完全开放算法源代码的前提下,将基于算法进行决策的过程、依据、方法等置于透明可见的状态,使得算法决策具有可质疑性、可解释性甚至可参与性。(3)"平台倾斜原则"强调对权力的限制和弱者保护原则,类似于商业平台可能存在的"平台与个体之间的力量对比悬殊"之现状,智慧法院等信息平台的运营者(司法机构)与个体之间也存在显著的力量对比悬殊,故而需要对智慧法院等信息系统的运作机制等作出一定限制。在司法实践中,通过数字人权司法适用条件的识别,在确定原则相较于规则具有优先适用性,且数字人权原则优先于其他原则适用的前提下,基于数字人权原则的基本内容,选择适用哪个或哪些数字人权原则。此时,数字人权原则之间既可能是相互排斥的,也可能展现出互不冲突的一致性,而即便是同时适用几项互不冲突的数字人权原则,依旧需要确定主导性原则。[1]

---

[1] 参见高一飞:《数字人权原则司法适用的逻辑展开》,载《中国法学》2024年第3期。

二、司法中数字人权的表现形式与保护方式

在大数据、云计算、人工智能等信息技术的推动下,我国司法机关也在持续探索司法工作的网络化、阳光化、智能化,"司法大数据""智慧法院"等数字化司法服务也呈现于社会公众面前。以北京、杭州、广州等地的互联网法院建设为代表,司法审判工作越发强调顺应数字时代法律纠纷特征,形成专项的司法工作体系。在这一背景下,司法中的人权保障也从早先的"接近正义"转变为"可视正义",并呈现"平台化的分享可视"、"超时空的场景可视"以及"全要素的数据可视"。[1]

在"数字赋能监督,监督促进治理","业务流程再造、组织架构重塑、诉讼制度变革"的改革战略下,打造了从"接近正义"迈向"可视正义"司法平台。司法过程不再局限于物理上的结构性设置和实体运行,而是从场域化走向了场景化,附加了数字化的意义展示、体验分享和"可视正义"。当事人可以远程临场,以非同步的方式完成诉讼,实现超时空的"错时审理";庭审过程由封闭单一、机械受动的"面对面"场域化,转变为灵活自主、多相界面、情境互动的司法场景化。在案件办理上,支持全流程在线审理,办案全过程智能辅助,审理信息全方位在线公开;在监督管理上,实现重点案件自动化识别、标签化处理、节点化控制,建立智能化、自动化、精准化监管机制;在诉讼服务上,形成多功能、集成性、智能化、线上线下融合的"一站式"诉讼服务模式;在平台载体上,实现内部平台整合对接,外部数据互联互通,形成系统集成、集约高效、信息共享的平台建设模式。司法运行从线下走到了线上,转向了开放的、包容的平台模式,消解了因物理时空条件局限而导致的正义实现难题,使物理意义上的"接近正义"迈向数字意义上的"可视正义"。在传统的分配正义外,加持了数字正义。但是,这些平台机制也需要进一步优化,在平台交错与兼容整合、技术外包与公民参与、一体办案与分工制约、执法司法效率与直接言辞原则等方面,应该作出更多的探索和完善。[2]

主流观点普遍赞同司法中数字人权的保护方式与智慧审判、智慧法院密切相关。有观点认为,司法中数字人权保障模式需要结合智慧审判、智慧执行、智慧服务以及智慧管理四大应用场景进行体系制度建构。(1)推进智慧审判,提升审判质量、效率,保障公民诉讼权利及时便捷实现。司法审判被视为保障人权的应有

---

[1] 参见马长山:《数字法学概论》,法律出版社2022年版,第449−451页。
[2] 参见马长山、李丹:《数字人权保护的"中国策略"》,载《法学论坛》2024年第5期。

之义，其作为法院的核心职能，是现代法治国家司法制度运行的关键，关涉每一位当事人的切身利益。智慧审判是数字时代审判形式的"数智"变革成果，在"数"一极，我国除设立专门的互联网法院外，科技法庭数量规模也超过3万个，借助新兴技术实现音视频信息采集和使用、庭审过程的多应用形式展示、各种信息的数字化编码处理等，积累司法大数据资源，促进实现要素式审判，持续提高审判质效；在"智"一极，以人工智能为代表的前沿技术支撑法院审判数智化建设"可及性""便利性""包容性"，借助智能语音识别技术生成庭审笔录，云计算技术生成裁判建议，远程通信技术实现在线庭审。在人民法院在线诉讼平台、在线调解平台、中国移动微法院等电子诉讼平台助力下，当事人足不出户就能参与覆盖"裁判请求权""程序主体权""平等对待权""参与知情权"等核心权利的"指尖诉讼"场景。司法权力的行使完成了由完全以法官为中心转变为法官与机器协作或机器替代法官的深度变革，并形成"证据事实—要素标注—深度学习—生成判决"的智慧审判范式。(2) 推进智慧执行，提高人民司法保障执行力，使"纸上权益"由应然走向实然。法律的生命力在于实施，司法案件的生命力在于执行。人权司法保障的价值不仅限于司法审判结果的公平和正义，还与司法案件执行的质量和效率密切相关。"执行权既有作为公权力的共性，也有为实现生效法律文书确定的权利义务所必需的权力个性"，在数字时代，其既表现为在执行监督管理和失信惩戒方面依法运用国家强制力、实现权力与权利的交涉，如最高人民法院进一步完善执行管理、执行查控、执行公开、信用惩戒、网络拍卖"一站式"综合信息系统，实现全国各级法院互联互通，确保执行办案公开透明、阳光操作、运行规范、同步管控，有效保障当事人和公众的知情权、参与权、表达权和监督权；又表现为执行落地中所依据的实体法承认私权的可处分性，申请执行人借助司法执行领域区块链技术，以保障自己合法权益的切实实现。(3) 推进智慧服务，应当重视数字鸿沟问题。智慧司法的应用应致力于"消除'司法鸿沟'，促进'司法可得性'"。就诉讼服务而言，进一步推进服务便捷化，全面推进网上立案和跨域立案，借助人脸识别、远程音视频、电子签名等技术，实现全业务全流程的"一站式"多元化纠纷解决，不断完善人权司法保障的救济服务途径，弥合诉讼能力不足；就司法存证而言，推进司法区块链面向全国各级法院和公众，提供高效可信的数据存证、确证与验证服务，满足公众在电子证据、合同签署及著作权保护等场景应用需求。最高人民法院依托大数据技术上线"法信"平台，融合嵌入各级法院审判流程、案件管理、电子卷宗、诉讼服务等各类系统，提供法律检索、类案剖析、法律规范参考、法律知识解决方案等服务,以司法公开促进司法公平。(4)推进智慧管理,"一张网"办公办案,让司法权、检察权运行遵循"看得见的正义"原则。人权司法保障的有效运行需要司法机关高效的管理模式,数字时代人权司法保障则需要稳定的数字运行机制作为后盾。一方面,全面推进智慧法院建设,打造阳光审判管理机制。中国构建了法院专网、移动专网、外部专网、互联网和涉密内网五大网系,实现法院专网全覆盖,搭建司法大数据管理和服务平台,经由大数据、云计算等数字技术实现各类审判数据资源的规范管理和算法演绎,促进类案同判和量刑规范化,推广并应用智能化辅助办案系统,防范冤假错案发生,打造良好的智慧法院管理生态,保障当事人公正审判权的实现。另一方面,积极探索智慧检察管理模式,推进数字检务运行机制。优化检察机关"人、事、财、物、策"各项管理要素,以数字技术为驱动,以检务数据为中台,建设涵盖检务公开、办事指引、案件查询、在线办公、教育培训、信息共享、案件趋势预测、案件风险评估等方面的智慧检务管理平台,以满足检察机关在检务工作中的各种业务需求,提高检察机关的工作效率和管理水平,促进数字时代检务工作的规范化、标准化和科学化,以更好地服务人民群众和社会发展。[1]

第四节 治理中的数字人权保障

随着网络化、数字化、智能化的交融发展与深度变革,现代性的社会治理模式必然面临着深刻的数字化重塑,进入"数治"新时代,催生数字治理新模式。这个"数字治理"以有效收集、分析和处理数据作为国家和社会治理的主导方式和手段。它仍离不开道德、法律、惯例等的支撑、规制和保障,但此时的道德、法律、惯例等不再是"彼时规范",而是数字社会的新生规范,体现着数字权利观、数字正义观和数字秩序观,具有清晰精准、高效便捷、智慧可视、共建共享等鲜明特征,反映着数字法治的逻辑要求和数字治理的新趋向。

一、平台治理中数字人权保障的常见方式

平台有充分的动机实施自我规制,因为改善用户的互动以提升平台吸引力是

---

[1] 参见齐延平:《数字时代的人权司法保障》,载《人权》2023年第6期。

平台的利益所在。平台可能会通过限制准入或者发放许可等方式限制平台内的竞争，规制价格并且监控用户行为，或者通过提供纠纷解决方式或者补偿政策等方式推动平台上合同的履行。科技发展为网络交易平台提供了包括消费者评级在内的新型自我规制手段。身份证明解决了线上交换存在的两种信息不对称，交易方匿名，且无法关联到具体个人的问题；声誉评级则解决了线上交换中商品、服务的质量无法直面的问题。信誉评级可以借助社交手段促进用户间普遍信任的同时，进行自我规制与监督。平台治理机制不仅伴随着平台"私权力"的兴起，也伴随着国家公权力与平台权力的频繁互动，这种互动以相互间探界、分界与维界的方式呈现。平台企业通过包括消费者评价制度、交易撤销制度与平台处罚制度在内的一系列准立法、类司法与拟执法的方式实现了深度的自我规制，在这一过程中，逐渐掌握了一种"不对称的控制权力"。网络平台建构出的技术权力是"双向度"的，是一种彼此交错的复杂关系网络。因此，平台与政府在该场域内的权力边界是相对模糊的，双方都在通过彼此的试探碰触，来尝试界定自己相对于其他权力主体的确定位置。平台企业可能通过平台规范实现对国家权力的排除，或者是设置事前免责声明的诸多条款实现对公权力审查的规避。比如在传统意义上由国家进行规制的短租领域，平台企业将市场从社区转移到云端，其促成的大量活动可能会破坏现有法律和规制框架的稳定性。但与此同时，国家权力也在对平台权力进行吸纳和重塑，在信用数据从商业化到治理工具化的过程中，政府期待通过吸纳平台信用来施行算法行政，拓宽治理边界。因此政府权力与平台权力可能达成一种妥协与相互嵌入的状态，平台已构成自治，但又未能完全自治，总是存在公权力塑造的"他治"的因素。政府权力可能授权发起或者直接参与平台治理；也可能对某种自愿型的平台治理进行许可或批准；有些情形下政府不会明确表态，只是隐晦地用行动对平台治理予以限制。因此，基于平台治理的特殊性，相应的数字人权保障方式则是通过具体法律责任予以实现，主要包括以下三个方面。

第一，民事责任。民事责任既包括平台与用户间的合同责任，也包括平台因平台上用户行为而导致的侵权责任。后者较为复杂，既包括平台自身的行为侵权，也包括因用户或第三方内容提供者导致的侵权，因此需要更多的讨论。英美法系在这个问题上采取间接侵权理论，而大陆法系则考虑共同侵权理论。平台因平台上用户行为而导致的侵权既包括知识产权侵权，也包括名誉权与隐私权在内的一般民事侵权。总体而言，平台在信息发布前无一般监管义务，在信息发布后可能因如下原因而须承担侵权责任：首先，因经营平台产生之风险上升（如提供如大众点评等评价平台、提供如各类网盘等的共享虚拟主机服务，以及博客平台等）；其次，用户于平台上损害他人利益；最后，存在对网络平台经营者的通知提示。平台若在权益侵犯中充当积极角色，则不能享有责任优待地位。

第二，行政责任。各国对于平台行政责任的规定多是在现有基础上予以延展。以美国为例，《联邦贸易委员会法案》规定的"不公平或欺骗性行为"的范围随着时代的进步而不断扩展：从数据安全、隐私保护，到垃圾邮件、虚假广告等全部囊括其中。德国平台监管的行政责任主要涉及基本权利。比如，国家对平台经营者的规制可能造成：一是对宪法保障的职业自由的限制，联邦法院区分了对"择业"自由（是否从事某项职业）的限制；二是对执业自由（如何从事某一职业活动）的限制。后者只要在理性的公益考量下是合目的的，只要没有施加过度沉重或不可期待的负担，就可以限制执业自由。而国家对平台经营者的规制若不涉及准入门槛，而只涉及如何执业，则适用较低的宪法要求，比较容易通过合宪审查。对基本权利的保障不意味着不能限制基本权利，尽管用来审查干预是否合宪的比例原则要求法益蕴含兼顾平衡的思想。另一个行政监管较多的领域是儿童网上隐私保护领域，《美国儿童网上隐私保护法》（COPPA）不会直接产生民事诉权，但是联邦贸易委员会、州司法与监管部门可以依据其采取相应监管措施。

第三，刑事责任。平台的刑事责任涉及与计算机相关的诈骗，对电信、电子或口头通信的监听和泄露犯罪，非法获取通信记录罪等多种类型。平台还需要承担配合执法义务，比如通信监控配合义务，通信信息披露义务，通信信息备份义务等。有学者提出将网络服务提供者不作为的刑事归责路径立足于不作为犯类型的二元划分，以义务犯原理为基础，明确网络服务提供者构成真正不作为犯与不真正不作为犯的不同归责路径与责任边界。首先明确真正不作为犯认定的"递进式"路径，进而厘清网络服务提供者刑法不作为责任与行政监管部门行政不作为责任的边界，厘清网络服务提供者行政违法与刑事违法的边界，继而明确不真正不作为犯的"超规范"路径限缩，强调网络服务提供者不真正作为义务的形式类型与实质审查，强调网络服务提供者进行技术判断与规范审查。无论是基于"危险制造与控制"的妨害者责任，还是附属于政府监管的配合责任，首先要确立网络服务提供者刑事归责的从属性，进而通过主观罪过与结果归责的形式限缩、义务违反与因果关系的实质判定、真正不作为犯与不真正不作为犯罪名的适用范围系统化，明确网络服务提供者的不作为责任。

二、数字政府治理中的数字人权保障

随着大数据、云计算、区块链、物联网和人工智能等数字信息技术的广泛应用,中国社会发展也进入了数字时代,数字经济、数字社会和数字政府成为数字中国建设和发展的基本动力。数字经济发展和数字社会治理,不仅深刻改变了经济发展方式和社会治理模式,而且对政府治理提出了新的要求和目标——数字政府。在全球数字治理转型和数字中国的背景下,中国政府治理必须进行数字化转型,以回应数字经济发展和数字社会治理带来的新挑战和新问题,如数字经济的营商环境、网格化的基层治理等。

数字政府是政府治理信息化的新形态。随着数字信息技术的迭代,政府治理信息化进程分为三个阶段。第一个阶段是"政府上网",这个阶段数字信息技术主要是互联网,所以,政府治理信息化主要以政府办公自动化、建立政府网站为基本内容。信息是单向输出,即从政府到公众。第二个阶段是"电子政务",这个阶段数字信息技术主要是移动互联网、信息管理系统等,所以,政府治理信息化主要以政务信息公开、建立政府职能部门的信息管理系统为基本内容。政府和公众可以在网络空间进行互动和信息交换。第三个阶段是"数字政府",这个阶段数字信息技术包括大数据、云计算、区块链、物联网和人工智能等,所以,政府治理信息化主要以政府数据开发和利用为基本内容。政府可以运用大数据、区块链等技术为公众提供精细的、智能的服务和管理,使政府和公众的互动更加高效便捷。因此,数字政府是一种依托数字信息技术,以数据驱动为基础的政府治理模式。

数字政府不仅是数字信息技术迭代的产物,同时也是政府主动利用数字信息技术进行自我变革的结果。这种自我变革主要表现为以下四个方面:第一,组织的变革。政府相应建立专门负责数字政府建设的机构,比如,英国政府为保障数字政府战略落地,专门设立了政府数字服务局(GDS);美国则设立首席信息官(CIO),隶属于美国联邦管理和预算办公室;在中国,这个专门机构就是国家信息化领导小组。第二,业务流程的变革。随着新一代数字信息技术的应用,政府对政务服务的流程进行重新梳理和改造,大量的业务从"线下处理"变成"线上办理"。业务流程再造不仅缩短了业务流程,而且还加强了公众对业务的信息反馈和评价,实现公众对业务流程的监督。第三,治理方法的变革。传统政府治理是以物理世界为基础,表现为对物的治理和对行为的治理;数字政府治理则是以信息世界为基础,表现为以数据驱动为基础的算法治理和代码治理。第四,治理模式的变革。信息数据流通和分享才会产生价值。传统政府治理是条块分割,从而形成"信息孤岛",难以解决治理的"碎片化"问题。数字政府治理则强调跨部门和跨界域的协同治理,通过数字信息技术打破信息传播的制度和机构壁垒,建立信息数据的开放和共享机制,从而打造数据治理的共建共治共享模式。

目前中国的数字政府建设处于一个初步的阶段。首先,在数字基础设施建设上,已经初步建成"全国一体化在线政务服务平台"。截至2025年3月,国家政务服务平台(全国一体化在线政务服务平台)已接入43个国务院部门、32个地方政府和1000多项高频热点办事服务,覆盖证照、教育、助残、民政等多领域,实名注册用户数破亿。不过,"全国一体化在线政务服务平台"还有待进一步深入应用和升级完善,尤其是实现跨部门和跨界域的服务数据汇聚共享和业务协同,以及建立该平台使用的移动终端,使公众通过移动终端即可办理一切事项。其次,在公共数据资源的开发利用上,2020年国内已经在8个省市开展试点工作,初步探索了公共数据资源的管理制度、技术支撑保障能力、业务管理和数据资源配置模式、数据安全管理等方面的工作经验。国家未来应该在总结试点工作经验的基础上出台公共数据资源开发利用的实施方案或指导意见,逐步完善公共数据资源开发利用顶层设计,为地方开展公共数据资源开发利用指明方向和路径。最后,在隐私和信息安全上,已经初步制定了以《网络安全法》为核心的数字法律体系,以保障公众隐私和个人信息权利。随着国家出台相关配套法律,如《个人信息保护法》和《数据安全法》等,将进一步完善网络信息安全和个人信息权利的法律保障。

数字政府的公共服务转向是中国数字政府建设走向成熟完善的必由之路。目前中国数字政府建设与政府公共服务能力处于一种发展不平衡不充分的阶段,公共服务转向有助于中国数字政府建设找到明确的发展方向。首先,公共服务转向指明了数字政府为谁服务的问题。中国数字政府建设应当为人民服务,坚持以人民为中心的价值取向。在法律上,这就要求数字政府的公共服务以人民为中心,尊重公众的利益和需求。其次,公共服务转向指明了数字政府如何治理的问题。中国数字政府建设应当走共建共治共享的治理道路,因为这样才能实现和创造公共服务的价值,让人民群众获得高质量的公共服务。最后,公共服务转向指明了数字政府的合法性基础为何的问题。中国数字政府通过向公众提供便捷高效的公共服务,不仅赢得人民群众的信任和支持,而且通过这种方式向人民群众证明自身的治理能力,从而赋予自身存在的合法性意义。

从法治角度出发,推动数字政府公共服务转向的具体路径主要包括3个方面:第一,通过立法出台相关配套法律,如公共服务保障的基本法、个人信息保护法等,保障公民通过数字政府获得公共服务的权利,以及保护公民在数字化公共服务中的隐私和信息安全。第二,建立数字化的公共法律服务体系,为公民提供便捷高效的法律服务,确保公民受到侵害的权利,尤其是获得公共服务的权利,有充分的法律救济途径。第三,塑造数字法治文化,充分保障公民的数字人权。数字政府的公共服务是对公民享有的基本人权之保障。数字法治文化将会促进数字政府履行自身保障人权的承诺,因为数字法治文化阐述了数字政府的法治基础,这个基础就是数字政府应当依法履行保障公民基本权利——尤其是数字人权——的义务。

值得一提的是,数字弱势群体的权益保护问题也被部分学者视为治理中数字人权保障的"元问题",主张国家对数字弱势群体的给付义务是一种纯粹的积极行为,具体表现为:(1)按照《宪法》第45条第1款规定,"中华人民共和国公民在年老、疾病或者丧失劳动能力的情况下,有从国家和社会获得物质帮助的权利",该规定构成实现数字弱势群体物质帮助权的宪法依据,人力资源和社会保障等国家部门就构成完善信息基础设施和提升社会服务的应然主体。他们需要以信息资源建设为中心,基于其行政地位与职责,面向"数字弱势群体"提供信息产品、构建信息资源体系。(2)保证可能取得的平等机会。例如,针对乡村数字技术发展的不平衡,加大贫困地区、偏远地区的网络基础设施建设投入,以补齐网络设施短板;承担针对社会弱者的数字技能培训与教育,推动适老化互联网应用改造,以及就高频服务事项设置线下办事渠道。[1]

典型案例

北京互联网法院执行"(2019)京0491民初31145号网络侵权纠纷案"时,将案件双方的调解协议存证于区块链平台上,若被告未履行全部义务,则原告仅需点击对应的"未履行完"按键,该案件即会基于运行于区块链上的智能合约自动进入执行程序,并自动完成从执行立案到抓取当事人信息和执行依据再到生成未履行报告、执行申请书、执行通知书和报告财产令等相关法律文书系列流程。

---

[1] 参见宋保振:《社会权视阈下"数字弱势群体"权益保障》,载《法学》2024年第1期。

问题与思考

1. 数字人权保障的宪法基础是什么?
2. 数字人权保障的立法框架是什么?
3. 在诸如人脸识别等信息技术的执法活动中,如何体现对数字人权的保障?
4. 智慧法院、智能审判等法院数字化建设过程中,数字人权保障是如何体现的?
5. 在平台治理活动中,如何兼顾数字人权保障和科技创新需求?

延伸阅读

1. 刘志强:《中国人权法学理论构建》,商务印书馆 2023 年版。
2. 马长山:《迈向数字社会的法律》,法律出版社 2021 年版。
3. 马长山:《智慧社会背景下的"第四代人权"及其保障》,载《中国法学》2019 年第 5 期。
4. 佟丽华:《数字时代的社会法》,中国法制出版社 2023 年版。
5. [美]大卫·J. 贡克尔:《机器人权利》,李奉栖、张云、郑志峰、杨春梅译,清华大学出版社 2020 年版。
6. [斯里兰卡]尼哈尔·贾亚维克拉玛:《人权法的司法适用——国内、区域和国际判例》,中国社会科学出版社 2022 年版。

第五编

数字法治理论

第十六章　数字法治概述

> **法律故事**
>
> 2018年《纽约时报》和《卫报》报道披露,英国数据分析公司"剑桥分析"(Cambridge Analytica)从2014年就开始收集脸书用户的数据,共计8700万名用户的数据被不当泄露。2016年美国总统大选中,当选总统特朗普的团队也使用了相关数据分析产品。此外,该公司还涉嫌暗中参与影响多国的选举。该事件一经披露即舆论哗然,被称为"剑桥分析丑闻"。
>
> 丑闻爆发后,脸书与"剑桥分析"的相关负责人即分别应美国国会与英国议会的要求参加了相关听证。随之而来的大量法律纠纷迫使"剑桥分析"于2018年5月宣告破产。美国FTC随即开展了相关调查。调查结论认定,一方面"剑桥分析"通过欺骗性的方式获取大量个人信息,另一方面脸书亦未能实现用户数据安全的保护。2019年7月,美国联邦贸易委员会与脸书达成和解协议。在和解协议中,脸书承诺建立更多的数据保护措施,并向美国联邦贸易委员会支付和解金50亿美元。2020年4月,美国联邦法院最终批准了这一和解协议。
>
> 该事件表明,通过大数据和建模算法分析人们的行为、情感甚至心理,具有重大风险。它甚至意味着,谁掌握数据,谁就掌握了权力;谁能操控大数据,谁就能操控政治。在此背景下,现代法治必须转型升级。

第一节　现代法治的发展变革

随着信息革命的到来,人类逐渐进入"万物数字化、一切可计算"的社会生态,接入网络的数字终端和传感器无处不在,进而呈现虚实同构的日常生活、人的

"生物/数字"双重属性和人机交互的多样场景。[1] 这样,出现了与工商革命相似的社会后果,引发了根本性的巨大社会变迁,进而引发了从现代法治迈向数字法治的时代转型。

一、从工商社会迈向数字社会

人类历史上迄今已发生了三次重大革命:第一次是农业革命,以种植和养殖取代了采摘和狩猎,使人类摆脱了动物性的生活方式;第二次是工业革命,以机器生产取代了大部分体力劳动,使人类摆脱了自然性的生活方式;如今迎来了信息革命,它以网络化、数字化、智能化技术取代了很多脑力劳动,使人类摆脱了物理性的生活方式,并从此进入了跨域连接、全时共在、虚实同构、人机交互的数字社会。一是数字世界与物理世界相互影响、融合共生、全球互联,形成了全时空(打破物理空间/时间障碍)、全流程(贯通人类所有生产生活流程的每一节点)、全场景(跨行业跨界别并打通人类所有的行为场景)、全解析(通过收集分析人类所有行为信息而产生全新认知、全新行为和全新价值)、全价值(打开并穿透所有价值体系并整合创建出前所未有的巨大价值链)的时代症候。二是数据和算法成为重要的生产要素。它对传统生产要素进行了数字化的改造和超越,塑造了全新的生产力和生产关系,并形成了网络化、数字化、智慧化的日常生活,进而对传统工商社会的生产方式、生活方式、行为模式、价值观念产生了重大冲击和颠覆。三是出生于工商社会的"网络移民"已经完成了时代迁移,而出生自"Z世代"的地地道道网络"原住民"人群则不断壮大成长,于是,我们每个人都既有自然人的生物属性,又有"数字人"的信息面相。四是信息技术创造了全新的数字生态,带来了从互联网—物联网—"身联网"(IoB)的巨大变革进程。在这里,信息"可以在任何时间任何地点为任何人所分享。信息圈开始在任何空间中弥散"[2],每个人都成为信息网络的连结点、处理点。更为重要的是,经过数据分析,最终可以揭示人类社会关系的基础,发现控制人们关心的所有人和事的平衡规律。

二、从"破窗"颠覆迈向转型重建

数字社会的到来,并非对工商社会的简单替代,而是对其进行吸纳和重建,在

---

[1] 参见马长山:《智能互联网时代的法律变革》,载《法学研究》2018年第4期。
[2] [英]卢恰诺·弗洛里迪:《信息伦理学》,薛平译,上海译文出版社2018年版,第426页。

"破窗性"颠覆中进行转型升级,法律规则和社会秩序上也是如此。

首先,数据/信息占据中枢地位。在现代法治的人、物、事关系中,人是中心地位,此外并没有其他因素的干扰和影响。因此,通过人身权、婚姻家庭权、物权、债权、继承权、知识产权等来进行类型化保护,其边界是相对清晰的,也是分散平行的。但在当今数字社会中,人不再是以往那种单一的生物人(自然人),他(她)同时也是一个数字人,形成了一个个"动态的数字自我";对于物而言,也已不再是有体物、无体物那样的简单形态,而是出现了大量数字化的虚拟财产。即便是原来的有体物或无体物,其形态、流转和使用也在物联网过程中进行了全面的数字化塑造;同样,对于事而言,大数据分析已成为观察生活、透视万物、联通世界、预测未来的主要方式,算法决策替代人脑决策的场景越来越广泛和普遍,从而改变了我们与自己、他人和世界的关系,"这一数字转型动摇了已确立的参考框架,这影响到公共空间、政治本身以及对制定政策的社会预期"[1]。而我们一旦脱离这种"信息圈"和数字生态,就会像离水的鱼那样,陷入绝境甚至"死亡"。[2] 由此看来,无处不在的数据,无处不在的计算,使数据/信息带有了支配的性质,并通过技术代码(technical codes)"来控制人类和资源"。[3] 此时,占有和控制数据/信息就等于掌控了人、物、事,从而使其具有中枢地位和功能。

其次,二元论框架遭遇消解。二元论框架是现代法治的重要理论支撑,但在数字社会中却遭遇了困境,甚至被消解。其中较为典型的有三:一是主体/客体发生模糊。在以往的物理时空观念里,"现代人是根据主体/客体来思考的。世界是客体,人是主体"。[4] 因此,凡是人以外的不具有精神、不能意思表示的一切物品和生物,都归属于物和权利客体。但当算法决策取代人脑决策,或者人机交互的场景下,智能体会代替人来思考或者与人一起来思考、共同工作,它们越来越多地与人类分享同一个世界。此时,不再是"主体作出行为、客体承受行为"的关系定位,而是主体面对"一个行为着的客体"的全新逻辑。[5] 二是主观/客观发生模糊。毋庸置疑,数字时代也是一个算法时代,人们认为算法处理问题效率高、能

---

[1] [英]卢恰诺·弗洛里迪:《在线生活宣言——超连接时代的人类》,成素梅等译,上海译文出版社2018年版,第51页。
[2] 参见[英]卢恰诺·弗洛里迪:《信息伦理学》,薛平译,上海译文出版社2018年版,第23页。
[3] 参见[美]安德鲁·芬伯格:《技术批判理论》,韩连庆等译,北京大学出版社2005年版,第16页。
[4] [匈]阿格尼丝·赫勒:《现代性理论》,周宪等译,商务印书馆2005年版,第102页。
[5] 参见[德]克里斯多夫·库克里克:《微粒社会——数字化时代的社会模式》,黄昆、夏柯译,中信出版社2018年版,第133页。

力强、又精准,特别是基于海量数据基础上的"算法客观可靠,不会受人类主观性的影响"[1],因此,很多决策权就"从人手中转移到算法手中"[2]。然而,无论是数据还是算法,都是由人来处理、设计和训练而来的,不能排除价值偏好、算法黑箱,以及算法错误等问题的存在,因此,这必然又带有很多的主观性。这样,主观性中就包含客观性,客观性中也包括主观性,二者边界开始模糊。三是国家/社会发生模糊。在启蒙运动以来的契约论中,国家与社会的分野是现代性的一个重要标志,也是现代法治能够实现以权利制约权力的关键基础。然而,随着数字社会的到来,平台经济成为主导形态。而平台不同于工商社会的任何企业形态(包括垄断企业),它通行"赢者通吃"的原则,尤其是在"平台加责"的国家治理背景下,它赋有准行政权、准司法权、准立法权,既具有商家的社会属性,也具有治理的公共属性,它在实质上属于数字时代的公共基础设施。这完全不同于19世纪末20世纪初以来那种相互渗透的国家社会化、社会国家化趋向,而是数字时代背景下跨越国家与社会的新业态新模式,它把国家/社会、公权力/私权利的二元结构,转换成了国家/平台/社会、公权力/私权力(权利)/私权利的三元结构,从而促进了现代法治二元论框架的消解。

最后,技术规制嵌入社会秩序。现代法治摆脱了宗教神谕和宗族伦理的束缚,以民主、科学和理性精神确立起"法律至上"的社会准则,现代法律体系也随之"被看作是一组运用专职国家机构所创造、解释和实施的、理性地制定一系列原则的特定政府机制"[3]。这表明,科学和理性精神是以法律化的形式来发生作用的,法律是社会秩序中最主要的规制方式。然而在当今时代,网络化、数字化、智能化技术已经掀起了一场深刻的"数字革命",创造出前所未有的网络空间和"万物互联"景象,"最终建立了前所未有的王国,并且设计了很多对自己有利的规则"[4]。对此,国家力量很难深度介入,法律规制也很难发生作用,而以算法和代码规制为代表的自动化技术治理就成为一种必然的选择。基于区块链的智能合约,就完全不同于传统法律框架下那种"外在"的行为规制,而是呈现为一种"内在"的技术规制,"如果不遵守技术规则,程序将返回一个错误值并停止运行,

---

[1] [美]卢克·多梅尔:《算法时代:新经济的新引擎》,胡小锐、钟毅译,中信出版社2016年版,第207页。
[2] [美]克里斯托弗·斯坦纳:《算法帝国》,李筱莹译,人民邮电出版社2017年版,第197页。
[3] [英]罗杰·科特威尔:《法律社会学导论》,潘大松等译,华夏出版社1989年版,第52页。
[4] [美]德伯拉·L.斯帕:《技术简史——从海盗到黑色直升机》,倪正东译,中信出版社2016年版,序言第Ⅻ页。

并且代码总是严格地按照规则运行,这是一种事中执行机制"[1]。此外,对于互联网的程序、协议和平台等,"它们本身就是规制的一部分"[2]。这种技术规制在社会秩序中的嵌入,无疑展现了人性逻辑与技术逻辑的兼容与博弈。事实上,近代以来一直存在着反对"技术理性""技术统治"的呼声,特别是法兰克福学派对技术系统侵入社会制度框架中的后果进行了深刻反思,但那时的"技术统治"更多的是表现为专家系统。而如今的技术规制则在"重新界定宗教、艺术、家庭、政治、历史、真理、隐私、智能的意义,使这些定义符合它新的要求"[3],为此,法律规制也必然会受到这种技术规制的深刻影响,现代法治的"法律至上"原则受到了严重侵蚀。

三、从现代性迈向"超现代性"

从一定意义上说,传统性、现代性和后现代性,是对农业社会、工商社会和后工业社会中人类生存状态的阶段划分、意义阐释和哲学反思。但它们都囿于物理时空的生活模式和人的自然(生物)属性,没有也不可能看到今天信息革命所创造出来的奇异数字生活场景,因此,它本质上仍是在同一空间、同一平面上的阶段性转换,包括后现代性的反叛和解构,也未能跳出物理时空的框架维度。然而,数字时代的到来,恰是从物理时空的平面跃升到物理/电子的双重时空平面,斩断了传统性、现代性和后现代性的直线逻辑链条,构建了一种全新的"超现代性"。具言之,从现代化维度来看,在传统社会、现代社会之后出现了"第二现代性"或"后现代性"症候,但这些其实仍是现代性逻辑上的直线延伸,都是物理时空体制高速发展所释放出来的"流动的现代性"[4]。但随着信息革命的到来,则形成了全新的数字时空体制,以虚实交融、数字表达、智能运行的方式,重建了人类生活,形成了螺旋上升的"超现代性"。

一方面,形成了"超自然"的生活场景。信息革命通过网络化、数字化和智能化技术,颠覆了"上帝"给人类圈定的物理围栏,创造出前所未有的"数字孪生","不仅是一个超越我们日常生活世界的空间,而且也是一种以数码的方式重构这

---

[1] 唐剑文等:《区块链:将如何重新定义世界》,机械工业出版社 2017 年版,第 49 页。
[2] [英]詹姆斯·柯兰等:《互联网的误读》,何道宽译,中国人民大学出版社 2014 年版,第 121 页。
[3] [美]尼尔·波斯曼:《技术垄断——文化向技术投降》,何道宽译,中信出版集团 2019 年版,第 53 页。
[4] [英]齐格蒙特·鲍曼:《流动的现代性》,欧阳景根译,上海三联书店 2002 年版,第 13 页。

种日常现实性的空间"[1]。接踵而至的是,虚拟世界不再是现实世界的反映和补充,而是形成了一个可以映射现实世界、但又独立且平行于现实世界运行的"元宇宙",其开放性、参与度、沉浸感均已达到峰值,因而号称"超越宇宙"(Metaverse)。也就是说,从狩猎采集社会、农业社会到工商社会,都是物理空间中生活的改善和提升;数字社会则在传统的物理世界之外,创造了无限的虚拟世界;工商革命打通了物理世界,而数字革命则打破了物理世界,形成了"超自然"的生活场景。这就突破了传统—现代—后现代的情境、逻辑和演进方向,形成了"超现代性"景象。

另一方面,塑造了"人/数聚合"的主体活动。"人们的行为越来越多地以在线的方式实现,个人信息或数据成为大数据和人工智能应用的原料,人也因此获得数字人这一全新的存在形态。"[2]与此相应,"元宇宙""脑机接口"等"身联网"趋势也越来越明显,"人类将成为信息体"[3]。这样,前述那种自然界、动物性或者"野蛮人"的参照系已经失效,而"文明人"(生物人)和物理世界则成为新的参照系,反衬出"数字人"和虚拟世界的创新性、超越性。为此,从物理空间/电子空间、生物人/数字人的两维性出发,来观察、分析和阐释数字时代的主体活动和法治秩序,就成为一种必然的选择。本章开头的法律故事也表明,不仅数字经济颠覆了传统工商模式与业态,数据成为生产要素和"新的石油";政治领域同样发生着重大变革,数据成为操纵政治的工具。而在日常交往和社会生活中,数字化生态也已经系统化生成,"人与数据的聚合正在成为构造世界和塑造个人的基础性活动。通过数据测量和分享,各种智能设备和应用将人连接到一个巨大的改变世界的行动者网络之中"[4]。这就突破了现代性那种基于物理时空和生物人的行动规律,塑造了数字生态系统中"人/数聚合"的主体活动。这导致数据/信息在人类生产生活中发挥重要的中枢功能,与此相应,基于"人—财—物—事"的权利义务关系,就不得不依托于算料、算力、算法的支撑调配,从而大大突破了产权私有、契约自由、责任归己的属性和范围,逐渐形成数据/信息的流动、分享与控制的新生态,从而推动法治秩序的时代转型。

---

[1] [荷兰]约斯·德·穆尔:《赛博空间的奥德赛——走向虚拟本体论与人类学》,麦永雄译,广西师范大学出版社2007年版,第16页。
[2] 段伟文:《信息文明的伦理基础》,上海人民出版社2020年版,第8页。
[3] [英]卢恰诺·弗洛里迪:《信息伦理学》,薛平译,上海译文出版社2018年版,第23页。
[4] 段伟文:《信息文明的伦理基础》,上海人民出版社2020年版,第9页。

第二节　数字法治的迭代转型

或许有人怀疑,数字社会是否真正导致法治发生变革,通过个案式的回应能否解决数字社会的问题。网络法的兴起之时,便曾遭遇"马法之议"的质疑。1996年美国法官伊斯特布鲁克(Frank Easterbrook)受邀参加芝加哥大学法学院举办的一场网络法研讨会时作"踢馆式"发言表示,网络法好比关于马的法律,只是将关于网络的各类规则拼凑起来而已。然而,历史的发展已经证明,互联网成为了人们日常生活的重要组成部分。电子商务、网络平台、数据处理、信用评分等法律问题的重要性日益显著,修修补补的应对已无法回应数字社会的挑战。这是因为,现代法治是基于物理空间的生产生活规律、社会组织形式、社会治理体系、法律制度规范等而构成的,它必将面临数字时代"双层空间"的挑战和重塑。数字社会中,现实与虚拟交融互嵌,传统、现代与后现代的要素激烈碰撞,法律价值、法律关系、法律行为均发生了重大变革,并形成了数字治理的新范式。

一、法律价值的变革

数字社会中,传统的分配正义已无法回应数字社会的需求。以数据正义、代码正义、算法正义为核心的数字正义观,塑造了全新的法律价值理念。

第一,数据正义观。大数据之下,"一切都被记录,一切都被分析"。一方面,世间万物皆可数据化,数据成为关键资源和生产力要素。另一方面,数据处理者获得了一种人类历史上前所未有的能力,可以大规模、持续性地获取数据、分析数据。对此,首先必须强调数据的公平占有与合理使用。实践中,"商家和政府在运用数据挖掘技术来实施对原始数据的抓取、整理、分类、匹配和赋值,并据此为客户设计和提供相应的产品与服务,或者建立起规范新技术的社会管理模式"[1]。此时,必须在数据主体、数据处理者、交易者等角色之间合理分配数据权利义务,以实现公平占有数据、合理使用数据、捍卫数据权利。其次,应正视数字社会发展不均衡的现状,保护"数字弱势群体"的权利。"数字弱势群体"指"基于主体的经济状况、学习能力等差异,以及数字化、智能化社会引发的社会结构和社

---

[1] 马长山:《智能互联网时代的法律变革》,载《法学研究》2018年第4期。

会关系变革等原因,在获取、理解和运用相应信息并享有数字红利时处于劣势的社会群体。"[1]必须从人权保障的高度,维护其数字权利。最后,数据阐释的价值判断需要数据正义观的指引。"数据阐释永远是主观的,是依赖直觉的,而且也与周边环境紧密相关。同样的数据在不同的环境内容中可以有截然不同的意义,这些意义并非数据所固有,而是人们在特定环境中分析数据并将意义赋予了数据。"[2]数据阐释内含价值判断,潜藏着不同的利益诉求和权利主张,需要数据正义观的指引。

第二,代码正义观。2006年,莱斯格(Lawrence Lessig)提出了"法律—社群规范—市场—架构"的经典网络规制框架。在这四个规制要素之中,他尤其指出代码则是架构的相似物,且重申"代码即法律"(Code is Law)。[3]赛博空间中,代码具有直接的控制力。"程序员是一个宇宙的创造者,他自身也是其中唯一的立法者。无论是多么有权势的剧作家、舞台剧导演或皇帝,也不曾行使过如此绝对的权力来安排一个舞台或战场,并指挥如此坚定不移尽职尽责的演员或军队。"[4]首先,代码规制具有正当性与合理性。"网络不是法外之地",制定标准和编写代码已经成为新型的规制形式和控制力量。其次,代码编写具有价值偏好。程序员(或雇主)的思想理念必定会融入代码之中。"代码编写的背后,是代码所圈定的商业利益和政府管理模式,而广大客户或服务对象则处于话语权缺失状态和弱势地位。"[5]对此,需要以代码正义进行回应。最后,必须加强对"恶意代码"的控制,开发新的恶意代码分析、控制技术,维护代码正义和网络秩序。在代码正义观的指引下,应积极探索新型的代码规制方式。一方面,法律规范应根据智能代码的实际情况而调整,实现"法律代码化";另一方面,应将法律规制与伦理规范均应深入代码之中,实现"代码法律化"。

第三,算法正义观。当前,数字社会的算法危机主要表现为以下三个方面。首先,算法决策适用过程中个人主体性的不断丧失。不仅算法运行依赖的数据超

---

[1] 宋保振:《"数字弱势群体"权利及其法治化保障》,载《法律科学》2020年第6期。

[2] [德]罗纳德·巴赫曼、[德]吉多·肯珀等:《大数据时代下半场——数据治理、驱动与变现》,刘志则等译,北京联合出版公司2017年版,第205页。

[3] 参见[美]劳伦斯·莱斯格:《代码2.0:网络空间中的法律》,李旭、沈伟伟译,清华大学出版社2018年版,第135~136页。

[4] [德]托马斯·威施迈耶、[德]蒂莫·拉德马赫:《人工智能与法律的对话2》,韩旭至等译,上海人民出版社2020年版,第195-196页。

[5] 马长山:《智能互联网时代的法律变革》,载《法学研究》2018年第4期。

越了数据主体的可控范围,算法应用边界在公私领域的嵌入式扩展亦使个体的行动空间、控制能力、影响范围和救济渠道不断消解,与之伴随的知情权、参与权、异议权和救济权纷纷失效,甚至个人的自由和尊严在不同程度都会受到挑战和侵犯。其次,在算法建模和系统训练的过程中,人类的固有偏见或者不正当歧视会被结构化,一旦包含人类歧视的算法被广泛应用,随之而来的是个体或者群体系统性歧视的反复发生,从而发生个体不公的结构性锁定效应。最后,算法的运行虽然具有高度专业性和客观程序性,但工具化和技术化的算法决策却难以保证决策结果公正无偏,从而完全符合实质层面的价值理性。面对高效运转架构复杂的算法决策,长久以来为确保人类决策的理性、避免人类决策的武断、恣意和不当,以正当程序为内核而设置的制衡机制频繁失效。在规制效能上,对传统行政决策有效的规制路径对于算法决策显得力不从心。因此,"控制算法决策的霸权、抑制代码规制的偏好,就成为维护数字社会公平、促进技术向善的重要方面"[1]。从算法正义观出发,必须重新审视算法的性质,以正当程序的基本要求介入算法规制之中,应进一步发展和完善已初见格局的多元共治体系,构建具有中国特色的算法治理体系。

二、法律关系的变革

数字社会中,法律关系在主体、客体、内容上均产生了深度变革。首先,最显著的是新型法律关系主体和客体日益涌现。互联网平台、数据公司等新兴商业组织塑造着全新的经济业态、商业模式和交易规则,成为日益重要的新型法律关系主体。随着人工智能技术的发展,更是产生了"人工智能是主体还是客体"的争论。2010年日本富山县南渡市让陪伴机器人帕罗(Paro)登记户籍,帕罗成为首个获得户籍的机器人。2017年沙特阿拉伯向人形机器人索菲亚(Sophia)发放了护照,索菲亚成为首个获得公民身份的机器人。"智能代理人""强人工智能人""电子人"为代表的多种理论与"人工智能只是工具"的经典认识针锋相对。法律主客体之间的分野受到了一定冲击。即便是作为传统法律关系主体的自然人,亦展现出全新的样态。对个人的数据采集、用户画像极易描绘出一个人的数字人格,数字身份逐渐成为人际关系的中心,这将可能带来身份危机,"这使人作为主

---

[1] 马长山:《数字社会的治理逻辑及其法治化展开》,载《法律科学(西北政法大学学报)》2020年第5期。

体(法律主体)在数字世界逐渐消失",取而代之的是关于个人的数字化镜像。[1]此外,以数据、信息为代表的新型法律客体更是不断出现。"传统法律关系主体、客体范畴的定义、内涵、外延、法律属性等均遭受着重大的冲击和挑战。"[2]

其次,权利与义务关系正面临着根本性的重塑。新型权利信息权、数据权、访问权、被遗忘权、可携带权、免受自动化决策权、虚拟财产权、智能体的作品权利等新型权利大量出现,突破了既有的权利义务的范围。区块链、比特币、自动驾驶等的数字化应用,难以在既有理论和制度的框架内得到证明和实践。技术成为了隐性的权力,掌握了数据、算法、技术的一方,权利将被扩大;面对算法的后果,人们往往只能被动接受和承担。无论是在"人的尊严"还是"人性尊严"的意义上,数字化的生存方式均对人格保护形成挑战。此外,权利义务分配及其实现方式也在不断被解构和重构。"强调占有、控制与积累的传统法权观念受到重大冲击,而注重信息财产的虚拟性、衍生性和未来性,强调分享、利用与流通的全新法权观念则悄然兴起。"[3]以意志论、利益论为代表的传统权利理论,已无法解释和界定新型权利的问题。通过软件代码,更能实现对既有权利义务关系的确认与改写。例如,区块链智能合约,可通过完全自动化的方式实现权利义务,实现了信任关系中"人的信任—组织信任—制度信任—机器信任"的转变。

最后,权力与权利的关系发生了结构性转向。通过"数字赋能",国家、企业、个人的能力均得到不同程度的提升,由此引起了三方关系结构的变化。一是私权利与公权力的同步增长,个人可以更为便捷、更为迅速地利用数字技术行使权利,国家亦借助技术手段强化和提升了强制能力、汲取能力、濡化能力、认证能力、规管能力、统领能力、再分配能力、吸纳和整合能力等国家能力。二是私权利扁平化与私权力崛起相交织。一方面,消费大众及其权利日益碎片化、扁平化;另一方面,随着信息技术的进一步发展和资本积累的完成,平台企业已实现了对中立地位的超越。平台已经不仅是交易的撮合者以及服务的提供者,更是管理者和利益相关者。商业平台制定了大量规则,对于消费者往往索取的是概括性同意,而并不提供菜单式选择。同时,平台制定的这些规则实际又发挥着网络"软法"的作用,对赛博空间治理意义重大。此外,由于政府将一些公法审查义务交给了网络服务提供者,"平台就具有了自身运营的管理权和政府转加的公法审查权,形成

---

[1] 参见虞青松:《算法行政:社会信用体系治理范式及其法治化》,载《法学论坛》2020 年第 2 期。
[2] 马长山:《智能互联网时代的法律变革》,载《法学研究》2018 年第 4 期。
[3] 马长山:《智能互联网时代的法律变革》,载《法学研究》2018 年第 4 期。

了日益庞大的、具有某种公权特征的私权力"。[1] 由此,传统的国家权力与社会权利二元对立的框架已被打破,形成了"公权力—私权力—私权利"的三元博弈格局。

三、法律行为的变革

一方面,人的行为跨越双重空间,导致法律行为发生深刻变化。首先,在法律行为后果上,其社会影响就会被无限量放大,甚至会发生实质性改变。例如,虚假信息一经网络传播极易扩散,产生较大的社会危害。其次,在法律行为的动机、目的和因果关系上,呈现快速流变性、深度隐蔽性和边界模糊性的特征,难以用传统理论予以应对。例如,大小不等、分布海量的 QQ 群、微信群、微博粉丝群等,很难界定哪个属于"公共场所"、哪个属于私聊空间;虚拟空间的"线上"行为产生现实空间的"线下"危害后果,"线上"扰乱"线下"或者"线下"扰乱"线上"秩序,其因果关系也要经历虚实两个空间的立体穿越和复杂转换。最后,在社会行动方式上,虽然数字技术的发展使直接民主成为可欲的目标,但也带来了新的危险。本章开篇的"法律故事"即表明,通过数字技术可以被操纵民主,甚至扭曲民主的精神实质。

另一方面,人机混合新样态在意思衔接、行为协同、后果混同上都对法律行为构成挑战。法律行为是行为人基于其意识表示所作出的,能够发生法律上效力、或产生一定法律效果的行为。具有自主学习能力的智能算法的"行为"应如何评判,人机协同所产生的后果应由何者负责等问题都需要相应的理论创新和制度重构。此外,在人机混合的深化应用中,出现了相关性替代因果性、信息专业化解释等现象,法律思维与法律方法也会发生深度变革。

四、数字治理的新范式

随着网络化、数字化、智能化的交融发展与深度变革,现代性的社会治理模式必然面临深刻的数字化重塑,进入了"数治"新时代,催生了数字治理新模式。这个"数字治理"超越了传统那些以道德、法律、惯例等为主导的治理模式,即以有效的收集、分析和处理数据作为国家和社会治理的主导方式和手段。它仍离不开道德、法律、惯例等的支撑、规制和保障,但此时的道德、法律、惯例等不再是"彼

---

[1] 马长山:《智能互联网时代的法律变革》,载《法学研究》2018 年第 4 期。

规范",而是数字社会的新生规范,体现着数字权利观、数字正义观和数字秩序观,具有清晰精准、高效便捷、智慧可视、共建共享等鲜明特征,反映着数字法治的逻辑要求和数字治理的新趋向。

以共建共享共治属性为例,数字治理的变革体现在以下几个方面:首先,数字经济、数字社会、数字政府、数字生态构成了数字时代的基本图景,其基础都是数据信息的流通、控制与分享,也就是说,消除"数据鸿沟"与"数据孤岛",打破数据垄断与壁垒,同时加强数据信息权利保护,无疑是数字治理的基本准则。其次,"大数据技术的广泛应用实际上正重塑着整个法律体系运作于其中的社会空间,改变着大数据掌控者(包括国家和商业机构)与公民个人之间的权力关系,并创生出许多无须借助法律的社会控制方式"[1],展现了数字时代的"自生自发"秩序。最后,各种新业态、新模式和平台治理中,形成了大量"众创试验"的民间治理规则,[2]这些规则反映了信息革命和数字经济时代的新规律、新趋向,而且还具有"破窗性"和颠覆性,因而,倒逼监管部门将其纳入国家立法之中,并与国家法律形成互动互补,促进了国家与社会力量的秩序共建,形成了数字治理的新形态。

总的来说,数字时代的法治出现了重大变革。如果说现代法治是法治1.0版本的话,那么,数字法治就是法治2.0版本。与现代法治相比,数字法治具有以下几个特点:一是环境条件不同,现代法治立足于物理时空,而数字法治则立足于数字时空(虚拟/现实的双重空间);二是经济基础不同,现代法治的基础是工商经济和商品逻辑,而数字法治的基础则是数字经济和信息逻辑。在此基础上,数字法治的价值形态、法律关系、行为规律、治理模式均发生了深度变革。现代法治和数字法治乃是法治发展变革的不同阶段和类型,数字法治反映了数字时代的生产生活规律,体现以数据/信息为轴心的权利义务关系和以算法为基础的智能社会秩序。在本质上,它是平衡公权力、私权力、私权利关系,保障数字社会人权,实现数字正义的治理方式、运行机制和秩序形态。因此,数字法治是在现代法治基础上的数字性重塑和新生。

---

[1] 郑戈:《在鼓励创新与保护人权之间——法律如何回应大数据技术革新的挑战》,载《探索与争鸣》2016年第7期。
[2] 参见马长山:《智慧社会建设中的"众创"式制度变革》,载《中国社会科学》2019年第4期。

第三节　数字法治的基本特征

近代以来,法学家分别从形式意义和实质意义上对现代法治进行了要素分析和原则提炼。比较有代表性的是,戴雪提出了法治"三原则",富勒、拉兹、菲尼斯等都各自提出了法治"八原则"等。[1] 但他们高度认同的部分是:法律的目标在于控制公权力、保障私权利,"治者"与"被治者"同等地服从法律权威、依法办事,法律具有公开性、一致性、稳定性、连续性和不溯及既往性,确保依法独立审判、正当程序和执法司法公正,司法解释以及自由裁量权的行使符合法律原则和法治精神,法院对公权行为具有合法、合宪性审查权等。通过这些法治原则的概括和提炼,形成了形式法治和实质法治的不同版本。

然而,不管是"三原则"还是"八原则",无疑都是对物理时空中法治运行机制与逻辑的抽象和升华。首先,现代法治的作用场域是地理主权背景下国家/社会的二元生活,其核心是公权力/私权利,以及权利/义务的互动关系,具有明显的地域化、中心化特征,司法机关也基此设定了地域、级别管辖制度;其次,现代法治的社会基础是实在可及、经验分析、所有权至上的工商生产生活关系,主体是自然人、法人和非法人组织,调整对象是物理环境下的人/财/物/事,因此,人格权/物权/债权也就成为法权核心;最后,现代法治的价值源泉来自启蒙精神,包括生命、财产、自由、平等、人权等。它主要从工商业时代孕育发展而来,反映着现代性的生活方式、现实交往和价值观念的伦理尺度。也就是说,那个时候还没有遇到过人的数字属性和虚拟时空,因此,在法学家的视界内不可能有数据/信息上的应对和考量,其内涵和指向也难以对数字时代的法治变革提供有效的包容和解说。在现代法治要素和原则基础上,数字法治至少应当具有三大特征:以保障数字权利为中心,以实现数字正义为目标,参与全球数字治理。

---

[1] 参见[英]戴雪:《英宪精义》,雷宾南译,中国法制出版社2001年版,第232-239页;[美]富勒:《法律的道德性》,郑戈译,商务印书馆2005年版,第55-106页;[英]约瑟夫·拉兹:《法律的权威——法律与道德论文集》,朱峰译,法律出版社2005年版,第187-190页;沈宗灵:《现代西方法理学》,北京大学出版社1992年版,第79页。

一、以保障数字权利为中心

数字社会中,数据被称为"新石油",已经成为一种重要资源。数据与信息的抓取、处理、存储、识别分析,将可能塑造个人的"数字人格",对个人权利造成严重影响。在相关数据的利用上,企业亦产生了巨大的财产性利益。2020年中共中央、国务院《关于构建更加完善的要素市场化配置体制机制的意见》将数据与土地、劳动力、资本、技术并列为生产要素。在这一背景下,数字权利的法律保障体系逐渐形成。

在个人信息权益的保护上,自2012年全国人大常委会《关于加强网络信息保护的决定》对个人信息保护提出原则性的要求后,《刑法》《消费者权益保护法》《未成年人保护法》等法律修改时均增加了个人信息保护的相关内容,《网络安全法》《民法典》等法律制定时就包含了相关个人信息保护规范。2021年《个人信息保护法》正式通过,对个人信息处理规则、个人信息跨境提供的规则、个人在个人信息处理活动中的权利、个人信息处理者的义务、履行个人信息保护职责的部门、法律责任等内容作了全面规定。该法具有显著的公私法交融的特征,是典型的领域法。然而,我国法律并未明确个人信息的权利属性。关于个人信息的法律属性存在一般人格权说、法益说、隐私权说、财产权说、数据信托说、独立人格权说等多种学说。从现行法规定可知,个人信息保护属于人格权保护的重要组成部分。《民法典》中的"个人信息保护"条款位于人格权编,采取了绝对权保护模式。《个人信息保护法》第四章对知情权、决定权、拒绝权、查阅权、复制权、可携带权、更正权、删除权、解释权等请求权进行了明确规定而且直接规定了个人的诉权,是进一步完善了个人信息权益保护体系。值得注意的是,个人信息权益亦必然受到公共利益、第三方利益的限制。个人信息保护与利用的平衡贯穿于《个人信息保护法》的立法目的、基本原则、基本制度之中。

在数据权益的保护上,党和国家已多次提出数据财产权保护的要求。第十三届全国人大会议期间,全国人大财经委提出完善"数据权属、权利、交易等规则"。2022年12月19日发布的"数据二十条"更是提出"探索数据产权结构性分置制度","建立数据资源持有权、数据加工使用权、数据产品经营权等分置的产权运行机制"。事实上,随着贵阳、上海、武汉、盐城、北京等地一批数据交易平台的逐步设立,数据产品作为交易客体也已得到普遍的承认。《数据安全法》第19条即明确规定,"国家建立健全数据交易管理制度,规范数据交易行为,培育数据交易市场"。2023年8月1日,财政部《企业数据资源相关会计处理暂行规定》迈出了数据要素入表的第一步。当前各地区、各部门纷纷开展了数字要素登记、数据产权登记、数据信托登记、数据知识产权登记、数据公证登记等数据登记实践。

在数字人权的保障上,2017年6月27日联合国人权理事会通过了《互联网上人权的促进、保护与享有》的决议,数字社会的人权议题已受到一定关注。数字人权对科技提出了以人为本的要求,以人权尺度作为评判科技的根本标准。数字人权要求"在价值上申言数字科技必须以人为本,必须把人的权利及尊严作为其最高目的,并以人权作为其根本的划界尺度和评价标准";"在制度上强调科技企业尊重和保障人权的责任,以及政府尊重、保障和实现'数字人权'的义务"。[1] 数字人权的积极面向指,国家应提供数字人权保障的公共服务;数字人权的消极面向则指,个人有不被打扰、不被侵犯的权利。[2] 从人权的代际发展来看,与前三代人权不同,数字人权立足数字加持、认同数字人格,以数字社会的生产生活规律重塑人权价值观,被认为属于"第四代人权"。[3] 具体而言,应通过在公共政策中注入数字人权价值,强化数字人权的权益平衡,确立公法/私法的双重保护机制,推动人权保护从"场域化"迈向"场景化",促进空间上的国际合作多个方面,构建数字人权的保护框架。[4]

此外,确认数字公民身份、提升数字公民能力亦已成为数字权利保障的重要内容。进入数字时代后,公民通过在线方式,按照数字政府的数字化流程来办理申请、申报、审批等各项私人事务;通过在线听证、在线投票、电子选举方式参与公共事务和投身政治过程。其间,在线流程中的身份认证、信息交互、信息处理等,已经超越了人的生物属性和物理空间,其活动方式则呈现为"屏对屏"的虚实交融状态,其实质都是公民的数字身份、数字表达和数字行为。[5] 2017年,联合国教科文组织通过"安全、有效、负责任地使用ICT培养数字公民教育"项目小组,提炼出一个更加简化的临时数字公民教育框架,它包括数字素养、数字安全、数字参与和数字情商等四个基本领域。[6] 2021年,《提升全民数字素养与技能行动

---

[1] 参见张文显:《"无数字 不人权"》,载《北京日报》2019年9月2日,第15版。
[2] 参见郭春镇:《数字人权时代人脸识别技术应用的治理》,载《现代法学》2020年第4期。
[3] 参见马长山:《确认和保护"数字人权"》,载《北京日报》2020年1月6日,第14版。
[4] 参见马长山:《数字时代的人权保护境遇及其应对》,载《求是学刊》2020年第4期。
[5] 参见马长山:《数字公民的身份确认及权利保障》,载《法学研究》2023年第4期。
[6] 参见王涛涛:《安全负责任地使用ICT 培养数字公民——亚太地区现状回顾(二)》,载《世界教育信息》2016年第19期。

纲要》,要求构建终身数字学习体系、激发数字创新活力、提高数字安全保护能力、强化数字社会法治道德规范,进而培养具有数字意识、计算思维、终身学习能力和社会责任感的数字公民。

二、以实现数字正义为目标

正义是人类的永恒话题,也是法律的终极追求。前文已述,在从工商社会转向数字社会的深刻变革进程中,传统正义也开始不断地走向数字正义,从物理时空生活中抽象出来的以自由、平等、权利为轴心的正义逻辑,也将转化为物理/电子空间一体化基础上的以分享和控制为轴心的法律逻辑。"在数字社会中,自由、平等、民主以及法律、秩序和正义都将被重新定义,数字正义将是最高的正义。"[1]因此,"以数字正义推动实现更高水平的公平正义"[2],就成为一个重大的时代课题。

狭义的数字正义指向数字化纠纷解决。数字化纠纷解决是运用数字科技解决社会纠纷的新模式。与传统纠纷解决模式不同,这种新模式具有跨时空、全流程、全场景、一体化、集约化、智能化等特点,不仅可以实现纠纷解决资源的集约化、数字化利用,还可以增强多元解纷与诉讼服务的精准性、协同性和实效性,为人民群众提供丰富快捷的纠纷解决渠道和"一站式"高品质的诉讼服务,全方位提升人民群众的获得感、幸福感、安全感。数字化纠纷解决展现出可视化趋向,使物理意义上的"接近正义"迈向数字意义上的"可视正义"。通过平台化的分享可视、超时空的场景可视、全要素的数据可视,"打破了'正义之门'的威严壁垒,使纠纷解决成为一种多元互动、可视分享的过程"。[3] 由此,这种新模式能有效排除人为干预,推动标准一致、客观公正和"同案同判",实现数字正义。

具体而言,数字化纠纷解决包括私人部门的在线纠纷解决机制(ODR)与数字司法两个面向。其中,在线纠纷解决机制的概念与理念内核均来自替代性纠纷解决机制(ADR),因此 ODR 也被称为 Online ADR。[4] 例如,2012 年淘宝网即

---

[1] 周强:《深入学习贯彻党的十九届四中全会精神 不断推进审判体系和审判能力现代化》,载《人民司法》2020 年第 1 期。
[2] 《最高法部署"以数字正义推动实现更高水平的公平正义"》,载光明网,https://m.gmw.cn/baijia/2021-01/11/1302023367.html。
[3] 参见马长山:《数字社会的治理逻辑及其法治化展开》,载《法律科学(西北政法大学学报)》2020 年第 5 期。
[4] 参见郑世保:《在线解决纠纷机制(ODR)研究》,法律出版社 2012 年版,第 24 页。

推出"大众评审"项目,由用户以多数决的方式对纠纷进行裁决。类似的在线纠纷解决机制不能替代司法。2013年欧盟《消费者替代性纠纷解决指令》(Directive 2013/11/EU)与《消费者在线纠纷解决条例》(EU No. 524/2013)均明确规定,ODR不可替代正式的司法程序,更不得剥夺消费者提起的诉权。

就数字司法而言,数字时代对社会治理提出了前所未有的新挑战、新要求、新任务,如何运用网络化、数字化、智能化技术来推进司法体制改革,重塑司法运行机制,就成为提升司法质效、司法正义、司法公信力的核心和关键。2023年"两高"工作报告显示,智慧法院加速司法模式变革,人民法院已建成审判流程、审判活动、裁判文书、执行信息四大公开平台,构建起开放、动态、透明、便民的阳光司法机制;智慧法院建设已进入4.0阶段,即全面推进智慧服务、智慧审判、智慧执行、智慧管理,建成全业务网上办理、全流程依法公开、全方位智能服务的智慧法院;互联网司法开创新模式新规则,率先在线诉讼、在线调解、在线运行"三大规则",从技术领先迈向规则引领,实现审判体系和审判能力深刻重塑,在国际上产生了广泛影响。同样,人民检察院实施"数字检察"战略,研发车险欺诈骗保、医保基金诈骗等大数据监督模型,批量发现类案监督线索,着力提升法律监督质效。这些具有鲜明中国特色的制度创新,有效建构了数字社会的和谐秩序。

三、参与全球数字治理

当今信息革命的到来,出现了网络化、数字化和智能化对社会解构与重构所带来的叠加效应。于是,就呈现数字化的"全球化"进程,与此相应,物理时空的边界在国际社会中越来越模糊,人们越来越多地通过互联网和数据信息即可实现远程临场和深度互动,其颠覆性、替代性的后果也随之在全球蔓延展开。事实表明,美国、欧洲、中国以及其他国家都遭遇了同一背景、同一数字化网络中相似的变革、风险与挑战,这无疑不是哪个国家能够单独处置的问题,而是需要全球范围内的携手应对。尽管欧盟出台了捍卫启蒙价值立场的《通用数据保护条例》,美国也不断推出"长臂管辖",但数据信息则是无形连接、无疆流动的,数字化变革也是没有任何阀门可以控制、没有任何围栏可以阻挡的。此时,只有在"人类命运共同体"的理念下采取共同规制的策略,才能形成跨国互联网活动的有效治理结构。

近年来,中国政府积极采取行动,联合有关国家发起了《全球数据安全倡议》《"一带一路"数字经济国际合作倡议》《携手构建网络空间命运共同体行动倡议》《金砖国家数字经济伙伴关系框架》《金砖国家制造业数字化转型合作倡议》等；同时，向联合国提交了《中国关于全球数字治理有关问题的立场（就制定"全球数字契约"向联合国提交的意见）》，提出"确保所有人接入互联网""避免互联网碎片化""保护数据""保护线上人权""制定针对歧视和误导性内容的问责标准""加强人工智能治理""提供数字公共产品"七点主张，并提出《全球人工智能治理倡议》和《中国关于加强人工智能伦理治理立场的文件》；先后加入《全面与进步跨太平洋伙伴关系协定》和《数字经济伙伴关系协定》等，签署联合国教科文组织《人工智能伦理问题建议书》、首届人工智能安全峰会《布莱奇利宣言》等。2024年7月1日，联合国大会更是通过了我国提出的加强人工智能能力建设方面的国际合作决议，强调人工智能发展应坚持以人为本、智能向善、造福人类的原则，鼓励通过国际合作和实际行动帮助各国特别是发展中国家加强人工智能能力建设。可见，中国始终坚持以《联合国宪章》为基础的国际关系基本准则，支持各国平等参与全球数字治理和"数字合作路线图"，为建立多边、民主、透明、公平的全球数字治理体系注入了中国理念，为打造包容共享的全球数字法治秩序、构建人类数字文明共同体作出了中国贡献。

同时，构建必要的、适当的数字主权成为数字法治的一种时代要求和重要面向。数字主权是基于数字治理的主权形态，是维持一国数字治理秩序，保护其数字经济权益、网络和数据安全的重要保证，"既包括国家处理其数字空间事务的独立自主性，也包括国家主导本国数字发展的权能"[1]。从我国制度来看，数字主权体现在以下几个方面：一是对数字主权进行价值设定，即在总体安全观之下，确立了保障合法权益原则、保障信息自由流动原则、网络安全和信息化发展并重原则、促进公共数据的资源开放原则、构建多边民主透明的网络体系原则等，从而体现了分享与控制的数字法治价值观。二是确定了数字主权边界，即在坚持属地原则之外，还确立了效果原则，不管在境内还是在境外，只要对我国产生社会后果，那就要纳入我们的法律管辖，这样，就超越了物理边界来向域外主张数字主权的疆域。三是确立数字主权的规制方式，除《国家安全法》是关系法外，《网络安全法》《数据安全法》都是行为法，它们主要涉及网络和信息行为的物理层、连接层、网络层、传输层和应用层，构建了相应的规制方式。当然，仅有这些还远远不够，我们还需要阻断外国"长臂管辖""规避管制"的不当适用，增强数字主权的适

---

[1] 张吉豫：《数字法理的基础概念与命题》，载《法制与社会发展》2022年第5期。

用效力,加强国际合作和建立"朋友圈",并积极参与国际规则的制定。这样,才能让我国的法律真正产生域外效力、落地生根。

总的来说,随着人类社会迈进了数字时代,数字经济成为继农业经济和工业经济之后的主要经济形态,数字法治体系的构建成为一个充满挑战的时代性、世界性难题。当前,我国亟须把握数字法治的时代特征,健全法律法规和政策制度,完善体制机制,提高数字治理体系和治理能力现代化水平。

典型案例

2022年4月18日起,禹州新某生村镇银行、上蔡惠某村镇银行、柘城黄某村镇银行、开封新某方村镇银行4家河南村镇银行以"系统升级维护"为由关闭网上银行、手机银行服务,导致储户无法线上取款、转账。6月13日,多名前往郑州沟通村镇银行"取款难"的储户发现自身被赋红码。部分储户甚至从未抵达郑州,仅填报了相关维权信息,健康码随即变红。据统计,共有1317名村镇银行储户被赋红码。郑州市"12345"政务服务热线对此回应称,"经过查证是因大数据信息库出现了一些问题"。郑州"12320"卫生健康热线则表示不清楚赋码的具体部门。6月16日,郑州市纪委监委启动了调查问责程序。6月22日郑州市纪委监委通报调查问责情况,对5名涉案官员分别给予了撤销党内职务、政务撤职,党内严重警告、政务降级处分,记大过处分,记过处分。

问题与思考

1. 从本章【法律故事】出发,回答以下问题:
   (1)结合数字社会的特征,谈谈剑桥分析公司为何能操纵政治?
   (2)如何理解"谁掌握数据,谁就掌握了权力"的论断,这种权力与传统的公权力相比有何特殊之处?
2. 从本章【典型案例】出发,回答以下问题:
   (1)与传统法律治理相比,数字治理的有何差异?
   (2)应当如何约束数字权力,防止数字治理的异化?
3. 如何理解数字法治与现代法治的关系?

延伸阅读

1. 马长山:《迈向数字社会的法律》,法律出版社2021年版。

2. [德]托马斯·威施迈耶、[德]蒂莫·拉德马赫:《人工智能与法律的对话2》,韩旭至等译,上海人民出版社2020年版。

3. [美]弗吉尼亚·尤班克斯:《自动不平等:高科技如何锁定、管制和惩罚穷人》,李明倩译,商务印书馆2021年版。

4. [美]劳伦斯·莱斯格:《代码2.0:网络空间中的法律》,李旭、沈伟伟译,清华大学出版社2018年版。

5. [美]瑞恩·卡洛、[美]迈克尔·弗鲁姆金、[加拿大]伊恩·克尔:《人工智能与法律的对话》,陈吉栋等译,上海人民出版社2018年版。

6. [美]伊森·凯什、[以色列]奥娜·拉比诺维奇·艾尼:《数字正义:当纠纷解决预见互联网科技》,赵蕾等译,法律出版社2019年版。

7. [日]弥永真生、[日]宍户常寿:《人工智能与法律的对话3》,郭美蓉等译,上海人民出版社2021年版。

8. [英]凯伦·杨、[英]马丁·洛奇:《驯服算法:数字歧视与算法规制》,林少伟、唐林垚译,上海人民出版社2020年版。

第十七章　数字法治的基本原则

> **法律故事**
>
> 近年来,"AI复活"掀起热潮,引发了一系列法律风险。知名音乐制作人包某某用AI技术"复活"女儿;商某创始人汤某某以数字人形象"重现"公司年会;还有一些网络博主利用AI生成技术制作李某、高某某、乔某某、邓某某等已故明星的视频,并让已故明星们的影像在技术的指引下与粉丝亲切地互动。然而,这一"技术创举"遭到了明星亲属与好友的抗议,认为AI复活技术严重侵害了已故明星的合法权益,应当予以规制。李某母亲发布律师声明,要求未经李某女士近亲属同意、利用李某肖像制作并发布"AI复活李某"系列短视频的网络用户立即停止侵权行为。高某某家人也曾严厉地谴责并坚决抵制该侵权行为。乔某某父亲曾公开回应,希望侵权方尽快下架相关视频,并坦言这是在揭其伤疤。另外,在国内电商平台上也有大量店铺提供"AI复活亲人"服务,只须提供一张照片或一段音频,就能让照片上已故的亲人"开口说话"。
>
> 由此可知,"AI复活"可能与以人为本、权利保障等数字法治基本原则产生冲突,并形成严重的技术监管及社会伦理问题。

第一节　数字法治基本原则概述

数字法治基本原则,是指在数字技术迅速发展和广泛应用的背景下,指导数字法治相关立法、执法、司法、守法等环节的一系列核心原则。数字法治基本原则反映数字时代法律活动的基本规律和基本理念,对推动数字法治理论和实践发展、保障数字时代公民基本权利、促进数字时代社会公平正义具有重要指导意义。作为数字法治确立的基本准则,数字法治基本原则具有以下特点。

（一）数字法治基本原则包含技术治理一般原则的全球共识

技术治理一般原则凝聚着全球技术治理共识，体现法律与技术在社会发展过程中的互动关系，以实现对个人权利的保护和社会公平正义的维护。技术与社会互动长期以来贯穿于人类社会发展的始终，技术所承担的角色也在社会进程中发生着变化，并非自始对人类社会有着决定性的意义。"随着生产社会向消费社会、工业社会向后工业社会转型，技术越发成为一种相对独立且似乎越来越压倒生产和消费的独立力量，亦形成了技术社会（机械结构），它取代了迄今为止社会演化的有机模式（自然积累模式）。"[1]在智能化技术浪潮的持续影响下，人类正加速迈向数字社会，在此背景下，技术不再被单一定义为一种推动生产力发展和进步的高效工具，而是逐步成为一种决定性力量，从社会的边缘走到现代社会的中心角色，影响和塑造着整体社会的运行方式。与此同时，后现代对于技术现代性的反思进一步强化了技术治理的理念。在此过程中，人类社会逐步形成了技术治理的一般原则。例如，2023年我国科技部发布的《国际科技合作倡议》中提及的崇尚科学、创新发展、开放合作、平等包容、团结协作、普惠共赢等国际科技合作理念；[2]2024年9月22日，联合国未来峰会通过的《未来契约》谈及科学、技术时明确提及的"包容、公平、可持续和繁荣且所有人权都得到充分尊重"。[3]这些有关数字技术治理的共识强调了技术开发必须把人的福祉、权利和利益放在首位，以确保技术不会违背社会基本价值观和人类主体利益。

技术治理一般原则为建构数字法治基本原则提供了充足的智识来源，是对新兴数字技术带来的法律挑战的现实回应。科技发展势必对法律的制定和实施产生诸多具体的影响。[4]技术与法律相互构造、相互影响，技术科学将改变甚至颠覆人类现存的生产方式和交往方式，由此出现一个以新的技术结构支撑新的社会结构的人类新时代。[5]这种以技术结构为支撑的新时代要求法律积极应对智能

---

[1] 胡大平：《技术社会视角及其现代性批判》，载《社会科学辑刊》2023年第4期。
[2] 参见《国际科技合作倡议》，载科技部官网2023年11月7日，https://www.most.gov.cn/kjbgz/202311/t20231107_188728.html。
[3] 参见《未来契约》，载联合国官网，https://documents.un.org/doc/undoc/ltd/n24/252/88/pdf/n2425288.pdf，2024年10月5日访问。
[4] 参见苏力：《法律与科技问题的法理学重构》，载《中国社会科学》1999年第5期。
[5] 参见吴汉东：《人工智能时代的制度安排与法律规制》，载《法律科学（西北政法大学学报）》2017年第5期。

技术所带来的各类难题与风险,对科技使用行为进行技术风险回应性规制,引导科技稳序地嵌入社会,[1]以提高社会运转效能,实现数字技术赋能社会可持续健康发展的发展目标。在技术法律治理一般原则研究领域,已经产生了大量有关技术法律治理的一般原则,如技术向善、技术中立、技术安全、反对技术歧视等。因此,将技术治理一般原则纳入数字法治基本原则的研究范畴能更加全面地应对新兴数字技术所带来的不确定性,促进法律与技术之间的良性互动,为快速变化的技术环境提供一个清晰而稳定的法律基础,从而促进法律系统与新兴数字技术发展良性双向互动。

(二)数字法治基本原则包含法治一般原则的丰富内涵

法治一般原则为数字法治基本原则提供了体系框架,对法治价值的持续追求也构成了数字法治基本原则的研究主线。数字法治基本原则作为数字法治领域的基本原则应当包含法治一般原则的丰富内涵,如法律至上、人权保障、良法善治、司法公正等,体现维护人权、秩序、伦理等方面的良好价值取向,确保其延续传统法治的基本价值观和规范要求。将法治一般原则引入数字法治基本原则,能够确保数字技术的应用不会偏离法治轨道,始终服务于社会正义与公共利益的目标。

(三)数字法治基本原则体现数字法治的领域特性

数字法治基本原则所体现的是数字法治的整体追求,不仅应当涵盖对数字法治的整体认知,还应当体现数字法治的领域特性。数字法治的领域特性主要在于:第一,重点关注新兴数字技术,尤其是前沿数智技术规制理念的最新发展,如可信、向善、负责任、以人为本。数字技术的发展逐步改变了人类生活方式、社会互动方式、社会经济结构,对现代社会影响日益深远,各国逐步围绕数字技术治理的一般原则达成了世界范围内的治理共识。尤其是随着人工智能技术逐步成为推动各国科技进步和社会变革的重要力量,各国在人工智能规范方面的探讨变得愈加迫切。因此,全球范围内的人工智能规范都不同程度包含人工智能治理的一般原则,如 2021 年 11 月,联合国教科文组织在发布的《人工智能伦理问题建议书》中提出除公平和非歧视、可持续性等技术治理一般原则之外,还包括透明度

---

[1] 参见赵鹏:《科技治理"伦理化"的法律意涵》,载《中外法学》2022 年第 5 期。

和可解释性、人类的监督和决定等与人工智能技术特性直接相关的原则。[1] 同样地,2023年中央网信办所发布的《全球人工智能治理倡议》中除以人为本、公平和非歧视等技术治理的一般原则外,也提出了智能向善等人工智能技术治理中的领域原则。[2] 此外,2024年9月22日,联合国未来峰会通过的《未来契约》的附件《全球数字契约》中,除了提及技术治理的一般化原则,如包容、开放、可持续、公平、安全和可靠,还提到了数字技术领域性的基本原则,如弥补数字鸿沟、促进数字普及、推动数字进步等。[3] 这些理念反映了数字时代对技术应用的高要求,强调在技术创新的同时,注重社会责任和伦理规范,确保技术的发展有利于公众福祉。第二,重点关注数字技术,尤其是前沿数字技术给社会带来的影响。一方面,关注前沿数字技术催化的传统权利的数字形态以及催生的新兴数字权利;另一方面,关注数字技术诱发的数字公权力强化的制衡,以及数字私权力引发的平台治理等问题。由此可知,数字法治基本原则不仅要回应现代科学技术发展对社会结构和新兴权利体系的挑战,而且还要构建适应数字技术和数字社会实际需求的法治框架,以应对未来社会中的复杂变化和新兴问题。

综上所述,数字法治基本原则贯穿于数字法治相关立法、执法、司法、守法等全流程,主要包括以人为本、权利保障、限权制约、数字正义、风险控制五大原则。数字法治各基本原则之间并不是孤立的、静态的,它们既有一致性,也具有独立的价值,既相互联系又互为映照,形成一个互相联系、相辅相成的体系。以人为本原则是数字法治的核心原则,也是数字法治的基础原则,为其他原则的实施提供了指导和方向。以人为本原则明确了数字法治建设的核心目标是持续推动社会进步,增进人类福祉。这要求数字法治应坚持人类中心地位,技术发展应围绕公众的需求和利益展开,以确保技术创新与法治建设协调发展。权利保障原则与限权制约原则一体两面,不仅通过权利保障原则实现对数字社会中的个人隐私、数据安全的全面保护,确保公民权利不受侵犯,还聚焦对数字权力的合理制约,防止因数字权力的滥用造成的各类风险,维护社会的公平正义与法治秩序。同时,数字正义原则体现了以人为本原则的实际追求之一,确保公众在数字空间内获得公

---

[1] 参见《人工智能伦理问题建议书》,载联合国教科文组织官网,https://unesdoc.unesco.org/ark:/48223/pf0000380455_chi,2024年10月5日访问。

[2] 参见《全球人工智能治理倡议》,载中央网信办官网,https://www.cac.gov.cn/2023-10/18/c_1699291032884978.htm。

[3] 参见《全球数字契约》,载联合国官网,https://documents.un.org/doc/undoc/ltd/n24/252/88/pdf/n2425288.pdf,2024年10月5日访问。

平、公正的对待,防止算法歧视、信息不对称等现象的发生。风险控制原则是通过合理预防和控制数字技术带来的潜在风险,减少技术对公众和社会的负面影响。五大原则在不同层面和环节上相互作用,合力形成一个完整的数字法治基本原则框架。部分文献中提到个人隐私与数据保护、算法可解释性、算法透明、算法问责、提升技术素养等内容更偏向于数字法治的具体制度与对策范畴,因此不纳入数字法治基本原则体系。相关内容将在本书的其他章节予以展开。

第二节 以人为本原则

一、以人为本原则的时代背景与基本含义

以人为本原则,是指在数字时代立法、执法、司法、守法等过程中,始终强调数字技术的设计、开发与应用必须服务于人类的整体利益,尊重人的主体地位和基本尊严,维护社会公平与正义,最终实现社会的最大福祉。之所以强调以人为本,是因为这是数字技术引发社会深层逻辑嬗变的必然要求。数字时代是人类与现代技术深度融合的时代,现代技术的意义在数字社会得到了无限放大,对人类的生产方式、生活方式、思维方式带来了前所未有的颠覆性影响。习近平主席深刻指出:"以互联网为代表的信息技术日新月异,引领了社会生产新变革,创造了人类生活新空间,拓展了国家治理新领域,极大地提高了人类认识世界、改造世界的能力。"[1]数字时代的信息通信技术革命性地改变了人与人之间相互连接与互动交流的方式,彻底改变了人们的生产和生活,带来了根本性的社会变迁。[2]持续进步的数字技术正在打破虚拟世界和现实世界之间的物理壁垒,虚实世界之间的边界日趋模糊,人类也在数字技术的加持下从自然性的生活方式迈向了数字化生存方式,实现了对工商社会逻辑的改写和重建,形成了新型的数字社会逻辑。[3]这是由于数字技术通过数据信息的共享和控制组织生产与生活,分配社会资源,这种以数据和代码为代表的智能技术改变了人类与外界相互连接的方式,重组了生产组织方式,重塑着人类的生活方式,并重新定义了个体与社会、个体与技术之

---

[1] 《习近平在第二届世界互联网大会开幕式上的讲话》,载中国政府网,https://www.gov.cn/xinwen/2015-12/16/content_5024712.htm。
[2] 参见王天夫:《数字时代的社会变迁与社会研究》,载《中国社会科学》2021年第12期。
[3] 参见马长山:《数字何以生成法理》,载《数字法治》2023年第2期。

间的关系。"任何有机体都是因为拥有获取、使用、保存和传播信息的手段才得以维系和生存。"[1]与此同时，人类主体地位也在技术的持续冲击下面临弱化的显著趋势。尤其是随着人工智能、大数据和算法的广泛应用，人的主体性逐渐被削弱，个人的自主决策权、隐私权等面临前所未有的挑战。具体而言，AI自主执行复杂任务的能力显著增强，甚至有逐步代替人类决策的趋势。随着数字技术的迅速发展，特别是AI和大数据的广泛应用，人类在决策和行为中的主导地位逐渐被削弱。这意味着人类自主性和决策权逐渐受到智能技术的干预和侵蚀。更进一步，人类的一切社会活动、数字足迹、兴趣偏好等都以数字化形式呈现在虚拟世界，这些数据不仅构成了个体的数字身份，也将其置于技术运转的链条之中，这是由于人类日益从技术运行的目的演变为手段，持续扮演反哺技术的角色。具体而言，人类的行为和决策往往受到算法的影响，而这些算法则依赖于人类提供的数据进行学习和优化。在数字技术主导的环境下，人类逐渐成为数据的提供者，甚至沦为数字技术运行中的附庸。

面对这一趋势，应当确立以人为本原则，重新强调人在技术发展中的核心地位，坚持对人类主体地位的尊重，保障个人在技术应用中的权利和尊严不被侵犯，始终将人置于社会变革、技术进步的中心位置。无论是谁，在任何时候都应该永远将自身视为目的。[2]综上所述，以人为本原则是数字法治的首要原则，它既是数字时代法治逻辑链条中必须始终坚持的核心理念，又是数字技术发展的根本法治遵循，坚持以人为本的基本原则，数字法治理论与实践得以朝着更加人性化和可持续的方向发展。

二、确立以人为本原则的深层成因

如前所述，以人为本原则是数字法治的首要原则，之所以将其作为数字法治的首要原则，主要基于以下四个原因。

（一）以人为本原则体现了对人类主体地位的尊重

区别于传统工业技术所形成的片面影响，数字技术推动人类社会日益进入"万物数字化""万物可互联"的全新状态。随着技术的迅猛进步，数字技术在经

---

[1] [美]诺伯特·维纳：《控制论》，王文浩译，商务印书馆2020年版，第210页。
[2] 参见[德]康德：《道德形而上学原理》，苗力田译，上海人民出版社2002年版，第52–53页。

济、社会和文化各个领域的影响力日益增强。无论是普遍应用的智能穿戴设备，还是触手可及的虚拟现实技术，都在不断增强虚拟世界与现实世界的实时数据联系，将人类活动和数字技术持续绑定。这些高效的技术互动使信息的获取和反馈更加迅速，人与技术之间的黏性也显著增强，人类越发依赖于高效智能生活。可以说，数字化环境已经无处不在，人类正面临数字化生存的全新挑战。因此，应坚持人的主体性价值，尊重人类主体地位，持续关注人本主义，让数字技术发展优先考虑人的核心价值与主体利益，实现技术与人类的和谐发展。

（二）以人为本原则反映了科技向善的本质要求

以人为本原则反映了科技向善的本质要求，主张技术发展应当服务于人类社会的进步和发展，关注人类的需求和价值，始终以人类福祉和社会利益为核心追求。数字技术创新对于社会进步、经济繁荣、文明发展等方面具有重要意义，各国也不遗余力地提高国家科技创新能力，以期在新一轮国际竞争中获得优势地位。我国在《中国关于加强人工智能伦理治理的立场文件》中强调中国始终积极倡导"以人为本"和"智能向善"理念。欧盟《人工智能法案》第1条规定，本法规的目的在于，依据欧盟价值观，为联盟内人工智能系统（AI系统）的开发、投放市场、投入使用及使用制定统一法律框架，从而改善内部市场的运作，促进以人为本且可靠的人工智能（AI）的采用。[1] 因此，以人为本原则不仅强调在技术开发和应用的过程中尊重人类主体地位，保障人类合法权益，更要求遵循科技向善的发展主线，使技术发展与应用用于增进人类福祉，提高人类生活质量，避免技术带来的不平等现象（如数字鸿沟、算法歧视等）。

（三）以人为本原则体现了现代法治的基本精神

"以人为本"原则是现代法治基本精神的集中体现，强调对人的基本权利与人类尊严的关注和维护，构建了现代智能社会秩序的基础，有助于建设数字文明，实现更加公正、正义的社会发展目标。现代法治不仅需要维护社会的公平与正义，还需要促进法律与社会之间的和谐关系，确保法律的最终目标是服务于人类

---

[1] See Proposal for a Regulation of the European Parliament and of the Council Laying Down Harmonised Ruleson Artificial Intelligence (Artificial Intelligence Act) and Amending Certain Union Legislative Acts, available at the website of EUR – Lex, https://eur – lex.europa.eu/legal – content/EN/TXT/? uri = celex%3A52021PC0206, last visited on 10 January 2024.

的福祉与发展。因此,以人为本是法治的灵魂,人始终是社会发展和法治建设的目的。以人为本体现了现代法治的基本精神,即将人的利益和尊严置于智能社会法治建构的中心,以人的需求和权益为出发点和落脚点,强调保障人类权利。在数字文明时代,确立以人为本原则有助于构建更加公正、正义的社会发展目标,只有坚持以人为本原则,才能保障科学技术的可持续健康发展,维护数字社会正常的生活秩序,并为数字法治建设奠定良好的基础。

(四)以人为本原则强化了社会公众对数字法治的认同感

以人为本原则强调数字法治应围绕社会公众的日常生活展开,充分考虑社会公众的实际需求和现实利益,将公众作为法治建设的核心。事实上,无论是个人隐私保护、网络安全维护还是数字技术治理都与公众的日常生活息息相关,坚持以人为本原则能让公众在数字法治建设中切实感受到法律真正服务于公众的根本利益,进而有效提高社会公众对数字法治的接受度和认同感,并增强公众对数字法治的主动参与意识。同时,公众的积极参与是促进数字法治良性发展的重要推动力,这种良性的双向互动能够促使公众更加主动地融入数字法治的建设进程,从而构建一个更加和谐、稳定的数字社会,最终实现法治与技术发展的协调统一。

三、实现以人为本原则的具体要求

实现以人为本原则要求尊重和保障人权,确立人本主义思维,并以增进人类福祉为最终目标,进而推进技术持续赋能社会正向发展。

(一)尊重和保障人权

以人为本原则要求在数字技术发展的过程中以人的权利保障优先,尊重和保障人权。虽然高度智能化、自动化的数字社会的维持和运转以数字技术为核心驱动,但人的主体价值和人类社会的根本属性不应被技术所取代或淡化。因此,数字技术发展必须坚持以人为本,把人的权利及尊严作为其最高目的。[1] 具体来说,一方面,它要求相关法律和国家政策不仅要适应技术发展,还要确保技术开发和应用不会侵犯个人基本权利,通过保障每个人在数字环境中的权益和尊严,促

---

[1] 参见张文显:《新时代的人权法理》,载《人权》2019年第3期。

进建设更公平、高效、和谐的数字社会,推动实现真正的社会公正与正义。以人为本,其核心要义在于一切从人出发、以人为中心。[1] 另一方面,以人为本原则要求智能社会的法治建设必须关注和尊重个体的全面发展与幸福感,确保技术的进步能够真正服务于人民的根本利益,以人的权利保障优先,尊重和保障人权。在技术持续引领社会和人类生活方式变革的时代,人依旧是社会存在和运行的主体,因此数字技术开发、应用的基本立场应当是以人为本,核心是保障人类在使用数字技术时不对人类本身造成威胁,应当积极防范数字技术在发展过程中可能对人类群体造成的潜在侵害,保障数字技术在人类可控范围内有序发展,尊重人类主体地位。

(二)确立人本主义思维

以人为本原则要求技术的研发、生产和应用应当确立人本主义思维,维护人的主体地位和尊严。随着人机交互方式的不断丰富,数字技术不断重塑着人类的生活方式和行为模式,成为人类生活中不可缺少的一部分。基于此,数字技术发展应当始终以人为中心,服务于人类的基本需求,重申"人"之于技术应用的主体性价值,确保人类尊严和合法权益在技术发展中得到尊重和保障。[2] 这意味着,一方面,以人为本原则要求数字技术应当以人为"中心轴"展开,保障人类尊严价值。在数字技术程序设计、市场应用时应当坚持人本主义思维,把人类权益和尊严放在核心位置,充分尊重和保障人的主体价值。另一方面,以人为本原则要求数字技术应当强化人本主义,坚持以人为本、科技向善的技术设计理念,弘扬人性价值、增进人的主体地位、保障人的权利和自由。[3] 同时,以人为本原则要求数字技术的发展和应用应当始终考虑人的核心需求,保持对人类尊严和整体价值的深刻关注,确保每个人都平等地享受数字技术进步的红利。

(三)增进人民福祉

以人为本原则的核心要求是实现技术赋能发展,持续增进人民福祉。具体而

---

[1] 参见张文显:《构建智能社会的法治秩序》,载《东方法学》2020年第5期。
[2] 参见高一飞:《数字时代的人权何以重要:论作为价值系统的数字人权》,载《现代法学》2022年第3期。
[3] 参见马长山:《数字社会的治理逻辑及其法治化展开》,载《法律科学(西北政法大学学报)》2020年第5期。

言,以人为本原则要求积极引导技术被善用,实现智能技术赋能数字社会可持续健康发展,并强调应重点发展能改善民生、促进美好生活、实现社会公平正义的技术,以确保技术进步提升人类生活体验,增进人类福祉。"人工智能的本质依然为工具,即使人工智能具有自我意志也无法改变其服务人类社会发展的属性。"[1]《法治政府建设实施纲要(2021—2025年)》将"人民满意"作为法治政府的内在要求。"人民满意"在法原则层面表现为以人为本,保持对技术发展赋能社会发展的一贯追求。中共中央办公厅、国务院办公厅印发的《关于加强科技伦理治理的意见》中确立了五项科技伦理原则,将"增进人类福祉"设定为科技伦理治理的首要原则,意味着所有科技发展都应当以提高人民生活质量、增强幸福感为核心目标。"数字法治的使命在于利用数字权力塑造一个能够'赋能扬善'的未来法治,改善人权和法治并造福人类。"[2]可以说,"赋能扬善"体现的是在技术发展背景下人民对未来智能生活的美好期待,希望通过发挥数字技术优势和技术潜力持续促进社会进步、改善民生,让技术红利惠及全民。习近平总书记指出:"让亿万人民在共享互联网发展成果上有更多获得感。"这意味着,关于以人为本原则不仅要求对人类主体地位的尊重,更应致力于提高和保障人民生活水平,增强人民获得感、幸福感、安全感。数字技术作为数字社会的重要组成部分,为了实现技术的高效利用,就必然要求技术发展以人为本,否则就不可能实现技术赋能社会发展,增进人民福祉的目的,从而也不可能形成有序的数字社会秩序。因此,技术发展和应用应关注如何为人民提供更好的智能服务和技术支持,在智能医疗、在线教育、交通调度等方面实现对人类生活环境和生活条件的全面优化,全方位提高人类生活的幸福度,实现数字技术发展让人民满意这一现实目标。

第三节 权利保障原则

一、权利保障原则的时代背景与基本含义

权利保障原则,是指在数字技术的治理过程中,不仅需要充分尊重和保护社

---

[1] 袁曾:《人工智能有限法律人格审视》,载《东方法学》2017年第5期。
[2] 孙笑侠:《数字权力如何塑造法治?——关于数字法治的逻辑与使命》,载《法制与社会发展》2024年第2期。

会公众在个体和群体层面的受数字技术深度影响的传统权利,而且需要充分保护被数字技术催化的传统权利新样态以及由数字技术催生的新兴权利。在数字技术快速发展和广泛应用,人类数字化生存状态持续更新的背景下,更应充分保障个人权利。在互联网、物联网、大数据、元宇宙等数字技术的推动下,智能社会中的经济、社会、文化等不同方面的生活方式持续更新与丰富,人类行为、人类兴趣偏好、人类隐私、人类思维等多种鲜明标识以数字化方式在虚拟空间呈现。这场前所未有的数字革命浪潮,正渗透到人类生活的所有领域。[1] 数字技术的迅猛发展引发了深刻的颠覆性变革,使得数字时代的权利保护变得异常复杂。一方面,数字技术的快速发展为权利保护带来了新的挑战,公民个人隐私、数据安全和信息泄露等问题越发突出;另一方面,传统的法律制度和权利保护机制难以完全应对以数字生存权、免受数字歧视权、数字发展权为代表的一系列新兴权利的现实保护问题。在这种复杂的境遇下,如何平衡技术创新与权利保护之间的关系,成为数字法治的重要课题。面对这些现实挑战,法律制度需要加快适应数字化变革,将权利保障原则贯穿数字法治的全逻辑链条,确保在数字时代对个人权利的保护更加全面、有效。

二、确立权利保障原则的深层成因

数字社会是工商社会数字化的成果,它展示出经由狩猎社会、农耕社会、工商社会迈向数字社会的人类演进路线和迭代转型,是人类从生物性生存转向数字化生存的新型文明形态。[2] 数字革命对人类社会的颠覆性影响无疑是深远且广泛的,技术的敏锐触角触及政治、经济、文化等多个领域,但数字社会的法律的核心追求不变,始终是保护正当权益。[3]

之所以将权利保障原则作为数字法治原则的基本原则之一,主要有下列原因。

(一)对权利的保护和人权保障是社会法律秩序的核心

保障公民的合法权益是数字法学的中心任务,也是推动数字社会可持续健康

---

[1] 参见[德]罗纳德·巴赫曼等:《大数据时代下半场:数据治理、驱动与变现》,刘志则、刘源译,北京联合出版公司2017年版,第269页。
[2] 参见马长山:《数字何以生成法理》,载《数字法治》2023年第2期。
[3] 参见彭诚信:《数字法学的前提性命题与核心范式》,载《中国法学》2023年第1期。

发展的关键。数字技术带来生活便利的同时,也在无形中塑造了一个信息被垄断和控制的环境。随着信息和数据在网络上的广泛流动,大量个人信息(如个人兴趣、消费偏好、健康状况等)被广泛收集并用于商业目的。平台通过对消费者在各种应用软件中的用户端数据进行采集和统计分析,运用算法技术生成详细的"用户画像",深入了解用户的需求和偏好,实现针对某一用户的"高度个人化"从而向用户更精准地推送商品和服务。这种"高度个人化"可能导致严重的价格歧视和用户个人数据滥用的情况,让权利持续遭受技术滥用的潜在威胁,让数字鸿沟、算法黑箱和算法歧视等问题越发严峻。为了应对这些挑战,亟须通过合理的法律和技术手段进行有效的监管和保护。

(二)数字权利在全新数字生存空间发生内涵和外延拓展

当今时代法律与技术深度融合,人类进入一个崭新的秩序领域,即由法律和技术构建的以互联网为中心的法律秩序。[1] 这种全新的法律秩序不仅是对传统法律框架的更新,更是对法律体系的深刻重塑,以调整和适应技术持续发展的社会现实。在信息革命的推动下,自然人(公民)权利的内涵与外延经历着深刻的数字化重塑,[2] 有必要从公民基本权利的高度来理解个人信息的收集、分析和应用。[3] 实际上,这场由现代智能技术引发的革命性变革不仅改变了人类与现实世界的互动方式,而且引发了对新兴数字权利的重新思考。数字时代的全新变化要求重新审视权利的保障范围和保障方式,以适应日新月异的数字时代的各类挑战。一般认为,受数字技术的催化作用,传统权利呈现一定的数字样态。

1. 数字生存权

数字生存权指每个人都应当参与数字生活、获取数字生存空间、获得数字资源。数字生存权是参与数字生活的前提和基础。"计算机不再只和计算机相关,它决定我们的生存。"[4] "一旦我们脱离信息圈,我们就会像离水的鱼,越来越感到被剥夺、被排斥、被妨碍或被耗尽,到了麻痹与心理受创的地步。总有那么一天,成为信息体是如此自然,以至于我们的正常信息流一旦出现任何中断,就会使

---

[1] 参见张文显:《构建智能社会的法律秩序》,载《东方法学》2020年第5期。
[2] 参见马长山:《数字公民的身份确认及权利保障》,载《法学研究》2023年第4期。
[3] 参见季卫东:《数据保护权的多维视角》,载《政治与法律》2021年第10期。
[4] [美]尼古·尼葛洛庞蒂:《数字化生存》(20周年纪念版),胡泳、范海燕译,电子工业出版社2017年版,第60页。

我们陷入病状。"[1]随着虚拟世界与现实世界的界限逐渐模糊,人类也从自然性生存方式迈向数字化生存方式。[2]这表明,数字化环境无处不在,数字化生存状态成为人类生活的主旋律之一。戈登·摩尔提出了摩尔定律,指出集成电路上可容纳的晶体管数量每隔18~24个月就会翻一番。[3] 2021年,OpenAI公司CEO山姆·阿尔特曼提出万物摩尔定律,认为人类正经历着以指数级增长的数据大爆炸。21世纪,数据主义可能从以人为中心走向以数据为中心、从以人为中心的世界观走向以数据为中心的世界观。[4]《法治政府建设实施纲要(2021—2025年)》提出要加快推进身份认证、电子印章、电子证照等统一认定使用,优化政务服务流程。[5]这意味着人类已经逐步完成技术影响下"个人数字化"的转变,在数字技术的影响下将自我转化为可被分析、量化的数字代码,完成了现实身份向数字身份的过渡。事实上,这种数字身份不仅是一种虚拟空间的准入许可和身份证明,更是现实身份在虚拟世界的现实投影。数字身份的出现提高了数字化生存的重要性,使数字化生存成为人类进入虚拟世界甚至是现实世界的一种必需的条件。

2.数字发展权

数字发展权指的是公民有接入互联网、使用数字技术、参与数字生活、享受数字社会发展红利、获得数字发展的权利。习近平主席在致全球人权治理高端论坛的贺信中强调,中国将在推进中国式现代化的进程中不断提升人权保障水平,促进人的自由全面发展。[6]我国在《中国关于全球数字治理有关问题的立场(就制定"全球数字契约"向联合国提交的意见)》中提出发展权是首要的基本人权;强调应推动数字发展成果更多、更公平惠及全世界人民,维护和促进社会弱势群体的发展权,尊重公民在网络空间的权利和基本自由,保护网络空间个人信息和

---

[1] [英]卢恰诺·弗洛里迪:《信息伦理学》,薛平译,上海译文出版社2018年版,第23页。
[2] 参见马长山:《数字何以生成法理》,载《数字法治》2023年第2期。
[3] 参见[美]阿诺德·萨克雷、[美]戴维·布洛克、[美]雷切尔·琼斯:《摩尔神话:硅谷数字革命先驱的传奇人生》,黄亚昌译,中国人民大学出版社2017年版,第5页。
[4] 参见[以色列]尤瓦尔·赫拉利:《未来简史》,林俊宏译,中信出版社2017年版,第75页。
[5] 参见《法治政府建设实施纲要(2021—2025年)》,载中国政府网,https://www.gov.cn/gongbao/content/2021/content_5633446.htm? eqid = fb6e2cef0003c277000000036498e2c3,2024年8月31日访问。
[6] 参见《习近平向全球人权治理高端论坛致贺信》,载中国政府网,https://www.gov.cn/yaowen/liebiao/202306/content_6886202.htm? jump = true,2024年1月20日访问。

隐私。[1] 数字发展权是发展权在数字领域的集中体现。具体而言,数字发展权应当包括:(1)数字红利平等分配,数字发展成果更多、更公平惠及人民,维护和促进社会弱势群体的数字发展权。即技术发展的成果应当被均衡地分配给所有社会主体,确保技术发展红利能够真正惠及每一个人。(2)平等获得数字红利,即每个社会主体都应有平等的机会获取和利用数字资源,获得数字发展。数字资源应向所有社会主体平等开放,使每个人都能接入互联网和数字服务,平等地获取数字资源和数字发展的机会。数字化技术正在改变生活中的一切。[2] 从搜索引擎到网络购物,从在线教育到社交平台,数字化生活已经融入人类生活的方方面面。可以说,数字发展权就是保障公民在数字时代能够平等地获取和利用技术资源,发展自身数字能力,获得数字发展的权利。

3. 免受数字歧视权

免受数字歧视权指的是公民应当平等地使用数字技术,数字技术的设计、利用、程序架构应当平等地适用于每一个用户,任何用户不遭受程序上的不公正对待和歧视。技术似乎看上去由毫无感情色彩的数字代码构成,但实际上反映的是开发者的利益和偏见。资本无序扩张可能导致的最严重后果,是在数字经济结构中造成一种经济的和社会的等级制。[3] 具体表现为:(1)数据分析结果利用偏离预设轨道,大数据杀熟现象频发。"计算机科学正在将你的生活转化成他人的商机。"[4] 数字权力商业垄断致使人工智能技术应用目的存在严重的主次错位现象,个人用户权益频频受损。技术的持续发展让人类进入一个高度连接和互联互通的智能环境之中,从实时收集用户健康数据和个人信息的智能穿戴设备到备受大众青睐的社交媒体软件,用户的每一个行为都以数字化形式用于构建用户画像。这些数据不仅包含个人的基本信息,更可以在强大数据分析技术的支持下完成对个人兴趣、爱好等要素的精准解读,实现对用户的技术剖析。这种精确的个人化定制服务减少了无效搜索的时间,但也对个人隐私和数据安全造成了威胁,

---

[1] 参见《中国关于全球数字治理有关问题的立场(就制定"全球数字契约"向联合国提交的意见)》,载外交部官网,https://www.fmprc.gov.cn/web/wjb_673085/zzjg_673183/jks_674633/zclc_674645/qt_674659/20230525_11083602.shtml,2024年8月31日访问。

[2] 参见[美]安德鲁·V. 爱德华:《数字法则机器人、大数据和算法如何重塑未来》,鲜于静、宋长来译,机械工业出版社2016年版,第2页。

[3] 参见周尚君:《习近平法治思想的数字法治观》,载《法学研究》2023年第4期。

[4] [美]皮埃罗·斯加鲁菲:《智能的本质:人工智能与机器人领域的64个大问题》,任莉、张建宇译,人民邮电出版社2017年版,第170页。

在技术的全面监控下,个人隐私无处遁形。"人们创造和共享大数据是一种无防备的行为,而防备性的缺失和制约机制的缺乏使得个体成为被大数据剥削的对象。"[1]用户在更加精确化、定制化的产品和服务,成为猎捕式营销(Predatory Marketing)的猎物。(2)数字技术并非价值中立,常常在其程序设计中存在内在偏见,引发数字歧视现象。这是由于数据深度分析技术可通过获取的数据信息形成一系列有关社会身份和社会角色的数据报告,然而常常会根据种族、性别等多重因素完成数据挑选。"我们可能正在期望一个比现有社会更加不平等的社会。"[2]曾有一家名叫 ProPublica 的非营利性机构对 COMPAS 系统计算出的预测结果进行统计分析,最后发现在该模型下黑人被告有45%的概率比白人被告得出更高的未来犯罪概率。[3]

此外,在前沿数字技术,尤其是大数据、人工智能技术的影响下,人类社会还正在酝酿形成全新的数字权利形态,如神经权利[4]、精神完整权[5]。学界对这类新兴数字权利形态的讨论主要伴随对持续进步的现代前沿技术和对个人隐私、自主决策、自由意志的研究。然而,对于这些权利形态的具体定义和保护方式,学界仍存在不少争议。

三、实现权利保障原则的具体要求

为了应对社会数字化转型过程中智能技术广泛应用带来的各类风险,更好地保障新兴权利,应当建立多维立体的新兴权利保障机制。

(一)促进科技向善,明确技术标准

1.提高技术透明度和可解释性

算法的行为逻辑由0与1组成,简单的数字排列决定着智能机器的行为,这似乎很容易理解。但实际上,对于普通用户而言,技术是一个难以被理解和看透

---

[1] 刘丽、郭苏建:《大数据技术带来的社会公平困境及变革》,载《探索与争鸣》2020年第12期。
[2] 於兴中:《算法社会与人的秉性》,载《中国法律评论》2018年第2期。
[3] See Jeff Larson, Surya Mattu, Lauren Kirchner and Julia Angwin, *How We Analyzed the COMPAS Recidivism Algorithm*, PROPUBLICA (23 May 2016), https://www.propublica.org/article/how-we-analyzed-the-compas-recidivism-algorithm。
[4] 李学尧:《"元宇宙"时代的神经技术与神经权利》,载《东方法学》2023年第6期。
[5] 李筱永:《脑机接口技术背景下精神完整权的逻辑证成和制度构想》,载《政法论丛》2024年第3期。

的算法黑箱。"用户们无法看清其中的规则,无法提出不同意见,也不能参与决策过程,只能接受最终的结果。"[1]大数据时代,数字技术将人类逐步拉入一个智能化、虚拟化的网络空间。技术代码无形地拨动着社会天平的两端,安排着社会资源的调动、影响着人类的日常生活。这种0与1之间的运算结果常常隐藏于算法黑箱之中,致使用户深陷难以维权的困境之中。这种"技术黑箱"常常伴随不透明、难以问责性。因此,需要提高技术透明度,规范化技术应用流程,优化算法治理。提高技术透明度是防止算法偏见和滥用的关键一步,政府、企业、社会组织和个人之间需要建立有效的信息交流机制,确保各方在决策过程中能够获得充分的信息,从而作出合理判断。

2. 提高技术公平性与包容性

新兴权利的保障离不开对数字技术的有效治理,技术开发和应用应围绕提高技术公平性与包容性展开。发展公平、包容的数字技术是推动数字社会公平、公正和包容的重要保障,提高技术公平性与包容性要求对数字技术进行合理审查,以避免偏见和歧视,确保所有用户在使用技术时都能获得公平的对待和服务。在技术开发阶段,应当充分考虑不同年龄、性别、种族、文化程度的用户的不同需求,确保技术不存在偏见与歧视,确保在数字环境中每个人都能平等享有权利和获得机会,防止数字技术带来的歧视和不平等;并鼓励不同背景的人士参与设计与决策,以确保技术产品和服务能够满足更广泛用户的需求。尤其是需要着重考虑数字弱势群体的数字技术应用需求,完善语音识别系统和设置老年人用户友好模式等。

(二)完善法律制度,实现多元保障

保障新兴权利是数字治理的一项重要任务,应当及时完善法律法规,明确权利保障范围,确保它们能够覆盖智能技术带来的新兴权利和风险。首先,构建数字平台管理制度,明确数字平台(包括政府和商业平台)与用户之间的权利义务,明确平台权力的界限,对用户权益予以明确保障,包括但不限于被遗忘权、拒绝权等。其次,积极完善数字法律制度体系,在数据分级分类管理制度的基础上,逐步建立智能技术分级分类管理制度,强化对公民个人隐私、数据权利的有效保护。

---

[1] [美]卢克·多梅尔:《算法时代:新经济的新引擎》,胡小锐、钟毅译,中信出版社2016年版,第139页以下。

同时,鼓励行业自律,完善配套设施。鼓励行业协会和组织制定自律标准和规范,包括但不限于技术适用标准、行业自我审查机制、定期组织行业培训等。最后,畅通救济渠道,完善数字救济机制。积极探索多元救济机制,鼓励公民维护自身权益,包括设立便捷的申诉和投诉渠道,如提供在线投诉平台和热线服务,确保用户能够快速反馈问题等;提供专家咨询服务,以便于公众更好地了解自身权益保障情况;发展在线争议解决平台,提供数字化手段来处理网络和数字平台上的纠纷。

(三)培养数字能力,提高数字素养

数字权利保障要求政府加大公民数字素养培养力度,提高公民数字能力。技术发展与人类活动息息相关。为保障数字权利,应积极培养和提升公民的数字素养和数字能力。我国的网民数量一直在以指数型增长,截至2023年3月,中国网民达10.67亿,互联网普及率达75.6%。[1] 这要求:首先,鼓励公众参与数字治理,拓宽公众了解数字技术风险和数字权利保障的渠道,帮助公众更好地参与数字生活。其次,加强公民数字教育和能力培养,帮助公民提高数字素养和数字能力,积极向公众普及人工智能相关知识,提高公民使用数字应用的能力和认识水平。最后,提升公民数字权利自我保障意识,通过公共教育系统、媒体宣传平台等培育公民维护数字权利的能力和意识,让公民"认真对待数字权利"。

第四节 限权制约原则

一、限权制约原则的时代背景与基本含义

限权制约原则,是指在数字技术的治理过程中,对传统权力在数字技术背景下的新形态以及数字技术催生的新型权力进行有效的限制和监督,确保上述权力不被滥用。事实上,权利保障原则与限权制约原则是一体两面的关系。如果说,权利保障原则体现出数字时代对人类权利保障的实际要求,那么限权制约原则则是对数字权力运转提出的进一步要求。限权制约原则源自在数字技术影响下,数字权力所出现的全新嬗变:其一,数字技术的出现强化了传统的公权力形态,推动

---

[1] 参见《第51次中国互联网络发展状况统计报告》,载中国互联网网络信息中心官网2023年3月2日,https://www.cnnic.net.cn/n4/2023/0303/c88-10757.html。

了公权力在数字领域的扩展与创新,催化,公权力的新兴数字形态,数字技术成为公权力的技术化延伸;[1] 这种公权力的数字化体现在政府对数据的收集、监控与利用中,如智能城市建设与管理、公民身份数字化统一认证验证系统等。这种传统公权力通过数字化手段进一步扩展了在社会治理和公共服务领域的影响力。其二,数字技术还催生了全新的权力形式。互联网巨头利用庞大的用户数据库和现代算法技术,并借助自身在网络市场上的市场份额和专业技术优势,不断控制社会信息发展的数据资源命脉。这种掌控海量数据、运用复杂算法的技术权力逐渐演变出新型的权力形式,如通过数据垄断、算法偏见等方式对个体和社会产生影响。这两类新型权力形态可以被视作广义的数字权力,它们不仅涉及公共机构的控制力,还涵盖了科技公司等非国家主体对个人、市场和社会的影响,可以说,技术已经隐性嵌入当代社会权力结构。[2] 这些权力形式的扩展,亟须通过法律和伦理框架来规范,以平衡技术进步与权利保护之间的关系。

二、确立限权制约原则的深层成因

数字技术带动了数字经济的发展,涌现了大量的新兴数字产业,催生了全新的商业模式,促进了全球市场的互联互通和全球资源的有序流通。同时,数字权力也得以在人类生活中全面深化,并展示出对社会各领域强大的控制力和影响力。数字权力的涵摄范围包括数字政府行政、社会综合治理、个人用户隐私、商业智能决策等,这种集中化的数字权力不仅挑战市场秩序,而且还威胁着个人隐私、社会公平和民主参与。因此,亟须对其进行限权制约,以确保数字技术发展不损害公众利益。

(一)公权力数字化强化

第一,传统国家权力在数字权力赋能下以一种更加泛在、隐蔽、深刻的方式影响社会。借助数字技术以辅助裁量、预测调配资源的方式嵌入行政治理;整合优化行政资源,促进整体政府的形成,优化再造业务流程等。[3] 数字技术被广泛应用于数字政府、智慧金融、交通调度、城市综合建设与治理等多个方面,可以说,传

---

[1] 参见马长山:《数字时代的人权保护困境及其应对》,载《求是学刊》2020 年第 4 期。
[2] 参见[美]曼纽尔·卡斯特:《网络社会的崛起》,夏铸九、王志弘等译,社会科学文献出版社 2006 年版,第 53-58 页。
[3] 参见覃慧:《数字政府建设中的行政程序:变化与回应》,载《行政法学研究》2022 年第 4 期。

统国家权力的支配性已经在数字技术的加持下得到了空前的放大。在数字时代，数据和算法成为调配各种资源、塑造社会秩序的关键要素和重要力量。[1]数字技术借助国家权力参与社会资源分配，并在一定程度上控制社会运行。同时，传统公权力的影响范围也得以在数字进化中获得全方位的数字化延伸。随着互联网技术的发展和更新，人类社会正逐步进入全数据阶段，数据逐渐扎根于科学、商业和公共治理领域，发展数字经济是把握新一轮科技革命和产业变革新机遇的战略选择。《"十四五"数字经济发展规划》明确提出要探索建立多样化的数据开发利用机制，鼓励市场力量挖掘商业数据价值，促进数据、技术、场景深度融合，满足各领域数据需求。数字时代的行政方式因智能技术的深入应用而不断创新，行政权力也在这种智能技术的辐射之下，不断放大作用效果，这可能进一步加剧行政权力与相对人权利之间的失衡格局。

第二，国家权力的部分在数字技术赋能下转变为数字权力——对社会的控制可能被空前强化。技术监视远比传统的物理监视隐蔽，往往发生在用户不知情的情况下，常常不受时间和空间的限制，可以实时跟踪和记录全球范围内的活动。"人工智能通往的是更完善的民主，还是更潜伏的专制？永恒的监视才刚刚开始。"[2]伴随数字政府建设的持续推进，大数据与算法相结合而形成的"数字权力"与政府治理的"行政权力"相结合，以公共监控数据为技术支撑持续预测诸如公共安全、公共卫生、金融竞争等各类风险。[3]

（二）平台私权力崛起具有垄断性和支配性

在数字经济持续发展的背景下，平台私权力的垄断性日益突出。超大型互联网公司和平台凭借其在数据、技术、市场等多方面的优势占据市场支配地位，不仅破坏市场竞争，而且对社会公平和个人合法权益造成威胁。平台私权力的垄断性主要是由于三个原因。其一，数据垄断。数据是数字经济和智能社会的核心资源之一，也是重要的生产要素，这种基于海量数据占有而产生的数字权力在数据获取、分析上具有优势。这种对数据的垄断占有催生了"信息富人""信息穷

---

[1] 参见马长山：《数字公民的身份确认及权利保障》，载《法学研究》2023年第4期。
[2] [美]佩德罗·多明戈斯：《终极算法：机器学习和人工智能如何塑造世界》，黄芳萍译，电子工业出版社2017年版，第365页。
[3] 参见王锡锌：《数治与法治：数字行政的法治约束》，载《中国人民大学学报》2022年第4期。

人"。[1] 数据技术集中在拥有强大算法的极少数精英手中,造成前所未有的社会及政治不平等。[2] 平台在核心技术持有和数字资源处理等方面具有巨大优势,从而通过掌握海量的用户数据和先进技术准确分析和预测用户行为、偏好和需求,主导市场的发展动态和发展方向。其二,市场垄断。超大型平台往往拥有海量的用户数据,通过控制和分析这些数据,能够进行精准的市场预测、个性化推荐和高效的广告投放,从而不断增强对市场的控制力,进而成为市场的主导者,占据垄断地位。其三,技术垄断。建立和维护领先的数字技术和数据处理能力需要投入大量的人力、物力、财力,普通竞争者难以准入。互联网巨头掌握海量个人信息,致使数据权力绝对垄断,对用户个人隐私保护产生极大的隐私泄露威胁。数字经济的快速发展和资本的无序可能导致数字权力和数字资源高度集中,从而进一步加强巨头数字企业的市场垄断地位。

同时,平台数字权力具有支配性。"数字社会重新界定了人们的物理空间并不断开疆拓土,对传统国家权力运行的边界构成明显挑战。"[3] 数字技术对社会资源的支配性将直接规范、影响人的行为,[4] 新兴技术的权力远远超过了预设[5]。我国在《互联网信息服务算法推荐管理规定》中将算法推荐具体分为利用生成合成类、个性化推送类、排序精选类、检索过滤类、调度决策类等技术类型[6]。推荐算法在现代数字技术中扮演着至关重要的角色,该技术通过深入分析用户的过往行为和浏览偏好,生成高度个性化的网络页面和推荐内容。这种个性化服务的核心在于通过预测用户的兴趣和需求,向其提供个性化推荐,实现"完美个人化",从而极大地提升用户体验和平台效益。借助于推荐算法,电商平台能够根据用户的购买历史、搜索记录和浏览行为,向用户推荐可能感兴趣的商品,从而提升购买率和用户满意度;社交媒体得以分析用户的互动行为(如点赞、评论、分享等),向

---

[1] 参见[美]阿尔温·托夫勒:《权力的转移》,刘江、陈方明等译,中共中央党校出版社1991年版,第392页。
[2] 参见[以色列]尤瓦尔·赫拉利:《未来简史》,林俊宏译,中信出版社2017年版,第292页。
[3] 周尚君:《数字社会对权力机制的重新构造》,载《华东政法大学学报》2021年第5期。
[4] 参见张凌寒:《算法权力的兴起、异化及法律规制》,载《法商研究》2019年第4期。
[5] See Puschmann C., Burgess J., *Metaphors of Big Data*, 8 International Journal of Communication 1690 (2014).
[6] 《互联网信息服务算法推荐管理规定》第2条规定,在中华人民共和国境内应用算法推荐技术提供互联网信息服务(以下简称算法推荐服务),适用本规定。法律、行政法规另有规定的,依照其规定。前款所称应用算法推荐技术,是指利用生成合成类、个性化推送类、排序精选类、检索过滤类、调度决策类等算法技术向用户提供信息。

用户推送可能感兴趣的帖子、图片和视频,提高用户参与度和活跃度;短视频应用能够根据用户观看历史和行为数据,推送相关的视频内容,增强用户的观看体验并加速商业变现。同时,算法根据用户的实时反馈和行为数据进行恰当调整,持续优化用户体验,从而增强用户对平台的忠诚度和满意度。基于此,数字技术所具备的精准分析、实时预测等能力得到了显著提高,对人类自主意志的干预也显著增加。技术以新的方式影响人类的思维、互动和决策,[1]对个人主体性的存在和发展进行消解和异化。[2]数字平台为了获取有关客户行为和偏好的数据而执行的研究和分析活动,包括实时监测客户在线行为,收集和分析客户数据,以及使用其他技术收集客户信息,以及不断分析、利用用户的行为特点,总结用户的消费习惯和消费模式,从而便于企业提高精准营销、制定战略发展计划、创造财富的效率。通过识别消费者的消费趋势,分析客户行为数据,找出既定的规则与模式,企业能够从客户的行为中发现新的市场机会和销售收入增长点。由于这种持续完善、发展的商业模式依赖个人数据的喂养,人类正逐步进入技术所编织的"完美期待"之中,接受数字权力的引导和支配。在数字社会自主价值形态作用下,数字化以"看不见的手"让人们感受不到权力的存在形式和作用力。[3]人类可选择的可能性只在技术所允许的方寸之中产生。持续进步的技术可能会消解人类的主体性。

同时,私权力主体也掌握着大量的权力。"私权力是基于私权力普遍存在的数字社会现实和公共领域对其广泛承认基础之上所产生的描述、阐释此类新型权力的基础概念。"[4]数字技术的出现催生了诸如算法权力、平台权力等新型权力形式。这种新型权力形式基于对数字空间内所拥有的影响力和控制能力产生,并辐射至用户、数据、技术等多重领域。具体而言,平台不仅在制定平台准入、判罚规则,监督、规范用户行为,删除、封禁用户账号等各方面承担实际管理者的职责,而且在数据流动、资源调度等方面积极发挥作用,成为数字空间内的重要治理主体。综上所述,数字权力在借助数字技术特性提高资源流通效率的同时,也会带来权力过大的风险,需要通过有效的监管政策对数字权力运行机制予以优化,确

---

[1] 参见《人工智能伦理问题建议书》,载联合国教科文组织官网,https://unesdoc.unesco.org/ark:/48223/pf0000381137_chi,2024 年 9 月 1 日访问。
[2] 参见张欣:《从算法危机到算法信任:算法治理的多元方案和本土化路径》,载《华东政法大学学报》2019 年第 6 期。
[3] 参见周尚君:《数字社会对权力机制的重新构造》,载《华东政法大学学报》2021 年第 5 期。
[4] 杨学科:《数字私权力:宪法内涵、宪法挑战和宪制应对方略》,载《湖湘论坛》2021 年第 2 期。

保数字权力在法治的轨道上健康发展。

三、实现限权制约原则的具体要求

习近平总书记指出:"纵观人类政治文明史,权力是一把双刃剑,在法治轨道上行使可以造福人民,在法律之外行使则必然祸害国家和人民。"[1]

(一)明确权力范围,防止权力滥用

限权制约原则的实现需要明确国家权力的法定行使范围,即国家相关权力及行使条件应该由法律明确规定。在数字时代,国家权力的行使必须遵循法定原则,确保相关权力在法律的明确授权范围内进行,尤其在涉及数据收集等领域,国家机关必须尊重法律规定,避免越权行为,以保护公民的基本权利。换言之,国家权力的行使必须基于法律的明确规定,国家机关只有在法律明确授权的情况下,才能采取相应的行动或措施,以防止权力的滥用和不当行使,并确保政府行为的合法性和透明度。

(二)完善数字留痕,提高权力运行透明度

限权制约原则的实现还需要完善数字权力运行数字化留痕机制,即国家机关借助数字技术赋能使权力行使更加公开透明。具体而言,通过数字技术记录和存储国家机关在行使权力过程中产生的数据、文件、操作日志等信息。完善数字化留痕不仅有助于帮助政府更好地记录、管理和公开其决策和行动,提高数字权力运行的可追溯性,便于事后追踪和审查,降低数字权力滥用的可能性,而且有助于提升公共管理的透明度,增强公众对政府的信任,促进政府与公民之间的良好互动关系。

(三)强化大型平台监管,明晰平台权责范围

强化对大型平台的监管,通过制定专门的立法和监管政策,明确数字平台的责任和义务。如前所述,大型平台由于其庞大的用户基础和市场影响力,在数据处理、信息利用等方面占据着市场垄断地位。因此,明确数字平台的责任和义务是强化大

---

[1] 中共中央文献研究室编:《习近平关于全面依法治国论述摘编》,中央文献出版社2015年版,第37-38页。

型平台监管的重要一环。在数字经济的背景下,强化对大型平台的监管是确保其合规运营、保护用户权益、维护社会公共利益和维护市场秩序的重要举措,明确平台的权责范围,可以有效防范风险。因此,法律应当明确大型平台的责任与义务,明晰平台在用户数据保护、内容推送管理、算法技术公开透明等方面的权责范围,使平台在运营中能够更好地理解自己的法律责任,遵守法律法规,提升合规意识。

(四)完善多元主体监管,避免公私权力合谋

完善多元主体监管,避免公私权力合谋。数字技术的发展促进了多元中心治理理念的兴起,[1]之所以需要引入多元主体监管机制是因为,其一,国家算力式微,难以对抗强大的企业算力。长期以来国家算力和企业算力之间存在严重势差,这导致数字权力监管面临权力配置难题。其二,单一的技术治理模式在应对强大的数字权力时往往收效甚微。法律和风险在时间组合、知识结构上的差距,使法律无法成为技术问题的最佳解决方式。[2] 这一特性要求数字权力制约机制采取多元综合治理理念,以应对技术进步与数字权力扩张带来的复杂问题,确保技术发展能够在保障社会公平、维护技术伦理和安全的基础上实现可持续进步。基于此,应当完善多元监管治理模式,引入多元治理主体并采用多元治理方式,以实现权力的有效制约。制约权力可以说是法治最重要的功能,正是借助于制约权力才实现了保障权利的效果。[3] 信息与通信技术创造了全新数字环境,带来了数字权力多重领域的全面扩张,这种不断延伸、拓展的数字权力对网络空间的自由产生了严重侵蚀,需要进行有效的控制和制约。[4] 一方面,引入多元治理主体是实现有效数字权力制约的前提和基础。通过建立政府、社会机构、行业组织、公众等多主体间的合作机制,实现数字权力的合理配置,包括鼓励数字行业自律,加强行业自我审查与纠错;拓宽公众参与渠道,积极参与数字治理等,进而实现数字权力的高效监督,"权力制约与权力合理配置密不可分"。实现数字权力制约,不仅意味着要在法律定义中明确各类数字权力运行的合理范围和责任边界,实现数

---

[1] 参见郑智航:《数字技术对政府权力的侵蚀及其法律规制》,载《行政法学研究》2024年第5期。
[2] 参见许可:《算法规制体系的中国建构与理论反思》,载《法律科学(西北政法大学学报)》2022年第1期。
[3] 参见朱振:《服务性权力观与法治政府建设的新面向》,载《法治社会》2023年第2期。
[4] 参见马长山:《数字社会的治理逻辑及其法治化展开》,载《法律科学(西北政法大学学报)》2020年第5期。

字权力的合理化配置,还意味着要明晰数字权力的运行流程,实现数字权力的规范化使用。[1] 另一方面,引入多元治理方式是实现有效数字权力制约的模式基石。完善数字权力监督机制,确保数字权力行使的合法性,实现数字权力法治化监督。制约与监督是控制权力和保障权益最基本的制度基础。[2] 坚持推动数字技术与法治系统的良性互动,坚持多重价值目标的动态平衡,坚持治理规则体系的开放多元。[3]

第五节 数字正义原则

一、数字正义原则的时代背景与基本含义

数字正义原则指的是遏制数字技术负面效应,强调避免不平等、不公平和歧视性等现象发生,从结果和过程两个维度关注数字技术公平与正义,确保数字资源得到公平分配。"人类制定了法律,尔后似乎就在不断地解答人类为什么要制定法律,解答得仿佛拥有真理。"[4] 人类对于正义原则的思考从未停止。数字时代正义原则的内涵随着时代的革新而发生改变,衍生出了数字正义原则。"数字正义"一词最早由美国学者伊森·凯什与以色列学者奥娜·拉比诺维奇·艾尼提出,他们认为,数字正义指的是以现代数字技术作为提升纠纷解决效率、保障司法效率与公平的手段。[5] 我国也有相当一部分法官和信息工作者在该意义上理解数字正义概念。然而,数字时代背景下的数字正义原则应当被赋予更丰富的内涵,不仅强调技术应用结果的公平性,还特别关注技术决策过程的透明性和公正性,以避免技术偏见和不公正。

---

[1] 参见杨建军:《权力监督制约的第三种模式》,载《法学论坛》2022 年第 4 期。

[2] 参见陈国权、周鲁耀:《制约与监督:两种不同的权力逻辑》,载《浙江大学学报(人文社会科学版)》2013 年第 6 期。

[3] 参见马怀德:《数字法治政府的内涵特征、基本原则及建设路径》,载《华东政法大学学报》2024 年第 3 期。

[4] [美]埃德加·博登海默:《法理学:法律哲学与法律方法》,中国政法大学出版社 2017 年版,第 2 页。

[5] 参见[美]伊森·凯什、[以色列]奥娜·拉比诺维奇·艾尼:《数字正义:当纠纷解决遇见互联网科技》,赵蕾、赵精武、曹建峰译,法律出版社 2019 年版,第 74 页。

二、确立数字正义原则的深层成因

(一)数字正义是传统公平正义原则在数字领域的具体体现

随着数字技术在各个领域的广泛应用,数字正义成为数字治理难以回避的问题。数字正义原则旨在通过公平访问、隐私保护、算法透明与公正、数字权益保障、社会包容性以及责任与问责等方面,构建一个公平、公正的数字环境,让数字技术得以公平、公正利用,让数字红利得以实现平等分配。也有学者认为,数字正义原则是数字空间制度设置和治理的原则和准绳。[1] 数字正义不仅是对数字时代公平问题的回应,也是维护社会公正和促进技术与社会协调发展的必要条件。最高人民法院《关于规范和加强人工智能司法应用的意见》指出,要进一步推动人工智能同司法工作深度融合,全面深化智慧法院建设,努力创造更高水平的数字正义。[2] 数字正义是传统正义观在数字时代的转型和发展,是数字社会对公平正义的更高需求。[3] 传统的公平正义原则关注社会资源和机会的公平分配,保护个人的基本权利,确保法律的公正执行。进入数字空间,依旧要求保持对公平正义原则的一贯追求。数字正义原则应要求在数据收集和使用过程中尊崇尊重个人隐私,防止算法歧视和不公平待遇。

(二)数字正义是数字技术应用的理想状态和规范指引

数字正义是数字技术应用的理想状态和规范指引,为数字技术的开发、设计和应用提供了价值准则,确保数字技术发展符合社会正义的核心价值。"正义是社会制度的首要价值。"[4]数字正义是正义的数字形态,体现着数字环境下公平正义的价值内涵和实现模式,可以呈现实体正义与程序正义的有机统一。[5] 数字正义为数字社会深度可持续发展过程中,社会正义原则和正义实现机制在数字领域的集中体现,强调技术应用应当符合公平、公正、尊重人权的基本原则,具体

---

[1] 参见何邦武:《数字法学视野下的网络空间治理》,载《中国法学》2022 年第 4 期。

[2] 参见《最高人民法院关于规范和加强人工智能司法应用的意见》,https://www.court.gov.cn/zixun/xiangqing/382461.html,2024 年 9 月 1 日访问。

[3] 参见卞建林:《立足数字正义要求,深化数字司法建设》,载《北京航空航天大学学报(社会科学版)》2022 年第 3 期。

[4] [美]约翰·罗尔斯:《正义论》,何怀宏、何包钢、廖申白译,中国社会科学出版社 2009 年版,第 3 页。

[5] 参见姜伟:《数字时代的法治模式》,载《数字法治》2023 年第 1 期。

而言,数字正义原则应当包括数字弱势群体权益保障、数字鸿沟弥合、数字红利分配等内容。为数字正义而斗争,就是要破解数字鸿沟、消除数字歧视。[1] 为数字社会提供了指导和约束技术应用的价值框架,确保技术的发展和应用能够符合社会正义的基本原则,实现公平和透明的数字环境。

三、实现数字正义原则的具体要求

(一)完善数字技术可及

数字技术的发展目标应当是尊重和保护人权、促进社会可持续健康发展、增进人类福祉,这就必然要求在技术发展过程中,强调数字技术的可及性,推动数字技术区域分布均衡、成本可负担等,让社会公众能够普惠地享受数字技术。所有用户都应当有平等的机会接触和使用数字技术和服务。推动数字技术平等、可及不仅是保障社会公平正义、增进社会福祉的现实需要,也是推动社会公平、包容和全面发展的关键。数字技术的普惠性不仅仅是对技术的普遍应用,更需要从区域、经济、社会等多个维度确保技术的公平分布和可负担性。数字权力的垄断和数字鸿沟的存在导致了算法社会中社会身份的固化,数字弱势群体常常在强大数字权力的干预下遭遇信息获取、技术使用和资源分配等方面的困境。基于此,技术开发者、政府、行业组织应当共同努力为所有人创造更加平等、便捷的数字环境。具体而言,应当从技术、法律、政策等多个方面入手,全面提升技术的可及性,缩小数字鸿沟,确保所有群体能够平等地享受数字技术带来的红利。首先,维护数字弱势群体利益,在数字技术的设计、应用中确保对弱势群体的价值需求的关注。为残疾人、老年人提供技术无障碍服务,如配置语音辅助功能、老年模式等,充分考虑数字弱势群体出行、劳动、就医、消费等不同需求;并定期开展数字技能培训讲座,帮助数字弱势群体提升技术能力,缩小数字能力差距。其次,弥合数字鸿沟,保障公正分配数字资源、充分配置数字权利。通过宏观调控数字基础设施市场化的不平等分配,让城乡地区的数字水平均衡发展,避免因数字鸿沟造成的区域发展不平衡。加强对数字基础设施的投资,提升网络覆盖和技术设施水平,特别是在数字基础设施建设薄弱的地区,加大资金投入,确保这些地区的居民也能享受数字生活的便捷和舒适。通过政策引导和资金支持,推动数字技术在全国范围内可持续、均衡发展。特别是在数字基础设施建设相对薄弱的偏远地区,应

---

[1] 参见张吉豫:《数字法理的基础概念与命题》,载《法制与社会发展》2022 年第 5 期。

加大基础设施建设投资,降低数字技术使用成本,积极开展居民数字素养培养活动,逐步缩小数字鸿沟,保持对数字弱势群体的持续关注,让数字红利惠及每一个人,推动建设一个更加公平和包容的数字社会。最后,完善技术运行监督机制,确保技术公司和平台遵守公平和包容的原则,防止数字权力的垄断和滥用,保护数字弱势群体的权益,确保他们能够平等地享受数字红利。

(二)完善数字技术公正

"技术的价值是自然属性和社会属性、目的与手段的辩证统一,其焦点是制度在其中的作用。"[1]数字正义原则要求坚持科技向善,引导、促进、保障数字技术开发与应用应当保持对技术向善的一贯追求,保持技术尊重和维护人类利益。数字正义不仅仅是技术的普惠使用,更需要重视的是数字技术的公正性,追求数字技术应用的公平和公正。现代法治社会以贯彻"平等原则"为特征,而公民在数字领域的平等依赖于公正、合理的数字技术。数字技术公正包括算法决策结果公正、数字资源分配公正、数字权力的充分配置。这就要求:首先,在算法设计和应用中,必须确保其透明性和公正性,并逐步完善第三方对技术的监督和审查机制,确保算法不会因偏见而对某些群体造成不利影响。数字技术的应用离不开法律的介入和监管,技术的系统构建应当为监督审查预留程序空间。其次,保障数字资源公正分配,数字资源的分配应以公正为原则,确保所有人都能公平地享受数字技术的红利。政府应通过宏观调控,防止数字基础设施市场化进程中的不平等分配,保障所有社会成员平等地接入互联网,平等地获取、使用数字资源,分享数字红利。最后,保障技术公正无偏见。算法蕴含着价值判断,与特定的价值立场相关。[2] 数字技术和算法在处理用户数据和作出决策时,应避免歧视和偏见,确保所有用户都得到公平对待。

---

[1] 陆江兵:《中立的技术及其在制度下的价值偏向》,载《科学技术与辩证法》2000年第5期。
[2] 参见丁晓东:《算法与歧视——从美国教育平权案看算法伦理与法律解释》,载《中外法学》2017年第6期。

第六节　风险控制原则

一、风险控制原则的时代背景与基本含义

风险控制原则指的是通过合理预防和控制数字技术带来的潜在风险,减少技术对公众和社会的负面影响。风险控制原则不仅旨在保护个人和社会的利益,还强调在技术与法律之间建立起有效的互动机制,确保数字技术在带来便利的同时,不会损害公众的安全和福祉。风险控制原则是学界普遍确认的基本原则,从狭义上讲,风险控制原则可以理解为对某一项人工智能具体技术的风险控制,将技术风险控制在可控范围之内。从广义上说,风险控制原则还包括对整体数字行业风险的控制。随着智能技术的不断发展,生产力在现代化进程中的指数式增长,使风险和潜在的自我威胁的释放达到前所未有的程度。[1]　近年来,随着数据分析、机器深度学习、云计算等现代技术的不断深化发展和普及推广,由数字技术支撑的数字社会连接、生产组织方式、人类生活方式也面临数字化重塑,显示出根本性变革。数字技术在持续推动社会发展的同时,也面临技术异化的风险,如个人隐私泄露、数据安全危机等。无论现实公共场合还是网络社交平台,都在现代数字技术追踪和分析的技术辐射范围内。实时更新的数据在另一个维度上也是实时更新的监视,数据大量违规收集的现象层出不穷。以地图导航类应用为例,通过街景采集车上的传感器(摄像头、雷达等)对街景进行实时扫描,向控制系统上传、储存海量街道、道路数据信息,对真实环境进行多维建模,形成实景地图。同时,不仅大众常陷入"数据旋涡"之中,国家安全也面临数据泄露危机。在2022年,"滴滴出行"App作为国内互联网巨头,掌握大量用户数据、道路安全数据,因存在严重违法违规收集使用个人信息问题,被处以80.26亿元的罚款。

二、确立风险控制原则的深层成因

"在我们这个时代,每一种事物好像都包含着自己的反面。"[2]随着人工智

---

[1] 参见[德]乌尔里希·贝克:《风险社会:新的现代性之路》,张文杰、何博闻译,译林出版社2018年版,第3页。

[2] [英]以赛亚·伯林:《卡尔·马克思:生平与环境》,李寅译,译林出版社2018年版,第244页。

能、大数据、区块链等新兴技术的广泛应用,技术异化风险日益突出,引发隐私泄露、数据滥用、算法歧视等一系列问题。确立风险控制原则不仅是应对数字技术风险的现实需要,而且是回应数字技术特性的现实要求。

(一)应对数字技术风险的现实需要

风险丛生、风险叠加、风险度高是智能社会的显著特征,应对数字技术带来的风险,法律必须挺身而出。[1] 数字法学的首要使命是面对技术发展所带来的风险问题,要回答法律是否应该,以及如何介入技术治理活动。[2] 随着人工智能、大数据、区块链等新兴技术的快速发展,技术所带来的不确定风险和危机也在逐步显露。数字技术可能导致用户隐私泄露、数据滥用、算法歧视等问题,这不仅威胁个体权益,还可能严重影响社会的稳定和公平正义,确立风险控制原则有助于有效识别和管理这些风险。出于应对数字技术风险的现实需要,法律需要主动介入技术治理,以确保技术的应用不会对公民的权利和社会的公平正义造成损害,充分考虑数字技术风险,确保法律能够在引导数字技术正向利用的同时,对技术异化可能引发的风险作出合理规制,进而构建一个安全、稳定且富有创新活力的数字社会;同时,在确保风险可控的前提下,促进创新与技术进步。

(二)回应数字技术特性的现实要求

就人工智能的研发与应用而言,目前至少面临不确定的技术风险、偏离设计应用的风险、被非法使用的风险、社会风险及伦理风险。[3] 相较于传统技术,数字技术具有以下特性:(1)广泛的渗透性;这也意味着发生风险会影响社会的方方面面。尤其是随着数字技术在教育、医疗、金融、交通、通信等诸多领域的广泛应用,技术影响不仅限于某一特定行业,而是对整个社会的运作方式产生深远影响。换言之,其风险辐射范围可能涉及社会结构、经济、文化等诸多方面。(2)个人信息与隐私的紧密关联性:数字技术涉及大量个人信息甚至是隐私信息。用户的个人信息往往在不知情的情况下被收集、存储和分析,这可能严重侵犯用户个人隐私。(3)复杂性和不透明性:尤其以深度学习为代表的人工智能技术,其内

---

[1] 参见张文显:《构建智能社会的法治秩序》,载《东方法学》2020年第5期。
[2] 参见雷磊:《走出非此即彼的困境:数字法学定位再反思》,载《华东政法大学学报》2024年第3期。
[3] 参见龙卫球:《科技法迭代视角下的人工智能立法》,载《中国法学》2020年第1期。

在机制复杂且缺乏透明性,这导致其技术路径及其技术运行后果往往难以预测。这种技术复杂性外部用户难以获取技术运行逻辑和依据,面临算法黑箱的威胁。(4)极强的隐性控制性。数智技术通过正向偏见、锚定效应等偏见,会对人类行为产生极强的隐性控制。技术通过数据分析和预测可以潜移默化地影响用户的行为,如算法推荐系统通过分析用户的兴趣和历史行为,引导用户在运算范围内作出某些选择。

因此,对于数字技术而言,风险控制的理念尤为重要。风险控制原则为数字技术的开发与应用提供了清晰的标准,它是数字技术发展的稳定剂,在确保数字技术健康、可持续发展中发挥着关键作用。

三、实现风险控制原则的具体要求

风险控制原则的核心理念是发展与安全并重。一方面,通过科学立法高效地控制智能技术应用过程中可能存在的风险,前置风险评估和预警程序,预见技术风险;另一方面,鼓励技术创新与开发,满足数字产业的发展需求,实现数字经济的繁荣。"安全和发展是一体之两翼、驱动之双轮。"[1]党的二十大报告提出了"建设数字中国"的任务要求,并明确提出在法治轨道上全面建设社会主义现代化国家[2]。中共中央、国务院印发的《数字中国建设整体布局规划》指出,"建设数字中国是数字时代推进中国式现代化的重要引擎,是构筑国家竞争新优势的有力支撑"[3]。根据国家互联网信息办公室发布的《数字中国发展报告(2023年)》的统计,2023年我国数字经济规模持续壮大,数字经济核心产业增加值估计超过12万亿元,占GDP比重10%左右[4]。这表明数字经济在中国经济中的重要性不断提升,成为推动数字化转型和经济发展的关键领域。为实现建设数字中国这一使命任务,就必然要求完善数字法治建设,为数字国家持续健康发展提供法治保障。

---

[1] 习近平:《在第二届世界互联网大会开幕式上的讲话》,载《人民日报》2015年12月17日,第2版。
[2] 习近平:《高举中国特色社会主义伟大旗帜 为全面建设社会主义现代化国家而团结奋斗——在中国共产党第二十次全国代表大会上的报告(2022年10月16日)》,人民出版社2022年版,第30页。
[3] 《中共中央国务院印发〈数字中国建设整体布局规划〉》,载《人民日报》2023年2月28日,第1版。
[4] 参见《数字中国发展报告(2023年)》,https://www.sszg.gov.cn/2024/xwzx/szkx/202406/P020240630600725771219.pdf,2024年8月31日访问。

（一）完善技术风险管理制度

完善技术风险管理制度要求建立系统的风险管理框架,以技术异化风险为导向,科学合理地控制技术发展带来的风险,确保技术的健康、安全和公正应用,保护个人和社会的利益,促进技术的持续创新和发展。迄今为止法治被证明是保护弱者权益、避免使人落入弱肉强食的丛林法则的最有效机制。[1] 有效安全治理的本质是有效风险治理。[2] 法律系统应当以实际应用过程中的技术风险为导向,针对具体风险作出准确回应,明晰技术发展红线以及技术伦理的基本标准。将技术风险治理作为数字中国法律保障体系的坚实基石,基于技术风险综合治理的视角构建风险管理制度,以完善备案审查、加强风险评估、推进分级治理、严格责任追究为制度构建主线,以统筹数字发展与数字安全为基准,维护社会秩序,在降低技术风险的同时保障数字要素的合理、充分开发及高效流通与利用,并在此基础上推动国家数字产业可持续健康发展,进而提升国家数字化水平。

（二）完善技术行业自律机制

完善技术行业自律机制要求促进技术行业自治,实现技术与法律的良性双向互动。人类正以"加速度"方式进入数字"大航海"时代,[3] 应当积极鼓励人工智能行业完善行业自律机制,加强行业内部自我审查。人工智能的智能化行为和决策过程依赖于其底层算法,算法不仅定义了机器如何处理信息和执行任务,还决定了其输出结果的逻辑和方式。因此,算法直接影响人工智能系统的行为和性能。尽管算法在技术层面上对机器的行为至关重要,但对于非技术人员而言,这些复杂的技术代码和工作原理难以掌握。算法往往被视为一个难以捉摸的"技术黑箱"。基于这一技术特性,应当逐步完善行业自律机制。

1.增强行业整体风险意识,完善行业自我审查机制

我国在《科技伦理审查办法(试行)》中规定"从事生命科学、医学、人工智能等科技活动的单位,研究内容涉及科技伦理敏感领域的,应设立科技伦理(审查)

---

[1] 参见郑戈:《人工智能与法律的未来》,载《探索与争鸣》2017年第10期。
[2] 参见刘艳红:《人工智能司法安全风险的算法中心治理模式》,载《东方法学》2024年第4期。
[3] 参见周尚君:《数字权力的理论谱系》,载《求是学刊》2024年第1期。

委员会"[1]。鼓励人工智能行业内部设立技术审查委员会,制定行业内部技术统一标准,明确技术红线,提高技术开发、应用的规范性;鼓励行业自我审查和自我监督,提升对风险的预判和应对能力;建立项目风险前置审查机制,针对重大技术项目应当提前开展技术风险分析调研,确保技术开发在风险可控的范围内,对风险较大的重大项目,技术审查委员会可提供改进建议,降低项目风险;设置风险监测预警部门,对重大项目展开实时监测,当出现严重数据泄露时应当根据数据处理预案将风险降低至最低。

2. 加强行业技术伦理教育,引导树立科学研究理念

鼓励人工智能行业加强职业伦理教育培训,积极引导研究人员树立正确的科学研究理念,维护人类社会的伦理秩序,坚守科学伦理道德底线。源代码开发者应当履行人工智能伦理风险的应对义务,必须坚持伦理道德底线思维,增强对人工智能的认知能力,提高对伦理道德风险的认知水平。明确人工智能领域技术的科学研究以增强人类福祉为目的,鼓励探索科研人员伦理范围内的研究界限,引导技术创新朝着增进人类整体福祉方向发展,鼓励研发符合伦理规范的技术应用,合理控制技术风险。

3. 增强技术人员风险意识,推动技术团队构成多元化

技术的设计和开发源自其源代码,技术人员在设计和开发阶段能够识别、了解潜在的风险,如数据隐私泄露、算法歧视偏见等。提升技术人员风险意识,可以帮助他们在开发过程中采取有效的预防和修复措施,并针对重大风险事故准备处理预案。因此技术人员应承担起防范和应对算法技术风险的责任。同时,人员组成多元化的技术团队,能够为技术开发、利用带来多重研究视角,有助于全面识别技术风险,减少技术中的偏见和歧视,确保技术的公平性和包容性。这不仅有助于从源头上识别和控制风险,也是促进技术公平、创新的关键一环。

典型案例

2011年,美国警方逮捕了涉嫌抢劫系列案的4名犯罪嫌疑人。其中1名犯罪嫌疑人招供,该团伙在过去的4个月中抢劫了9家商店并向警方提供了15个

---

[1]《科技伦理审查办法(试行)》,载中国政府网,https://www.gov.cn/gongbao/2023/issue_10826/202311/content_6915814.html,2024年8月30日访问。

参与人的姓名及手机号码。这些号码中包括了嫌疑人卡彭特(Timothy Carpenter)的两个号码。联邦法官要求这两个号码所属的移动运营商提供号码的通话记录。联邦调查局(FBI)在与运营商合作的过程中获得了卡彭特所持有的两个号码的语音通话记录及该手机号在127日内的12,898条基站侧位置信息,并通过基站侧位置信息证明了在多起抢劫案发生前后,手机均在案发现场附近出现。卡彭特被指控6项抢劫罪和5项携带武器罪成立,并最终被判处监禁100年。

案件审理过程中,卡彭特反诉政府并未合法取得基站侧位置信息的搜查令,认为基站侧位置信息包含了使用者的物理位置信息,理应视为个人隐私的一部分。按照《美国宪法第四修正案》的要求,政府机构必须取得搜查令后才能搜查并获取个人隐私信息,而联邦调查局获取基站侧位置信息的行为违反了该要求。

2018年6月22日,美国联邦最高法院以5:4的投票表示对公民移动电话隐私权的支持。美国联邦最高法院对警方获取手机数据的能力施加了限制,要求警方需要搜查令才能获得犯罪嫌疑人手机上的位置数据。

问题与思考

1. 数字权力限制原则包括哪些内容?
2. 如何理解数字领域的风险控制原则?
3. 数字法治各基本原则之间有什么联系?
4. 如何理解数字权力?
5. 如何保障数字权利?

延伸阅读

1. 段伟文:《信息文明的伦理基础》,上海人民出版社2020年版。
2. [荷]马克·舒伦伯格:《算法社会:技术、权力和知识》,王延川、栗鹏飞译,商务印书馆2023年版。
3. [美]阿尔温·托夫勒:《权力的转移》,刘江、陈方明等译,中共中央党校出版社1991年版。
4. [美]劳伦斯·莱斯格:《代码2.0:网络空间中的法律》,李旭、沈伟伟译,清华大学出版社2009年版。
5. [美]马克·波斯特:《信息方式——后结构主义与社会语境》,范静哗译,商务印书馆2000年版。
6. [美]曼纽尔·卡斯特:《网络社会的崛起》,夏铸九、王志弘等译,社会科学文献出版社

2006年版。

7. [美]尼古拉·尼葛洛庞帝:《数字化生存》(20周年纪念版),胡泳、范海燕译,电子工业出版社2017年版。

8. [美]佩德罗·多明戈斯:《终极算法:机器学习和人工智能如何重塑世界》,黄芳萍译,中信出版社2017年版。

第十八章　数字法治的运行体系

> **法律故事**
>
> "坚决杜绝此类空壳公司成为滋养不法行为的温床!"在获知辖区内超过200家未曾缴纳社保、无税收记录且在同一地址密集注册的空壳公司已被列为重点监控对象后,浙江省杭州市拱墅区人民检察院的办案检察官们无不感到一丝宽慰。在深入调查涉及"两卡"的犯罪案件过程中,检察官们揭露了一桩桩利用假身份或个人信息大批量注册虚设企业的行为,而这些企业开设的对公账户则沦为电信网络诈骗资金流转的工具。
>
> 检察官敏锐地觉察到,这背后可能潜藏着一个规模庞大的虚假公司网络,专门服务于各类违法活动。基于此判断,他们立即着手展开全面的案件线索筛查。通过对过去一年内接手的45宗同类刑事案件的细致梳理,拱墅区人民检察院发现,区内竟存在多达220家旨在协助犯罪活动的虚假注册公司。其中,采用盗用他人身份信息、编造注册地址及伪造租赁协议等手段设立的公司有74家。
>
> 面对如此严峻形势,检察院迅速行动,出具了具有针对性的检察建议书,敦促相关监管机构对这些名不副实的公司采取严厉措施,包括吊销其营业执照,以断绝其作为犯罪辅助渠道的可能,有效维护了经济秩序和社会安全。
>
> 由此可见,大数据技术对法治的赋能,不仅优化了传统法律服务和监督流程,而且在很大程度上推动了法治理念和实践的现代化,为构建更加公平、高效、透明的法治社会奠定了坚实基础。

第一节　数字政府

从 20 世纪 90 年代始,全球信息化进程驱动政府部门应对社会、经济、科技领域的变革压力,通过革新管理机制与服务架构以契合崭新环境与诉求。党的十九届五中全会明确构筑"数字中国"之宏图,涵盖数字经济、数字社会及数字政府之构建。2021 年 8 月,中共中央、国务院颁布《法治政府建设实施纲要(2021—2025 年)》,其中指出坚持运用互联网、大数据、人工智能等技术手段促进依法行政,着力实现政府治理信息化与法治化深度融合,优化革新政府治理流程和方式,大力提升法治政府建设数字化水平。面对政府数字化转型,行政法体系经历结构性重塑:信息基础由静态个体单元转向动态大数据驱动,组织架构趋向整体化并以数据共享为纽带强化行政一体化原则,政务服务与监管方式由前台人工转向后台自动化,如"一网通办"简化审批、"秒批"公共服务及远程监察,行政程序践行"最多跑一次"理念,在注重提升效率的同时强调保障相对人权益。

一、数字政府的结构要素

信息技术如今深入国家和社会各方面,政府部门广泛应用电子媒介推进行政工作,借此提高效率、减轻负担,并为行政流程创新提供机遇。[1] 我国电子政务的发展历程可概括为办公自动化起步、"三金工程"推进、政府网站上线和初级电子政务阶段,目前正向智慧政务转型,经历了从基础设施搭建和技术应用普及,实现了无纸化办公和信息公开,进而利用移动互联网、云计算、大数据、物联网等技术全面改造行政流程,推动行政精简、服务升级和效率提升。[2] 当前,我国各级政府广泛开展政务数字化改革,依靠实时流动数据而非孤立信息进行决策和服务,形成了庞大的公共数据资源。

尽管中央立法尚未给出公共数据的明确定义,部分地方政府自 2017 年起已通过地方立法等形式确立公共数据的概念,将其界定为源自各级政府、公共企事业单位及社会组织在依法履职、提供公共服务过程中产生的数据成果和其他法律

---

[1] See V. Lucke Reinermann, E-Government: Gründe und Ziele, in: Reinermann/v. Lucke (Hrsg.), Electronic Government in Deutschland, 2002, S. 1 (1 ff.).

[2] 参见周汉华:《电子政务法研究》,载《法学研究》2007 年第 3 期。

规定纳入公共数据管理的数据资源。

理论上,对公共数据的概念存在不同理解,一类观点通过区分数据持有主体,将公共数据视为非个人、企业和政务主体产生的数据资源;[1]另一类观点则基于公私部门职能,将公共数据定义为公共管理和服务机构履行法定职责时积累的所有数据资源,这一观点与现行立法相符。[2]

公共数据权属问题关系到数据的有效利用,学界对此有两种主要看法:一种观点视公共数据为全民共有财产,行政部门仅为管理者;[3]另一种观点主张公共数据归属于行政主体。[4] 实践中,《福建省政务数据管理办法》认定政务信息资源归国家所有,《广东省政务数据资源共享管理办法》则规定政务数据属政府所有,实质上二者均强调公共数据最终权益归属于人民。明确公共数据权属的核心目的不在于物权归属本身,而是为决定数据背后的利益分配和确保在兼顾公众人格权与财产权的基础上,合理分类开发与开放公共数据资源。

二、数字政府的组织架构

数字政府建设体现为组织一体化,以数据为核心推动整体政府构建。整体政府理念起源于管理学并影响了行政法学,早期强调部门间合作与组织结构调整,后期则融入数据治理理论,借助网络技术实现政府整合运作以满足民众需求,标志着整体性数字政府发展趋势趋向整体智治。一体化政府改革挑战我国现有行政主体理论,行政组织独立性倾向与部门分割现状阻碍了整体性与协同性提升。随着电子政务的发展,政府服务形态转变为虚拟化、一体化的操作界面,但这易模糊真实行政边界,增加行政相对人辨识责任主体的难度。因此,学术界积极寻求行政主体理论创新,提出多元理论支撑整体性改革方向。

我国行政体制改革沿着一体化路径前行,大部制改革虽有利整合,但仍面临内部协调难等问题,未能彻底解决部门间职责交叉和信息互不通畅的问题。[5] 自20世纪末以来,我国着力于行政权力结构调整,推进综合行政执法改革,经历多阶段深化,运用大数据等技术强化整体性转变。行政审批集中、多规合一、相对

---

[1] 参见马颜昕等:《数字政府:变革与法治》,中国人民大学出版社2021年版,第217-218页。
[2] 参见王勇旗:《公共数据法律内涵及其规范应用路径》,载《数字图书馆论坛》2019年第8期。
[3] 参见吕富生:《论私人的政府数据使用权》,载《财经法学》2019年第6期。
[4] 参见李海敏:《我国政府数据的法律属性与开放之道》,载《行政法学研究》2020年第6期。
[5] 参见施雪华、孙发锋:《政府"大部制"面面观》,载《中国行政管理》2008年第3期。

集中行政复议权等改革措施从不同层面推进行政一体化。借助现代信息技术,行政一体化实现了组织机构整合与对外虚拟一体化服务,如行政审批"一站式"服务和跨部门数据共享平台,为公众提供便捷服务。

信息技术在行政一体化中的作用在于解决政府数据共享难题,国务院《促进大数据发展行动纲要》明确要求加快政府数据开放共享,推动资源整合,提升治理能力。习近平总书记提出实施国家大数据战略,加快建设数字中国,以数据集中和共享为途径,实现跨层级、跨地域、跨系统、跨部门、跨业务的协同管理与服务。然而,我国政府数据共享还存在平台建设标准不一、数据共享机制不健全、数据质量和安全性待提高、配套机制不完善等问题,[1]仍需要在今后的数据治理中不断完善。

三、数字政府的自动行政

近年来,人工智能技术不断创新,强力推动数字政府建设,催生自动化行政新形态,如"秒批"服务。所谓"秒批",是指行政机构预先设定自动化审批程序,通过数据库对比审核,无须人工干预即可瞬间完成审批。然而,自动化行政在实践中引发诸多法律与伦理争议。理论上看,自动化行政行为按人工介入程度分为半自动和全自动两类,其中"秒批"属于全自动行政行为。德国率先对全自动行政行为立法,修改《联邦行政程序法》,强调全自动行政仍含意思表示要素,关注其外部影响而非内部意愿,对不确定法律概念和裁量情形持谨慎态度,并限制全自动行政在人格特征评判上的应用。自动化行政应主要用于简单、标准化事项,应避免在复杂、需人性化处理的问题上对其过度依赖。

随着人工智能在行政领域的广泛应用,传统行政程序的作用在一定程度上被削弱。自动化行政通过将法律规范转化为代码,提高了行政效率,但算法作为核心决策工具,其透明度、公正性和对个人信息的保护成为重要议题。政府对私营部门提供的算法系统的依赖加深了算法的"黑箱化"问题,加大了数据安全和个人隐私保护的风险。为确保算法公正、透明,法律须推动算法披露与解释,同时解决智能机器出错、算法歧视和裁量问题,应当构建以数据权保护为核心的程序规则,强化对自动化行政的法律控制。

人工智能助力政府实现行政活动的数据化与电子化,为决策提供数据支持,

---

[1] 参见王芳、储君等:《跨部门政府数据共享:问题、原因与对策》,载《图书与情报》2017年第5期。

但在半自动和信息收集为主的自动化行政中,必须确保人工裁量的补充与数据权保护,创建公开透明、具备有效救济机制的程序,以在追求行政效率的同时,切实保障公民权利,增进社会福祉。法律体系应及时回应自动化行政带来的挑战,调整和完善行政法制,以适应新技术变革的需求。

四、数字政府的效能化

政府数字化转型显著提升了行政程序效率。行政程序作为行政机关履行职责的步骤、方式和时间空间结构的整体,[1]对约束和规范行政权力、保障公民权益至关重要。在数字政府构建过程中,既要注重行政效能提升,也要坚持行政法治原则,特别是在推动行政程序效能化过程中,必须以法治为基础确保相对人权利得到充分保障。

中共中央办公厅、国务院办公厅于 2018 年 5 月 23 日发布《关于深入推进审批服务便民化的指导意见》,浙江"最多跑一次"改革作为成功案例向全国推广。浙江省通过"一窗受理、集成服务"、"最多跑一次"事项公布、重点领域改革(如便民服务、投资审批、市场准入)、"12345"统一政务咨询投诉举报平台、打破信息孤岛实现数据共享等举措,实现"最多跑一次是原则,跑多次为例外"的目标。"最多跑一次"改革有力促进了现代政府提高行政效率、转变职能、提升治理能力和降低制度性交易成本。然而,改革亦面临一些问题与挑战,如易陷入运动式治理模式,过度依赖自上而下的推动;依托"互联网+政务服务"和大数据打破信息孤岛实现数据整合共享,但存在重大信息安全风险。这些问题与挑战须通过系统性的制度建设来解决。

尽管学术界对行政效能原则作为行政法基本原则的定位尚存争议,但随着行政体制改革实践和理论研究发展,该原则逐渐获得学术界与实务界的认同。在行政法总则制定背景下,将行政效能原则纳入其中的呼声渐高,有助于建设服务型政府、提升现代治理能力。有学者将行政效能原则具体表述为:行政机关应高效便民、遵守时限、降低成本、利用现代信息技术,以提高效能,提供优质服务。行政效能原则蕴含丰富价值,其具体内容和体系化制度构建至关重要。现代行政权须兼顾合法与有效运行,以应对现代社会行政任务需求。尽管"最多跑一次"改革仅为行政现代化的一部分,但其具有长期性、全局性,涉及职能、机构、地区和程序

---

[1] 参见章剑生:《现代行政法总论》(第 2 版),法律出版社 2019 年版,第 215 页。

改革,引发了政府体系和运行机制的重大变革,旨在打造高效政务生态,直接目标是提高行政效能。

行政程序法治化要求行政机关在实施行政活动时遵循法定方法、步骤和时限,不得擅自增设程序,确保合法正当行使权力。现代行政改革强调效能,表现为行政程序的统一简化,但须满足行政法正当程序的最低要求。行政程序效能化需在法治框架内实现效能与程序的有机统一。首先,探索行政案件程序繁简分流制度,针对简易案件适用简易程序,如《行政处罚法》规定的简易行政处罚决定;复杂、重大、专业案件则采用普通程序及正式听证,力求公正与效率平衡。其次,通过清单模式明确重大行政决策程序适用范围,如《重大行政决策程序暂行条例》列举五类重大决策行为,规定决策草案形成、合法性审查、集体讨论等环节,虽然可能增加决策成本、降低效能,但实质提升决策可接受性与科学性,实现效能与程序结合。最后,规范行政执法程序,推行行政执法全过程记录、信息公示、重大决定法制审核"三项制度",保障相对人权益,实现公正与效率统一。建立权限协调与异地协助机制,优化行政执法资源配置与协作,适应综合行政执法改革趋势,遵循合法、权责统一、精简高效、协调配合、稳步有序等原则,推动行政执法程序全方位变革以适应政府改革需求。

第二节 数字检察

数字检察,亦称数智检察,是检察机关融合数字化与智能化技术革新法律监督模式的一种创新实践。其核心在于运用先进的信息技术手段,如数据的收集、整合、分析及深度挖掘,并结合法律监督模型与配套系统的创建、优化与应用,实现了监督工作的智能化升级。从表现形式上看,数字检察涉及数据全链条管理,从原始数据的归集、标准化处理,到数据间的智能碰撞分析,直至深度价值挖掘,同时伴随法律监督工具与系统的持续开发和完善,为精准监督提供强大的技术支持。从作用方式上看,数字检察侧重于通过"类案监督"策略,即在同类案件中发现共性问题和规律,以此为导向实施高效、具有针对性的监督行动。这一模式广泛渗透于检察机关的各项业务之中,包括刑事、民事、行政、公益诉讼等"四大检察"及其细分领域,即"十大业务"。从时代意义上看,数字检察不仅提升了司法效能和公正性,更重要的是,它以法律监督为支点,积极参与并推动社会治理现代化。通过强化对社会问题的预见性、系统性监督,数字检察有助于预防和解决法律执行中的漏洞与偏差,服务于更广泛的社会治理目标,推动法治在新时代背景下的创新与发展。[1]

一、数字检察的理念创新

在数字时代背景下,检察机关的法律监督工作正经历深刻的变革,面临前所未有的机遇与挑战。传统法律监督观具有限缩性、被动性、滞后性等特点,很难应对数字时代的新问题和新风险。监督范围的限缩性意味着尽管宪法赋予检察机关作为法律监督机关的重要职责,但在实际操作中,监督的触角未能充分延伸至所有重要领域,特别是那些直接影响公民基本权利的环节,从而形成了监督的"盲区"。这要求法律监督体系必须转变思路,扩展视野,以更全面地覆盖那些亟待保护的权利领域。监督手段上的被动性和滞后性进一步削弱了监督的有效性。被动性体现在法律监督往往是在外部输入的线索或他方提示后才启动,而不是主动出击寻找问题,这降低了监督的主动性与及时性。滞后性则揭示了监督活动往往在问题发生之后进行,即"亡羊补牢",而非提前预防或即时干预,这种事后性限制了监督在预防违法、促进公正及提升效率方面的潜力。此外,监察体制改革、"四大检察"的重新定位,以及大数据、区块链等新技术的引入带来了法律监督的流程再造,使传统法律监督观很难在理论上有效支撑数字时代的法律监督职能。为此,数字检察理念迫切需要一场变革,使法律监督的广度和深度与宪法赋予的使命相匹配,以实现对各类法律活动的全面、及时监督,切实保护公民权利,提升法治效能。

在此背景下,积极主义法律监督观应运而生。所谓积极主义法律监督观,是指数字检察背景下检察机关积极、主动、高效地行使法律监督职能,提升刑事、民事、行政和公益诉讼等领域监督工作质效的法律监督新理念、新方法、新形态。积极主义法律监督观与传统观点相比,其创新主要体现在三个方面:首先,增强了检察机关的主动性,通过利用大数据诉讼平台及数字检察系统,能在案件初期主动发现问题并发出检察建议,改变以往被动应对的模式。其次,该观念拓展了监督的广度和深度,不仅监督领域跨越刑事、民事、行政及公益诉讼等多个方面,还涉及复杂交叉案件;并且在发现违规行为后,采取一系列深入措施,包括数据挖掘至

---

[1] 参见卞建林:《论数字检察改革》,载《华东政法大学学报》2023年第5期。

监督执行，实现了更深层次的监管。最后，积极倡导跨机构合作，利用检察建议作为桥梁，加强与其他部门的沟通协作，共同解决法律监督中发现的问题，打破了监督工作的孤立状态，提升了整体监督效能。

积极主义法律监督观根植于大数据法律监督等检察实践，是对当下检察体制改革诉求的有力回应，其背后是宪法层面的强力支撑，契合了能动司法理念和国家治理能力现代化的要求，并且与传统法律监督方式并不抵牾。首先，根据我国宪法，人民检察院是我国的法律监督机关。有学者以《宪法》第 134 条规定为依据，将检察权定性为法律监督权，强调检察机关公诉、侦查、侦查监督、审判及执行监督等所有职能都应当统一到法律监督权的属性中来。[1] 在"四大检察"并行的法律监督中，检察机关只有主动运用现代科技并用好公诉权、部分案件自侦权等，才能够真正承担起宪法赋予的职责。其次，积极主义法律监督观与能动司法在理念上高度契合，都主张在法治框架内通过主动、高效的方式来提升法律实施和监督的质量，以更好地服务于社会发展和人民群众的需求。再次，积极主义法律监督观符合深化法治建设与新时代数字法治和智慧司法建设的要求，有助于法治与治理能力现代化。最后，积极主义法律监督观与传统法律监督方式互为补充，统一于检察机关法律监督职权，使检察机关法律监督职权的行使在新时代背景下更具活力。

二、数字检察的体系定位

近年来，我国在构建法治监督体系方面取得了显著进展，特别是自 2019 年党的十九届四中全会以来，一系列重要会议和文件明确了要建立健全党统一领导、全面覆盖、权威高效的监督体系，旨在通过强化党内监督以及促进各类监督机制的协调，加强对权力运行的制约和监督。浙江省委积极响应党中央号召，于 2022 年年初发布的《关于深入践行习近平法治思想 加快建设法治中国示范区的决定》中，强调构建法治监督体系的重要性，明确要建立在党统一领导下的严密法治监督体系，体现了对监督体系创新的重视。杭州市委政法委则进一步推进这一理念，倡导构建"全域数字法治监督体系"，利用数字技术赋能，推动各类监督机制的有机融合与高效协同，旨在增强监督效能，促进治理体系和治理能力

---

[1] 参见刘立宪、张智辉等：《检察机关职权研究》，载孙谦、张智辉主编：《检察论丛》（第 2 卷），法律出版社 2001 年版，第 83 页。

现代化。

全域数字法治监督体系是一个创新性的概念,旨在通过数字化手段整合并优化传统监督体系,实现监督资源的聚合与高效利用。其核心在于跨部门、跨场景、跨领域的深度协同,打破数据壁垒,利用数字平台进行数据分析与研判,形成中立且高效的监督机制,解决监督中的盲点和矛盾,拓宽监督视野,提升监督的广度和深度。该体系的三大特征包括:全面多维的监督范围,即监督主体与监督领域广泛;数字赋能的监督手段,利用先进的数据处理和算法技术驱动;以及协同共治的监督形式,促进各部门间的相互监督与自我优化,共同构建法治大监督格局,为国家治理体系现代化贡献力量。这一系列改革与创新,不仅回应了时代对法治监督的新要求,也为提升国家治理效能、保障法治实施提供了有力支撑。

法律监督是法治监督体系的核心组成部分,而检察机关作为国家的法律监督机关,其职能在法治监督体系中占据重要位置。[1] 基于宪法赋予的法律监督地位,检察机关在全域数字法治监督体系中扮演着枢纽角色。这种角色源于其专业性、主动性和权威性,使检察机关能有效协调各监督主体和监督职能,促进信息共享,提升监督效率和效果。特别是在大数据法律监督的探索实践中,检察机关已积累了丰富的经验,为全域数字法治监督体系奠定了实践基础。检察机关利用大数据技术深化法律监督,通过智能化手段处理大量数据,能动推进社会治理现代化,大数据法律监督已成为数字时代法律监督的重要模式。[2] 这种模式不仅提高了监督效率,还促进了监督的智能化和精准化,为构建全域数字法治监督体系提供了可行路径和成功案例。虽然检察机关在全域数字法治监督体系中发挥关键作用,但也需要明确其监督的合理边界,避免过度干预。监督流程设计上应体现"柔性"与"刚性"相结合的原则,鼓励相关单位自我监督与整改,仅在必要时由检察机关或其他监督机关介入。检察机关的监督应聚焦于其法律监督职责范围内,特别是司法执法领域,确保监督活动的合法性与针对性。

三、数字检察的实践逻辑

数字检察的实践逻辑围绕利用数字化技术改进和优化检察工作流程,强化法律监督效能,提高司法公正与效率的核心目标展开。该逻辑框架鲜明地展现出以

---

[1] 参见叶青、王小光:《检察机关监督与监察委员会监督比较分析》,载《中共中央党校学报》2017年第3期。

[2] 参见高景峰:《法律监督数字化智能化的改革图景》,载《中国刑事法杂志》2022年第5期。

下五个核心特质。

第一，从刑事检察监督为主到基于"四大检察"的并行监督。近年来，检察机关借国家监察体系改革及职务犯罪侦查职能调整之机，以内设机构革新为切入点，力求打破"重刑轻民"格局，确立了刑事、民事、行政、公益诉讼"四大检察"均衡协调发展的新战略。从以往侧重刑事检察监督的传统模式，拓展到刑事、民事、行政、公益诉讼四大检察领域并驾齐驱的发展格局，这一转变深刻体现了数字检察新理念——积极主义法律监督观的核心要义，即通过全方位、多维度的法律监督体系，积极主动地推动法律的公正实施与效能提升。

第二，从个案监督到基于类案检索的全过程监督。在数字时代背景下，检察监督得益于拓宽的信息获取渠道和更广的监督范畴，正经历从个体案件监督向以大数据驱动的类案监督模式转变。相较于传统个案监督，类案监督模式不仅关注单个案件的正确与否，更致力于通过系统性监督解决公众关注的普遍性问题，协助各执法司法机关预判并破解潜在难题，实现监督效果的事先预防与过程控制，从而降低了进入诉讼阶段的问题案件比例。

第三，从被动监督到基于数据的主动监督。传统法律监督模式往往依赖于当事人的举报和诉讼中显现的问题，呈现被动性和局限性，监督活动缺乏主动性，效率和效果受限。随着数字检察系统的引入，这一状况得到转变。通过充分利用大数据、人工智能等现代信息技术，检察机关可以主动挖掘潜在的法律监督线索，精准定位监督重点，有效指导侦查，从而打破了以往被动监督的局面。

第四，从依法独立行使监督权到基于多元协作的有效监督。在传统法律监督模式中，检察机关作为监督主体与被监督机关之间存在立场差异，这导致监督过程常陷入对立博弈状态，不仅影响外部监督效能，也限制检察机关内部的协作。而数字检察倡导在确保监督独立性的基础上，通过跨部门合作实现监督效能的提升。

第五，从个案治理到基于算法工具的社会治理。法律监督与社会治理紧密相连，是国家治理现代化的关键一环。传统监督方式偏重个案处理，而数字时代下，算法与大数据的融合为法律监督提供了自主学习与决策的新能力，推动了类案治理及社会治理效能升级。

第三节 数 字 法 院

数字法院,又称智慧法院或信息化法院,是一种运用现代信息技术手段,将司法审判、诉讼服务、司法管理等工作全面数字化、网络化、智能化的新型法院形态。数字法院是我国司法系统在新时代下与信息技术深度融合的创新实践。现阶段我国数字法院建设目标体现了承前启后的特性,既继承和深化了已有的法院信息化改革成果,又开启了新的智能化建设篇章,以最高人民法院提出的基本要求为起点,未来将随着各地法院自主探索和技术创新的不断推进,适时更新顶层设计方案。自2017年以来,杭州、北京、广州互联网法院的相继成立,标志着智慧法院建设进入了集中试点的新阶段。这些互联网法院通过积极探索前沿信息技术的应用,不仅在技术层面,更在诉讼规则改革上有所突破,成效斐然。展望未来,智慧法院建设应加速推进前沿科技在司法领域的应用,坚持官方引导与市场化动力并举,适度集中研发投入,以实现更加高效、公正、智能的司法服务。

一、数字法院建设的探索实践

智慧法院的建设是我国社会治理智能化体系中的关键一环,并且其起步早、发展快。2017年4月,最高人民法院发布了《关于加快建设智慧法院的意见》,对智慧法院未来建设作出了全面而详尽的战略规划,旨在打造一个集网络化、阳光化、智能化于一体的人民法院信息化系统,推行全业务网上办理,保证审判执行全过程的依法公开透明,并面向法官、诉讼参与人、社会公众以及政务部门提供全方位的智能化服务。近年来,智慧法院建设在全国得到了广泛推广,各地法院积极研发并应用智能装备,产生了一系列卓有成效的智能应用实例。其中,杭州、广州和北京互联网法院的设立更是标志着我国在探索人工智能与司法深度整合方面走在了前列。

(一)科技与法律的关系

科技和制度(法律)的碰撞是贯穿于人类社会始终的基本命题。[1] 学者普

---
[1] See Sapiens, Yuval Noah Harari, *A Brief History of Humankind*, Vintage Books, 2015, p. 307 – 311.

遍认为科技应受到法律制约,但对于科技能否主动塑造法律存有争议。互联网法院的建设是科技与法律互动的集中体现,其深层法理基础在于理解并处理好二者关系。历史上,科技进步如火种的掌握和新工具的开发促进了人类社会制度尤其是法律的形成与发展。法律与科技的相互作用在不同时期表现出不同特点,科技对法律制度的推动作用明显,如造纸和印刷技术的进步催生了新的契约制度。然而,也有观点认为科技对法律的影响并未呈现独特性,不足以成为独立的法理学研究课题。[1] 互联网技术的出现引发了法学界对法律与科技关系的重新关注,其中以弗兰克·伊斯特布鲁克法官和劳伦斯·拉希茨教授的争论为代表。伊斯特布鲁克认为互联网事务应遵循一般法律原则,[2] 而拉希茨则提出互联网通过改变架构对法律规制产生深远影响,甚至赋予了网络代码类似法律的效力。[3] 随着人工智能时代的到来,一些法理学者预测法律制度将面临根本性变革。高全喜教授指出人工智能和虚拟世界的兴起可能导致法律观由人类中心转向去中心或多中心,从而对传统法律价值观形成挑战。[4] 齐延平教授则认为,在人工智能时代,国家、公民和社会关系需要重构,技术将深度介入人际关系,对个体自由和权利带来新的挑战。[5] 因此,理解和把握法律与科技的动态关系,对构建智慧法院、适应未来社会发展至关重要。

(二)互联网法院的战略定位

近年来,互联网的广泛应用加深了社会经济活动的范围和复杂度,激发了人们交往的活力,同时也引发了大量网络相关纠纷,给法院系统带来了沉重负担。杭州地区,尤其是面临淘宝网等平台产生的大量纠纷时,感受尤为深切,虽然多数纠纷通过平台自身机制解决,但仍有不少进入司法流程,加剧了法院工作压力。为应对这一挑战,杭州启动了电子商务网上法庭试点,后成立了杭州互联网法院,旨在通过科技手段提升审判效率,应对涉网案件激增的问题。杭州互联网法院凭

---

[1] 参见苏力:《法律与科技问题的法理学重构》,载《中国社会科学》1999年第5期。
[2] See Frank H. Easterbrook, *Cyberspace and the Law of the Horse*, the University of Chicago Legal Forum, 1996, p.207–216.
[3] See Lawrence Lessig, *The Law of the Horse: What Cyberlaw Might Teach*, 113 Stanford Technology Law Review 501 (1999).
[4] 参见高全喜:《虚拟世界的法律化问题》,载《现代法学》2019年第1期。
[5] 参见齐延平:《论人工智能时代法律场景的变迁》,载《法律科学(西北政法大学学报)》2018年第4期。

借地域、技术和政策优势,力求全面革新审判流程,实现审理机制的飞跃,探索解决案多人少矛盾的新路径。

2017年,原中央深化改革领导小组批准设立杭州互联网法院,标志着司法体系对互联网时代变革的重大响应,确认了互联网法院顺应互联网发展趋势的制度创新地位。这一趋势体现在互联网作为社会经济基础设施的重要性日益凸显,网络空间成为日常生活不可或缺的部分。在此基础上,结合大数据、万物互联和智能化的时代大背景可以总结出互联网法院的三个战略定位。第一,互联网法院是今后一段时期内专门审理涉网案件的法院。第二,互联网法院是我国法院信息化建设的集大成者。第三,互联网法院是智慧法院建设的先行者。

二、在线诉讼规则的探索

(一)数字法院与诉讼规则的适配

数字法院的建设是一个复杂的系统工程,它不仅是技术上的革新,更是司法理念、诉讼程序、配套制度等多方面的深刻变革。在这个过程中,诉讼规则与配套制度需要不断地与数字化技术发展相适应,形成良性互动,共同促进司法体系的现代化升级。以《民事诉讼法》为例,1982年颁布的原《民事诉讼法(试行)》多处规定体现了直接言词原则,如当面送达文书和亲自出庭等规定,未预见新兴通信技术的应用。然而,随着技术进步和互联网的普及,中国的民事诉讼法规经历了重大修正以适应在线诉讼的需求。2012年和2021年《民事诉讼法》修正后引入了多项促进网络诉讼的条款,明确允许在当事人同意的情况下通过信息网络平台进行民事诉讼活动,赋予在线诉讼与线下活动同等法律效力。这些修正拓宽了协议管辖的范围,将电子数据纳入法定证据类型,并新增了电子送达方式,允许经受送达人同意后诉讼文书通过电子方式送达,且确认电子送达的法律效力,规定送达日期为信息到达受送达人特定系统之日。最高人民法院的司法解释也进一步细化了涉网诉讼规则,如允许简易程序案件采用视听传输技术开庭,反映了民事诉讼法向信息化方向的转变,为电子诉讼提供了坚实的法律基础。2021年最高人民法院《人民法院在线诉讼规则》的施行标志着数字法院建设的进一步成熟和完善。

尽管如此,现行规则仍然不足以回应司法信息化以及数字法院建设的要求。例如,《人民法院在线诉讼规则》第1条指出"在线诉讼活动与线下诉讼活动具有同等法律效力"[1]。第3条第2项则明确了刑事案件适用在线诉讼的范围,即在线诉讼可以适用于刑事速裁程序案件,减刑、假释案件,以及因其他特殊原因不宜线下审理的刑事案件。[2] 虽然相比过去有关规定有了实质的发展,但是关于适用在线诉讼的刑事案件范围仍存在模糊性。例如,因其他特殊原因不宜线下审理的刑事案件中"其他特殊原因"并不明确。由于法律规范不明确,实践操作中,法官有很大的自由裁量权决定哪些刑事案件可以采用网络庭审的方式进行。此外,目前已有的法律法规中的绝大多数条款针对的是民商事领域的在线诉讼,这就导致在办理刑事案件过程中考虑适用在线诉讼时,必须同时考虑传统刑事诉讼规范与在线诉讼相关的规定,这在无形中加大了司法工作难度。

(二)诉讼制度改革的启动路径

全国人大常委会授权进行改革试点是推进互联网法院制度创新和诉讼制度改革的应然途径。自2012年以来,全国人大常委会使用授权改革试点这种方式,涉及多个领域,如行政审批、司法程序及国家机构改革等,通过暂停或调整特定法律条款,为地方或特定领域内的创新实践提供法律空间。这种方法虽短期来看可能对法制造成一定冲击,但长期来看,有助于培育改革氛围、积累立法经验,并通过试错机制逐步完善法律体系,最终促进新法的形成或旧法的改进,保持法律体系与社会发展之间的动态平衡。[3]

尽管现行《立法法》未明确将其列为立法类型,但它实质上构成了全国人大常委会有条件地变更现有法律的一种方式,允许其他主体据此细化实施试点措施。作为全国人大常委会的常规立法活动,授权试点的权限应与全国人大常委会本身的立法权限相符,不得超越宪法规定,不得涉及修宪或基本原则变动。过往试点主要聚焦于行政、司法及机构改革等领域,展现出高度的法律效力,与国务院的行政法规授权有别,后者授权范围更宽泛,允许更大范围的立法创造。

选择杭州、广州、北京互联网法院作为授权改革试点单位具有重要意义,因为这些法院作为司法信息化和智慧法院建设的关键实例,承载着探索新型诉讼规

---

[1]《人民法院在线诉讼规则》第1条。
[2] 参见《人民法院在线诉讼规则》第3条第2项。
[3] 美国法理学家罗斯科·庞德(Roscoe Pound)对法律的动态稳定有过经典的总结。他在1923年出版的《法律史解释》中写道:"法律必须保持稳定,但不能一成不变的。"See Roscoe Pound, *Interpretation of Legal History*, Cambridge University Press, 1923, p.21-25.

则、推动法律体系与现代科技融合的重任。传统的政策性试点无法根本改变既定法律框架下的诉讼规则,因此,通过全国人大常委会授权的改革试点成为可行途径,以获取调整现有法律的临时权限,突破制度瓶颈。全国人大常委会的授权不仅能够加强互联网法院改革的法治根基,还能够彰显改革遵循民主与法治原则,进一步巩固全国人大及其常委会作为最高国家权力机关的权威。目前互联网法院的设立缺乏全国人大常委会的直接批准,若其能以试点授权决定介入,不仅能够为互联网法院探索涉网诉讼规则提供法律依据,还能极大地提升智慧法院建设的民主性与合法性。

三、数字法院的实践价值

当前中国司法人工智能的发展现状展现出了蓬勃的活力与显著的成效,特别是在法院系统、高等教育机构与科技企业的多方协同努力下,形成了一个从理论研究到实际应用的完整生态链。

科技部通过国家重点研发计划对司法人工智能给予了强有力的资金与政策支持,表明了国家层面对智慧司法建设的高度重视。这不仅促进了司法领域的科学研究,还加速了关键技术装备的本土化研发,为构建国家智慧司法体系奠定了坚实基础。地方人民法院,尤其是浙江、吉林、河北、上海等地,成为司法智能化应用的先行者,通过一系列创新项目,探索了智慧法院的多种可能形态。这些实践不仅丰富了司法人工智能的应用场景,还为其他地区提供了宝贵的经验和示范。杭州、广州、北京互联网法院作为司法改革的先锋,利用在线审理、智能软件等技术手段,实现了审判过程的高效与便捷,大幅提高了诉讼效率,降低了当事人成本,增强了司法服务的可及性和满意度。它们的成功实践证明了司法人工智能在提高司法公信力、促进网络空间法治化方面的巨大潜力。高等教育机构与司法机关的合作,不仅推动了司法人工智能技术的研发,还促进了相关法律人才的培养,特别是在跨学科教育方面,培养了一批既懂法律又掌握现代信息技术的复合型人才,为司法系统的长期发展提供了人才保障。

司法人工智能的广泛应用,不仅在提升司法效率、促进司法公正与透明方面发挥了关键作用,还通过减少资源消耗、提升公众对司法服务的满意度等,对构建和谐社会产生了深远的影响。未来,随着技术的不断成熟与应用场景的进一步拓展,司法人工智能有望在保障公民权益、优化司法资源配置、提升国家治理体系和治理能力现代化等方面发挥更加重要的作用。

第四节　在线纠纷解决机制

互联网的普及在带来生活便利的同时,也引发了在线纠纷的增多及解决难度升级,尤其跨地域案件面临高成本、长时间延误及线上证据难获取的问题,致当事人权益受损或采取极端方式,加剧法院案件积压与司法资源紧张,威胁社会正义。鉴于传统方式效率低下,不适应数字时代,全球正积极采纳在线纠纷解决机制(ODR),利用数字技术实现高效灵活的解决,标志着纠纷解决迈入技术主导的新纪元,凸显了数字治理的广阔潜力与重要性。

一、"枫桥经验"与ODR

"枫桥经验"是党领导下形成的高效社会治理典范,其核心在于"小事不出村、大事不出镇、矛盾不上交"的治理理念。随着社会时代发展,"枫桥经验"矛盾不上交、就地化解的传统模式经长期实践与创新,现已形成以民间调解为主体,结合专业行业调解资源,并融合人民、行政和司法调解于一体的多元化、网络化矛盾纠纷解决体系。[1]

ODR是随着互联网技术发展起来的一种新型纠纷解决方式,它利用数字平台和技术手段(如人工智能、大数据、在线调解室等)在互联网上处理纠纷,旨在提升解决效率、降低成本、提高法律服务的可及性。ODR在理论界尚未形成统一定义,主要争议集中在ODR与替代性纠纷解决(ADR)的关系上。ADR是指一个社会中各种纠纷解决方式、程序或制度(包括诉讼与非诉讼两大类)共同存在、相互协调所构成的纠纷解决系统。[2] 一方面,一些学者视ODR为ADR的数字化延伸,强调其基于互联网技术的在线解决机制,如拉马萨斯里和霍恩等人[3]

---

[1] 参见中国社会科学院国家法治指数研究中心、中国社会科学院法学研究所法治指数创新工程项目组主编:《社会治理:新时代"枫桥经验"的线上实践》,中国社会科学出版社2019年版,第7页。
[2] 参见范愉:《当代世界多元化纠纷解决机制的发展与启示》,载《中国应用法学》2017年第3期。
[3] See Anita Ramasastry, *Government-to-Citizen Online Dispute Resolution*: *A Preliminary Inquiry*, 79 Washington Law Review 159 (2004); Julia Hornle, *Online Dispute Resolution*: *The Emperor's New Clothes?—Benefits and Pitfalls of Online Dispute Resolution and Its Application to Commercial Arbitration*, 17 International Review of Law Computers & Technology 27 (2003); 郑世保:《在线纠纷解决机制(ODR)研究》,法律出版社2012年版。

另一方面,另一派观点主张 ODR 超越了 ADR 的范畴,是技术进步催生的新型解纷新模式,如伊森提出的"第四方"概念,以及美国律师协会等机构报告中提及的 ODR 包含纠纷预防等多元功能。[1] 本书采纳后者观点,同时认为 ODR 与 ADR 存在密切联系,它们并非完全割裂。早期 ODR 确实可看作 ADR 在网络空间的直接应用,但随后的发展,如互联网法院和在线仲裁等形式,显示了 ODR 的独立创新。ODR 与 ADR 的辨识关键在于场域划分:ADR 侧重于非法院的解决方式,而 ODR 侧重于线上解决场景。两者虽有交叉,但分类角度不同,类似于程序正义理论中的协商与技术性正义。当前,ODR 正成为与传统诉讼、ADR 并存的新型解纷资源,显示出其重要性以及与日俱增的实践价值。

数字化平台孕育出的"网上枫桥经验"标志着治理模式的革新,它以民众为核心,在党的坚强领导下,政府协同社会多方面力量,通过专业调解机制吸引各部门协同作战,并融合人工智能和云计算等尖端科技,显著增强了纠纷解决的速度与便捷性,开创了先调解后诉讼的新模式。此模式结合线上线下的互动,融合专业与公众参与的多元解纷策略,为数字时代的"枫桥经验"灌注了新意涵与活力。这一机制不仅刷新了"枫桥经验"的理论认知,赋予其时代特色,还树立了基层治理现代化的典范。多元化平台利用大数据整合了司法调解、人民调解等资源,联结广泛的参与入口,凭借数据挖掘技术洞察地区性纠纷趋势,为预先防范提供科学指导。加之,平台内嵌入的人工智能服务,如解纷机器人辅助法律咨询,以及自动化流程提升了解纷效率,极大地缩减了解决链条,强化了社会稳定的技术支柱,有力推动了国家治理体系和治理现代化的前进。

二、ODR 的探索实践

随着社会经济的发展及纠纷类型的多样化,我国面临的主要矛盾转变为民众对多元化解纷需求的快速增长与现有解纷渠道不足之间的不平衡。[2] 针对此问题,各地积极探索单一化解纷机制,其中浙江省借助大数据、云计算及人工智能技术前沿,率先推出了"浙江省在线矛盾纠纷多元化解平台"(ODR 平台)。该平台

---

[1] See Ethan Katsh & Janet Rifkin. , *Online Dispute Resolution*:*Resolving Conflicts in Cyberspace*,Jossey – Bass Press, 2001,p.93;The American Bar Association's Task Force on Electronic Commerce and Alternative Dispute Resolution, *Addressing Disputes in Electronic Commerce*:*Final Recommendations and Report*, 58 The Business Lawyer (ABA) 415 (2002).

[2] 参见李少平:《传承"枫桥经验"创新司法改革》,载《法律适用》2018 年第 17 期。

由省高级人民法院于2016年作为创新试点启动,自2017年运营以来用户量激增,至2019年调解申请超过50万件,服务超100万人次。至2018年年底,平台全面普及浙江省,成为日常纠纷处理的核心工具,促进基层治理创新,实现从咨询、评估到调解、仲裁、诉讼的全链条在线服务,构建了科学的"漏斗式"解纷新模式,有效管理和分散纠纷,实现了"一站式"的多元化解纷方案。

(一)在线咨询

在线矛盾纠纷多元化解平台集智能与人工咨询于一体,旨在高效便捷地服务于用户的法律咨询需求。智能咨询环节通过连接"法信"大数据平台,24小时不间断提供法律资讯、案例、解纷流程及文书样本,智能机器人即时个性化解答用户问题。对于复杂咨询,则转入人工流程,用户提交纠纷基本信息后可选择咨询专家,平台确保1分钟内响应,5分钟内给出专业答案。人工咨询除法律建议外,还涵盖解纷策略推荐、案例分析、争议焦点展示及裁判文书,辅以决策。平台另设法律计算器工具,便于用户计算诉讼、赔偿费用,全面优化解纷体验与效率。[1]

(二)在线评估

浙江在线矛盾纠纷多元化解平台利用1800万裁判文书数据,通过"大数据+人工"方式评估诉讼风险,与智能系统"易判"协同,快速分析案件并提供法律评估报告[2]。报告含法律风险、诉讼成本对比及建议,引导当事人考虑非诉讼解决方案。案件提交后,用户将收到全面的评估报告,明确法律风险和解决策略。平台对特定纠纷类型保证30分钟内出报告,其余24小时内完成,大大提高了纠纷处理速度和预见性。[3]

(三)在线调解

在线调解平台汇聚多种解纷资源,特设家庭、借贷、交通事故等领域模块,为

---

[1] 参见中国社会科学院国家法治指数研究中心、中国社会科学院法学研究所法治指数创新工程项目组主编:《社会治理:新时代"枫桥经验"的线上实践》,中国社会科学出版社2019年版,第13页。

[2] 参见孟焕良、董东:《浙江全省开通在线ODR平台"枫桥经验"给老百姓一个掌上解纷管家》,载《人民法院报》2018年6月16日,第1版。

[3] 参见中国社会科学院国家法治指数研究中心、中国社会科学院法学研究所法治指数创新工程项目组主编:《社会治理:新时代"枫桥经验"的线上实践》,中国社会科学出版社2019年版,第14页。

用户打造高效专业的调解服务。[1] 用户登录后,简要输入基本信息及描述纠纷,即可提交申请、挑选调解机构并上传证据。案件随即分派至机构,管理员3日内决定受理并指派调解员,调解员一周内联系双方安排调解,确保30日内完成调解,特殊情况可延至60日,全程短信通知进展。[2] 调解采用电话、视频会议(具备语音转文字功能)的方式,达成协议后在线确认并数字签名,并支持司法确认,从而实现调解流程全链条数字化。

(四)在线仲裁

在线矛盾纠纷多元化解平台通过对接仲裁机构,提供了集成身份验证、在线证据提交、数据交互、多点同步存储、线上立案审查、视频审理、全维度电子送达及快速文书生成等功能的一站式仲裁服务体系。用户在注册登录后,在线提交仲裁案件详情与费用,经审核立案,系统会自动安排庭审日期。该平台不仅支持在线仲裁申请,还兼备仲裁调解流程,调解成功出具调解书,失败则出具裁决书。借助浙江ODR平台,用户从申请到结案的全部仲裁环节均可在线完成,极大地提升了仲裁处理的效率与便利性。

(五)在线诉讼

在线矛盾纠纷多元化解平台在调解未果的情况下支持当事人进一步提起诉讼,并与法院系统无缝对接,实现民事案件的数字化管理,包括在线立案、文书送达及案件进度查询等,极大地简化了当事人的诉讼路径。通过平台的直通法院诉讼服务,既有的调解记录和证据资料可直接流转至法院立案系统,加速案件处理流程,体现了"数字化提速,群众负担减轻"的服务理念。[3] 该平台整合多方面解纷资源,运用智能科技改善流程,通过阶段式策略逐步化解矛盾,力求从源头减少冲突,展现了一种超越传统界限的解纷新模式。作为智慧司法体系的核心部分,它推动了全国多地在线调解、远程庭审等先进诉讼服务的普及,为多元化解纷

---

[1] 参见高敏:《浙江全面上线在线矛盾纠纷多元化解平台》,载《浙江日报》2018年6月14日,第6版。

[2] 参见中国社会科学院国家法治指数研究中心、中国社会科学院法学研究所法治指数创新工程项目组主编:《社会治理:新时代"枫桥经验"的线上实践》,中国社会科学出版社2019年版,第14页。

[3] 参见王春、吴攸:《浙江ODR平台与移动微法院双剑合璧》,载《法制日报》2019年10月24日,第6版。

机制增添了丰富内容。

在众多司法体系的创新实践中,平台通过整合资源和优化社会解纷机制,成功融合诉讼与非诉讼方式,建立起一个普及化、智能化、便于民众使用的矛盾处理生态系统,强化案件分级管理并促进不同解纷程序协同,显著增强了社会治理与多元解纷机制的成熟性。因此,现在的在线矛盾纠纷多元化解平台已转化成一个综合的一站式服务平台,深刻变革纠纷解决机制,并极大地提升了纠纷解决效率,改善了公众的司法体验。

三、ODR 的发展趋势

ODR 作为社会治理的关键一环,其核心在于整合社会资源、协同各界力量以有效化解矛盾。全国各地对 ODR 的探索实践,极大地丰富了纠纷解决机制的实践样态与实施经验。当前,我国多元化解纷机制正通过系统设计,推进构建一个开放、模块化和多元化的网络平台,适应数字化时代。这一进程体现为平台智能化辅助功能增强、服务便捷性与专业信赖度提升,以及解纷策略从被动应对转向主动预防,标志着向更高效源头治理模式的发展趋势。

首先,在线矛盾纠纷多元化解平台的发展轨迹展示了从基本网络互动平台向智能化辅助工具的转变,这一趋势持续深化。初期,平台通过线上交流模式替代传统的面对面解纷方式,降低了成本与门槛。现今,技术进步推动了解纷模式创新,利用预先设定的算法,将解纷过程转变为人工与智能技术协同操作,进一步提高了效率。技术的角色从沟通媒介转变为纠纷处理的核心工具。程序设计优化有助于缩小认知差异,提升解纷质量。但当前人工智能在情感理解、道德判断等方面仍有限,不能完全独立解纷,智能技术主要是辅助工具,核心决策权仍由人类掌握。

其次,近年来 ODR 的发展重心逐渐从便捷性向专业性转变。ODR 的主要优势在于提供方便快捷的沟通方式,打破地域限制,减轻当事人负担,便捷性是其发展重点。但随着应用普及,公众对专业性和信任度的需求日益增长。为此,在技术层面上,提升矛盾纠纷解决的专业性和安全性是关键。这要求深入分析各类案件,构建精细准确的数据库,强化智能模型的数据处理和逻辑推理能力,并依据风险监管持续优化模型,制定相应法规。从人力方面来看,需要完善法律法规,整合专业解纷资源,激励更多专业人士加入,推动纠纷解决方式的现代化进步。

最后,当前的 ODR 不仅关注事后处理,更重视事前预防与源头治理。平台累积的大量数据不仅促进算法优化,还为社会预警系统提供依据。[1] 大数据技术通过分析数据特征与动态聚类,识别争议成因,建立模型,实现预测预警,引导决策从末端治理向源头治理转型。总的来看,尽管纠纷预防尚处于比较早期的阶段,但其已展现出较为明显的机遇,这将深切改变多元化纠纷解决机制的运行方式与纠纷解决的样态。

第五节 数字法治的"中国图景"

随着信息革命的蓬勃推进,人类社会正经历从工业商业时代向数字社会的历史性跨越,其间,数字法治作为数字时代的必然产物和核心诉求,其重要性日益凸显。在中国"法治"与"数字"两大国家战略的指引下,我国的数字法治构建进程亮点纷呈,成就斐然,彰显了独特的发展道路与实践成效。在此背景下,深入剖析中国式现代化的内涵,加速绘制兼具中国特色与时代特征的数字法治蓝图,进而在全球范围内为数字法治的演进贡献"中国智慧"与"中国方案",已成为当前时代的一项重大而迫切的使命。

一、中国数字法治发展的深层动力

建立全球领先的数字法治模式,是中国法治现代化进程中的重要目标,亦是顺应全球科技进步趋势、推进治理体系与治理能力现代化的必由之路。自党的十八大以来,中国在法治现代化的征途上,紧密融合体制创新与科技革新,尤其在法治领域,数字化与智能化已成为驱动深刻变革的双引擎。迈进党的二十大新纪元,"数字中国"战略上升至国家战略层面,意味着在新的历史起点上,中国将进一步强化顶层设计,深化数字化转型。这不仅要求我们在技术实践上领跑,还应在理念革新、制度架构、标准设定等多个维度引领潮流,致力于推动构建一个更为公正、开放、包容的全球数字法治新生态。我国《"十四五"规划和2035年远景目标纲要》提出"坚持创新在我国现代化建设全局中的核心地位,把科技自立自强作为国家发展的战略支撑",在此背景下,司法领域的改革同样需要搭乘科技革

---

[1] 参见中国社会科学院国家法治指数研究中心、中国社会科学院法学研究所法治指数创新工程项目组主编:《社会治理:新时代"枫桥经验"的线上实践》,中国社会科学出版社2019年版,第35页。

命的快车,通过数字化转型实现全面升级。

法治与数字技术的深度融合,承载着深远的国家战略价值。第一,数字法治是数字时代发展的必然要求。随着互联网、大数据、人工智能等数字技术的飞速发展,社会治理面临数据安全、隐私保护、网络犯罪等诸多新挑战。需要数字法治通过制定相关法律法规、建立健全监管机制,为这些问题提供法律框架和解决方案。同时,数字经济已成为全球经济的重要组成部分,数字法治通过确立清晰的产权规则、合同法律效力、交易安全标准等,为数字经济的健康发展提供法律保障,激发市场活力,促进经济高质量增长。此外,数字技术的运用使法治实践跃升至智能化、精准化及高效化的崭新高度,诸如借力大数据预判犯罪态势、人工智能辅助裁判等,极大地增强了政策制定的科学底蕴与社会治理的效能。凭借其透明度与可追溯性的特性,数字技术有效增强了司法程序的透明公正,削减人为误差,提升公众对司法系统的信任度。再者,数字化服务平台的搭建,简化了法律服务的获取流程,降低了公众寻求法律帮助的门槛,践行了人民至上服务原则。数字技术为法治现代化注入了强劲活力,借助数字化工具,法律能够灵活快速地适应性修改与创新,以更加智能的形态应对复杂多元的社会挑战。因此,倡导数字法治是数字时代的客观要求和必然选择。

第二,数字法治是中国法治现代化的重要内容。在信息化时代背景下,数字化技术与法治理念深度融合,以创新手段推动法治体系与能力现代化。数字法治不仅旨在通过科技赋能提升法治运行的效率与质量,如借助大数据分析优化立法决策、利用人工智能辅助公正裁判、实施在线政务服务促进政务透明与便民,还着重于构建一个开放、动态、透明、便民的法治环境,这与全面依法治国的目标高度契合。不仅如此,数字法治的推进有助于破解法治领域长期存在的难题,比如信息不对称、资源分配不均等问题,通过构建统一的法治信息平台,实现资源共享、业务协同,增强法治服务的可及性和便捷性,这是对传统法治实践的有效补充与升级。此外,数字法治的实施也是国家治理体系和治理能力现代化的重要体现,它要求在法治建设中不仅要注重技术层面的应用,还须同步关注法律法规体系的完善,确保技术创新与制度创新的协同推进,形成适应数字时代特征的法治新生态。总言之,数字法治不仅是对当前法治实践趋势的精准把握,更是对未来法治发展方向的前瞻性布局,其核心在于利用数字技术的驱动力,促进法治原则与现代科技深度融合,为实现法治中国建设目标提供强有力的支持与保障。

第三,数字法治不仅是对传统法治理念的拓展与深化,也是构建人类"数字文明共同体"的核心责任与担当,体现了全球在面对数字时代挑战时的共同价值追求与合作愿景。首先,数字法治是维护数字时代人权的基础保障。随着信息技术的飞速发展,个人隐私、数据安全、网络自由等新兴权利日益成为全球关注的焦点。构建数字法治框架,通过立法明确界定数字权利与义务,强化数据与隐私权保护法律制度,对于防止技术滥用、保护公民基本权利具有不可替代的作用,是促进人类尊严与自由在数字空间得到充分尊重的前提。其次,数字法治是促进数字经济健康发展的重要支柱。数字经济已成为全球经济增长的新引擎,但其健康发展离不开一个稳定、透明、可预期的法治环境。通过制定适应数字经济发展特点的法律法规,规范市场行为,打击网络犯罪,保护知识产权,可以有效激发创新活力,促进资源优化配置,为全球数字经济发展营造公平竞争的环境。最后,数字法治是实现全球数字治理公正有效的关键路径。在全球化与数字化交织的当下,网络安全威胁、跨境数据流动、数字鸿沟等问题跨越国界,单靠一国之力难以有效应对。构建跨国界的数字法治合作机制,通过国际条约、多边协议等形式协调各国立法与执法,可以促进全球数字规则的统一与协调,为解决跨国数字问题提供法律依据和合作平台,推动构建更加公正合理的全球数字治理体系。

二、中国数字法治的时代挑战

尽管我国在数字法治建设领域已取得显著的突破性进展,面临前所未有的发展机遇,但征途依旧任重道远,其间交织着复杂多维的挑战与使命。首先,数字法律体系的建构尚处于初级阶段,面临在数字权利保障、平台监管、算法管理、区块链应用规则,以及人工智能规范等多维度上的艰巨立法挑战。法律制度的设计与实践正稳步迈入复杂而未充分探索的领域。鉴于数字技术日新月异,诸如 Sora 这样的生成式人工智能、自动驾驶车辆等新兴技术不断涌现,它们为法律领域带来了前所未有的问题,暴露出现行法律规范在应对这些新现象时的局限性及供给短缺的问题。因此,加快创新法律应对机制,确保法律体系能够与时俱进,灵活应对科技变革带来的各种社会与经济影响,已成为当务之急。

其次,数字技术与法律体系的融合面临深层的适配困境,亟待解决如何妥善应对其应用衍生的新风险与挑战。第一,大数据分析及人工智能实践中的公正性问题:算法设计缺陷、数据偏差或应用不当,可能不经意间在系统层面促成了对特定群体的不公,使算法模型内隐含歧视性,通过复刻并放大历史数据偏差,加剧社会不平等现状。第二,尽管法治与数字技术的紧密结合极大增强了社会治理效能与公共服务便捷性,但也对个人隐私权构成了潜在威胁。追求高效治理与个性化服务的背后,是海量个人信息的汇集与剖析,这一进程无疑放大了数据外泄与滥用的可能性。界定合法信息采集与个人隐私权益的界限,在实际操作层面成为一大棘手问题。第三,数据资源共享的滞后性也是一个突出症结,本可相互补益的数据库因缺乏有效整合与流通机制,导致资源的低效与浪费,阻碍了信息潜能的充分释放。第四,过度信息化还可能会出现违背司法规律、丧失程序正义等一系列问题。[1]

再次,在数字技术催化下的法治转型进程中,权力结构正经历从离散型向整合型的深刻变迁。特别是在数字法治监督中,广泛跨领域的参与和职能交错成为常态,这不可避免地引发了部门间的权限摩擦。以检察机关为例,在履行其法定监督职责时,尝试超越既有权限边际,探索将监督权限延伸至更广阔的法治监督范畴,这一动向引发了对于权限边界的学术讨论与实践争议。因此,如何调和不同职权主体间的权力差异与冲突,确保权力运行协同有序,成为在推进数字法治建设议程中亟须细致考量的核心议题。

最后,数字技术的迅猛发展无疑对传统法律理论与实践秩序提出了严峻挑战,引发了学界广泛的探讨与立法改革的迫切需求。然而,当前研究面临的一个显著问题是理论与实践之间的脱节,以及对技术本质理解的浅尝辄止。在数据保护领域,部分理论探讨虽基于逻辑推理,却未能深刻洞察数据流动的本质特征和现实操作中的复杂性,提出的理论框架显得抽象且不切实际,非但未能有效指导实践,反而可能加剧了问题的混淆。[2] 在算法治理方面,追求透明度虽然是一个合理的诉求,但部分学者忽略了算法的内在复杂性和技术可行性,尤其是算法可解释性的实际限制。算法的"黑箱"特性要求法学研究者深入理解技术细节,而非仅仅依赖间接的、二手的解释。缺乏直接的技术认知,提出的法律对策往往流于表面,难以触及问题核心,难以在现实中得到有效实施。

三、中国数字法治的改革路径

人类社会步入数字智能时代的趋势已然十分明朗,数字革命带来新的社会秩

---

[1] 参见孙笑侠:《论司法信息化的"人文"止境》,载《法学评论》2021年第1期。
[2] 参见孔祥俊:《商业数据权:数字时代的新型工业产权——工业产权的归入与权属界定三原则》,载《比较法研究》2022年第1期。

序挑战,法律体系和法治体系都面临再阐释甚至是重构。[1] 中国数字法治的兴起是对时代变革与事业发展诉求的深刻呼应,标志着中国法治现代化踏入了一个崭新的历史阶段。为持续推进这一制度创新,中国数字法治的改革之路须循着如下轨迹展开。

第一,深化技术与法治的融合。随着人工智能、大数据、区块链等前沿技术的不断成熟,中国将持续推动这些技术在法治领域的应用,包括但不限于智能辅助审判、法律大数据分析、在线纠纷解决、电子证据管理等,以提高司法效率和公正性。

第二,强化数据安全与隐私保护。面对数字时代背景下个人信息与数据安全的至关重要性,我国将着力构建更为严密的数据保护法律规范体系,细化数据分类与分级管理制度,确保从数据收集、存储至使用的每一个环节,乃至跨境数据流动,均符合法律法规要求,从而在维护数据安全的同时,充分保障公民隐私权与个人数据的完整性,促进数字环境下的信任与安全。

第三,提高算法透明度。这要求不仅要加强公众对于算法工作原理及其决策过程的认知,确保社会成员能够理解算法如何影响其生活与权益,而且要明确界定数据收集主体的责任框架,尤其是在数据采集阶段,要求数据处理者公开其职责与义务,对所收集数据的用途、范围及保护措施给予清晰说明。此外,还应当在保护商业秘密和知识产权的前提下,适当公开算法预测或推荐逻辑的基本框架,增加决策过程的可解释性,使公众和监管机构能够对算法的公正性、合理性进行有效监督,从而促进算法治理的公平、透明与负责任。

第四,完善跨平台建设,实现数据交流互通。这涉及构建一个分布式的平台架构模型,在该模型下,除了在最高监管层面设立一个核心的协调节点系统用以统合策略指导与监督执行外,还须确保每个业务职能部门均配备有功能完备的数据节点系统。这些分散的数据节点不仅负责采集、处理与分析各自业务领域的数据,还要能够实现跨部门的数据交互与协同作业,从而打破"信息孤岛",促进数据资源的有效整合与高效利用,为数字法治环境下的一体化治理与服务提供坚实的技术支撑。

第五,坚持人类的主体地位。这意味着在追求技术赋能与效率提升的同时,要秉持人机合作的模式,确保技术是作为辅助工具而非替代者存在,强化司法工

---

[1] 参见王晨光:《法学教育的宗旨》,北京大学出版社 2016 年版,第 17−22 页。

作人员的主观能动性和创造性，防止他们沦为单纯执行算法指令的操作员。这一理念强调了在技术日益渗透的今天，保持人的判断力、伦理考量和司法温度的必要性，确保数字技术服务于人的全面发展与社会公平正义，而不是削弱人的主体性和司法决策的独立性与人性化特质。

第六，协同共治化解部门冲突。各职权部门应当积极采纳协同共治的核心理念，在数字法治框架下，这不仅意味着对传统职权边界的重新定义，还是一种通过数字技术促进监督效能提升和跨部门合作的新型治理模式。数字法治环境下的协同共治，旨在打破原有的条块分割，促进信息自由流动与资源共享，使得不同部门能够在统一的数字平台上实现无缝对接、高效协作，共同应对复杂多变的社会治理挑战。这要求各部门不仅要精通自身的专业领域，还要具备跨领域合作的能力，利用数字化工具和平台，形成合力，以更加灵活、响应更加迅速的方式解决社会问题，共同推进法治社会的建设与发展，实现治理效能与服务质量的双重提升。

第七，以知识融合为导向进行平台搭建与人才培养。围绕法学学术界的核心作用，构建一个科学且高效的数字法学研究与实践共同体，该共同体旨在汇聚法学学者的智慧与力量，共同探索数字技术与法律融合的前沿问题。在遭遇技术难题时，应主动跨界合作，与计算机科学、信息工程、数据科学等领域的专家携手，形成跨学科的协作机制，借助多元知识体系攻克难关。从长远规划上看，教育与培训体系须着眼于未来，致力于培养一批兼备人文社科底蕴与自然科学素养的复合型法律人才。这些人才不仅深谙法律原理与司法实践，还能熟练掌握数字技术，理解技术对法律体系的影响与重塑，能够在未来法律服务、政策制定及司法实践中，创新性地应用数字工具，促进法律与科技的深度融合，引领数字法治的持续发展与进步。这样的战略部署，可以为我国乃至全球的数字法治建设奠定坚实的人才基础与智力支撑。

典型案例

2023年2月24日，原告李某利用开源AI软件Stable Diffusion生成了一张图片，并在小红书平台以"春风送来了温柔"为题发布。随后，被告刘某在其百家号"我是云开日出"中未经授权使用了该图片作为文章《三月的爱情，在桃花里》的配图，并且去除了原图片上的署名水印，导致观众可能误认刘某为图片原创作者。李某因此提起了诉讼，指控刘某侵犯其署名权及信息网络传播权。

法院审理后认为,李某生成的图片满足"智力成果"和"独创性"要求,构成受版权保护的作品,李某作为创作者享有该图片的著作权。法院认定刘某未经许可使用并去除水印的行为构成了侵权,判决刘某在百家号发布道歉声明至少24小时以消除不良影响,并赔偿李某经济损失500元。

问题与思考

1. 生成式人工智能创作的作品著作权属于谁?
2. 数据收集的边界在哪里?
3. 人工智能能否在一定程度上作出决策?
4. 自动驾驶汽车发生交通事故的责任主体是谁?
5. 数字时代检察机关积极行使监督权的限度在哪里?

延伸阅读

1. 马长山:《数字法治概论》,法律出版社2022年版。
2. [美]劳伦斯·莱斯格:《代码2.0:网络空间中的法律》(修订版),李旭、沈伟伟译,清华大学出版社2018年版。
3. [以色列]加布里埃尔·哈列维:《审判机器人》,上海人民出版社2019年版。
4. [英]凯伦·杨·马丁·洛奇:《驯服算法:数字歧视与算法规制》,上海人民出版社2020年版。
5. [英]乔治·扎卡达基斯:《人类的终极命运——从旧石器时代到人工智能的未来》,陈朝译,中信出版社2017年版。
6. [英]维克托·迈尔-舍恩伯格、[英]肯尼思·库克耶:《大数据时代》,盛杨燕、周涛译,浙江人民出版社2013年版。